KB241588

도고백과

도교백과

초판 1쇄 인쇄 2018년 11월 20일
초판 1쇄 발행 2018년 12월 01일

책임편집 | 사가데 요시노부(坂出祥伸)
옮긴이 | 이봉호, 최수빈, 박용철
펴낸이 | 배규한(대순사상학술원장), 김태화
펴낸곳 | 대순사상학술원, 파라북스
편   집 | 전지영
디자인 | 김현제

등록번호 | 제313-2004-000003호   등록일자 | 2004년 1월 7일
주소 | 서울특별시 마포구 와우산로29가길 83 (서교동)
전화 | 02) 322-5353   팩스 | 070) 4103-5353

ISBN 979-11-88509-17-1 (91240)

이 도서의 국립중앙도서관 출판예정도서목록(CIP)은 서지정보유통지원시스템 홈페이지(http://seoji.nl.go.kr)와 국가자료종합목록시스템(http://www.nl.go.kr/kolisnet)에서 이용하실 수 있습니다. (CIP제어번호 : CIP2018033740)

*이 책은 대진대학교 대순사상학술원의 번역사업으로 만들었습니다.

*값은 표지 뒷면에 있습니다.
* 파라아카데미는 파라북스의 학술 관련 전문 브랜드입니다.

"DOKYO" NO DAI JITEN
© KADOKAWA CORPORATION 1994
First published in Japan in 1994 by KADOKAWA CORPORATION, Tokyo.
Korean translation rights arranged with KADOKAWA CORPORATION,
Tokyo through CUON Inc.

이 책의 한국어판 저작권은 에이전시 CUON Inc.를 통해 KADOKAWA CORPORATION와의 독점계약으로 대순사상학술원에 있습니다. 저작권법에 의해 한국 내에서 보호를 받는 저작물이므로 무단전재와 무단복제를 금합니다.

도교백과

이봉호, 최수빈,
박용철 옮김

파라아카데미

　　대진대학교 대순사상학술원은 도교와 대순사상 연구의 학문적 지평을 확대하기 위한 번역사업의 일환으로 ≪도교백과≫를 펴내게 되었습니다. ≪도교백과≫는 일본어판 ≪도교대사전(道教の大事典－道教の世界を読む)≫(坂出祥伸 主編, 新人物往來社, 1994)의 역서로, 일본의 도교 최고 전문가들이 '도교란 무엇인가', '방술과 주술', '의약과 신선술', '불노장생의 길', '도교의 의례와 경전', '도교와 그 주변', '일본의 도교', '아시아의 도교' 등 일곱 가지 주제로 정리한 총론서입니다.

　　이번 ≪도교백과≫ 발간의 의의는 무엇보다도 그동안 종교로서 도교와 도교의례, 도교문화 등 도교 전반에 대해 설명하는 한글판 총론서가 없어 겪어야 했던 국내외 연구자들과, 도교와 대순사상에 관심을 가지고 있는 대중들의 어려움을 이제야 해소할 수 있게 되었다는 것입니다.

　　그런 점에서 먼저 이 귀중한 역서를 펴낼 수 있도록 기획시점부터 격려와 물심양면의 지원을 아끼지 않으신 학교법인 대진대학교 윤은도 이사장께 깊은 감사의 말씀을 전합니다. 그리고 누구나 쉽게 이해할 수 있는 좋은 번역을 위하여 3년이 넘는 시간 동안 많은 고생을 하신 이봉호, 최수빈, 박용철 교수께도 고마움을 전합니다. 특히 이 책을 번역하신 분들은 모두 도교의 전문가로 명성이 높고, 한문과 중국어, 일본어에도 조예가 깊어, 원저의 참뜻이 잘 드러나면서도 이해하기 쉬운 질 높은 역서가 나올 수 있었습니다.

도교는 동아시아의 핵심사상입니다. 중국의 대문호인 루쉰이 중국의 정신은 도교에 있다고 주장할 정도로, 도교는 중국뿐만 아니라 동아시아의 중요한 종교이자 철학입니다. 저는 중국과 대만, 홍콩을 다니거나 체류하면서 많은 도관을 참관하고 답사한 경험이 있습니다. 여기서 느낀 점은 도교가 불교 · 기독교 · 이슬람교처럼 누군가가 창시하여 생긴 종교는 아니지만, 사람들의 삶속에서 여전히 살아 있는 종교이자 중국인의 문화와 심성 깊은 곳에서 생명력 있는 숨을 쉬고 있다는 것입니다. 물론 한국의 문화와 사상에서도 도교적 요소는 중요한 축으로서 역할을 해왔습니다. 그래서 한국인의 삶과 문화, 사상과 철학, 세시풍속에도 도교적 요소와 관념이 여전히 살아 숨쉬고 있습니다.

사람들은 흔히 동양사상의 원천은 유 · 불 · 도, 삼교(도)에 있다고 말합니다. 바로 이 세 원천에서 비롯된 사상과 철학이 서로 교섭하고 융합되면서 동양문화의 사조를 형성해 왔습니다. 하지만 한국의 도교에 대한 관심은 유학을 중시하는 조선시대와 한국문화가 일본문화에 병합되는 일제강점기를 거치면서 점차 억제되고 줄어들었습니다. 이 외에도 여러 이유로 최근에는 사상과 문화, 풍속과 민간신앙 그리고 한국 신종교 등의 연구자들에게만 그 관심이 남아 있을 정도입니다. 그래서 중국과 대만, 일본과는 달리 유독 한국에서는 도교 일반에 대한 소개나, 대중적으로 흥미롭게 읽을 수 있는 도교 관련 서적을 찾아보기 어렵게 되었습니다. 뿐만 아니라 도교 이해의 출발점인 도교사전과 도교에 대한 종합적 이해를 구할 수 있는 총론서도 불비했습니다.

금번 ≪도교백과≫의 출간은 바로 동양사상의 한 축인 도교에 대한 이해와 소통을 가로 막는 여러 장애들을 한꺼번에 해결하는 의미 있는 열정과 노력의 결과입니다. 또한 이 책은 대순사상에 내포되어 있는 도교적 요소와 신선사상에 대한 이해와 연구의 외연을 확대하는 새로운 전기를 마련할 것으로 생각됩니다. 대순사상은 유ㆍ불ㆍ도 사상의 본원적 요소를 포용하면서도 이들을 넘어서는 독특한 진리와 사상체계를 형성해 왔습니다. 그래서 대순사상과 도교사상 중에는 같지만 다른, 다르지만 비슷한 용어와 내용들이 있습니다. 따라서 비교종교학의 관점에서 대순사상과 도교사상을 연구하는 데에도 ≪도교백과≫가 많은 도움이 되리라 판단됩니다.

비교종교학은 종교 간의 공통성과 차이성을 추출하고, 이를 통해 한 종교를 분명히 규정하는 학문입니다. 그렇기 때문에 향후 대순사상과 도교의 비교종교학적 연구의 확대는 대순사상의 정수를 더욱 분명히 나타내거나, 대순사상에 용해되어 있는 동양사상의 진수를 찾아 나가는 데에도 큰 도움이 될 것입니다. 아울러 종교문화가 한 종교의 정체성을 이루어 실천된 신앙의 결과물이라고 볼 때, 대순진리회의 종교문화와 도교의 종교문화를 비교 연구하는 것은 관련학문의 발전뿐만 아니라 종교간 이해와 통섭을 확장하는 새로운 길이 될 것입니다.

오늘날의 한국에서 도교는 다소 생소하고 잊힌 분야이지만, ≪도교백과≫를 통해 동양사상의 한 축을 이어가는 도교사상에 대한 학계와 대중의 관심과 이해가 확대되고, 아울러 유·불·선 사상의 정수를 녹여내면서도 새로운 차원의 인류화평의 길을 열어가는 대순사상에 대한 이해와 연구가 더욱 더 활발해지기를 기대합니다.

≪도교백과≫의 발간을 위해 노력해 주신 모든 분들과 지원을 아끼지 않은 대순진리회 여주본부도장에 감사드립니다. 그리고 본서가 출간되기까지 인내심을 가지고 기다려주신 독자 여러분과 출판사에 감사드립니다. 감사합니다.

2018년 10월
대순사상학술원 원장 배규한

정재서
이화여대 명예교수, 전 도교문화학회 회장

도교는 동아시아 상상력과 사상의 중요한 원천이다. 멀리 신화에 뿌리를 두고 있는 도교적 상상력은 종교로, 철학으로, 문학으로, 예술로, 민속으로 다채롭게 변용(變容)을 거듭하였다. 신화와 문학에 기초해 도교를 연구해온 학자로서 도교는 특히 4차 산업혁명 시대에 필요로 하는 상상력, 이미지, 스토리의 보고(寶庫)라는 점에 주목하고자 한다.

일찍이 중국의 대문호 루쉰(魯迅)은 "중국의 뿌리는 죄다 도교에 있다. 도교라는 관점을 가지고 중국 역사를 읽으면 여러 가지 문제가 자연스럽게 이해된다"고 언명하였다. 이 말은 중국문화의 정체성이 도교에 있다는 뜻이다. 루쉰의 언급이 틀린 말은 아니지만, 이에 의거해 도교를 속칭 중국 "토생토장(土生土長)"의 종교로만 규정하는 것은 도교의 문화적 경역(境域)을 크게 제한하는 것이 된다. 도교는 태생부터가 중국의 주변문화, 기층문화에서 비롯하였으므로 동아시아 원시종교인 샤머니즘을 바탕으로 한국, 일본, 베트남 등 동아시아 제국(諸國)의 문화와도 깊은 친연(親緣) 관계에 있다. 다시 말해 도교는 중국뿐만 아니라 우리 문화의 정체성과도 밀접한 관계를 지니고 있는 것이다.

이러한 의미에서 도교에 대한 이해가 그 어느 때보다 소중한 이즈음 도교의 전모를 한눈에 파악할 수 있는 훌륭한 도교입문서 ≪도교백과≫가 출간되었다는 사실은 도교 연구자는 물론 일반 독자들을 위해서도 무척 고무적이고 반가운 일이 아닐 수 없다.

≪도교백과≫는 '도교란 무엇인가'라는 질문에서부터 '방술', '의학과 신선술', '의례와 경전', '도교의 주변'이라는 항목에 이르기까지 도교의 다양한 주제들과 내용을 다루었고, '일본과 아시아의 도교'라는 항목에서는 일본을 비롯해 홍콩, 한국, 베트남 등에 이르기까지 광범위한 지역에서 실천되는 도교를 다루고 있다.

또 '진인전과 신선전', '도교 신들에 대한 사전', '경전사전', '교단과 교파사전' 등을 망라하고, 도교와 문학, 의학, 예술, 건축 등에 대한 내용도 충실히 다루고 있어, 정말 '백과'라는 제목에 어울리는 편집체재를 갖추고 있다. 단언컨대 이 책은 도교에 대한 지침서이자 입문서로 손색이 없다고 본다.

편집과 내용에서 이렇듯 정연(整然)한 체계와 내용을 갖출 수 있었던 것은 그야말로 최고 수준을 자랑하는 일본 도교학계의 저명한 학자들이 각 항목을 맡아 책임 집필을 하였기 때문이 아닌가 한다. 다만 불교학에서 출발하여 도불(道佛) 교섭 연구를 바탕으로 성장한 일본 도교학의 관점에 많이 치우쳐 있고, 기원론과 내단학(內丹學), 민간도교 등 한국 도교의 독자적 성취에 대해 펴폭(篇幅)을 너무 적게 할애한 점이 아쉬우나, 이는 개론서의 수준에서 요구할 사항은 아니므로 이 책의 가치를 손상시키는 데에 이르지는 않는다.

이제 이처럼 좋은 책을 번역해 한국 독서계에 소개한 역자들의 노고에 감사를 표하고자 한다. ≪도교백과≫의 번역은 철학의 관점에서 도교를 연구해온 이봉호 교수와 종교학의 관점에서 연구해온 최수빈 교수, 신종교의 관점에서 연구해온 박용철 교수 등, 세 분이 협력하여 이루어진 것이다. 이봉호, 최수빈 두 분 선생은 사계(斯界)에서 촉목(囑目)할 만한 도교연구 논문을 다수 발표한 훌륭한 학자들이다. 특히 이봉호 선생은 도교 원전(原典)들을 지속적으로 번역, 소개하여 일천(日淺)한 우리 학계의 큰 결락(缺落)이라 할 텍스트 연구에 중요한 기여를 하고 있는 학자로, 특별히 이 자리를 빌어 상찬(賞讚)하고 싶다. 박용철 선생 역시 신종교 방면의 역량 있는 학자로 도교와 신종교의 관련성에 대한 연구를 주도하여 왔는데, 그의 이러한 시도는 한국 도교와 신종교의 본질을 구명(究明)하는 데에 다대한 시사를 줄 것으로 기대된다. 다시 한 번 선배 학인으로서 역자들의 노고에 치하(致賀)를 드린다.

끝으로 이 책이 한국 도교 연구의 지평을 넓힘에 참고가 되고, 도교에 대한 일반인들의 관심을 촉발하기를 기원하면서, 두서없는 글로 추천사에 대신하고자 한다.

김일권

한국학중앙연구원 교수, 한국도교문화학회장

≪도교백과≫ 출간을 축하합니다. 아울러 ≪도교백과≫의 추천사를 쓰는 것을 기쁘게 생각합니다. 한국 도교학 연구를 대표하는 도교문화학회장으로서 ≪도교백과≫의 출간은 매우 뜻 깊은 역작이라고 생각합니다.

이 책은 도교 전반에 관한 내용을 충실히 담고 있는 훌륭한 책입니다. 도교가 갖는 종합적이고 복합적인 요소들을 총망라하고 있어, 도교에 대한 소개를 충실히 하고 있습니다. 아마도 이처럼 도교를 훌륭하게 소개하고 있는 책은 없을 것이라고 생각됩니다.

도교에 대해 접근할 때, 기본적으로 다루어야 하는 범주들을 망라하였고, 동아시아 전 지역에서 도교 문화와 신앙이 어떻게 실천되고 있는지를 소상히 전달하고 있는 것도 이 책의 장점입니다. 또한 간략하게 신선전과 진인전, 신들 사전, 경전사전, 교단과 교파 사전까지 담고 있어서 사전의 기능도 하고 있습니다.

이 책은 일반 독자들에게 도교를 소개하고자 하는 의도로 쉬운 문투로 쓰인 것으로 압니다. 하지만 이 책의 내용과 수준은 전문가들에게도 필요한 내용들로 가득 차 있습니다. 일반 독자들의 관점에서 이 책은 우리의 민속 문화에서 도교적 요소를 이해할 수 있게 해주고,

또한 도교에 대한 전반적인 이해를 돕게 해줄 것입니다. 전문가들에게 이 책은 도교의 연구 경향과 분야, 방향에 대한 정보를 얻을 수 있게 하고, 새로운 아이디어들을 얻게 해 줄 것입니다.

제가 연구하고 있는 역사천문학과 생태자연학 분야에서도 이 책은 많은 도움을 줍니다. 천문학적 사유와 도교는 밀접한 관계가 있고, 전통시대 자연학은 도교적 세계관으로 가득합니다. 또한 우리 민속문화 속에 스며 있는 다양한 풍습과 신앙체계, 일상적 삶에 대한 질문들에 대해서도 이 책은 여러 가지로 답을 줄 수 있습니다.

이처럼 훌륭한 책을 번역해 소개해준 역자 선생님들께 고마움을 전합니다. 이봉호, 최수빈, 박용철 교수는 모두 도교를 오랫동안 공부하신 분들이고, 도교와 관련된 경전, 저술, 논문 등을 꾸준히 발표하신 분들입니다. 이 분들은 한국도교문화 연구에서도 중추적인 역할을 하시는 분들입니다. 이 분들이 3년이 넘게 토론하시면서 번역에 매달린 결과물이라고 하니, 그 노고를 진심으로 치하하며 축하드립니다. 우리 한국도교문화학회의 학적 수준을 한층 끌어올린 노력에 찬사를 보냅니다.

이 책과 함께 ≪도교사전≫도 동시에 발간한다고 하니, 이 책들이 한국학계에서 도교 연구의 밑거름이 될 것이라 확신합니다. 아무쪼록 이 책들이 많은 분들에게 읽히고 도교에 대한 관심이 확대되기를 기원합니다.

3장. 의약과 신선술, 불노장생의 길

4장. 도교의 의례와 경전

5장. 도교와 그 주변

6장. 일본의 도교

7장. 아시아의 도교

1장

도교란 무엇인가

도교 Q&A

— 사카데 요시노부(坂出詳伸, 간사이대학 명예교수)

Q1. 도교는?

— 도교는 종교인가요? 그리고 누가 시작했나요?

물론 도교는 당당한 종교입니다. 일본의 신도(神道)와 같이 여러 신들을 모시는 신앙이 있고, 각각의 신들이 부리는 도사(道士)가 있습니다. 기도를 올릴 때 독송하는 경전도 있고, 교회와 같은 도관(道觀) 및 사당[廟]도 있습니다. 하지만 크리스트교의 크리스트, 이슬람교의 마호메트, 불교의 석가모니와 같이 누군가가 창시하여 생긴 종교는 아닙니다. 일본의 신도처럼 만물 각각의 생명력을 인정합니다. 특히 눈에 보이지 않는 '기(氣)'의 운동을 근거로 합니다. '기에 우리의 몸을 맡기고 구제(救濟)를 추구하는 것이 도교가 아닐까' 하고 나는 생각합니다. 노자(老子)가 도교를 창시했다는 것이 당연한 것처럼 이야기되고 있지만, 노자가 실존인물인지 아닌지가 의문스럽고, 노자 그 자체가 '기'의 화신이라고 생각할 수도 있습니다.

Q2. 도교의 신은?

— 도교는 어떤 신을 숭배하나요? 신선은 도교에서 숭배하는 신에 해당되나요?

Q1에서 답한 것처럼 도교는 '기(氣)'의 운동을 근거로 하는 종교입니다. 그러므로 본래 우상화한 대상을 가지고 있지 않습니다. 앞서 도교에도 신이 존재한다고 말했습니다만, 그 신이라는 대상도 신앙을 가진 자가 자신의 '기'를 움직여 그 신상(神像)을 이미지로서 머릿속에 떠올리는 것에 의해 나타납니다. 그렇게 하여 나타난 신을 불러들여 구제를 추구하거나 신의 계시를 사람들에게 전달하며 때로는 신과 일체가 되려 합니다. 말하자면 도교란 워래 스스로의 힘에 의해 구원을 받는 자력구제(自力救濟)의 종교였던 것입니다. 그러나 2세기 무렵 인도에서 우상을 따르는 불교가 전해지며 귀족뿐만 아니라 서민 사이에서도 보급되기 시작합니다. 거기에 자극받은 도교 역시 태상노군(太上老君; 노자의 존칭) 등의 신상(神像)이 만들어지면서 그것을 숭배하게 되었습니다. 도교 신의 체계가 정비되자 원시천존(元始天尊)을 최고의 신격으로 두고, 영보천존(靈寶天尊), 도덕천존(道德天尊)이 상위의 신격으로 받들어지게 되었습니다. 그 아래에는 진인(眞人) 또는 신선(神仙)이라고 부르는 많은 신들, 나아가 지옥세계의 관리까지 신으로 받들어 모셨습니다. 하지만 송나라 이후에는 옥황상제(玉皇上帝)라는 이제껏 지위가 낮았던 신이 최고의 신으로 바뀌어 현재까지 이르고 있습니다.

Q3. 도교의 범위는?

— 도교의 범위는 어디인가요? 점이나 의료, 풍수까지 포함되나요?

이것은 매우 어려운 문제입니다. 최근 구보 노리타다(窪德忠) 박사는 『도교입문(道教入門)』, 『도교의 신들(道教の神々)』 등의 저서에서 도교의 내용과 범위를 교학(教學)·방술(方術)·의술(醫術)·윤리(倫理)의 네 부문으로 나누자고 주장하였습니다. 검토해볼 필요가 있는 흥미로운 제안입니다. 그러나 최근의 연구성과나 제 경험에 비추어 생각해보았을 때 어느 정도 수정해야 할 점이 있다고 생각합니다. 우선 교학(教學)이라는 것은 신학(神學)이라고 고치는 것이 적절하겠지요. 왜냐하면 신들의 계통보(系統譜)가 갖추어져 있고, 교리 내용도 상당히 깊다는 것이 밝혀졌기 때문이다. 그리고 도교는 육조시대에 독자적인 의례(儀禮)를 만들어 현재까지 계승되고 있는데, 종교에서 의례는 중요한 부문입니다. 이것을 방술, 점, 풍수 등을 포함한 범주로 한데 묶어도 좋을지 의문이 듭니다. 다만 도교 의례가 다양한 방술을 동반하여 진행되는 점에서 보면 같은 부문으로 생각해도 좋을지도 모르겠습니다. 의약은 원래 방술 안에 포함되어 있던 것으로 의약의 상당한 부분은 양생술(養生術)이기 때문에, 이것은 독립된 한 부문으로 취급하지 않는 것이 좋겠지요. 의례·방술·의약의 관계는 그림으로 표시하면 오른쪽 그림과 같습니다.

저는 이 세 부문을 무리하게 독립시키는 것은 곤란하다고 생각합니다. 그렇지만 어떻게든 나눠야 한다면 의례와 의학, 방술로 나누는 것이 자연스럽겠지요.

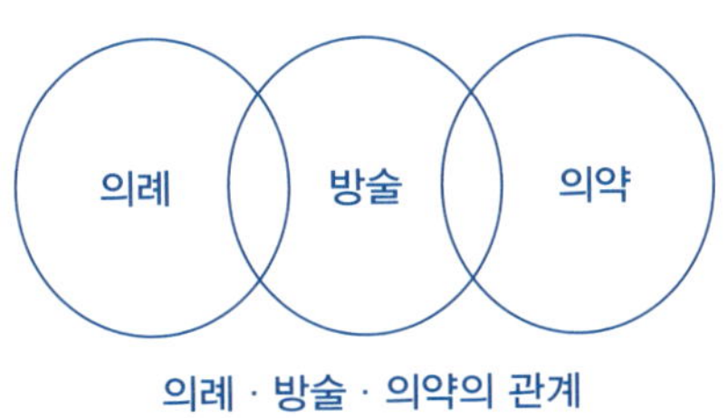

의례 · 방술 · 의약의 관계

Q4. 마조 혹은 관제를 신으로 모신 사당은?

— 원시천존과 태상노군을 받들어 모시는 것이 도교라면, 타이완, 홍콩에서 쉽게 볼 수 있는 마조(媽祖)나 관제(關帝)를 신으로 모신 사당은 도교가 아닙니까?

이 문제는 이전부터 많은 논의가 있었던, 매우 어려운 문제입니다. 쿠보 박사가 소개하고 있기를, 제2차 세계대전 전에 다치바나 시라키(橘樸) 씨는 도교를 '도사의 도교' 혹은 '철학적인 도교'와 도교 계통의 민간신앙을 가리키는 '통속도교'의 두 가지로 나누었는데, 전쟁 후 요시오카 요시토요(吉岡義豐) 씨 등은 이것을 계승하지 않고 '성립도교' 또는 '교회도교'와 '민중도교'로 나누었습니다. 어려운 것은 민간신앙을 어떻게 규정해야 할 것인지인데, 여기에는 불교나 유교가 혼재하고 있는 것이 있고, 또한 매우 빠르게 섞여서 융화된 것을 볼 수 있습니다. 그런데 쿠보 박사는 반대로 '민속도교', '민속종교'라고 읽기로 했다고 말하고 있습니다. 한편 최근에는 문화, 사회인류학자들도 중국의 종교조사를 시행하였는데, 와타나베 요시오(渡邊欣雄) 씨는 타이완, 홍콩, 말레이시아, 싱가포르 등의 한족(漢族)의 종교와 이례에 대하여 현장조사를 실시하여 다음과 같이 결론짓고 있습니다. "어떠한 종파에도 속하지 않는 '민속종교'이다. 한족 모두에게 공통된 종교야말로 유일한 민속종교이다. 따라서 '도교'가 아니라면 '불교', '유교'도 아니다."『한족의 종교-사회인류학적 연구』, 제일서방, 1991년. 이러한 지적은 우리 도교 연구자가 깊이 생각하지 않으면 안 되는 중요한 문제를 담고 있습니다만, 그럼에도 불구하고 도사가 있고 도교 경전이 있어서 중국인 스스로가 도교의 존재를 인정하는 것도 분명한 일입니다. 그러나 중국인의 종교행동 저변 혹은 일상적인 측면에서 보면, 도교로도 불교로도 유교로도 단정할 수 없는 점이 많습니다. 예를 들면, 타이완 씬주시(新竹市)의 성황묘(城隍廟)에는 도사가 있습니다만 성황신과 함께 관음보살(觀音菩薩)도 신으로 모셔져 있습니다. 타이베이의 무자(木柵) 지남궁(指南宮)은 본래 여동빈(呂洞賓)을 모시는 사당이었는데, 현재에는 공자(孔子)도 모시고 있고, 승려가 제사를 지내고 있다고 합니다. (구보 씨의 주장. 2년 전 지남궁에 갔을 때에는 공자는 모셔져 있지 않았다.) 한(漢) 민족의 조상제사에 대해서는 도교라고도 유교라고도 말하기 어렵습니다.

Q5. 도교의 가르침은?

— 도교 가르침의 중심은 무엇입니까? 흔히 불로장생을 목적으로 한 종교라고 합니다만, 그것뿐일까요?

확실히 도교는 불로장생(不老長生)이나 불사연명(不死延命)이라고 하는 신선사상(神仙思想)을 따르고, 그것을 중요한 요소로 삼고 있습니다. 그 점에서는 유교

가 사회 전체를 구제하고, 그 위에 경제·정치적 구제를 목적으로 하는 것[경세제민(經世濟民)이라고 하는 말에 단적으로 나타나 있다]에 대하여, 도교는 개인적인 구제가 주체가 되어 발전되어 왔다고 볼 수 있겠지요. 현재에도 여전히 그러한 성격이 계승되어 부적을 주거나 내단(內丹)을 행하기도 합니다. 그렇지만 타이완 남부에서 열리는 각종 기안초(祈安醮; 안녕을 바라는 도교의 제사) 중에서도 양재기안초(禳災祈安醮; 재앙을 물리치고 안녕을 바라는 도교의 제사) 등은, 조사보고서에 따르면 아무래도 개인적인 구제가 아니라 한 지역 주민 전체의 안녕과 가호(加護)를 기원하는 제사 같습니다. 그것은 반드시 불로장생이라는 높은 차원의 기원이 아니라, 온병(瘟病) 등의 역병신을 쫓아내는 것이 목적이라고 생각됩니다. 이러한 제사는 한 지역에서 국가 전체로 확대되기도 합니다. 북위(北魏) 시기나 당나라 시기 도교의 제사는 국가를 위한 진호(鎭護)의 성격을 지니고 있지 않았나 추측됩니다.

Q6. 타오와 노장사상은?

— 서구에서 말하는 '타오(Tao)'는 도교와 어떤 관련이 있나요? 또 흔히 말하는 노장사상은 도교와 어떤 관련이 있나요?

두 가지의 질문은 결국 하나로 볼 수 있겠지요. 즉, 노장(老莊) 사상과 도교를 연속된 대상으로 생각하느냐 별개로 생각하느냐의 문제입니다. 이 문제를 다루기 전에 저는 구미의 사람들이 '중국은 도교의 나라'라고 생각하고 있다는 것을 강조하고 싶습니다. '중국은 유교(Confucianism)의 나라'라고 하는 이미지는 기껏해야 아시아에 속해 있는 몇 나라에서만 통용됩니다. 제가 파리에 살았을 때, 커다란 서점에 가보니 노자(『도덕경』)에 관한 프랑스어 번역서는 두세 권 정도 있었습니다만, 『논어』를 번역한 것은 지금까지 한 번도 본 적이 없습니다. 노자를 번역하여 『도덕경』, 즉 『Taodejing』이라는 표제로 노자의 그림이 첨부되어 있는 것도 있었습니다. 아무튼 『Taodejing』은 꽤 읽히고 있었습니다. 프랑스인들에게도 '타오(Tao)'는 귀에 익숙한 단어인 것 같습니다만, 공자의 이름 등은 거의 알려지지 않았습니다. 앙리 마스페로(Henri Maspero, 1883~1945년)의 저서 『도교』[1]에서는, 노자와 장자의 신비주의적 체험은 육조(六朝) 시대의 도교 제자에 의해 확실하게 계승되고 있다고 말하고 있습니다. 이러한 입장은 지금도 구미의 도교 연구자들에게 계승되고 있지요. 하지만 일본이나 중국의 노장사상 연구자들 중에는 노장사상을 고도로 세련된 철학으로 간주하고, 후세의 도교는 그저 노장을 이용한 것에 지나지 않는다며 저속한 종교라고 멸시하는 사람도 있습니다. 최근에는 도교 교리의 연구가 진행되어, 도교는 저속한 것이라고 말하는 학자는 확실히 줄어들었습니다. 그리하여 도교와 노장사상을 연속적으로 파악하려는 학자가 점차 많아졌습니다.

---

1. 이 책은 1999년 신하령에 의해 우리나라에서도 번역 출판되었다. ― 역자주

Q7. 기공과 도교는?

— 현재 중국은 물론 일본에서도 유행하는 '기공'은 도교와 어떤 관련이 있나요?

'기공(氣功)'이라는 명칭은 1934년 출판된 동호(董浩)의 저서인『폐로병 특수요법-기공요법(肺癆病特殊治療-氣功療法)』에서 시작되었습니다. 이후 대대적으로 이러한 명칭이 보급된 것은 1957년 출판된 류귀진(劉貴珍)의『기공요법실천(氣功療法實踐)』에 의한 것이라 전해지고 있습니다.미우라 구니오(三浦國雄) 저,『기의 복권-기공과 도교(氣の復權-氣功と道教)』1986년. 오늘날의 기공에는 유교 기공이라고 하는 유파도 있을 정도여서 일괄적으로 말할 순 없지만, 대체저인 부분은 도교의 양생법, 특히 도인법(導引法)이나 존사법(存思法) 또는 내단(內丹)의 연단술(煉丹術)이 기원이 되고 있습니다. 도인법은 에도(江戶) 시대까지는 일본에서도 행해졌던 신체를 굽혔다 폈다 하는 체조입니다. 존사법은 '기'를 움직여 신이나 해, 달 등의 이지미를 떠올려 환부에 집중시키는 방법입니다. 내단적인 연단술은 '기'를 하단전(下丹田)으로부터 중단전(中丹田), 상단전(上丹田)으로 환류시켜, 하다전에 금단(金丹)을 성취시키는 수행법입니다. 이러한 도교적인 양생술을 종합하여 현대인에게 적용할 수 있도록 개량한 것이 '기공'이라고 합니다. 그러므로 '기공'을 좋아하는 분들은 그저 기법(技法)의 습득에 그치지 말고 아무쪼록 기공이 근원이 되는 도교의 '도와 일체가 된다는 것이 무엇일까' 하는 근본적인 것에도 관심을 가져 주시기를 기원합니다.

도교의 세계와 신들

— 고토 도모코(古藤友子, 고쿠사이 기리스토쿄 대학교수)

도교 세계에 군림하는 여러 신들. 그들은 천상과 지상은 물론 우리의 신체에도 머물고 있다. 여기에서는 신들의 계보를 살펴보고, 도교에 있어서 천지생성과 종말, 구제론에 대하여 논술하기로 한다.

도교의 세계는 수많은 신들로 이루어진다. 그 수는 수백을 넘는다고 일컬어진다. 도교 신들의 관계를 나타낸 신 계보에 의하면 시대에 따라, 교단과 교파에 따라, 지역에 따라 여러 가지 설이 있어 통일된 견해가 없다. 예를 들면 후한시대에 최초로 도교가 생겨났을 때에는 노자가 교주가 되어 하늘(天), 땅(地), 물(水)의 삼관신(三官神)이 모셔졌다. 그 후 5세기 무렵에는 노자가 신격화되어 '태상노군(太上老君)'이라 불리며 최고의 신으로 추앙되었다. 6세기 무렵부터는 태상노군 대신 '원시천존(元始天尊)'이 최고의 신이 되었다. 수당오대 시대에는 원시천존에서 나뉘어 '옥청원시천존(玉淸元始天尊)'·'상청영보천존(上淸靈寶天尊)'·'태청도덕천존(太淸道德天尊)'을 최고의 신으로 하는 체계가 확립되었다. (이 세 신을 삼청(三淸)이라고 부른다.) 그러나 10세기 초, 북송의 진종(眞宗) 황제가 '옥황상제(玉皇上帝)'를 신봉한 이후, 옥황상제를 최고신으로 숭배하게 되었다. 이렇듯 신들 중의 신인 최고신도 여러 가지로 변화했다.

그렇다면 우선 대표적인 신들에 대하여 알아보고 도교에서 모시는 신들이 어떤 것인지 살펴보자.

존신·속신·신선, 세 종류의 신

도교의 신들은 세 가지 계통으로 나뉜다. 존귀한 지위인 존신(尊神), 민간신앙의 신인 속신(俗神), 그리고 신선(神仙)이다.

■존신

앞서 말한 삼청 이외에 그들에 버금가는 천제(天帝)로서 사어(四御)가 있다. 사어는 아래와 같다.

- 호천금궐지존옥황대제(昊天金闕至尊玉皇大帝) — 천도(天道)를 주재하는 신
- 중천자미북극태황대제(中天紫微北極太皇大帝) — 태양과 달, 사계절을 관할하는 신
- 구진상궁남극천황상제(句陳上宮南極天皇上帝) — 별을 통제하고 진쟁을 담당하는 신
- 승천교법후토황지기(承天郊法后土皇地祇) — 대지와 산, 강, 만물을 생육하는 신

또한 일설로는 천제를 '북극자미대제(北極紫微大帝)·남극장생대제(南極長生大帝)·서방태극천황대제(西方太極天皇大帝)·동극청화대제(東極靑華大帝)' 등의 사극대제(四極大帝)로 부르기도 한다.

태양·달·별 자체도 신으로 여겨진다. 태양의 신은 '대명지신[大明의 神]', 달의 신은 '야명지신(夜明의 神)'이고, 세성(歲星, 목성), 진성(鎭星; 토성), 태백성(太白星; 금성), 신성(辰星; 수성), 형혹성(熒惑星; 화성) 등의 다섯 별에도 신이 있으며, 거기에다 28수(宿)나 북두칠성의 신들도 있다.

사방신은 아래와 같다.

- 동방의 신 — 청룡(靑龍)
- 남방의 신 — 주작(朱雀)
- 서방의 신 — 백호(白虎)
- 북방의 신 — 현무(玄武)

■속신

민간에 전해지는 신들도 도교의 신으로 신봉되기도 한다. 민간신앙으로부터 도교의 신이 된 경우는 아래와 같이 네 가지로 분류할 수 있다.

- 자연현상에 관계하는 자연신 — 뇌공(雷公), 우사(雨師), 풍백(風伯) 등
- 인격을 가진 영웅신과 학문신 — 우왕(禹王), 관제(關帝), 문창(文昌) 등
- 집과 마을, 항해의 안전을 지켜주는 수호신 — 문신(門神), 조신(竈神, 부뚜막신), 토지공(土地公) 등

• 특정한 직능을 가진 이익을 가져다주는 신 ― 노반(魯班), 재신(財神), 잠녀(潛女) 등이 있다.

■신선

신선이란 도를 터득하여 장생불사하는 자로, 신인(神人) 또는 선인(仙人)이라 불리기도 한다. 역사적으로는 처음 도교의 신으로 전해진 신선은 고대전설 속 인물인 적송자(赤松子), 팽조(彭祖), 왕자교(王子喬) 등이 있다. 한위시대 이후에 출현한 '삼모진군[三茅眞君; 모영(茅盈), 모고(茅固), 모충(茅衷) 삼형제]'과 왕현보(王玄甫) 등은 수련을 통해 신서이 된 경우이다. 당나라 시대 이후에는 팔선(八仙)에게 배운 장괴로(張果老), 여동빈(呂洞賓) 등 역사 속 인물을 신선화한 경우이다. 유래를 보면 신선은 다음의 다섯 가지로 분류할 수 있다.

• 도교가 성립되기 전의 선인 ― 적송자(赤松子), 광성자(廣成子), 팽조(彭祖) 등
• 고대 신화 속 인물 ― 황제(黃帝), 서왕모(西王母), 동왕부(東王父) 등
• 고대의 제왕과 재상 ― 제요(帝堯), 주문왕(周文王), 진시항(秦始皇) 등
• 고대의 위인 ― 공자(孔子), 노자(老子), 화타(華陀) 등
• 도교와 관계된 역사 속 인물 ― 장천사(張天師), 갈홍(葛洪), 도홍경(陶弘景) 등

신선의 등급에 대해시는 여러 가지 설이 있는데, 『포박자(抱朴子)』에 인용된 『선경(仙經)』에 따르면 하늘을 나는 '천선(天仙)', 하늘에

오르지 않고 명산을 유람하는 '지선(地仙)', 평범한 사람에게는 죽은 것으로 가장한 '시해선(尸解仙)'의 세 가지가 있다.

불로장생의 신선이 되려면, 쌀, 수수, 좁쌀, 콩 등의 오곡을 끊는 벽곡(辟穀)과 특수한 약석(藥石)을 섭취하는 식이요법을 실천하거나 여러 가지 방술(方術)에 힘쓰며 선행(善行)을 쌓지 않으면 안 된다. 이러한 수행에 의하여 신선의 지위가 결정된다. 갈홍이 쓴『포박자』에 따르면 천선이 되고 싶은 사람은 1,200가지 선행을, 지선이 되고 싶은 사람은 300가지의 선행을 쌓아야 한다고 한다. 그렇지만 가령 1,199가지의 선행을 쌓았다 하더라도 그 다음에 악행을 저지르면 지금까지 쌓은 선행이 모두 깨져 흩어진다고 한다.

또한 신선의 지위를 아홉 개로 나누었다는 설이 있다. 11세기 초반 장군방(張君房)에 의해 편찬된『운급칠첨(雲笈七籤)』3권에서는 상선(上仙), 고선(高仙), 대선(大仙), 현선(玄仙), 천선(天仙), 진선(眞仙), 신선(神仙), 영선(靈仙), 지선(地仙)으로 나누고 있다.

이처럼 긴 시간 동안 여러 가지 요소를 받아들여 도교의 신들과 세계가 성립되었지만, 불교사상의 영향을 받으면서 도교의 경전과 교리의 체계화가 진행되는 과정에서 여러 신들의 서열화를 시도하게 되었다. 신계통보를 처음 만든 것은 5, 6세기경 매우 학식 있는 도사 중 하나로『진고(眞誥)』를 저술하고 상청파(上淸派)를 집대성한 도홍경(陶弘景)이다. 그의 저술인『동현영보진령위업도(洞玄靈寶眞靈位業圖)』미우라 구니오(三浦國雄) 저,『기의 복권-기공과 도교(氣の復權-氣功と道敎)』 1986년에 의거하여 우선 천계에 사는 신들을 소개하겠다.

원시천존을 정점으로 한
천계의 위계(位階)

『진령위업도』는 상청파(上淸派)의 입장에서 세운 신들의 계보이며 도교의 '만다라'라고도 불리는 책이다. 이 책에서는 현실 정치에서의 관료기구, 위계제도를 참고하여 신들과 신선을 일곱 개의 지위로 나누고, 각 계급을 다시 3개로 나누고 있다. 중앙의 위치에는 계급의 중심이 되는 주존(主尊)이 놓이고, 좌우에는 주존을 따르는 신들이 위치하고 있다. 그 수는 많아서 중앙에서부터 멀리 떨어질수록 지위가 낮아진다. 여기에 명시된 신들의 총합은 800명 이상에 달한다.

또한 각 계(階)에는 각각의 천궁(天宮)에 걸맞는 궁전(宮殿)의 신들과 신선이 살고 있다고 한다. 제1계(階)는 옥청경(玉淸境), 제2계(階)는 상청경(上淸境), 제3계(階)는 태극경(太極境), 제4계(階)는 태청경(太淸境)이다. 제5계(階)는 구궁(九宮)이라고 하는 행정조직이고, 제6계(階)에는 많은 지선(地仙)이 살고 있으며, 제7계(階)는 사후(死後)에 재판을 받는 곳이다. 당연히 제1계가 최고 높은 지위이고 순서대로 지위가 낮아진다.

이어서 각각의 지위에 어떠한 신들이 위치해 있는지 살펴보자. 중앙에 있는 주존, 좌위 첫째, 우위 첫째만 순서대로 그 명칭을 서술하겠다.

■ **제1계**
- 주존: 원시천존(元始天尊)―상합허황도군(上合虛皇道君), 응호원시천존(應號元始天尊)
- 좌위: 오령칠명혼생고상도군(五靈七明混生高上道君)

- 우위: 자허고상원황도군(紫虛高上元皇道君)

■ 제2계

- 주존: 옥신대도군(玉晨大道君)—상청고성태상옥신현황대도군(上淸高聖太上玉晨玄皇大道君)
- 좌위: 태미천제(太微天帝)—좌성자신태미천제도군(左聖紫晨太微天帝道君)
- 우위: 후성현원도군(後聖玄元道君)—우성금궐제신후성현원도군(右聖金闕帝晨後聖玄元道君)

우위(右位)에는 많은 여신이 배치되어 있다. 여신들 중에 최고위에 있는 것은 서왕모(西王母)라 생각되는 '자미원령백옥귀대구령태진원군(紫微元靈白玉龜兌九靈太眞元君)'이다. 다음으로는 신선인 '남악위부인(南嶽魏夫人; 紫虛元君領上眞司命南嶽魏夫人)'이 있다. '원군(元君)'이라는 칭호가 붙은 신은 여신이다. '남악위부인'이란 상청파(上淸派)의 창시자인 위화존(魏華存)이라는 인물이다. 그녀는 결혼하여 두 아이의 엄마였는데 수행을 하여 시해선(尸解仙)이 되어 승천했다. 그 후에도 수행을 계속하여 마침내 서왕모에 이끌려 자허원군이 되어 남악인 형산(衡山)을 다스리는 여신이 되었다고 전해진다.

■ 제3계

- 주존: 태극금궐제군성이(太極金闕帝君姓李)
- 좌위: 태극좌진인중앙황노군(太極左眞人中央黃老君)
- 우위: 태극우진인서량자문(太極右眞人西梁子文)

금궐제군(金闕帝君)은 제2계 우위의 첫째 자리에 위치한 신으로 천지붕괴 때 출현하여 태평한 세상을 연 구세주이다. 좌위에는 노자에게 『노자오천문』을 전수받은 윤희(尹喜; 無上眞人文始先生尹喜), 『포박자』의 지은이인 갈홍의 숙부이기도 한 지선(地仙) 갈현(葛玄; 太極左仙公葛玄) 이외에도 공자(孔子; 太極上眞公孔丘)와 안회(顔回; 明晨侍郎三天司眞顔回) 등의 유교 인물이 배치되어 있다. 그리고 황제(黃帝; 玄圃眞人軒轅黃帝), 제순(帝舜), 하우(夏禹), 주목왕(周穆王), 제요(帝堯) 등 제왕의 이름도 보인다. 우위에는 장자(莊子; 韋編郎莊周)와 노자(老子; 老聃)의 이름을 발견할 수 있다. 그러나 노자는 '북극노자현상선황(北極老子玄上仙皇)'이라는 이름으로 좌위의 신에도 포함되어 있다.

■제4계
- 주존: 태청태상노군(太淸太上老君)과 상황태상무상대도군(上皇太上無上大道君)
- 좌위: 정일진인삼천법사장(正一眞人三天法師張)
- 우위: 태청선왕조거자(太淸仙王趙車子)

'태청태상노군'은 노자를 신격화한 태상노군으로, 천사도를 주장한 구겸지(寇謙之)의 시대에는 최고신으로 모셔졌지만, 여기서는 제4계에 배치되어 있다. 좌위의 첫째는 오두미도의 창시자인 장릉(張陵; 張道陵)이다. 우위에는 일본에 표류해 도착했다는 전설이 있는 서복(徐福)과 갈홍의 이름도 볼 수 있다.

■ **제5계**

- 주존: 구궁상서(九宮尙書)
- 좌위: 좌상(左相)
- 우위: 우상(右相)

'구궁상서'에 대하여 『진령위업도』의 주석에는 이렇게 기록되어 있다. "성은 장(張), 이름은 봉(奉), 자는 공선(公先), 하내(河內) 사람으로, 예전에는 하북사명금보후(河北司命禁保侯)였다가 지금은 태극선후(太極仙侯)이다. 북직(北職)을 공령(公領)하고 지위는 태극(太極)이다." 즉, 태극궁(太極宮)의 선인이 된 장봉(張奉)이 구궁(九宮)을 통할했다는 것이다.

■ **제6계**

- 주존: 우금랑정록진군중모군(右禁郎定錄眞君中茅君)
- 좌위: 삼관보명소모군(三官保命小茅君)
- 우위: 우리중감유익(右理中監劉翊)

주존인 '중모군'은 삼모군의 한 사람인 모고(茅固)로, 제4계의 좌위에 '구곡진인정록우금사모군(句曲眞人定錄右禁師茅君)'으로 배치되어 있기도 하다. 그의 형인 대모군(大茅君) 모영(茅盈)은 제2계 14번째 위치인 '사명동악상진경태원진인모군(司命東岳上眞卿太元眞人茅君)'으로 있고, 동생인 소모군(小茅君) 모충(茅衷)은 이 계의 좌위의 첫째에 위치하고 있다.

■ **제7계**

- 주존: 풍도북음대제(酆都北陰大帝)
- 좌위: 북제상상진시황(北帝上相秦始皇)
- 우위: 중구직사여세상서(中厩直事如世尙書)

이 계의 주존은 귀신을 통할하고 명계(冥界)에서 판관 역할을 하는 풍도대제(酆都大帝)이다. 주석 기록에 의하면 이 대제는 염제대정씨(炎帝大庭氏)이며 나풍산(羅酆山)을 다스리고 3,000년에 한번씩 교대한다. 나풍산은 풍도산(酆都山)이라고도 불린다. 도홍경의 『진고』 15권에 의하면, 이 산의 아래에 동천(洞天)이 있고 그 위아래에 각각 여섯 개의 귀신 궁전이 있다고 한다. 사람의 수명을 판정하는 장소인 이 육천궁(六天宮)은 외궁과 내궁으로 나뉘는데, 그 명칭은 아래와 같다.

- 제1궁: 주절음천궁(紂絶陰天宮)
- 제2궁: 태살량사종천궁(泰煞諒事宗天宮)
- 제3궁: 명신내범무성천궁(明晨耐犯武城天宮)
- 제4궁: 염수죄기천궁(恬昭罪氣天宮)
- 제5궁: 종영칠비천궁(宗靈七非天宮)
- 제6궁: 감사연완루천궁(敢司連宛屢天宮)

밤에 자기 전에 이 천궁의 이름을 북쪽을 향하여 3회 외치면 온갖 기신을 물리칠 수 있다고 설명하고 있다. 좌위에는 진시황제[北帝上相秦始皇]를 필두로 위무제[北帝太傅魏武帝], 주문왕[西明公領北帝師周文王], 후한의 광무제[漢光武帝] 등의 제왕들 이름이 줄지어 있다.

이와 같이 『진령위업도』에 기록된 신들은 제1계부터 제7계까지 거의 같은 형식으로 서열화되어 있다. 각 계층의 천궁에 사는 신들과 신선들에게는 관직이 적혀 있고, 그 옆에는 이름도 지위도 확실하지 않은 자들이 대기하고 있다. 즉, 각각의 천궁이 하나의 관료기구로 되어 있다. 천계에서의 신들의 세계는 원시천존을 정점으로 하는 등급으로 그려져 있고, 그것은 관료제라는 중국의 현실세계를 반영한 것이다.

천계와 인체를 왕래하는 신들

천계의 신들은 인간의 신체에도 머물 수 있다. 도교에서는 우주의 생명이며 활동력이기도 한 '기(氣)'를 주장하고 있는데, 인체의 기는 우주의 기와 서로 끊임없이 왕래하고 있다. 더욱이 기는 신이 될 수 있고 천지의 신은 인간의 체내에도 왕래한다. 즉, 신체는 소우주이고 천지는 대우주이며, 둘은 서로 조응하고 있는 것이다. 이러한 도교의 생각에 대하여 앙리 마스페로는 자신의 저서 『도교』평범사, 동양문고 329 에서 이렇게 해설하고 있다. "둥근 머리는 하늘의 궁륭(穹窿; 아치형으로 하늘을 뒤덮은 큰 공간)이고 장방형의 발은 사각형의 대지이다. 하늘을 떠받치는 곤륜산(崑崙山)은 두개골이고 하늘에 붙어서 그 주변을 도는 해와 달은 각각 왼쪽 눈과 오른쪽 눈이다. 정맥은 강이고 방광은 바다, 머리카락과 털은 뭇 별들이고, 치아는 천둥소리이다. 그리고 해, 달, 강, 바다, 천둥 등 모든 신들은 인체의 안에서 찾을 수 있다."

　도교의 양생사상에서는 만약 인간이 장수를 원한다면 신들을 신체의 해당 부위에 붙들어두지 않으면 안 된다. 그렇다면 어떤 신들이 인체의 어떤 부위에 머문다는 것일까?

　『태상노군중경(太上老君中經)』『도장』태청부 수록에 의하면, 동왕부(東王父)는 청양(靑陽)의 원기로 천계에서는 동방을 다스리는 신인데, 인체에서는 좌측에 왕자교(王子喬), 우측에는 적송자(赤松子)를 거느리고 왼쪽 눈을 다스리고 머리 위에서 노닌다. 서왕모(西王母)는 태음(太陰)의 원기이며 천계에서는 북두(北斗)를 통할하는 신인데, 인체에서는 오른 쪽 눈을 다스리고 머리 위에서 노닌다. 그리고 이 동왕부와 서왕모는 좌우의 유방 아래의 심장에 머물고 있다. 또한 인체에서 무엇보다도 중요한 단전은 배꼽에서 아래로 세 치 떨어진 곳에 있는데, 여기를 다스리는 신은 공자(孔子)라고 한다.

　인체의 각 부위에 머물고 있는 신들의 명칭에 대해서는 여러 가지 설이 있지만, 예를 들면 『상청황정내경경(上淸黃庭內景經)』『운급칠첨(雲笈七籤)』제11권 수록에 보이는 머리 부분의 신의 이름만 거론하면, 다음과 같다.

- 머리카락의 신 – 이름은 창화(蒼華), 자는 태원(太元)
- 뇌의 신 – 이름은 정근(精根), 자는 니환(泥丸)
- 눈의 신 – 이름은 명상(明上), 자는 영현(英玄)
- 코의 신 – 이름은 옥농(玉壟), 자는 영견(靈堅)
- 귀의 신 – 이름은 공한(空閑), 자는 유전(幽田)
- 혀의 신 – 이름은 통명(通明), 자는 정륜(正倫)
- 치아의 신 – 악봉(崿鋒), 자는 라천(羅千)

다음으로는 내장에 사는 신의 이름은 아래와 같다.

- 심장의 신 – 이름은 단원(丹元), 자는 수령(守靈)
- 폐장의 신 – 이름은 호화(晧華), 자는 허성(虛成)
- 간장의 신 – 이름은 용연(龍煙), 자는 사명(含明)
- 신장의 신 – 이름은 현명(玄冥), 자는 육영(育嬰)
- 비장의 신 – 이름은 상재(常在), 자는 혼정(魂停)
- 쓸개의 신 – 이름은 용요(龍曜), 자는 위명(威明)

이러한 신들의 이름은 신진대사와 관련되어 명명되었는데, 천계의 신들과의 대응은 확실하지 않다. 인체에 머물고 있는 신들의 서열에 대해서는 여러 가지 설이 있고 아직까지 통일된 견해는 없다. 인간의 가장 중요한 부위를 관장하는 신이 인체의 어느 부위에 깃들어 있는지, 현대의 뇌사(腦死)를 둘러싼 논란과 관련해서도 흥미 있는 문제이다.

인체에 깃든 신들의 수에 대해서도 여러 가지 설이 있다. 『동진삼원품계경(洞眞三元品誡經)』『무상비요(無上秘要)』 5권 수록에서는 사람의 몸에는 세 개의 궁궐, 여섯 개의 관공서, 120개의 관문이 있고, 3만 6,000의 신이 있다고 한다. 『동신경(洞神經)』『무상비요(無上秘要)』 5권 수록에서는 인체에는 이름을 가진 30명의 신이 깃들어 있고, 그들이 1만 8,000의 신들을 지휘하고 있다고 한다. 그리고 이러한 신들을 흩어지게 하지 않는다면 하늘에서 다시금 1만 8,000의 신이 신체에 내려와 합계 3만 6,000의 신들이 사람의 몸을 들어올려 삼천(三天; 三淸)으로 올려준다. 이렇게 해서 신선이 되는 것이 가능하다고 한다.

　이밖에도 24절기에 걸맞게 인체에도 24명의 신들이 깃들어 있다는 설『동진조형자원이십사신경(洞眞造形紫元二十四神經)』, 『무상비요』 5권 수록도 있다. 하지(夏至)는 인체의 머리 위에, 춘분(春分)·추분(秋分)은 배꼽 가까이에, 동지(冬至)는 발끝 부근에, 머리·오장·육부 등 세 부위에 각각 여덟 신이 살고 있어, 합계 24명의 신이 된다.

산이나 바다에 떠 있는 섬이
지계의 신들의 거처

　천계에 사는 신들이 인체에도 깃들어 있다고 한다면, 이 지상에도 신들이 살고 있다고 생각하는 것도 자연스러운 일이다. 그렇다면 지상 세계의 신들은 어디에 있다고 생각했을까?

　중국에서는 예로부터 산 그 자체, 또는 산의 동굴에는 신이 살고 있다는 산신[山嶽] 신앙이 있다. 오행설의 영향을 받아 기원전 1세기경에 천하의 명산으로서 오악(五嶽)이 확정되었는데 각각의 산에 신이 있다고 여겨왔다. 오악과 거기에 사는 신의 이름은 다음과 같다.

- 동악(東岳) − 태산(泰山, 山東省) − 원상룡(円常龍)
- 남악(南岳) − 형산(衡山; 湖南省) − 단영치(丹靈峙)
- 서악(西岳) − 화산(華山; 陝西省) − 호울수(浩鬱狩)
- 북악(北岳) − 항산(恒山; 山西省) − 징위정(澄渭亭)
- 중악(中岳) − 숭산(嵩山; 河南省) − 수일군(壽逸群)

다만 산 이름, 신의 이름에 대해서는 다른 주장도 있다. 이 오악 중에서 가장 존중받는 것은 '태산'이다. 태산에는 죽은 자의 영혼이 모여 있다고 하고, 그 주신은 '동악대제(東嶽大帝)'이다. 당의 현종과 북송의 진종이 태산에서 봉선했을 때에 동악대제에게 '천제왕(天齊王)', '인성천제왕(仁聖天齊王)'이라는 봉호를 주었다. 또한 동악대제는 인간의 생명을 관장하고 사후세계를 지배하는 '태산부군(泰山府君)'으로도 불린다. 이 신의 자녀가 '벽하원군[碧霞元君; 원래 명칭은 천선성모벽하원군(天仙聖母碧霞元君)이며, 민간에서는 천신낭낭(天仙郎郎)으로 부른다]'이라는 여신이며 마찬가지로 태산에 모셔져 있다. 이 신은 돈벌이, 좋은 연분, 아들 출산, 아이의 병 치료 등의 효험이 있다고 여겨져 지금도 많은 사람들이 신앙하고 있다.

신선이 사는 명산은 그 뒤 수가 늘어남에 따라 정비되었다. 예를 들면, 『운급칠첨(雲笈七籤)』 27권 동천복지(洞天福地) 『천지궁부도(天地宮府圖)』에서는 선인 및 진인이 통치한다는 10대동천(十大洞天), 36소동천(三十六小洞天), 72복지(七十二福地)가 거론된다.

10대동천은 상천(上天)이 많은 선인을 보내고 통치하는 명산이다. 그 중 첫 번째가 왕옥산동(王屋山洞)으로 소유청허지천(小有清虛之天)이라 일컬어진다. 왕옥현(王屋縣)으로부터 거슬러 올라가 60리에 위치해 있고 서성왕군(西城王君)이 다스리고 있다고 전해진다. 두 번째는 위우산동(委羽山洞), 세 번째는 서성산동(西城山洞), 네 번째는 서현산동(西玄山洞), 다섯 번째는 청성산동(青城山洞), 여섯 번째는 적성산동(赤城山洞), 일곱 번째는 나부산동(羅浮山洞), 여덟 번째는 구곡산동(句曲山洞), 아홉 번째는 임옥산동(林屋山洞)이며, 열 번째는 괄창산동(括蒼山洞)이다. 이러한 명산에 대해서는 전승이 많아, 서성산(西城山)의 석실에는 도교가 숨겨져 있거나『신선전(神仙傳)』7권, 천지가 종말할 때 선택받은 선인인 종민(種民)이후에 서술한다이 구곡산[句曲山; 모산(茅山)]에서 태평 세상의 도래를 기다린다고 전해지고 있다.『진고(眞誥)』11권.

36소동천(三六小洞天)은 상선(上仙)이 통치하는 장소로서 첫 번째는 선인인 왕위현(王緯玄)이 다스리는 곽동산동(霍桐山洞)이다. 두 번째부터 여섯 번째까지는 앞서 기술한 오악으로, 산도공자(山圖公子)가 다스리는 동악태산동[東岳太(泰)山洞], 석장생(石長生)이 다스리는 남악형산동(南岳衡山洞), 혜거자(惠車子)가 다스리는 서악화산동(西岳華山洞), 정자진(鄭子眞)이 다스리는 북악상산동[北岳常(恒)山洞], 등운산(鄧雲山)이 다스리는 중악숭산동(中岳嵩山洞)으로 이어진다. 그 이후에도 일곱 번째로 아미산동(峨嵋山洞), 여덟 번째로 노산동(盧山洞)등 유명한 산이 열거되고 있다.

72복지(七二福地)는 상제가 진인과 지선에게 명하여 다스리게 하는 산이다. 첫 번째는 강녕부(江寧府) 구용현(句容縣)이다. 도은거(陶隱居)가 은둔하던 장소로서 진인인 사윤(謝允)이 통솔하는 지폐산(地肺山)으로 알려졌다. 이하의 산 이름은 생략하지만, 도를 터득하여 진인이 되었다고 하는 산은 다수 있다.

명산 이외에 바다에도 신들이 산다는 설도 있다.『사기(史記)』「진시황기(秦始皇記)」에는 신선이 있는 장소로서 바다 속에 삼신산, 즉 봉래(蓬萊), 방장(方丈), 영주(瀛洲)가 있다고 기록되어 있다. 그 후 『십주삼도(十洲三島)』한대의 동방삭(東方朔) 지었다고 말하는 사람도 있지만 육조 시대의 저자이다.『운급칠천(雲笈七籤)』26권 수록에서는 신선이 사는 장소로 곤륜(崑崙), 방장(方丈), 봉구(蓬丘)이 세 섬, 또는 조주(祖洲), 영주(瀛

洲), 현주(玄洲), 염주(炎洲), 장주(長洲), 원주(元洲), 유주(流洲), 생주(生洲), 봉린주(鳳麟洲), 취굴주(聚窟洲)의 10주가 거론되고 있다.

조주(祖洲)는 동해의 가운데에 있고 거기에는 불사(不死)의 선초(仙草)가 자라고 있다. 죽은 자에게 이 풀을 덮어주면 살아나고, 이것을 먹으면 장생을 얻는다고 한다. 진시황제는 이러한 이야기를 듣고, 서복(徐福)에게 명하여 동자와 여자아이 각각 300명과 함께 조주(祖洲)로 가서 이 선초를 구해오라고 보낸 것으로 전해지고 있다.

이 이야기뿐만 아니라 『서유기(西遊記)』의 손오공 전설에서 보이는 것과 같이 산의 바위굴에 놓아도 죽음과 재생이 반복된다. 지상의 깊숙하고 고요한 산과 골짜기나 아득한 바다의 저편의 섬에 신들의 거처가 있다고 여겨지는 것은 장생불사를 얻고 싶어 하는 사람들의 욕망의 표출이라고도 말할 수 있다.

영원히 반복되는 천지붕괴와 재생

그리스도교에서는 유일신인 하나님이 천지를 창조했고 원죄를 짊어진 사람은 이 세상의 종말 때에 신의 심판을 받는데, 예수의 부활을 믿는 사람은 죄를 용서받고 천국에서 영원한 생명을 얻을 수 있다고 한다. 그렇다면 많은 수의 신들을 모시는 도교에서는 천지의 생성과 종말, 인간들의 구제에 관하여 어떻게 설명하고 있을까?

우선 천지만물의 생성과 천계의 구조에 대하여 말해 보자. 『운급칠첨』 3권 '도교본시부(道敎本始部)'에 의하면, '무(無)'를 근본으로 묘일(妙一)이 생성하고 묘일이 나뉘어 삼원(三元)으로 변화하고, 삼원에서 삼기(三氣)로 변하고, 삼기에서 음양(陰陽)이 생기고 천지인(天地人)의 삼재(三才)로 변화하고, 삼재가 자라 만물이 갖춰졌다고 하는 천지 생성 과정이 기록되어 있다.

'삼원'이란 혼동태무원(混洞太無元), 적혼태무원(赤混太無元), 명적현통원(冥寂玄通元)이다. 혼동태무원으로부터 천보군(天寶君)이, 적혼태무원으로부터 영보군(靈寶君)이, 명적현통원으로부터 신보군(神寶君)이 태어났다. 천보군, 영보군, 신보군이 삼보군(三寶君)으로, 이 삼보군이 있는 곳이 삼청경(三靑境; 三天)이다.

천보군이 다스리는 옥청경(玉淸境)은 청미천(淸微天)으로, 그 기(氣)는 시청(始靑)이라 한다. 영보군이 다스리는 상청경(上淸境)은 우여천(禹余天)으로, 그 기는 원황(元黃)이라고 한다. 신보군이 다스리는 태청경(太淸境)은 대적천(大赤天)으로, 그 기는 현백(玄白)이라고 한다. 이 세 기는 삼원으로부터 생성되었고, 삼원은 묘일로부터 탄생하였으므로, 삼군은 이름은 다르지만 원래는 동일한 것이다. 이후에 삼군을 옥청(玉淸), 상청(上淸), 태청(太淸)의 삼청(三淸)이라 칭하고 앞서 서술한 바와 같이 도교 최고의 신으로 간주하게 되었다.

또한 삼군은 모두 교주로서 삼동(三洞)의 존신(尊神)이기도 하다. 삼동은 동진(洞眞), 동현(洞玄), 동신(洞神)으로 가자가 12부 경(經)을 펼치고, 천보군은 동진, 영보군은 동현, 신보군은 동신의 교주가 되었다. 이 때문에 삼동을 아울러 36부경(三十六部經)이라 하며, 동진은 대승(大乘), 동현은 중승(中乘), 동신은 소승(小乘)이라 했다. 이상을 정리하면 다음 페이지이 〈표 1〉이 된다.

<표 1>

삼원(三元)	혼동태무원 (混洞太無元)	적혼태무원 (赤混太無元)	명적현통원 (冥寂玄通元)
삼보(三寶)	천보군(天寶君)	영보군(靈寶君)	신보군(神寶君)
삼청(三淸)	옥청경(玉淸境)	상청경(上淸境)	태청경(太淸境)
삼천(三天)	청미천(淸微天)	우여천(禹余天)	대적천(大赤天)
삼기(三氣)	시청(始靑)	원황(元黃)	현백(玄白)
삼동(三洞)	동진(洞眞)	동현(洞玄)	동신(洞神)
삼승(三乘)	대승(大乘)	중승(中乘)	소승(小乘)

<표 2>

1	2	3	4	5	6	7	8	9	10	11	12	13	14	15	16	17	18
태황황정천	태명옥완천	청명하동천	현대평육천	원명문권천	칠요마이천	허무월형천	태극모예천	적명화양천	현명공화천	요명종풍천	축락황가천	허명당요천	관명서정천	현명공경천	태환극요천	원재공승천	태안황애천
욕계(欲界)						색계(色界)											
육천						십팔천											

계는 36천(天)으로 구성되어 있는데, 욕계(欲界), 색계(色界), 무색계(無色界)의 삼계(三界)의 안에 28천(天)이 있고, 나머지 8천은 삼계의 밖에 있다. '3계 28천'은 불교 교리에서 수용했다는 설이 있지만, 도교에서는 그 위에 더하여 8천을 두고 있다.『운급칠첨』천지부(天地部) '사범삼계삼십이천(四梵三界三十二天)'의 기술에 의거하여 정리해 보면, 〈표 2〉와 같다. 욕계에서의 수명은 1만 년으로 살아 있는 동안 살인이나 도둑질, 불륜 같은 죄를 저지르지 않은 자가 갈 수 있다. 색계에서의 수명은 1억만 년으로 탐하거나 화내지 않았던 자가 갈 수 있는 곳이다. 무색게에서이 수명은 1억겁 년으로 욕설이나 함부로 말하지 않은 자가 갈 수 있다.

이 삼세 28천의 위에 있는 천(天)이 사범친[四梵天; 종민천(種民天)]이다. 종민(種民)은 자기의 '종(種)'을 멸망하지 않고 보호해서 불사(不死)가 된 민(民)이다. 종민천(種民天)은 생사를 초월하여 불,

<table>
<tr><td>19</td><td>20</td><td>21</td><td>22</td><td>23</td><td>24</td><td>25</td><td>26</td><td>27</td><td>28</td><td>29</td><td>30</td><td>31</td><td>32</td><td>33</td><td>34</td><td>35</td><td>36</td></tr>
<tr><td>현정극풍천</td><td>시황효망천</td><td>태황옹종천</td><td>무사강곡천</td><td>상엽완락천</td><td>무극운서천</td><td>호정소도천</td><td>연통원동천</td><td>한총묘성천</td><td>수악금상천</td><td>강융천</td><td>옥융천</td><td>범도천</td><td>가혁천</td><td>대적천—태청경</td><td>우여천—상청경</td><td>대적천—옥천경</td><td>대라천</td></tr>
<tr><td colspan="6">색계(色界)</td><td colspan="4">무색계(無色界)</td><td colspan="4">종민천
(種民天)</td><td colspan="3">삼청천</td><td></td></tr>
<tr><td colspan="6">십팔천</td><td colspan="4">사천</td><td colspan="4">사천</td><td colspan="4">삼천</td></tr>
</table>

물, 풍재(三災)가 미치지 않는 곳이다. 그 위에 삼청천(三淸天; 三淸境)이 있다. 이곳에는 각각 좌우와 중앙에 세 개의 궁전이 있고, 선옥(仙玉), 선공(仙公), 선어(仙御), 선백(仙伯), 선대부(仙大夫)가 있다. 또한 옥청경에는 구성(九聖), 상청경에는 구진(九眞), 태청경에는 구선(九仙)이 살고 있다고 한다. 최상위 하늘은 최고신인 원시천존이 있는 대라천(大羅天)이다. 삼보군(三寶君)은 원시천존에서 갈라진 신이며 36천은 삼보군이 통할하고 있다.

그런데 이렇게 생성된 천지는 일정한 주기로 종말을 맞아 붕괴되고 다시 재생된다. 붕괴와 재생은 영원히 순환하며 천지개벽 때마다 항상 존재하면서 불멸인 원시천존이 태상노군, 태상장인(太上丈人)들에게 비밀의 도(道)를 전수하여 사람들을 구제한다.『수서(隋書)』「경적지(經籍志)」에서는 이것을 '개겁도인(開劫度人)'이라 기록하고 있다. '개겁(開劫)'이란 일정한 주기『수서』 경적지에서는 41억만 년을 일겁이라 하여 연강(延康)·적명(赤明)·용한(龍漢)·개황(開皇)이라고 하는 겁명(劫名)을 기록하고 있다로 천지가 붕괴하고 새로운 '겁'이 열려 다시 천지가 개벽하는 것을 말한다. 도교에서는 천지의 운행법칙에 근거하여 일정한 시기[예를 들면 갑신(甲申)의 해]에 대재해가 발생하여 종말을 맞이하고, 그 이후 태평한 세상이 된다는 설이 있다. 이러한 사고방식은 불교의 겁재(劫災)천지는 괴겁(壞劫)·공겁(空劫)·성겁(成劫)·주겁(住劫)의 4개의 단계를 한 주기로 하여 순환하고 주겁일 때 전쟁·질병·기근의 소삼재(小三災)가 일어나고, 한 주기의 마지막에는 화재·수재·풍재가 일어난다 사상을 기반한다. 또한 일정한 주기로 재해가 찾아온다는 설은 전한시대에 설파된 양구(陽九)·백육(百六) 사상에서도 볼 수 있다. 이것은 삼통력(三統曆)의 일원(一元, 4617년) 중에 양(陽)의 재앙과 음(陰)의 재앙이 일정한 주기로 일정한 기간에 일어난다는 설이다.

'도인(度人)'은 천지개벽이 이루어질 때 원시천존이 설파하는 경(經)에 의하여 사람들이 제도되는 것을 말한다. 앞서 기술한 바와 같이 『수서』에서는 이러한 '경'은 '원일(元一)'의 기(氣)'를 받아 자연스럽게 생겨난 '천서(天書)'로서 빛나는 특수한 문자로 쓰여 있다고 기록되어 있다.

종말론은 동진시기, 상청파(上淸派), 갈씨도(葛氏道), 천사도(天師道) 등의 도교집단에 의하여 활발하게 설파되었다. 일반적인 특징은, 현실세계는 말세라서 빠른 시일 내에 필연적으로 천지가 대재앙(주로 홍수)에 의하여 붕괴되는데, 그 후 반드시 구세주[금궐후성제군(金闕後聖帝君)·신신군(神仙君)]기 출현하어 태평 세상이 열린다. 재해에 의해 악인은 망하지만 도교 경전의 가르침에 따르며 선행을 쌓고 수행을 하거나 호부(護符)를 가지고 있는 선인만이 한정된 수의 종민(種民)으로서 죽음을 면하고 태평한 세상이 도래할 때까지 살아남을 수 있다고 한다.『六朝道教史研究』, 고바야시 마사요시(小林正美) 저, 1990년, 創文社, 제 3편 1장 참조.

이와 같이 도교의 천지생성과 종말, 구제론의 특징은, 신이 인간을 창조한 것이 아니라, 신들이든 인간이든 만물이든 간에 일기(一氣)에서 화생된 것으로 본 점, 천지의 붕괴와 재생이 영원히 반복된다고 하는 점, 일정된 주기로 반드시 일어나는 대재해로 인해 선인만이 구제되고 악인은 일소된다고 하는 점, 천지개벽의 때에는 눈이 부실 정도의 빛나는 문자로 쓰인 천서(天書)가 나타난다고 하는 점 등이다.

【참고문헌】

본고는 국내외 많은 저서·연구 논문을 참고해서 작성했지만, 본문에서 언급한 것 외에 특히 다음의 것만을 언급하고자 한다.

『도교의 신들』, 구보 노리타다(窪德忠) 저 (1986년 平河出版社)
「도교의 신들」, 『도교』 제 1권, 이시이 마사코(石井昌子) (1983년 平河出版社) 수록
「개겁도인설의 형성(상)—천지의 순환적 재생설을 둘러싸고」, 『동양학술연구(東洋学術研究)』 제27권 별책, 가미쓰카 요시코(神塚淑子), (1988년)
「개겁도인설의 형성(하)—천서출현에 의한 구제설을 둘러싸고」, 『나고야대학 교양부 기요』 제 36집, 가미쓰카 요시코(神塚淑子), (1992년)

도교의 성립과 역사

― 스나야마 미노루(砂山 稔, 이와테대학 명예교수)

11명의 도사와 학자로 구성하는 도교사(道敎史). 긴 세월에 이르는 도교의 역사 속에서 획기적인 열한 명의 도사, 학자와 그 저작을 거론하며 지금에 이르기까지의 도교의 변천과 교의의 핵심을 밝힌다.

중국 국내의 도교연구는 1949년 중화인민공화국의 성립으로부터 대략 30년간 정체되었다. 그러나 문화대혁명이 종식된 후, 1970년대 후반에 이르러 도교 연구가 재개된 이후 최근에 이르기까지 도교연구의 활발함은 참으로 눈부시다. 그리고 다수의 논문이 제출된 가운데 그 중에서도 활발한 도교연구 상황을 상징하는 것이 엄청난 양의 도교통사(道敎通史)의 출현이다.

이 중에서 중국 사회과학원 세계종교연구소의 전 소장으로 북경도서관장을 맡고 있는 런지유(任継愈)가 편집한 『중국도교사』상해인민출판사, 1990년는 (1) 한위진남북조(漢魏晋南北朝) 도교, (2) 수당(隋唐) 도교, (3) 송원(宋元) 도교, (4) 명청(明淸) 도교, (5) 명청의 민간종교와 도교, 이 다섯 편을 조화롭게 배치한 812쪽 분량의 역작이다. 또 한 가지, 사천대학종교연구소의 칭시타이(卿希泰)가 편집한 『중국도교사』는 현재 (1) 진한위진남북조시대(秦漢魏晋南北朝時代)1988년, (2) 수당오대북송시대(隋唐五代北宋時代)1992년의 2권이 간행되었을 뿐이지만, 두 권 모두 1,500쪽이 넘을 정도로 자세한 서술이 전개되고 있다. 모두 사천인민출판사에서 간행되었지만 제2권은 중국의 제8차 5개년 계획의 중점도서선제출판계획(重点圖書選題出版計劃)의 일환인 것이 명기되어 있다.[1]

한편 일본에서는 1948년에 설립된 '일본도교학회'에 결집한 연구자에 의해 중국에서 정체된 사이에도 부지런히 노력하고 연구가 계속되었다. 그 성과는 최근까지 중국의 도교연구에도 많은 영향을 주었고, 그 영향은 앞서 밝힌 중국의 두 종류의 통사에도 여실히 드러나 있다. 일본에서의 도교 연구는 아래의 서술에서 언급하기로 한다.

도교의 통사에 있어서도 일찍이 故 요시오카 요시토요(吉岡義豊)의 『영생을 향한 염원(永生への願い)』淡交社, 1970년, 구보 노리타다(窪德忠)의 『도교사(道敎史)』山川出版社, 1977년 등이 유력한 저술로 간행되었다. 그런데 중국에서는 최근 '십대계열총간(十大系列叢刊)'이라는 저작들이 간행되었으며, 그 시리즈 중에서 도교와 관련하여 『십대도사(十大道士)』상해고적출판사, 1992년가 있다. 편집자인 장관영(章冠英)은 이 책에서 (1) 도교의 비조 장도릉(張道陵), (2) 제왕의 스승 구겸지(寇謙之), (3) 삼동도사 육수정(陸修靜), (4) 산중재상 도홍경(陶弘景), (5) 전진천사 두광정(杜光庭), (6) 수선(睡仙) 진단(陳摶), (7) 남종시조 장백단(張伯端), (8) 만승국사 구처기(丘處機), (9) 은둔한 신

---

1. 경희태의 『중국도교사』는 『중국도교사상사』라는 서명으로 총4권 전집의 형태로 2009년 12월에 완간되었다. - 역자주

선 장삼풍(張三豊), (10) 포일(抱一) 고사 왕상월(王常月)의 10인을
열거하고 있다.

그런데 여기서 필자는 조금 더 궁리하여 도교 11인의 도사이자 도
교학자를 구성하여 도교의 성립과 역사에 대해 기술하고 싶다. 구체
적으로는 (1) 간길(干吉), (2) 갈홍(葛洪), (3) 도홍경(陶弘景), (4) 성
현영(成玄英), (5) 사마승정(司馬承禎), (6) 두광정(杜光庭), (7) 장
군방(張君房), (8) 장백단(張伯端), (9) 왕중양(王重陽), (10) 유옥(劉
玉), (11) 장삼풍(張三豊)에 대하여 앞에서 언급한 통사와 기존의 연
구도 참고해가며 서술하기로 한다. 또한 도교 교단의 흐름에 대해서
는 본서의 '도교교단' 및 '교파사전'의 항목도 참조한다.

1. 간길과 『태평경』

— '삼일(三一)'과 '수일(守一)'에 주목

후한의 중평(中平) 원년(184년)에, 거록(鉅鹿) 땅의 장각(張角)이
황건적(黃巾賊)의 난을 일으켰다. 장각이 태평도 교단을 성립한 것
은, 장릉(張陵)이 시작한 오두미도(五斗米道) 교단의 성립과 함께 도
교의 역사를 열게 된 것은 두루 아는 사실이다.

장각은 황노(황제, 노자)의 도를 받들어 수과(首過; 머리를 조아려
잘못을 뉘우치는 것), 부수(符水; 부적을 태워 넣은 물을 마시는 것)
에 의해 병이 낫는다고 퍼트려 민중의 신앙을 얻고 후한 말, 사회가
불안정한 틈을 타 큰 교단을 조직하여 "창천은 이미 죽었으니 황천이
이제 일어나리니. 갑자년 올해에 천하가 크게 길하리라"라는 구호를

외치게 되었다.

그런데 장각이 섬긴 도교 경전이 간길(干吉)의 『태평청령서(太平淸領書)』이다. 『후한서』 「양해전(襄楷傳)」에 의하면 다음과 같은 내용 기록되어 있다. 처음에 순제(順帝) 때, 낭야(瑯耶) 땅의 궁숭(宮崇)이 조정에 조회하여 스승 간길이 곡양천(曲陽泉) 물가에서 얻게 된 신서 170권을 바쳤다. 그것들은 모두 명주에 붉은 선이 걸리고 푸른색 표지에는 붉은색으로 제목이 적혀 있었기 때문에 『태평청령서』라고 불렸다. 그 내용은 음양오행(陰陽五行)에 의하여 견해를 펼치고 있고, 무격(巫覡)의 잡어(雜語)가 많이 들어 있었다. 관리자는 궁숭이 바친 저서가 요망한 경전이라고 상주하며 이것을 감추었다. 그러나 후에 장각은 어찌하여 그 신서를 보유했다는 것이었다.

현행의 『도장(道藏)』에 수록된 『태평경』 57권 및 『태평경초(太平經鈔)』 10권단 갑부(甲部)를 제외은 『태평청령서』가 육조 말에 복원 재편찬된 것의 잔권 또는 초록으로 보이지만, 이 『태평경』에서 두드러지는 것은 '삼일(三一)'과 '수일(守一)' 사상에 있다.

그 중에서 '삼일' 사상은 3개가 1조가 되는 조합으로, 즉 '태음(太陰)·태양(太陽)·중화(中和)', '하늘·땅·사람', '부·모·자식', '임금·신하·백성', '도(道)·덕(德)·인(仁)'의 세 가지 요소가 상호 조화롭게 교류해야 하는 중요성을 설파하였다. 이로부터 '태평(太平)'

한 세상이 온다는 것이다. '수일(守一)' 사상은 우선 '일을 지키면 오래 존재하고 늙지 않는다'고 설파한 것처럼, 양생과 불노장생의 사상과 깊게 관련되어 있다. 또한 『태평경』에는 조상의 죄가 후세 사람에게 화를 입힌다는 독특한 '승부(承負)'의 사고방식이 있는데, 역시 '수일'에 의하여 이러한 '승부'의 죄가 그 책임에서 풀린다고 한다. 도교 최초의 중요경전인 『태평경』은 그러한 저작이다.

2. 갈홍과 『포박자』

— 금단(金丹)의 중요성을 설파

후한부터 삼국시대를 거쳐 진(晉)시대에 이르러 도교 원론이라고 할 수 있는 『포박자』가 갈홍에 의해 만들어졌다. 갈홍(283~343년)은 자는 치천(稚川)이며 단양(丹陽) 구용(句容) 출신이다. 그의 증조부인 갈현[葛玄; 164~244년, 자는 효선(孝先)] 역시 오(吳)나라 시대에 활약한 도교도로서 『노자도덕경서결(老子道德經序訣)』의 저자이다. 이 책은 노자를 『도덕경』에서 설파한 '도'와 동일시하면서 신격화하여 『도덕경』을 성전(聖典)시한 초기의 저작으로 도교사상에 중요한 위치를 차지한다.

갈홍은 갈현의 제자인 정사원(鄭思遠)을 통해서 갈현의 도통을 계승했다. 그의 저작 『포박자』는 내편 20권, 외편 50권이지만, 외편은 유가(儒家)의 말로 도교에 대해서 설파한 것은 내편뿐이다. 내편을 관통하는 철학은 '신선은 배워서 도달할 수 있는 것'이다. 즉 인간은 선도를 배우는 것에 의하여 장생불사의 신선이 될 수 있다고 주장한

갈홍(葛洪)

다. 내편의 '창현편(暢玄篇)'에서 시작되어 '거혹편(袪惑篇)'에서 끝나는 20권은 한결같이 이러한 철학의 입증과 신선이 되기 위한 방법에 대한 서술이다. 이것이 '도교 원론'이라고 하는 근거이다.

그리고 갈홍이 『포박자』에서 극구 역설하는 것이 금단(金丹)의 효능이다. 『포박자』의 '금단편(金丹篇)'에서는 불노장생을 얻기 위해서는 금단을 복용하는 것이 무엇보다도 중요하다고 한다. 금단의 '금'은 불에 구워도, 땅에 묻어도 썩지 않는 점을 중시한 것이다. 최고의 단은 구전(九轉)의 단으로 구우면 구울수록 영묘하게 변화하는 점이 중요한 것으로 알려졌다. 이러한 구전의 단을 복용하면 3일 만에 선인이 된다고 한다. 그리고 이런 대약(大藥)인 금단을 만들 때에는 외딴 명산에서 목욕재계를 하고 신변을 청결하게 하지 않으면 안 된다고 기록되어 있다.

금단의 효용을 강조하는 '대속편(對俗篇)'에서는 "천선이 되려고 한다면 1,200선행을 쌓아야 한다. 만약 1,199의 선행을 쌓았더라도 도중에 1개의 악행을 일으키면 앞의 선행을 모두 잃게 되고 새롭게 선행을 쌓지 않으면 안 된다"며, 선도 획득의 어려움을 형상화해 후세의 도교 신앙인에게 지극히 큰 영향력을 행사하였다.

3. 도홍경과『진고』

— 모산파(茅山派) 도교 집대성에 힘쓰다.

남북시대에 이르러 북위(北魏)에서는 구겸지(寇謙之)가 신천사도(新天師道)를 수립하고 유송(劉宋)시기에서는 육수정(陸修靜)이『도장(道藏)』의 뼈대인 동진(洞眞), 동현(洞玄), 동신(洞神)의 삼동설(三洞說)을 수립했다. 그 후 남조시대에 모산파 도교를 집대성한 것이 도홍경이다.

도홍경(456~536년), 자는 통명(通明), 단양(丹陽) 예릉(秣陵) 출신으로 제량(齊梁)시대에 활약한 도사이다. 10살 무렵 갈홍이 쓴『신선전』을 읽고 신선의 길에 뜻을 두었다. 제나라의 영명(永明) 2년(484년), 그는 흥세관(興世觀)의 도사 손유악(孫遊嶽)으로부터 부도경법(符圖經法)을 사사받고 도사로서 선도수업을 시작하였다. 같은 해, 석두성(石頭城)에서 중병에 걸려 신선계를 여행하는 신비한 체험을 하게 된다. 이 신비한 체험은『진고(眞誥)』의 세계의 이해와 깊이 관련된 것으로 보인다. 영명 10년(492년)에는 세속을 떠나 모산에 은거, 스스로를 화양도은거(華陽陶隱居)라 칭하였다. 이후『진고』, '수일(守一)'을 설파하는『등진은결(登眞隱訣)』,『신농본초경집주(神農木草經集注)』등을 편찬

도홍경(陶弘景)

하고 남제(南齊) 말에는 모산파(茅山派) 도교의 집대성을 이루었다.

　제양(齊梁)혁명 때, 그는 '양(梁)'이라는 글자가 천운의 흐름에 따른 것임을 고하였고, 남조 양(梁)의 무제(武帝) 소연(蕭衍)은 '양(梁)'을 국호로 정하였다. 양나라 시대에 그는 선도(仙道)의 태두로서 건강(建康; 지금의 난징) 사대부 사회에서 자타가 공인하는 존재가 되었고, 양무제의 정치적 고문 역할도 하며 '산중재상'으로 일컬어졌다. 『주씨명통기(周氏冥通記)』, 『진령위업도(眞靈位業圖)』는 이 시기에 편찬되었다.

　『진고』는 동진(東晉)시대의 양희(楊羲)·허목(許穆) 등의 영매에 내려진 선계 신들의 계시[眞誥]를 도홍경이 편찬하고 자전적인 부분을 덧붙여 주석을 단 것으로, 7편 20권으로 구성된 모산파 도교의 경전이다. 도홍경은 『진고』의 주석에서 천지유명(天地幽明)의 사이는 선계, 인계, 귀계의 3개의 세계로 분할되며, "선한 인간은 신선이 될 수 있고, 신선에서 좌천된 자는 인간이 된다. 나쁜 인간은 귀신이 되고 복을 짓는 귀신은 인간이 된다(闡幽微注)."고 서술하였다. 즉 신선과 인간, 귀신은 서로 오르고 내릴 수 있는 것으로 간주하고 있다. 그리고 이 승강의 요인이 되는 것은 인간이 선행으로 공덕을 쌓느냐 아니냐의 여부이며, 선한 공덕의 덕목에서 충효, 인자(仁慈)가 높은 순위를 차지하고 있다.

　도홍경은 앞서 말한 갈홍과는 달리 선한 공덕을 1,000개 쌓으면 잘못이 있어도 신선이 될 수 있다는, 이른바 '이행도(易行道)'를 중시하였다. 『주씨명통기(周氏冥通記)』는 도홍경의 제자인 주자량(周子良)이 선계의 신들과 교감한 기록을 편찬한 것으로『진고』와 밀접한 관계가 있다. 또한『신농본초경집주』의 편찬에서 엿볼 수 있듯이 양생의 방법으로서의 본초의 중시, 육체를 기르기 위한 약석(藥石)의 중시는 후세의 도교사상, 양생사상에 큰 영향을 미치고 있다.

4. 성현영과 그의 저작인 『노자의소』, 『노자개제』, 『장자소』

— 깨달음의 경지 '중현(重玄)'을 중시

다음으로 수당시대로 걸음을 옮겨, 중현파(重玄派)의 성현영에 대해서 서술하기로 한다. 남조시대, 도홍경의 모산파 도교의 흐름과 별기로 삼동설(三洞說)을 세운 송나라의 육수정의 활동을 이어받아 영보경전을 존중한 제나라의 고환(顧歡), 양나라의 송문명(宋文明), 그리고 '노자'를 존중하는 태현파(太玄派)에는 송양(宋梁) 연간의 맹지주(孟智周), 양나라의 장현정(臧玄靜)의 활동이 있었다. 맹지주는 삼동(三洞)을 잇는 『도장』의 체계인 태현(太玄)·태평(太平)·태청(太淸)·정일(正一)의 사보설(四輔說)도 수립했다. 한편 북조에서는 북주(北周)의 무제 시대에 『무상비요(無上秘要)』라는 도교 총서가 편찬되었다.

그리고 수(隋)나라 시대가 되자 선대의 영보파(靈寶派)와 태현파(太玄

성현영(成玄英)

派)의 영향을 받은 '중현파(重玄派)'가 탄생되었다. 『수서(隋書)』경 적지(經籍志)에서는 『노자』, 『장자』, 『영보경(靈寶經)』, 『승현경(昇玄經)』을 강설(講說)하는 도사 무리의 활동으로서 중현파를 언급하고 있다. 오래지 않아 중현파는 수당시대의 도교 최고의 신인 원시천존(元始天尊)이 중생을 구제하고자 설파한 『태현진일본제경(太玄眞一本際經)』 등을 탄생시켰다. 이러한 도교 중현파의 존재를 최초로 지적한 것은 필자이지만, 앞서 임계유(任継愈)가 주편한 『중국도교사』에서는 "제6장 수당도교 중현철학"의 조항에서, 그리고 경희태(卿希泰)가 주편한 『중국 도교사』 제2권에서는 "제5장 도교, 수에서 성당시대의 융성과 교리의 대발전"의 넷째 절과 다섯째 절에서 중현파의 성현영, 이영(李英)의 중현사상과 더불어 맹안배(孟安排)의 『도교의추(道教義樞)』에 관한 서술에 많은 지면을 할애하고 있다. 그러나 장관영(章冠英)의 『십대도사(十大道士)』에서는 당말 오대 때의 두광정(杜光庭)을 제외하고는 도교 전성의 시대였던 당나라 때의 도사 10인을 다루지 않고 있다. 이것이 여기에 성현영을 소개하는 이유이다.

성현영은 자를 자실(子實)이라 했고 섬주(陝州) 출신이다. 태어난 해와 세상을 떠난 해는 미상으로 당나라 초기인 고종(高宗) 시대를 중심으로 활동하였다. 장안의 서화관(西華觀)에 거주하였던 것을 연유로 서화법사(西華法師)라 칭한다. 처음에는 동해(東海)에 은둔했었는데, 정관(貞觀) 5년(631년)에 태종의 부름을 받고 수도인 장안(長安)으로 갔다. 머지않아 당나라 초기의 도교와 불교가 이론적 우위를 다투는 도불논쟁에서 이론파 도사로서 공식적으로 두각을 나타내었고, 정관 10년(636년)에는 도사인 채자황(蔡子晃)과 함께 불교측의 준수혜정(俊秀慧淨)과 논쟁했다. 또한 정관 21년(647년)에는 저명한 승려인 현장(玄奘)도 참여한 『노자』의 산스크리트어 번역사업에 참가하였다. 이 번역사업은 『노자』의 서방전파를 목적으로 한 기획으로 보인다. 성현영은 고종(高宗)의 영휘(英徽) 연간(650~655년)에 욱주(郁州)에 유배되었지만, 그곳에서 『노자노덕경의소(老子道德經義疏)』5권, 『노자도덕경서결의소(老子道德經序訣義疏)』1권, 『노자도덕경개제(老子道德經開題)』1권, 『장자소(莊子疏)』30권을 저술하였다.

그 중에서도 『노자도덕경개제(老子道德經開題)』는 노자를 도교의 교주로, 『도덕경』을 도교의 중심적인 경전으로 간주한다. 그리고 도교와 노자, 『도덕경』의 삼위일체적 관계를 명확히 하였다. 이 책은 지금까지의 도교경전의 서술을 바탕으로 쓴 노자개론이라고 할 수 있다. 당나라 시대는 노자가 황실의 조상으로 간주되어 도교가 융성하던 시절로 『노자도덕경개제』는 당나라 초기의 노자 존중 분위기를 매우 선명하게 전달한 저작이다. 성현영은 이러한 저작들 속에서 '중현(重玄)'과 '무위(無爲)'의 두 가지 사상을 중시하는데, 그 중에서도 '중현'은 도교수행자가 "어떤 것에도 집착하지 않아야 하고, 집착하지 않는 마음 또한 버린다"는 의미로, 깨달음의 경지를 나타내는 사상이다. 중현사상은 수당도교사상의 역사에 매우 중요한 부분을 차지하고 있다.

5. 사마승정과『좌망론』

— 신인에 이르는 '허심'을 설파하다

도홍경에 의하여 집대성된 모산파 도교는 그 후, 왕원지(王遠知)에서 반사정(潘師正)을 거쳐 사마승정에게 계승되었다.

사마승정(647~735년)은 자는 자미(子微)이고, 하내(河內) 온현(溫縣) 출신이다. 그는 예종(睿宗)과 현종(玄宗)의 신임을 얻어 성당시대의 도교계에서 중요시되었다. 벗이었던 시인 이백(李白)에게 "그대에게는 선풍도골(仙風道骨)이 있다"고 말한 것과 현종의 명을 받들어 5,380자의『노자도덕경』을 간행한 것은 널리 알려져 있다.

또한 예종이 일찍이 "몸을 다스릴 때의 무위는 맑고 고고한 것이지만, 나라를 다스릴 때의 무위란 어떤 것인가?"라고 묻자, "나라는 마치 몸과 같은 것이다.『노자』에서는 마음을 담담한 곳에 노닐게 하고 기를 적막한 데에 합치면, 사물은 자연스럽게 순응하고 사사로이 꾀하지 않는다면 천하를 다스릴 수 있다고 하였습니다. 또『역(易)』에서는 성인은 천지와 덕을 합한다고 하였습니다. 그래서 하늘은 말없이도 믿음이 있고 무위도 완성할 수 있습니다. 무위의 취지, 나라를 다스리는 길은 그런 것입니다."라고 대답하였다 한다.

사마승정은『좌망론(坐忘論)』과

사마승정(司馬承禎)

『천은자(天隱子)』,『천지궁부도(天地宮府圖)』등의 저작이 있는데, 그 중에서도『좌망론』을 대표작으로 한다. 이것은 서문과 추익(樞翼) 외에도 칠조(七條)의 수도 단계로 구성된다. 여기서 '칠조'란 신경(信敬), 단연(斷緣), 수심(收心), 간사(簡事), 진관(眞觀), 태정(泰定), 득도(得道)의 일곱 가지이다.

그리고『좌망론』에서 사마승정은 '허심(虛心)'의 효용을 맹렬히 설파하였다. 그 득도(得道)의 조건으로 "마음을 공허하게 하고 정신을 계곡처럼 하면 오직 도(道)만이 모여든다. 도에는 지극한 힘이 있고 형(形)과 신(神)을 (서로) 바꿔 물들일 수 있다. 형은 도에 따라 통하고 신과 하나가 된다. 형과 신이 합일하는 것, 이것을 신인(神人)이라 한다."라고 하는데, 이것은 그 두드러진 예이다. 합일하는 '형과 신'은 도교수행의 연마를 거친 육체와 정신을 말하는 것이며, 태어난 그대로의 육체와 정신을 가리키는 것은 아니다. 그리고 이러한 연마를 거쳐 불멸의 신인이 된 사람으로서 사마승정은 모산파 도교의 집대성자인 도홍경을 꼽았다.

6. 두광정과『도덕진경광성의』

— 노자학(老子學)·도교학(道敎學)을 집대성

다음은 다소 시대를 건너서 낭발·오내의 도사인 두광정에 대해 다루겠다. 두광정(850~933년)은 자는 빈성[賓聖; 또는 성빈(聖賓)]이고, 호는 동넝사(東瀛子)로, 처주(處州) 진운(縉雲; 지금 절강성) 출신이라고도 하고, 상아 출신이라고도 한다. 처음에는 유교의 경학,

역사학을 좋아해 과거에서 만언과(萬言科)에 시험을 봤으나 합격하지 못하고, 도교로 회귀하여 천태산(天台山)에 들어가 도사 응이절(應夷節)에게 배웠다. 후한의 장도릉(張道陵), 유송의 육수정(陸修靜) 이후 도교 의례 정리에 힘썼다. 그 구체적인 성과가 『태상황록제의(太上黃籙齊儀)』, 『도문과범대전집道門科範大全集』 등의 수많은 의례서이다.

두광정은 희종(僖宗) 시대에 점차 도교계의 지도자로 성장했다고 보여지지만, 다시 성도(成都)로 간 후, 늦어도 대순(大順) 2년(891년)에는 성도의 옥국화(玉局化) 지역에 있었으니 전란 중에도 『도장(道藏)』의 수집에 주력했던 것으로 보인다.

성도에 머물렀던 두광정은 마침내 전촉(前蜀)의 왕건(王建), 왕연(王衍) 부자를 섬기게 되고, 광성선생(廣成先生), 전진천사(傳眞天師)의 호를 받게 되었다. 만년에는 청성산(靑城山) 백운계곡에 띠집을 짓고 은둔생활을 했다고 전해진다.

주요 저서는 지금까지의 노자 학문의 집대성이라 할 수 있는 『도덕진경광성의(道德眞經廣聖義)』이지만, 다른 문집으로 『광성집(廣成集)』이 있다. 도교의 역사, 신선의 전기, 도교 영험담에 대한 저작으로는 『역대숭도기(歷代崇道記)』, 『용성집선록(墉城集仙錄)』, 『도교영험기(道敎靈驗記)』 등이 있고, 도교지리서인 『동천복지악독명산기(洞天

福地嶽瀆名山記)』을 저술하는 등 지극히 방대한 저작을 남겼다.

『도덕진경광성의』는 당 현종의『도덕진경주(道德眞經注)』,『도덕진경소(道德眞經疏)』소(疏)는 도사 왕허정(王虛正) 등이 지었다고 한다의 영향을 받아 '도'를 '허극(虛極)의 오묘한 근본'이라고 하며, '도'가 만물을 생성하는 일, 즉 통하여 생성하는 작용을 중시하고, '몸을 다스리는 것이 나를 다스리는 것[理身理國]', '집안을 다스리는 것이 국가를 다스리는 것[理家理國]'의 중요성을 설파하였다. 반면에 중현파 성현영의 도덕경 해석을 원용하여 "도는 허통(虛通)으로써 의(義)를 행하고, 덕은 얻은 것으로써 이름을 받는 것이다." 등을 주장하고『광성집(廣成集)』에서도 거듭 '중현의 힘', '중현의 도리'에 대하여 언급한다. 이러한 점에서 중현파 사상의 영향 아래 있었음을 충분히 엿볼 수 있다.

7. 장군방과『운급칠첨』

— 송나라 이전의 도교 경전을 간추리다.

북송의 제3대 황제인 진종(眞宗)은 이른바 전연(澶淵)의 맹약이 되는 요(遼)와의 굴욕적인 강화 후, 재상 왕흠약(王欽若) 등의 권유로 급속히게 도교에 치우쳐 대중상부(大中祥符) 원년(1008년)에는 천서(天書), 즉 신인(神人)이 하늘에서 내려오고 상서로운 문서가 내려오는 사건이 일어난다. 천서(天書)에 의하여 연호도 '대중상부'라고 새로 고친 것이다. 대중상부 5년에는 왕실 조(趙)씨의 시조라 불리는 조현랑(趙玄朗)이 강림하였기 때문에, 조현랑에게 '성조상령고도구천사보생천존대제(聖祖上靈高道九天司保生天尊大帝)'라는 존호가 추서되었다. 또한 황제를 존중하여 똑같이 성조(聖祖)로 삼고 '호천옥황대제(昊天玉皇大帝)'라 존칭하였다. 대중상부 7년(1014년)에는 '태상개천집부어역함진체도옥황대제(太上開天執符禦歷含真體道玉皇大天帝)'의 존호가 추서되었다. 이 '옥황상제'가 당대까지 도교 최고 신이었던 원시천존(元始天尊)의 지위를 바꾸어, 송 이후 도교 최고의 신이 되는 것은 주지의 사실이다.

진종의 열렬한 도교 신앙 아래『도장(道藏)』의 편찬도 착착 진행되었다.『도장』편찬 작업의 중심이 된 것은 도교학자 장군방(張君房)이다. 장군방의 업적에 대해서는 노인용(盧仁龍)의 '장군방사적고술(張君房事迹考述)'『세계종교연구』, 1990년 제1기에서 자세히 다루고 있으므로 그것을 참고하기로 한다.

장군방(961~1042년?)은 자는 윤방(尹方), 안륙(安陸) 사람이다. 태조(太祖) 건륭(乾隆)·건덕(乾德) 연간에 태어나 경덕(景德) 2년(1005년)에, 세 번째 도전으로 과거에 합격했다. 대중상부 5년 경, 왕흠약(王欽若)의 도장편찬사업에 참여하고 앞서『보문통록(寶文統錄)』을 바탕으로 천희(天禧) 3년(1019년)에『대송천궁보장(大宋天宮寶藏)』4,565권을 완성했다. 인종(仁宗) 경력(慶曆) 연간 초기에 타계하였다. 그 연호를 딴 문집『경력집(慶曆集)』이 있다.

『운급칠첨』120권은『대송천궁보장(大宋天宮寶藏)』의 요약집으로,『대송천궁보장』이 없는 지금 상황에서 당대 이전의 도교 연구를 위한 보고라 할 수 있다. 또한『운급칠첨』은 삼동(三洞)·사보(四輔)·십이부(十二部)를 체제로 한다. 이 체제는 현행의 명나라 전통도장에도 계승되고 있지만, 이는 육수정(陸修靜)의 삼동설(三洞說), 맹지주(孟

智周)의 사보설(四輔說), 나아가 수나라 중현파의『현문대의(玄門大義)』등의 십이부설(十二部說)을 답습한 것으로, 당대 중현파의 걸출한 도교 교리서『도교의추(道教義樞)』를 직접적으로 참고하고 있다는 점이 중요하다.

그러나『운급칠첨』의 서문에서는 마니교 경전의 수집에도 어긋나며 장군방보다 조금 후배인 구양수(歐陽脩)가 관심을 가졌던『음부경(陰符經)』과『황정경(黃庭經)』이『운급칠첨』'삼동경교부(三洞經教部)'의 중요 경전으로서 인용되고 있는 것 등 동시대의 도교사상과의 관계도 앞으로 더 연구되어야 한다.

8. 장백단과『오진편』

— 금단[金丹, 내단도(內丹道)]의 우월함을 설파하다.

장군방보다 조금 뒤에 탄생하고 기존의 외단(外丹)과 달리 내단(內丹)의 도를 설파한 도사로 장백단(張伯端)이 있다.

갈홍의『포박자』에서는 단사(丹砂)·수은(水銀)을 제련하여 금단(金丹)이 되는 약을 만들어 그것을 복용하면 선인이 된다고 하였다. 이것이 외단(外丹)이다. 거기에 대조되는 내단(內丹)은 인간의 몸속의 기(氣)를 운용하여 신체 내부에 금단을 만들고 이를 통해 불로장생을 얻는 방법이다.

장백단(987~1082년)의 다른 이름은 용성(用誠), 자는 평숙(平叔)이라 하며 호는 자양(紫陽)으로 천태(天台) 사람이다. 어렸을 때부터 유교, 불교, 도교의 경전을 섭렵하고 형법서산(刑法書算), 의복전지(醫

卜戰陳), 천문지리, 길흉생사의 방법 등을 연구했다.

진사(進士)의 길을 목표로 한 적도 있었지만 좌절하고 성도(成都)에서 내단의 도를 깊이 연구했던 것으로 보인다. 만년에는 성도에서 청성장인(靑城丈人)이라는 진인을 만나게 되어 금단(金丹)·약물(藥物)·화후(火候)의 비결을 배웠는데, 그 진인은 유해섬(劉海蟾)이라고 한다.

『오진편(悟眞篇)』은 장백단의 주요 저서로 금단도교, 즉 내단 도교의 철학적 이치를 시적 표현을 빌려 서술한 것이다. 이 책에서는 『도덕경』과 『음부경(陰符經)』을 중시한다. 예를 들면, 도가 만물을 생성하는 과정에 대하여 다음과 같이 말한다. "도는 허무에서 만물의 근원이 되는 기를 낳고, 기가 음양을 낳아 그 음양은 다시 합쳐져 삼체(三體)가 된다. 삼체가 거듭되어 만물이 창조한다." 그리고 내단을 만들어 선인이 되는 비결은 이 과정을 역으로 거슬러 수행하는, 즉 '역행(逆行)'이라고 한다.

또한 『오진편』에서는 인간에게는 본디 외단의 단사(丹砂)·수은(水銀)으로 대체할 수 있는 것이 갖춰져 있다고 말한다. 그것이 용호진음양(龍虎眞陰陽)의 기(氣)이며, 진양[眞陽; 또는 진연(眞鉛)], 진음[眞陰; 또는 진홍(眞汞)], 두 가지를 단련하여 금단을 만든다. 금단(내단) 도교의 우위성을 "만 권의 선경, 말씀은 모두 같다. 금단 이것이야말로 근본이 되는 핵심이다"라고 제창하고 있다. 장백단의 금단도는 이윽고 남송의 백옥섬(白玉蟾) 등에 계승되면서 도교 교단 안에 기반을 가지게 되었다.

9. 왕중양과 『입교십오론』

— 유·불·도 일치를 주장한 전진교 개조

북송시대의 도교는 북송 말기의 휘종(徽宗)의 열광적인 도교 신앙과 신수파(神霄派) 도사 임영소(林靈素)의 활약을 마지막으로 그 역사를 끝내지만, 북송이 송으로 바뀌고 북중국에 진출한 금왕조 아래 전진교(全眞敎), 태일교(太一敎), 진대도교(眞大道敎) 등의 신도교가 부흥했다. 그 중 전진교를 창립한 왕중양에 대하여 살펴보자.

왕중양(1112~1170년)은 협서성(陝西城) 함양(咸陽) 대위촌(大魏村) 사람으로, 본래 이름은 중부(中孚), 자는 윤경(允卿)이라 하였으나, 득도하여 이름을 철(嚞), 자를 지명(知明; 智明)으로 바꾸고 호를 중양자(重陽子)라 마였다. 처음에는 고급관료가 되기 위하여 문관시험에 응시하였으나 이루지 못하고, 무관의 시험에 응시하여 합격했다. 그러나 중용되지 못하고 느슨한 생활을 하고 있있다. 딩시 친척

왕중양(王重陽)

이나 고향 사람들은 중양의 이러한 모습을 싫어하여 '해풍(害風)'이라는 별명을 붙였다고 한다. 금나라 정륭(正隆) 4년(1159년), 48세의 나이에 감하진(甘河鎭)에서 기이한 사람을 만나 구결(口訣)을 전수받은 뒤로 처자식을 버리고 수행하고 득도하여 전진교(金蓮正宗)를 만들었다. 감하진의 기이한 사람에 대해서 왕중양은 제자에게 순양진인(純陽眞人)이라고 말한다. 순양진인은 팔선(八仙)의 첫째로 알려져 있는 중국 민속신앙에서 신봉되는 여동빈(呂洞賓)이다.

『입교십오론(立敎十五論)』은 암자에 머물기[住庵], 스승을 찾아 떠돌기[雲遊], 경전 공부하기[學書], 단약을 제조하기[合藥], 수련할 암자 짓기[蓋造], 도반과 함께하기[合道伴], 정좌하여 수련하기[打坐], 생각 끊어내기[降心], 본성을 단련하는 수련하기[鍊性], 오행과 정기를 조화시키기[匹配五氣], 성과 명을 수련하기[混性命], 성인의 도를 수련하기[聖道], 욕계·색계·무색계를 벗어나기[超三界], 육체를 단련하기[養身之法], 인간 세상을 벗어나기[離凡世]의 열다섯 가지 논의로 마음을 안정시키고 성명을 단련하고 신기(神氣)를 화창시키는 것의 중요성을 설파하였고, 이를 위해 다독을 피하고 타좌를 수행법으로 하며 일상 속에서 얻어야 한다고 하였다.

이 『입교십오론』은 종래 전진교 교리연구의 첫 번째 자료이며, 왕중양의 개종 정신을 나타내는 것으로 알려져 있었다. 그러나 하치야 쿠니오(蜂屋邦夫)는 『금대의 도교(金代の道敎)』汲古書院, 1992년에서 이에 의문을 제시하면서 이 이론을 왕중양의 저술이라고 하기는 어렵다고 본다. 그는 다만 출가와 타좌·항심(降心)·연성(鍊性) 등은 대부분 왕중양의 교설에 합치하고 왕중양의 근본정신을 상당히 계승한 것으로 볼 수 있다고 한다.

전진교를 개종한 왕중양은 신도들에게 『도덕경』, 『청정경(淸靜經)』, 『반야심경(般若心經)』, 『효경(孝經)』을 읽는 것을 권유하면서, 유·불·도 삼교의 일치를 설파했다. 특히 왕중양은 선종(禪宗)의 영향을 크게 받았다. 또한 '삼일(三一)'에 관해서는 『도덕경』에 근거하여 '정(精)·기(氣)·신(神)'의 세 가지를 단련하여 단숨에 통일하는 방법이라고 생각했다. 왕중양이 『음부경(陰符經)』의 '신선포일장(神仙抱一章)', '부국안민장(富國安民章)', '강병전승장(强兵戰勝章)'은 기(氣)를 기르는 관점에서 하나로 일치한다고 본 점, 『도덕경』과 『음부경』 두 경전의 밀접한 관련성을 지적한 점, 『황정경(黃庭經)』을 존중하고 있다는 점_{앞서 서술한 하치야 쿠니오의 『금대의 도교』 참조} 등도 도교사상의 역사상 주목된다.

10. 유옥과 『정명충효전서』

— 유교적 요소가 강한 '정명도(淨明道)'의 조사

도교 속에 뚜렷하게 나타난 삼교일치의 흐름은 이윽고 13세기 말에는 유옥의 '정명도(淨明道)'를 탄생시킨다. 정명도에 관해서는 아키즈키 카네이(秋月觀暎)의 『중국 근세 도교의 형성(中國近世道敎の形成)』_{創文社, 1978년}이 전문 연구서로 알려졌으며, 그는 이후에도 두 개의 보충 글을 썼다.

원나라 초에 탄생한 정명도는 이전의 역사로서 허손(許遜) 신앙의 연장선상에 위치한다. 허손은 동진의 정양현(旌陽縣)의 지사로, 도술에 의해 민중을 구제하는 현저한 공적을 올려, 살아 있을 때부터 공덕을 기렸고 제사 지내는 사당이 세워졌다. 그 후에 강서성(江西城)의 서산(西山)에서 수행하고 제자인 십이진군(十二眞君)과 함께 민중을 교화하였다. 승선(昇仙)한 이후 유유관(游帷觀)에 모시고 제사했다고 전해진다. 당나라 초기가 끝날 무렵에 호혜초(胡惠超)가 허손의 전기를 찬술한 뒤, 북송시대에 이르러서도 허손은 허진군(許眞君), 허정양(許旌陽)으로 불리며 널리 주목받은 듯하다. 또한 당시의 대표적인 문인의 시문에서도 그 이름을 찾아볼 수 있다. 즉, 구양수(歐陽脩)는 "초탈한 허정양, 도골과 선풍이 그를 신선의 맥으로 삼았네(贈許道人)"라고 읊었다. 소식(蘇軾) 역시 「석지(石芝)」라는 시에서 허정양을 노래하였다. 증공(曾鞏)은 '제서산옥융관허진군문(祭西山玉隆觀許眞君文)'이라는 제문을 썼으며, 왕안석(王安石)은 '중건정양사기(重建旌陽祠氣)'라는 글을 남겼는데, 이를 통해서 허손의 뛰어남을 알 수 있다.

유옥(劉玉; 1257~1310년)은 자는 이진(頤眞)이고, 남강(南康) 건창(建昌) 사람으로, 호는 옥진자(玉眞子)이다. 지원(至元) 19년(1282년)에 서산(西山) 사유강(瀉油岡)에서 호혜초(胡惠超)의 강림을 접하고 '정명대교(淨明大敎)를 크게 일으켜라'라는 예언을 받았다. 그리고 대덕(大德) 원년(1297년)에 허진군으로부터 도를 받아 정명도를 개종하였다.

『정명충효전서(淨明忠孝全書)』 6권은 이 교파의 사상을 저술한 것으로 허손, 호혜초, 유옥 및 유옥의 제자인 황원길(黃元吉)의 전기와 어록 등이 수록되어 있다. 이 책에는 정명도는 "본심을 맑게 하고, 행동을 조심하고 충효를 중시"하는 것이라고 한다. 그리고 정명에 대해서는 "정명이란 무형(無形)의 대도(大道)이다"라고 한다. 또한 '정(淨)'

이란 '외물에 오염되지 않는 것', '명(明)'은 '외물에 감촉되지 않는 것'이다. 게다가 "청(淸)에는 정(淨), 허(虛)에는 명(明)으로 대비하여, 최고로 청허(淸虛)한 경지, 이것을 정명(淨明)이라 한다"라고 설파한다. 충효의 실천으로 정명의 경지에 이르며 그것에 의해서 선도(仙道)를 성취한다는 정명도의 교리가 유도와 도교가 융합한 전형으로 여겨지는 것은 당연하다.

참고로 '정명'이라는 단어는 당나라 초기시대의 중현파 경전인『태상일승해공지장경(太上一乘海空智藏經)』에서 '정명진인(淨明眞人)', '천존(天尊)'의 정명광지(淨明光智)'에서처럼 이른 시기에 이미 등장했지만,『정명충효전서』의 '정명'의 설명과 관련되어 연상되는 것은 허명(虛明)이 철학을 펼친 '상청저상궁비(上淸儲祥宮碑)'이다. 이 비문에서 도교의 도에 관하여 "도는 청정무위(淸淨無爲)를 근본으로 삼고, 허명(虛明)으로 사물의 응함을 용으로 삼는다"고 표현하고 있기 때문이다.

11. 장삼봉과『장삼봉선생전집』

— 무당도(武當道)를 흥하게 하고 성명쌍수를 설파하다.

이제 마지막으로 명나라 초기에 무당도(武當道)를 흥하게 한 장삼봉(張二豊)을 다루기로 한다. 장삼봉과 무당도에 관련해서는 마노 센류(間野潛龍) 씨의『명대문화사연구(明代文化史研究)』에도 언급되어 있다.

장삼봉(1248~?년)은 요동(遼東) 외주(懿州) 사람으로, 이름은 전일

(全一), 자는 군보(君寶)이고 삼봉은 아호이다. 신체가 크고, 거북이 형상의 불거진 등과 큰 귀에 동그란 눈을 가졌고, 수염은 창과 같았다고 한다. 추울 때나 더울 때나 옷 한 벌로 지냈고, 식사는 한 말도 먹어 치우는가 하면 며칠에 한 끼를 먹기도 했고, 몇 개월 동안 안 먹어도 괜찮았다고 한다. 책을 읽으면 그 내용을 잊지 않았고, 하루에 천리를 움직였다고 전해진다. 보통 사람과는 거리가 먼 사람이었던 것 같다.

그는 일찍이 무당산을 유람하고 "이 산은 훗날 반드시 크게 융성한다"고 말했는데, 그의 예언대로 명나라 영락제(永樂帝)가 무당산에 궁궐을 지었고, 무당도가 매우 흥하게 되었다.

무당도 신앙의 중심은 북극, 북두성을 신격화한 현무신(玄武神)이다. '현무'은 북송시대에 조현랑(趙玄郎)을 황실의 조상, 성조(聖祖)로 한 것에서 현(玄)이라는 이름을 휘(諱)하느라 '진무'이라 부르게 된 것이다.

『장삼봉선생전집』을 통해 장삼봉의 도교사상의 일부분을 살펴보자. 장삼봉도 역시 내단(內丹)을 설파한다. '도정가(道情歌)'에서는 우선 이렇게 말한다. "아직 환단(還丹)을 연마하지 않고 성(性)을 먼저 연마한다. 아직 대약(大藥)을 수련하지 않고 잠깐의 마음을 수련한다. 마음을 안정하면 저절로 단(丹)을 믿게 되고, 성을 맑게 하고 나면 약재(藥材)가 생긴다." 이처럼 마음이 안정되고 성이 맑

장삼봉(張三丰)

74

아지는 것을 중시한다. 또한 '대도론(大道論)'에서는 이렇게 성명쌍수에 의해 신선이 된다는 것을 이야기하고 있다. "외약(外藥)은 조화(造化) 속에서 생겨나고, 내약(內藥)은 자기 몸속에서 생겨난다. 내약은 정신이고 외약은 기(炁)이다. 내약은 성을 기르고 외약은 수명을 세운다. 성명(性命)을 쌍수(雙修)하면 틀림없이 신선의 길에 다다른다." 게다가 장삼봉은 무당산에서 시작된 도교 권법(拳法)의 시조라고도 한다.

이상 지극히 간략하게나마 11인의 도사이자 도교학자와 그의 저작을 통하여 도교의 성립과 역사를 더듬어 보았다. 청대 이후는 오두미도의 뒤를 이은 정일교(正一敎; 천사도)와 전진교(全眞敎)가 양대 세력이었지만, 이양정(李正養)의 최근 저서인『당대중국도교(當代中國道敎)』中國社會科學出版社, 1993년을 보면 모산(茅山), 무당산 등에도 도교협회가 설립됐으며 그 땅에서 흥했던 도교가 아직도 숨 쉬고 있는 것 같다.

도교의 계율과 그 여러 모습

— 사카데 요시노부(坂出祥伸, 간사이대학 명예교수)

도교는 유교 · 불교 두 종교와 접점이 많고, 두 종교의 뛰어난 요소는 교리 내에 적극적으로 흡수했는데, 계율도 마찬가지였다. 발생 초기의 애매한 모습부터 점점 형식을 정돈해가는 과정을 따라가 본다.

명확한 구별이 없었던
계와 율

그리스도교에는 『구약성서』에 유명한 '모세의 십계'가 있고 신자에게 신앙에 어울리는 실천을 요구하고 있다. 또한 불교에서는 출가자를 위한 수행상의 규범으로서의 '계(戒)', 출가자 집단의 모습을 규제하는 '율(律)'이 있어서 올바른 신앙생활과 신앙의 완성을 요구하고 있다.

그렇다면 도교에서는 어떤가. 도교가 교단이라는 집단적 공동체적 형태를 취하기 시작하면서 도교의 수행자인 도사의 수행상의 윤리나 규범도 주목받게 되자, 형식적으로는 불교의 계율에서 규범을 찾고 내용적으로는 유교윤리나 불교윤리 혹은 토속적 관습적인 규범을 섞은 도교적 계율이 시대를 따라 점점 형성되어 갔다.

도교 계율이란 어떠한 것일까. 이를 단적으로 제시하기 위해 일단 완성된 형태를 정비했다고 보이는 수나라 때(6세기 말, 7세기 초)의『현문대의(玄門大義)』『도교의추(道敎義樞)』제2, 12부의(部義)에도 보인다 석계율(釋戒律)에 기록된 계율의 정의를 들어 보자.

'계'란 악행을 방지하는 것으로 마음속이나 입으로 악행을 하지 않을 것을 맹세하는 것이다. '율'이란 '계'에서 나온 것으로 대개는 죄보(罪報)나 형벌상에서 죄과를 문제로 삼는 것으로, 천사노군(天師老君)의『현도율(玄都律)』,『여청귀률(女靑鬼律)』이 그것이다. 계는 악행의 인(因; 동기)에 중점이 있고 율은 악행의 과(果; 결과)에 중점이 있다. 계는 악행을 막는 것에 초점을 두고, 율은 죄행을 방지하는 것과 죄행을 막는 것에 초점을 둔다.

불교는 계와 율을 명확히 구분하고 이를 위해 제 규준의 집대성인 '율장(律藏)'까지 편찬하고 있다. 그러나 도교에서는 계와 율의 구별이 불교처럼 명확하지 않다.『현도율』현재의『도장(道藏)』에 수록된『현도율문』이 대체로 이에 해당할 것이다이나『여청귀률』원문에서는「등률(等律)」. 현재 이 이름으로『도장』에 수록된 것이 대체로 해당될 것이다의 두 문헌을 보아도 율이라고 칭하는 것은 계와 구별되지 않는다. 다만 율을 어겼을 경우의 처벌로 사명신(司命神)에 의한 탈산(奪算; 수명을 줄임)이 가해지는 점이 계의 다른 점으로, 율의 내용 자체는 계의 여러 규정과 거의 비슷하다. 그럼 다음으로 도교의 계율이 이렇게 만들어졌는지 그 흐름을 따라가 보자.

신선이 되기 위한
실천윤리를 펴는 도계

　도교의 중요한 근원의 하나인 신선사상, 혹은 후한 말(2세기, 3세기 초)에 일어난 태평도나 오두미도와 같은 원시적인 종교결사의 단계에서 계라고 할 만한 생활규범이 만들어져 있었다고는 생각되지 않는다. 그러나 계율의 기초가 되는 윤리적 혹은 금기적인 사항이라면, 신선설이 발생했을 즈음부터 문제가 되었다고 생각한다. 여기서는 4세기경에 만들어진 갈홍의 저서『포박자』「대속편(對俗篇)」에 보이는 신선 수행자에게 요구되는 윤리를 들어 보자.

　　어떤 사람이 물었다. "선도를 수행하기 위해서는 우선 공덕을 쌓아야 한다고 합니다만, 정말 그렇습니까?"
　　포박자가 대답했다. "말 그대로다.『옥검경(玉鈐經)』중편은 이렇게 말한다. (중략) 선인이 되려는 자는 요컨대 충효 · 화순(和順) · 인신(仁信)을 근본으로 해야 한다. 만약 덕행의 수행 없이 단순히 방술에만 힘쓴다면 결코 장생할 수 없다. …… 지선(地仙)이 되고 싶다면 300가지 선(善)을 행하라. 천선(天仙)이 되고 싶으면 1,200가지 선을 행하라. (중략) 선행을 쌓은 일이 정해진 숫자를 채우지 못하면 가령 선약(仙藥)을 마셔도 효험이 없을 것이다. 비록 선약을 마시지 않더라도 언제나 좋은 일을 행한다면 바로 선인이 되지는 못해도 갑자기 죽는 화를 입지는 않을 것이다."

　갈홍은 신선술의 근본에 선행을 쌓아야 한다는 윤리설을 세우고 있는 것이다. 인용문 속의 충효·화순·인신이라는 덕목은 유교윤리 그 자체이다. 이러한 덕목을 일상적으로 실천해야 한다고 설법하는 것은 신선을 추구하는 자에게는 일종의 계라고 하겠다. 더욱 주목하고 싶은 것은, 같은 『포박자』「미지편(微旨篇)」에서 '도계(道戒)'라는 말을 사용해서 신선이 되고 싶어 하는 자를 위해 구체적인 실천윤리를 설하고 있는 점이다. 여러 도계를 보면 모두 다음과 같이 말하고 있다.

> 장생을 추구하기 위해서는 반드시 선을 쌓고 공을 세우고, 타인에게 자비를 베풂고 자신에게 관대한 마음을 다른 사람에게도 미치게 하고, 그 인애(仁愛)의 마음을 벌레나 곤충에게도 향하게 하라. 타인의 길사(吉事)를 기뻐하고 타인의 고통을 연민하고 타인의 위급한 일을 도와주며 타인을 곤궁(困窮)으로부터 구하라. 손으로는 살아 있는 것을 상처 입히지 않고 입으로는 화를 초래하는 말을 하지 마라. 타인이 이득을 얻으면 내 일처럼 생각하고 타인이 손해를 보면 내 일처럼 생각하라. 잘난 체하지 말고 자만하지 말고 자신보다 뛰어난 사람을 질투하지 말고 사악한 자에게 아첨하지 말라. 이렇게 하면 유덕자(有德者)가 되고 하늘에서 복을 받는다. 또 하려는 일은 반드시 성취될 것이며, 선인이 되고 싶으면 이루어질 것이다.

이 '도계'가 어떠한 성질의 것인지 자세한 것은 모르겠지만, 위 인용문의 전후를 보면 신선의 도를 실현하기 위한 여러 가지 금기가 언급되어 있으므로, 선도의 금기 정도의 의미인지도 모르겠다. 그리고 이 '도계'를 설한 책으로 『역내계(易內戒)』, 『적송자경(赤松子經)』,

『하도기명부(河圖記命符)』의 이름을 들 수 있다. 갈홍의 시대에 유교 논리를 내용으로 하는 계율 같은 것이 도교 내부에 점점 형성되어 가고 있었음을 보여준다고 하겠다.

한편 원초적인 도교 교단이라고도 할 수 있는 후한 말의 태평도나 오두미도에도 꽤 소박한 형태이기는 하지만 계율 같은 것이 만들어져 있었다. 『삼국지』「위서(魏書)·장노전(張魯傳)」에는 한중(漢中)의 땅을 근거지로 하는 오두미도의 교단 조직과 신앙 내용이 개략되어 있는데, 거기에는 교단의 교의로 "성실한 신심으로 기만하지 않는다. 병이 있으면 스스로 그 과실을 고백시켰다"라고 기술되어 있다. 또한 거기에 인용된 『전략(典略)』에는 봄, 여름의 살생을 금하고 또한 음주도 금했다고 쓰여 있다.

유가를 중시하고
계율을 만든 구겸지

북위에서 구겸지(寇謙之, 365~448년)가 태상노군으로부터 『설중음송신과지계(雪中音誦新科之誡)』를 받아 도교개혁에 착수했을 때쯤(북위·신서 2년, 415년) 이미 불교에서는 『십송률(十誦律)』, 『사분률(四分律)』, 『승기률(僧祇律)』 등 계율 경전이 대량으로 한역되어 유포되고 있었다. 구겸지는 이러한 불교 계율의 영향을 받아 도교의 정돈을 시작했다. 『노군음송계경(老君音誦誡經)』은 태상노군으로부터 받은 계가 전해져 간직된 것이라고 일컬어지는데, 거기에는 다음과 같은 수계의 의례가 기록되어 있다.

도관(道官)·녹생(錄生; 10세 이상으로 도사의 면허장을 받은 자)이
처음으로 계율을 받을 때 계를 기록한 경전을 향해 여덟 번 절하고
이 경전 앞에 바르게 서면, 스승 또는 친구가 경전을 들고 팔윤(八胤)
의 음악을 연주하면서 독송한다. 계를 받는 이는 엎드려 경전을 독송하
고 끝나면 다시 여덟 번 절한다. 만약 음악에 맞추어 독송할 수 없으
면 직송(음악 없는 독송)만 한다. 그 계율은 상자 속에 넣어, 항상 소
중히 해야 한다. 만약 친구나 제자에게 전수할 때에는 법에 근거해서
전한다.

그러면 당시의 계율은 어떠한 내용이었을까. 물론 불교의 영향을
받아 작성된 계율이기는 하지만 구겸지는 유교적인 예법을 중시했
다. 예를 들면, 역시 태상노군에게 받은 계의 일부라고 여겨지는 『정
일법문천사교계과경(正一法文天師敎戒科經)』에는 도를 신봉하는
자(도사)가 행해야 하는 25개 조목을 들고 있는데, 그 중에서 16개 조
목은 유교윤리 그 자체이다. "스승을 공경해야 한다. 부모에게 효를
다해야 한다. 임금에게 충을 다해야 한다"는 식이다.

구겸지가 지었는지 아닌지는 단정할 수 없지만, 이른 시기의 도교
계율이라고 생각되는 것 중에 『도덕존경상이계(道德尊經想爾戒)』,
『도덕존경계(道德尊經戒)』가 있고, 『태상노군경률(太上老君經律)』동
신부(洞神部) 계율류(戒律類) 속에 『노군백팔십계(老君百八十戒)』, 『여청율
계(女靑律戒)』 등과 함께 수록되어 있다. 이것들은 구겸지가 『설중음
송신과지계』 속에서 흡수한 것이 아닐까 생각된다. 『도덕존경상이계』
는 둔황에서 출토된 『노자상이주(老子想爾注)』와 관계가 있다고 언급
되는 계율경전인데, 다음과 같은 것이다.

무위(無爲)를 행하고 유약(柔弱)을 실천하고 암컷다움을 지키고 앞장서서 행동하지 않는다. 이것은 최상(最上)의 세 가지 행동이다. 무명(無名)을 행하고 청정을 행하고 여러 가지 선을 행하라. 이것이 최중(最中)의 세 가지 행동이다. 무욕을 행하고 지족(止足; 멈춤과 만족)을 알도록 행하고 양보를 행하라. 이것이 최하(最下)의 세 가지 행동이다. 이 아홉 가지 행동과 2편 81장을 도사 집단에 동일하게 부과한다. 아홉 가지 행동을 갖춘 자는 신선이 되고 여섯 가지 행동을 갖춘 자는 수명이 두 배가 되며, 세 가지 행동을 갖춘 자는 수명이 늘어 젊은 나이에 죽는 일이 없다.

이 계율은 『노자도덕경』에 근거한 것임을 무위, 유약 등의 표현을 통해 알 수 있다. 이 계율에는 불교의 영향도 유교의 영향도 보이지 않는다.

다음으로 『도덕존경계』는 27개 조목으로 상중하 각각 9계로 나뉘어 있다. 그 중에서 대부분은 '소사과욕(少思寡欲; 생각하는 일을 적게 하고 욕심을 적게 부린다)라는 도교적 색채의 것이다.

훈계하니, 간사함을 기뻐하는 일이 없어라. 기쁨은 노여움과 같다.

훈계하니, 정기(精氣)를 낭비하여 사용하는 일이 없어라.

훈계하니, 정기(正氣; 왕자의 출현을 나타내는 기)를 상하게 하는 일이 없어라.

훈계하니, 피가 있는 것(새와 금수 종류)을 먹고 그 맛을 즐기는 일이 없어라.

훈계하니, 공명(功名)을 쫓는 일이 없어라.

훈계하니, 거짓된 술수를 쓰는 일이 없어라.

훈계하니, 도법을 잊는 일이 없어라.

훈계하니, 시험 삼아 움직이게 하는 일이 없어라.

훈계하니, 죽이는 일, 죽음을 말하는 일이 없어라.

이상이 최상의 9계이다.

훈계하니, 삿된 문장[邪文]을 배우는 일이 없어라.

훈계하니, 고귀함과 영화로움[高譽]을 탐내고 억지로 추구하는 일이
  없어라.

훈계하니, 명예를 구하는 일이 없어라.

훈계하니, 눈, 코, 입으로 실수하는 일이 없어라.

훈계하니, 항상 바로 겸허하게 처신하라.

훈계하니, 경솔하고 성급하게 하는 일이 없어라.

훈계하니, 일을 행하는 데에 바로 마음을 세밀하게 하여야 하며 멍하
  니 있거나 두려워하는 일이 없어라.

훈계하니, 좋은 옷과 맛있는 음식[好衣美食]에 몸을 맡기는 일이 없
  어라.

훈계하니, 지위와 재산을 자만하는 일이 없어라.

이상이 최중의 9계이다.

훈계하니, 빈천으로 억지로 부귀를 구하는 일이 없어라.

훈계하니, 여러 악[諸惡]을 행하는 일이 없어라.

훈계하니, 많이 기휘(忌諱; 꺼리어 피함, 근신함)하는 일이 없어라.

훈계하니, 귀신을 섬기는 일이 없어라.

훈계하니, 횡포를 부리는 일이 없어라.

훈계하니, 스스로 옳다고 하는 일이 없어라.

훈계하니, 타인과 곡직을 다투는 일이 없어라. 다툼이 있으면 먼저
　이를 피하라.

훈계하니, 성명(聖名)을 칭하는 일이 없어라.

크게 훈계하니, 병(兵)을 즐기는 일이 없어라.

이상이 최하의 9계이다.

이 27계는 상편과 합쳐서 도의 근원이라고 하여, 도사들의 존비(尊
卑)와 무관하게 모두 지켜야 한다. 상(최상 9계)을 구비한 자는 신선
이 되고, 18계(최상·최중)을 가진 자는 수명이 배가 되고, 9계(최하)
의 자는 수명이 늘어 젊어서 죽는 일이 없다. 위의 계율에는 '피가 있
는 것(새와 금수 종류)을 먹지 말라'라든지 '살생'을 훈계하는 등 불교
계의 영향을 몇 군데에서 읽어낼 수 있다.

『도덕존경계』에 이어지는 것은 『노군설백팔십계(老君說百八十戒)』
인데, 이것은 노군(노자)이 낭야(瑯琊; 지명)의 간길(干吉)에게 전수
했다는 체제를 취하고 있어서 천사도 계통의 계라고 추측된다. 게다
가 남녀간의 친근함을 엄격하게 피하라는 계가 6, 7개 조목이나 있는
점에서 판단하면 구겸지의 신천사도의 입장을 농후하게 반영하고 있
다고 하겠다. 그 외에 이 180계에서 특색이라고 생각되는 것은 살생
계 등 불교의 영향이 적고 오히려 유교적 윤리나 토속적 금기가 많은

점이다. 또한 국가에 관한 일을 알려고 하거나 그 길흉을 점치는 일을 금하는 계, 도검(刀劍)을 소지하는 것을 금하고 병사와 집단을 조직하는 일을 금지하는 등, 도교 신앙자가 정치나 군사에 관여하는 것을 세심하게 경계하고 있는 점이 특색이라고 하겠다.

불교색이 강하게 나타난 육수정의 경전 정리

구겸지가 북방에서 도교개혁을 진행해서 의례 계율의 정비를 행한 것과 거의 동시에, 남방에서는 육수정(陸修靜; 406~477년)이 유송(劉宋)의 명제(明帝)와 왕실의 비호를 받아 수도인 건강(健康; 현재의 남경)의 북쪽 숭허관(崇虛觀)에 머물면서 도교경전의 분류정비를 진행했다. 당시까지 유포되어 있던 도교경전 1,228권을 불교의 3승[대승(大乘)·중승(中乘)·소승(小乘)]에 따라 동진(洞眞)·동현(洞玄)·동신(洞神)으로 삼분류하고, 『삼동경서목록(三洞經書目錄)』을 만들어 명제에게 바친 것이다. 동시에 육수정은 도교의 교단적 조직을 불교에 대항할 수 있도록 강화하기 위해 도교 의례와 계율의 정비와 규범화를 진행시켰다. 그의 저작『동현영보오감문(洞玄靈寶五感文)』에는 "도는 재(齋)와 계(戒)를 입덕(立德)이 근본이자 진(眞)을 찾기 위한 문호(門戶)로 보고 있다. 도를 배우고 선을 추구하는 사람, 복을 기도하고 즐거운 일을 희망하는 집안은 모두 이것(재와 계)에 의하고 있는 것이다."라고 언급하고 있다. '재'란 초제(醮祭)를 말하는 것으로 금록재(金籙齋), 황록재(黃籙齋), 명진제(明眞齋) 등의 제사를 말한다. 별항 〈도교의례와 경전편찬의 역사〉 참조 이 재 안에 계를 끼워넣은 것이 『설광촉계벌등축원의(說光燭戒罰燈祝願儀)』에 보인다. 이 경전은 육수정의 편찬이라고 하는데, 현존 텍스트가 그의 편찬 그대로인지는 단정할 수 없다. 그러나 어쨌든 양나라 시대에는 존재했다고 생각되고 거기에 재를 행하는 과정으로서 십계가 위치 지어졌음은 분명하다.

무릇 재는 고요한 방에서 손을 모으고 조용히 행하는데, 자기의 성정을 억제하고 외계의 번잡함을 들이지 않도록 하고, 십계(十戒)를 지켜 행하고 속념(俗念)을 일으키지 않도록 한다. 십도(十道)를 행함에 힘쓰고 뜻을 견고하게 세워 움직여서는 안 된다. 현진(玄眞)의 경지를 맛보면 한 생각 한 생각이 모두 청정하게 된다. 이처럼 하는 것을 재라고 부른다.

이어서 '십계'가 열거된다.

제1계. 마음으로 미워하고 질투하지 않고, 속으로 사악하고 해로운 마음을 생기게 하지 않고, 입을 단속하여 잘못을 삼간다. 법(法)을 생각한다.

제2계. 인(仁)을 지키고 살생하지 않으며 뭇 생명을 불쌍히 여기고 자애를 가지고 널리 구제하며 자비를 모든 것에 이르게 한다.

제3계. 올바름을 지키고 의(義)를 추구하고 음란하지 않고 훔치지 않고 항상 선념(善念)을 행하고 스스로를 희생해서 만물을 구한다.

제4계. 색욕을 갖지 않고 마음에 방탕함이 없이 정결하게 해서 근신하고 행동에 더러움이 없다.

제5계. 입으로 악언(惡言)을 말하지 않고 말은 화려하지 않고 내외로
중용을 지키며, 정직하고 입으로 화를 범하지 않는다.

제6계. 술을 끊고 행동에 절도가 있고 기성(氣性)이 조화롭고 마음은
손상되지 않고 여러 악을 범하지 않는다.

제7계. 타인이 뛰어난 것을 질투하거나 입으로 공명을 다투고 경쟁하
지 않고 어떤 일에도 겸손하고 내 몸을 물러서서 타인을 구한다.

제8계. 경전의 가르침을 평론하거나 성스러운 글을 폄하하거나 하지
않고 심신이 모두 법을 받아들여 항상 신(神)을 대하는 것처럼 한다.

제9계. 입과 혀로 싸워 난(亂)을 만들거나 사배[四輩; 사방의 인사(人
士)]를 비평하거나 해서는 안 된다. 하늘과 인간 양쪽이 문책하고
원망하여 신기(神氣)를 손상하게 될 것이다.

제10계. 거동과 행위가 평등하게 일심(一心)을 이루면 사람이 온화해
지고 신이 온화해지고 행동은 항상 그러하다.

이것을 인용하고 있는 다른 경전들로 미루어보아, '십계'는 출가해
서 처음 도사가 된 이가 반드시 지켜야 할 계율, 즉 초진입도(初眞入
道)를 위한 것이다. 후세에는 십계에 십이가종계(十二可從戒)가 부
가된다. 예를 들어, 『지혜죄근상품대계경(智慧罪根上品大戒經)』의
12가종계는 다음의 12개 조목으로 요약된다. "진경(眞經)의 바른 법
을 본다. 항상 자비심을 행한다. 경교(經敎)를 즐긴다. 스승의 가르침
을 준수한다. 경결(經訣)을 준수하고 조석(朝夕)으로 독송하고 익힌
다. 영화로움에 힘쓰지 않고 인연을 단절한다. 힘써서 대경을 암송한
다. 항상 선심을 낸다. 성세(聖世)에 임하여 영보(靈寶)의 법교를 흥
하게 한다. 몸을 깨끗하게 하고 계를 지키고 재(齋)를 수행하고 공덕

을 쌓는다. 학업은 넓게 보고 동법에 잘 통해야 한다. 항상 명사(明師)와 대대로 서로 접하도록 한다." 요컨대, 초진 도사의 일상적 마음가짐이라고 하겠다.

십계십이가종계의 특색은 뭐니뭐니 해도 불교적인 십선십악계(十善十惡戒), 범망십중계(梵網十重戒) 등과 유사해 보인다. 여기서 그 점을 자세히 논할 여유는 없지만, 구스야마 하루키(楠山春樹) 씨가 정리한 것을 들어 비교해 보자.

■ 십선십악계

1. 불살생(不殺生)　　2. 불윤도(不倫盜)　　3. 불사음(不邪淫)

4. 불망어(不妄語)　　5. 불량설(不兩舌)　　6. 불악구(不惡口)

7. 불기어(不綺語)　　8. 불탐욕(不貪慾)　　9. 불진에(不瞋恚)

10. 불사견(不邪見)

■ 범망십중계

1. 살계(殺戒)　　2. 도계(盜戒)　　3. 음계(淫戒)

4. 망어계(妄語戒)　　5. 고주(酤酒)―술에 취함

6. 설사중과계(說四衆過戒)

7. 자찬훼타계(自讚毁他戒)―자신을 칭찬하고 남을 헐뜯음

8. 견석가회계(慳惜加毁戒)―스스로의 소유를 버리는 것을 아까워 함

9. 진심불수회(瞋心不受悔)―타인의 잘못에 화내고 후회해도 용서하지 않음

10. 방삼보계(謗三寶戒)

이상은 육수정이 편찬했다고 추정되는 경전에 대해 당시 계율의 한 부분을 소개한 것에 지나지 않는다. 실제로는 그 전에 이미 많은 계율이 있었음을 상상할 수 있고, 또한 십계십이가종계 외에도 몇 개의 계율을 만들고 있었다고도 생각된다. 『무상황록재립성의(無上黃籙齋立成義)』 제16에는 "육천사는 '영보의' 경·결(訣)을 주워 모아 재(齋)·사(謝)·계(戒)·벌(罰) 등의 의례를 선택했다"고 기록되어 있다.

그런데 당나라 중종·현종 때쯤(700년 전후)의 도사 장만복(張萬福)이 편찬한 『삼동중계문(三洞衆戒文)』에는 처음으로 마음을 일으켜 도사가 된 때에 받는 계부터 시작해서 단계를 올라가서 받는 계가 기재되어 있다. 지금 그 내용을 검토하는 것은 생략하고, 계목(戒目)만을 열거해 두자.

> 처음으로 마음을 일으켜 입도한 자는 삼귀계(三歸戒). 녹생(籙生)은 5계·8계. 세속의 남녀는 무상10계(無上十戒). 신출가(新出家)는 초진계(初眞戒).
> 정일제자(正一弟子)는 72계. 남관·여관은 노군180계. 청신제자(淸信弟子)는 천존10계. 14지신품(持身品). 5천문금뉴(五千文金紐)는 태청음양계(太淸陰陽戒). 태상현고법사(太上玄高法師)는 27계. 동신(洞神)은 삼도요언(三道要言)·5계·13계·720계문. (이하 생략)

위아 같이 당대가 되면 수계(受戒)의 형식이나 계목(戒目) 등도 점점 정비되어 간다. 계의 종류는 이제까지 언급해온 것에만 국한되지 않고 다종다양하다. 그것은 시대가 지남에 따라 한층 복잡해지는 것이다. 다만 도교 내부의 종파에 따라 계에 대한 이해가 서로 달라서 후세에 전진교(全眞敎)는 계율을 중시하고 정일파(正一派)는 꽤 느슨했다고 한다.

또한 근년에 타이완 북부의 정일파 도사가 수계 때에 사용하는『급록단정원과(給籙壇靖元科)』에 근거한 수계의 순서와 차례를 마이클 사소(Machael SaSo)가 소개하고 있는데, 그 중에서 9계만을 뽑아 기록해 둔다.「도교의 전수경계(傳授經戒)」『동방종교』제45호, 1975년.

오신(五辛)을 함부로 먹으면 안 된다.

잡다한 맛을 탐해서는 안 된다.

영문(靈文)을 가볍게 다루어서는 안 된다.

이익을 위하여 타인을 손해보게 해서는 안 된다.

존장(尊長)을 깔보아서는 안 된다.

장병(將兵)을 동원해서는 안 된다.

화복(禍福)에 대해 망언해서는 안 된다.

귀신의 일을 평론해서는 안 된다.

행하면 안 될 일을 망령되게 행해서는 안 된다.

(이상의 각각에 대해 제자는 '조심하여 스승의 말을 따르겠습니다'라고 대답한다.)

도교의 계율은 지금도 또한 엄격하게 지켜지고 있고 전진교의 시방총림(十方叢林), 북경의 백운관(白雲觀)에서도 최근 그 수계가 부활했다고 한다.

【참고문헌】

요시오카 요시토요(吉岡義豊), 「불교의 영향에서 도교 계의 형식」, 그의 기타 논문
    (『요시오카 요시토요 저작집 吉岡義豊著作集』第二巻, 수록)
구스야마 하루키(楠山春樹), 「도교계의 계관과 오계·팔계」, 「도교에서 십계」(『도가
    사상과 도교』 수록)
탕일개(湯一介), 『위진남북조시기의 도교』(타이페이·동내도서, 1988)

도교의 사상

— 호리이케 노부오(堀池信夫, 쓰쿠바대학)

도교사상의 성립과정을 노장의 '도'를 중심으로, 이를 계승·발전시킨 이론적 근거가 된 현학적 노장사상으로까지 상세하게 해석하고 도교사상의 철학적 측면을 밝힌다.

도가에 유래하는 도교의 '도'

'도교의 사상'이라고 할 때, 그 말이 가리키는 내용은 매우 다양하다. 그래서 먼저 여기에서는 구체적으로 어떤 내용을 다룰 것인지 간략하게 말해 두고 싶다.

도교는 말할 것도 없이 중국 고유의 종교이다. 종교이므로 물론 거기에는 나름의 사상이 있다. 도교의 사상을 한 마디로 말하면, 불로불사(不老不死)·축술(祝術)·부험(符驗)·음양 등이다. 도교사상은 모두 이 카테고리에 들어갈 것이다. 그러나 지금부터 고찰할 도교사상은 이것들과는 조금 다른 것이다.

대개 종교에서는 종교적 실천이나 경험에 관련된 사상이 가장 중요하고 본질적이다. 도교에서 실천이나 경험이라고 하면 우선 산림 속에서의 수행, 작은 방에서의 명상, 향 사르기, 특별한 의례 등을 통한 신선의 경지로 옮겨감과 같은 고도의 사상을 들 수 있겠다. 한편 민중 의식의 근저에 뿌리내려 일상의 실천 속에서 실현되는 생활적인 신앙도 있다. 도교에서 민중의 생활 신앙은 신선사상에 뒤지지 않을 정도로 중요하며, 중국의 중국다움은 오히려 이곳에 기인한다고 해도 좋을 것이다. 도교사상을 실천이나 경험의 각도에서 보면, 이상과 같이 위에서 아래까지 다양한 측면으로 파악할 수 있다.

하지만 여기에서는 경험·실천 면에서의 도교사상이 아니라 보다 지적인 측면에 관련된 것을 다루려고 한다. 구체적으로 말하면 논리적 사유나 형이상적 사유 등 비교적 추상성이 높은 사상 영역이다. 철학적 측면이라고 해도 좋다. 이것은 실천이나 경험보다 약동적 생명감은 결여되어 있을지 모르지만, 추상적이기 때문에 구체적인 것으로부터의 귀납이라는 점도 포함해서 중요성이라는 측면에서는 실천 면보다 더 중요하면 중요했지 덜하지는 않다.

그러면 이제 도교사상을 구체적으로 검토해갈 단계인데, 순서는 우선 도교의 성립시기까지 거슬러가서 그 원천이 되는 노장(老莊)의 '도' 사상을 엿보고, 점점 내려와서 도교의 성립기까지를 검토하려고 한다. 그렇게 하면 도교사상의 철학적·윤리적 측면이 구체적으로 어떤 것인지 드러날 것이다.

도교는 위진 육조시대, 대개 3세기부터 6세기에 걸쳐 '도교'라고 부를 수 있는 모습을 역사상에 선명하게 나타내기 시작한다. 그때 신앙으로서 도교의 원천이 되는 것은 민속종교로서의 샤머니즘이었나.

구체적으로 말하면 예부터 신선사상을 중심으로 각지의 여러 민속종교의 유입·혼효(混淆)에 의해 형성된 것이 도교이다.

다만 도교에서는 그러한 구체적인 원천보다도 사실은 좀 더 중요한 것이 있었다. 그것은 전국시대의 도가사상 내지 노장사상이다. 도교의 '도' 개념은 도가의 '도' 개념에 유래한 것이다. 도가사상의 중요성은 도교의 시조로 간주되는 노자가 도교의 중심 경전『노자 도덕경』의 저자라고 여겨지는 점에서 이해될 수 있을 것이다.

도교의 사상가는 많지만 중심이 되는 것은 노장, 즉 노자와 장자이다. 여기서는 우선 노자의 사상부터 보자.

최초로 문제가 되는 것은 '노자의 도란 도대체 무엇인가'라는 것이다. 오늘날 전해지는『노자』제1장에 '이것이야말로 도라는 식의 도는, 항상 불변의 도가 아니다'라고 한다. 즉 보통 사람들이 따라야 할 근본 도리라고 하는 '도', 구체적으로는 '인의예지신'의 덕목은 유교에서 말하는 인간의 도이지만, 이것은 진정한 '도'는 아니라는 것이다.

그렇다면 노자에게 진정한 '도'란 어떤 것일까? 노자에 의하면 그것은 인도(人道)를 초월하고 또한 현상적 사실도 초월한 것으로 "보려고 하여도 보이지 않고" "들으려 하여도 들리지 않으며" "잡으려고 하여도 잡을 수 없는"『노자』14장 실체성이 결여된 것이라고 한다. 즉 형이상적인 것이다. 게다가 노자에 의하면 '도'에 의해 모든 것이 생겨나고 성장하고 전개된다. 즉 "도는 하나를 낳는다. 하나는 둘을 낳는다. 둘은 셋을 낳는다. 셋은 만물을 낳는다."『노자』42장는 것이다. 노자의 '도'는 우주의 기원이고 근원이고 근저(根柢)가 되는 것이다.

한편 장자는 '도'의 인식에 대해서는 노자만큼 낙천적이지는 않다. '좌망(坐忘)' 등과 같은 방식으로 도에 대해 많은 사색을 하고 있다.

다만 존재론적으로 보면 장자의 '도' 또한 기본적으로는 노자와 마찬가지로 형이상적 근원자이다. 다만 낙천적이지 않은 만큼 노자보다도 반성이 심각하고 확고하게 세련된 내용이 주어져 있다.

노자는 '도'에 관해 "어떤 물(物)이 혼돈(混沌)한 상태로 있다. 그것은 천지보다 먼저 생긴 것이다"『노자』 25장라며, '물(物)'이라는 표현을 사용한다. 반면 장자는 구체적 존재자로 오인라기 쉬운 '물'이라는 표현을 피하고 형이상적 형용을 파고든다. 그리고 '도'가 추상적이고 절대적이고 보편적이고 자족적이며 존재자 이전부터 존재해왔고 또한 존재자를 존재시키고 있음을 이렇게 말한다. "무릇 도에는 정(情)은 있지만 아무것도 하는 것이 없고 형(形)도 없다. 전할 수는 있어도 받을 수는 없다. 얻을 수는 있어도 볼 수는 없다. 그 자체에 근거해서 그 자체에 근거를 가지고 있다. 천지가 아직 성립하지 않았을 오래 전부터 확고하게 존재해 왔고 귀신을 움직이게 하고 천제(天帝)에게 신성을 있게 하고 천을 낳고 지를 낳는 것이다."『장자』「대종사(大宗師)」.

이상과 같은 노장의 '도'는 존재자의 근원에 있어서 존재를 낳고 그것을 있게 하고 지지하는 형이상적 근원자, 내지 초월자라고 생각된 것이다.

음양오행설과 도가의 생성론의 결합

한편 노장은 이러한 형이상적 사색과 함께 현실적 존재자의 질서에 관한 사색노 행해 왔나. 일견 무질서하고 어떤 맥락노 없이 존재하는 듯이 보이는 존재자도 그 근저에는 뭔가 질서를 가지고 있다고 생각한 것이다.

노자의 도가 '하나를 낳고' 이어서 둘, 셋, 만물로 전개해가는 우주 생성론은 존재자의 생성 전개의 질서성을 가리키는 것인데, 게다가 노자는 "만물은 음을 등에 지고 양을 끌어안아 충기(沖氣)를 화(和)하게 한다"(42장)고 한다. 즉, 존재자의 존재를 '음양' 질서의 근본으로 파악하는 것이다.

음양 이론은 세계의 모든 것을 음과 양의 두 요소로 통괄하는 것이다. 단순하지만 존재자를 질서 지우는 하나의 이법(理法)이기는 하다. 장자도 "음양은 서로를 비추고 서로 덮어주고 서로 다스린다. 이로써 사계절은 변화하고 계속해서 새로운 계절이 생겨나고 이전의 계절은 없어져 간다. 여기서 욕망이나 악한 일이나 이합집산의 생기(生起), 또한 자웅(雌雄)이 서로 만나는 일이 항상 불변하게 계속된다. 화복(禍福)은 서로를 낳고 완급(緩急)은 서로 경쟁한다. 이리하여 물(物)은〔음양의〕집산을 통해 성립한다. …… 이야말로 물의 근본에 있는 그 모습이다."『장자』「측양(則陽)」라고 음양과 존재자의 관계에 대해 언급하고 있다.

음양은 도가뿐만 아니라 유가에서도 질서에 관한 중요한 설명 개념이었다.『역(易)』의「계사전(繫辭傳)」에는 "한번은 음 한번은 양인 것, 이것을 도라고 한다"는 유명한 말이 있다. 음양은 중국사상에서 보편적으로 사용되는 것이었다.

음양에 이어 중요한 것은 '기(氣)'이다. 기의 개념은 한 마디로 규정할 수 없는 다면성을 갖는데,『설문해자(說文解字)』에 의하면 전문(篆文)으로는 'ミ'라는 형태로 그려지고 운기(雲氣)를 나타내는 상형

문자라고 한다. 자형은 확실히 운기와 같고 또한 바람이나 대기가 흐르는 모습을 옮긴 것도 같다. 바람이 인간의 몸에 부딪치면 압력이 생긴다. 그래서 사람은 거기에 뭔가의 실체가 있는 존재를 인식하지만 그것이야말로 기인 것이다. 즉, 우선 현실에서 파악할 수 있는 양상으로서는 기체적 혹은 유체적인 것이고 그 때문에 연속적인 실체였던 것이다. 그렇다면 기는 구름이나 바람 그리고 대기로서 천지간에 가득차고 흐르며 순환할 수밖에 없다. 따라서 기는 이 세계 속의 모든 존재와 그 운동을 성립시키는 것이다. 이 점에서 기는 이 세계를 성립시키고 있는 구체적이고도 기본적 요소인 셈이 된다.

이러한 요소로서의 기(氣)는 바람이나 구름처럼 소프트한 것부터 금속처럼 하드한 것까지 모든 것을 형성한다. 딱딱하고 부드러움의 차이는, "물은 (음양의) 모임과 흩어짐을 통해 성립한다"『장자』「측양(則陽)」는 장자의 말처럼, 기의 응집과 흩어짐에 의한다고 여겨진다. 또한 이 글에서는 '(음양의) 응집과 흩어짐'이라고 하는데 후술하듯이 기와 음양은 일체의 것이므로 여기서는 '기의 응집과 흩어짐'이라고 해석한다.

그런데 응집(凝集)·흩어짐이라는 면을 강하게 의식하면 물질의 근본요소로서의 기는 입자적인 형태를 가지는 것처럼 생각된다. 물론 기에 입자적인 표상이 부여되는 경우는 자주 있는 일로 앞서『장자』「측양」편의 '집산'도 입자적인 기의 집산의 한 가지 예라고 해도 좋다. 한편 그 유체성·연속성을 중시한다면 딱딱하고 부드러움은 영여에 이한 농도 내지 밀두의 편차로서 이해할 수 있을 것이다.

이리하여 기의 응집·흩어짐 혹은 농도의 편차에 의해 모든 존재자가 형성된다. 기는 세계 내적 존재자의 근본적·보편적 물질로서 거기에 일어나는 사실·현상을 통일적으로 설명하는 개념이 되는 것이다.

또한 기에는 형상뿐만 아니라 여러 성질이 있다. 불은 뜨겁고 물은 차갑다. 바람도 여름에는 열풍, 겨울에는 한풍이 있다. 여기에 음양과 기가 밀접한 관계를 갖는 원인이 있었다. 앞서 본 『노자』의 "음을 등에 지고 양을 끌어 앉아 충기(冲氣)를 화(和)하게 한다"42장에서도 음기와 기는 이미 접촉하고 있고, 또한 『장자』에서도 "음양이란 기의 존재방식을 크게 본 것이다"「측양」처럼 결합되어 있었다. 이들 노장의 예는 음양과 기의 결합을 단적으로 나타내는 것이다.

그런데 존재자의 질서에 관해서는 음양의 두 요소로는 너무 단순하기 때문에 전국시대 말기에는 '오행(五行)' 이론이 도입되게 되었다. '오행'이란 목·화·토·금·수의 다섯 요소의 배열에 의해 세계는 질서 지어진다는 해석이론이다. 오행 자체는 『서경(書經)』이라는 고대문헌에 보일 정도로 유래는 오래되었지만, 전국시대가 되어 복잡한 세계를 음양보다도 세밀하게 해석할 수 있는 질서이론으로서 각광을 받게 된 것이었다. 그리고 드디어 음양과 오행이 합체된 '음양오행 사상'이 성립하게 되는 것이다.

진 왕조가 발흥하려고 하는 바로 그 시기에 편찬된 『여씨춘추(呂氏春秋)』에서는 이 음양오행 사상과 도가의 생성론을 결합시킨 우주론 체계가 제시되어 있다. "만물이 나타나오는 경우" 우선 "태일(太一)에 처음으로 음양에 의해 구체적인 물(物)의 모습이 형성"『여씨춘추』「대악(大樂)」된다. 그 중 천(天)에는 사계가, 지(地)에는 오행이 출현한다. 그리고 지상의 존재자는 모두 오기(五氣)·오방(五方)·오음(五音)·오색(五色)·오미(五味)·오장(五臟)처럼 정연한 질서하에 있다고 설명된다. 이 음양오행 사상은 그 후 진나라에서 한나라 때에 걸쳐 우주 혹은 세계의 질서로부터 인륜의 질서에 이르는 총합적 설명이론으로서 크게 융성하게 된다.

또한 진한 때에 성립한『백서오행편(帛書五行篇)』은 오행의 내용을 "(인은 안으로) 나타나는 것…… (지는 안으로) 나타나는 것, (의는) 안으로 (나타나는 것)……, 예는 안으로 나타나는 것…… 성(聖)은 안으로 나타나는 것이다.……덕의 행동 다섯 가지(오행)가 조화되면 이것이야말로 바로 덕이라고 부르기에 알맞다"제1장「경(經)」라고 한다. 이 오행은 윤리도덕에 관련된 것으로 목화토금수의 '오행'과는 다르다. 이들 가운데 직접적인 교섭연관을 이끌어 내기는 어렵지만 이 시기에 사물을 다섯 요소로 분석해서 파악하는 사유가 널리 행해진 것을 나타내는 것이라고 하겠다.

초우주적 초월자가 된
노자

한대가 시작되면서 도가사상과 법가사상을 혼효한 황로사상(黃老思想)이 일세를 풍미한다. 우선 한(漢)의 3대 황제인 효문(孝文)는 황로(黃老) 도가의 말을 좋아하고, 그 비(妃)인 두태후(竇太后)도 황제·노자를 존숭했기 때문에 이 책을 읽지 않는 사람은 없었다고 할 정도였다. 황로사상의 본질은 사실 도가보다도 법가사상에 가까운 정치이론이다.

황로사상이 융성한 근본적 이유는 법가 사상에 가깝다는 점에 있었다. 한편 황제에는 "황제는 (용을) 타고……하늘로 올라갔다"『사기(史記)』「효무본기(孝武本紀)」라는 황제 시선전설이 관련되어 있고, 신선이 된

황제의 존숭이라는 점에서 황로사상에는 종교적 색채도 있었다. 또한 그것은 '황로'라는 명칭에서 황제와 함께 노자에 대한 존숭도 함유하는 것이었다. 후한이 되면 황로사상의 종교성은 더욱 농후해진다. 환제(桓帝) 때에는 "궁중에 황로·부도(浮屠; 불교)의 사당이 지어지고"『후한서(後漢書)』「양해열전(裏楷列傳)」 불교와 동등한 신앙의 대상이 된다. 그리고 이 점에서 고대 철학자였던 노자도 그 인격성이 희박해지고 신앙의 대상으로서 일종의 신성을 갖기 시작한 것이다.

이즈음 노자는 어떠한 신격을 가지고 있었을까? 후한(後漢) 변소(邊韶)의 『노자명(老子銘)』에는 이렇게 적혀 있다. "노자는 혼돈의 기를 이합(離合)시키면서 일월성(日月星)과 함께 여전히 있다. (노자는) 천(天)을 보고는 참□(讖□)를 만들고 □성(□星)□은 변소(邊韶)의 『노자명(老子銘)』에서 확인할 수 없는 글자이다. 을 승강시킨다. 매일 9회나 그 모습이 변하고 계절과 함께 천이(遷移)한다. 일월성의 운동법칙을 정하고 사신수[四神獸; 창룡(蒼龍)·백호(白虎)·주조(朱鳥)·현무(玄武)]를 복종시킨다. 그는 본래 단전대일자방(丹田大一紫房)을 존상(存想; 관상법의 하나)함으로써 그 도에 성공을 다하고 신체는 변화하여 매미가 허물을 버리듯 이 세계를 초월한 신선이 되었다. 그리고 복희·신농의 태고부터 이래에 수 세대를 거쳐 나라를 다스리는 자를 위하여 스승이 되어온 것이다." 이것을 보면 노자의 신성에는 존숭되고 신앙의 대상이 되기에 충분한 점이 있다.

다만 이 경우 노자가 어떻게 신이 되었는지 설명하는 점에는 문제가 있었다. 신격화된 노자는 신선도의 실천에 의해 인간에서 신으로 전환한 것으로, 처음부터 인간과 단절한 초월적·절대적 신격은 아니었던 것이 되기 때문이다. 즉 변소의 신격화된 노자가 의미하는 것은 후한 때에 노자는 아직 인간으로서의 흔적을 가지고 있고 초월적·절대적인 신격으로까지 도달하지는 않았다는 것이다.

육조(六朝)시대에 신격화된 노자의 모습은 "자연을 체현한 있는 그대의 모습이다. 노자는 태무(太無)보다 먼저 생겨났고 원인이 없이 시작되었다. 천지의 시작과 끝을 두루 경륜하니, 언급하여 기록할 수 없다. 그것은 끝이 없는 데서 끝나고 무궁한데서 다하니, 끝이 없는 존재이다. 즉 무극한 것이다"『노자도덕경서결(老子道德經序訣)』처럼 인간적 이미지를 완전히 탈각해 멀리 우주의 시종을 넘어 있는 초우주적 초월자·절대자로 그려져 있다.

변소가 생각하는 노자로부터 이러한 신격화된 노자로 이행하는 것에서는 개념을 세련(洗練)되게 할 필요성이 있다. 다시 말해 개념의 보편성·절대성·초월성이 높아져야 한다. 변소의 단계에서는 아직 그 수단은 부족했다. 즉, 한나라 때까지 정비된 도·기·음양·오행 등의 개념 장치에서는 초우주적 노자를 완전히 그려내기에는 아직 불충분했던 것이다.

이 문제에 중요한 계기를 제공한 것은 후한 말부터 위진에 걸친 사상계의 일대전환이있다. '현학(玄學)'의 등장이다.

무와 도의 근원을 탐구한 현학

'현학(玄學)'이란 삼국에서 위진육조 시기에 길처 종래 유기의 훈고주의를 탈피하고, 노상사상에 의한 근원적인 사유를 통해 새로운 철학을 일으키려고 한 사조에 관한 것이다. 지금 이 글의 주제에 따라 그 특질을 지적한다면, 그것은 '도'를 '무(無)'라고 파악하며 게다가 도와 무의 성질을 보다 근원적으로 탐구한 것이다. 현학을 대표하는 사상가로서 여기서는 삼국의 위(魏)나라 하안(何晏)과 왕필(王弼; 226~249년) 및 서진(西晋)의 곽상(郭象), 동진(東晋)의 장담(張湛)을 들어 그들 사상의 요점을 말해 보려 한다.

하안에 의하면 "도는 본래 무명"『열자』「천서(天瑞)」에서 인용한 『무명론(無名論)』에서 "전혀 있는 것이 없다"(『무명론』), 즉 도는 무였다. 무는 "유(有)가 유이기 위해서는 무에 의거해서 생기고, 사(事)가 사이기 위해서는 무에 의거해서 성립한다"『열자』「천서(天瑞)」에서 인용한 『무명론(無名論)』는 것으로, 또한 "천지 만물 모든 것은 무를 그 근본으로 한다"『진서』「왕연전(王衍傳)」이 인용한 『무위론(無爲論)』는 것이었다. 즉 '무'는 존재론적인 근원자로서의 '유'를 근원에 두고 지지한다는 것이다.

하안이 '도'를 이러한 의미에서의 '무'로 규정한 것은 그 개념에서 일체의 사실적 존재성을 뽑아내려 했기 때문이었다. 즉 그는 '무'로 규정하는 것에 의해 '도'를 철저하게 추상화하고 형이상적·존재론적 근원자로서의 순수성을 높인 것이었다.

다만 이 때문에 하안의 경우 약간의 문제점이 생겼다. 그것은 그가 도 내지 무를 "정체를 알 수 없고 다만 사모(思慕)할 수 있을 뿐"『논어집해(論語集解)』「술이(述而)」의 주석이라고 하여, 인간 일반에서 훨씬 멀리 떨어진 것으로 본 점이었다. 인간에게서 너무 먼 '도'는 신앙적 의미를 제외하고 사상적으로 보면 의미가 거의 없는 것일 뿐이다.

그렇기는 하지만 하안의 '무'가 '유'를 지지한다는 존재론은 현학사조의 기본 아이디어로서 받아들여져 이후에는 이것을 둘러싸고 다양한 주장이 전개된다.

왕필의 사상은 하안의 사유를 발전시
킨 것으로서 위치 지어진다. 왕필은 "적
연(寂然)한 지무(至无)는 (유의) 큰 근
본"『역』「복괘」주석이라고 한다. '무'는 하안
과 마찬가지로 '유'의 근본·근원에 있어
서 '유'를 지지하는 것이었다. 게다가 왕
필은 그것을 언어적 파악을 하지 않고 '무

왕필

칭(無稱)'『노자』25장 주으로 하여 하안보다 훨씬 더 철저하게 사실적 존
재성을 박탈했다. 그런 한편 왕필은 하안이 '사모(思慕)할 수 있을 뿐'
이라고 한 점에 대해서는 '무'는 존재자가 '자연'에 놓여 있는 것 자체
로 증시(證示)되는 것으로서, '무'의 형이상성을 사실적 존재자를 통
해 인식하는 방도를 제시했다.

한편 '도'에 대해서 왕필은 노자 이래의 전통적 성격을 계승했다.
노자의 '도'는 모든 것을 낳고 성장·전개시키는 것의 우주의 기원·
근원·근저에 있었는데, 왕필은 "도는 …… 만물을 처음으로 생기게
하는 것이다"1장 주라고 하여, 도에 생성자의 성격을 부여하였다. 이
와 함께 왕필은 '도'와 '무'의 상이점에 대해, "도는 명칭을 가진 것 속
에서 크다. 명칭이 없는 대[大; 무(無)]에는 이르지 못한다"25장 주라
고 위치 지었다. 이는 '무'와 '도'는 성격·기능을 달리한다는 것을 제
시하면서 논리적 유종(類種) 관계에 있어서는 일관되고 있음을 나타
낸 것이기도 했다. 이리하여 '무'와 '도'에 의해 왕필은 선진 이래의 전
통과 하안의 발명을 함께 받아들여 총합적이라고 할 수 있는 형이상
철학을 수립한 것이다.

곽상

서진(西晉)의 곽상(郭象)의 경우 양상은 조금 다르다. 그는 존재론에 있어 지고자(至高者)이고 생성자이며 형이상적 근원자인 ‘조물자(造物者)’를 완전히 배제하고 그러한 초월자는 ‘없다’고 했다. ‘조물’이란 존재자가 그 자체로 생성하는 것을 의미한다고 보았다. 곽상은 하안·왕필의 ‘무’와 같은 초월적 근원자 등은 ‘없고’, ‘무의 사상’이란 사실은 ‘그러한 근원자는 없다’는 것을 나타낸다고 규정하면서 ‘무’의 의미를 철저하게 파고들었다.

동진(東晉)의 장담(張湛)은 존재자는 그 자체로 생성한다는 곽상의 사상을 계승하면서도 ‘무’를 부정하지 않았다. “무라는 것은……모든 존재자가 자신을 전개하는 근본 주인(宗主)이다”『열자』「천서」주라고 하안·왕필에로의 회귀를 보여주었다. 다만 장담의 사상적 특질은 다른 현학사상가가 별로 흥미를 보이지 않고 있던 기(氣)의 개념을 새롭게 도입한 것이었다. 현학의 문맥에서 그는 우주생성을 “섞여서 명확히 구분되지 않는 단계에서는 천지는 아직 일기(一氣)이고 만물은 하나의 형상이다. (구별이 진행되면) 그것은 나뉘어져 천지가 되고 더욱 분산되어 만물이 된다”『열자』「천서」주라고 하여, 기의 전개에 의한 구체적 만물의 생성 과정을 설명한 것이었다.

이제까지 도교사상의 철학적 측면에 관해 노장의 ‘도’ 사상을 중심으로 검토해 왔다. 노장의 ‘도’ 사상은 선진(先秦) 때에 기본적 성격이 형성된 후 도교가 성립종교로서 형성되는 위진 육조 시기에는 현학

104

이라는 철학성·사변성이 짙은 사조에 이른 것이었다.

이 현학적 노장사상이야말로 교리 형성, 성격 형성기의 도교를 직접적으로 지지한 철학적·이론적 근거라고 볼 수 있겠다. 왜냐하면 변소『노자명』의 신격화된 노자로부터『노자도덕경서결』의 초우주적인 신격화된 노자로의 전개 등은 현학의 '도'·'무'의 세련된 논리가 없으면 불가능했을 것이기 때문이다. 게다가 도교사상의 철학적 근본이 현학에 있었던 것은 불교 측의 인식으로부터도 확인할 수 있다. 즉 불교의 도교 비판서인『소도론(笑道論)』,『견정론(甄正論)』 등에 의하면 도교는 잡다하고 저열한 종교이지만 현학에 근거한 철리(哲理)만은 비판의 대상이 될 만한 것이고, 이 점을 무너뜨리면 도교는 근본부터 붕괴힐 것이라고 본 것이다.

이리하여 철학적 측면을 중심으로 했을 때 도교의 사상이란 크게 보면 노장의 '도' 사상에 근거한다고 할 수 있지만, 특히 성립기에 대해 말하자면 바로 현학적 노장의 '도'나 '무' 사상에 근거하고 있었다고 할 수 있겠다.

기(氣)와 도교

— 무기타니 구니오[麥谷邦夫, 교토대학]

도교는 성립 이후 교리(教理)·교술(教術)에서 다양하게 변용되어 갔는데, 변함없이 계속 존재한 것이 '기' 사상이다. 중국 문화의 여러 분야에서 근간이 된 '기'는 도교에서는 어떠한 역할을 맡았을까?

교리의 중핵을 이루는 '도'의 철학과 '기'의 사상

여러 종교에서 신의 본질이나 그 모습은 그것을 낳아 길러온 문화의 배후에 있는 민족성이나 역사성에 의해 다종다양하게 나타난다. 중국에서는 조상제사와 천제(天帝)신앙을 핵심으로 하는 유교가 국가 제사와 결부되어 예로부터 존재해 왔다. 2세기말에는 신선 사상이나 무당 푸닥거리[巫呪術] 등을 기반으로 하는 도교가 성립하고, 거의 동시에 불교가 중국 사회에 정착하기 시작했다. 이후 중국의 종교는 이 삼교가 정립(鼎立)하는 형태로 역사를 새겨 왔다. 그 중에서도 도교는 교리 형성에 있어 민족 토착적 요소를 기반으로 하면서 동시에 외래 종교인 불교 교리의 영향도 강하게 받아 왔다. 그러나 도교 교리의 형성과정에서 중핵의 역할을 수행해온 것은 도가의 '도' 철학과 중국 사상의 공통 기반으로서 역할을 해온 '기(氣)' 사상이었다.

지상의 존재로서 유교 철학의 이론적 기반인 '천(天)' 혹은 '천제(天帝)' 대신에, '도'야말로 세계의 근원적 진리 내지 실제라는 철학을 구성한 것은 노자를 필두로 하는 도가 무리였다.『노자』에 설명된 '도'는 상대적이고 유한의 세계를 초월한 유일절대의 존재이며, 언어 표현이나 감각으로는 결코 그 본질을 파악할 수 없다. 그러나 어떠한 형태도 갖지 않는 절대적인 무한정성 때문에 '도'는 이 세계의 근저에 있으면서 끝없이 만물을 생성 변화시키고 스스로 세계 질서를 지지한다고 여겨졌다. 그리고 이 '도'의 진짜 모습을 이해하고 일체가 되는 것에 의해 비로소 인간의 궁극적인 지선(至善)으로서의 생(生)이 확립된다는 것이 도가 사상의 근간이다. 도교는 이러한 사상을 이어받아 교리의 최고 경지로 삼았다.

이 '도'가 유가가 말하는 '천'이나 '천제'처럼 단순히 지극히 높은 존재로서 우리 세계 위에 초월적으로 존재할 뿐만 아니라, 인간을 비롯한 여러 생물로부터 끝내는 돌멩이나 흙덩이 속까지 두루 포함되어 있다고 주장하는 것은 노자 철학을 계승한 장자였다.『장자』「지북유(知北游)」편에는 "도란 어디에 있는가"라는 동곽자(東郭子)의 질문에 "도는 땅강아지나 개미와 같은 하등한 생물, 조나 피 같은 식물, 기와나 벽돌 등 부기물 속부터 끝내는 대소변 속에까지 있다"고 장자가 대답하는 유명한 문답이 실려 있나.

이처럼 만물 속에 '도'가 보편적으로 포함되어 있다는 주장의 배후에는 만물의 생성은 '도'에서 시작한다는 도가의 생성론이 존재한다.『노자』제42상은 '도가 일기(一氣)를 낳고 일기가 음양 이기(二氣)를 낳고 음양 이기가 섞여 음양 충화(沖和)의 삼기(三氣)를 낳고 그 삼기가 만물을 낳는다. 만물은 음기를 업고 양기를 안고 충화의 기에 의해 조화를 유지한다'라고 세계의 생성을 설명하고 있다. 또한 유가에서도 만물의 생성은 음양의 이기(二氣)에 의한다는 것은『역』「계사전(繫辭傳)」등의 설명에 의해 자명한 사실로 승인되어 있었다. 세계의 생성을 '기'가 담당하게 하는 사상은 유가 도가라는 학파의 차이를 넘어 중국 사상의 공통기반을 만든 것이었다. 이러한 기반 위에 후한 시대에는 '도'에서 혼원(混元)한 일기(一氣)인 '원기(元氣)'가 생기고, '원기'가 '음양'의 이기를 분출하고 음양 이기가 섞인 충화의 기와 삼기(三氣)로부터 천지인(만물)이 생긴다는 생성론이 설명되고 일반에까지 받아들여지게 되었다.

이것을 뒤집으면 만물은 '기'로 구성되지만 만물의 '기'는 거슬러 올라가면 혼원의 일기에 귀착하고, 그 혼원의 일기야말로 '도'의 근원성을 현실 세계에서 구체적으로 현현한 것이 된다. 이리하여 '도'가 만물 속에 보편적으로 포함되어 있다는 근거를 만물이 '(원)기'에서 구성된다는 것에서 찾고, 이러한 주장이『노자하상공주(老子河上公注)』등의『노자』주석서 속에서 해설되면서, 점점 '도' 그 자체보다 '기'가 관심을 받는 경향이 보이게 된다. 다만 이 단계에서는 아직 근원적 이법 내지 실재로서의 '도'와 현실세계의 원초적 존재인 '도'의 작용을 구현한 '원기'는 질적으로 다른 것이라고 생각되었다. 그렇지만 도교 교리의 체계화의 시도가 시작되는 동진(東晉) 이후가 되면, 이러한 정황에 현저한 변화가 나타나 '도'와 '기'의 동질성이 주장되기 시작한다.

신(神)과 '도기(道氣)'를 축으로 한 도·기·신의 삼위일체

도교는 중국 고대의 천제신앙(天帝信仰)이나 성신신앙(星辰信仰), 나아가서는 전국시대 이후의 신선설이나 무주술(巫呪術) 등을 기반으로 해서 복잡하게 형성되어온 민족 토착적 종교로, 후한 시대쯤부터 교단과 교리를 갖는 민간종교로서 성행하기 시작했다. 동진(東晉) 이후가 되면 불교 교리학의 영향을 강하게 받으면서도 도가의 '도' 철학을 중핵으로 해서 교리 체계의 구축을 진행하게 된다. 이 과정에서 '도'라는 철학적 개념과 신앙의 대상으로서의 지상신과의 관련성, 또한 종교적 세계관과 종래의 생성론과의 정합성, 혹은 도술의 중심을 이루는 존사(存思), 복기(服氣)에 의한 승선술(昇仙術)을 이론화하는 문제를 해결할 필요가 생겨 '도'와 '기'와 '신'이라는 도교 교리의 근간을 이루는 삼자 관계에 대한 연구가 이루어지게 된다.

이러한 시도의 최초 성과는 공교롭게도 도교와는 대항관계에 있던 불교 측의 기록 속에서 찾아볼 수 있다. 양(梁)의 승우(僧祐)의 호교(護敎) 논문집인 『홍명집(弘明集)』 제8권에 수록된 석승순(釈僧順)의 「답도사가칭장융삼파론(答道士假稱張融三破論)」에는 "도란 기이다" 혹은 "도는 기를 근본으로 한다"는 도교 측의 주장이 비판 대상으로서 인용되어 있다. 이제까지는 질적으로 다른 것으로 여겨졌던 '도'와 '(원)기'가 여기서 동등의 것으로 여겨지는 것은 지극히 주목할 만한 사항으로 도교 교리 역사에서 하나의 전환점을 제시하고 있다고 하겠다. 또한 당나라 법림(法琳)이 『변정론(辨正論)』 제6권에 인용된 『양생복기경(陽生服氣經)』에는 "도란 기이다. 기를 보지(保持)하면

도를 체득하고 도를 체득하면 장생한다"라고 되어 있어 비슷한 주장
이 복기(服氣)의 도술(道術)과 관련되어 설명되어 있다.

불로장생을 실현하고 신선이 되기 위해서는 여러 도술의 힘이 필요
하다고 여겨졌다. 그 중에서 가장 근본적인 도술(道術)로서 복기도인
(服氣導引)과 내관존사(內觀存思)를 들 수 있다. 복기도인이란 천지
혼원(混元)의 기, 즉 '원기'를 체내에 받아들여 불순한 기를 체외로 배
출하고 기의 순환을 정돈하여 육체를 천지우주와 동질인 영원한 존
재로 바꾸려고 하는 것이다. 또한 내관존사술이란 천상 신들의 분신
인 체내신(體內神)을 마음속에서 상상하여 체내신이 몸 밖으로 나가
서는 천상 신들과 교감하고 육체를 신들과 동질의 신적 존재로 바꾸
려고 하는 것이다. 『황정내경경(黃庭內景經)』 등의 경전에 있듯이 체
내신과 원기는 궁극적으로는 동일하고, 원기를 몸속으로 도입하는

내관존사도, 『상청대동진경』

것이 체내신의 활성화에 연결된다고 생각되었다. 이러한 도술 레벨에 있어서 체내신과 기의 일체성에 대한 인식이, 교리를 추상화·이론화 과정에서 '도'와 '기'의 관계에 적용되었고, 이로부터 "도란 기이다"라는 정의가 출현한 것이다. 어쨌든 '도'와 '원기'를 동등한 것이라고 보는 혹은 '도'의 생성 작용을 '원기'로 치환해서 설명하려는 경향은 동진 시기 이후의 도교문헌에서 비교적 많이 보이게 된다.

'도란 기이다'라는 정의가 정착하자 이것을 한 마디로 표명한 '도기(道氣)'라는 독특한 개념이 출현했다. '도기'는 용례를 검토하면 대략 다음의 네 가지 계통으로 분류할 수 있다. 첫째는 '도'의 근원적인 활동, 특히 그 교화력이 올바르게 사회에 혀혀되 상태, 바꿔 말하면 사회 전체의 분위기가 도가적 도교적 진리로 일치한 상대를 나타내는 경우, 둘째는 '도'가 뱉어내는 지극히 맑은 기를 의미하고 고전적인 생성론에서는 '원기'에 해당하는 것으로 사용되는 경우, 셋째는 '도' 그 자체를 실체적으로 파악하고 그것을 표현하는 경우, 넷째는 도교의 온갖 여러 신들을 가리키는 경우이다. 셋째와 넷째의 용례가 보여주듯이 '도'와 '기', '신'과 '기'의 동일성이 설명되자 '기'를 매개항으로 해서 '도'와 '신'과의 동일성이 생각되게 된다. 육조 때의 『노자』 주석서인 『노자상이주(老子想爾注)』에 도교의 최고신의 하나인 대상노군에 관해 "형상을 소산(消散)시기면 기가 되고 형상을 맺게 하면 태상노군이 된다"고 쓰여 있는 것은 이러한 사상을 반영한 것이다. 즉 도교 교리기 전기됨

에 따라 신들의 세계와 인간 세계의 관계, 즉 도교의 종교적 세계관을 명확히 표명할 필요가 생겼다. 그때 도교는 고전적 생성론에 근거해서 종교적 생성론을 구성하려고 했기 때문에 '도'를 시원으로 하는 고전적 생성론의 종교적 신비화가 진행되고 '도'와 '신'은 생성론에 있어서 대등한 위치를 차지하게 된 것이다. 여기에 '도기'라는 새로운 개념을 축으로 해서 '도'와 '기'와 '신'을 삼위일체로 하는 도교의 종교철학이 성립하기에 이른다.

이것을 전형적으로 제시한 도교경전으로『구천생신장경(九天生神章經)』이 있다. 이에 의하면 이 세계가 시작할 때 혼동태무원(混洞太无元), 적혼태무원(赤混太无元), 명적현통원(冥寂玄通元)의 삼원의 조기(祖氣)인 천보장인(天寶丈人), 영보장인(靈寶丈人), 신보장인(神寶丈人)이라는 신부터 천보군, 영보군, 신보군의 삼보군이라는 신이 태어나, 각각 대동(大洞), 동현(洞玄), 동신(洞神)의 삼동의 가르침을 설법하고 옥청(玉淸), 상청(上淸), 태청(太淸)의 삼청천의 주인이 되었다. 삼보군에서 더욱이 현기(玄氣), 원기(元氣), 시기(始氣)의 삼기가 분출하고, 삼기가 다시 각각 삼기를 방출해서 구기(九氣)가 생기고, 여기서 천지만물이 생성된다는 것이다. 여기서는 세계가 삼보군에서 시작했다는 것처럼 쓰여 있지만 사실은 암묵의 전제로 삼보군 이전에 유일 혼원(混元)의 기인 '도기'의 존재가 상정되어 있고, 그 도기는 도교의 최고신인 원시천왕(원시천존)과 다름없다. 즉 생성론으로서는 '도기(道氣)-현원시삼기(玄元始三氣)-구기(九氣)-만물(萬物)'이라는 도식으로, 신들을 중심으로 보면 '원시천왕(元始天王)-삼보군(三寶君)-구신(九神)-온갖 신들[八百萬神]'이라는 도식이 성립하고, 천계를 중심으로 보면 '대라천(大羅天)-삼청천(三淸天)-구천(九天)-현실 세계'라는 도식이 겹쳐져서 설명되어 있는 것이다.

이처럼 도, 기, 신을 동일시하는 교리는 육조 말기가 되면 불교 교리학의 방법을 빌려 보다 정치한 것으로 전개된다. 초당의 도사 성현영(成玄英)의『노자개제서결의소(老子開題序訣義疏)』에는『노자』가 말하는 성인의 실체는 현원시(玄元始)의 삼기(三氣)라는 것, 그 실체가 구체적인 장소에 현현할 때에 정(精), 신(神), 기(氣)의 세 형태를 얻는다는 것이 설명되어 있다. '정'이란 영묘한 지혜에 의해 모든 것을 비추어 내는 마음의 작용, '신'이란 변현(變現)자재로 얽매이지 않는 모습, '기'란 구체적 형상의 것으로 이 세 형태를 합쳐서 하나로 한 것이 이른바 성인이라고 여겨졌다. 여기서 성인이란 도교의 지상(至上)의 신격을 의미하는데, 그 본질이 현원시(玄元始)의 삼기(三氣)이고, 동시에 정령(精靈), 신변(神變), 기상(氣象)의 세 가지 속성을 삼위일체로 갖는다는 것이다.

이상과 같이 도교 교리에서는 '도'와 '기'와 '신'은 궁극적 실재인 이법(理法), 형상, 신격이라는 세 가지 측면을 의미하고, 궁극적으로는 삼위일체의 존재로서의 '도기'로 귀착한다고 여겨졌다. '신'이 '기'와 다름 없다는 설은 다른 여러 종교에서는 보이지 않는 도교만의 독자적인 교설(敎說)이다. 육조 후반부터 교리를 체계화하는 과정에서 전반적으로 불교의 영향을 짙하게 받았음에도 불구하고, 그 근간을 이루는 '신'의 본질 규정에 대해서는 결코 불교의 학설을 수용하지 않았던 점에서 도교 교리의 독자성과 중국에서의 '기' 사상의 강력한 전통을 찾아볼 수 있다.

불교에 대한 대항 및 교리 형성에서 조상의 필요성

위에서 서술한 바와 같이 도와 신과 기가 삼위일체이며, 게다가 본래 어떤 형상도 갖지 않는 것이라고 한다면 신상(神象) 등이 존재할 리도 없다. 그러나 이처럼 교리 신학에서 오는 관념적 요청과 실제 종교 활동에서의 구체적 요청이 반드시 일치하지 않음은 동서양을 통틀어 결코 희귀한 일은 아니다. 도교는 무당의 푸닥거리를 비롯한 여러 민간신앙이나 신선사상 등을 중층적으로 흡수하면서 점점 그 교리를 형성해 왔다. 그러면서 심오한 철학과 많은 신상(神像)을 포함한 풍부한 의례 체계를 갖춘 불교와도 대항해야 했다. 도교 교리가 신상의 조상(造像)을 허용하게 된 것은 어떤 의미에서는 시간 문제였다. 또한 한나라 화상석(畵像石)·전(磚; 벽돌) 등에 전형적으로 보이는 천계의 신들이나 신들의 도상이 도교 신앙 속에서 맥을 이어 계승되어온 것도 조상을 용이하게 받아들이는 요소가 되었을 것이다.

불교 측 자료인 당(唐) 법림(法琳)의 『변정론(辨正論)』에 의하면, 대개 5세기 이전의 도교도들은 표주박 속에 경서를 쌓아두고 공양할 뿐 천존상(天尊像) 등은 가지고 있지 않았는데, 육수정(陸修靜) 등이 불교의 흉내를 내서 신상을 만들게 되었다고 한다. 육수정은 5세기의 도사이므로 이즈음부터 최고신인 원시천존상 등이 만들어지기 시작한 것이겠다. 이 기사와 대응하듯이 현존하는 가장 오래된 도교신상은 북위(北魏) 시광(始光) 원년(424)에 세웠다는 기록을 갖는 '위문랑조불도상비(魏文朗造佛道像碑)'에 조각된 천존상(天尊像)이다. 이를 시작으로 지금도 남아 있는 이른 시기의 도교 신상 대부분이 북위

(北魏), 북제(北齊), 북주(北周)의 북조 시기의 것임은 북위의 태무제(太武帝)가 구겸지(寇謙之)의 신천사도(新天師道)를 국교로 한 일이나 북조에서 불교의 조상(造像) 공양이 민간 차원에서 활발히 일어난 것 등과 밀접하게 관련될 것이다. 그러나 이 시기의 불교 조상의 숫자와 비교하면 도교 조상은 미미한 것에 지나지 않는다.

이에 대해 도교의 교리 사상에 충실하자는 전문 도사도 존재했다. 그 전형적인 인물이 남조 양(梁)나라의 도홍경(陶弘景)이다. 도홍경은 남경 서남의 모산(茅山)에 은거하여 상청파(上淸派) 도교의 교리를 집대성했는데, 동시에 불교도 두텁게 믿은 인물이다. 그가 살았던 주양관(朱陽觀)에는 동서로 도당(도교사당)과 불당이 놓여 있고 도단과 불탑이 쌓여 있다. 본래 무형이어야 할 '도'를 믿는 도당에는 신상을 놓지 않고, 불당에만 불상을 두고 매일 동서 양당에서 공양했다고 한다. 아마 이러한 엄격한 태도는 일부의 전문 도사에게 한정되었던 것이겠다.

남북조 말기에 지어졌다는 도교 과의서(科儀書)인 『삼동봉도과계영시(三洞奉道科戒營始)』에는 「조상품(造像品)」 항목이 있고 도교의 조상법이 자세하게 언급되어 있다. 거기서는 일단 최고신은 무형무색이고 감각기관에서는 인식할 수 없고, 때와 장소에 의해 여러 가지 변화 응험(應驗)하는 것으로 "도의 열기(烈氣)가 낳는 것으로 태내(胎內)에서 생기는 것이 아니고", "기에 의해 변하 생성된 것이다"라고 하지만, 최고신에 상념을 집중하기 위한 방책으로서 6종의 상(相)을 나타내는 신상을 작성해야 한다고 되어 있다. 이것은 도교 교리 형성의 최종 단계에서는 조상의 필요성이 피할 수 없는 흐름으로서 존재한 것을 보여준다. 이리하여 당나라 이후 도관(道觀)에서는 원시천존, 태상도군, 태상노군의 삼청상(三淸象)을 비롯한 여러 신상이 놓이고 제사의례도 신상의 존재를 전제로 구성된다.

'기'의 조작과 밀접하게 관련된 주요 도술(道術)

도교도의 최종 목적은 본래 불로불사를 실현해서 신선 세계에 오르는 것에 있었다. 그러나 후에 불교의 영향 아래에서 사후(死後)의 승선(昇仙)의 길도 준비된 듯한데, 불로불사는 항상 도교의 메인 테마였다. 그것을 실현할 수단으로서 연단(鍊丹; 외단과 내단), 복기도인, 내관존사, 부주(符呪), 벽곡(辟穀), 환정보뇌(還精補腦), 방중(房中) 등의 여러 기법, 즉 도술이 생겨났다. 이들 도술은 모두 앞서 기술한 기의 사상에 근거한 도·기·신 삼위일체설을 이론적 배경으로 갖고 기본적으로는 '기'의 조작을 통한 승선을 달성하려고 하는 것이었다.

동진(東晉)시대의 갈홍은 선진(先秦) 이래 여러 신선술을 『포박자』에서 집대성했는데, 그 핵심을 이루는 것이 연단술이었다. 『포박자』의 연단은 외단(外丹)으로, 단사(丹砂; 수은화합물)를 주요 재료로 하고 화학적 반응과정을 통해 순수한 금을 만들고, 그 금을 재료로 단(丹)이라고 불리는 불로불사의 약물을 합성하는 도술이다. 이는 연단로(爐)를 소우주에 비유하고 그 속에서 천지만물의 생성과정을 비슷하게 모방하여 재현하고, 만들어낸 단약을 섭취해서 혼원한 기를 몸속으로 끌어들여 불사의 육체를 얻고자 한 도술이다. 따라서 천연에서 산출된 금은 원료로서 인정되지 않고 반드시 의례와 조작을 거쳐 만들어져야만 한다고 생각되었다. 연단술은 일종의 의사(擬似) 화학으로서 고대 화학의 발전에 기여했지만, 반면에 수은중독에 의한 희생자도 많이 냈다. 이 때문에 당나라 이후가 되면 급속하게 쇠퇴하고 오히려 내단술(內丹術)이 성행하게 된다. 내단술이란 외단처럼 화학적 조작을 하는 것이 아니라, 인체 그 자체를 화로(爐)로 삼고 체내 음양의 기(氣)를 재료로 하여 명상 속에서 생각을 통해 기를 조작하고 자신의 체내에 직접 단약을 만들어내려는 방법으로, 뒤에서 서술할 내관존사의 도술과 연단술이 결합되어 변용한 것이라고 할 수 있다. 현재 건강법이 하나로 유행하고 있는 기공술(氣功術) 등도 내단술 계통에 속한다. 후한 위백양(魏伯陽)의 지시라고 일컬어지는 『주역참동계』는 『주역』의 철리(哲理)를 이용해 연단 때의 '기' 조작이론을 언급한 것으로 외단·내단 구분 없이 이론적 근거를 제공한 고전으로서 중요한 문헌이다.

내단은 자신의 체내에 기를 조작해서 불로불사를 획득하려는 도술이지만, 이를 남녀 간에 행하려는 것이 방중술(房中術)이다. 기 사상에 의히면 혼원한 일기(一氣)에서 음양의 이기(二氣)가 나뉘어 나와 천지가 형성되고, 음양의 이기가 혼합되는 것에 의해 만물이 생긴다고 한다. 이것은 남녀의 영위에 의해 자손이 생기는 것의 비유이다. 방중술의 원리는 남성을 양, 여성을 음으로 생각히고 남녀가 교합하는 것에 의해 각자의 부족한 기를 보충하고 음양 이기의 균형을 맞추어 불로불사를 달성하려는 것이다. 다만 방중술은 기본적으로는 남자가 여자의 기를 섭취하기 위한 기법으로 호혜적 관계는 아니다. '접하되 흘리지 않는다'라는 말로 상징되듯이 남자가 정기를 흘리는 것은 오히려 생(生)을 손상시킨다고 생각되었다. 그래서 정기가 밖으로 새지 않게 신들이 머무는 뇌로 환류시켜서 생명력을 보강하는 환정보뇌(還精補腦)의 도술이 행해졌다. 중국인의 방중술에 대한 관심은 오랜 역사를 갖는다. 호남성 장사(長沙) 마왕퇴(馬王堆)로부터 발굴된 전한(前漢)의 장사왕묘에 부장된 문헌 속에 이미 전문적인 기술이 남아 있을 정도이다. 또한 위진 남북조의 천사도 교도 사이에서는 남녀 합기의 술 혹은 황적술(黃赤術)이라고 불리는 보다 토속적인 성적 교합의 의례가 집단적 광란 속에서 행해져 위정자나 불교도로부터 풍기문란이라고 혹독하게 지탄받았다고 전해진다.

내관 존사의 도술은 체내 신의 존재가 전제되어 있다. 체내신이란 개개의 인간 체내에 존재하하면서 인간의 생명을 유지하는 신들을 말한다. 『구천생신장경(九天生神章經)』에 의하면 사람이 태내에 생명을 받을 때에는 삼원신(三元神)이 생명의 태를 키우고 구기(九氣)가 육체를 형성한다고 한다. 구체적으로는 태에 머무는 9개월 동안 한 달마다 하나의 기(신)가 태내에 내려와서 태아를 성장시키고, 9개월째에 구기(九氣) 전부가 갖추어져 태어날 준비가 완료된다. 그러면 천상의 800만 신들이 체내에 강림해서 그 사람의 수명이 장부[臺帳]에 기입되고, 구천사마(九天司馬)라는 신이 『구천생신장』을 아홉 번 읽고 사명신(司命神)이 탄생을 승낙하면 비로소 태어나는 것이다. 즉 인간은 구천의 기와 800만 신들의 분신을 태내에 갖추고 태어난다고 생각되었다. 따라서 육친(肉親)은 진짜 부모인 천상의 신들에게 생성의 장소를 빌려준 임시의 부모에 지나지 않는다. 인간의 신체란 천상 신들의 분신이 사는 판테온(Pantheon)으로 본래 완전한 것이다. 만약 인간이 육체를 소중히 하고 체내의 신들을 잘 유지하여 하늘로부터 부여받은 기를 잃지 않는다면 결국에는 체내의 신들과 함께 천상 세계에 오를 수 있다. 그러나 대부분의 인간은 욕망에 몸을 맡겨 육체를 소모하고 하늘에서 받은 기를 잃어버리고, 신들의 궁전인 신체를 황폐하게 만들어 버린다. 그 결과 신들은 도망가고 외계의 사악한 기의 침입을 받아 병이 나거나 생명을 잃게 된다.

체내신의 종류와 구성에 관해서는 경전에 따라 여러 교설이 있다. 가장 기본이 되는 것은 『포박자』에 보이는 삼단전삼일설(三丹田三一說)이다. '삼단전'이란 인체를 두부·흉부·복부의 세 부분으로 나누어, 두부를 상단전 니환궁(泥丸宮), 흉부를 중단전 강궁(絳宮), 복부를 하단전 황정궁(黃庭宮)이라고 하여, 각각 '일(一)'이라는 신이 깃들어 생명을 유지한다는 것이다. 이 세 개의 '일'에 상념을 집중하고 그 존재를 흔들림 없는 것으로 하는 것으로 불로불사를 달성하는 도술을 수일법(守一法) 혹은 수삼일법(守三一法)이라고 한다. 또한 삼부팔경신설(三部八景神說)이라는 것도 기재되어 있다. 이는 마찬가지로 신체를 상·중·하, 세 부분으로 나누고 각 부분에 8주(柱), 전부 24주의 신이 깃들어 있다는 설이다.

『포박자』에도 그 이름이 실려 있는 『황정경』은 신체 각 기관에 깃드는 신들의 이름, 복식(服飾), 신장(身長) 등을 구체적으로 기록하고 체내신의 이미지를 용이하게 떠올릴 수 있게 되어 있다. 게다가 『동방경(洞房經)』은 두부에 니환궁을 비롯한 구궁이 있어 구주의 신이 머무르고 신체 각부의 체내신을 통괄해서 인간의 생명을 관장한다는 니환구궁설을 설명한다. 이 구신 중에 오주(五柱)는 웅일(雄一)이라고 불리는 남신, 사주(四柱)는 자일(雌一)이라고 불리는 여신이라고 여겨져, 똑같이 이름, 복식, 신장 등이 기록되어 있다.

이들 경전에 나타나는 체내신설은 어느 쪽이나 『황제내경』 등 의서에 나오는 오장의 기능을 신격화한 오장신설(五臟神說)이나 한나라 때 존재했던 오장의 형태나 색을 순차적으로 상상해 가는 역장법(歷藏法) 등을 기반으로 하여 신격화한 것이다. 다만 『황제내경』 등 의서(醫書)는 생명유지나 정신 활동의 중추는 심장에 있다고 하여 뇌에 관한 언급은 거의 없다. 이에 대해 도교경전에 보이는 체내신설에서는 두개골의 내부, 즉 뇌가 최고신이 거처하는 니환궁이라고 중시되고 있는 점이 주목된다.

4세기 경에 『황정경』을 보다 종교적으로 전개시켜 성립했다고 생각되는 『대동진경삼십구장(大洞眞經三十九章)』은 이른바 체내신설을 집대성한 경전인데, 이것은 동풍혼합법(洞風混合法)이라는 도술과 함께 행해졌다. 이 도술은 우선 복기(호흡법)에 의해 원기를 신체의 주요한 38의 기관에 순차적으로 순환시키는 것과 동시에 거기에 진좌(鎭坐)하는 체내신을 존사해가며, 마지막으로 38신이 혼연일체의 기로 변화해서 신체를 뒤덮고 그 속에서 막 생겨난 아기 같은 실한 오라기도 걸치지 않은 모습의 제일존군(帝一尊君)이라는 신이 출현하는 모습을 존사한다는 것이다. 여기에 전형적으로 보이듯이 체내신은 이미지상으로는 인간과 같은 모습을 하고 있다고 여겨지는데 궁극적으로는 혼원의 일기에서 분출한 기와 다름없다. 즉 체내존사의 술은 기(=신)를 보이도록 상상하여 혼원의 일기로 환원시키는 것에 의해 자신의 육체를 신들과 같다고 전화(轉化)시키는 도술이다.

이처럼 도교의 주요 도술은 어느 쪽이나 '기'의 조작과 밀접하게 관련되어 있다. '기'의 개념을 빼고는 도교는 성립하지 않는다고 해도 과언이 아니다. 긴 도교 역사 속에서는 도교도, 도술도 시대를 반영해서 여러 가지 변화가 생겨왔다. 그러나 시종일관 변화하지 않는 핵심은 '기'의 개념으로 도교를 이해하는 것은 '기'의 사상을 기반으로 하는 중국 문화 그 자체를 이해하는 것과 연결된다.

민중의 생활과 도교

— 노구치 데쓰로(野口鐵郎, 쓰쿠바대학·오비린대학 명예교수)

전근대 중국의 민중은 항상 국가로부터 수탈당하는 약한 존재였기 때문에 이 세상에서의 안락과 장생을 이루어주는 도교에 매달렸다. 사교가 혼합된 민중도교와 사람들의 생활과의 관계를 추적해 본다.

중국의
민중과 종교

민중의 존재 기반은 약하다. 특히 전근대 중국의 민중은 약한 존재로 부차적인 존재였다. 따라서 자신이 살아갈 길에 대해서는 드세기도 했다.

국가 정치의 권력기관으로부터 수탈당하는 처지에 놓인 민중은 그들 자신이 직접 정치 주체에 대해 저항을 기도하거나 시도하지 않는다. 그러나 민중은 일상 속에서 흔히 볼 수 있었던 말단 관리[小役人]와 결탁하여 부역하는 지주(地主)나 사람들을 기만하면서 재산을 쌓는 것에 재주 있는 상인에 대해 저항하는 이빨은 날카로웠다. 그렇다고는 해도 개개의 민중들은 자신의 생각을 어떤 수단으로 표현하는 일은 망설여지는 일이어서, 대다수는 '메이화즈(沒法子; 어쩔 수 없다, 방법이 없다'는 뜻의 중국어)'로 어깨를 움츠리고 터벅터벅 물러갈 수밖에 없었다.

참을 수 없는 고통에서 벗어나기 위해 민중에게 남은 길 중 하나는 화적떼에게 부화뇌동해서 행동하는 것이었다. 스스로 도적집단에 섞여 들어가는 것은 이 행동 범주에 포함된다. 또한 이 세계의 악을 폭로해서 신의 힘에 의지해서 세상을 바로 세운다고 선전하는 신흥 종교에 몸을 의탁하는 것도 고통으로부터 벗어나는 수단이었다. 중국의 역사상 '적(賊)'과 '난(亂)'이 연이어 일어난 사실은 이 나라 민중의 괴로움의 크기를 말해준다. 그러나 도적떼에 가담하거나 반란에 참여하는 것은 자신이 태어나 자란 지역사회로부터의 일탈이고 고향에서의 추방을 피할 수 없는 행위였으며, 생명을 잃을 가능성이 큰 일이었다. 또한 관헌의 탄압을 입을 것이 분명한 행동이었기 때문에 약한 민중이 이러한 행동에 참가하는 데에는 큰 결의와 자기정당화의 이론 세우기가 필요했다. 혹은 자포자기의 심정을 필요로 했다고 해도 좋다.

대다수 민중은 이러한 결의나 심정을 발휘하는 것조차 할 수 없다. 고분고분하게 비싼 소작료를 지불하고 관리의 횡포에 응해 '메이화즈(沒法子)'라고 하면서도 살아갈 수밖에 없었다. 그러한 민중에게 한층 참을 수 없는 것은 삶을 지탱해 주는 것이자 기대처라고 할 수 있는 자기를 포함한 사랑하는 존재와의 이별이었다. 그것은 죽음과 늙음과 병으로 집약될 것이다. 병에 의한 육체적 고통은 그것을 맛보는 것이 자기이든 사랑하는 존재이든 한시라도 빨리 벗어나고 싶어 한다. 죽음이 만인에게 피할 수 없는 현상이라면 가능한 그것과의 조우를 미래로 늦추고 싶어 한다. 이리하여 치병(治病), 불로(不老), 불사(不死) 혹은 장생(長生)이 사람들이 희망하는 최상의 것으로 위치 지어진 것이다. 이러한 바람에 대답해 주는 것이라면, 민중에게는 그것이 중국의 것이든 아니든 자기 이외의 타인이 알든 모르든 상관없는 것이다. 이리하여 민중과 초월적 존재로서의 종교와의 접점이 생기게 된다. 도덕윤리의 유교 성인이든 저 세상에서의 자비를 설법하는 불교의 선각자이든 나 혼자만의 신이든 민중은 매달리는 것이다. 그것이야말로 민중의 도교였다. 이것이 전근대 중국 민중의 종교가 점점 삼교융합과 같은 말로 표현되는 이유이다. 심지어 삼교일치에서 나아가 현재는 오교일치를 주장하는 종교단체조차 존재한다.

민중에게 있어
도교의 신들

그런데 도교는 기본적으로는 저세상에서의 구제나 체념의 설법을 펴지 않는다. 이 세상에서 안락과 편안하게 장생하는 법을 설한다. 복록수(福祿壽)의 달성을 가장 염원하고 결코 사후 세계에 대한 생각으로는 이르지 않는다. 불사의 선인(仙人)을 향한 동경이나 그것을 위한 수행은 정말로 이 세계에서 살아가는 인간으로서의 고통으로부터의 해방이나 장생을 다하기 위한 건강 유지에 대한 염원과 표리 일체가 되어 있다. 선인이나 선인을 향한 수행의 끝에 있는 것으로서의 신성(神性)에 감득(感得)하고 스스로도 고행을 하면서 신에 의한 현세 구제를 바라는 민중의 도교는, 이렇게 민중의 일상과 일체화한 것으로서 중국 사회의 역사 속에서 전개된 것이다.

민중의 고통 해소에 대한 염원은 그야말로 여러 가지이다. 따라서 도교에서는 숭배의 대상이 되는 신들의 수도 다수이고 성격도 다양하다. 잡다하다고 해도 좋을 정도다. 사람들의 염원의 수만큼 신이 있다고 해도 좋다. 물론 신통보(神通普)가 만들어져서 신들의 상하관계가 설명되기도 한다. 그러나 그것은 교학(敎學)으로서의 도교, 교단을 유지해야 하는 도교, 바꾸어 말하면 민중으로부터 눈을 정권으로 향한 도교에게 필요한 것이었다. 민중의 신앙 숭배대상으로서의 도교신은 뚜렷한 영험을 구현해주는 신이라면 도교 신통보 상에서는 하급이든, 사람들 사이에서 인지도가 있든 없든, 유교나 불교의 신이든, 전설상의 동물이든 관계가 없었다. 정치적 지배층도 곤궁한 민중이 의식에 눈 떠서 조세 부담 등을 내팽개치고 반정권적 행동을 기도해서 지배질서를 혼란시키는 것보다는, 민중을 몽매한 채로 두고 민중의 공격을 미연에 방지하기 위해 그들의 염원에 응해주는 신을 국가의 제사체계 속에 포함시키는 노력을 했다. 예를 들면 송나라 때 복건성 편우(片隅) 지역에서는 신이 들렸다는 여성이 항해안전의 신으로 인기를 모으고, 신앙 네트워크가 넓어지자 국가는 그 여성에게 점차 칭호를 수여하고 결국 '천비(天妃)', '천후(天后)' 등의 위계까지 부여했다. 마조(馬祖)라는 신이 그것으로 마조를 모시는 신사는 천후묘(天後廟) 등으로 불리고 이주한 중국인들이 수호신으로서 지금까지도 제사가 성행하고 있다. 그녀의 동생인 귤원(橘媛)과 습합되어 일본에서도 제사를 받고 있다.

이리하여 도교의 신은 점점 그 수가 늘어났다. 따라서 도교에 있어 다른 종교의 신도 도교의 신이 될 수 있는 것이다. 이것이 도교에는 특정한 시조도 없고, 도교신은 지금도 계속하여 생성되고 있다고 말하는 이유이다. 중국 서민 사회에 살아 있는 도교의 묘관(廟觀)을 들여다보면 이러한 현상을 잘 이해할 수 있다. 거기에는 노자나 도교의 신들은 물론 유교의 성인군자, 불교의 부처, 보살, 민간신앙의 잡다한 신들, 심지어 용이나 호랑이까지 제사의 대상이 되고, 아편을 좋아하는 신이나 읍동(泣童)이라고 해서 밤에 우는 아이를 달래는 신까지 진좌해 있다.

민중의 삶과
도교

　일찍이 중국에서는 아이를 갖는 것은 인생의 지복(至福) 중 하나라고 생각했다. 따라서 결혼한 남녀는 보다 나은 회태(懷胎)를 바랐다. 그 역할은 송자낭낭(送子娘娘)이 담당한다. 엄마의 태에 깃든 아이는 그 시점부터 도교와 관련을 갖는 것이다. 안산(安産)의 신, 밤에 우는 신 등 인간은 모든 신들에게 기도한다. 머리를 조아리고 무릎을 꿇어 예배하는 것이다. 신에게 그 기도가 들릴지 어떤지를 확인하기 위해 고(筶; 반달형으로 만든 한 쌍의 대나무. 울려서 소리를 낸다)를 울리는 일도 게을리 하지 않는다. 염원이 신에게 도달한 것을 알려주는 성고(聖筶) 소리가 나기까지 사람들은 끈기 있게 고를 계속 울린다. 신들에게 기도함과 동시에 병을 낫게 하기 위해서는 처방전을 구하고 거기에 기록된 처방 약제를 조달해서 복용한다. 투여할 약제를 준비하는 도교의 사당도 있다. 신이 조제하는 것이므로 치료된다. 천연두의 신도 있고 눈병도 고친다. 이럴 때 아이의 부모, 특히 여성이 필사적인 것은 여느 문화와도 다르지 않다. 향유를 구매하고 향로 하나하나에 향을 올리고 등불에 기름을 붓고 배례하고 하루에 몇 번이나 참예하는 여성의 모습이 드물지 않다. 그리고 그때에 고를 울리는 것이다.

학령기가 되면 당연히 학업성취를 기원한다. 부모도 아이도 열심이다. 도교 제단에는 문창제군(文昌帝君) 등 학문의 신도 잘 모셔져 있다. 옛 시대라면 과거시험 합격을 기도하고 현재는 상급학교로의 합격이나 시험에서의 높은 성적을 기도한다.

성인이 되어 직업에 종사하게 되면 신에게 의지하는 빈도가 더 늘어난다. 나중에 언급하겠지만 사람들은 음으로 양으로 선행을 쌓는 일에 노력하지만 그래도 신에게 의지하는 것은 인간의 슬픈 본성이기도 하다. 보다 나은 직업을 얻고, 집안이 평안하도록, 건강하도록, 부부가 화합하도록, 장사가 성공하도록, 보다 많은 재산을 쌓을 수 있도록 기도하는 것은 물론이고, 복권에 당첨되도록, 아편 등 마약을 끊을 수 있도록 등등의 일까지 신의 힘에 매달리는 것이다. 송자낭낭 신이 나를 태어나게 했듯이, 내 아이도 잘 태어나도록 기도한다. 지역사회에 유행하는 역병을 없애기 위해서도, 농작물의 육성에 방해가 되는 해충이나 한발이나 홍수를 피하기 위해서도 사람들은 열심히 기도를 바치고 그 효과를 기대한다.

자신이 늙으면 노후에 안심(安心)을 얻을 수 있도록 기도한다. 부모나 형세가 죽으면, 아마도 불교의 영향이겠지만 지전(紙錢)을 태워 조상의 신령이 사후 세계에서 안온하고 불편 없이 지내도록 기원한다. 중원(中元)의 우란분회(盂蘭盆會)도 기리에서 성대히게 행히고 내랑의 지전과 함께 나무로 만든 인형의 집이나 자동차를 조상의 신령을 위해 공양한다. 누구랄 것 없이 참배하고 향응을 받을 수 있는 것이다. 사후 세계를 관장한다고 생각되는 신의 사당에서는 저세상에 있는 조상의 신령 생활을 그럴 듯하게 말하며 전하는 방사(方士)가 지극히 번영을 이루고, 종, 북, 징, 나팔 등이 떠들썩하게 울리는 가운데 공양의 액막이가 행해진다.

그러나 아무리 건강에 유의해도, 수명을 관장하는 남극성에 기도해도, 사람은 확실히 죽는다. 이 엄숙한 사실은 불사를 추구하는 도교 이념에는 맞지 않는다. 이 간극을 매우는 편법으로 고안된 것이 시해(尸解)하여 신선이 되는 방법이었다. 죽음을 신선으로 승화시켜서 이해하려고 하는 것이다. 다만 이것에는 생전에 나름의 수행이 필요한데, 일상의 민중 차원에서는 좀처럼 성취하기 어렵다. 현재 타이완 도교에서는 사자의 장송은 구생(救生)을 본명으로 하는 홍두도사(紅頭道士)와는 구별되는 조두도사(烏頭道士)에 의해 거행된다. 그 의례는 대개 내세의 명복을 비는 불교 의례와 많은 장면에서 혼효되어 있다. 주택의 택지나 가옥의 방향도 그러한데, 특히 묘지를 선택할 때는 풍수에 의한 길지 선정이 중요하다. 용(龍)이 산다는 영산에서 흘러나오는 용맥(龍脈)이라는 대지의 영적 선상(line)에 위치하는 용혈을 찾아내어 거기에 집이나 묘를 만들면 가운(家運)이 상승하고 조상의 신령은 편안하다는 신앙에 근거한 것으로, 중국인은 의외로 풍수를 중요시한다. 택지의 한쪽 구석에 토지신을 모시는 것과 함께 집 안의 제단 아래 바닥에 오방오토용신(五方五土龍神)의 신위를 모시는 것은 이 신앙에 의거하고 있다. 특히 묘지의 선정과 묘석의 방향은 생존해 있는 사람들의 운명까지 좌우한다고 한다. 따라서 원수를 물리치기 위해서는 야음(夜陰)을 틈타 묘석의 방향을 약간 바꾼다는 이야기 등도 전해진다. 이 세계에서 사람의 인생은 풍수에 맞는 묘를 세움으로써 드디어 끝나는 것이다.

민중의 일상생활에서도 가장 중요한 곳은 가정이고, 가정 중에서도 부뚜막이다. 부뚜막은 어느 집에나 있고 생명을 유지할 수 있게 해 주는 곳으로 음식물을 찌고 익히는 장소이기 때문이다. 이리하여 부뚜막에 있는 부뚜막신은 불의 신이자 동시에 한 집안의 운명을 좌우하는 큰 기능을 가진 신이라고 여겨진다.부뚜막신은 1년간 그 집 구성원들의 행동을 상세하게 체크해서 천상의 신에게 보고하기 위해 연말의 12월 23일에 승천하는 것을 의무로 하고 있다. 따라서 집안사람들은 그 날에는 성대하게 부뚜막신을 제사 지내고 공물을 헌상한다. 이른바 뇌물을 사용해서 보다 길한 일만을 천제(天帝)에게 보고하도록 요청하는 것이다. 때로는 그 입에 달콤한 사탕을 바르는 일도 있다고 한다.

사람들의 집에는 이러한 신이 어디에나 있다. 토지신, 측간(화장실)의 신, 문의 신 등 사람들의 신체 외부뿐만 아니라 신체 내에도 각 부분마다 신이 있다. 모든 곳에서 사람의 행동을 감시하고 신에게 보고하는 것이다. 삼시(三尸; 경신날에 하늘로 올라가 사람의 허물을 보고한다는 몸속의 벌레)처럼 틈이 있으면 사람의 몸에서 탈출해서 신에게 보고하려고 하는 신조차 있다.

따라서 사람들은 한시도 도교의 신에 대한 기도를 잊을 수 없다. 그것을 잊으면, 낮이라면 해신이, 밤이라면 북두칠성을 위시한 여러 성신(星辰)이 운명을 나쁜 쪽으로 틀어버리고 수명을 단축시키려고 노리고 있기 때문이다. 가령 잠들고 있을 때조차 나쁜 꿈이라도 꾼다면 바로 운명이 변경되는 것이다.

기도와
그 효과

항상 기도를 염두에 두지 않으면 신에게 도달하지 않으며 효험도 구현되지 않는다. 그래서 기도를 잊지 않기 위해 사용하는 찰(札)이 있다. 일반적으로 부(符)라고 불르는 것으로, 집안 안전을 위한 진택부(鎭宅符), 부귀부(富貴符), 저주(呪詛)를 막는 부적 등 종류가 많다. 집의 특정 장소에 붙이고 피부나 몸에서 떨어지지 않게 소지하거나 기도할 때 만지면서 생각하면 영험이 있다. 그 중에는 일본 수천궁(水天宮)의 안산(安産) 부적처럼 맑은 물로 들이마실 것이 요구되는 부적도 있다. 부적은 신성하고 엄숙하며 정해진 주술에 의하며, 액막이하여 깨끗하게 된 기구를 사용하며, 재계(齋戒)하고 명상을 다한 상태에서 서사(書寫)되어야 한다. 사람들은 대개 전문 도사에게 의뢰하여 지어 받는다. 부적에 거는 염원에 어긋나지 않는 행위로 노력해야 하는 것은 당연하다. 당면 목적이 달성된 부적이나 오래된 부적의 사후처치도 중요하다. 예를 들어 병의 치유를 기원해 받은 부적은 그 병이 치유되면 깨끗한 불로 태우거나 청정한 산중에 묻어야 한다. 부적 그 자체에 영(靈)이 깃들어 있기 때문에 함부로 취급하는 것을 엄격하게 금한다. 부적뿐만이 아니라 들판에서 사용한 법선(法船)이나 해충을 몰아내는 횃불 행사 때의 깃발 등도 불로 태워 올려야 한다. 상공으로 올라가는 연기가 신을 위무하고 조상의 신령을 풍요롭게 해주기 때문이다.

사람은 신을 향한 기도가 효험이 있기까지 오랫동안 기다릴 만큼의 인내심이 부족한 것이 보통이다. 지금 바로 신의(神意)를 묻고 싶어진다. 마음에 걸리는 것이 크면 클수록 이런 기분은 강할 것이다. 부적이 이른바 만성적으로 효험을 부여해 주는 것이라면 즉효적으로 신의를 전해주는 것으로서 도교는 다음과 같은 수단을 준비하고 있다.

먼저, 복서(卜筮), 즉 점이 그 일종이다. 거북의 등껍질이나 동물 뼈 등을 구워서 그 균열을 보고 길흉을 판단하는 것이 복(卜)이고, 판단의 소재로서 서죽(筮竹)이라는 대나무를 사용하는 것이 서(筮)이다. 본디 신의(神意)를 알기 위해서는 특수한 영적 능력자인 샤먼이나 무격(巫覡)을 통할 필요도 있는데, 결국 특수한 중개자를 거치지 않고 신의를 아는 방법으로서 복서(卜筮)가 행해지게 되고, 보다 가까운 소재를 손에 넣을 수 있다는 것으로서 서(筮)가 성행하게 되었다고 한다. 그러나 그렇다고 해도 『역경(易經)』이라는 고전에 근거한 점술이므로 일반 민중이 스스로 행하기에는 어려움이 있다. 그래서 여러 경험을 기반으로 한 꿈의 점, 동전을 던져 올려서 떨어진 때의 앞면 뒷면으로 점치는 동전 던지기 점, 다리 위를 걸어가는 사람의 발자국 소리를 분별하는 점 등, 실로 여러 가지 점이 고안되어 행해졌다.

보다 신비적이고 그 때문에 유행한 것이 부계(扶乩; 후치)이다. 두 개로 갈라진 나무 끝에 붓 등 필기용구를 통과시켜 그 양 끝을 두 사람의 술자(術者)가 각각 한 손을 겹쳐 주문을 마음속으로 외우면 점점 빙의기 되어 종이 위에 붓이 저절로 글자나 그림을 그려 가는 것이다. 그것을 또 다른 한 명이 읽어내고, 이를 신의라고 받아들이는 것이다. 고대에는 붓이 아니라 작은 막대를 붙여 모래판 위에 그려냈을지도 모른다. 일본의 고쿠리상과 닮았다. 내려온 신의를 알려주는 신은 압도적으로 도교의 신선이다. 오교일치를 설법하는 덕교회(德

教會)에서도 그리스도나 무함마드는 나오지 않는다. 계문(乩文)은 의뢰자의 이름을 새긴 율시(律詩)이거나 우의(寓意)를 담은 그림이다. 선독자(宣讀者)가 그것을 해명하면 사람들은 그런대로 만족하는 것이다.

과장된 퍼포먼스와 함께 빙의해서 신의를 전하는 것이 동계(童乩)도 있다. 동계를 행하는 여성을 홍이(紅姨)라고 하는데, 신자의 괴로움을 듣고 검·도끼·곤(쌍절곤 따위) 등의 다섯 종류의 신기(神器)를 몸에 지니고 주문을 암송하며 엑스터시에 돌입하여, 소지한 검 등으로 몸을 상처내서 피를 흘리면서 신이나 유령을 스스로의 신체에 강림시켜서 의뢰자에게 대답을 해준다. 이것은 처참한 양상을 동반하기 때문에 일상적으로는 행하지 않는다.

죽음도 그렇지만 마(魔)의 붙들림이야말로 인생에서 가장 피해야 한다. 심신의 병도 마·귀의 소행이다. 따라서 사람은 신체에 소굴을 이룬 그 각 부분을 쇠망시키고, 음란한 욕망을 성장시키는 삼시(三尸)라든지 구충(九蟲)이라고 불리는 악령을 구제(驅除)해야 한다. 또 악령이 주거로 침입하는 것을 막아야 한다. 민가 입구에 작은 거울이 걸려 있는 것을 본 적이 있는데, 집으로 들어오려는 마(摩)가 거울에 비친 자신의 모습에 놀라 도망가도록 하는 신앙에 의거한 액막이 풍습이다. 삼시가 몸에서 빠져 나와서 자신이 자리 잡은 사람의 악행을 천제에게 보고하는 경신(庚申)일에는 잠을 자지 않고 철야를 해서 삼시의 탈출을 막으려고 하는 경신의 풍습도 연명(延命)을 바라는 마음에서 시작된 것이다. 사(邪)나 마(魔)를 정화하는 신앙에서 나온 풍속이나 연중행사는 우리 주변에도 의외로 많다. 절기가 바뀔 때 콩을 던져 액막이하는 것도, 단오날의 창포물로 머리를 감는 것도, 정월에

도소(屠蘇) 술을 나누어 마시는 관습도 그런 종류에 속한다.

반대로 갈망이나 원통함(遺恨)이나 질투에 못이겨 타인을 저주하는 일도 인간계에서는 자주 있는 일이다. 도사에게 의뢰해서 '귀(鬼)'나 '무고(巫蠱)'를 시켜 사람을 저주하는 것이다. 도교에서 말하는 '귀'란 일반적으로 불행하게 죽은 영혼을 말하고, 몸을 대신할 존재를 얻으면 이승에 재생할 수 있다고 여겨진다. '무고'는 뱀·두꺼비·전갈 등의 곤충이나 작은 동물을 말하고, 그 여러 종류를 작은 용기에 넣어 서로 잡아먹게 하고 살아남은 곤충을 독고(毒蠱)라고 해서 원망하는 상대방의 집안에 묻거나 해서 상대를 죽이는 것이 무고술이다. 둘 다 각지의 원한 등을 풀기 위해 행해졌다고 한다.

그러나 생각지 못한 원망을 받아 죽음을 당하면 그거야말로 원망을 품게 만드는 일이 된다. 신상에 일어나는 사(邪), 마(魔), 귀(鬼), 고(蠱)를 피하기 위한 법도 도교에는 갖추어져 있다. 천둥을 시켜서 저주를 막고 오히려 부덕(不德)한 것에 벌을 내린다는 뇌법(雷法)이다. 천둥은 도교에서는 신벌을 내리는 주체로 그려지고 뇌공(雷公)이라고 신격화되는데, 두려워하고 공경해야 할 신을 오히려 시켜서 악한 자를 징벌한다는 것이다. 갑자기 닥치는 재해나 하늘의 도리에 반하는 악령이나 사악한 기운의 행동을 봉쇄하는 방술이다. 일본에서도 스가와라 미치자네(菅原道真)가 천둥을 몰고 다니면서 후지와라 도키히라(藤原時平)를 죽인다는 전설이 남아 있다. 물론 갑자기 치는 천둥을 피하기 위한 방술 또한 있다.

기도
장소

'모든 곳에 신이 진좌하고 인간의 행동을 보고 있다'는 사고방식 속에서 사람은 끊임없이 신을 의식해야 하고 항상 계속 기도해야 한다. 따라서 중국 서민이 숨쉬는 곳에서는 어디에나 제단이 있고 어디서든 기도할 수 있다. 장대한 건물을 자랑하는 특정 궁관(宮觀)이 아니라도 거리의 작은 사당에서든 각자의 집에서든 상관이 없다. 각 가정에는 소중한 신의 제단이 거기에 어울리는 장소에 반드시 있다. 부엌에는 부뚜막신이, 거실에는 조금 격이 높은 신이 모셔진다. 거실의 제단 아래 마루에는 용신이 진좌하고 있다. 사람은 아침저녁으로 각각에 엎드려 절하고 공경하고 겸허하게 기도를 바치고 하루의 행복을 기도하고 하루의 무사함에 감사하는 것을 습관으로 한다.

길에도 작은 사당이 있다. 급하게 서두를 때에도 잠시 들러서 허리를 굽힌다. 거리의 사당에는 언제나 향 연기가 충만하고, 고(鼓)를 울리는 여성과 긴 다리가 달린 선향 다발을 한 손에 들고 향로를 돌며 배례하는 신앙자의 모습이 보인다. 종교시설로서의 사당뿐만 아니라 중국인의 직업적 조합 사무소나 동향(同鄕) 사람들이 모이는 회관 등에도 제단은 '반드시'라고 해도 좋을 정도로 설치되어 있고, 거기에도 등롱이 반짝반짝 빛난다. 동족 집단의 사무소에 병설된 사당에는 관계자의 신위가 안치되어 있는 것이 보통이다. 누구나 언제든 참배할 수 있다. 대규모 궁관보다도 오히려 이러한 소규모의 사당이 사람들을 모으는 듯하다. 우연히 본 레스토랑 벽면에도, 택시의 앞면 유리 옆에도 신은 진좌하고 있음을 알아차리게 된다.

대규모 궁관은 큰 재초(齋醮; 도교의 제사)가 거행될 때 번화한다. 그러나 이러한 시설은 민중에게 밀착했다고 하기보다는 도교의 교학이나 의례의 연구소로 도사의 수행 도장인 경우가 많은 것 같다. 서민에게는 오히려 유락(遊樂)의 장소로서의 의미가 클지도 모른다.

선행의 권유

도교에서는 "적선(積善)의 집에 여경(餘慶; 보답)이 있다"거나 "음덕이 있으면 양응(陽應)이 있다"고 한다. 선행을 장려하고 숨겨진 선행이라도 신은 놓치지 않고 은혜를 부여한다고 가르치는 것이다. 앞서 기술했듯이 신체 안팎의 모든 곳에 신이 존재한다고 하면 사람들은 멍하니 있을 수 없다. 그래도 모르는 사이에 타인에게 폐를 끼치거나 도에서 벗어나 버리기도 한다. 신의 감찰(監察)은 행위뿐만 아니라 사념에까지 이르는 것이다. 따라서 항상 반성이 필요하다. 공자도 "하루에 세 번 돌이보아 부끄럽지 않으면……"이라고 했는데, 삼교일치 쪽으로 강하게 기울어진 무렵부터 도교에서도 반성을 촉구하는 행위를 장려하게 되었다. 공과격(功過格)이라고 불리는 것이 그것이다. 아마노 낭나라 말부터 송에 걸쳐 이 풍조가 나타나 삼교일지의 색체가 강한 도교집단인 정명충효교단(淨明忠孝敎團) 속에서 현존하는 가장 오래된 공과격인 『태미선군공과격(太微仙君功過格)』이 제작되었다고 연구되어 있다. 길흉화복을 인간의 노력에 의해 개적하기 위한 용구(用具)와 그 행농을 일컫는다. '공'은 선행이고 플러스

(+)이고, 과는 과오이고 마이너스(−)이며, '격'은 표현 형식이라고 한다. 하루가 끝날 때에 하루의 선행과 악행을 반성하고 정해진 점수로 환산해서 특정한 표의 칸 속에 기입하고 계산해서 점수가 플러스가 되도록 힘쓴다. 월말에도 연말에도 각각 집계를 해서 오늘보다는 내일, 이번 달보다는 다음 달, 금년보다는 내년에 보다 좋은 행동을 하도록 주의하는 것을 바탕으로 한 것이다. 스스로 행하는 행동평가라고 해도 좋다. 신선 세계로 신이 초대해주기를 기다린다는 자세가 아니라 인간 쪽에서 신선 세계로 접근하려는 시도를 하는 것이다. 공에도 과에도 항목에 의해 점수가 규정되어 있다. 예를 들어, 기갈(飢渴)에 괴로워하는 사람이나 동물에게 일음일식을 주면 1공, 들판의 시체를 수습해서 묻어주면 50공, 독약을 조합하면 10과, 그것을 사용해서 사람을 독살한 경우는 100과, 죽이지 않아도 병들게 했으면 50과라는 식이다. 이 풍조는 오랫동안 행해지고, 여러 도인이나 불교 승려들이 규범항목을 가감하여 일본에서도 에도 시대에『화자공과자지록(和字功過自知錄)』등이 출판되었다.

공과격을 포함해 사람에게 선한 일을 추천하는 서적을 선서(善書)라고 한다. 권선서를 말하는 것이다.『태상감응편(太上感應篇)』이 저작된 남송 때부터 선서의 간행이 이어지고 선을 권하고 악을 벌하는 글들이 엮어져 민중의 도덕심의 자발적 향상에 공헌하려고 한 것 같다. 명나라 말 무렵부터는 부계(후치)를 거친 신의 말로서의 선서도 출현하는데, 어느 쪽이나 삼교일치의 경향이 강하고 읽는 방법에 따라서는 유교의 것이라고도 불교의 것이라고도 도교의 것이라고도 할 수 있다. 그런 의미에서는 특정한 종교 도덕을 고집하지 않고 효험 있는 것에 매달리려는 민중의 의식이 반영되었음은 확실하겠다. 문화가 특정한 계층의 점유물이었던 수·당나라 시대를 거쳐, 서민층이 각계로 진출하는 것이 두드러져 보이는 송나라 무렵부터 도교라는 종교와 그 교리도 민중으로 더욱 침투해간다. 선서의 보급이나 공과격의 유포는 그것이 나타난 것이다. 그리고 현재에도 도교가 성행하는 중국인 사회에서는 민중의 정재(淨齋)의 희사(喜捨)를 받아 사당에서는 선서를 열심히 배포하고, 누구나 그것을 무상으로 받을 수있다. 효행을 설하는 것도 있고 지옥변상(地獄變相)을 언급하는 것도 있고 고래 선서의 영인본도 있어 다양하다. 타이완에는 일본어로쓰인 선서를 비치한 사당도 있다.

민중도교의 의의

민중과 도교의 관련은 주로 사람들의 생활에 초점을 두어 언급되어 왔다. 이 경우 도교는 삼교가 혼합된 이른바 민중도교로 중화인민공화국의 성립과 그 이후의 문화대혁명 무렵에는 미신으로서 탄압과배제의 대상이 되었다. 신에 대한 기도와 영험에 대한 기대는 분명히미신일지도 모른다. 그러나 도교 그 자체가 일상생활의 모든 것에 관련되고 사람이 그것에 매달리고 그것에 의지하지 않으면 살아살 수없는 시대가 있었음을 읽어내야 할 것이다. 거기에 의지해온 소박한민중이 많았던 점을 보아야 하겠다. 그리고 이들 행위는 현재도 살아있다. 외부로부터의 강제가 아니라 자신의 사념의 결과 나타난 것으로서 적어도 사람의 사회의식의 향상에 도교가 행한 역할은 중요하다고 보아도 좋겠다. 게다가 이른바 한방 의학 같은 경험과학의 모태가 된 것도 부정할 수 없다. 이렇게 생각할 때 민중과 도교와의 결합에 대해서는 보다 중요시해도 좋겠다.

일반적으로 유교로 무장한 옛 중국의 관료는 도교에 대해서는 냉담했다고 설명된다. 그들이 도교에 관해 기록한 서목이 이를 뒷받침해준다. 그러나 그들이라고 해도 황제의 명령을 받아 멀리 여행해야 할 때, 반드시 마조신(馬祖神)를 동반했고 『천비경(天妃經)』을 암송했다. 류큐(琉球)로 향하는 책봉사도 그러했고 7번이나 남해로 도항한 정화(鄭和)도 그러했다. 천비는 국가 제사에 포함된 신이니까 그렇다고 한다면 거기까지겠다. 그러나 신임 지방관이 그 임지에 도착하면 그 지방의 성황묘에 참배한 것을 전하는 소설(小說)이 몇 편인가 있다. 또한 관료가 봉납한 과거급제에 감사하는 편액이나 고관이 직접 쓴 자액(字額)을 게시하는 사당도 있다. 이러한 것을 보면 관료라고 해도 도교에 무관심했다고는 할 수 없다. 오히려 민중의 정서에서 파악하면 도학이라든가 도관이라든가 정권측으로부터 내밀린 쪽의 도교가 아니라 민중이 선택하고 민중과 밀착한 도교야말로 보다 유효한 것이 아니었을까. 문자로는 남아 있지 않지만 유교 관료 또한 도교에는 깊은 관심을 가졌음이 틀림없다.

2장

방술

— 주술로서의 도교

도교에서 방술의 의미

— 사카데 요시노부(阪出祥伸, 간사이대학)

유가는 배척하고 도교는 도입한 방술.
그러나 그 영향의 범위가 유학도들인 지식계층까지 미쳐
오늘날에 이르기까지 도교와 함께 많은 신봉자들을 가지고 있다.

활약하는 타이완,
홍콩의 점술가들

타이완이나 홍콩 거리를 걷다 보면, 다양한 점술가와 각양각색의 점이 있다는 사실에 놀라거나 관심을 가지게 된다. 가장 눈에 띄는 것은 이른바 팔자(八字)에 의한 것이다. 이것은 태어난 연, 월, 일, 시각을 간지(干支)에 배치시키는 점술로서, 일본에서는 사주추명(四柱推命)이라고 부른다. 절이나 사묘 주변에는 반드시 점집이 있다. 타이완 명물인 야시장에도 탁자나 의자만을 놓은 팔자 점집이 두세 군데는 나와 있다. 타이페이(臺北) 시내의 송지앙루(松江路)와 민취엔동루(民權東路)의 교차점 근처에 씽티엔공(行天宮)으로 통하는 지하도에도 점술가가 많이 늘어서 있다.

더욱 놀랐던 것은 작년 여름 홍콩의 웡따이신사묘(黃大仙廟)에 갔던 때의 일이다. 사묘의 입구 좌측 건물에는 점술가들만 상·하 두 개의 층에 각각 두 개의 통로를 사이에 둔 양편 100미터 정도의 공간을 빈틈없이 늘어서서 점집을 차려놓고 있는 것이 아닌가! 대충 세어보아도 100군데 이상은 된다. 그 장관에 압도되어 버렸다. 대개는 팔자점이지만 그 외에 손금이나 관상, 풍수를 보는 사람도 있었다. 한국의 서울에도 점술가들만 모여 점집을 줄지어 세워놓은 구역이 동소문로(東小門路) 근처에 있지만, 규모면에서 웡따이신사묘(黃大仙廟)와는 비교가 되지 않는 정도다.

홍콩과 타이완에서 번창한 것으로 풍수(風水)가 있다. 최근 2년간 나는 풍수술(風水術)의 실태를 조사하기 위해 몇 번이나 타이완의 이곳저곳을 돌아다니고 있는데, 서점을 들러보면 풍수 관련 신간서가 죽 늘어서 한 구역을 차지하고 있으며 거리를 걸으면 감여가(堪輿家; 풍수지리를 연구하는 사람)를 나타내는 간판이 여기저기에 보인다. 그 방면에 전문인 우링출판사(武陵出版社), 주린서국(竹林書局), 지원서국(集文書局) 등의 출판사도 있다. 또한 타이베이(台北)나 가오슝(高雄)에서는 전문잡지인 『천심(天心)』이 매월 출판되고 있다.

나는 재작년 타이베이에 있는 중화민국 명리사학회(命理師學會)라는 연구단체에도 속하지 않고 영업조직에도 속하지 않는 모임의 사람들과 알게 될 기회가 있었다. 명리사(命理師)는 팔자점(八字占), 풍수감여(風水堪輿), 택일(擇日) 등을 겸하여 인간의 운명을 점치는 것을 직업으로 삼는 사람을 가리키는 것이므로, 오늘날에는 이미 사어(死語)가 된 것으로 보이는 명리(命理)라는 단어가 타이완에서는 통용되고 있는 것이리라. [가오슝(高雄)에도 명리협회라는 것이 있다.] 왼쪽 사진은 명리사학회의 몇몇 회원에게 받은 명함이다. 이들은 점술가로서 사무실을 차려 놓고 누구에게나 거리낌 없는 훌륭한 직업으로 일반에 인정되고 있는 것으로 보인다. 가오슝(高雄)의 풍수가(風水家)인 첸치츄안(陳啓銓) 씨

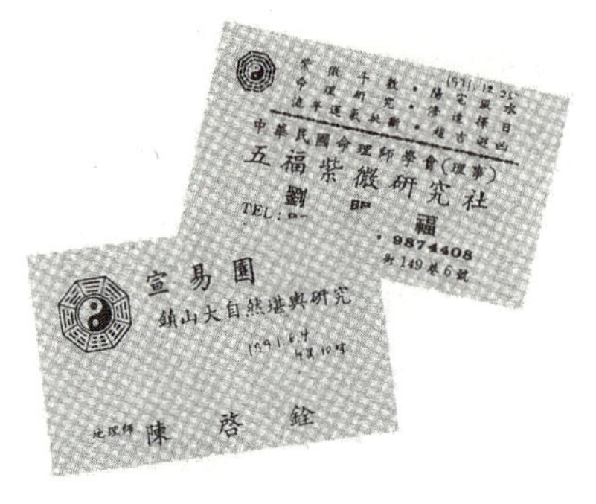

는 휴대전화나 자가용차를 가지고 있어 상당히 인기가 있는 것으로 보인다.

일본에서도 역술점술가가 많고 그들의 단체도 있다. 그러나 타이완의 명리사(命理師)와 같이 당당하게 드러내놓고 활약할 수 있는 사회적 분위기는 아니라고는 생각한다. 왠지 그들은 어쩐지 미심쩍은 족속으로 여겨지고 있는 것은 아닐까?

고궁박물관은 길한 방위에 있다

타이완이나 홍콩에서는 집을 짓거나 묘를 쓸 때, 가령 대학 출신의 지식인도 입으로는 미신이라고 부정하면서도 막상 일이 닥치면 앞날이 불안해져서 풍수가에게 토지 선택이나 방위를 물어보는 듯하다. 홍콩섬 남부 에버딘(Aberdeen)을 관광했을 때 버스 안내인이 "이 호텔은 풍수가 가장 좋은 것으로 유명합니다"라고 설명했던 것이 생각난다. 자석을 꺼내어 방위를 보자 정확히 북좌남향(北坐南向), 곧 북

쪽에 자리를 잡고 남쪽을 향하고 있었다. 게다가 배산임수의 지형이었다.

타이페이의 북쪽에 있는 고궁박물관은 독자 중에도 방문한 분이 많을 것이다. 나도 풍수에 관심이 없던 십수 년 전에는 전혀 알지 못했었지만, 작년 여름 마침 시간이 나서 견학을 간 김에 자석을 꺼내어 정면대문의 방위를 조사해 보았더니 딱 들어맞는 북좌남향을 하고 있는 것이 아닌가! 그리고 주위의 경관을 바라보니 이 또한 배후에 양밍산(陽明山)으로부터 이어지는 산이 가까이 있어 박물관을 양팔로 감싸 안은 것같이 에워싸고 있다. 전방(前方)에는 슈앙씨(雙溪)라는 강이 흐르고 그 건너편에는 낮은 산이 있다. 풍수가 좋은 지형에 고궁박물관이 세워져 있는 것임에 틀림없다. 내친김에 뮤구척(門口尺; 魯班尺, 곡선형의 자)를 꺼내어 정면 입구의 폭을 재어보자 이것 역시 길(吉)의 표지에 딱 맞아떨어졌다. 이것들 모두 우연이라고는 결코 말할 수 없을 것이다. 고궁박물관은 국민당 정부가 타이완으로 이주한 뒤인 1965년에 세워진 것이다. 정부의 관료들도 고궁박물관의 장래가 걱정스러워 풍수가에게 부탁하여 장소나 방위를 정하게 한 것은 아닐까?

이상은 내가 멋대로 상상한 것에 지나지 않는다. 그러나 예로부터 중국 지식인의 상반신과 하반신은 전혀 다른 생각을 한다는 말에 견주어 보면, 내 생각이 꼭 빗나간 추측은 아니라고 생각한다. 예를 들어, 당(唐)의 한유(韓愈)는 당시 황제인 헌종(憲宗)이 불골(佛骨; 석가모니의 유골이나 사리)을 궁중에 모셔서 공양하려고 했을 때 격한 어조로 반대한 것은 잘 알려진 사실이다. 이것은 공적인 입장에 서서 유가로서 미신이나 종교를 부정한 것이다. 그럼에도 불구하고 자신이 지사(知事)로서 지방에 보내지자 그 지방의 토지 신들—상군부인 (湘君夫人), 성황신(城隍神), 대호신(大湖神) 등—을 받들어 모시는 제문(祭文)을 작성하기도 하고, 복숭아에는 삿된 귀신을 물리치는 힘 이 있다고 말했을 정도이다.

무릇 괴력난신(怪力亂神)을 이야기하지 않는다고 공언한 공자를 받들어 모시는 공자의 묘도 그렇고, 타이난(臺南)이나 타이쭝(臺中) 에서 본 것도 풍수가 좋은 장소를 골라 세워서 문구척(門口尺)으로 측량하면 반드시 길(吉)한 표식에 들어맞게끔 문의 폭이 정해져 있 다. 이 얼마나 얄궂은 일인가!

여하튼 지식인이든 일반서민이든 불문하고 중국인의 실제 생활에 는 풍수를 위시하여 방술은 필수불가결의 것인 것 같다.

과거제도와 결합되어 있던 풍수

방술은 술수(術數)라고도 부르는데 매우 오래 전 시대부터 발달했 다. 은대(殷代)의 시초점[卜筮]도 방술에 포함시킨다면 중국의 역사 는 방술과 함께 발달했다고 말해도 좋을 것이다. 그러나 주대(周代) 후반, 공자에 의해 유가의 합리주의적 입장이 성립하고 이윽고 한대 에 이르러 국가의 통치이념으로서 채용되자, 공적으로나 표면적으로 는 술수나 미신이 부정되고 결국은 종교마저도 부정의 대상이 되었 다. 그렇지만 시초점[卜筮], 거북점[龜卜], 점성(占星; 별자리로 점치 는 것), 점풍(占風; 바람의 움직임을 점치는 일, 혹은 바람의 소리나 방향, 움직임을 보고 운세를 점치는 것), 점몽(占夢; 꿈의 내용에 따라 길흉화복을 점치는 것), 상지(相地; 땅의 생김새를 보고 길흉을 판단하는 것), 상택(相宅; 집터를 알아보는 것), 상인(相人; 얼굴을 보고 그 사람의 운명, 성격, 수명 등을 판단하는 것) 등의 점술이나 주부(呪符; 주문과 부적), 연단(煉丹), 게다가 민간의 다양한 신앙(유가에서 사사(邪祀), 음사(淫祀)라고 칭하여 경멸하는 것)은 유교를 내세운 사대부 관료들의 교화에도 불구하고 일반 대중들 사이에서는 변함없이 환영받고 소멸하기는커녕 점점 더 번영해갈 뿐이었다. 게다가 유가적 이념으로부터 배격되면 다다르게 되는 곳, 도교에 그 지지를 구했다. 혹은 도교 측이 적극적으로 방술을 취하여 세력을 확대하고 강화해갔다. 후한 말에 발생한 태평도나 오두미도는 의술, 부수(符水; 죄를 씻고 주술의 효력과 죄를 사하는 힘을 가진 물), 주언(呪言; 주문) 등의 방술—의술(醫術)도 『한서(漢書)』「예문지(藝文志)」에서는 〈방기략(方技略)〉으로 분류되고, 〈정사방술전(正史方術傳)〉이 의사(醫師)의 전기를 싣고 있는 것과 같이, 어엿한 방술로 생각되고 있다—을 도입(편입)하여 민중의 신뢰를 차지하고 그것이 커다란 반체제 운동으로 발전하여 왕조의 붕괴를 이끈 것은 도교와 방술의 관계를 보여주는 전형적인 사례일 것이다.

또 한 가지 예를 들자. 요코하마(横浜)에 있는 가나자와문고(金沢文庫)에서 춘간한 『집칠십이가상서(集七十二家相書)』라는 상술[相術; 인상(人相)이나 가상(家相) 따위를 보고 점을 치는 방법] 서적이 있다. 원본은 중국 송대의 것으로 초연관(超然觀)의 도사(道士)인 장자지(張紫芝)가 찬술한 것으로 되어 있는데, 전해지는 것은 가마쿠라(鎌倉) 시기의 사본(寫本)이다. 송대는 과거제도가 확립된 시대인데 과거시험에 합격 여부, 관료로서의 출세 여부는 사대부들에게는 최대의 관심사이다. 따라서 그들은 다투어 상술가(相術家)들을 찾아가거나 그들을 모셔왔다. 또 시험장 부근에는 점술가가 점집을 차렸다. 이러한 상술가는 동시에 도사인 경우가 많다. 가나자와(金沢) 문고의 사본을 찬술한 인물의 예에서 도교와 방술의 관계를 알 수 있다.

앞서 이야기한 풍수설로 되돌아가면, 근래 청대(淸代)의 성시풍수(城市風水)를 지방지(地方志)를 토대로 조사한 호리고메 켄지(堀込憲二) 씨는 풍수가 과거제도의 발달과 밀접하다는 지적을 하고 있다. 堀込憲二, 「풍수사상과 도시의 구조(風水思想と都市の構造)」, 『사상(思想)』, 1990年 2月号. 풍수에서는 좋은 기가 모여 있는 지점에 부현학(府県学; 부와 현에 설치된 교육기관)과 부현서(府県署; 부와 현의 관청) 등이 설치되어 있다. 과거시험 합격자의 배출이나 관료의 출세를 기원하기 때문이다.

얼마나 얄궂은 일인가! 유교적 통치를 철저하게 추구하는 관료제나 과거제가 방술이라는 미신(迷信)이 번창하는 근원이 되었다는 것이.

시초점[卜筮]

— 이노우에 유타카(井上豊, 오사카시립대학 대학원)

길흉을 천지의 수를 나타내는 50개의 시초[著]를 가지고 점치는 시초점(복서)은 국가의 미래를 점치기 위한 것으로 중국 역대왕조가 사용해 왔다. 그 기술을 탐구했던 복서가(卜筮家)들 중에는 초능력을 겸비한 사람도 많았다고 한다.

고대부터 국가의 길흉을 점쳤던 시초점

도교의 내부에 깊이 들어와 있는 방술은 다수인데, 그 중에서도 가장 중요한 것은 직면한 사태의 길흉을 알아 미래에 대응을 도모하는 점술이라는 것은 말할 필요도 없다. 특히 시초점[卜筮]의 기술은 그 역사면에서나 여러 갈래에 걸쳐 있는 유용(運用)면에서 보더라도 기본 중의 기본이라고 할 만한 기술이다. 시초점의 기술을 쓸 수 없는 방술가는 아마 방술가로서의 자격이 없다고 할 수 있으며 가짜일 가능성이 높다.

시초점이란 쉽게 말해 역점(易占), 일본에서도 거리의 역술가로서 익숙한 바의 역술, 이미 알고 있는 바와 같은 "맞아도 팔괘(八卦), 안 맞아도 팔괘"라는 일본 속담에 해당하는 기술이다. 왠지 도교나 방술에서 신선도(神仙道)의 이미지와는 다소 빗나간 기분이 드는 것은 아니지만 이 기술도 버젓한 방술 중 하나이다. 그렇게 생각되는 것은 이 시초점의 운용법을 기록한 『주역(周易)』이라는 책이 유교에서 최고의 경전으로 꼽히고 있기 때문일 것이다. 그러나 이 시초점의 기술은 유교가 만든 것도 도교도들이 고안해낸 것도 아니다. 고대 중국으로부터 면면히 전해지는 길흉판단의 왕도(王道)였다. 시초점이라고 한 단어로 말하지만, 시초점 곧 복서(卜筮)는 '복(卜)'과 '서(筮)'로 원래 다른 점술이다. '복(卜)'이란 태운 거북이의 등딱지나 짐승의 뼈에서 얻은 조상(兆象; 불기운에 의해 갈라진 징표)으로 길흉을 판단하는 것이며 정확하게는 '귀복(龜卜)'이라고 한다. '서(筮)'란 시(蓍; 시초라고 하는 다년생 풀로 만든 점치는 도구)를 규정된 수(數)대로 가지고 그 수를 세어 괘(卦)를 얻어 길흉을 판단하는 일을 말한다.

『예기(禮記)』「곡례(曲禮)」 편에도 "거북이로 점치는 것이 복(卜)이고 협(筴; 蓍와 같다)으로 점 치는 것이 서(筮)다. 복서(卜筮)는 옛 성천자(聖天子)가 백성에게 매일의 길흉을 믿게 하거나 귀신을 공경하게 하고 법령을 두려워 삼가게 하기 위한 것이다. 또한 백성으로 하여금 헷갈리는 일을 판정하게 하거나 망설이고 있는 일을 결정하게 하기 위한 것이다"[1]라고 씌어 있다. 고대에 거북이와 시초는 영험한 사물로 간주되고 가장 이상적인 점복의 도구로 여겨졌던 것이다.

---

1. 龜爲卜, 筴爲筮. 卜筮者, 先聖王之所以使民信時日, 敬鬼神, 畏法令也. 所以使民決嫌疑, 定猶與也. 『禮記』「曲禮」 — 역자주

또한 『주례(周禮)』 「춘관(春官)」에는 '복인(卜人)'과 '서인(筮人)'이라는 두 종류의 관직을 두어 "무릇 국가의 대사에는 우선 시초점(筮)을 쓰고 그 후에 복(卜)점을 쓴다"[2]고 하여, 두 가지가 따로 사용되었던 점술이었던 것으로 보인다. 그것이 시대가 지나고 복서의 기술이 발달함에 따라서 '복서'로 연용(連用)되어 점술의 통칭으로 사용되게 된 것이다.

복서는 일반인들도 다들 알고 있는 것처럼, 서죽(筮竹)이라는 것을 짤랑짤랑 움직여 얻어진 괘(卦)에 의해 점을 친다. 이러한 괘는 효(爻)라는 음효(--)와 양효(—)의 두 패턴으로 된 막대기[棒] 6개로 이루어져 있다. 그리고 이들 6개의 막대기도 3개씩 나누어 각각 팔괘(八卦)라고 하는 패턴이 두 개 모인 것으로 구성되어 있다. 팔괘(八卦)라고 하는 8개의 패턴은 다음과 같다.

건(乾, ☰) 태(兌, ☱) 리(離, ☲) 진(震, ☳)
손(巽, ☴) 감(坎, ☵) 간(艮, ☶) 곤(坤, ☷)

---

2. 凡國之大事，先筮而後卜.『周禮』「春官」— 역자수

관로, 『삼국지연의』 중에서

팔괘를 다시 2단(段)으로 겹쳐서 만든 64개의 패턴에 각각 이름을 붙이고 괘마다 점단사(占斷辭), 곧 점괘의 내용을 기록한 것이 『주역』이라는 문헌이다. 『주역』이 만들어지기까지 『연산역(連山易)』, 『귀장역(歸藏易)』 등의 각각 다른 계통의 역(易)도 존재했다고 하는데, 오늘날에는 전설상으로만 전해지는 텍스트이다. 따라서 현재 '역'이라고 하면 보통 『주역』을 말하며 『역경(易經)』이라고 부르는 것도 이것이다.

팔괘를 만든 것은 중국 고대 전설상의 세 제왕인 삼황(三皇) 중 하나인 복희(伏羲)라고 전해진다. 그는 천(天)을 숭앙하여 별들의 운행을 관찰하고 대지(大地)를 굽어보아 계절의 순환을 관찰하며 그것들을 팔괘로 모사(模寫)했다고 한다. 그리고 그 뒤 역시 삼황의 한 사람인 신농(神農)이 그 팔괘를 겹쳐서 중괘(重卦), 곧 64괘를 만들었다고 하는데, 이 중괘에 괘사(卦辭)라고 해서 각 괘마다 선악과 길흉을 판단하는 말이 붙여졌다. 괘사가 『주역』 내용의 중심인 셈이다. 그런데 괘사를 만든 것은 중국 고대의 주(周) 왕조의 창시자인 주 문왕(文王)이라고 한다. (『주역』이라는 이름이 붙은 것은 이 때문이다.) 더욱이 중괘를 구성하는 6개 막대기 각각에 효사(爻辭)가 붙어 있는데, 이것 역시 길흉을 나타내는 것으로 전부 386개가 존재한다. 이것은 문왕(文王)의 아들, 주공(周公)의 손에 의해 만들어진 것이라고 전해진다. 여기까지가 『역경』 안에서 경(經)이라고 부르는 중심 부분이며, 여기에다 공자에 의해 만들어진 '십익(十翼)'이라는 해설이 첨가되어 『주역』이라는 문헌이 완성된 것이다. 복서(卜筮)를 행하는 사람은 그것들을 모두 완전히 암기하여 능숙하게 사용하여야 함은 말할 필요도 없다.

『역경』에 의한 복서의 방법을 기술하기 시작하면 지면이 아무리 있어도 모자라기 때문에 이 이상은 서술하지 않겠지만, 복서에 필요한 도구로는 기본적으로 50개(개피, 가닥) 정도의 시초만 있으면 충분한 매우 간단한 기술이다. 그렇다고는 하지만 실제로는 시초를 쓰지 않고 대나무가 대신 쓰인다. 즉 50개의 서죽(筮竹)을 사용하는 것이다. 야기에서 50개라는 수는 『역경』에 "대연(大衍)의 수는 50이고 그 작용하는 수는 49이다"[3]라고 한 것에 토대를 둔다. 천지의 수를 50으로 삼아 자연계의 움직임을 서죽에 대응시킨 셈이다. 그리고 실제로 서죽을 사용하는 경우, 50개 중에서 1개는 빼고 49개를 사용한다. 여기서 1개는 태극(太極; 전 우주의 근원이 되는 궁극의 존재)이라고 설명된다. 49개의 서죽과 역술가의 영감력을 구사하여 모든 길흉화복을 점치는 셈이다.

---

3. 大衍之數五十, 其用四十有九. 『周易』「繫辭上」 ─ 역자주

미래에 대한
예지나 투시도 행하는 관로

역사서에서 이러한 복서술로 명성이 남아 있고 전기가 만들어진 방술가라면, 우선 삼국시대의 관로(管路)의 이름을 들 수 있다. 역사소설인 『삼국지연의(三國志演義)』에도 훌륭한 역할로 나오기 때문에 알고 계신 분도 많을 것이다. 정사인 『삼국지』 「위서(魏書) · 방기전(方技傳)」에 의하면, 그는 어린 시절부터 천문을 좋아하였고 성장해서는 복서나 사부(射覆; 수수께끼나 퀴즈에 해당), 풍각(風角; 바람으로 점치는 것), 관상(觀相) 등의 술수에 정통하게 되었다. 특히 복서 전문가였다고 한다. 당시의 권력자였던 위(魏)나라 조조(遭操)에게 불려가 위나라의 정세를 예측하였다는 것은 소설상의 이야기이지만 역사서에는 좀 더 희한한 이야기도 실려 있다.

어느 날 안평군(安平郡)의 태수(太守)인 왕기(王基)의 부탁을 받아 점괘(占卦)를 뽑았는데, 다음과 같은 점괘가 나왔다. "신분이 낮은 여자가 사내아이를 낳았는데 그 아이가 태어나자마자 부뚜막으로 달려가 자살을 했다. 그 다음에 침상 위에 붓으로 그린 큰 뱀이 나왔는데 금새 사라져버렸다. 더욱이 까마귀가 방 안에서 제비와 싸우다 제비는 죽고 까마귀는 날아갔다." 왕기는 그것을 듣고 매우 놀라 "점괘 그대로 그런 일이 있었네"라고 말하고 세 가지 사건의 길흉을 물었다고 한다. 이런 이야기는 복서의 기술과 점술가의 능력이 뛰어나면 상식을 넘어선 경이로운 사건을 예측할 수 있음을 나타내고 있다.

또 이러한 이야기도 있다. 평원(平原)의 태수인 유빈(劉邠)은 도장(圖章) 주머니와 산새의 털을 그릇에 넣고 관로(管輅)에게 점치게 했다. 관로는 이렇게 대답했다. "안쪽은 사각이고 바깥쪽은 둥글며 오색(五色) 모양이라, 안에는 귀중한 것이 들어 있어 신의(信義)를 지키고 겉에는 확실히 장(章)을 나타낸다. 이건 도장주머니이군요." 이역시 맞춘 것이다. 이러한 것을 사부술(射覆術)이라고 하는데 일종의 투시력이다. 이와 같이 복서의 기술에 능한 방술가(方術家)는 미래에 대한 예지력과 과거를 환히 들여다보는 능력뿐 아니라 투시력까지 겸비하고 있다.

그렇다면 이러한 복서의 기술을 궁구했던 복서술가는 전지전능한가 하면, 결코 그렇지 않다. 장래의 위험을 피하는 것 정도는 가능하지만 방술의 최대 목표인 불로장생에는 아무 역할도 하지 않기 때문이다. 관로도 결국 48세에 죽고 말았으며, 게다가 그 죽음을 스스로 복서를 통해 미리 알고 있었다고 한다.

민간에 널리 사용된 잡복

이상에서 기술한 복서의 기술은 중국 역대 왕조에서도 정식으로 사용해온 정당한 점복술이었다. 이것과 대조적으로 민간에는 보다 간단히게 행할 수 있는 점복술이 존재했다. 생각해 보면 『역경』 원문에 준해 보너라도 음양의 6개 조합만 있으면 충분한 일이기 때문에, 극단적으로 말하면 동전을 6개 던져 그 앞면과 뒷면을 보아도 충분히 64패를 읽을 수 있게 된다. 실제 그것과 유사한 '척전복(擲錢卜)'이라는 점술도 널리 시행되었다. 이처럼 『역경』의 규칙에 따르지 않고 민간에서 행하던 점복류(類)는 '잡점(雜占)'이나 '잡복(雜卜)'이라고 불렀다.

잡복의 기원을 보면, 상당히 오래된 것이 있다. 한대의 점술에 대한 기록을 보면 그 당시의 점술에 '시귀(蓍龜)', '천문(天文)', '잡점(雜占)', 세 종류가 있었다는 것을 알 수 있다. 『한서(漢書)』「예문지(藝文志)」에는 잡점(雜占), 18가(家), 313권을 싣고 있다. 예를 들어 『황제장류점몽(黃帝長柳占夢)』, 『감덕장류점몽(甘德長柳占夢)』, 『무금상의기(武禁相衣器)』 등등이 그것이다. 이들 모두 현재는 전해지지 않기 때문에 어떠한 점술이었는지는 알 도리가 없다. 현재에도 민간에서 행해지고 있는 잡복으로는 '배교복(盃珓卜)', '영첨복(靈籤卜)', '자고복(紫姑卜)', 그리고 앞에서 말한 '척전복(擲錢卜)' 등이 있는데 이들은 '복(卜)'이라는 글자를 명칭에 포함하는 것이지만 복서와는 상당히 다른 범주에 속하는 것이 많다. 대표적인 것 몇 가지를 소개한다.

■**배교복**(盃珓卜)

관제묘[關帝廟; 삼국시대 촉나라의 장군인 관우(關羽)의 신명(神明)을 모시는 사묘]나 여조사[呂祖祠; 신선 여동빈(呂洞賓)을 모시는 사당] 등의 신전에서 신의 뜻을 묻기 위한 것이다. 배교(盃珓)란 점복 도구의 명칭이다. 원래는 두 개의 패각(貝殼; 조개껍데기)을 사용했는데, 후대에는 대나무 등을 대합조개 모양으로 깎아서 썼다. 이것을 땅에 던져 겉인가 속인가에 따라 길흉을 판단한다. 도교의 사묘에 가면 언제나 볼 수 있다. (별항 〈척고(擲筶)〉 참조.)

■ **영첨복**(靈籤卜)

‘첨점(籤占)’, ‘구첨(求籤)’이라고도 한다. 죽첨(竹籤)을 사용한다. 일종의 제비뽑기와 같은 것이다. 타이완 등의 도교사묘에는 죽참이 들어 있는 나무통이 반드시 비치되어 있다. 소원을 담아 흔들면 잠시 뒤 하나의 죽첨이 튀어 올라오게 된다. 그 죽첨의 번호를 보고 별도의 장소에 있는 제비뽑기용 종이를 받으러 가면 되는 것이다.

■ **탁자복**(柝字卜)

‘측자복(測字卜)’이라고도 한다. 무의식적으로 떠오르는 글자를 편(偏), 방(旁), 관(冠), 각(脚) 등으로 뷰해하여 그 의미에 따라 어떤 일의 길흉을 점치는 방법이다. 소나무[松]를 18공(公), 통화(通貨)를 백석진인(白石眞人) 등으로 부르는 종류의 탁자복도 있다.

명나라 곡종(穀宗)과 탁자복에 얽힌 다음과 같은 에피소드도 있다. 그가 제위에 올라 있을 때 탁자복 명인을 불러 나라의 운명을 점치게 했다. 황제가 무심히 입에 담은 것이 “우(優)”라는 글자였다. 점술사가 “그것은 불길한 점괘로, 우국(憂國)의 의미입니다”라고 했다. 황제는 당황하여 중국어로 ‘요우(you)’로 발음되는 글자들을 잇달아 바꾸어 말하였는데, 우선 ‘友(우; yǒu)’는 ‘反(반)’이 머리를 내민 글자이므로 ‘반란(反亂)’의 의미라고 한다. 그리고 ‘有(유; yǒu)’는 ‘大明(대명)’을 질반으로 나눈 것이므로 나라가 반으로 나뉜다는 의미라고 한다. 마지막으로 ‘酉(유; yǒu)’라는 글자가 나왔는데 그것은 ‘尊(존)’이라는 글자의 위와 아래 부분을 없앤 의미로 판단된다. 즉, 존귀한 사람, 곧 황제 자신이 위험하다는 것이다. 수년 뒤에 정말로 명(明) 왕조가 멸망했다고 한다.

■ **척전복**(擲錢卜)

‘척괘(擲卦)’ 혹은 ‘의전(意錢)’이라고도 한다. 비교적 옛날부터 있었던 점복으로 보인다. 『후한서(後漢書)』「양기전(梁冀傳)」에 그 예가 보인다. 동전 3개를 던져 앞면과 뒷면으로 재빨리 팔괘(八卦)를 정한다. 원래는 도박과 같은 것이었던 것으로 보인다.

■ **부기법**(扶箕法)

신내림을 통해 점을 치는 민간의 술수이다. ‘부계(扶乩)’, ‘부란(扶鸞)’이라고도 한다. 이와 같은 경우는 복서(卜筮)와는 크게 동떨어진 점술로서 고쿠리상[こっくりさん; 3개의 대나무나 젓가락의 중간을 묶어서 사이를 벌리어 만든 삼각가(三角架) 위에 쟁반을 놓고 2,3명이 눌러서 그 움직임을 보고 점치는 일]에 가까운 것이다. (별항 〈부계(扶乩)〉 참조.)

■ **자고복**(紫姑卜)

부기와 매우 유사한데, 정월 15일, 상원일(上元日)의 제사의식에서 거행하는 유희(遊戲)와 같은 면이 강하다. ‘자고(紫姑)’란 측신(廁神), 곧 변소(便所)의 신이다. 전설에 의하면, 그녀는 생전에 산서성(山西省)의 어느 지사(知事)의 첩이었는데 본처에 의해 정월 15일에 변소 안에서 살해되었다고 한다. 이것을 가엾게 여긴 천제(天帝)는 그녀를 측신(廁神)으로 삼았다고 한다. 그러한 연유로 정월 15일이 되면 여성들은 자고신을 불러내어 점을 치는 관습이 생겼다. 그 방법은 전날에 변소의 쓰레받기와 은(銀)비녀로 자고신의 상(像)을 만들어 놓았다가 이것을 당일에 쌀을 뿌려 놓은 상 위에서 움직인다. 여성 두 사

람이 쓰레받기 쪽을 붙잡고 비녀의 끝을 쌀 알갱이에 붙게 한다. 그
렇게 하면 비녀가 쌀 위에서 글자 같기도 하고 그림 같기도 한 것을
그려가게 된다. 이것을 해독하여 원하는 일의 성취 여부를 점치는 것
이다.

■경청복(鏡聽卜)

'향복(響卜)', '이복(耳卜)'이라고도 한다. 이것도 지금까지 살펴본
모든 점복술과 다른 독자적인 점술법이다. 삿된 것을 거울 속에 비추
어보는 것이다. 귀곡자(鬼谷子)의 법이라고 전해지고 '귀곡자향복법
(鬼谷子響卜法)'이라는 별칭도 있는데, 정확한 것은 아니다. 대회일
(大晦日) 혹은 원일(元日) 저녁, 솥에 물을 넣고 국지를 그 가운데에
세운다. 그리고 조앙신[竈神]에 대한 주문을 왼다. 그러는 사이 국자
는 어떤 방향으로든 쓰러진다. 국자가 쓰러진 방향을 향하여 거울을
안고 문을 나선다. 절대로 뒤를 보아서는 안 된다. 그리고 몰래 처음
으로 만난 동네 사람의 말을 듣고 그 첫 절을 자신의 소원과 대조하
여 보아 길흉을 점치는 것이다.

그 외에 구고복(九姑卜) 등의 결초복(結草卜), 와복(瓦卜), 조복(鳥
卜), 의금복(衣襟卜), 촉화복(燭火卜), 수라한복(數羅漢卜), 나아가
소수민족에서 행해지고 있는 양골복(羊骨卜), 계란복(鷄卵卜), 실미
복(嚙味卜) 등등, 잡복(雜卜)과 잡점(雜占)의 종류와 수는 많고, 시
대를 거치면서 늘 새로운 점복술이 생겨나고 있다고도 말할 수 있다.
최근 일본에서 생겨난 커피점(占)이라는 것도 실상은 이와 매우 비슷
히다는 생각이 든다.

사람이 타고난 운명을 점치는 팔자와 산명술

사실은 중국의 미래예지나 길흉판단 등에 관한 방술 계통은 크게 세 가지로 나눌 수 있다. 하나는 지금까지 살펴본 '복(卜)'에 속하는 방술이다. 이것들은 한순간의 번뜩임에 의한 우연의 작용에 의존하는 경향이 크다. 대체로 역술가의 능력이 크게 영향을 미친다. 곧 복서술 등은 시행하는 방식만 익히면 이론상으로는 누구라도 할 수 있는 것이다. 그러나 그렇다고 해서 누가 하더라도 동일한 괘가 나오는 것은 아니다. 최종적으로는 그 방술가의 영감이나 초능력이 문제가 되는 셈이다.

이것에 비해 다른 두 가지의 방술은 우연(偶然)이 지배하는 비율이 비교적 적다. 하나는 수상(手相; 손금)이나 인상(人相; 관상) 등의 '상술(相術)'이며, 또 하나는 사주추명(四柱推命), 자미두수(紫微斗數), 기문둔갑(奇門遁甲) 등의 '명술(命術)'이다. 이들은 얻을 수 있는 데이터의 차이보다는 방술가가 그것을 어떻게 판단하는가를 중시하는 방술이다. '상술(相術)'에 대해서는 다른 항목<인상술> 참조에서 다루기 때문에 여기에서는 '명술(命術)'에 대해서만 간단하게 기술하기로 한다.

'복술(卜術)'을 '복서(卜筮)'로 관용적으로 말하는 것과 마찬가지로 '명술'도 '산명(算命)'이라고 한다. 이 계통의 방술은 한 마디로 말하면, 인간이 태어난 순간부터 정해져 있는 운명에 대해 옛날부터 축적된 데이터를 가지고 유추하는 방법이라고 해도 될 것이다. 이 방술의 대표적인 것이 '팔자(八字)'라고 하는 것인데, 이것은 별칭으로 '자평

추명(子平推命)'이라고도 하며, 일본에서는 주로 '사주추명(四柱推命)'이라고 부르는 방술이다. '팔자'란 그 사람이 태어난 년, 월, 일, 시, 네 가지에 배치된 천간(天干; 甲乙丙丁戊己庚辛壬癸의 十干)과 지지(地支; 子丑寅卯辰巳午未申酉戌亥의 十二支)의 합계 8개의 글자를 말하는 것으로서, 각각의 글자가 갖는 성격의 조합[相性]으로 그 사람의 일생의 패턴을 분류해 도출하는 방술이다.

이 방술의 창시자는 당나라 시대의 이허중(李虛中)이라는 인물이라고 전해지는데, 실질적으로 시작한 것은 송나라의 서자평(徐子平)이다. 따라서 그의 이름을 따서 '자평추명'이라고도 부른다. 일본에서도 사주추명 점은 그럭저럭 유행하고 있지만, 타이완이나 홍콩의 경우는 이러한 연월일시의 시주(따라서 시주추명이라고 한다)에 배치된 8개의 글자는 결혼할 때 조건 중 하나가 되고 있다. 곧 이러한 팔자의 상성(相性)이 나쁘다는 이유로 결혼이 성립하지 않는 경우가 여전히 있다.

팔자의 추명술 혹은 자미두수(紫微斗數)나 기문둔갑(奇門遁甲) 등의 방술이 갖는 또 하나의 특징은 별의 움직임에 근거를 둔 점성술의 요소를 가지고 있다는 점이다. 그것도 서양의 점성술과는 달리 실제로 별의 움직임을 관찰하여 데이터를 산출하는 것이 아니라 음양오행의 관념에서 도출된 가공의 별을 사용해 점술의 근거로 삼고 있다.

예로부터 중국에서는 복(卜), 상(相), 명(命), 의(醫; 한방의학), 산(山; 풍수학), 다섯 가지를 '오술(五術)'이라고 부르고 그것을 겸수(兼修)하는 것을 강조해 왔다. 이러한 '명술(命術)'을 전문적으로 행하는 명술가들도 판단의 보조수단으로 삼아 '복서'를 병용(倂用)할 필요가 있다. 그보다는 '복서(卜筮)', '산명(算命)', '인상(人相)', '수상(手相)'

등의 방술을 자유자재로 구사할 수 없으면 일류 점술가라고는 말할
수 없다.

너무나 먼
신선에로의 길

  동진시대 신선도의 대성자인 갈홍(葛洪)은 저서 『포박자(抱朴子)』
에서 『역경(易經)』에 대해 이러한 말을 하고 있다. "9명의 성인이 모
두 모여 『역경』을 지었다. 이 책은 우주의 모든 것을 포함하여 그 어
떤 것도 첨가할 수 있는 것이 없다고 한다. 그렇다면 역(易)에 밝은
사람에게 하늘을 한 바퀴 도는 데 어느 정도 걸리는지, 세계의 넓이
는 얼마이며 우주의 거리는 몇 리 정도인지, 위로 하늘은 어디까지
이르며 아래로 지하는 어떻게 지탱되고 있는지, 그리고 그 활동은 누
가 움직이고 있으며 해와 달의 속도는 얼마인지 등등을 물어보면 좋
을 것이다. …… 그러나 역에 밝은 선생이라도 어느 하나 답할 수는
없을 것이다."[4] 따라서 성인의 길도 좋지만 신선의 길에는 이르지 못
하는 것이다.
  마지막으로 복서술을 궁구했던 남자가 그것으로 인해 만난 비극을

---

4. 九聖共成易經, 足以彌綸陰陽, 不可復加也. 今問善易者, 周天之度數, 四
   海之廣狹, 宇宙之相去, 凡為幾裏? 上何所極, 下何所據, 及其轉動, 誰所推
   引, 日月遲疾, …明易之生, 不能論此也. 『抱朴子』「釋滯」 경전원문과 본문의
   번역에 약간의 차이가 있으나 의미상의 문제는 없으므로 본문을 그대로 번역하였
   다. ─ 역자주

소개하기로 한다.

유소유(柳少遊)라는 인물은 복서(卜筮)의 명인(名人)으로서 당시 도읍에서 유명했다. 당나라 천보(天寶) 연간(742~756)에 한 나그네가 비단 한 필을 가지고 나타났다. 물어보니 자신의 수명을 알고 싶다고 한다. 유소유는 점괘를 내어보고 슬퍼하며 말했다. "당신의 괘는 불길한 것으로 나왔소. 오늘 저녁 무렵 죽을 거요." 그 사람은 잠시 비탄에 잠겨 있었으나 이윽고 물을 마시고 싶다고 말했다. 하인이 물을 가져오자 그곳에 유소유가 두 사람이 있다. 어느 쪽이 나그네인지 알 수 없었다. 유소유는 나그네를 손가락으로 가리키며 물을 가져다주게 했다. 이윽고 나그네는 작별인사를 하고 하인들이 문까지 배웅을 했는데 몇 걸음 걷자 사라져 버렸다. 그리고 공중에서 울음소리가 났다. 몹시 슬픈 목소리였다. 하인이 돌아와 유소유에게 물었다. "선생께서는 아까 그 분을 알고 계셨습니까?" 그리고 아울러 나그네를 배웅할 때의 일도 알려주었다. 유소유는 차츰 나그네가 자신의 혼(魂)이었음을 깨닫게 되었다. 부랴부랴 나그네가 가지고 온 옷감을 보니 장례에 쓰는 종이옷으로 변하고 있었다. 결국 유소유는 그날 저녁에 죽고 말았다.

이것은 『광이기(廣異記)』에 기록된 이야기인데 유소유는 어설피 복서술에 통달하고 있었기 때문에 몸 밖의 몸과 만나 도리어 어찌할 도리기 없는 곤경에 빠지고 말았다. 그러고 보니 신과 같다고 여기던 관로도 결국 신선은 될 수 없었다. 따라서 『신선전(神仙傳)』에는 그의 전기(傳記)는 없다. 그것은 복서술이 방술에서는 매우 초보적인 기술이기 때문은 아닐까.

인상술(人相術)

— 오가와 요우이치(小川陽一, 도후쿠대학)

용모도 운명도 마음의 상태에 따라 변할 수 있다.
인상술(관상술)의 깊은 의미를 탐구한다.

'사람은 겉보기만으로는 알 수 없다'는 속담이 있다. 중국에서도 "범인불가모상, 해수불가두량(凡人不可貌相, 海水不可斗量)," 즉 "사람은 용모로는 알 수 없고 바닷물은 말[斗]로는 잴 수 없다"고 한다. 사람의 성격이나 능력은 외모로 판단할 수 있다고 생각에 대해 그 예외를 일부러 드러내 보여준 놀라운 표현일 것이다. 인간의 성격이나 능력, 나아가서는 운세와 같이 현시점에서는 눈에 보이지 않는 것을 용모라고 하는 현시점에서 눈에 보이는 것에 의해 알고자 하는 것이 인상술(人相術)이다.

'인상술'이라는 단어는 한자의 표현방식에서 보면 '상인술(相人術)'이라고 해야 될 것인데, 중국에서는 '상면(相面)', '상술(相術)', '상법(相法)'으로 말한다. 또한 '풍감(風鑑)'이라고도 했다. 상술의 명인(名人)의 이름을 따라 '고포(古布)의 술(術)', '허부(許負)의 술', '당거(唐擧)의 술', '당허(唐許)의 술', '원허(袁許)의 술' 등으로 부르기도 했다. 여기에서는 일본식으로 '인상술'이라는 단어를 사용하기로 한다.

고대부터
많은 인상술사(관상가)가 등장

중국에서 인상술의 역사는 오래되어 『춘추좌씨전(春秋左氏傳)』(전한 말에 성립)에도 보인다. 『춘추좌씨전』의 문공(文公) 원년(기원전 626년) 조목(條目)에 유명한 인상술사(관상가)인 숙복(叔復)이 손오(孫敖)의 두 자식의 인상(관상)을 점쳤다는 기사가 있다. 그 후 각종 문헌에 인상술사(관상가)에 관련된 다양한 에피소드가 등장한다.

『사기(史記)』에는 고포자경(姑布子卿), 허부(許負), 당거(唐擧) 등 한대의 인상술사(관상가)의 이름이 보인다. 『순자(荀子)』「비상편(非相篇)」에는 고포자경이나 당거에 대해 용모로 길흉ㆍ화복을 점치는 일을 고대의 성인은 하지 않았다고 비난하고 있는데, 이는 한대에 인상술의 유행 양상을 보여주고 있다. 순황(荀況)에게는 당시의 인상술의 유행이 몹시 불쾌했던 것이다.

『삼국지(三國志)』「위지(魏志)」에는 후한(後漢)과 삼국(三國) 무렵의 주건평(朱建平), 관로(管輅) 등이 나온다. 후세의 소설 『삼국지』에 관로가 하안(何晏)의 인상(관상)을 '귀조(鬼躁)', 등양(鄧颺)의 인상을 '귀유(鬼幽)'로 보고, 그래서 두려워할 것이 못된다고 평한 장면은 이러한 「위지」의 주석을 이용한 것이다. 그 뒤에 달마(達磨)가 인도에서 불교의 인상술을 가지고 왔다고 전해진다. 『수서(隋書)』에는 위정(韋鼎), 래화(來和) 등이 기록되어 있다. 『당서(唐書)』 등 당대의 문헌에는 원천강(袁天綱), 장경장(張憬藏), 을불홍례(乙弗弘禮), 김양봉(金梁鳳) 등의 인상술사(관상가)가 활약하다

송대가 되면 문헌자료가 많아지고 관상가에 관한 기사도 다양하면

서도 상세해진다. (이하 번잡하기 때문에 자료를 지적하는 것은 생략한다.) 마의도자(麻衣道者, 혹은 麻衣仙人)의 제자인 진단(陳摶)은 마의상법의 창시자와 그의 전승자로서 후세에 이름을 남겼다. 명청시대에는 마의상법에 의해 점치는 사람이 많았다. 이것을 집대성한 것이 『마의상법(麻衣相法)』『인상편(人相編)이라고도 한다으로서 명청시대로부터 민국시대, 나아가 타이완에서는 지금도 사용되고 있다. 또한 에도(江戶)시대에는 일본에서도 인기가 많아서 화각본(和刻本)이 간행되었다.

명대에는 원홍(袁洪), 원충철(袁充徹) 부자의 명성이 높다. 특히 충철은 『신상전편(神相全編)』 등을 편찬하여 후세에 이름을 남겼다. 이 책 역시 『마의상법』과 나란히 인상술을 집대성한 문헌으로서 중국, 일본에서 모두 중시되고 있다. 화각본 『신상전편정의(神相全編正義)』 등도 출간되고 있다. 인상술은 여기에 이르러 완성되었다고 말해도 좋을 것이다.

전신의 인상도
판단의 기준

인상술은 주로 운세(수명, 재산, 자손, 혼인, 질병, 지위 등)에 대해 그 사람의 용모로 추측하는 기술이다. 추측하는 일에 따라 보는 부위가 특별히 정해져 있다. 〈그림 1〉은 그 부위를 표시한 것이다. 수명은 인당(印堂), 명궁(命宮)이라고도 하는 양 미간(眉間), 재산은 콧대, 그리고 난대(蘭臺)와 정위(廷尉) 곧 재백궁(財帛宮)이라고도 하는 콧

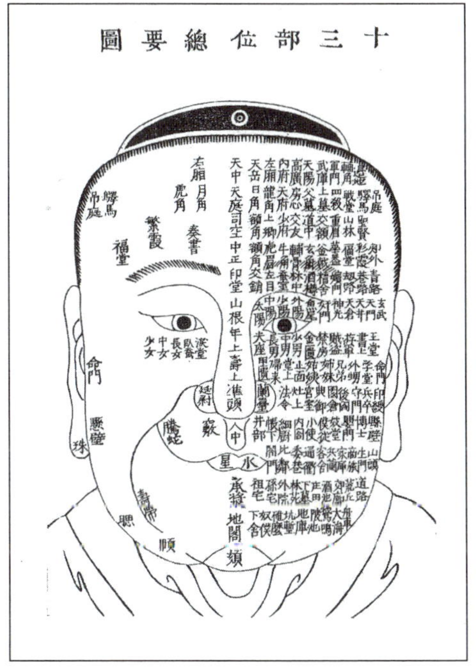

〈그림 1〉

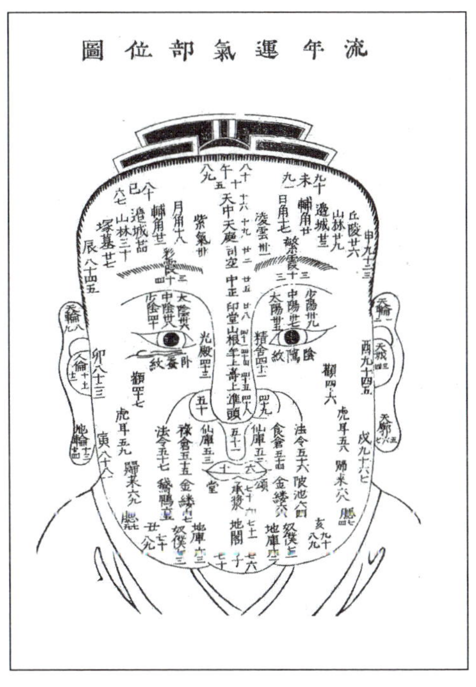

〈그림 2〉

방울의 좌우, 관직복록은 중정(中正), 곧 관록궁(官祿宮)이라고도 하는 인당의 상부(上部)를 보는 방식이다. 〈그림 2〉는 연령마다의 운기(運氣)를 보는 부위를 보여주고 있다. 태어나서부터 7세까지는 왼쪽 귀, 8세부터 14세까지는 오른 귀의 형색(形色)을 보아서 판단한다. 여성의 경우는 좌우를 반대로 한다.

인상술로 보는 경우는 얼굴만이 아니라 손발 외에 어깨 가슴, 등, 배, 허리, 엉덩이, 다리와 전신에 이르며, 형상만이 아니라 색깔 상태도 중요한 요소이다. 주름(筋)의 모양, 반점이나 점의 위치, 대소변의 형상, 음성의 상태부터 마음의 상태까지 판단의 수단으로 삼는다. 인

색이나 피부의 윤기까지 보는 데 이르러서는 의학적인 양상을 띤다.

『신상전편(神相全編)』의 「십관(十觀)」에는 이러한 것이 총론적으로 기술되어 있는데 그에 따르면 위엄이나 풍격이라는 몸 전체의 인상, 머리나 얼굴 각 부위의 형태와 균형, 그리고 눈·귀·입 등 얼굴의 각 기관의 형태와 색상, 어깨부터 다리에 이르는 부분의 형태와 균형, 손과 발의 주름, 눈이나 와잠(臥蠶; 양눈의 아랫부분)·인당(印堂)에 드러나는 마음의 상태, 전신의 골격과 혈색 등을 총합적으로 관찰하여 미루어 판단한다. 인상술서(相書)는 이러한 것을 구체적으로 설명한 것이다.

면상보다
심상을 중시

용모라는 선천적인 요소에 지배되기 쉬운 것을 가지고 운세나 인간적 가치를 추측하고자 하는 인상술은 오늘날의 인간관에는 어울리지 않는 측면이 있다. 게다가 가치관은 시대에 따라 변하기 때문에 인상술도 변하지 않을 수 없다. 과거 중국에서는 자식이 많은 것이 최대의 행복이었지만 독자(獨子) 정책을 취하는 오늘날의 중국에서는 여러 아이를 갖는 것은 범죄까지 된다.

인상술의 변화 중에 가장 주목할 만한 것은 송대 이후 특히 명대에 이르러 면상(面相; 얼굴관상)에 비해 심상(心相; 마음의 상태)을 보다 중시하게 된 것이리라. 심상이 중요하다는 것은 『순자』「비상편」에서 이미 설명한 바와 같이 예로부터 이야기되던 것이었다. 당대(唐

代)의 배도(裵度)는 몸집이 작고 풍채가 좋지 않아 장래에 굶어죽을 인상이었는데, 가끔 참배하던 향산사(香山寺)에서 주은 옥대(玉帶; 고관이 차던 보석이 박힌 허리띠)를 본래 주인에게 돌려준 음덕으로 인상이 좋아지게 되어 대신(大臣)까지 출세하였다. 오대(五代)·왕정보(王定保)의 『척언(摭言)』 4.

송대에 들어서자, "유심무상, 상축심생. 유상무심, 심수심멸(有心無相, 相逐心生. 有相無心, 心隨心滅)", 즉 "마음은 있지만 상(相)이 없으면 상은 마음을 따라 생긴다. 상은 있지만 마음이 없으면 상은 마음을 따라 사라진다" 송(宋)·오처후(吳處厚)의 『청상잡기(靑箱雜記)』 4고 일컫게 되었다. 인상은 마음의 상태에 따라 변화한다. 선한 마음을 일으켜 (선한 일을 하면) 인상이 좋아지고 악한 마음을 일으켜 (악한 일을 하면) 인상이 나빠지게 된다는 것이다. 이것이 『마의상법(麻衣相法)』이나 『신상전편(神相前篇)』 등의 명대(明代) 인상술에서 특히 강조하게 되었다. "겉모습을 보기 전에 마음 밭의 상(相)을 보라" 마의선생석실신이부(麻衣先生石室神異賦)고 한 것이 그것이다.

이것은 송대 이후 특히 명청 시대에 와서 권선서(勸善書)라고 하는 권선징악의 문헌이 유행한 것과 연관이 있다고 생각된다. 『태상감응편(太上感應篇)』, 『음즐문(陰騭文)』, 『각세진경(覺世眞經)』 등에서는 인간의 운명은 마음과 행동의 결과이며 운명은 자신이 만들어가는 것이라고 설명한다. 이와 같이 운명의 자기변혁이 가능하다면 인상술에서는 운명과 인상이 불가분하게 연결되어 있는 것으로 여기기 때문에 인상의 변경도 가능한 셈이 된다. '상(相)은 마음을 따라 생겨난다'는 것을 강조하게 된 배경에는 권선서(勸善書)의 유행이 있었던 것이다. 덧붙여서 말하면, 타이완에서는 지금도 권선서가 사묘나 시찰과 도관, 역(驛) 등에서 무료로 배포되고 있다.

　명청시대의 소설에서는 인상관(人相觀)을 주제로 한 작품이 많이 등장했다. "반조(半朝; 천하의 절반)의 제왕의 상(相)이 있다"라는 말을 듣고 기뻐했던 나은(羅隱)은 "제왕이 되면 돈을 빌려 달라고 신청했는데 거절한 놈들을 참살할 것이다"라고 험담을 했기 때문에 그날 밤 염라(閻羅)의 관청(官廳)에 연행되어 추악하게 변하게 되었다. 뒷날 그것을 본 인상술사(관상가)는 "제왕의 상도, 제왕의 복도 사라졌구나"라고 말했다고 한다. 명말(明末) 주읍(周揖)의 『서호이집(書湖二集)』에 수록된 이야기이다.

　인상술에서 심상을 중시하는 것은 의의가 크다고 해야 할 것이다. 얼굴 생김새도 운세도 자신이 만들어나가는 것이며 자신이 책임지는 것이라는 것이니 말이다.

인상술의 문화적 영향

　인상술은 명청시대 소설의 주제나 등장인물의 용모에 대한 묘사, 소설의 구조적인 틀에 쓰이기도 했다. 『삼국지연의(三國志演義)』나 『수호전(水滸傳)』 등에서는 중요 인물의 용모가 인상술의 용어로 묘사되고 있으며 『금병매(金甁梅)』에서는 주요 인물의 운명이 「마의선생석실신이부」에 의해 예고되고, 예고한 그대로 전개되고 있다. 원(元)나라의 왕역(王繹)이 "초상화를 그리려면 인상술에 통달하고 있지 않으면 안 된다" 명(明) · 도종의(陶宗儀)의 『철경록(輟耕錄)』 2고 말한 이

래 인상술이 초상화의 기본이 되었다. 애극(哀劇) 등 중국의 구극(舊
劇), 곧 경극에서 배우는 원명(元明)시대 무렵부터 리엔프(臉譜)라고
하는 독자적인 분장술을 시행하게 되었는데, 관우(關羽)의 붉은 얼굴
이나 장비(張飛)의 표두환안(豹頭環眼; 표범머리에 둥근 눈매), 그리
고 조조(曹操)의 새하얀 얼굴에 가늘고 긴 삼각형 눈매 등에는 인상
술이 반영된 것으로 추측된다.

인상술은 예로부터 중국인들의 생활이나 문화에 깊은 영향을 주어
왔다. 그리고 지금도 여전히 타이완 등의 중국인 사회, 나아가서는
일본에서도 계속 살아남아 있다.

풍수설

— 미우라쿠니오[三浦國雄, 오사카시립대학]

건축물이 위치인 지형으로 길흉을 점치는 풍수술(風水術). 그 근저에는 기공(氣功)이나 중국 의학에도 통용되는 '기(氣)'의 원리가 담겨 있다고 한다. 필자의 새로운 학설과 더불어 풍수설의 본지로 가 역사를 탐구한다.

용혈에 세워진
마오주석기념당

「동쌍(動向)」이라는 홍콩 내막물(內幕物) 잡지의 1992년 1월호에 〈풍수, 황궁(皇宮), 마오쩌둥(毛澤東)〉이라는 제목의 짧은 에세이가 실려 있다. 미국에 머물고 있는 저자 리궈쓩(黎國雄) 씨는 중국의 풍수설은 미신(迷信)과 같은 것이 아니라 찬란하게 빛나는 중화민국의 문화유산이라고 전제하고 고궁이나 마오쩌둥기념당에 대한 풍수적 해설을 시도하고 있다. 고궁에는 감추어진 계획입안으로서 풍수술이 사용된 것이 틀림없지만 리궈쏭씨의 분석은 진부하고 재미가 없다. 그러나 마오주석기념당의 경우는 다소 스릴(Thrill) 만점의 측면이 없지는 없다. 마오쩌둥은 오행(五行) 중 수명(水命)에 속해 있어서 그의 생애에서 중요한 행동은 그것으로 풀린다는 것은 우스운 이야기이지만,—수운(水運)이라는 것의 근거에 대해서는 아무런 설명도 없는데 어쩌면 毛澤東(마오쩌둥)이라는 이름과 그의 자(字)가 潤芝(룬지)인 것에서 유래한 것일까?—기념당은 『주역』과 풍수설에 정통해 있던 마오쩌둥의 풍수상의 걸작이라며 리궈쌍 씨는 다음과 같은 간법(看法)을 개진한다.

말하길, 베이징은 남북 축(軸)에 의해 동서가 뚜렷하게 분할되어 있는데 이것은 국토의 분열이나 권력의 분산을 가져오고 '황기(皇氣)'가 남류(南流), 곧 남쪽으로 흘러나감으로써 남쪽 방향이 다사다망하게 된다. 이러한 풍수적 결함을 보완하는 것이 티엔안먼(天安門) 광장에 자리잡은 마오주석기념당이다. 이 건물은 주변의 전아(典雅)한 경관과는 대체로 부조화하지만 옥새(玉璽)를 방불케 하는 사각 모양의 거대한 구조는 황기(皇氣)가 남류(南流)하는 것을 막고 중국의 중심인 티엔안먼(天安門) 광장에 강력한 '기장(氣場)'을 형성하여 팔방(八方)에 위엄을 세워 권력의 분산을 방지하고 있으며 만약 이것이 없다면 그 뒤의 중국현대사도 역시 다른 전개를 보였을 것이다. 틀림없이 이것은 '죽은 공명(孔明)이 살아 있는 사마중달(司馬仲達)을 달아나게 한다'는 고사(故事)의 재현이다.

앞에서 리궈쌍 씨의 견해를 소개한 것은 그의 설명이 맞는지 틀리는지를 검토하기 위한 것이 아니라 풍수설이란 것이 숙명적으로 갖는 두 측면, 곧 풍수적인 기획구도와 후대의 결과론적인 해석을 알고자 하기 때문인데, 여기에서 필자도 본인의 결과론적 해석, 곧 췌미억측(揣

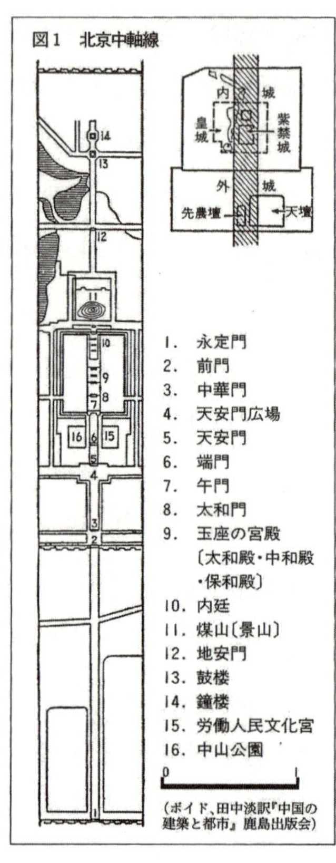

〈그림 1〉

摩臆測; 남의 생각을 자기 마음대로 추측함)을 기술하고자 한다.

나의 견해는 리궈씅 씨와는 약간 다르다. 마오주석기념당이 베이징성(城)을 남북으로 관통하는 중심축 위에 위치하는 것에 다시 주의를 환기하고자 한다(그림 1). 이것이 제1의 초점이다. 외성(外城)의 남단에 있는 융딩먼(永定門)에서 내성(內城)의 쫑로우(鐘樓)에 이르는 전체길이 약 8km의 장대한 직선상에 구(舊) 베이징성(北京城)의 중요한 건물이 자리하고 있으며, 거기에서 황제의 강직한 권력의지를 느끼지 않을 수 없는데, 마오주석기념당도 바로 그 중심축을 벗어나지 않고 있다. 티엔안먼에서 광장 쪽으로 곧장 남쪽으로 내려가면 우선 예(例)의 티엔안먼 사건의 발단이 되었던 인민영웅기념비가 하늘을 향해 우뚝 서 있으며 그곳에서 내성의 대문인 쩡양먼(正陽門), 즉 쳰먼(前門)에 이르는 축(軸) 선상에 마오주석기념당이 위용을 과시하고 있는 것이다.

제2 초점으로서 이 기념당이 단적으로 말해 묘(墓)라는 사실을 확인해 두고자 한다. 지붕이 달린 묘라는 것은 기묘하므로 이것은 묘(廟), 곧 사당이라고 불러야 한다는 의견도 있을지 모르지만, 내부에 안치되어 있는 것은 마오쩌둥의 유골이다. 나도 1979년 수정(水晶)으

<사진 1> 마오쩌둥 기념당

로 만든 관에 영면하고 있는 마오주석을 다수의 중국인들과 함께 참배할 기회를 얻었는데, 중국의 수도 베이징 한가운데에 거대한 능묘(陵墓)가 조성되어 있는 것은 부정할 도리가 없다.

이상의 두 가지 점은 객관적인 해석이다. 즉 예의 성스러운 남북의 축(軸)은 바꾸어 말하면 베이징 성의 용맥(龍脈), 곧 생기(生氣)의 통로이며, 기념당은 용혈(龍穴), 곧 생기의 결절점(結節點)이고, 티엔안먼 광장은 명당(明堂), 곧 용혈 주변의 넓은 기장(氣場)이다. 마오쩌둥을 시작으로 중국의 주요 인사들은 이처럼 생각하고 있던 것은 아닐까 하고 헛된 공상을 해본다.

이와 같은 세 가지 관점에서 무엇을 말할 수 있을까? 나는 그곳에 묘지풍수를 적용하고자 한다. 묘지풍수의 기본은 풍수상 출중한 땅에 안치된 신조의 유골을 매개로 하여, 대지를 흐르는 생기(生氣)와 자손 사이에 감응이 일어나 자손이 생기를 받아 행운을 잡는다는 것이다. 즉 용혈에 영면하고 있는 중국인민의 아버지 마오쩌둥을 매개로 하여, 생기가 베이징으로부터 전국으로 퍼져나가 자손인 중국인민들이 그것을 받아 중국이 번영한다는 것이 마오쩌둥이나 중국 요인들의 희망이었던 것은 아닐까 하는 상상을 펼쳐본다.

때는 바야흐로 마오쩌둥 탄생 100주년인 1993년 12월 26일 저녁에 베이징에서 대대적인 기념식이 거행되었다고 신문은 전하고 있다. 당국의 마오쩌둥 사상 캠페인과는 상반되게 인민의 세계에서는 마오쩌둥의 초상화가 수년 전부터 마치 행운을 불러들이는 수호부적과 같이 숭배되고 있는 것을 나는 당시 현지에서 확인할 수 있었다. 마오쩌둥은 마침내 도교의 신상이 된 셈이다. 이러한 눈으로 그 기념당 (사진 1) 앞에 장사진을 이루고 있는 시골 사람 등을 보고 있자니 현세 이익을 구하기 위해 도교의 사묘에 떼 지어 모인 이전의 민중의 모습과 겹쳐 보였다. 이러한 상황과 지금의 대륙의 풍수 유행을 겹쳐 생각하면 어떠한 결과가 나올까? 앞에서 내가 기술한 것처럼 기념당 용혈설(龍穴說)과 같은 것이 응분(應分)의 줄기에서 흘러나와 인민의 에너지에 어떤 방향을 정해주는 것은 아닌가? 풍수가 일종의 참위(讖緯; 예언)적인 정보조작에 사용되는 것은 아닌가라는 생각이 들지 않을 수 없다. 그러나 이러한 억측을 늘어놓아도 결론이 나지 않기에 이쯤에서 풍수의 원점으로 돌아가 보자.

풍수의 기저에 흐르는 기

풍수의 정의는 끊임없이 자기를 증시시켜 가는 괴수와 같은 것이기 때문에 고정적으로 파악하는 것은 어리석은 것이다. 그러나 우선

174

원의(原義)로 돌아가 이야기하면, 도시, 주거, 묘지 등의 입지(立地) 선택의 기술로, 현대적으로 말해, 인간과 환경 혹은 지형과의 양호한 관계를 실현하는 시스템인 셈이다. 그 배경에는 중국적 세계관의 기초가 되는 천인상관론(天人相關論)이 자리 잡고 있다. 이것은 자연과 인간을 '천(天)'과 '인(人)'으로 나눈 다음 감응론(感應論)에 따라 다시금 결합시키는 사고방식인데, 풍수의 경우 '천(天)=자연(自然)'이라고 해도 거꾸로 대지(大地)의 편에 크게 기울어져 있다. 따라서 천인상관이라기보다 지인상관(地人相關)이라고 하는 편이 이해하기 쉬울 것이다. 이와 같이 대지와 인간을 매개하는 것이 '기(氣)=삶의 에너지'이다. 기를 매개로 하여 인간과 대지가 교감하고 만난다는 것이 풍수의 기본적인 사고방식이다.

풍수는 긴 세월 넓은 지역에 걸쳐 유행했기 때문에 다양한 별칭을 가지고 있다. '감여(堪輿)', '지리(地理)', '음양(陰陽)', '산(山)' 등으로 말하는 것은 비교적 빈도가 높은 명칭이다. '지리(地理)'는 'geography'의 번역어로 선택되어 오늘날에는 근대 과학의 한 분야의 명칭으로서 완전히 정착되었는데, 그 근원을 밝혀보면 풍수설을 의미한다. 한마디로 '천문(天文)·지리(地理)'라고 하지만 '천문'이라는 것도 원래는 '지리'와 마찬가지로 점성술이라는 방술의 일종이었다. 『지리인자수지(地理人子須知)』나 『지리정종(地理正宗)』 등은 풍수서(風水書)이며, 이러한 방술을 일단 낮게 보는 '옛 학자는 정통의 진정한 지리학의 문헌을 통속적인 풍수서와 구별하기 위해 '방여(方輿)'라든가 '지여(地輿)'(모두 大地의 의미)라는 단어를 종종 앞머리에 붙였다.

풍수 전문가를 일반적으로 '풍수선생'이라고 부른다. 한국에서는 지금도 '지관(地官)'이라고 부르는 경우가 많은데, 이것은 '일관(日官;

날을 택하는 전문가)'에 대비하여 사용하는 용어일 것이다. '산사(山師)'라고 부르기도 하는 것은 산중의 광맥탐색자로부터 전용(轉用)된 표현이라고 생각된다. '풍수'라는 용어는 곽박(郭璞, 276~324년)이 썼다고 전해지는『장서(葬書)』중에 다음과 같은 구절에서 유래한다.

> 장(葬)은 생기(生氣)를 타기도 한다. …… '경전에서 말하길, 기는 바람에 실리면 곧 흩어지고 물에 있으면 곧 멈춘다'고 한다. 옛사람은 이 것을 모아 흩어지지 않게 하기도 하고 가게 하기도 하며 머물게도 한 다. 그러므로 이것을 풍수라고 한다. 풍수의 법은 물을 얻는 것을 상 (上)으로 삼고 바람을 갈무리하는 것을 그 다음으로 삼는다.

요컨대 곽박은 이 문장에서 풍수란 대지의 생기를 취하는 기술이라 고 말하고 있는데, 기는 눈에는 보이지 않기 때문에 그것을 구상적(具象的)인 바람[風]과 물[水]로 치환하여 표상(表象)한 것이리라. 이러 한 풍과 수에는 또 하나의 숨은 비유가 있다. 소우주로서의 인체와의 대응이다. 하나(一本)로 압축하면 용맥(龍脈) 및 그 맥 위의 한 지점인 용혈(龍穴)과 경락(經絡; 체내의 기의 통로) 및 기혈(氣穴)이 서로 평 행의 관계를 이루고 있다. 이들의 관계를 〈그림 3〉에서 표시하여 둔다.
 최근 기공(氣功)의 측면에서 풍수가 재인식되기 시작한 것도 풍수 가 갖는 이러한 사고방식에 의해 촉발된 것이다. 기공이란 간단히 말 해 기(氣)의 공(功), 곧 훈련(training)인데, 훈련의 대상으로서의 기 는 자기 안에 있는 기, 곧 내기(內氣)와 밖에 있는 외기(外氣)로 나뉘 어진다. 전자는 장소를 가리지 않지만 후자의 경우는 나쁜 기장(氣場)에서 연마하면 거꾸로 몸에 해독(害毒)을 가져올 수밖에 없다. 이

것을 개인 대 기장의 문제에 머물게 두지 않고 사
회적 차원까지 확대시켜갈 때, 기장이 '환경'으로서
다시금 모습을 보이기 시작한다. 현재 일본의 기
공은 기공 오타쿠(オタク)의 단계로부터 환경기공
에 이르기까지 세계를 확대해 가고 있다. 이러한
일본의 기공계의 새로운 동향과 연관하여, 1993
년 6월 중국은 쓰촨(四川)성 청두(成都)에서 「기공
과 환경」이라는 잡지가 창간된 것은 1970년대 후
반부터 시작된 기공 붐(boom) 가운데서도 특필
할 만한 일이다. 이 잡지에는 기공이나 환경의 관
섬에서 본 풍수 관련 논문도 게재되어 있다. 편집
책임자는 리위엔궈(李遠國) 씨이다. 『중국도교기
공양생대전(中國道敎氣功養生大全)』이라는 항목
수 2,000여 개에 두께가 9cm나 되는 대저(大著)
외에도 다수의 도교와 기공관계의 저서를 정력적

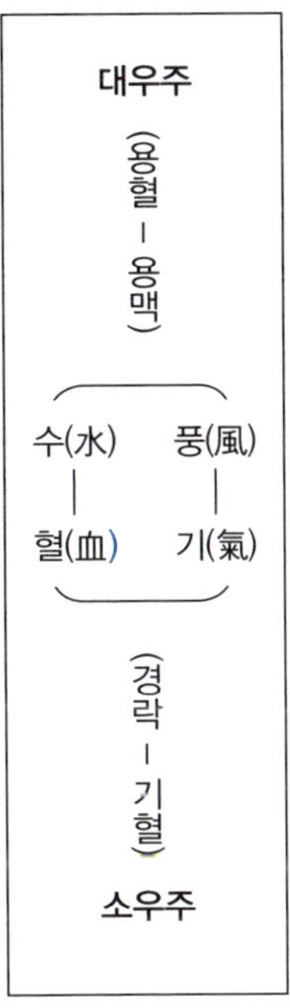

〈그림 3〉
우주와 인체의
관계도

으로 내놓는 한편 기공을 실천하고 계신다. 일본에 몇 번이나 오셔서
만나 뵌 적이 있는데, 만날 때마다 그 강렬한 개성에 압도되곤 한다.

도교의 유토피아실과 풍수사상

　여기에서 풍수와 도교와의 관계에 대해 약간 언급하고자 한다. 도
교의 일체 경전을 모은 『도장(道藏)』에 풍수 관련 책은 오직 『감여완

효록(堪輿完孝錄)』한 권밖에 들어가 있지 않다는 사실이 시사하는 바와 같이 대지로부터 이륙하여 천계를 향하는 도교와 역으로 대지에 집착하는 풍수는 별종의 교의라고 생각하는 것이 자연스러울 것이다. 사실, 도사와 풍수가는 각각 사회적으로 다른 직능을 담당해왔다. 그러나 양쪽 모두 다른 교의로부터 양분을 가져다 취하여 자기를 증식시키는 것에 대해서는 쌍벽이라고 해도 좋을 만큼, 서로 공유 부분을 갖는다고 할 수 있다.

예를 들면 『진고(眞誥)』가 그러하다. 이 책은 육조시대의 신강림의 기록을 도홍경(陶弘景, 456~536년)이 수집한, 중국 도교의 바이블이라고 해도 좋은 도교경전인데, 여기에 동천복지(洞天福地)라는 중국적 유토피아가 비교적 상세하게 기술되어 있다. 동천복지설에 대해서는 헤이본사(平凡社)에서 출간된 졸저, 『중국인의 토파스(中國人のトポス)』참조. 사실은 최근 『진고』를 읽어가면서 동천복지설에 원초적인 풍수사상이 혼입되어 있다고 하는 생각이 들었다. 상세한 것은 가이후사(凱風社)에서 출간된 『풍수논집(風水論集)』에 실린 졸고 「풍수설과 복지사상(風水說と福地思想)—『택리지(擇里志)』의 경우」참조 내가 이렇게 말하는 것은 예를 들면 다음과 같은 『진고』 「계신추(稽神樞)」편의 기술에도 기초를 두고 있다.

명산내경(名山內經) 복지지(福地誌)에서 말하길, 복룡(伏龍)의 땅은 유곡(柳谷)의 서쪽, 금단(金壇)의 오른편에 있다. 최고의 거처[高樓]라고 할 만하니 바로 금릉(金陵)의 복지(福地)이다. 상고시대에 이 산에 이름을 붙여 강산(崗山)이라고 하였다. 공자복지기(孔子福地記)에서 말하길, 강산의 사이에 복룡의 땅이 있으니 물을 피하고 병을 물리쳐 장생할 수 있다고 한다.

동천복지는 이른바 환상의 유토피아인데, 후에 현실에 있는 특정 장소에 비정(比定)되어 그곳에 도관을 건립하는 일도 있었다. 남송시대의 대철학자인 주자는 풍수에도 이해가 깊었던 인물이었는데, 그는 영험(靈驗)이 뚜렷한 도교의 사묘에 대해 그것은 산천(山川)의 기(氣)가 그곳에 모여 있기 때문이라고 말하기도 했다.『주자어류(朱子語類)』권3·72. 이와 같은 주자의 설명으로 미루어보아도 도교 건축에(아마 불교의 사원도) 풍수적인 입지선택의 기술이 감안되었을 것이라는 것은 상상하기 어렵지 않다.

당송시대 이후
민간에 침투

이제 풍수의 역사를 간단하게 그려보고자 한다. 유교 경전『서경(書經)』에 "3일이 지난 무신일(戊申日)에 태보(太保)가 아침에 낙(洛)읍에 이르러 집터를 점쳤다. 그것이 이미 (길한) 점괘를 얻은즉 곧 경영(經營)을 하였다"고 하며, 『시경』에는 "그 음양을 보고[相] 그 흐르는 샘을 본다[觀]" 등의 기록을 볼 수 있는 것처럼 좋은 거주지의 탐색은 고대부터 행해졌다. 이와 같이 복서나 직관에 의지한 택지법이 기론(氣論)이나 음양오행설 등을 도입하여 하나의 체계를 갖춘 '지상술(地相術)'로서 확립된 것은 늦어도 한대 무렵으로 생각된다.『논형(論衡)』「기일(譏日)」편과 「힐술(詰術)」편 등을 보라. 뒤이어 남북조시대에 이르면 풍수설의 개조(開祖)로 간주되는 곽박(郭璞)이나 관로(管輅) 등이 등장해 섬자 사회에 침두해 간다.

곽박에 대해서는 앞에서도 잠깐 언급했지만, 그는 삼라만상에 능통한 일종의 만능의 천재이며 『진서(晉書)』「곽박전(郭璞傳)」에는 사람들을 위해 묘지를 골랐다는 에피소드가 몇 가지 수록되어 있다. 거기에는 자신의 묘를 만들었다는 이야기는 보이지 않는데, 사실은 곽박의 묘라고 전해지는 것이 쟝수성(江蘇省) 쩐쟝시(鎭江市)에 현존하고 있어, 필자는 1993년 10월에 방문할 수 있었다. 택시를 타고 가까스로 찾아낸 그 장소는 챵강(長江)에 가까운 쩐쟝시(鎭江市)의 북동쪽 밭 가운데에 있어서, 바로 서쪽으로는 논두렁길이 나 있고 북동 방향에는 진샨사(金山寺)의 탑이 바라다보였다. 묘비 같은 것은 아무것도 없고, 〈사진 2〉와 같이 그 장소로 보아서는 이상하게 커다란 바위가 우뚝 솟아 있었는데, 그 바로 옆의 가건물에 사는 노인이 그 거대한 바위 아래에 곽박이 영면하고 있으며 바로 최근에도 미국의 연구가가 그곳을 방문했다고 가르쳐 주었다. 약 150년이 지나도 여전히 묘가 남아 있다는 사실에 '역시 풍수설의 원조다'라고 나는 솔직히 탄복했다. (나는 곽박묘를 찾아가기까지 매우 고생을 했기 때문에 이후에 이곳을 참배할 학자분들을 위해 주소를 밝혀 둔다. 江蘇省 鎭江市 一泉露 人工湖北面 木跟廠.)

그 후 당송시대에 이르면 양은송[楊筠松, 구빈선생(救貧先生)], 증문천(曾文遄), 요금정(廖金精), 뇌문준[賴文俊, 포의(布衣)]과 같은 이들, 이른바 풍수사대가(風水四大家)가 활약하여 민중 차원에까지 보급하기에 이르렀다. 이 시대에는 산천(山川)의 배치를 가지고 길(吉)한 땅을 귀납적으로 도출해내는, 이른바 풍경파[風景派, 혹은 만두파(巒頭派)라고도 함]와 나경(羅經; 컴파스)(사진 3)를 중시하는 계측파[計測派, 혹은 이기파(理氣派)라고도 함]의 두 학파가 형성되었다고 한다. 지역적으로 말하면 강소(江蘇)와 복건(福建)이다.

　　감주법(贛州法): 강서파(江西派), 만두파(巒頭派)
　　　　　　　　　— 양균송(楊筠松)·조문천(曹文遄)
　　민지법(閩之法): 복건파(福建派), 이기파(理氣派)
　　　　　　　　　— 왕급(王伋)

　명대가 되면 『인자수지자효지리심학통종(人子須知資孝地理心學統宗)』약칭 지리인지수지(地理人資須知)라는 대단한 서명(書名)을 가진 종합적인 풍수서가 서선계(徐善繼)·서선술(徐善述)에 의해 집필되었다. 명대는 풍수가를 포함힌 기능자기 '산인(山人)'으로서 사회 전면

〈사진 2〉
곽박의 묘 (장쑤성 쩐장시)

〈사진 3〉
해시계와 세트가 된 나반(羅盤)

에 등장하는 시대이다. 앞에서 말한 서씨 형제도 '산인'으로 자칭하고 있다. 또한 화가이면서 풍수가이자 동시에 『수령요지(修齡要旨)』를 지은 양생가이기도 했던 냉겸(冷謙)이 활약했던 것도 명대 무렵이다.

또한 이 시대에는 현대까지 연속(連續)되는 '통서[通書; 택일(擇日)을 중심으로 한 일용편리사전]'가 널리 서민층에 보급되고 그 대표적인 저술인 『옥갑기(玉匣記)』의 기본적인 틀도 확립되었다. 여기에는 '안장일(安葬日)' 등 장례와 관련된 항목이 적지 않으며 풍수술이 택일법을 흡수해가는 (혹은 거꾸로인지 모르지만) 양태를 볼 수 있다.

청대에는 한층 더 풍수술이 보급되고 각종 풍수서가 왕성하게 간행되었는데, 여기에서는 민국 31년(1942)에 상하이상우인슈관(上海商務印書館)에서 출간한 첸원쑤안(錢文選)의 『전씨소장감여서제요(錢氏所藏堪輿書提要)』의 분류법을 소개하고자 한다. 이 책은 풍수지리설을 비롯해 희귀한 문헌해제로서 첸원쑤안이 수집한 명, 청, 민국에 걸친 200여 종의 풍수서를 분류하여 매우 간단한 제요, 곧 해제를 붙인 것인데, 그 분류법에서 당시 풍수의 유파(流派)나 구조의 일단(一端)을 엿볼 수 있다.

제1류 만두(巒頭)

제2류 이기(理氣)

제3류 수룡(水龍; 물의 형세)

제4류 택법(宅法; 양택풍수(陽宅風水))

제5류 나경[羅經; 나반(羅盤, 콤파스)의 사용법]

제6류 선택(選擇; 날의 길흉)

제7류 겸기[鉗記; 풍수지도(風水地圖)]

현대 중국에서는 어디를 가나 이전에 미신으로 여기던 것들을 '~학(學)'에서 '~술(術)'이라고 부르는데, 이제 풍수도 풍수학이라고 부르며 붐을 일으키고 있다. '~학(學)'에 대해 말하면 허싸오 씬(何曉 昕)이라는 소장 여성학자에 의해 작성된 『풍수탐원(風水探源)』은 가장 주목할 만한 대상이다. 이 책은 중국의 도시와 촌락을 풍수의 관점에서 다시 파악하고, 거기에서 고인의 깊은 지혜를 읽어내어 풍수를 재평가하고 있다. 저자의 역량과 정열에는 경의를 표하지 않을 수 없다. 일본에서도 1995년에 진문쇼인(人文書院)에서 간행되었다.

'풍수문화권'의 형성

풍수 붐이 일어난 것은 중국 대륙만은 아니다. 풍수는 일찍이 본가(本家)인 중국 본토에서부터 베트남을 포함한 동아시아 각 지역으로 전파되었다. 일본의 경우는 기껏해야 가상(家相; 집의 구조, 위치, 방향 등의 길흉)에 그쳤고 후로는 음양도에 흡수되었다고 생각되는데, 오키나와(沖繩)는 류큐(琉球) 왕국이 일종의 과학기술로서 적극적으로 도입하고, 후에는 묘지 풍수를 중심으로 민중차원까지 널리 퍼지게 되었다(사진 4). 평양과 서울(그림 5)은 모두 풍수도시라고 해도 좋을 정도이며, 『정감록(鄭鑑錄)』 등에 나와 있는 바와 같이 풍수와 결합한 예언정치까지 행해졌고, 일반민중의 묘지풍수에 대한 집착도 대단했다. '유교문화권'이 있다면 '풍수문화권'이라고 하는 인식방식이 있었다고 해도 좋을 것이다.

본가인 중국 대륙과 타이완, 홍콩을 포함한 '풍수문화권'에서 지금 풍수가 뜨거운 화제의 대상이 되고 있다. 각 지역마다 그 붐의 실상은 풍수를 수용한 역사나 지역의 특수성에 따라 차이가 있으며, 사회적 계층에 따라서 현세 이익으로부터 생태학에 이르기까지 관심을 가지는 방식의 폭도 넓다. 그러나 이렇듯 넓은 지역이 때를 같이하여 옛 인상술에 다시금 열렬한 관심을 쏟아 붓고 있는 것은 재미있는 현

〈사진 4〉 오키나와(沖縄) 해변의 묘
요나쿠니(与郡国)섬 소나이(祖納)소재

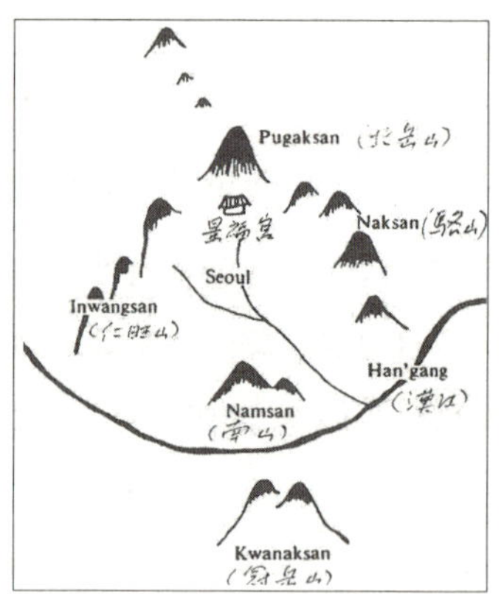

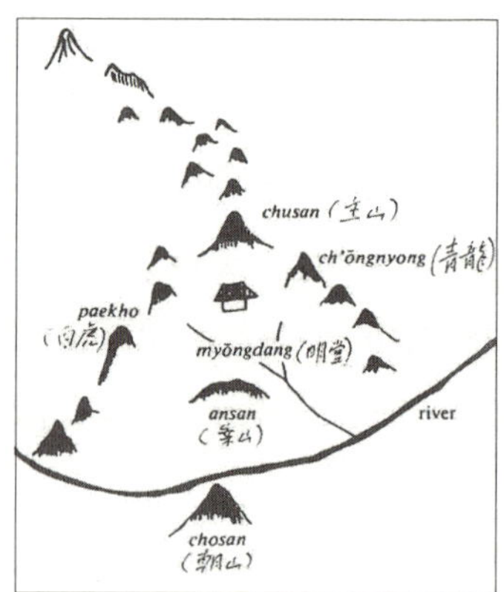

〈사진 5〉 서울의 풍수도(오른쪽)와 풍수모델도(왼쪽)

184

상이라고 말하지 않을 수 없다. 과연 그 근저에 무언가 공통의 것이 흐르고 있을까? 흐르고 있다면 그것은 도대체 무엇일까? 금후의 풍수연구에는 이러한 관점도 필요하게 될 것이리라.

금주(禁呪)

— 다나카 후미오(田中文雄, 다이쇼대학)

악마를 막고 의술을 베풀다.

신선사상을 체현하는 기(氣)와 주문(呪文)

바로 최근의 일이다. 전차 안에서 초등학교 여학생이 갑자기 '임병투자 개진령재전 악령퇴산(臨兵鬪者 皆陳列在前 惡靈退散)'이라는 말을 입밖으로 꺼내놓았다. 희한하다고 생각하면서 집에 돌아와 보니 아직 글자를 만족스럽게 읽지 못하는 5살 된 우리 아이도 똑같은 말을 읊조리며 놀고 있었다. '세일러문'이라는 인기 있는 만화의 주인공 중 한 명이 요괴와 싸울 때 사용하는 것인 듯하다. 여기에서는 이와 같이 아이들조차 한번만 들으면 외우고 마는 주문이나 혹은 그것을 사용한 주술, 즉 금주(禁呪)의 원천에 대해 기술하고자 한다.

금주라고 하는 초자연적 주술

초자연적 힘을 빌려 위해를 가하는 대상을 주박(呪縛), 즉 주문을 통해 움직이지 못하게 하거나 사악한 대상을 쫓아 없애는 방술을 '금

186

주(禁呪)’라고 한다. 인간만이 아니라 자연현상이나 맹수, 독충까지 기(氣)나 염력(念力)으로 자유자재로 조작하기도 하고, 상대방을 속박하거나 맘대로 부릴 수도 있다. 이때에 기나 염력만이 아니라 주술의 언어인 주문도 외운다. ‘금주’는 기도나 주문, 주술을 행할 때 사용하는 염승(厭勝), 곧 조복(調伏)의 방법이다.

금주는 고대에는 무격(巫覡; 신과 인간을 매개하는 사람)이라고 불리는 주술사와 밀접한 관계에 있었다. 사람들은 주문이나 무술(巫術)로써 ‘신의 힘’을 빌려 귀신을 통제하려 했다. 질병도 악한 귀신에 의해 빙의가 되어 일어난 것이라고 생각하였기 때문에 주술적인 치료인 엑소시즘(exorsism; 악마퇴치)에도 금주가 널리 사용되었다.

1973년 중국 챵사(長沙) 마왕뚜이(馬王堆)의 한대(漢代) 묘에서 비단에 쓰인 『오십이병방(五十二病方)』이라는 의서(醫書)가 출토되었다. 이 책은 기원전 3세기의 것이라고 하며 각 질병에 적합한 많은 주문들이 기술되어 있다. 주문과 약물이 병기(併記)되어 약물을 투여할 때 동시에 주문을 읊어 치료를 도모했음을 엿볼 수 있다.

금주는 이 외에도 자연현상의 조절[벼락방지, 기우(祈雨) 등]이나 의례 등에 광범위하게 사용되어 후세 도교에도 도입되었다. 진(晋)의 갈홍(葛洪, 238~343년)이 지은 『포박자(抱朴子)』는 당시의 도교를 이해하는 데 중요한 자료로서 그때까지의 신선사상을 집대성한 것이라고 일컬어진다. 이 책의 「지리(至理)」편에 “오월(吳越)에는 금주법이 있다”고 지적하고 있다. 이러한 금주법은 영험이 뛰어나고 기(氣)에 의해 행해진다. 이것을 알고 있으면 역병(疫病)이 크게 유행하고 있는 땅에도 들어갈 수 있으며 병자와 함께 있어도 전염되는 일이 없다고 기록되어 있다.

오월(吳越; 강소성 일대) 지방에서는 주술적 의료가 성행했던 것으로 보이며『후한서(後漢書)』「방술전(方術傳)」의 〈서등전(徐登傳)〉에는 조병(趙炳)이 "능히 월방(越方; 월나라의 처방)을 만든다"고 하고, 그 주에는 "월방은 금주(禁呪)를 잘 쓴다"고 한다. '월방'이라고 부르는 의술이 있었으며 그것은 금주를 통해 실천하는 것이었다.

또한『포박자』「지리」편에는 금주의 달인(達人)에 대해 기술하고 있다. 선인(仙人)으로 유명한 좌자(左慈)와 조명(趙明; 앞에서 기술한 조병과 동일 인물) 등은 "기를 가지고 물을 금하며 한두 길[丈]의 높이까지 거스르듯 용솟음쳐 불을 금하며 새로 인 지붕 위에서 밥을 지어도 지붕이 그을리지 않았다"고 기술하고 있다. 더욱이 못이나 탕(湯) 등을 금(禁)해서 불가사의한 일들이 일어나게 하고 한 마을 사방의 집들을 금하여 밥을 지을 수 없게 하거나 개가 짖지 못하게도 하였다. 이 내용은『후한서』「방술전」의 주석과 유사한 이야기이다.

선인들이 사용한
호신술

선인들이 사용하는 기술로서 금주(禁呪)는 대표적인 것이었던 것으로 보이며, 후대의 선인들의 전기에 자주 눈에 띈다. 예를 들어, 연령이 수백 살인데 모습은 24~25세 정도밖에 보이지 않았다는 여선(女仙: 여성 선인) 서선고(徐仙姑)도 금주에 뛰어났다고 한다.『태평광기(太平廣記)』권70에 있는 전기『용성집선록(龍城集仙錄)』에서 인용한다에는 "금주의 기술을 잘 쓴다"고 한다. 이 여선은 금주술을 사용하여 혼자서 전국을 여행하고 명산경승의 땅을 방문하였으며 산중이나 숲속의 바위굴, 승려들의 사원 등에도 숙박하였다. 여자 혼자서 여행했기 때문에 성추행을 하려고 시도하는 몹쓸 승려도 있었지만 기술을 사용하여 그들을 단단히 결박해 버리곤 하였다.

결국 서선고의 금주는 호신을 위한 것이기도 했다. 자신을 지키기 위한 금주는 앞에서 기술한 『포박자』「지리」편에도 많이 기재되어 있다. 수행할 때 금주를 사용하면 천재(天災)를 몰아내고 도깨비나 산의 정령 등 사악한 것들의 침입을 막고 귀신을 굴복시킬 수 있다고 한다. 또한 살무사의 독을 피하고 호랑이나 표범, 뱀, 벌 등을 결박할 수 있으며 같이 동행하는 사람도 피해를 입지 않도록 막아준다고 한다. 또한 칼에 의해 입은 상처도 낫게 하고 부러진 뼈나 끊어진 근육도 다시 붙게 할 수 있으며 칼을 금해 두면 밟아도 잘리지 않고 찌를 수도 없게 된다. 금주는 성산(聖山)이나 비경(秘境)의 땅에서 행하는 수행에 있어서 만능의 호신술이었다.

이들 금주는 호흡법도 포함한 기(氣)에 의한 기술인데, 주문을 동반한 기술이기도 하다. 『포박자』「등섭(登涉)」편에는 '육갑비축(六甲秘祝)'이라고도 하는 아홉 자(字)의 주문이 기록되어 있다. "임병투자개진열전행(臨兵鬪者皆陳列前行)의 아홉 자(전체)를 은밀하게 외우면 어떠한 해악도 피할 수 있다"고 하여 도교에서 입산(入山)할 때 호신의 주문으로서 사용되었다.

아홉 자는 불교에도 영향을 주었고 일본에도 밀교나 슈겐노(修驗道), 일련종(日蓮宗) 등에서도 수행법으로 삼고 있다. 다만 일본에서는 '임병투자개진열재전(臨兵鬪者皆陳列在前)'이라고 외우는 경우가 많고 각 글자를 결인(結印)하면서 도인(刀印: 왼손을 쥐고 2번째와 3번째 손가락을 세워 칼과 같게 한다)으로 공중을 사종오횡(四縱五橫), 곧 세로로 세 번, 가로로 다섯 번 가른다. 그리고 각각에 본지불(本地佛)을 배당한다.

체계화되어 가는
금주

　도교의 주문이 일방적으로 불교에 영향을 준 것만은 아니다. 그 반대도 있다. 중국으로 밀교(密教)가 전래 체계적으로 이입된 것은 당나라 때이지만 그 이전에도 잡종(雜宗)이라는 형태로 전해졌다 된 것은 금주의 일대 전환기가 된다. 밀교에서 금주는 명축(明祝), 곧 진언(眞言)을 말하는데, 이것을 사용하는 승려의 주법(呪法)과 중국 재래의 주법은 습합되어 왔다. 금주를 특기로 삼는 종교인도 직업화하게 된다. 『신당서(新唐書)』권48의 「백관지(百官志)」에서는 주금사(呪禁師)를 태의서(太醫署)에 소속시키고 그 인원 주금사 2인, 주금공(呪禁工) 8인, 주금생(呪禁生) 10인도 정하고 있다. 이러한 제도는 일본에도 전해져서 '주금사'라는 이름으로 알려져 있다.

　밀교의 진언(眞言)이나 다라니[陀羅尼: 장문(長文)의 진언]는 부처님의 언어, 진실한 말로서 산스크리트어[인도의 고전어, 범어(梵語)]의 음(音) 그대로 발음된다. 이들은 중국에서도 음을 한자로 치환만 하여, 곧 음역(音譯)만 하여 외었다. 이들 말은 중국으로 번역해서 의미가 있는 경우와 그렇지 않은 경우가 있다. 당시 사람들에게 있어서는 의미 불명이지만 이국적인 정서를 풍기는 불가사의한 주문으로 여겨졌을 것이다. 도교에서는 밀교의 금주를 도입하여 입 구(口) 변을 한자에 더하여 다라니 풍으로 만들거나 기존의 것들 중에 산스크리트어를 사이에 끼워넣은 주문을 만들기도 했다.

예를 들면, 송대의 의례를 모아 원대에 편찬한 『도법회원(道法會元)』에는 다수의 니세·다라니가 있다. 『삼국지』의 영웅인 관우(關羽)를 신격화한 관원사(關元師)의 의례_{권260·} 풍도랑영관원사비법(酆都朗靈關元師秘法)에는 ‘암우우부리칙타섭(唵吽吽嘛唎勅吒攝)’이라는 신을 호출하는 주문이 나온다. 보다 더 변화된 예로는 『무상구소옥청대범자미현도뇌정옥경(無上九霄玉淸大梵紫微玄都雷霆玉經)』중에 뇌신을 불러 삿된 것을 물리치는 주문이 있다. “뇌대뇌이뇌삼뇌사뇌오, 〈암〉우우우삼다나, 구희유감필리타, 급급(雷大雷二雷三雷四雷五, 〈唵〉吽吽三檀那, 嘔嘻唯呫嗶唎吒, 急急)로 그대의 이름을 부르는 것을 천하가 안다. 속히 와서 속히 와서 서둘러 율령처럼 하라”는 것으로서, 5명의 뇌신 이름을 들고 이어서 니세·다라니를 끼워 넣고, 원래는 한(漢)나라와 위(魏)나라의 공문서 형식이며 후에는 주문의 정형구가 된 ‘급급…’의 주문을 말미에 덧붙이고 있다. 확실히 밀교와 도교의 혼혈이라고 말할 수 있을 것이다.

금주는 도교가 정비되어 가는 과정에서 사람들의 생활과 밀접하게 결합되어 호신(護身)이나 신들에게 직접 원하는 것을 전달하는 방법으로서 의례 중에 널리 지속적으로 사용된 것이다.

뇌법(雷法)

— 마츠모토 코이치(松本浩一, 도쿄칸쿄호대학)

소우주와 대두주가 감응하여 강력한 힘을 낳는 주술은
민간의 종교인들 사이로 확산되었다.

송대 이후 도교의 내용은 주로 두 가지 계통으로 나뉜다. 하나는 금단도(金丹道) 관계의 계통으로서 정(精), 기(氣), 신(神)의 삼보(三寶)를 인체 안에서 연마함으로써 불로불사(不老不死)의 진태(眞胎)를 형성하는 것을 목표로 한다. 이러한 기법이 현재에는 기공(氣功)의 한 분야로 주목받고 있다. 또 하나는 재초(齋醮)라고 부르는 대규모의 의례, 제사로부터 치병(治病), 구마(驅魔), 기우(祈雨), 개운(改運; 운수를 바꿈) 등을 목적으로 삼는 주술의례이다. 주술의 내용은 극히 여러 분야에 걸쳐 있으며 사용되는 주문이나 호신부(護身符)의 종류도 다양하다. 그 가운데에서도 뇌(雷), 곧 우레의 힘을 주술능력의 원천으로 삼아 뇌부(雷部)에 소속하는 신장(神將)이나 신병(神兵)을 부려서 다양한 목적을 달성하는 특징적인 주술이 북송 말 무렵부터 점차 도교 전통에 도입되었다. 이것이 바로 일반적으로 '뇌법(雷法)'이라고 부르는 것으로서, 『도장(道藏)』의 정일부(正一部)에 수록된 『도법회원』 268권은 이러한 뇌법을 중심으로 한 주술서를 집대성하고 있다.

이것을 행하는 도사는 벼락의 힘을 자신의 몸 안으로 끌어들일 필요가 있다. 그 방법 중 하나는 그 해[年] 처음으로 벼락이 칠 때 도사가 벼락이 치는 방향으로 향해 왼손의 관절 중에 정해진 지점을 엄지손가락으로 누르면서 '뇌위진동변경인(雷威震動便驚人)'이라고 읊고 각각의 지점에 대응하는 장기(臟器)에 벼락의 정기(精氣)가 들어와 자리 잡는 것을 명상한다. 이러한 정기는 치병 등의 주술을 행할 때에 동일한 수인(手印)과 주문을 통해 호출한다.

삼보와 오징의 기, 신장

이러한 뇌법의 특징 중 하나는 주문이나 영부(靈符) 등은 단지 말엽(末葉)에 지나지 않으며 주술이란 도를 체득하고 조화의 중추를 자신의 손에 쥐는 것이야말로 중요한 것이라고 여기는 것이다. 도를 체득하기 위한 수행법이나 명상법, 혹은 그것에 대한 핵심적인 표현은 뇌법의 각 분파에 따라 다르다. 그러나 금단도(金丹道)에서 조화의 근원을 이루는 우주의 참된 실재로 여기는 '선천일기(先天一氣)'를 체현하는 것이 중시되고 있는 등, 금단도의 영향이 현저한 것은 공통점이다. 그 위에 안이 되는 소우주와 밖이 되는 대우주의 감응에 기초하여 주술이 실행된다. 왜냐하면 뇌법 중에 소환하는 뇌부(雷部)의 신장(神將), 신병(神兵)이 사실은 자신의 몸 안에 있는 삼보(三寶)와 오징(五臟)의 기와 다른 것이 아니기 때문이다.

명대의 소설인 『평요전(平妖傳)』에
서 성고고(聖姑姑)가 단자화상(蛋子
和尙) 등에게 법술을 전하는 장면에
서 그녀는 신장의 소환에 대해 이렇
게 기술하고 있다. "우선 내장(內將;
내부의 신장)이 있어야 비로소 외장
(外將: 외부의 신장)을 부를 수 있다.
등(鄧)·신(辛)·장(張)·도(陶)·구
(苟)·군(軍)·마(馬)·조(趙)·온
(溫)·관(關)이 외부의 십장(十將)이

신장을 불러내는 성고고(聖姑姑)
(『평요전(平妖傳)』에서)

며, 눈·귀·코·혀·의(意)·심장·간장·폐·비장·신장이 내부의
십장(十將)이다. 우선 자신의 십장을 수련하고 통일하여 흐트러지지
않고 신(神)을 존사(存思)하고 기를 안정시키면 외장이 앞에 줄지어
있는 것처럼 된다. 그러한 후에 이것을 부르면 곧 바로 응하며 이것
을 부리면 곧바로 이에 따른다." 여기에서 등(鄧), 신(辛) 이하의 십
장이 이른바 뇌부의 신장으로서 도사는 그들에게 명령을 내려 악귀
를 축출하고 비를 내리게 한다.

『서유기(西遊記)』에는 차지국(車遲國)에서 삼장(三藏)이 호력대선
(虎力大仙)과 기우(祈雨)의 기술을 겨루는 장면이 나온다. 여기에서
대선(大仙)은 뇌신의 명호(名號)나 '뇌정도사(雷廷都司)'라는 문자가
새겨진 비석을 사용하여 등천군(鄧天君)을 불러낸다. 등천군은 뇌공
뇌모(雷公雷母)를 동반하고 강림하는데, 도중에 손오공이 그를 멈추
게 한다. 그는 "저 도사의 오뇌법(五雷法)은 제대로 된 것으로서 그
가 문서를 읽었기에 오제(五帝)가 구천응원뇌성보화천존(九天應元

194

雷聲普化天尊)에게 명을 내렸고 우리는 명을 받들어 비를 내리게 하기 위해 왔다"고 말한다. 여기에서는 도사의 오뇌법에 의해 신장, 신병이 영험을 나타내는 때의 메카니즘을 드러내고 있다.

내외 기의 감응에 의해 생겨나는 주술

그러나 뇌법에서 중요한 것이 안과 밖의 감응이라는 것을 항상 주장하고 있다. 『평요전』의 같은 장면에서 성고고는 이렇게 가르치고 있다. "서부(書符; 글로 된 부저)는 한번에 얻기 어려우며 부(符)를 무엇에 사용하는가에 따라 다르게 그것을 관상(觀想)한다. 만약 구름을 일으키려면 음기(陰氣)가 자신의 단전(丹田)에서 일어나 점차 몸 전체로 운기(雲氣)가 충만해지고 (그것이) 7개의 구멍으로 분출하여 천지에 가득히 퍼진 것을 감지하지 않으면 안 된다. 그러한 것을 느꼈을 때 일필(一筆)로 한번에 전부 써내려간다. 자신의 신과 기를 천지의 신과 기에 관통시켜야 비로소 그 부(符)는 영험이 있다." 뇌법의 이론을 기술한 글에도 이렇게 기술되어 있다. "이른바 풍우뇌전(風雨雷電; 바람, 비, 천둥, 번개)은 음양의 이기(二氣)가 교감하여 생겨나는 것이다. 만약 사람이 한 점[一點]의 영광(靈光; 신비로운 빛)을 가지고 있어서 자신의 음양을 자유롭게 교감시키고 자연계의 음양을 담당하는 귀신과 합할 수 있으면 자연계의 풍우뇌전(風雨雷電)을 발할 수 있다."

이와 같이 도를 채득해야만 뇌법이 사용, 곧 주술의 행사가 가능하다는 사고방식은 이 무렵에 만들어진 도교의 주술서에서 공통적으로 나타난다. 그러한 주술들 중에서도 뇌법은 강력한 주술로 생각되고 있었다. 그러한 데에는 어떤 이유가 있을까? 중국에서는 예로부터 뇌(雷), 곧 벼락은 천형(天刑)의 집행자라는 신앙이 있었다. 이러한 사고방식은 이미 『예기』나 『역경』 등에도 보이는데, 소설류에도 부모에게 불효하거나 곡물을 함부로 취급한 사람은 벼락을 맞는 벌을 받는다는 이야기가 많이 나타난다.

지금까지 본 것처럼 도사가 행하는 주술의 목적은 주로 바람과 비, 천둥과 번개처럼 기상천후에 관한 것과 치병이었다. 치병은 병을 일으킨 사귀(邪鬼)나 악령을 제압하고 그들이 내리는 재앙을 물리치는 형태로 행해지기 때문에 구마(驅魔), 악마퇴치의 성격을 띠는 경우가 많다. 중국에서는 정당한 이유가 있어 천제(天帝)의 허락을 얻어 재앙을 일으키는 경우에는, 주술의 힘으로는 도저히 어찌할 수 없다. 그러나 이유 없이 악의를 가지고 하늘의 도리를 무시하고 재앙을 가져온 사귀나 악령은 주술의 힘으로 막고 격퇴할 수 있다고 생각되었다. 사귀나 악령과의 싸움은 특히 정의를 통해 그들에게 천벌을 내리는 형식으로 행해지는 경우가 많다. 따라서 원래 천형의 집행자로 간주되는 벼락의 힘을 배경으로 하는 뇌법이 이와 같은 경우에 특별히 위력이 있는 것으로 간주되었을 것이다.

민간의 종교인들이 전한 뇌법

　원래 이와 같은 주술을 전한 것은 주로 민간에서 활약하던 종교인들이었다. 그들 중에는 이인(異人)이나 신인(神人)을 만났다거나 혹은 꿈속에서 신인으로부터 전수받았다고 하며 스스로 독자적인 주술을 창시하여 사람들 사이에서 영험을 드러내고, 더 나아가 그것을 제자들에게 전수하여 일파(一派)를 형성한 인물도 나타났다. 뇌법의 조사(祖師)의 한 사람으로 간주되는 왕문경(王文卿)은 북송 말에 휘종(徽宗) 황제의 궁정에서 다수의 영험을 드러냈는데, 그는 양자강에서 이인과 만나 주술을 전수받았다고 전해진다. 또한 노당가(露當可)는 일반적으로 뇌법과 동일시되는 경우가 많은 천심법(天心法)을 전한 인물이다. 그는 17세 때 도인 한 사람으로부터 "너는 부술(符術)을 전하여 천하의 귀신을 제어해야만 하는 인간이다. 그러나 너의 오장(五臟)이 오염되어 더럽기 때문에 그것을 전부 깨끗하게 제거하지 않으면 안 된다"는 말을 들었다. 그로부터 며칠이 지났을까, 식사를 할 수가 없고 입에서 피가 흐르는 것을 느끼는 외중에 전수를 받았다고 한다. 이러한 이야기와 같은 것은 샤먼의 이니시에이션[initiation, 비전 전수(秘傳傳授)]를 떠올리게 한다.

　이와 같은 민간이 종교인들 사이에서 행해진 주술이 체계화되고 이론이 부여됨으로써 점차 도교교단에 정식으로 채용되어 갔다. 그 가운데 뇌법은 정통파의 법이나 질서를 지키고 악귀와 사신(邪神)을 제압히는 한편 강력한 위력을 가진 것으로서 중요시되게 되었다.

우보(禹步)와 천강(天罡)

— 구도 모토오(工藤元男, 와세다대학)

수(治水)의 공적으로 알려진 우(禹)임금의 전설을 바탕으로 하여
도교의 주법(呪法)의 기초인 우보(禹步)가 산생되었다.

천상의 문에 이르는
걸음걸이

우보(禹步)란 도교에서 주술적인 걸음걸이 방식으로서 그 방법을
처음 구체적으로 기술한 것은 진(晉)의 갈홍(葛洪)이 지은 『포박자(내
편)』이다. 선인(仙人)이 되기 위해 복용하는 약에 대해 기술한 「선약
(仙藥)」편에서 그것을 채집할 때 다음과 같은 걸음걸이(step)를 하지
않으면 안 된다고 한다.

우선 왼발을 내딛고 다음에 오른발을 왼발 앞으로 딛는다. 그리고
나서 왼발을 오른발에 가까이 끌어당기면 이것이 일보(一步)이다. 다
음으로 오른발을 내딛고 왼발을 오른발 앞으로 딛는다. 오른발을 왼
발에 가까이 끌어당기면 이것이 이보(二步)이다. 다음으로 왼발을 내
딛고 오른발을 왼발 앞에 딛고는 왼발을 오른발에 가까이 끌어당기

면 이것이 삼보(三步)이다. 합계 이장일척(二丈一尺; 1보를 7척으로 보아 3보×7척=21척이 되는 것으로 여긴다)으로 발자취가 9개 남게 된다. 〈그림 1〉은 그것의 도해(圖解)이다. 또 「등섭(登涉)」편에도 선도(仙道)를 수행하거나 선약(仙藥)을 구하기 위해 입산(入山)에 즈음하여 사귀(邪鬼)를 피하기 위한 방법으로 역시 우보의 방법이 기술되어 있다. 〈그림 2〉에서 보는 것처럼 발을 옮기는 방법은 「선약」편과 약간 다르지만, 그 글에서 주법(呪法)을 행하는 사람은 누구나 우보를 알지 않으면 안 된다고 하여, 우보를 이른바 주법의 기초로 지적

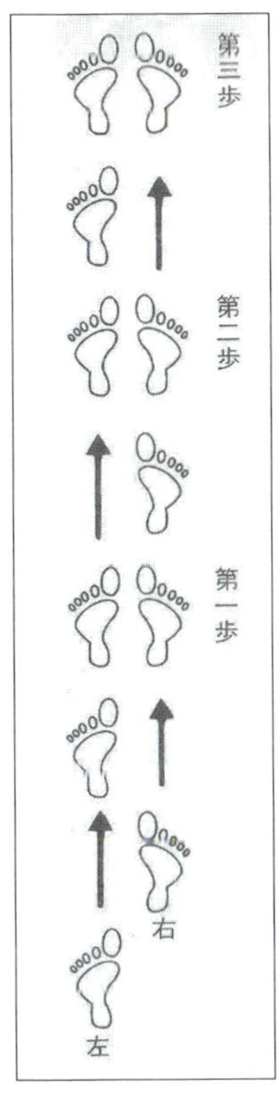

〈그림 1〉

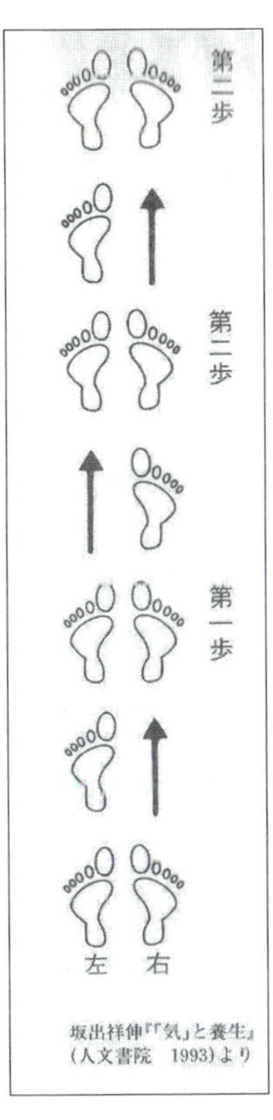

坂出祥伸『「気」と養生』
(人文書院 1993)より

〈그림 2〉

되고 있다. 「등섭」편에서는 또한 우보와 함께 주문을 외우는 것에 대해 기술하는데, 그 대표적인 것으로서 "임병투자개진열전행(臨兵鬪者皆陳列前行)"의 9글자를 들고 있다.

『도장(道藏)』에 수록된 도교경전 중에는 이것보다 더 복잡한 걸음걸이를 밟는 우보가 여러가지 수록되어 있으며 거기에는 출발점인 '지호(地戶; 땅의 문)'로부터 도달점인 '천문(天門; 천상의 문)이 기술되어 평탄한 대지를 밟는 걸음걸이가 지상에서 천상의 판테온 (pantheon)에 이르는 상승운동으로 치환되고 있다. 이시다 히데미(石田秀実),『도교의 신체기법(道教の身体技法)』, DOLMEN, 1990. 그럼 왜 이러한 보행법을 우보라고 부르는 것일까?

여행신에서
치병신이 된 우(禹)

도교가 성립하기 이전에 이미 우보가 존재했다는 것을 전하는 것은 전한 말의 양웅(揚雄)이 지은 『법언(法言)』「중여(重黎)」편이다. 이 문헌에 의하면 중국에서 최초의 왕조로 여겨지는 하(夏) 왕조의 시조인 우(禹)가 황제인 순(舜)의 명령으로 홍수를 다스렸다는 전설에 기초하여, "무(巫)의 걸음에 우(禹)가 많다[巫步多禹]"고 기술되어 있다. 진(晋)의 이궤(李軌)는 우(禹)가 그것을 위해 산천을 돌아다녀 발이 상하게 되어 "걸을 때마다 절뚝거리게 되었다"라고 주(注)를 달고 있다. 이에 따르면 우보란 우가 홍수를 다스리기 위해 산천을 돌아다녀 발을 상하게 한 걸음걸이 방법을 무당이 모방했다는 말이 된다. 한편, 도교경전인『동신팔제원변경(洞神八帝元變經)』〈우보치령제사(禹步致靈第四)〉에서는 우보의 기원을 다음과 같이 기록하고 있다. 어느 날 우가, 남해의 해변에서 새가 주문을 외우며 걸음걸이를 밟으면서 커다란 돌을 옮기고 있는 것을 목격하고는 그것을 모방하여 자신의 기술 안에 도입하였기에 우보라고 한다는 것이다. 다만 이 경전의 성립연대가 확정되지 않아 우보의 기원을 추정하는 자료로 삼기에는 상당히 문제가 있다.

이에 비해 최근 후베이(湖北)성에서 발견된 전국시대의 점서(占書)인 '수호지진간(睡虎地秦簡)「일서(日書)」'에는 우보의 기원에 관해 주목할 만한 자료를 볼 수 있다. 이 문헌에 의하면 우는 여행의 안전을 담당하는 행신(行神)으로 나타나 있다. 여기에서 우보는 치수공사로 인해 아프고 지친 우의 걸음걸이 법, 곧 절뚝거리는 걸음[跛行]을 모방하여 우에게 여행 중의 가호를 기원한 것이 그 시작으로 여겨지며, 이것은 일종의 모방주술(imitative magic)이었다고 말할 수 있다. 구도 모토오(工藤元男),『중국고대문명의 수수께끼(中国古代文明の謎)』, 광문사문고(光文社文庫), 1988.「일서」에서는 이러한 우보와 함께, 이별을 아쉬워하여 뒤돌아보는 것의 금기(禁忌), 나아가서는 "오호, 감히 말씀드리겠습니다. 저의 여행이 무사하게 해 주십시오. 이를 위해 먼저 우(禹)를 위해 길을 깨끗이 합시다"라는 의미의 주문을 읊으며 지면을 '5획(五畵)', 곧 다섯 부분으로 분할하여 그 중앙이 토(土)를 취하여 품에 넣는 이례도 기록되어 있다.

더욱이 이것과 매우 유사한 의례가 최근 간수(甘肅)성 티엔수이(天水)현에서 발견된 전국시대의 '방마탄진간(放馬灘秦簡)「일서(日書)」'에 보인다. 그에 따르면 여행을 떠날 때 여행객은 우선 우보를 세 걸음 걷고 북두(北斗)를 향해 지면에 선을 그리고 그것을 보면서 "우(禹)에게 (4번) 세로[直], 5번 가로[橫]로 하면 지금 여행에 이롭네" 라는 주문을 외운다고 한다. 그렇다면 지면에 그린 "(4)직5횡"[1]이란 확실히 앞에서 다루었던 「등섭」편의 9자 주문에 합치된다고 말할 수 있을 것이다. 또한 『태상육임명감부음경(太上六壬明鑑符陰經)』권4 〈진인우보두강법(眞人禹步斗罡法)〉 등의 도교경전에서는 우보할 때 대지에 천강(天罡), 곧 북두칠성을 그리고 그 위를 밟는 것으로 여기고 있기 때문에, '방마탄진간 「일서」'에서 "북두칠성을 향하여" 대지에 "(4)직5횡"을 그린다는 것은 도교에서 행해지는 우보에 관한 일련의 주술의례의 원형, 혹은 그 전신(前身)이라고 할 수 있을 것이다. 구도 모토오(工藤 元男), 〈운몽수호지진묘죽간 『일서』와 도교적 습속(雲夢睡虎地秦墓竹簡 『日書』と道教的習俗〉, 『동방종교(東方宗敎)』76, 1990.

한편, 후난(湖南)성 쟝샤(長沙)의 마왕퇴(馬王堆) 3호 한묘(漢墓)에서 출토한 고의서(古醫書) 『오십이병방(五十二病方)』에는 우보에 의한 치료법이 있으며, 앞에서 본 우보, 뒤돌아보는 것의 금기, 주문 등 행신(行神)으로서의 우를 구성하는 여러 요소가 여기에서도 거의 똑같이 나타나 있는 것이 주목된다. 특별히 그 중에 서혜부(鼠蹊) 헤르니아(Hernia), 곧 일종의 탈장(脫腸) 환자의 치료법에 있어서 치료자는 질병의 원인이 되는 귀신과 악귀류에 대해 주문 중에 우의 이름을 불러 그들을 위협하고 있다. 이 고의서의 작성연대는 진(秦)에서 전한 초기 사이로 보고 있기 때문에 우는 당시 민속사회에서는 치병자의 신이기도 했던 셈이 된다. 그리고 그러한 우보에 의한 치료법은

---

1. 원문에는 4가 누락되어 있다. - 역자주

당나라 초기의 의사인 손사막(孫思邈)의 저작인『천금익방(千金翼方)』권29「금경(禁經)」에도 계승되고 있다.

일본 전통 공연에도
남은 이름

결국 우보란 본래 전국시대 민속사회에서 우를 행신(行神)으로 여기는 신앙세계 안에서 형성된 것으로 생각된다. 그러나 그와 같은 우의 신앙을 구성하는 제요소는 민속종교의 심층에서 구조화되어 고스라니 그대로 치병의 신으로서의 기능으로 전환되면서 계승되어 전부 도교 안으로 흡수되었던 것이다. 그리고 그들 요소 중에서도 특히 우보는 독자적으로 발전하였다. 사실, 도교의 우보는 밟는 대상도 천강(북두칠성)을 넘어서 삼원(三元)·구성(九星)·삼극(三極)·구궁(九宮) 등으로 확장되고, 그것에 걸맞은 의미부여도 확대되었으며, 나아가 다양한 차원에서 전개되었다. 예를 들면 명(明)나라 모원의(茅元儀)가 지은 병서(兵書)『무비지(武備志)』등에 상세하게 기록되어 있는 '반폐(反閉)', 그리고 소설『서유기』안에서 손오공이 행하는 "답두(踏斗)", 나아가 소수민족인 요족(瑤族)이 북두칠성을 밟으며 행하는 "주칠성깁보(走七星禹步)" 역시 우보를 기반으로 한 것으로 여겨진다.

일본에서는 헤이안(平安) 시대 전기(前期)에 간뼈(寬平) 연간, 후지와라 노스케요(藤原佐世)가 지은 한적목록(漢籍目錄)인『일본국견재서목록(日本国見在書目錄)』안에 오행가(五行家) 분야로서『인서우부(印書禹步)』,『옥녀반폐(玉女返閉)』등의 서적명칭이 기록되어 있다. 또한 무로마치(室町) 시대에 저술된 일본 국어사전인『하학집(下學集)』에는 "반폐는 우보라고도 한다"라고 나오기 때문에 양자는 동일한 것으로 이해되었던 것을 알 수 있다. 이들 우보나 반폐는 음양도(陰陽道)의 주법(呪法) 안에 도입되어 천황(天皇)의 출어(出御)나 귀인의 외출 시에 사기(邪氣)를 물리치고 악귀를 피하며 안녕을 기원하기 위해 음양사(陰陽師)에 의해 행해졌음을 가마쿠라(鎌倉) 시대의 공가(公家)의 일기(日記)인『감중기(勘仲記)』이후 여러 문헌에서 볼 수 있다. 반폐는 특히 슈겐도(修驗道; 일본 산악신앙의 일종. 불교와 도교의 요소가 혼합)로서 실천되는 것이 잘 아려져 있으며, 또한 그것들이 발전한 것으로서 스모(相撲; 일본의 씨름)에서 발을 구르는 시코(四股)나 가부키[歌舞伎; 에도(江戶) 시대에 발달하고 완성된 일본 고유의 민중연극] 닌교죠루리(人形淨瑠璃; 일본 고유의 인형극)의 로쿠보(六方)를 들 수 있다.

영부(靈符)

— 사카데 요시노부(阪出祥伸, 간사이대학)

다양한 재앙으로부터 지켜주는 영검함이 뚜렷한 부적. 부적의 실체를 해설하는 동시에 부적에 대한 신앙과 역사를 파헤쳐 가다.

널리 대중화되고 있는 영부

이미 오래 전의 일인데 독자 중에는 홍콩 영화에서 강시(殭尸)가 무턱대고 부적[靈符]를 붙여서 악마를 퇴치하던 장면을 기억할 것이다. '부적[靈符]'는 도교에서 없어서는 안 될 사기(邪氣) 퇴치의 수단인데, 도교라기보다는 중국의 민중신앙이라고 말하는 편이 정확할 것이다.

20여 년 전, 당시에 중국에 여행한 사람들은 한결같이 입을 모아, 택시 운전수가 미오쩌둥(毛澤東) 초상을 그린 부적을 운전석 앞에 매달아 놓고 교통안전을 위한 수호자로 삼고 있었냐고 한다. 일본의 경우는 '나리타 부동존(成田不動尊)'[1]이나 어떤 신사(神社)의 영부를

---

1. 부동존(不動尊)은 부동명왕(不動明王)의 이칭(異稱)이다. 원명은 이시알리

매달지만, '미신박멸(迷信撲滅)'을 슬로건으로 삼는 공산주의 체제 하에서는 도관(道觀)에서조차 아직 공공연하게 영부를 내놓고 있지 않기 때문에 영부를 대신하는 것으로 마오쩌둥이라면 안전하고 안심할 수 있다고 생각해서 걸어둔 것이 아닐까 싶다. 머지않아 도교의 부적으로 대체될 시기가 틀림없이 올 것이다. 그 만큼 중국의 민중은 부적을 좋아하고 부적의 보호를 받아야 안심을 하는 것이다.

신의 힘을 붙게 하는
발로부

도교의 부적이라는 것은 그만큼 영험(靈驗)함이 현저한 것이다. '요시다 신도(吉田神道)'가 세력 확대를 위해 무라마치(室町) 시대 말기에 도교의 영부를 모방한 것을 발포(發布)하고, 그를 통해 '이세신도

(Acāla)라고 하는데, 힌두교 시바신의 이명(異名)을 불교가 그대로 채택하였고, 이것이 밀교에 유입되어 널리 신앙되었다. 여기서 부동(不動)은 깨달음의 자리에서 벗어나지 않고 굳건히 유지된다는 뜻이다. 부동명왕은 대일여래(大日如來)의 사자로서 번뇌의 악마를 응징하고 밀교 수행자들을 보호하는 왕으로 간주되었다. 오른손에 검을 쥐고 왼손에는 삭(索)을 쥐었으며, 부릅뜬 눈과 뾰족한 어금니에 윗입술을 깨문 무서운 분노신(忿怒身)을 하고 있다. 맹염(猛炎)이 몸을 감싸고 있는 것은 악마를 박멸하는 위력을 나타낸 것이고, 동자형(童子形)의 몸 모양은 여래의 동복(童僕)이 되어 밀교 수행자들의 봉사자가 되려는 서원(誓願)에 따른 것이다. 조상(造像)은 히말라야 산록을 뛰어다니는 목동을 모델로 했는데, 불상 중에서 가장 인도적인 형태를 하고 있다. 현재 명왕부(明王部)의 대표격으로서, 7세기 후반 『대일경(大日經)』이 성립되자 밀교 오대명왕(五大明王)의 주존(主尊)으로서의 지위를 확립하였다. ― 역자주

(伊勢神道)'를 능가할 정도로 전국적으로 교세를 확장한 것은 잘 알려진 일례(一例)에 지나지 않을 것이다.[2] 지금도 '요시다 신사(吉田神社)'에서는 다이텐궁(大天宮)에서 특별한 기원을 하는 경우에 도교경전『태상현령북두본명연생진경주(太上玄靈北斗本命延生眞經註)』권5,『道藏』528책에 보이는 발로부(發爐符)를 발포(發布)하고 있다. 발로는 노(爐; 身體)로부터 기(氣)를 발하여 신(神)들을 존사(存思; 생각을 집중시킴)함으로써 신들을 불러들이는 것이며 도교의 다양한 과의(科儀), 즉 의례에서 도사(道士)가 주문(呪文)을 입으로 외우면서 행한다. 앞에서 말한 도교경전을 보면 다음과 같은 글이 있다.

부적(符)이란 율령(律令)이다. 만신(萬神)을 불러 여러 악(惡)을 물리칠 수 있다. 무릇 경전을 소리 내어 외우면서 북두성(北斗星)을 모셔오려는 도사는 목욕재계하고 의복을 정제(整齊)한 후 정좌(正坐)한다. 우선 고치(叩齒; 윗니와 아랫니를 모두 맞물려 부딪게 하는 수행법)를 9번하여 구기(九氣)를 모은다. 그런 다음 천강(天罡; 북두칠성)이 가리키는 방향을 존사하고, 기(氣)를 거두어 모아 종이 위에 불어넣어 마치 글을 쓰듯 한다. 재앙을 물리칠 경우에는 하얀 기[白氣]를 취하고 복을 빌 경우에는 붉은 기[紅氣]를 취하며, 귀신을 없애고 삿된 것들을 쫓을 때에는 검은 기[黑氣]를 취한다. 이와 같이 기로 글쓰기를 마치면 몸을 일으켜 "丁(정)"자 모양으로 긷고 신 채로 손을 모

2. 상세한 것은 사카데요시노부 등,『중세일본의 신도와 도교—요시다신도에서 태상북두본명여생진경의 수용(中世日本の神道と道教—吉田神道における「太上玄靈北斗本命延生眞經」の受容)』(酒井, 福井, 山田編,『日本·中國の宗教文化の研究』平河出版社, 1991)을 참조하기 바란다.

아 두문(斗文, 북두성에 바치는 글, 곧 영부를 말함)을 꺼내어 입으로 북두구진(北斗九辰)의 주문을 외운다. 그런 다음 바로 이것을 태워 진심으로 공경하는 마음을 드러내야만 한다. 만약 더러운 마음이 있다면 화(禍)를 면할 수 없을 것이다.

위의 문장 뒤에는 황색 종이에 붉은 색의 발로부 그림(그림 1)이 그려져 있다. 그리고 그 뒤에 다음과 같은 글이 이어진다.

위의 부적(그림 1)이 효용이 있으려면 먼저 고치(叩齒)를 하여 신들을 응시(凝視)하고, 동방(東方)의 천문(天門)이 마치 처음 해가 뜰 때의 모습처럼 열려 있는 것을 존사(存思)하고, 코와 입으로 기(氣)를 흡입하여 그것을 종이 위에 불고, 그것이 끝나면 입으로 밀주(密呪)를 외우면서 말한다. "구령(九靈)이여! 구령(九靈)이여! 나로 하여금 진형(眞形)과 합(合)하고 수(水)와 화(火)의 지위[位]를 얻어 안과 밖이 모두 환히 밝아지게 하소서. 어서 빨리 하늘의 법령, 원형이정(元亨利貞)과 같게 하소서."

의미가 명확하지 않은 부분은 있지만, 어쨌든 부적이 그 자체만으로는 효과가 있는 것이 아니고 존사(存思)하여 신들을 불러 신들의 힘을 부적에 옮겨 담아야 (즉, 기를 불어넣어야) 부적이 영적 힘을 갖추게 된다는 것, 그리고 부적은 주문과 함께 행해진다는 것을 알 수 있다.

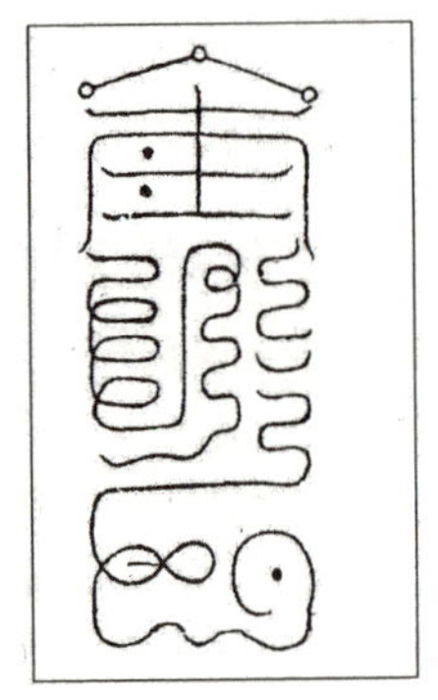

<그림 1> 발로부 그림

영부의 효능은 휴대하거나
삼키기만 해도 나타난다

몇 년 전 타이난(臺南)의 안핑지에(安平街)를 걷고 있을 때, 최근 신령이 씌었다고 하는 젊은 남자를 만났다. 그는 우리 눈앞에서 부적을 그려 주었다. 부적 그 자체는 제대로 된 형태를 이루고 있지 않았기 때문에 구체적으로 설명하기 곤란하지만, 부적을 그리기 전에 세찬 힘을 넣으면서 주문을 외우고 종이에 붉은 색으로 부주(符呪)를 그린 후, 종이에 강한 힘으로 기를 불어넣었던 것이 인상적이었다. 부주를 그린 모양새는 기술적인 문제이지만 부주가 갖는 의미마은 영석 능력사가 된 그 남성도 확실히 파악하고 있다고 나는 생각한다.

그런데 타이완(臺灣)에 가면 어느 묘(廟)에나 인쇄된 영부(靈符)가 그려져 있다. 그것을 사가지고 집에 붙이거나 잘 접어 휴대하는 것이리라. 이들은 대개 종이에 문자나 그림을 그린 부적으로서 '지부(紙符)'라고 부른다. 용도로 보면 가옥이나 인체, 기물(器物) 등에 붙이는 첩용법(貼用法), 태운 뒤에 입으로 삼키거나 종이 그대로 복숭아잎을 넣고 데운 물, 혹은 향수에 넣어 마셔 삼키는 연용법(嚥用法) 등이 있다. 또한 부적의 효능 측면에서 보면, 연명부(延命符; 수명을 늘리는 부적), 부부화합부(夫婦和合符; 부부 사이를 좋게 하는 부적), 세병부(除病符; 병을 없해는 부적), 거재부(祛災符; 재앙을 없애는 부적), 호신부(護身符; 위험으로부터 지켜주는 부적), 초재부(招財符; 재물을 불러 모으는 부적), 뇌전부(雷電符; 벼락의 힘으로 악과 재앙을 물리치는 부적), 진택부(鎮宅符; 집을 지켜주는 부적), 안사부(安産符, 아기를 안전하고 편안하게 출산하도록 도와주는 부적)

등이 있다.

또한 지부(紙符)에는 문자 혹은 그림이 그려져 있다. 문자라고 해도 우리가 한눈에 알 수 있는 서체(書體), 곧 해서체(楷書體)로 쓴 것은 것의 없다. 왜냐하면 일목요연하게 의미를 알 수 있는 것으로는 부적의 영험함이 떨어진다고 생각했기 때문이다. 따라서 부적에 쓰이는 서체로는 상형문자, 전서(篆書), 예서(隸書), 행서(行書), 초서(草書)가 있으며 때로는 산스크리트 글자도 있다. 또한 운서(雲書), 난서(鸞書), 충서(蟲書), 어서(魚書) 등과 같이 마치 지렁이가 기어가고 있는 것 같은 서체로 된 것도 있다. 〈그림 2〉에서는 행서로 작성된 것을 보여주고 있다. 이것은 『비전만법귀종(秘傳萬法歸宗)』(臺灣, 新南書局刊)이라는 영부집성(靈符集成) 서적에서 인용한 것이다.

다음으로 지부(紙符)에 쓰인 문자 내지는 도안(圖案)의 의미를 고찰해 보고자 한다. 지부(紙符)의 문자와 그림은 잠깐 보아서는 어떤 의미와 내용인지 알 수 없는 것이 많다. 그러나 그것을 그린 사람, 곧 부법사(符法師)는 어떠한 의미를 부여하여 그린 것이다. 그래서 이제 두 가지 정도 예를 들어 영부를 해독해 보기로 한다.

〈그림 3〉의 예는 『민속학(Folklore Studies)』(北京, 輔仁大學, 1942)이라는 잡지에 실린 첸 션춘의 영어논문 「짧은 해설을 붙인 역병제거 주부(呪符)의 여러 예」에서 인용한 것이다. 부

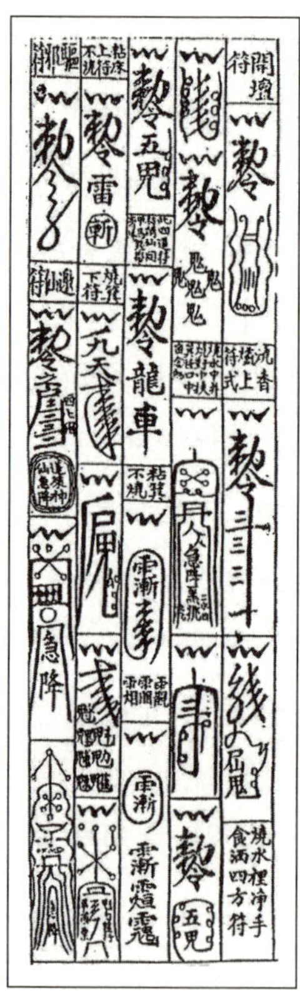

〈그림 2〉

적의 오른쪽에 설명문이 있는데, '돌림병의 유행을 막는다[防時疫流行]'라고 되어 있다. 그리고 그 오른편에는 그림에 붙는 별호(別號)에 해당하는 의미를 기록하고 있다. 1의 삼청(三淸)은 옥청경(玉淸境), 상청경(上淸境), 태청경(太淸境)이며, 이곳에 도교의 최고신으로 여겨지는 원시천존(元始天尊), 태상도군(太上道君), 태상노

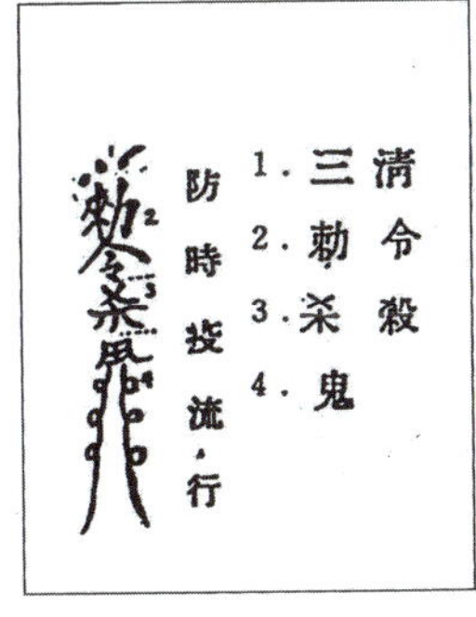

〈그림 3〉

군(太上老君)이 있다. 이들은 모두 무(無)로부터 생겨난 기(氣)가 변화한 것이며, 그 중에서도 원시천존이 가장 근원적인 신으로 여겨지고 있다. 삼청(三淸)은 대개 1과 같은 부호로 표시된다. 또한 2의 칙령(勅令)이란 조심스럽게 삼가여 명령한다는 의미이다. 여기에서는 삼청의 신들이 칙령을 내리는 것을 말한다. 3은 살(殺)이라는 글자의 변에 해당하는 자형(字形)이다. 4는 귀(鬼)라는 글자를 도안화(圖案化)한 것이다. 귀(鬼)란 역병을 불러오는 삿된 기이다. 따라서 이 부적 그림은 "삼청의 신들이 칙령을 내려 귀신을 없앤다"라고 해석할 수 있다.

가옥에 붙여
새앙을 막는 영부

　다음으로 이야기할 것은 타이완 신주(新竹) 시에 있는 성황묘(城隍廟; 도시의 수호신으로서의 성황신을 모신다)에서 도사가 바로 앞에

<그림 4>

서 써준 영부이다. 성황신이란 부(府), 주(州), 현(縣) 등의 관청이 위치하는 큰 읍내의 음과 양, 양계(兩界)를 지배하는 신이다. 묘 안에는 음계(陰界)를 지배하는 검은 얼굴의 신상(神像)과 양계(陽界)를 지배하는 흰 얼굴의 신상, 두 개가 놓여 있다. 그 도사의 복상은 붉은 모자를 쓰고 붉은 도복을 입고 있으며 자신이 정일파(正一派)라고 밝혔다. 이 도사에게 부탁하여 써서 받은 것은 〈그림 4〉에 있는 것으로 이것은 오뇌법(五雷法)이라고 불리며 뇌신을 소환하여 재앙을 소멸시키는 것이다.

최상부는 삼청(三淸)의 신들을 나타내는 부호(符號)이다. 그 다음 문자는 잘 알 수 없다. '霹(적)'은 귀(鬼)가 죽어서 되는 것으로서 귀는 그것을 두려워한다고 한다. 따라서 문 위에 이 글자를 쓴 것을 붙여 역병을 퇴치한다고 한다.『서양잡조속집(西陽雜俎續集)』. 그러나 이 글자 위에 '雨(우)'가 붙어 있다. '霹(적)' 자는 '雷(뇌: 벼락)'를 참(斬)한다는 의미이다. 이 의미로는 위의 삼청과 통하지 않는다. 따라서 여기서는 전자의 의미를 취하고자 한다. 칙령의 뒤는 오뇌(五雷)이며 '雷(뇌)' 자(字)를 중심으로 사방에 '雷(뇌)'에 '令(영)'을 붙인 글자가 배치되어 있다. 명령의 의미이다. 또한 사방에 '火(화)' 자가 배치되어 있다. 뇌화(雷火), 곧 벼락이 떨어져 일어난 불, 혹은 천둥과 번개의 의미일 것이다. 다음 양쪽에 드리워져 있는 그림은 '鬼(귀)' 자를 도안화한 것이다. '押(압)'은 그 다음 한 글자를 건너뛰고 '出外(출외)'와 합하여 밖으로 데리고 나간다는 의미이다. 그 사이에 있는 글자는

212

'殺(살)'의 별자(別字)이다. 그 뒤는 '合家平安(합가평안)'이다. 맨 뒤의 '安(안)'은 먹으로 보이지 않게 가려져 있다. 따라서 전체적인 뜻은 다음과 같이 될 것이다.

삼청(三淸)의 신들과 적(鸛)은 오뇌(五雷)에게 명령한다. 그 뇌화(雷火)로 귀(신)들을 데리고 나가 죽여 일가(一家)를 평안하게 하라.

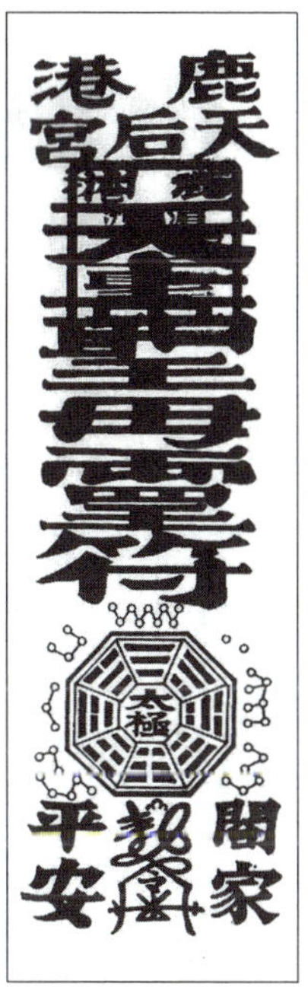

이것은 내가 집안의 평안을 기원하여 써서 받은 것이다. 또한 한 가운데의 사각의 도장으로 부(符)를 다 쓴 후에 인주(印朱)로 찍었는데 '日月(일월)', '육정육갑(六丁六甲)', '天兵力士(천병역사)'라는 글자이다. 그리고 오른쪽에는 'O' 표시가 6개 연이어 있고 왼쪽에는 '●' 표시가 7개 이어져 있다. 그리고 그 중앙은 '太上老君勅令(태상노군칙령)'이라고 붉은 글씨로 써 있다. '日月(일월)' 등은 모두 태상노균(太上老君)에게 속해서 그를 섬기는 속신(屬神)들이다. 따라서 "태상노군은 삼가 일월육정육갑(日月六丁六甲), 천병역사(天兵力士)에게 명령한다"는 의미이다. 이와 같은 붉은 도장은 오뇌에 통해 귀신퇴치를 한층 더 효과적으로 하기 위해 덧붙인 것이리라.

이상의 영부는 가옥에 붙이는 것인데 근년 타이완에서 곧잘 눈에 띄는 것에는 팔괘도(八卦圖)가 들어가 있는 것이 많다. 〈그림 5〉는 유명한 루깡(鹿港)의 톈후궁[天后宮; 마조(媽祖)를 모시는 사당]에서

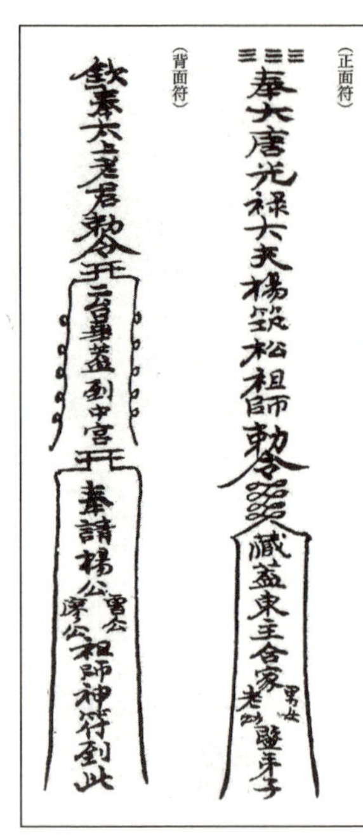

〈그림 6〉

배포한 영부로서 하부의 팔괘도는 상하에 건곤(乾坤), 그리고 왼쪽에 '兌(태)·離(리)·震(진)'괘, 오른편에는 '巽(손)·坎(감)·艮(간)'괘를 배치하여 이른바 복희팔괘도(伏羲八卦圖)를 이루고 있다. 이것도 역시 벽사(辟邪)의 효과를 갖는 것이다. 이 영부도 '闔家平安(합가평안)'을 기원하며 가옥에 붙이는 것이다.

다음으로 상량식(上梁式)에 사용되는 영부, 즉 상량부(相梁符)의 예를 보자. 〈그림 6〉은 〈양공상량부(楊公上樑符)〉라고 부르며 버드나무 판자의 양면에 인주(印朱)로 그려, 마룻대(상량)가 있는 곳에 세워 둔다.

양공(楊公)이란 양균송(楊筠松)을 말하며, 당대(唐代) 말 무렵의 유명한 풍수가로서 희종(僖宗) 때 금자광록대부(金紫光祿大夫)에 임명되어 궁중에서 지리(地理), 곧 풍수의 일을 담당했다고 한다. 이른바 강서파(江西派)의 조사(祖師)라고 칭해지고 있다. (좌측의) 배면부(背面符)에 기록되어 있는 '曾公(증공)'이란 양윤송의 재전제자(再傳弟子; 제자의 제자)인 요우(廖禹)를 가리키는 것일 것이다. 모두 풍수에서 저명한 술수가로서 존숭되고 있다. 상량부에 왜 풍수가의 이름이 등장할까? 주거를 세울 때에는 풍수의 좋고 나쁨을 보아 토지를 선별하고 방향을 결정한다. 가족과 자손의 평안과 번영을 기원하기 때문이다. 따라서 양균송과 같은 유명한 풍수가의 보증과 가호를 구하는 것일 것이다.

　상량식은 건축에 관련된 의례 중에서는 가장 중요한 부분에 해당하는 의례이다. 따라서 일본에서도 상량식 때에는 당연히 신사(神社)에 가서 신관(神官)에게 기원하고 받은 부적을 가져다가 상량식 때에 마룻대에 붙이는 것이다. 교토(京都)에서는 죠난궁(城南宮)에서 참배하고 부적을 받는 것이 관례가 되었다.

각 나라에도
보이는 부적

　오키나와(沖繩)에서는 '天宮賜福紫微鸞駕(천궁사복자미란가)'라고 직접 마룻대에 쓰거나, 혹은 판자에 써서 마룻대에 건다고 한다. 이것도 도교의 신인 천관이나 자미대제(紫微大帝)에게 재앙을 물리치고 복이 오도록 비는 주부(呪符)이다.

　또한 나는 서부 독일 지방의 농촌에서 건축 중인 집(물론 벽돌로 지어진 집)의 대들보 위쪽에 구수다마(藥玉; 단오에 부정을 씻고 액막이가 된다고 하여 기둥에 걸어 놓는 둥근 주머니. 안에 향료를 채운 뒤 약초와 조화로 장식하여 오색실을 길게 드리운다) 장식과 비슷한 것이 매달려 있는 것을 본 적이 있다. 동행한 독일인에게 물어보니 상량식 때에 건물의 안전을 기원하며 매달아 놓는 것이라고 했다. 이러한 장식도 일종의 주부(呪符)로 볼 수 있을 것이다.

　'연음부(嚥飮符)'라는 것도 있다. 〈그림 8〉에 있는 것은 〈정신백배부(精神百倍符)〉라고 하는데 황색 종이에 이 부적을 주서(朱書)하여

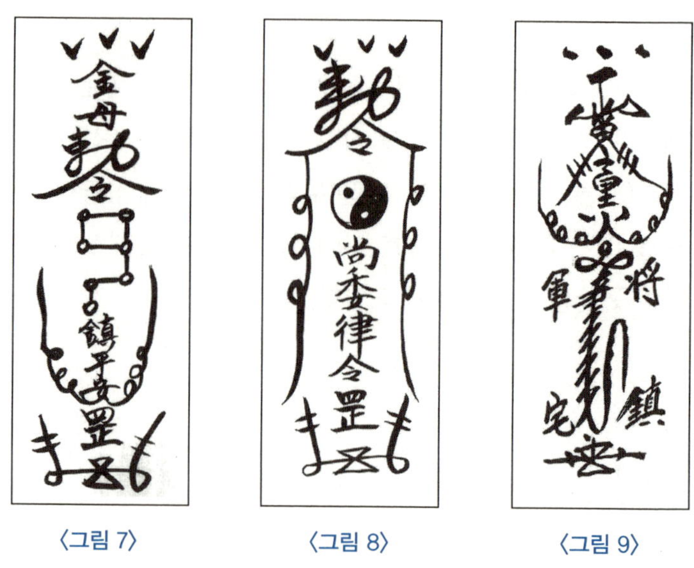

〈그림 7〉 　　　　〈그림 8〉 　　　　〈그림 9〉

태운 뒤 마시면, 정신이 백배하고 두뇌가 명석하게 된다고 한다.전더다시(眞德大師), 『중국법술(中國法術)2』, 타이베이(臺北), 우링출판사(武陵出版社, 1984.

'진택부(鎭宅符)'란 토지에 지벌(재앙)을 일으키는 악귀를 진압하기 위한 부적으로 옛날에는 단단하고 무거운 돌을 택지(宅地)의 기초에 매립했다는 것을 돈황 출토 문헌인 펠리오 문서 3595『음양서(陰陽書)』의 「용석진택법(用石鎭宅法)」 등에 의해 짐작할 수 있다. 오늘날 타이완에서 볼 수 있는 것은 문간에 붙이는 것이며, 〈그림 7〉은 요지 금모(瑤地金母), 곧 서왕모(西王母)에게 진택을 기원하는 부적이다. 〈그림 9〉은 오뇌장군(五雷將軍)에게 기원하는 것이다. 서왕모가 진택과 어떻게 관계되는지는 나도 잘 모르겠다.

이상에서 거론한 영부는 모두 황색 종이 또는 붉은 종이에 주서(朱書), 곧 붉은 인주로 쓴 것이다. 주(朱; 붉은 인주)란 주사(朱砂)라고도 쓰며 수은과 유황의 화합물이다. 그 붉은색은 마음을 안정시키고 혼을 편안하게 하며 삿된 것을 피하는 효과가 있는 것으로 여겨진다.

지부(종이부적)는 어떻게 작성되나?

다음으로 부가 작성되는 과정을 설명해 보자. 부를 발포(發布; 만들어 나누어 줌)하는 것은 부법사(符法師)다. 부를 작성하는 것은 하루 중에서 심야의 자시(子時; 밤 11시부터 오전 1시)가 가장 좋다고 여긴다. 이 시간은 기(氣)가 생생하고 활기차다는 의미로 이 시간의 기를 '생기(生氣)'라고 부른다. 부법사는 이러한 생기가 가득 차 있는 시간에 부를 작성한다. 부를 작성하기 전에는 목욕재계하고 깨끗한 물로 손을 씻고 입을 가신 그 다음, 붓, 먹, 벼루, 주사(朱砂)를 옆에 둔다. 그런 후에 향을 피우고 고두(叩頭; 머리를 땅에 두드리며 절하는 것)의 예를 행하며, 물, 붓, 주사[硃], 종이 등에 대한 주문을 외우고 나아가 신들의 강림을 구하는 주문을 염송한다. 예를 들어 먹을 갈 때의 주문은 다음과 같다.

간 먹이 짙디짙어져 구름이슬이 무수히 내리듯[磨墨濃濃, 雲露霏無數], 천병(天兵)이 와서 나를 도아 부신(符神)를 만들라. 내가 여기에 이르러 서천불국(西天佛國)의 무지지존(無知至尊)의 선인(仙人)에게 칙령(勅令)한다.

또한 오뇌장군의 강림을 구하는 주문은 다음과 같다.

삼가 오뇌장군에게 청하니, 다리를 가지고 칠성(七星)과 오뇌(五雷)
의 바퀴를 밟고 오뇌대보살(五雷大菩薩)에 타서(聖駕해서) 널리 세
상에 강림하여 양민(良民)을 구하며 삿된 것을 다스리고 위를 참하며
요괴를 죽이기를. 절하며 오뇌장군에게 청하니, 널리 세상에 강림하
여 제자 ○○○을 도와 삿된 것을 사로잡고 귀신을 참하여 모두 멸
망시키기를. 뇌공(雷雷公), 뇌모(雷母)가 집안에 오고 신병(神兵)이
율령과 같이 화급(火急)히 하기를[急急如律令].

이와 같은 염주(念呪)는 처음에 설명한 것처럼 모두 기(氣)의 작용
에 의한 것이다. 신들의 모습(여기서는 오뇌대장군의 모습)을 기를
사용해서 이미지화하는 것이다.

다음에는 붓으로 그리는 것인데, 부적 종이 위의 사방에 3개의 걸
음쇠 모양[三淸]을 그리기 전에 "천원지방(天圓地方), 율령구장(律
令九章), 내가 지금 글을 쓰기 시작하니 모든 귀(鬼)들은 복종하라.
급급여율령(急急如律令)"이라는 기필주(起
筆呪; 붓을 들 때 하는 주문)를 읊고 그리고
나서 한 호흡에 일필(一筆)로 그려 나간다.
다 그리고 나면 손가락을 특정의 모양으로
조합하여 부적 종이 위를 힘을 모아 누른다.
이것을 결수인(結手印), 혹은 수인(手印)이
라고 부른다(그림 10). 그 방법에는 검지(劍指),
금강지(金剛指) 등 다수가 있는데 이것을 통

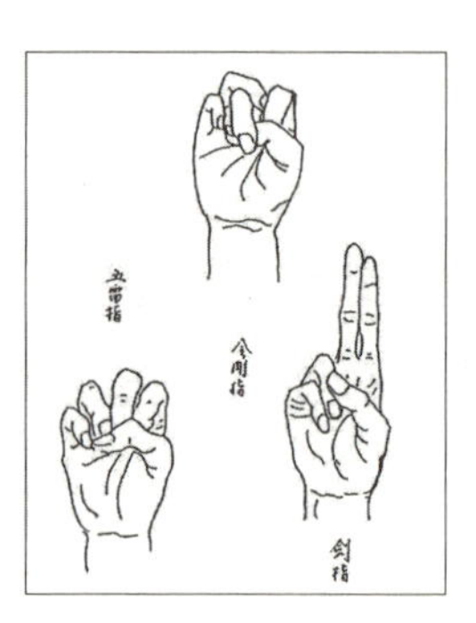

〈그림 10〉

218

해 비로소 신(神)이 종이부적의 문자 위에 옮겨 타는 것으로 여겨 중시되고 있다.

이렇게 해서 모든 것이 끝나면 다시 한 번 염주를 하여 신들에게 영부의 위력을 기원하고 감사를 드린다. 영부를 의뢰인에게 주는 것은 이상과 같은 경과를 모두 마친 뒤이다.

후한시대의 묘에서 출토된 주부

마지막으로 주부의 역사를 간단하게 기술하고자 한다. 문헌상에서 가장 이른 기록으로는 『삼국지』「위서(魏書)」〈장로전(張魯傳)〉·〈배송지주(裵松之注)〉에 인용된 어환(魚豢)『전략(典略)』에 후한·영제(靈帝), 광화(光和) 연간(178~184년)의 일로 장각(張角)이 일으킨 태평도(太平道)에서 부주(符呪)를 행하여 병자에게 고두(叩頭)하고 사과(思過; 스스로의 과실을 반성함)하게 하며 부수(符水)를 마시게 했다는 기사(記事)가 있고, 또 한중(漢中)에서 장수(張脩)가 일으킨 오두미도(五斗米道)에서는 귀리(鬼吏; 오두미도 조직의 하급 관리)가 병자를 위해 청도(請禱; 요청의 기도)를 행하였는데, 그 방법은 병자의 성명과 복죄(伏罪; 죄를 순순히 인정함)한다는 내용을 쓴 세 통의 문서를 만들어 한 통은 하늘에 바치고 한 통은 땅에 묻고 한 통은 물에 가라앉히는데, 이것을

〈그림 11〉

'삼관수서(三官手書)'라고 칭했다는 기사가 있다. 태평도에서 행했던 주부가 어떠한 것이었는지는 모르지만 태평도 경전으로 오늘날 전해 지고 있는『태평경』안에 당시의 부를 연상시키는 것이 실려 있다. 〈그림 11〉에 있는 전서체(篆書體)의 합성문자가 그 일부이다.

　수십 년 전 후한시대의 묘에서 영부의 실물 중 일부가 출토되었다. 그 중 하나는『고고(考古)』1980년 제10기(期)에 실려 있는 쟝수고우요우(江蘇溝郵)현 샤오쟈고우(邵家溝) 한묘(漢墓) 출토의 목편(木片)에 그려져 있는 부적으로, 윗부분에 부도(符圖)가 그려져 있고 아래쪽의 문자는 "을사(乙巳) 날, 사자(死者)의 귀명(鬼名)은 천광(天光)이 내려오고 천제(天帝)가 강림하니 이미 너의 이름을 안다. 신속하게 사라져 삼천리를 가라. 네가 당장 사라지지 않으면 남산급○(南山給○)를 오도록 명하여 너를 잡아먹게 할 것이니 율령과 같이 서둘러 떠나라[急急如律令]"고 읽는다(일부 누락된 글자가 있어서 온전히 읽을 수는 없다).

　또 한 예는『고고여문물(考古與文物)』1980년 제1기에 보고된 쌰시후(峽西戶)현 쟈바오(家堡) 한묘 출토의 도병(陶瓶; 병 형태의 도자기)에 붉은 글씨로 그려진 부(符)로서, 이 도병은 부의 오른편에 붉은 글씨로 된 글로 보아 진묘권(鎭墓券)의 일종으로 생각된다. 부도(符圖) 역시 진묘와 관계가 있을 것으로 보이나 해독이 불가능하다. 후한 · 양가(陽嘉) 2년(133년)대의 것이다.

　시대가 한참 지나 당대가 되면 주부가 대유행을 하고 그 범위도 확대된 것으로 보인다. 그렇지만 당시의 상황을 엿볼 수 있는 것은 변경(邊境)의 땅, 둔황(敦煌)에 잔존하여 금세기 초 펠리오(Pelio)나 슈타인(Stein) 등에 의해 발견된 문서에 의해서이다.

〈그림 12〉

〈그림 13〉

다행히 그 문서 가운데 민속자료를 연구한 난징(南京)대학의 가오구오판(高國藩)씨가 『돈황민족학(敦煌民族學)』상하이대학출판사, 1989, 『중국민족심탐미(中國民俗探微)』허하이(河海)대학출판사, 1992를 저술하여 소개하고 있는데, 그 중에서 특별히 흥미 깊은 주부의 2가지 예를 들어보자. 〈그림 12〉의 예는 〈승운부(乘雲符)〉펠리오 문헌 3810라고 부르는 것으로 3장이 한 세트이다. 위의 1장은 머리 위에, 가운데 1장[육갑부(六甲符)]은 오른 팔에 붙인다. 이것은 부법사(符法師)가 누군가로부터 의뢰를 받아 발포하는 것일 것이다. 〈승운부〉를 그리고 나면, 〈승운주(乘雲呪)〉을 외고 육갑육정(六丁六甲)의 신에게 부탁하여 발에 구름이 솟아나 그것을 타고 날아다니며 노닐 수 있게 기원하는 것이다.

또 다른 한 예는 〈수신부(樹神符)〉^{펠리오 문헌 3358}이다. 사막 땅인 둔황에서는 수목이 귀중한 것이므로 수목 그 자체가 신격화되고 그것의 가호에 의해 일가의 안녕을 기원하여 〈그림 13〉 화부(畵符)를 수목에 붙이는 것이다.

일본에서의 부적

이어서 일본의 주부(呪符)에 대해 기술하고자 한다. 예전 어느 봄의 일인데, 교토(京都)의 어느 음식점에 들어가니 문을 열어놓은 곳에 〈그림 14〉와 같은 부적이 붙어 있었다. 물론 붉은 글씨였으며 종이는 흰색이었다. 가게 주인에게 물어보니 교토의 어느 곳에서 받은 것으로 개점에 즈음하여 장사가 번성하도록 기원하는 것이라고 한다. '天(천)'이나 '人(인)' 등의 문자를 쓰고 있는 것으로 보아 매우 일본적인 성격의 부적이다. 얼마 지나지 않아 가게 주인이 일러준 집에 가보니, 그 부적을 사람은 상당히 연배가 있는 남성으로 원래 큰 건축회사에 근무했는데 샐러리맨을 그만두고 오카야마(岡山)의 아무개 선생에게서 부법을 배웠다고 한다. 그 선생이 부법책을 쓰고 있으니 자신에게 주문하라고 하였다. 그래서 오카야마에서 주문한 책을 보니 슈겐도(修驗道) 관장인 미야케 노리타가(宮家教誉) 씨의 서문이 있고,

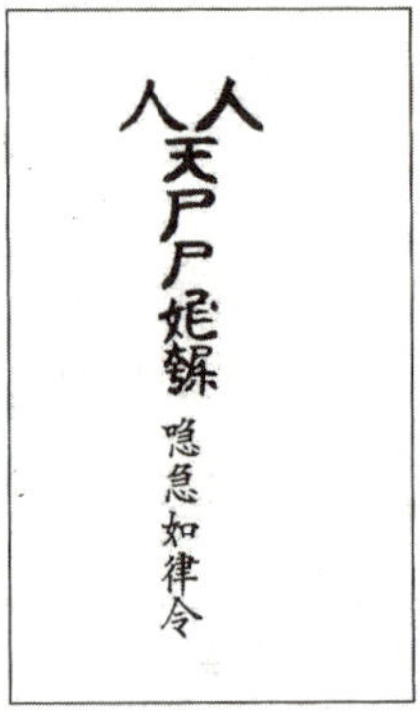

〈그림 14〉

그의 조언을 얻었다고도 한다. 아마 슈겐도 계통의 주부인가 생각되는데, 그 안에 〈진택칠십이영부(鎭宅七十二靈符)〉도 수록되어 있다. 이것은 도교와 밀교에 연관된다.

그렇다고 해도 중국인과 마찬가지로 일본인도 예로부터 주부를 좋아하고 지금도 정월 초하루뿐 아니라 무슨 일이 있으면 신사(神社)나 불교사찰에 참배할 때 부적을 받아 차나 가방에 매달고 다닌다. 내가 매일 타는 전차는 모든 차량에 나리타부동존(成田不動尊)의 부적을 붙여 안전이 보증받고 있다.

그러나 이전에 프랑스에 살던 때 몽생미쉘(Mon Saint Michael)의 사원에서 교통안전이 부적을 받은 적이 있듯이, 유럽인 역시 일본인이나 중국인과 마찬가지로 주물(呪物)이나 주부(呪符)를 숭배하고 있는 것이다.

끝으로, 이와 관련된 나의 글에 〈주부와 도교─진택영부의 신앙과 묘켄신앙(呪符と道敎─鎭宅靈符の信仰と妙見信仰)〉『기와 양생(気と養生)』, 진분서원(人文書院), 1993년 수록, 〈주부에 대해서(呪符について)〉간사이(関西)대학논문집, 제42권 제3호, 1993년가 있으니 참고하기 바란다.

동계(童乩)

— 후지사키 야스히코(藤崎康彦: 아토미학원 여자대학)

신령에 빙의되어 신의 언어를 말한다.
동계를 탄생시킨 근원은 도교의 신들에 대한 신앙심.

갑자기 신이 빙의된
젊은 남성

타이완을 여행하면 도시든 시골이든 훌륭한 제단에 크고 화려한 신상(神像)을 모시고 있는 곳이 많다는 사실을 알게 된다. 민가의 도로에 접한 봉당에 설치된 것부터 전문적인 종교시설인 사찰에 이르기까지 규모가 다양한데, 사람들의 열성적인 예배행위[빠이빠이(拜拜)라고 한다]의 장(場)이 되고 있다는 것에는 차이가 없다.

개인주택의 봉당에 제단이 설치된 것 같은 작은 궁(宮)을 우연히 방문했다고 해보자. 중년의 남성이 제단 앞의 작은 탁자에 금종이[신에게 바치는 지전(紙錢)]를 가지고 원뿔 모양으로 둥글게 만 것[고자지(鼓仔紙)]을 많이 쌓아 놓고 있다. 그것들을 몇 개쯤 가져다가 입구 앞의 커다란 향로에서 불을 붙여 흔들어 보기도 하고 제단 앞의 작은 향로에서 향을 피워 분향하며 계속해서 "빠이빠이(拜拜)"를 되풀이하기도 한다. 쇠북이나 큰북을 커다란 소리로 계속 친다. 실내의 한 구석에는 젊은 남자가 멍한 느낌으로 우두커니 서 있다. 그러면서 하품을 하기 시작한다. 어느 틈에 제단 앞에 의자가 놓이고 상반신과 발을 벗은 이 남자가 앉는다. 고개를 숙인 채 가만히 있다. 악기는 계속 울린다. 앞서 말한 중년의 남성이 제단 옆에서 작은 나무토막[봉지(奉旨), 혹은 봉지(封旨)라고 하는 것]을 손에 들고 탁상을 리드미컬하게 두드리고, 앞서 말한 고자지(鼓仔紙)에 불을 잇달아 점화시켜 흔들면서 주문을 계속 외운다. 젊은 남자는 서서히 상반신을 원을 그리듯이 흔들기 시작한다. 잠시 뒤 갑자기 일본 씨름 선수가 씨름판에서 두발로 힘차게 땅을 구르듯이 하며 일어서서 앞으로 나아간다. 곁에 있던 사람이 곧바로 불이 붙은 향 다발을 건넨다. 그것을 손으로 잡고 가슴에 대고 X 표시를 그리는 듯한 움직임을 하면서 제단 앞으로 나아가 탁자 위에 손을 짚고 선다. 젊은 남성은 무언가 이상한 소리를 내고 주변 사람들은 전부 손을 가슴 앞으로 모으고 상체를 기울여 빠이빠이를 한다. 남자가 내는 소리는 신이 빙의해 사람들 앞에 육체적 형태로 눈앞에 나타난 징표이다. 사람들은 각각 가지고 있던 문제를 신에게 상담한다. 이것을 '문신명(問神明)'이라고 한다.

신이 빙의한 이 젊은 남성이 바로 동계(童乩; 당키)다. 중년의 남자는 법사(法師)로서 신을 빙의시키기는 주문을 외우는 등의 일을 하고 있었던 것이다. 이러한 기술을 관(關)이라고 한다. 구체적인 이미지를 제공하기 위해서 일례를 들었지만, 동계의 존재양식은 다양하다. 따라서 상당히 정돈된 유형으로 취합하기는 어렵다. 신이 빙의할 때 악기를 사용하지 않는 경우도 많고, 불을 붙인 향을 몸에 가져다 대는 것은 나도 한 번밖에 보지 못했다. 그러나 흔들며 춤추는 것은 공통적이다. 빙의를 입기 위해서는 신상 앞에 조용하게 앉아 있는 것이 기본이다. 머리에는 아무것도 쓰지 않고 상반신은 벗으며 맨발로 있어야 한다. 빙의하면 화려한 수를 놓은 빨강 또는 노랑의 배두렁이 같은 '토우아(兜仔)'를 두른다. 눈은 감는데, 눈을 가리는 경우도 있다. 신은 1인칭으로 사람들에게 말하는데, 그 언어가 신어(神語)이기 때문에 통역을 위해 법사가 옆에 있는 경우가 있다[이것을 '토우타우(卓頭)'라고 한다]. 신은 신어를 말하는 용무가 끝나면 떠나고 의식을 회복한 동계는 빙의한 동안 일어났던 일을 잊어버린다고 한다.

마지막으로 말하는 것은 중요한데, 신이 떠나면 그저 일반적인 사람으로 돌아오는 까닭에, 동계는 신의 빙의를 받아들이는 기능을 주로 가리키는 단어로서 사회적인 존재양상을 가리키는 것은 본래 아닐지도 모른다. 즉 동계에는 전업자는 없으며 거의 다른 직업을 갖은 사회인이고, 가끔 신이 의대(依代)하여 완전히 일시적으로 단기간 혹은 계속 기능하는 것에 지나지 않는다는 것이 기본적인 이념이었던 것으로 보인다. (앞의 예에서 말한 동계는 개인택시 운전사였다.) 따라서 동계를 하는 것은 신께 봉사하는 것이며, 그 신의 사묘에 속해서 그 관리자로 종사한다. 영매로서 탁선(託宣)을 내놓은 것에 대해 의뢰자로부터 사례를 직접 받는 일은 없는 것으로 보인다. 그런데 최근에는 전문적인 영매가 나타나 자기 집에서 신상을 모시고 탁선을 팔아 돈벌이를 하는 예가 늘어나고 있는 것으로 보인다. (류지완(劉枝萬) 씨에 따르면 이것을 '신단(神壇)'이라고 한다.)

이와 같이 길거리의 작은 사묘에서 가끔 동계가 문신명(問神明)을 하는 장면을 접하는 일도 없지는 않지만, 커다란 조묘(朝廟)의 제사

정상(釘床; 못이 박힌 판자) 위에 고에빠이뽀우[월미부
(月眉斧)]를 높이 쳐들고 선 동계. 못을 박은 판자 위에
눕는 것을 쿤텐츤(睏釘床)이라고 한다.

[주신(主神)의 탄생제(誕生祭) 등]에 가면 많은 동계를 볼 수 있다.
그곳에서는 동계의 화려한 연기가 펼쳐진다. 다양한 무기[못을 박은
란치키우(弄刺球)라고 하는 둥근 공, 칠성검(七星劍)이나 사어검(沙
魚劍) 등의 검, 고에빠이뽀우(月眉斧)라고 하는 큰 도끼와 같은 것
등등]를 가지고 신체를 상하게 한다(이마나 등, 뺨 등을 찌르거나 자
르거나 한다). 피범벅이 되어 마치 미친 것과 같이 보인다.

다양한 상담을
하는 사람들

동계는 어떤 사람이 될까? 기본적으로는 남성이 동계가 되는 것으
로 보이나, 실제로는 여성도 적지 않다. 비교적 젊은 사람이 많은 것
으로 보이지만, 중년의 사람들도 있고 노년 가까이 되어 동계가 된
사람도 없지는 않다. 또한 일반적으로는 사회, 경제적으로 낮은 지위

에 있는 사람이 동계가 된다는 고정관념도 있으나 예외는 있다.

제사 때에 사묘의 경내나 제사를 지내는 광경에서 심신 모두 이상한 상태가 되며, 그것을 신에 의해 선택된 일종의 소명으로 자타가 모두 이해하고, 이후 동계로서 신을 모시게 되는 일이 많은 것으로 보인다. 제사 때가 아니어도 어떤 의식변용(意識變容)의 에피소드를 경험하여 동계가 되는 일도 흔히 있다. 그러나 그것을 '질병'이라고는 생각하지 않는 것 같다.

이와 같이 동계는 엄밀히 말해 의식을 변용하고 신상(神像)에 깃든 신령을 일시적으로 내 몸에 빙의시키고, 신의 탁선을 사람들에게 전하는(신이 1인칭으로 말하는) 매체가 되는 것이다. 문화인류학적으로는 영매적인 샤만이라고 할 만한 사람이다.

타이완에는 샤만적인 존재가 그 밖에도 몇이 있다. '부계[扶乩, 후치라고 발음한다. 혹은 부란(扶鸞)]'이나 '홍이(紅姨; 앙이라고 발음함)', 경우에 따라서는 법사 등이다. 동계는 그러한 것들과 비교, 대조하여 이해하는 것이 좋으나, 여기에서는 상술할 수 없다. 단, 홍이는 여성 동계는 아니다. 이것은 자주 오해되곤 한다. 이념적으로는 홍이가 죽은 영혼, 곧 귀(鬼)에 빙의해 그 말을 전달[관망(關亡) 혹은 견망(牽亡)이라고 함]해주는 전문 여성이다. 동계는 신만 빙의하지 죽은 영혼이 빙의하는 일은 없다. 그러나 실제로는 애매모호하여 다양한 존재가 생기고 있다.

타이완에서 동계가 활약하고 있는 것은 타이완 사람들에게 있어서 신이 중요하며, 동계가 그 신들과 사람을 매개하기 때문이다. 질병을 시작으로 여러 가지 고난, 고뇌에 대한 원인이나 대처법을 찾는다. 결혼이나 취직, 여행 등의 사회적 이동에 즈음할 때도 신에게 상담한다. 심지어 복권 당첨번호를 예상하기도 하는 모양이다. 생활의 다양한 상황에서 이익이 되는 신과 교섭하는 수단이고, 따라서 동계는 가깝고 친숙한 존재인 것이다. 어떤 신이 인기가 있냐면 현천상제(玄天上帝), 왕야(王爺), 태자야(太子爺), 제공활불(齊公活佛) 등등인 것 같은데, 이 외에도 많으며 별 도움이 되지 않는 신은 버려지고 새로운 신이 인기가 있게 되는 것은 늘 있는 일이다.

동계는 타이완뿐만 아니라 싱가포르 등 동남아시아 각 지역의 화교 사회에서도 널리 발견된다. 실태조사가 타이완, 싱가포르, 말레이시아에서 보고되고 있다. 그러나 구보 노리타다(窪德忠) 씨에 따르면 대륙의 후지엔(福建)성에서도 현재 왕성하게 동계가 활약하고 있다고 한다.

동계의 역사적인 측면이나 그 어원, 대륙의 한족(漢族)에게서 보이는 그밖의 샤머니즘적 현상과의 관련성 등에 대해서는 잘 알 수 없다. 기본은 중국인의 (도교의 신들에 대한) 신앙이다. 동계는 그러한 신들과 인간을 매개하는 하나의 수단 혹은 도구에 지나지 않는다. 그러한 의미에서는 도교적 사상을 배경으로 한 민중의 우주관을 아는 것이 매우 중요하다. 동계를 통해 신과 인간 사이에 주고받는 대화는 일상생활의 세계를 알 수 있는 하나의 단서일지 모른다.

부계(扶乩)

— 시가 이치코(志賀市子, 이바라키 그리스도대학)

중국 전체에 수많은 도단(道壇)을 산생한 강신술(降神術), 부계(扶乩).
필자의 연구영역인 홍콩의 상황을 중심으로,
부계 기간 동안의 실제상황 등도 함께 살펴본다.

신의 메시지를 전하는
강신술

　부계는 부기(扶箕) 혹은 부란(扶鸞)이라고도 하는데, 중국에서는
매우 오래 전부터 행해온 강신술의 한 종류이다. 통상 복숭아 가지나
버드나무 가지로 만든 T자형 또는 Y자형의 계필(乩筆), 곧 붓을 한
사람이나 두 사람의 계수(乩手)가 받쳐든다. 신령이 강림하면 계필이
움직여 모래를 얇게 깔아 놓은 사반(砂盤) 위에 문자나 기호가 그려
지게 된다. 이것을 계수 자신 또는 옆에 대기하고 있는 제3자가 소리
내어 읽고, 다시 베껴 써서 신의 계시(乩示)로 삼는다.

　필사한 계시(乩示)는 보통 오언(五言) 혹은 칠언(七言)의 한시 형
식을 취하고 있다. 신자들은 그것의 해석을 더하여 신으로부터의 메

시지를 읽어내는 것이다. 거기에는 중국인의 한자에 대한, 거의 종교적이라고 해도 좋을 존숭의 관념이 엿보인다.

부계의 원형은 쑤디샨(許地山)의 『부기신앙의 연구(扶箕迷信底研究)』에 의하면, 육조시대의 자고신(紫姑神) 신앙으로 거슬러 올라간다고 한다. 당시 자고신 신앙은 1월 15일 저녁에 여성이나 아이들이 자고신 인형을 사용하여 길흉을 점치는 소박한 점술이었다. 그런데 송대 이후의 부계는 과거 시험문제를 미리 알려고 하는 관료예비자로서의 문인계층이 중심적인 담당자가 되었다. 명청시대에 부계가 권선징악, 인과응보 등의 통속적인 도덕을 설하는 선서(善書)의 작성에 도입되자 부계는 관료뿐 아니라 다양한 사회계층에 침투하였다. 선서를 간행한 것은 이른바 선인(善人)이라고 불리는 계층의 사람들로서, 그 가운데에는 관리나 학자도 있지만 승려나 도사, 향신(鄕紳), 대상인(大商人)도 있었다. 청나라 말이 되자 부계를 행하는 선당(善堂), 계단(乩壇), 민간종교결사가 중국 각지에 출현하였고 그로부터 산생된 엄청나게 많은 계시(乩示)는 선서(仙書)로서 세상에 나오게 되었다. 민국시대 중국 전역에 교세를 확장한 동선사(同善社), 일관도(一貫道), 세계홍만자회도원(世界紅卍字會道院) 등의 신흥종교세력이 지침으로서 떠받든 것도 부계를 통한 신들의 계시(乩示)였다.

그리고 현재 타이완, 홍콩, 동남아시아의 화교사회에서는 부계를 행하는 종교단체가 지금도 수없이 존재하고 활발하게 활동하고 있다. 이 글에서는 필자가 연구 영역으로 삼고 있는 홍콩의 상황을 주로 소개하고자 한다.

홍콩에서 부계를 행하는 종교단체로는, 일반적으로 '도단(道壇)' 혹은 '도당(道堂)'이라는 명칭으로 친숙해져 있는 도교단체가 있다. 주된 활동으로는 정기적인 부계 세션(session), 연중행사로 지내는 도교의례, 추선공양(追善供養) 의례[즉 공덕(功德)]을 거행하는 것 외에 위비(位牌)의 보관과 공양 양로원, 학교, 진료소 등의 경영, 모금, 난민구제 등의 자선활동이 있다.

어느 도단의
부계 세션

　도단의 하나인 '비안동불도사(飛雁洞佛道社)'는 카오룽(九龍) 동쪽의 지하철 쿤통(官塘)역 근처에 오래된 건물 4층에 있다. 여기에선 매주 수요일과 일요일에 부계 세션이 열리고 있다. 안으로 들어가면 좁은 방의 정면에 제단이 위치하고, 여조[呂祖; 여동빈(呂洞賓)]과 관제(關帝)가 모셔져 있다. 수요일 세션은 밤 8시 반부터인데 이미 30분 전에는 순서를 기다리는 사람들로 쇄도하고 있다.

　비아동불도사의 주지인 A씨(61세)는 본업이 신문기자였는데, 부계 세션이 있는 밤에는 도포(道袍)를 몸에 걸치고 돌연 도사로 변신한다. 8시 반이 되자 종이 울리고 모여 있던 사람들은 기립하고 불도사의 구성원와 함께 예배를 행한다. 사반(砂盤)은 제단을 바라보아 왼편이고, 그곳에 선 사람은 91세의 노계수(老乩手; 부계를 행하는 늙은 사람)였다. 2차 세계대전 이전부터 쾅조우(廣州) 시내의 도단에서 계수(乩手; 부계를 행하는 사람)로 근무했던 사람이다. 계수는 양손으로 계필(乩筆)을 가볍게 잡고 사반 위에 무조작으로 문자를 그려나간다. 이 간계수(間乩手)는 의식이 없어지거나 눈을 감거나 하는 일

없이 평상시와 전혀 다름이 없다. 세션의 처음에 그려지는 계시는 불특정 다수의 사람들을 향한 메시지의 색채가 강하다. 때로는 홍콩의 장래나 세계 정세를 예언하는 듯한 시구(詩句)를 포함하기도 한다.

비안동 구성원의 총인원수는 300인을 넘는다고 하는데, 세션을 도와주고 있는 것은 10인 정도이다. 구성원이란 일정한 의례를 거쳐 신도가 된 사람들로서 '제자'라고 부른다. 제자에 대비되는 '사부(師父)'는 여조(呂祖)이다. 구성원끼리는 서로 '사형(師兄)', '사조(師祖)' 등으로 부른다. 구성원은 중소기업의 경영자, 교사, 사회원, 주부 등 다양하며 젊은이도 드물지 않다.

밤중에 열리는 부계 세션을 방문하는 사람 중에는 신앙에 입문한 구성원도 있고, 구성원은 아니지만 이곳이 부계가 잘 맞춘다는 평판을 듣고 찾아온 사람도 있다. 부계를 통해 질문하는 사항은 사업의 성패나 이사의 가부, 가운(家運) 등을 묻는 '문사(問事)'와 질병의 증상을 말하고 한방(漢方)의 처방전을 받는 '구방(求方)'으로 나뉜다. 비안동의 부계는 다른 도단과 달라서 문사의 내용을 종이에 적어 계

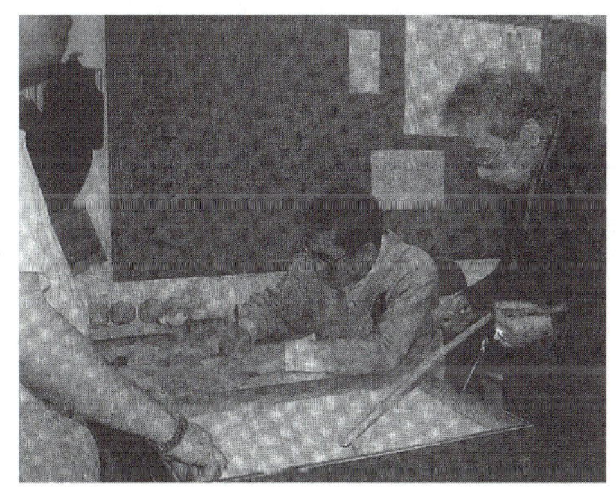

<그림 1> 비안동불도사의 부계

수에게 보여줄 필요가 없고 묻는 사람이 제단 앞에 무릎을 꿇을 때 마음속으로 중얼거리기만 하면 된다. 써서 나온 계시는 그 자체로는 추상적인 시구에 불과하지만, 구성원의 해석을 통해 완벽하게 앞서 말한, 제단 앞에서 속으로 중얼거린 고민에 대한 대답이 되는 것이다.

마음이 맑은 사람만이 되는 계수

91세의 노계수는 비안동 외에, 마찬가지로 여조를 주신으로서 부계를 행하는 도단인 '포도당(抱道堂)' 등 몇 군데 도단의 계수를 겸임하고 있다. 그는 또한 젊은 계수를 지도하는 일도 하고 있으며, 그의 지도를 받는 젊은이 가운데에는 젊은 여성도 있다. 노계수의 이야기에 의하면, 계수가 되기 위해서는 무엇보다도 바른 마음을 가지지 않으면 안 된다고 한다. 삿된 마음을 가진 사람이 계수가 되면 언젠가는 그 응보를 받게 된다. 한편, 현재 부계를 배우고 있는 남성 구성원은, 계수는 정신을 고요한 상태로 유지하는 것이 중요하다고 한다. 그렇지 않으면 하늘로부터 내려오는 기(氣)의 힘을 캐치할 수 없기 때문이라고 한다. 부계의 해석은 이와 같이 계수에 의해 다양하다.

일반적으로 계수는 황홀경(빙의)이나 흥분 상태를 동반하는 동계 등의 동적인 샤만에 비해 정적이고 명상적이다. 그렇기 때문에 동계 신앙이 번창한 타이완에서는 부계를 '무계(武乩)'라고 부른다. 또한 타이완에서는 마을이나 시가지의 사묘에서 부계가 행해지는 일이 많고, 때에 따라서는 동일한 사묘 내에 동계를 중심으로 하는 무단(武

壇)과 계수를 중심으로 하는 '문단(文壇)'이 병존하고 있는 경우도 볼 수 있다.

비안동불사는 홍콩 도교연합회에 소속되어 있으며 부계 이외의 활동에서도 도교의 색채가 강하다. 홍콩에는 이와 같은 도단이 도대체 얼마나 있는지 정확한 숫자는 확실하지 않지만, 홍콩도교연합에 소속되어 있는 65개 도단 안에 반수 가까이가 부계를 주요 활동으로 삼고, 게다가 여조를 주신으로 삼고 있다는 사실을 지적하고자 한다.

이러한 도단들의 역사를 보면 그 중 많은 수가 청나라 말부터 민국 시기에 걸쳐 광동(廣東) 일대에서 산생된, 여조를 숭배하는 계단(乩壇)에 기원을 두고 있다. 예를 들면, 앞서 기술한 포도당은 20세기 초두에 꽝저우(廣州)에서 역병이 유행했을 때 사람들이 모여 부계를 행하고 여조를 향해 약의 처방을 청한 것이 발단이 되었다. 여조는 부계로 강림하는 가장 대표적인 신선이며, 그에 대한 신앙은 송대로 거슬러 올라간다. 이후, 여조는 중국 사회가 변혁기를 맞이할 때마다 구제신으로서 사람들의 기원에 부응해왔다. 여조의 강필(降筆; 신이 내려 사반 위에 글을 쓰게 하는 것)에 의해 씌인 경전류는 굉장히 많다.

홍콩의 도단에 모인 사람들이 보인 여조에 대한 경애의 마음은 부계와 여조신앙의 결합이 홍콩이라는 근대적 도시 안에서도 상실되지 않고 지금까지도 계속 살아 있다는 것을 보여준다.

도신(跳神)

— 히라키 코에이(平木康平, 오사카부립대학)

신을 내 몸에 강림하게 하고 춤을 추면서 탁선(託宣)을 내린다.
길운과 복을 가져다주고 재앙과 액운을 없애는 이 기술은
오늘날 중국에 여전히 남아 있다고 한다.

『요재지이』에
나타난 의식

신을 초청하여 길운과 복을 가져오거나 재앙과 액운을 소멸하기 위한 의식. 예로부터 무(巫; 샤만)가 큰 북 등의 악기에 맞추어 열광적으로 춤을 추면서 황홀경 상태에 빠지고 신이 빙의하여 다양한 탁선을 내려준다. 후에 부(符)의 힘으로 신을 강림하게 하고 몸에 실려 움직이게 하며 춤을 춤으로써 영의 능력을 얻는다고 했다. 오늘날에도 중국 동북부에서는 조금이나마 이 의식이 전해지고 있다.

청대 양빈(楊賓)의 『유변기략(柳邊紀略)』에서는 "도신(跳神)이란 무녀(巫女)나 그 가문의 장남의 아내가 방울을 엉덩이에 매달고 흔들어 소리를 내며 손으로 큰 북을 쳐서 울리게 하는 의식을 말한다"라

고 한다. 청대 초기의 소설 『요재지이(聊齋志異)』 권3 「도신편(跳神篇)」에는 그 의식의 양상을 다음과 같이 묘사하고 있다.

산동성(山東省)의 민간풍습으로서 집에 환자가 생기면 침실 안에서 신에게 그 원인이나 처방을 삼가 구한다. 따라서 연로한 무(巫)를 집에 부른다. 무는 철로 된 고리를 두드리면서 큰 북을 치고 미친 듯이 춤을 춘다. 이것을 '도신(跳神)'이라고 한다.

이 풍습은 도시에서 유행하는 편이며 양가의 젊은 여성도 때로는 스스로 이것을 행한다. 좌식 방에 선반을 설치하고 그 위에 고기나 술을 바친다. 큰 양초를 태워 방을 낮부터 밝게 한다. 여성은 치마를 짧게 하여 허리에 동이고 한쪽 발은 구부리고 한 발로 콩콩 뛰며 춤을 춘다. 두 사람이 시중을 드는데, 좌우에서 양팔을 지탱해 준다.

그 사이에 여성은 노래하듯 주문을 외우듯하며, 장단(長短)도 가지각색으로 의미불명의 언어를 말하게 된다. 큰북을 마구잡이로 치면서 뇌성과 같은 음이 귀청을 찌른다. 여성은 입을 뻐끔뻐끔 벌리는데 큰북의 소리에 완전히 묻혀 그 소리를 확실히 알아들을 수 없다. 갑자기 머리를 푹 떨구고 눈도 초점을 잃고 갑자기 쿵하고 쓰러져 실신하고 만다.

그런가 하면 일변하여 돌연 고개를 똑바로 늘이고는 튕겨진 듯 바닥에서 몇 척이나 날듯이 뛰어오른다. 방 안의 여성들은 경외심을 가지고 공손하게 "신조분들이 공양을 드시러 오시있다"라고 칭송의 말을 한다. 양조 물을 물어서 끄면 수변은 어둠에 삼기게 된다. 숨을 죽이고 어둠 속에 꼼짝 않고 서서 누구 한 사람 입을 여는 사람이 없다. 무엇보다도 이야기를 하려고 해도 큰북 소리에 쉬어 알아들을 수가 없다.

드디어 여성이 큰 소리로 시아버지나 시어머니, 남편, 형수의 아명(兒名)을 부른다. 그리고 방 안의 등을 켜고 허리를 굽혀 선조님들의 안부를 묻는다. 이때 정신이 차리고 보면 술잔 안이나 그릇 안, 탁상 위의 공물이 완전히 없어져 텅 비어 있다. 여성의 안색이나 기분을 잘 관찰하면서 공손하게 이것, 저것 질문을 하면 묻는 즉시 대답이 나온다.

모든 사람들 중에 이렇게 말을 주고받는 것을 내심 한심하게 여기는 사람이 있으면, 신들은 벌써 꿰뚫어 알고는 그 사람을 가리키며 말한다.

"너는 나를 비웃고 있지 마라. 대단히 불경하다. 너의 바지를 벗겨주겠노라."

지명을 당한 사람이 정신을 차리고 보면 하반신이 전부 벌거벗겨져 있다. 그 사람의 바지는 문 밖의 나무 꼭대기에 걸쳐져 있다.

만주족 여성들은 이러한 도신의 의식을 무엇보다 중시하고 있다. 조금이라도 곤란한 일이 생기면 반드시 도신을 행하여 판단을 한다.

때로는 위엄이 느껴지게 몸을 치장하고 종이를 소재로 단단하게 굳혀 만든 호랑이나 말에 올라타 창을 손에 쥐고 침대 위에서 춤을 춘다. 이런 것을 '도호신(跳虎神)'이라고 한다.

말이나 호랑이의 기세가 대단하고 신내림을 받은 여성의 소리도 굉장하다. "나는 관우(關羽)다", "나는 장비(張飛)다" 혹은 "나는 원단(元壇)이다" 등 다양하게 자신을 칭한다. 얼굴이 시뻘겋게 되어 사나운 모습은 정말로 간이 콩알만해질 만하다.

그의 남편이 창문으로 몰래 엿보려고 하면 창(槍)이 창문을 깨고 모자를 꿰질러 방 안으로 데려가 버리고 만다. 일족의 시어머니나 며느리, 시누이들도 막대기마냥 꼿꼿이 잔뜩 긴장하며 줄서 있다.

초혼과
깊이 연관된 도신

　이러한 풍습은 윈난(雲南)의 소수민족인 이족(彝族)의 부락에서도 발견된다. 그들은 영혼을 무엇보다 중시한다. 조금이라도 몸의 상태가 나쁘면 혼백이 신체에서 분리되어 흩어진 것으로 생각해서 재빨리 무를 집에 불러 초혼(혼을 부름) 의식을 거행한다. 그런데도 낫지 않는 심각한 병이라면 원망하는 마음을 품은 사람이 혼을 묻었기 때문이라고 생각해서 무에게 도신의 의식을 하게 하며, 그것을 통해 혼을 묻은 장소를 찾아내지 못한 경우에는 그 질병이 낫지 않을 것이라고 확신하게 된다.

　이들 무(巫)는 '단공(端公)'이라고 부른다. 단공은 문자는 모르고 단지 주문을 외우기만 한다. 질병을 치료할 때는 우선 손벽을 치고 나서 양 가죽으로 만든 큰북을 들고 안구(眼球)를 한번 돌리면 어떤 신(神)인가 들리게 된다. 이때 큰북을 쳐서 소리를 내가며 춤을 춘다. 입으로는 신의 신탁을 읊는데, 이것을 '도신'이라고 부른다. 이것을 계속하는 동안 그 병이 어떤 것이며 어떤 희생제물을 준비하여 어떤 신에게 바치면 좋은지 또는 혼을 묻은 장소가 어느 곳이며 누구 혼을 묻었는지 등을 구체적으로 가르쳐준다고 한다.

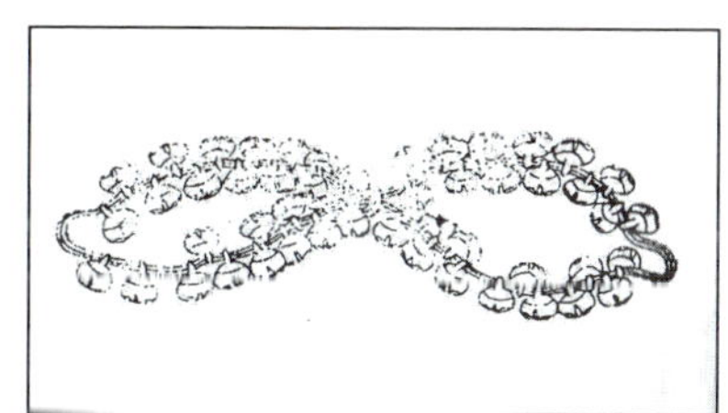

〈그림 1〉 도신 의식에 사용되는 방울

『서원문견록(西園聞見錄)』에 인용된 「무녀기(巫女記)」에는 무녀에 대해 이렇게 서술하고 있다. "무녀란 귀신을 불러 길흉화복을 묻고 질병을 퇴치하는 것이 주된 임무이다. 무녀는 향을 피우고 복장을 갖추고는 머리카락을 풀고 칼을 손에 쥐고 자신의 팔에 칼질을 하는데 상처가 남는 일은 없다. 혹은 비단 옷을 몸에 두르고 수십 개의 방울을 허리에 매단 채 날듯이 뛰면서 큰 소리로 외치고 때로는 휘파람을 불며 귀신을 부른다." 이것을 보면 초혼 의식과 도신이 깊이 연관되어 있음을 알 수 있다.

도신 의식을 행하는 무는 단지 질병치료와 같이 남을 돕는 행위만을 하느냐면 그렇지 않고, 사람을 저주하여 곤경에 몰아넣는 흑주술(black magic)에도 손을 댄다. 육조시대 진(陳)나라의 후주(後主)의 총애를 받았던 장귀비(張貴妃)는 염매(厭魅), 곧 사람을 가위눌리게 하거나 그 사람의 정기를 빼앗아 가는 귀신의 술수를 좋아하여, 귀도(鬼道), 곧 귀신을 이용하는 방법을 빌려 후주를 유혹했다. 음사(淫祀; 음탕한 제사)를 궁중에서 베풀고 다양한 요무(妖巫; 삿된 무당)들을 모아 고무(鼓舞), 곧 북을 쳐서 춤추게 하였다고 한다.

은형술(隱形術)

— 이노우에 유타카(井上 豊, 오사카시립대학)

『신선전(神仙傳)』, 『요재지이(聊齋志異)』 등 다수의 서적에 기록되어 있는 은형술. '보결은형(步訣隱形)의 술'에서 '장형닉영(藏形匿影)의 술'까지 다양한 은형술을 소개한다.

신선도사가 사용한 은형술

'은형술(隱形術)'은 '은신술(隱身術)', '은륜술(隱淪術)'이라고도 한다. 신선이라고 명명하는 사람의 대다수가 재주로 삼는 술수의 하나이다. 크게 나누어 투명인간과 같이 문자 그대로 모습을 사라지게 하는 술수와 자신의 배후의 어떤 대상 뒤로 모습을 감추어버리는 술수가 있다.

이중보(李仲甫)리는 사람은 한나라 시대의 풍현(豊縣)의 역리(易里)라는 곳의 인물이었다. 젊은 시절부터 왕군(王君)이라는 선인(仙人)에게서 신선도를 배웠다. 수단(水丹)이라는 선약(仙藥)을 먹고 나서 둔갑술(遁甲術)이나 보결은형(步訣隱形)의 술수를 쓸 수 있게 되었다. 게다가 나이가 100살 정도가 되자 점점 다시 젊어지기 시작했다. 처음에는 100일 동안 자신의 모습을 사라지게 하였고 그 다음 1년간은 다시 모습을 드러냈는데, 그 후에는 계속 모습은 사라지게 한 채 단지 목소리만 나게 되었다. 사람과 이야기를 하고 마시거나 먹는 것은 평상과 같지만 그의 모습을 볼 수는 없었다.

장(張)이라는 서생(書生)이 찾아와 그의 은형술을 배우고자 하였다. 중보는 "당신은 성질이 급해서 아직 가르칠 수 없다"고 거절하였다. 장은 수십 만 전의 돈을 써서 융성하게 대접하는 등 끈질기게 달라붙었으나 어떤 것도 얻지 못했다. 결국 장은 약이 올라 비수(匕首)를 품에 감추고 나섰다. 우선 중보와 이야기를 하다가 이야기가 끝났을 때 그 소리에 의지해 덤벼들어 비수를 꺼내 좌우로 여기저기 찔렀는데, 중보는 침상에 있으며 웃기만 했다고 한다. 이것은 『신선전』에 나오는 이야기이다.

이중보가 사용했다는 '보결은형의 기술'의 '보결'이란 일정한 순서로(보통은 북두칠성의 형태로) 스텝을 밟는 의식이다. 일정한 의식을 거쳐 모습이 보이지 않게 하는 술수일 것으로 생각된다. 신선도의 대가인 갈홍도 『포박자』에서 "자신은 종종 거울을 가지고 달에서 물을 얻는 기술이나 요면경(凹面鏡)으로 태양에서 불을 얻는 기술, 은형하여 공중으로 사라지는 기술, 모습을 변화시켜 다른 사물이 되는 기술 등을 본 적이 있으며 모두 문헌에 있는 그대로였다"고 말하고 있다. 이 기술을 제대로 갖추면 칼로 찌른다고 해도 효과가 없다고 하므로, 단지 모습을 보이지 않게 하는 것이 아니라 정말로 실체를 없애는 기술인 것이다.

다음은 『요재지이』에 있는 이야기이다. 산동성(山東省) 치천현(淄

川縣)에 한가(韓家)라는 오래된 가문이 있었는데, 그의 아들이 선(單)이라는 도사와 아는 사이였다. 그 선(單) 도사는 은형술의 명수로서 다른 사람과 한창 이야기하는 도중이든, 함께 걷고 있는 때든, 문득 갑자기 사라져 버렸다. 아들은 그 기술을 배우고 싶다고 몇 번이나 부탁을 하였으나 아무리 해도 가르쳐 주지 않았다. 화가 난 아들은 남자하인들과 짜고 도사란 놈을 때려주겠노라고 결심했다. 도사의 특기인 은형술로 사라져 버리면 곤란하기 때문에 미리 보리타작하는 마당의 지면에 재를 뿌려 두었다. 족적(足跡)을 알기 위해서였다. 이렇게 해놓은 어느 날 도사를 보리타작 마당으로 불러냈다. 뒤에서 때리며 대들자 예상했던 대로 도사는 모습을 감추었다. 그래서 재 위의 족적에 의지해 마구잡이로 때렸다. 그러는 사이에 족적을 알 수 없게 되었기에 그제야 조금 개운해져서 집으로 돌아왔다.

잠시 후 도사는 태연한 얼굴로 돌아와 소매자락에서 술이랑 생선을 꺼내 대접한 뒤 벽에 성(城) 그림을 그리고 그 문으로 사라져 버렸다고 한다. 이와 같은 내용은 최고난도의 은형술이다.

많은 문헌에 남아 있는
다양한 은형술

신선과 관계된 전기문 등을 보면 자주 눈에 띄는 것이 '좌재입망(坐在立亡)'이라는 4글자이다. '앉으면 있고 서면 없어진다', 즉 '앉아 있을 때에는 있었는데 서자 모습이 보이지 않는다'는 의미이다.

예를 들어 『신선전』에 있는 「황초평전(黃初平傳)」에는 초평이 형인 초기(初起)가 동생을 따라 신선이 되고자 하여 함께 산에 들어가 수행에 매진한 결과 500년 만에 '좌재입망'하게 되어 대낮에 걸어가도 그림자가 없어져 신선이 되었다는 내용이 기술(記述)되어 있다.『포박자』에도 황건의 난을 일으킨 장각(張角)을 필두로 유근(柳根), 왕흠(王歆), 이신(李申) 등의 인물이 '좌재입망'의 기술을 사용해 민중을 미혹시켰다고 서술되어 있다.

더욱이 이중보도 배웠던 둔갑술도 있다. 이 기술은 '기문둔갑(奇門遁甲)'이라고도 알려져 있는데, 역시 모습을 감추는 기술이다. 다만 이 기술은 은형이라기보다는 은둔의 기술, 즉 다양한 사물로 숨어버리는 기술로 알려져 있다. 여기에는 13 종류가 있어서 십삼둔(十三遁)의 기술이라고 일컫는다. 차례대로 들면, 1은 목둔(木遁), 2는 화둔(火遁), 3은 토둔(土遁), 4는 금둔(金遁), 5는 수둔(水遁), 6은 인둔(人遁), 7은 금둔(禽遁), 8은 수둔(獸遁), 9는 충둔(蟲遁), 10은 어둔(魚遁), 11은 무둔(霧遁), 12는 운둔(雲遁), 13은 풍둔(風遁)이다. 이것은 방술(方術)이라기보다는 인술(忍術)의 영역에 들어갈 것이라는 생각이 든다. 이 기술은 은형술로서는 한 단계 아래의 계층에 속할 것이다.

보다 쉽게 할 수 있는 은형술로는『포박자』에 소개된 것이 있다.

정은선생(鄭隱先生)의 가르침에 의하면 대은부(大隱符)라는 부적을 10일 간 복용하면 좋다. 모습을 사라지게 하고자 할 때에는 왼쪽으로 돌고 모습을 드러내고 싶을 때는 오른쪽으로 돌면 된다. 옥이환(玉飴丸)이라는 약을 몸에 바르는 방법도 있다. 또한 사족산(蛇足散)이라는 약을 쓰는 방법도 있다.

다만 "이들 기술은 장생(방술의 궁극적인 목표이다)을 위한 것과는 관계가 없다. 세간에서 이유 없이 행하면 괴상하게 여겨질 뿐이므로 함부로 행할 것은 아니다. 전쟁을 만나 몸이 위험한 때에 사용할 정도의 것이다"라고 단정하고 있다. 그도 그럴 것이다.

마지막으로 『상청단경도정은지팔술경(上淸丹景道精隱地八術經)』 이라는 도교경전에 쓰여 있는 은형술의 방법을 소개해 둔다. 이와 같이 행했을 때 모습이 사라질 수 있는지 어떤지 분명치는 않다. 그보다 이것을 악용하면 곧바로 지옥에 떨어진다는 취지의 주의를 주는 글이 눈에 띈다.

팔술의 하나는 장형닉영(藏形匿影)의 기술이다. 입춘날 날이 밝아올 때 방안에 들어가 동북쪽을 향해 앉는다. 마음속으로 다음과 같은 것을 그린다(이미지화한다). 자색 구름이 뭉게뭉게 동북 방향에서 일어나 방안에 가득하해지고 안과 밖의 구별을 알 수 없게 된다. 조금 지나자 구름이 변화하여 구색(九色)의 짐승 형태가 된다. 마치 비늘 모양과 같은 것으로 내 눈앞에 있다. 그러면 이를 36회 딱딱 부딪어 소리 나게 한다. 그리고 주문을 외운다.
"근원으로 돌아가 그림자를 바꾸어라.
빛나는 초가힌 닌꼿오교
니를 자색 올디리로 감추이리.
나를 금으로 된 성(城)에 감추어라.
기와 혼합하여
니의 모습을 드리네지 미리."

다 읊은 후에는 침을 9회 삼킨다. 눈을 뜨면 구름이 싹 걷힌다. 그러
면, 비영옥부(飛靈玉符)라는 부적을 먹어 삼킨다. 이 수행을 1년 하
면 영원히 공중으로 사라진다.

도교의 방술에서 은형의 기술은 이와 같이 어디까지나 신체와 정
신을 청정하게 하여 우주의 기의 흐름과 일체화하기 위한 수단인 것
이다.

체대술(替代術)

— 미야자키 요리코(宮崎順子, 간사이대학)

그림이나 인형을 대신(代身)삼아 질병이나 재앙을 막는 방법은 풍습일 뿐일까? 천사도(天師道) 등 도교에서도 행해졌다.

그림 속 사람이
재앙을 대신 받게 하는

히나마츠리(雛祭)는 일본 어디에서나 볼 수 있는 풍습으로, 일종의 대신(代身)의 기술이다. 삼월 삼짓날 작은 인형을 제단에 장식하고 감주나 떡, 복숭아 꽃 등을 차려놓고 여자 아이의 행복을 비는 축제 행사인데, 일부 지역에서는 히나(雛) 인형을 물에 띄워 보내는 행사를 한다. 재앙과 액운을 인형에 옮겨가게 하여 그것을 물에 흘려보내고자 하는 것이다. 중국에도 체대[替代; 체형(替形), 체신(替身)이라고도 한다] 인형이나 그림 속의 인물에게 질병이 옮겨가게 함으로써 질병의 쾌유를 도모하는 기술이 있다.

명나라 적호(翟灝)의 『통습편(通習編)』 권19 「신귀(神鬼)·체대(替代)」에는 다음과 같은 세 가지 예가 인용되어 있다. 첫 번째는 송나라

주삼외(周三畏)가 쓴 『동화록(同話錄)』에 실려 있는 예이다.

　종이에 그려진 그림을 인간 대용으로 삼는 풍습이 언제부터 시작되었는지는 알 수 없다. 오늘날 세간에서는 액막이 행사를 할 때 이것을 사용한다. 널빤지에 새겨져 있는 것을 인쇄한 것으로 남녀의 모양을 본떠 만든 것이기는 한데 입이 없다. 북방의 풍습에서는 한 해가 저물 때 한 사람당 한 장씩 그려 12월 24일 밤에 체대로 삼아 섣달 그믐날에 태운다. 학사(謔詞; 그림을 태울 때에 유희로 말하는 규정된 문구)에 "약환체득이, 가지호리(若還替得尔, 可知好裏)"라는 말이 있다. 그 의미를 알기 어렵지만 '만약 다시 너로 변하게 해줄 수 있다면 좋겠는데……' 정도의 의미일까?

　두 번째로는 다음과 같은 예를 기록하고 있다.

　형남(荊南)의 도두[都頭; 현(縣)의 하급관리]인 이우(李遇)는 병으로 고생하였고 그 때문에 혼이 음사[陰司; 염마(閻魔)의 관청]에 가고 말았다. 그곳에서 먼저 죽은 지인을 만났다. "당신은 왜 여기로 온 겁니까?"라고 물어 이우가 경위를 말하자 갑자기 또 한 사람이 나타나 "이우를 데려가려 왔습니다"라고 말한다. 이우는 따라서 다시 살아났다. 그의 신체 아래에 사람을 그린 그림이 까려 있었다. 이것을 이름 붙여 체대라고 한다. 송·노응룡(魯應龍)의 『한창괄이지(閑窓括異志)』.

　화인(畵人), 곧 그림으로 그린 사람이 대신 체포되었기 때문에 이우는 살아 돌아올 수 있었던 셈이다. 더욱이 형남은 고대 초나라[형

(荊)이라고도 함]가 있던 지역, 즉 지금의 후베이(湖北) 성(省)을 중심으로 하는 일대를 가리킨다.

이전에 두기(杜畿)는 동자(童子)를 만난 적이 있었다. 동자는 두기를 향해 "사명(司命; 생명을 관장하는 신)께서 당신을 저세상으로 부르고자 나에게 명령하셨습니다"라고 말했다. 두기는 도와달라고 강하게 탄원했다. 동자는 이렇게 말했다. "그럼 지금 당신을 위해 대신할 사람을 찾아봅시다. 이 말을 발설하지 않도록 주의해 주십시오." 그 말이 끝나자마자 순식간에 그 모습이 보이지 않았다. (두기는 동자의 당부를 지켜 이 이야기를 누설하지 않았지만) 20년 뒤에 그 이야기를 발설하자 그 날로 죽고 말았다. 그때 62세였다.『삼국지(三國志)』「위서(魏書)·권 16 〈두기전(杜畿傳)〉」에 배송지(裴松之)가 붙인 주석에서 인용.

바로 이것이 '체대'가 되는 그림에 입이 그려져 있지 않은 이유라고 한다.

천사도의 의례의 공물(供物) 인형

이상이 예는 풍습으로 행해져온 것인데, 도교의 방술 가운데에도 체대의 예가 존재한다. 육조시대에 성립한 천사도의 옛 모습을 전하는 것으로 알려져 있는『적송자장력(赤松子章曆)』『도장(道藏)』·동천부(洞玄部)·표주류(表奏類)에는 금속도금을 한 인형으로 하여금 재난을 대신

받게 하는 방법을 볼 수 있다.

『적송자장력』은 천사도 의례의 진행순서를 주된 내용으로 하는데, 그들 의례는 국가나 자기 자신 혹은 친족이나 조상을 위해, 재앙은 피하고 행복을 불러오며 생명은 유지하고 죽음은 피하는 것을 목적으로 하고 있다. 제1권에는 의례를 행할 때 바치는 공물이 열거되어 있는데, 그 공물 중에 금이나 은, 동, 주석으로 도금한 인형이 포함되어 있다.

- 권1「질병파관장(疾病破棺章)」; 흰 비단 40자[尺], 금인(金人: 금으로 만든 인형) 한 구, 칼 한 자루, 도끼 한 자루…….
- 권1「병사부절은인대물장(病死不絕銀人代物章)」; 은박(銀箔) 인형은 가족의 사람 수에 맞추어 한 사람 당 한 구씩 준비한다. 은을 쓰지 않으면 안 된다. 주석 인형을 사용해서는 안 된다. 혹은 돈 99냥도 좋다. 주상(奏上), 곧 아뢰는 글의 문구를 다 읽고 나면 물에 던진다.
- 권1「구병대액금자대형장(久病大厄金紫代形章)」; 돈 240푼, 자문(紫紋, 자색의 옷감) 40자[尺], 무게 1냥 2수(銖; 1수는 1/24냥)의 금인(金人) 1구.

이 중에「구병대액금자대형장」에는 의례에서 기술하지 않으면 안 되는 상주문(上奏文)이 제6권에 기록되어 있다. 우선 자신의 생년월일이나 출신을 기술하고 공물의 목록을 보고한다. 그 다음에 장생불사나 행복을 기원한다는 취지를 고하고, 그 뒤에 드디어 본문으로 들어간다. 본문에서는 다수의 신명(神名)을 순서대로 들어가며 한 명, 한 명 신에 대해 사적(死籍; 죽을 날짜가 쓰여 있는 천상의 명부)에서 자신의 이름을 없애고, 생적(生籍; 신선의 명부)에 실리게 해달라고 탄원한다. 가령 '삼이천군(三二天君)'의 예를 들면 다음과 같이 청원을 한다.

○○(자신의 본명을 말한다)은 아뢰어 기원드립니다. 삼이천제군장생사마대형도명감생사자(三二天帝君長生司馬代形度命監生使者)시여! 삼이인(三二人)이 비룡우거(飛龍雨車)를 타고 삼이천제의 병마(兵馬) 각각 900인을 이끌고 함께 내려와 주소서. 그리고 ○○의 금인자문(金人紫文)을 가지고 삼이천력성검숙궁조(三二天曆星檢宿宮曹)에 올라 저의 몸과 이름을 대신하게 해 주소서. 더욱이 바라옵니다. 진신현원(眞神玄元)의 생기(生氣)가 내려와 ○○의 몸속으로 들어가 생적에 기록되어 장생불사하게 해주소서.

체대로 쓰이는 것은 인형만이 아니다. '팔괘패(八卦牌)'도 체대(替代)로 사용되는 경우가 있는 것으로 보인다. '팔괘패'란 집 앞에 걸어 놓아 악마를 쫓는 물건이나 부적인데<별항 〈팔괘패 · 수패(獸牌)〉 참조>, 타이완에서는 '체신팔괘패(替身八卦牌)'라고 부르는 것이 존재한다. 팔괘패 아래에 목제 인형[체대]이 달려 있는데, 이는 타이완에서도 매우 희귀한 것이라고 한다.

또한 살아 있는 인간에게 재앙이나 길벙을 대신하게 하는 풍습도 있었다. 이것은 왕후귀족이나 유복한 가정에서만 행히던 것인데, 이 이가 태어났을 때 그 아이를 대신하는 체대로서 다른 사람의 아이를 출가시키는 것이다. 이것은 '체승(替僧)'이라고도 한다. 이것에 대해서는 시외다 미즈호(澤田瑞穗)가 지은 『중국의 주법(中国の呪法)』에

체신팔괘패(替身八卦牌) (핑동(屏東)현 씬유엔(新園)향)
아래쪽에 "大"자 모양의 인형이 달려 있다.
『타이완민택문팔괘비수호공용적목적(臺灣民宅門八卦牌守護功用的目的)』에서

도 상세하게 설명되어 있는데, 여기에서는 『홍루몽(紅樓夢)』 제17회의 기술을 인용하며 이 글을 맺고자 한다.

어릴 때부터 병약하여 여러 사람의 체대를 샀지만 모두 소용이 없어 결국 이 여식(女息)은 스스로 불가에 들어갔다고 한다. 그러자 가까스로 괜찮아졌던 모양이다. 그래서 머리를 삭발하지 않은 채 수행을 하고 계신 것이다.

분신술(分身術)

— 히라키 코헤이(平木康平, 오사카부립대학)

자기 몸의 털을 뽑아 분신(分身)을 이루어낸 손오공.
잘 알려진 이 방술의 진면모를 선인들의 다채로운 일화를 통해 본다.

분신을 터득하면
신들과 만날 수 있다

한 사람의 신체를 두 사람 혹은 세 사람 이상으로 나누어 동시에 다른 장소에 각각 동일한 모습으로 등장하는 기술을 분신술이라고 하고, 이를 분형술(分形術)이라고도 한다.

『포박자』「지진편(地眞篇)」에 분신술에 대한 이런 구절이 있다.

현일(玄一)의 도(道)는 중요한 법[法術]이다. 온갖 세해를 피할 수 있다는 점에서는 진일(眞一)와 동일하다. 우선 100일간 성신재계(精進齋戒)하고 나서 현일을 구해야 한다. 3, 4일만 하면 현일은 얻을 수 있다. 이것을 지켜 나가면 현일은 사라지지 않는다. 현일을 지키면서 사신의 몸이 나뉘어 셋으로 된 것을 마음으로 생각하라. 세 사람이 보이게 되면 그 다음에는 점점 늘려가 수십 사람으로도 늘어나게 할 수 있게 된다. 그들 중 어떤 것도 자신의 신체와 전혀 다르지 않다. 여러 분신들을 사라지게 할 때나 드러낼 때 각기 구결(口訣)이 있다.

좌자(左慈)나 계자훈(薊子訓), 갈선공(葛仙公)은 이 기술에 의해 하루에도 수십 곳에 모습을 드러냈다. 좌상(座上)에 손님이 있고 한 주인이 손님을 응대하고 있다. 그리고 이와 동시에 또 하나의 주인이 문 앞에서 다른 손님을 맞이하고 있다. 또한 동시에 또 다른 한 사람의 주인이 연못에서 낚싯줄을 드리우고 있다. 손님은 어떤 자가 진짜 주인인지 봐서는 분간할 수 없다. 나의 스승은 일(一)을 지키기 위해서는 명경술(明鏡術; 거울을 사용하는 도술)을 연마하라고 말씀하셨다. 명경술을 터득하면 자신의 모습을 수십 인으로 나눌 수 있으며 모두 다 의복이나 용모 모두 동일할 것이다.

다시 『포박자』는 말한다.

스승님의 말씀에 따르면 불노장생 하기를 원하면 힘써 대약(大藥)을 복용하라. 신통력을 획득하면 거울[金鏡]이나 수경(水鏡)에 자신의 신체를 비추어 몸을 분신(分身)하라. 몸을 분신하면 내 마음 안에 있는 삼혼칠백(三魂七魄)도 저절로 드러나 천지의 신들을 접견할 수 있고 산천의 신들을 자유자재로 부릴 수 있다.

다채로운 도술(道術)의 명수,
좌자(左慈)

　좌자에 대해서는 『후한서』 「방술전(方術傳)」에 이러한 이야기가 실려 있다. 좌자는 젊은 시절부터 불가사의한 도술을 겸비하고 있었다. 예전에 그가 조조(曹操)의 연회에 참석했을 때 조조가 천연덕스럽게 손님을 향해 다음과 같이 말했다. "오늘 연회에는 진귀한 음식들이 준비되어 있소. 오(吳)나라 송강(松江)의 농어만 빠졌소외다."

　그러자 좌자는 "그것이라면 손에 넣을 수 있다"고 말하고는 바로 동으로 된 수반을 가져오라고 하고 죽간(竹竿)으로 재빨리 수반 안에서 농어 한 마리를 낚아 올렸다. 조조는 손뼉을 치며 크게 기뻐했고 또 다시 "한 마리로는 모든 사람들에게 다 나누어줄 수가 없네. 좀 더 낚을 수는 없는가?"라고 말했다. 따라서 다시 한 번 낚시줄을 드리우자 눈 깜짝할 사이에 차례차례로 3척 정도의 살아 있는, 훌륭한 물고기를 낚아 올렸다. 눈앞에서 회를 쳐서 좌중에 접대했다.

　조조는 다시 말했다. "생선을 손에 넣었으나 안타깝게도 곁들일 촉(蜀)나라의 생강이 부족하네." 그러자 좌자는 "그것이라면 구할 수 있다"고 말했다. 조조는 그가 근방에서 나는 것으로 임시변통할까 염려하여 말했다. "내가 이전에 사람을 시켜 촉나라의 비단을 사오라고 보냈는데, 그 자[使者]를 길에서 만나거든 두 필 더 사오라고 전하게." 이야기가 채 끝나기도 전에 벌써 생강을 사가지고 돌아왔다. 후일, 촉나라에서 사자(使者)가 돌아왔는데 말한 대로 비단을 더 사가지고 돌아왔다.

　이것은 좌자가 눈 껌직힐 사이에 위(魏)나라와 먼 오나라 사이를 왕복했다는 이야기인데 어떤 의미에서는 분신술을 사용했던 것이라고 생각된다. 오늘날 마술을 떠오르게 하는 도술도 거기에는 포함되어 있다.

좌자가 보다 확실하게 분신술을 사용했다는 이야기가 마찬가지로 『후한서』「방술전」에 나온다. 조조가 100명 정도의 하인들을 데리고 교외에 놀러나갔다. 좌자는 술 한 말과 말린 고기 한 근을 가지고 함께 따라갔다. 그것을 모두에게 대접해 전원이 만취하고 배가 부르게 되었다.

조조는 이를 이상하게 여겨 조사해 보라고 시켰더니 주변의 술집이라는 술집의 술과 말린 고기가 전부 없어진 것이었다. 조조는 기뻐하지 않고 석상에서 좌자를 붙잡아 죽이려고 했다. 그러자 좌자는 벽 안으로 숨어들어가 소재를 알 수 없게 되고 말았다. 시내에서 그를 발견한 사람이 체포하려고 하자 시내의 사람들이 모두 모습이 변해 좌자와 완전히 똑같이 되어 누가 좌자 본인인지 알 수 없게 되었다.

후에 어떤 사람이 양성산(陽城山) 정상에서 좌자를 만나 또 체포하려고 쫓아가자 양 무리 속으로 달아나 숨었다. 조조는 좌자를 체포하는 것을 포기하고 양 무리를 향해 말했다. "이제 죽이지는 않겠네. 단지 자네의 도술을 시험해 보려고 했던 것뿐일세."

그러자 갑자기 한 마리의 늙은 수컷 양이 앞다리의 두 무릎을 구부리더니 인간과 같이 서서 말했다. "즉각 여기에 잡아끌어 오겠습니다." 곧바로 우르르 몰려가자 수백 마리의 양 무리가 모두 수컷 양 뒤에 모습을 바꾸어 똑같이 앞 다리의 두 무릎을 구부려 인간처럼 사서 말했다. "곧바로 여기에 끌어 왔습니다." 결국 어떤 것을 체포해야 좋을지 알 수 없게 되었다.

이러한 일련의 이야기 중에는 다양한 기술이 포함되어 있다. 우선 시내의 사람들이 모두 좌자와 똑같은 모습으로 변신한 것은 좌자 자신이 분신한 것인지, 아니면 시내의 사람들을 변신시킨 것인지 확실히 알 수는 없지만, 그렇다고 해도 분신술로 보아도 좋을 것이다. 또한 벽 안으로 모습을 감추었다는 것은 은형술이다. 또 숫양으로 모습을 변화시킨 것은 자신에게 시행한 변신술이다. 양 무리를 모두 숫양으로 변화시킨 것은 타자에게 시행한 변신술이다. 좌자는 참으로 다채로운 도술의 달인이었다.

은형술과 연결되는 분신술

분신술의 달인은 이외에도 있었다. 『속고승전(續高僧傳)』에 의하면, 수나라 시대 석지광(釋智曠)이라는 승려가 "곡천(谷川)에 오래된 종이 묻혀 있으니 파내서 절에 걸어라"라고 말했다. 그 고을의 장관이 그것을 듣고 삿된 말을 퍼트리는 자라고 하여 감옥에 가두었다. 석지광은 고문을 받았지만 태연했다. 7일간 절식했으나 안색도 그대로였다. 기이하게도 감옥에 있어야 할 승려가 마을을 걸어 다니기도 했다. 그러나 옥 안을 살피고니 거기에도 승려가 있었다. 따라서 그가 분신하고 있었던 것을 알 수 있다.

『서유기』에 등장하는 손오공이 자신의 몸의 털을 뽑아 무수하게 많은 손오공을 만들어낸 것도 분신술을 사용한 것이었다. 일본의 인술(忍術)에도 이러한 분신술에 속하는 기술이 있다.

한편 좌자가 벽 속으로 모습을 감춘 은형술은 분신술과 연결되는 도술이다. 『포박자』에는 '은형(隱形)', '은화(隱化)', '은륜(隱淪)'의 이야기가 곳곳에 나온다. 또한 『신선전』에는 은형술을 잘 해서 소리만 들려 사람들과 대화하거나, 모습은 보이지 않은 채 음식은 보통때처럼 먹었다고 하는, 투명인간과 같은 이중보(李仲甫)라는 신선의 이야기나, 변화은형의 도술을 잘하며 한 사람을 100인, 1,000인으로 분신시키는 유정(劉政)의 이야기 등 은형술에 관한 다수의 이야기가 실려 있다.

견귀술(見鬼術)

— 이노우에 유타카(井上 豊, 오사카시립대학 대학원)

귀(신)란 유령이나 도깨비 등 괴이한 것들을 말한다. 질병이나 재앙을 가져오는 귀신을 물리치기 위해서는 귀(신)의 모습을 보는 것이 매우 중요하다.

영(혼)을 보는 능력,
견귀술

견귀술(見鬼術)이란 고대부터 있던 방술의 하나로 방술가가 귀(鬼)를 보는 기술이다. 귀(鬼)란 모든 괴이한 사물을 지칭한다. 흔히 말하듯, 중국어에서 '鬼'는 일본어의 'オニ(오니)가 아니라 유령이나 사자(死者)의 영혼, 도깨비 등을 총칭한다. 크게 나누어 ① 인귀(人鬼), 곧 사람의 영혼, ② 요괴(妖怪), 동물이 둔갑한 것, 또는 그것의 영, ③ 물정(物精), 무생물의 정기(精氣), 식물의 정기(精氣) 등의 세 가지로 나뉜다. 견귀술[옛날에는 시귀술(視鬼術)이라고도 했다]을 사용하는 방술사는 문자 그대로 보통 사람들에게는 보이지 않는 죽은 자의 영혼을 보거나, 그들과 이야기를 하는 것이 가능하다. 견귀술 안에는 살아 있는 사람을 죽은 사람과 만나게 하는 방술도 포함되게 되었다. 일본에서 말하는 영매사(靈媒師)에 속하는 기술이라고 할 수 있는데, 약간 뉘앙스의 차이가 있다.

귀신을 본 이야기는 중국 문헌에 수없이 많지만 오래된 것으로는 『장자』 「달생(達生)」편에 수록되어 있는 이야기가 있다.

춘추시대의 패자인 제(齊)나라의 환공(桓公)은 오래전 늪이 있는 택지(澤地)에서 사냥을 하고 있을 때 귀신을 보았다. 환공은 옆에 있던 재상인 관중(管仲)에게 무언가를 보았느냐고 물었는데, 관중은 아무 것도 보지 못했다고 대답했다. 사냥에서 돌아온 환공은 고민에 빠진 나머지 병이 나고 말았다. 황자고오(皇子告敖)라는 신하가, 그것은 택지에 사는 위사(委蛇)라는 귀신으로서 그것을 볼 수 있는 사람은 반드시 패자가 될 수 있다고 알려주었다. 환공의 병은 그것으로 깨끗이 나았다고 한다.

참으로 질병은 기(氣), 곧 마음에서 나온다는 것을 보여 주는 견본이 되는 이야기이다. 그런데 문제는 귀신이 환공에게만 보였다는 것이다. 즉 귀신을 볼 수 있는 사람은 원래 어떤 소질 등을 구비하고 있는 특정한 인간이라는 점이다. 당시 일류의 현자였던 관중조차 귀신을 보는 능력은 가지고 있지 않았던 것이다. 그리고 부록(符籙)이나 그 외의 것을 사용하여 보통사람도 귀신을 볼 수 있게 하는 것이 견귀술인 것이다.

귀신을 보게 하는
제일류의 기술

동진시대의 방술서인 『포박자』에서 저자인 갈홍은 이렇게 말하고 있다. "어떤 사람은 이렇게 말한다. '귀신을 볼 수 있는 사람이 남자라면 격(覡), 여자라면 무(巫)라고 부른다. 이것은 타고난 능력이며 가르쳐서 되는 것이 아니다'라고. 그러나 그렇지 않다. 방술을 사용하면 귀신이 모습을 드러내게 할 수도 있고 귀신을 볼 수 없는 사람도 볼 수 있게 할 수 있다."

이것은 견귀술의 최일류에 속하는 사인견귀술(使人見鬼術), 곧 어떤 사람으로 하여금 귀신을 볼 수 있게 하는 방술이다. 다음은 『후한서』「방술전(方術傳)」에 있는 유근(劉根)의 이야기이다.

유근이라는 사람은 영천(潁川) 사람으로 숭산(嵩山)에 은거하고 있었다. 신선이 되고자 하는 사람들이 멀리서부터 찾아와 그의 제자가 되었다. 지사(知事)인 사기(史祈)가 요언(妖言)을 하는 사람이라고 하여 그를 체포하고 조사하게 했다.

"너는 어떤 방술을 쓴다고 하며 민중을 현혹시켰는가? 만약 신통력을 가지고 있다면 뭔가 불가사의한 것을 일으켜 보거라. 그렇지 않으면 곧 바로 사형에 처할 것이다."

"대수롭지 않은 일이다. 사람에게 귀신을 보게 하는 것이 제 재주이다." 유근은 대답했다. 사기는 다음과 같이 말한다.

"재미있군. 당장 귀신을 불러 보이게 하라. 지사 스스로가 그것을 봐야 확실할 것이다." 유근은 그래서 왼쪽을 향하여 소(嘯; 피리를 부는 것처럼 입 모양으로 퓨~하는 소리를 내는 기술. 그 당시에 유행함)을 했다. 잠시 뒤 사기의 죽은 부모, 친척 등 수십 인이 등 뒤로 손을 결박당한 채 앞에 나란히 서 있었다.

"제 아들놈이 분수도 모르고 어처구니없는 일을 저질렀습니다."

사기는 두려움에 벌벌 떨며 피가 날 정도로 머리를 지면에 비비며 자신의 죄를 사과했다. 유근은 아무 말 없이 이윽고 떠나갔다. 어디로 갔는지 알 수 없었다.

여기에서는 방술로서 소(嘯)을 사용하고 있다. 이와 같은 이야기가 『신선전』 권3에도 나오는데 거기에서는 붓과 벼루를 빌려 주문(奏文)을 쓰면 개두(鎧兜), 곧 갑옷과 투구로 무장한 병사가 나타나 망자를 데리고 온다고 한다. 이와 같이 하는 방식에 따라서는 귀신을 실체화시키는 것도 가능한 것으로 보인다.

견귀는
질병치료의 수단

그렇다면 귀(신)를 불러내어 무엇을 하는 걸까? 첫 번째 목적은 질병의 치료인 것으로 보인다. 도교에서 가장 오래된 일파(一派)인 천사도에서는 귀(신)에 대한 대책이 매우 중시되었던 것으로 보인다. 천사도의 전신은 후한시대의 오두미도(五斗米道)라는 교단인데, 이 교단은 병자를 치료하는 활동을 통해 세력을 넓혀 나갔다. 오두미도의 교리는 질병이란 그 사람이 범한 죄에 대한 귀신의 응벌이므로 질

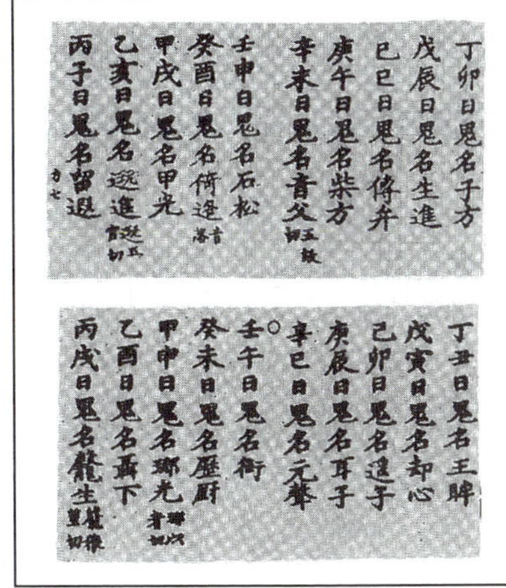

丁卯日鬼名子方
戊辰日鬼名生進
己巳日鬼名侮弁
庚午日鬼名柴方
辛未日鬼名青父
壬申日鬼名石松
癸酉日鬼名術遷
甲戌日鬼名甲光
乙亥日鬼名遯進
丙子日鬼名留退

丁丑日鬼名王牌
戊寅日鬼名却心
己卯日鬼名進子
庚辰日鬼名耳子
辛巳日鬼名元華
壬午日鬼名衡
癸未日鬼名歷厨
甲申日鬼名鄉光
乙酉日鬼名畫下
丙戌日鬼名龍生

右三鬼是人屋中四壁角中鬼主人夫妻
无道不順陰陽此鬼白直符直符白奏事
除人生籍子知名鬼不敢動并敕鬼著屋
四壁角厭用桃剌長尺二朱書又懸門戶
上敕法如左

열거되어 있는 귀신의 명칭(왼쪽)**과 귀신을 제어하는 부록**(符錄)(오른쪽)

노두 『여청귀율(女青鬼律)』에서

병을 고치기 위해서는 과거의 죄를 참회하여 귀신에게 용서를 받지 않으면 안 된다는 것이다. 동진(東晉) 말 무렵의 천사도 경전이 몇몇 남아 있는데, 그 중 하나인『여청귀율(女青鬼律)』에는 천하에 있는 귀신의 명칭과 그를 제어하는 방법이 열거되어 있다(그림 참조). 이들을 제어함으로써 모든 질병이 치유되고 재앙이 물러갈 수 있다는 것이다. 이러한 활동을 위해서는 귀신을 보는 능력이 대단히 편리하다. 견귀술의 발달은 아마도 이러한 도교교단에 의한 치병활동과 무관하지 않을 것이다.

귀신의 마력을 약화시키는
거울이나 부록(符籙)

이들 견귀술은 구체적으로 어떠한 것을 실행하는 것일까?『포박자』
에는 선도(仙道)의 문헌 중에 귀신을 불러내어 악귀를 굴복시키는 법
이 씌어 있다. 또한 사람에게 유령을 보여주는 방술도 있다고 한다.
같은 책의 다른 곳에서는 수행을 위해 산에 들어갈 때 수칙으로서 직
경 9촌 이상의 거울을 가지고 가라고 말한다. 귀신 종류가 접근해 올
때도 그 실체를 비추어준다는 것이다.『노자중경(老子中經)』이라는
오래된 도교경전에서는 다음과 같이 말한다.

> 여러 사악한 귀신이나 해가 묵은 생령(生靈)류를 제어하는 데에는 언
> 제나 부록이나 잘 잘리는 칼을 물항아리 위에 준비하여 그 안에 모양
> 이 비치도록 하는 것이 필요하다. 외출 중에 미묘한 것과 만나면 일
> 월의 빛 가운데서 그 그림자의 모양을 잘 보아야 한다. 그렇게 하면
> 그 정체를 알 수 있다. 단서(丹書)에서 도깨비나 요괴를 단숨에 해치
> 우는 방법은 부록을 물항아리 위에 둔다. 사악한 귀신이 이것을 보면
> 저절로 소멸할 것이다.

위의 내용에 따르면 귀신들의 약점은 거울과 칼과 부록인 것으로
보인다. 일광과 월광도 싫어하는 대상이다. 대개 빛을 발하는 것을
만나면 정체를 드러내는 것으로 보인다. 귀신은 그 모습이 드러나고
이름이 알려지면 마력을 잃는다고 믿고 있었다. 귀신의 명칭을 계속
연이어 기록한 도교경전은 그 명칭을 알기 위해 필요한 것이다. 그리

고 준비한 검으로 퇴치하기도 하고 부록을 사용하여 귀신을 마음대로 움직이게 하기도 한다. 이 정도가 되면 견귀술의 범위를 넘어서고 만다. 이에는 다른 종류의 방술이 존재한다. 그것은 귀신을 제어하는 '핵귀술(劾鬼術)'과 귀신을 조종하는 '소귀술(召鬼術)'이다. 잘 알려진 강시 영화의 세계이다.

핵귀술(劾鬼術)

— 히라키 코헤이 (平木康平, 오사카부립대학)

일본의 신사(神社)에 모셔져 있는 거울이나 검(劍)은 핵귀술의 영향을 받은 것이라고 한다. 사악한 귀신이나 요괴를 축출하는 방술 가운데 몇 가지를 살펴본다.

귀신을
몸 가까이 오지 못하게 한다

'핵귀술'이란 인간에게 위해를 끼치는 사귀(邪鬼)나 요괴를 탄핵하고 축출하는 방술을 말한다. 사귀(使鬼)·역귀(役鬼)·소귀(召鬼)·벽귀(辟鬼)·제귀(制鬼) 등의 단어도 거의 같은 의미로 사용된다. 『포박자』권17「등섭(登涉)」편에, 어떤 사람이 포박자에게 산천(山川)이나 묘당(廟堂)에 있는 여러 귀신을 피하는 방법을 물었다는 이야기가 실려 있다. 포박자는 그에 대해 다음과 같이 답하고 있다.

도사는 항상 천수부(天水符) 및 상황죽사부(上皇竹使符)·노자좌계(老子左契)을 지니고 진일(眞一)을 지키며 삼부장군(三部將軍)을 의념(意念)하면 귀신이 사람에게 붙지 않는다. 그 다음으로 백귀록(百鬼錄)·백택도(白澤圖)·구정기(九鼎記)를 살펴보아 천하의 귀신의 명자(名字)를 기억해 두면 모든 귀신은 자신에게서 물러나 흩어진다. 그 다음에는 순자적석환(鶉子赤石丸)·증청야광산(曾青夜光散)·홀실오안환(葱實烏眼丸)을 복용하고 아울러 백석영지모산(白石英祇母散)을 삼킨다. 그러면 모든 귀신의 모습이 보이게 되고 귀신이 오히려 두려워하게 된다.

여기에서는 귀신을 피하는 방법을 세 가지로 설명하고 있다. 하나는 귀신이 가까이 오지 않게 하는 부적을 휴대하는 것이다. 두 번째는 모든 귀신의 이름을 기억해 두는 것이다. 귀신은 자신의 이름이 사람들에게 알려져 버리면 신통력을 잃고 만다. 세 번째는 특별한 약을 복용하는 것이다. 『운급칠첨(雲級七籤)』 권19에서 인용하는 『노자중경(老子中經)』에서는 도사가 삿된 귀신이나 정매(精魅)를 제압하는 방법을 말하고 있다. "모든 사귀(邪鬼)나 요괴를 제압하고자 하면 항상 부적과 예리한 검을 물항아리 위에 놓아둔다. 그러면 수면에 그 모습을 비추게 할 수 있다. 출입을 할 때에 갑자기 예사롭지 않은 괴물과 만나게 되면, 일월의 빛 가운데에 놓고 그 모양을 보면 정체를 간파할 수 있다. 또한 물항아리의 물 위에 부적을 띄워두면 사귀가 이것을 보고 저절로 사라질 것이다."

이에 따르면 귀신을 물러나 흩어지게 하기 위해서는, 우선 귀신의 모습을 확인하는 것이 필요하다. 그러기 위해서는 부적과 검, 물항아리, 세 가지를 빠뜨려서는 안 된다. 귀신은 사람들에게 그 모습이 보이게 되면 위해를 가하는 힘을 잃고 만다.

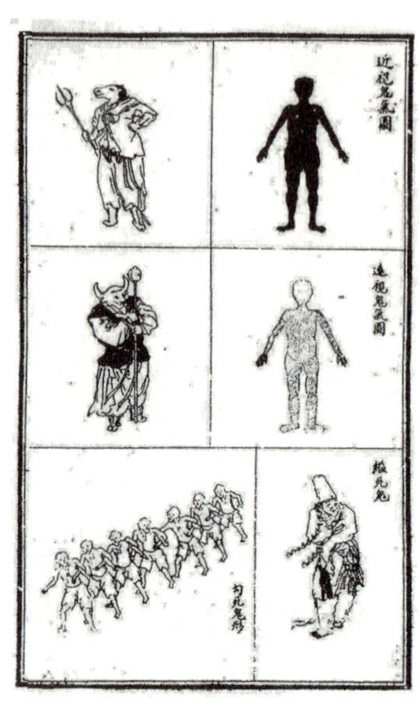

시귀도(視鬼圖)
『대천도설(大千圖說)』,學生書局

　이 외에 『포박자』「등섭」편에, 도사가 산중에 들어갈 때에는 거울을 휴대하고 가서 사귀의 모습을 비추어낸다는 이야기가 나온다. 직경 9촌 이상의 거울을 등에 진다. 만약 가까이 다가오는 것이 있고 그것이 선인이나 선신(善神)이면 거울은 사람의 모습을 비추어낼 것이다. 그러나 사귀인 경우는 그 모습을 비추어내고 게다가 사귀에게는 발뒤꿈치가 없기 때문에 곧바로 식별할 수 있다.

　오늘날에도 타이완이나 홍콩의 도교 사원에는 마귀를 물리치기 위한 거울이나 검(혹은 가위)이 자와 함께 제단에 바쳐지고 있다. 또한 각 가정의 정원 입구의 상부에 역시 거울을 외부를 향해 걸어 놓은 경우가 있는데, 이것도 외부로부터 사귀가 침입하는 것을 막기 위한 것이다. 세간에는 밖에서 들어온 사귀가 문 위의 거울에 비치는 자신의 모습에 놀라 달아난다고 한다.

일본에서는 천황이 황위를 물려줄 때 사용하는 세 종류의 신기(神器)에 거울과 검이 포함되어 있으며 신사의 보물로서 거울이나 검을 모시기도 하는데, 이것 역시 중국 도교의 핵귀술의 영향이라고도 한다.

귀신의 모습을 끝까지 보고 확인하여 퇴치한다

귀신을 제압할 때에는 우선 귀신의 모습을 끝까지 보아 확인하는 기술, 곧 견귀술을 갖추고 있지 않으면 안 된다. 이미 전한 시대에는 귀물(鬼物)을 투시하는 전문 방술가가 있었다. 『한서(漢書)』 「강충전(江充傳)」에는 "한나라 시대에 전문적으로 투시를 하는 사람이 있었다. 무(巫)의 일종이다"는 기사가 나온다. 시귀(視鬼)는 견귀와 동의어로서 이러한 특별한 영시(靈視) 능력을 가진 사람은 시귀자(視鬼者)라든가 견귀사(見鬼師)라고 불렸다. 갈홍은 『포박자』 「논선(論仙)」 편에서 "견귀자는, 남자는 격이라고 하고 여자는 무라고 한다. 그 능력은 태어날 때부터 가지고 있는 것으로 배위서 습득되는 것이 아니다"라고 한다. 이러한 능력을 갖는 것은 대부분 여성이었다. 오늘날 일본에서도 영을 투시한다고 하는 사람들이 있는데, 이들도 견귀자의 흐름을 이어받은 사람들이므로 대부분이 여성이다.

예를 들면, 후한의 장제(長帝) 시대에 이러한 핵귀의 예가 있다. 수광후(壽光侯)라는 인물은 여러 귀신과 많은 도깨비들을 탄핵하여 귀신들 스스로가 자신의 몸을 결박하고 모습을 드러내게 하는 힘을 가지고 있었다. 그의 마을에 요괴에게 잉화를 당하어 녕에 걸린 부인이 있었다. 그가 요괴를 탄핵했을 때 몇 길이나 되는 큰 뱀이 문 밖에 죽어 있었다. 또한 신목(神木)이 있어 사람이 가까이 하면 죽고 새가 머물면 떨어졌다. 그가 조사해보니 그 나무는 여름이 한창일 때 시들어 말라버리고 길이가 일곱 길이나 여덟 길이 되는 큰 뱀이 나무 사이에 매달려 있었다.『후한서』「방술전」.

삼국시대, 오(吳)나라의 손권(孫權)의 때에 양동(陽童)이라는 방술을 쓰는 사람이 있었다. 이전에 혼자서 배로 여행을 하여 물가에 정박해 있는데, 밤중에 귀신 하나가 다가와서 공격하려고 했다. 양동이 큰 소리로 꾸짖자 그 귀신은 "양동님인 줄 모르고 무례를 저질렀습니다"라고 손이 발이 되게 빌었다. 따라서 목숨을 살려주고 배에 태워주자 배는 날듯이 질주하여 목적지에 도착했기 때문에 그 귀신을 방면해 주었다.『태평어람』 권737. 이 이야기는 귀신의 힘을 사용하여 배를 질주시킨 것으로 귀신을 부리는 사귀(使鬼)의 예이다.

당나라 시대 말경, 강하(江夏)라는 관리의 관사에 기괴한 일이 일어났다. 매일 밤 새까만 거인이 출몰하여 그를 목격한 사람은 모조리 몹시 놀란 나머지 병들어 죽었다. 시귀술(視鬼術)을 잘 부리는 허원장(許元長)이 어느 날 밤 그 거인이 오기를 기다리고 있는데, 그 모습을 드러내서 한 장의 부적을 꺼내들고 날렸다. 그러자 완벽하게 그 팔에 명중하여 쿵하고 떨어져 버렸다. 떨어진 팔을 보니 마른 가지 하나였다. 다음 날 자세히 보니 뜰의 한쪽 구석에 있는 고목에 지난밤의 부적이 걸려 있었다. 그 나무를 잘라 태웠더니 요괴가 사라졌다.『태평광기(太平廣記)』. 부적의 힘으로 요괴를 퇴치한 이야기이다.

송대가 되면 도사는 천심법(天心法)이라는 핵귀술을 사용하게 된다. 부적과 검과 불을 사용하여 귀신을 퇴치시키는 방술로서 천심오

뇌정법(天心五雷正法)이라고도 하였다. 하전직(何殿直)이라는 병사
는 천심법을 매우 능숙하게 사용하였다. 다른 사람의 아내가 귀신의
앙화를 당하여 2년 동안 병들어 있는 것을 낫게 해주었다. 처음에는
사귀(四鬼), 곧 네 귀신이 씌어 있었는데 남은 한 귀신을 축출하기 위
해서 제단을 만들고 체포하여 채찍으로 늘씬하게 때리자 비명이 밖
에까지 들리게 되었다. 그날 밤 다른 사람의 아내가 마치 꿈에서 깬
것처럼 완전히 병이 나았다.『손공담포(孫公談圃)』.

　청나라 시대에 박존(樸存)이라는 사람은 눈이 밝아서 어두운 밤에
도 등불이 필요 없고 귀신을 볼 수 있었다. 어느 해에 마을마다 역병
이 유행했다. 역병을 유행하게 만든 귀신은 모두 벽을 따라 나아가고
아무것도 없는 곳은 나아가지 않는다. 따라서 역병이 든 집에 문안을
갈 때는 벽에 기대지 않고 가지 않으면 안 된다. 또한 역귀는 바람을
두려워하기 때문에 바람을 만나면 초목을 붙들고 움직이지 않으려
한다.『중론문재필록(重論文齋筆錄)』. 이것은 역귀의 습성을 기술하고 그것
을 피하는 방법을 설명한 것이다.

섭혼(攝魂)

— 히라키 코헤이(平木康平, 오사카부립대학)

육체와 영혼이 분리되는 것을 죽음이라고 한다. 생자나 사자의 영을 잡아 붙들고 돌아오도록 부른다. 다양한 섭혼(攝魂)의 방술을 소개한다.

사라지려고 하는 사자의 영을 잡아 붙드는 초혼

섭혼(攝魂)이란 생자나 사자의 영혼을 불러 머물게 하는 것이다. 섭이란 끌어당기는 것이다. 초혼·반혼(返魂)이라고도 한다.

인간의 육체에는 살아 있는 동안만 영혼이 머문다. 만약 영혼이 육체에서 유리되어 돌아오지 않으면 육체가 부패하고 인간은 죽음에 이른다. 인간의 죽음이란 육체와 영혼의 분리를 의미한다.

갈홍의 『포박자』 「논선(論仙)」편에 다음과 같이 말한다. "인간은 현인이든 우인이든 불문하고 내 몸에 혼백이 있다는 것을 알고 있다. 잠시 혼백이 분리되면 인간은 병이 들고 완전히 날아가 버려 돌아오지 않으면 죽고 만다. 따라서 혼백이 분리되는 경우를 대비해 방술가는 혼을 구속하는 방법을 고안했다. 모두 날아가 버린 경우에는 예

(禮)를 말하는 경전에도 혼을 불러오는 의례가 나온다. 혼백이라는 것은 사람에게 가장 가까운 것이다. 사람과 함께 생겨나고 사람과 함께 살아간다. 그러나 누구도 자신의 혼백에 대해 보거나 들은 사람은 없다."

기절한 경우도 일시적으로 영혼이 육체에서 유리되어 있는 것이기는 하지만 본래대로 돌아오면 다시 숨을 쉬게 되고 소생한다. 영혼과 육체의 결합이 불안정한 때는 사람이 병이 나게 된다. 자고 있을 때도 영혼이 육체에서 유리되어 있는 것이라고 생각되기도 했다. 또한 혼백은 모두 생명활동의 원동력인데 혼은 공기보다도 가볍고 죽으면 하늘로 올라간다. 한편 백은 무겁고 죽으면 지하로 들어가 버린다.

임종하는 침상에 있는 병자의 베갯머리에서 피붙이가 목청껏 그 사람의 이름을 부르는 것은 당장이라도 육체에서 분리되려고 하는 혼백을 어떻게든 붙잡아 묶어 두려 하기 때문이다. 이것을 '초혼'이라고 한다.

『의례(儀禮)』「사상례(士喪禮)」에 사람이 죽은 뒤 가족 중 하나가 지붕 위에서 사자의 의복을 던지고 사자의 이름을 부르며 "아아~~!! 누구누구여! 돌아오라!"고 사자가 돌아오게 부르는 의식을 싣고 있다. 이 경우는 이미 죽은 사람의 혼을 불러 돌아오게 하는 것이다. 최근까지도 중국에서도 사자를 묘지까지 장송(葬送)하는 도중에 육친이 그 장송 행렬 앞에서 몇 번이나 가로막고 울면서 사자의 이름을 큰 소리로 부르며 어찌하든 사자를 살아 돌아오게 하려는 풍습이 전해지는 지방이 있다.

사후에 사자가 천상에 올라간다고 여기는 경우는 하늘에 가능한 가까운 지붕 위에서 이름을 부르는데, 사후에 지하의 황천(黃泉)의 니라로 점차 가라앉아 간다고 생각하는 경우는 지저(地底)에 가능한 가까운 우물 바닥을 향해 그 이름을 부른다.

멀리 고향과 떨어진 땅에서 객사한 경우, 그 사람이 평소에 착용하던 의복을 관에 넣고 가족이 사자의 혼을 가까이 불러 장례를 치르는 경우가 있다. 이것을 '초혼장(招魂葬)'이라고 한다.

또한 『포박자(抱朴子)』「논선(論仙)」편에 이러한 이야기도 실려 있다. "선도를 다루는 책에는 귀신을 불러내어 악귀를 항복시키는 방법이 씌어 있다. 또한 사람에게 유령을 보여주는 방술도 있다. 속인들은 그것을 듣고도 믿지 않고 세상에 귀신 따위가 있을 리 없으며 있다고 해도 귀신을 항복시키는 것은 불가능하다고 한다." 갈홍은 귀신을 불러오고 유령을 보여주는 방술이 분명히 있다는 것을 속인들에게 증명하기 위해 『한서(漢書)』와 『사기(史記)』를 인용해 다음과 같이 기술하고 있다.

제나라 사람인 이소옹(李少翁)은 무제(武帝)가 총해하던 이부인(李夫人)이 죽자 무제를 위해 이부인의 유령을 불러왔다. 마치 살아 있는 듯했다. 또한 이소옹은 무제에게 부뚜막 신을 불러 보였다. 이것은 역사서에 확실히 실려 있는 사실이다. 따라서 틀림없는 방술을 사용하면 귀신의 모습을 드러나게 할 수 있으며 유령을 보지 못하는 사람에게 유령을 보여줄 수도 있다.

일반적으로 혼백은 형태를 갖지 않아 사람들의 눈에는 보이지 않는데, 이 이야기는 사자나 신들이 구체적인 모습을 가진 상태로 불러낸 것이다. 그러나 일반적으로 초혼은 약간 사정이 다르다. 사자의 모습

이 보이지 않더라도 사자의 혼을 불러 그 목소리를 사자를 대신해 살아 있는 가족들에게 전하는 경우도 있다. 일본 동북부에 있는 오소래산(恐山)에 있는 이타코(イタコ)라는 맹인 여자 무당의 공수도 이러한 흐름의 영향을 받을 것이다.

생자의 혼을 부르는 '섭생혼'과
타인의 시체를 빌려 환생하는 '차시환혼'

사자의 혼만이 아니라 생자의 혼을 불러오는 경우도 있다. 혼백은 무엇인가 충격을 받으면 육체에서 달아나 일시적으로 실신하기도 한다. 혹은 장기간 기억을 잃거나 또는 식물인간 상태가 되는 경우도 있다. 그럴 때 특별한 방술을 사용하여 생자의 혼을 돌아오게 하는데, 이것을 '섭생혼(攝生魂)'이라고 한다.

청나라 시대의 소설인 『염미초당필기(閻微草堂筆記)』에 다음과 같은 이야기가 있다.

장(張)이라는 남자는 아내와 하녀와 함께 북경 시내에 살고 있었다. 1년 정도 지나 아내가 급사하고 다시 1년 뒤에는 하녀가 급사했다. 장례 도중 갑자기 하녀가 다시 숨을 쉬고 눈을 떠 살아 돌아왔다. 남자의 손을 잡고 울며불며 읍소했다 "헤어진 지 1년 만에 다시 뵙는군요." 남자가 놀라자, 하녀가 다시 말했다. "정말입니다. 저는 당신의 아내로 하녀의 육체를 빌려 살아 돌아온 것입니다. 그 하녀는 제자리를 빼앗으려고 요니(妖尼; 요망한 비구니)와 결탁하여 저를 저주로 죽였습니다 저의 혼을 병 속에 넣고 부주(符呪)의 힘으로 비구

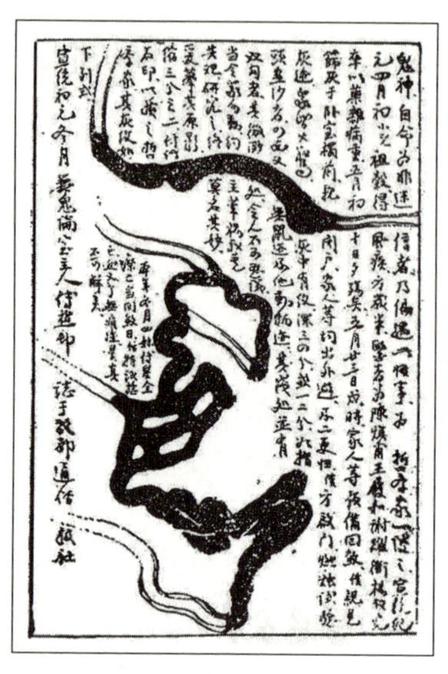

자사의 혼이 남긴 족적
『성도통람(成都通覽)』에서

니 사찰 담 안에 가두고 몹시 괴롭혔습니다. 그런데 담이 무너져 수리할 때 수리공이 흙을 깎고 담을 부수어서 밖으로 나올 수 있었습니다. 어찌할 방도를 모르고 있을 때 절을 지키는 수호신이 성황신에게 하소연을 해보리고 지시해 주었습니다. 저의 호소가 동악대제(東嶽大帝)에게 도달하여 비구니는 체포되고 하녀는 지옥으로 보내졌습니다. 저의 수명은 아직 남아 있었습니다만, 육체가 썩어 버려서 죽은 하녀의 시체를 빌려 살아 돌아온 것입니다."

이것은 뜻밖의 죽음에 봉착한 사람이 타인의 시체를 빌려 살아 돌아온 '차시환혼(借屍還魂)' 이야기로, 이러한 종류의 괴이담(怪異譚)이 지괴소설(志怪小說)이나 전기소설(傳奇小說)의 소재로 자주 채용되고 있다. 요술을 부리는 힘으로 병에 집어넣어졌던 아내의 살아 있는 혼이 다시금 이 세상으로 불려 돌아온 셈으로 '섭생혼(攝生魂)'의 일례이다.

　이러한 섭혼, 초혼은 예로부터 문학의 소재로 채택되고 있다. 이미 『초사(楚辭)』에는 송옥(宋玉)의 작품이라고 하는 「초혼(招魂)」편이 있다. 이 편의 주제는 청결한 삶의 태도를 지키려고 했기 때문에 죄 없이 간신배에 의해 쫓겨난 굴원(屈原)을 애도하고 그 혼백이 분리되어 흩어지는 것을 두려워하여 다시 돌아오도록 부른 것이다.

　당나라의 백락천(白樂天)의 〈장한가(長恨歌)〉는 현종 황제가 지금은 죽었으나 총애했던 양귀비의 영혼을 방사로 하여금 찾으러 가게 하여 잠깐 동안 재회할 수 있었던 이야기로, 일본에서도 예부터 애송되어 왔다.

명조술(明照術)

— 미야자키 요리코(宮崎順子, 오사카시립대학)

거울을 사용하여 예지(豫知)를 예상 행하며 불노장생에 도달하는 명조술은 또한, 신선에 이르는 수행의 수단이기도 했다.

거울을 통해 신을 만나는 방술을 설한 『포박자』

영상을 그대로 비추어내는 거울의 기능은 고대의 사람들에게 매우 놀랄 만한 것이었을 터이다. 따라서 거울이 다양한 방술에 사용되어 왔다. 요물의 실체를 드러나게 하는 '명마경(明魔鏡)'이 가장 잘 알려져 있는데, 이 글에서 다룰 명조법(明照法, 혹은 明鏡法) 역시 거울을 사용한 방술의 하나이다. 명조법이란 명경을 들여다보는 것으로, 미래를 예지하거나 오장(五臟)을 보는 방법이다. 더욱이 이 방법을 수행의 수단으로 삼는 경우도 있다. 이 방법에 대해 언급한 문헌을 몇 가지 예로 들기로 한다. 우선 거울로 오장을 들여다본다는 기록이다.

한(漢) 고조는 함양궁(咸陽宮)에 들어가 보물창고를 한 바퀴 둘러보았는데, 금은보화가 형언할 수 없을 정도로 훌륭했다.…… 그 안에 폭이 4척, 높이가 5척 9촌의 거울이 있었다. 겉과 안 모두 거울로 되어 있었다. 사람이 다른 아무것도 하지 않고 단지 자신의 모습을 거울에 비추면 거꾸로 비추어낸다. 그런데 이때 손으로 심장을 어루만지면서 비추면 자신의 위나 장 등 오장을 뚜렷이 볼 수 있다. 내장에 질병이 있는 사람이 심장을 손으로 덮고 비추면 질병의 소재를 알 수 있다. 만약 여자에게 사심이 있으면 담낭이 부풀어 심장이 요동친다. 진시황은 항상 후궁 여인들을 비추어 담낭이 부풀어 심장이 요동하는 사람은 곧바로 죽였다. 『서경잡기(西京雜記)』권3.

다음으로 거울을 봄으로써 양생을 행하는 수행법을 들어본다.

형상을 존사(存思)함으로써 장생할 수 있다. 9촌(寸)의 명경을 사용하여 자신의 얼굴을 비추고 주시하며 자신의 몸 모양을 잘 암기해두어 언제든 잊지 않게 한다. 오래 지속하면 신체의 신(神)이 신체 안에 안주하게 되고 질병이 몸에 들어오지 않는다. 『태평어람(太平御覽)』권717 복용부(服用部) 19경(鏡)에 인용한 『유근별전(劉根別傳)』.

여기에는 오장이 보인다고는 씌어 있지 않지만, 오장에 거주한다고 하는 체내신을 상상하는 방법이라고 말할 수 있다.

다음으로 거울을 사용하여 예지를 행하며, 나아가 불로장생에까지 도달하는 예를 보자. 조금 길기는 하지만 『포박자』에서 인용한 것이다.

어떤 사람이 (포박자에게 물었다) "장래의 길흉이나 안부, 혹은 진퇴에 대해 알면 몸을 지켜주는 방법이 있습니까?" …… (포박자가 대답했다) "이러한 방법도 있다. 9촌 이상의 거울을 사용하여 자기 자신을 비추고 존사(자신의 체내를 상상)하면 7월 7일 저녁에 신선의 모습을 볼 수 있다. 남자였다가 여자였다가 노인이었다가 어린이기도 한다. 한 번 이러한 신선을 보고 난 뒤에는 마음속으로, 천리나 떨어진 장소의 일이나 앞으로 일어날 일을 알 수 있게 된다. 명경을 한 장이나 두 장 사용한다. 이것을 '일월경(日月鏡)'이라고 한다. 혹은 4장의 거울을 사용한다. 이것을 '사규경(四規鏡)'이라고 한다. '사규경'을 쓸 때는 전후 좌우에 하나씩 두고 비춘다. 사규를 사용하면 나타나는 신이 매우 많게 된다. 때로는 눈이 위 아래로 붙어 있기도 하고 용이나 호랑이를 타고 있기도 하며 색이 선명한 모자나 의복은 세상의 사람과는 다르다. 이들 신은 모두 그림에 기록되어 있기 때문에 이러한 도(道)를 닦고자 하는 자는 우선 만날 가능성이 있는 여러 신들의 성명이나 등급을 암기하고 그 의관을 기억해두지 않으면 안 된다. 그렇지 않으면 갑자기 신이 왔을 때, 그 신을 잊게 되거나 놀라서 무서워하게 되기도 하고 신이 위해를 가할 수 있다. 이 방법을 행하고자 하는 사람은 고요하고 깊은 산림 속에서 행하는 것이 좋다. 부질없는 것은 어떤 것도 보지 말고 불필요한 것은 어떤 것도 듣지 않도록 하면 이 수행은 반드시 성공할 것이다. 삼동(三童), 구녀(九女), 절수군(節壽君)이나 머리가 9개에 몸통은 뱀인 120인의 관리가 찾아와도 빤히 쳐다보면 안 된다. 질문을 하는 사람이나 호통을 치는 사람이 있어도 대답을 해서는 안 된다. 예를 들어 화려한 시종이나 장사(壯士), 갑옷 입은 병사를 데리고 용이나 호랑이를 타고 피리나 큰 북의 소리까지 떠들썩하게 내면서 오는 사람이 있더라도 눈을 뜨고 이야기를 해서는 안 된다. 오직 가만히 있으면서 노군(老君)의 진형(眞形), 곧 참 모습을 마음으로 그려 노군의 진형이 나타나면 일어나 배례를 행한다.

여기에서 포박자는 노군의 진형(眞形)을 어떻게 상상하면 좋은가를 다음과 같이 말한다.

성(姓)은 이(李), 명(名)은 담(聃), 자(字)는 백양(伯陽), 신장(身長)은 9척, 얼굴은 노랗고 입은 새의 부리와 같이 뾰족하고 코는 높고 눈썹은 빼어나고 그 길이가 5촌이며 귀는 길이가 7촌이다. 이마에는 세 가닥의 힘줄이 위에서 아래까지 뻗어 있고 발에는 팔괘 모양의 힘줄이 있다. 노군은 신귀(神龜)를 의자로 삼고 있다. 거주지는 금루옥당(金縷玉堂)이며 백은(白銀)으로 계단이 만들어져 있다. 오색의 구름을 의복으로 삼고 여러 겹으로 된 모자나 예리한 검을 몸에 착용하고 황동(黃童) 120인을 거느리고 왼쪽에는 주작(朱雀) 24두, 뒤에는 현무(玄武) 72마리가 시중들고, 전방에는 궁기(宮奇; 신적인 동물) 12마리가, 후방에는 벽사(辟邪) 36개를 거느린다. 머리 위에는 전뇌(電雷)가 번쩍인다. 이것은 선경(仙經) 중에 기록되어 있다. 노군을 보면 수명이 늘어나고 마음이 일월과 같이 명료해지며 알 수 없는 일을 알게 된다.『포박자내편』권15「잡응(雜應)」편.

앞에서 포박자가 기술하는 바와 같이 수행법은 도교기법으로서 후세에도 전해지고 있었던 것으로 보인다.

다양한 방술을 익혀
신선이 되다

『운급칠첨(雲級七籤)』 권48 「비요결법(秘要訣法)」의 〈노군명조법서사(老君明照法敍事)〉의 수행법은 『포박자』의 실행방법과 매우 유사하다. 이 경전에 의하면 명조법을 행함으로써 다양한 방술을 익힐 수 있다고 한다. 예를 들면 분신의 기술, 한순간에 천리나 떨어진 다른 곳까지 가는 기술, 구름을 타고 물을 밟는 기술, 천지간 어디나 출몰하는 기술 등이 있다. 이들 방술을 체득하면 그 다음에는 신의 모습을 볼 수 있게 된다. 나아가 수행을 쌓으면 미래를 예견할 수 있게 되며 결국은 신선이 될 수 있다고 한다.

명조법을 행할 때는 조용한 방을 사용하고 절대로 어떤 것 때문에 놀라거나 해서는 안 된다는 점을 강조한다. 9촌의 거울을 전후좌우에 4개씩 설치하는 '사규법'을 써서 자기 자신으로부터 1척 5촌 떨어진 곳에 거울을 둔다. 이와 같이 하면 다양한 신이 나타나게 된다. 〈노군명조법서사〉에는 이때 나타나는 수십 명에 이르는 신들의 이름과 의관의 색이나 모양 등이 열거되어 있다. 예를 들면 이런 식이다. "동쪽의 거울에서는 두 신선을 보지 않으면 안 된다. 붉은 모자를 쓰고 얼굴이 작으며 귀가 높은 위치에 달려 있고 전신이 검은 털로 덮여 있다. 이것을 보고 놀라서는 안 된다."

또한 마찬가지로 「비법요결」의 〈명조법〉 항에는 다음과 같이 서술되어 있다.

조경(照鏡)의 큰 요지는 편안히 누워 생각을 가만히 한곳에 집중하는

데 있다. 또한 누워 있지 않는 때는 신체를 쭉 편다. 곧바로 적황색의 빛이 얼굴에서 나와 방안을 비출 것이다. 황홀하여 깨어 있는 것 같기도 하고 자고 있는 것 같기도 하다. 자신의 얼굴 모양이 보이게 되어 빛 가운데서 대좌하여 서로 응시한다. 한참 있으면 보이던 얼굴이 소멸한다. 의식이 정상 상태로 돌아온 후로는 언제나 거울에 자신을 비추어 본다.

누워서 존사하고자 할 때는 앞에서 말한 법과 같이 매일 저녁 자신을 보지 않으면 안 된다. 누워서 두 얼굴이 마주하여 서로 응시하고 있는 것 같이 하거나 자신과 동일한 형태의 두 사람이 나란히 앉아 있는 것을 본다. 그리고 때로는 누워서 자고 있는 경우에 나이가 15, 16세로 훌륭한 의복을 입고 있는 호신동옥녀(好神童玉女)가 얼굴을 똑바로 자기 쪽을 향하여 재배(再拜)하는 것을 보기도 하고, 때로는 자신의 귓전에 "천하의 길흉, 만사를 모두 미리 알고 있다"고 이야기하는 소리를 듣는다. 그런가 하면 때로는 밤에 자고 있는 때에 조경을 꿈에서 보기도 하고 반광(返光)으로 오장(五臟)을 볼 수도 있다.

해조어(解鳥語)

— 미야자키 요시코(宮崎順子, 오사카시립대학)

지금도 점괘를 묻는 제비에 이름을 남긴, 새들의 대화를 이해했던 공야장(公冶長)과 관로(管輅). 그 일화에서 이 방술의 진의를 모색해 본다.

억울하게 죄를 쓰고 갇힌 공야장

일본에도 '기키미미(ききみみ) 두건(頭巾)'이라고 해서 머리에 쓰면 즉시 새들의 언어를 이해할 수 있는 두건 이야기가 있는데, 중국에도 새의 언어를 이해하는 방술이 있었다.

주나라 시대에는 '이예(夷隷)'라고 해서 '조언(鳥言)', 곧 새의 말을 관장하는 관직과 '학예(貉隷)'라고 해서 '수언(獸言)', 곧 짐승의 언어를 관장하는 관직이 있었다고 한다.『주례(周禮)』「추관(秋官)」. 진(秦)나라의 '백예(伯翳)'이라는 인물도 새의 언어를 이해했다고 한다.『후한서(後漢書)』「채옹전(蔡邕傳)」.

새의 언어를 알아들었던 인물로서 가장 유명한 이는 공자의 제자인 공야장(公冶長)이다. 그가 새의 말을 이해했다는 사실이 『논어』에는 보이지 않는데도 왜 이와 같은 전설이 만들어진 것일까? 그것은『논어』「공야장」편 서두에서 공자가 공야장에 대해 "옥에 갇힌 적은 있지만 그의 죄는 아니었다"고 평하고 딸을 시집보냈다는 기술이 있기 때문이 아닌가 생각된다. 공야장 정도의 인물이 옥에 갇히게 된 데에는 무엇인가 특별한 이유가 있음에 틀림이 없다고 후세의 사람들은 상상을 부풀렸을 것이리라. 이러한 전설이 어느 무렵부터 시작된 것인지는 확실하지 않지만,『논어의소(論語義疏)』에 육조시대 양(梁)나라의 황간(皇侃)이 붙인 주석 중에 다음과 같은 이야기가 기록되어 있다.

『논석(論釋)』이라는 문헌에서는 이와 같이 말한다. 공야장이 위(衛)나라로부터 노(魯)나라로 돌아오는 도중 위나라와 노나라의 경계에서 "청계(清溪)에 가서 죽은 사람의 고기를 먹읍시다"라고 새들이 서로 부르는 것을 들었다. 그 후에 곧바로 한 노파가 길에서 울고 있는 것을 보았다. 공야장이 이유를 묻자, 노파는 "제 아들이 요전 날 여행을 떠났는데 지금도 돌아오지 않았습니다. 틀림없이 이미 죽었을 텐데 어디 있는지조차 모릅니다"고 한다. 공야장은 "조금 전에 청계에 가서 죽은 사람의 고기를 먹자고 새들이 부르는 것을 들었는데 그것이 할머니의 아들은 아닌지요?"라고 가르쳐 주었다. 노파가 가서 보니 역시 그의 아들이었는데 이미 죽어 있었다. 노파가 마을의 관리에게 (아들의 사체를 찾았다는 사실을) 보고하자 관리는 이렇게 그곳을 알게 되었는지 물었다. 노파는 "공야장이 이러한 사실을 가르쳐 주었습니다"라고 대답하였고, 그러자 관리는 "만약 아들을 죽이지 않았다면 이러한 사실을 알 리가 없다"고 말하며 공야장을 잡아다 감옥에 가두었다. 삼옥의 관상이 어떻게 해서 노파의 아들을 죽였는지 공야

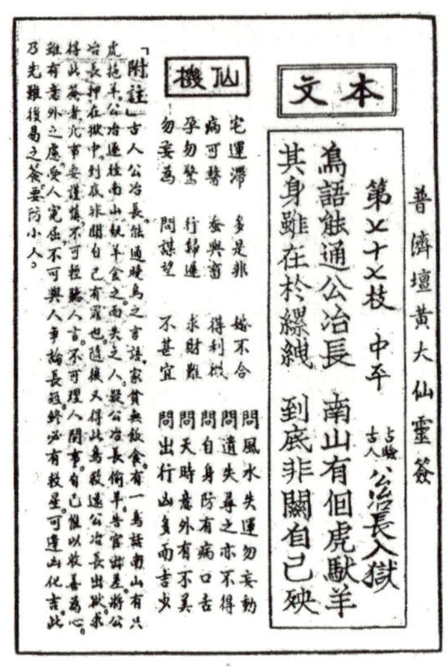

普濟壇黃大仙靈簽

仙機　本文

第七十七枝　中平　古人 公冶長入獄

鳥語能通公冶長　南山有個虎馱羊
其身雖在於縲絏　到底非關自己殃

宅運滯　多是非　婚不合　問風水失運勿妄動
病可瘳　姦興訟　得利微　問道失尋之亦不得
孕勿驚　行歸遲　　　　　問自身防有病口舌
勿妄為　問謀望　求財難　問天時慮外有不美
　　　　不甚宜　　　　　問出行山多而吉少

「附註」古人公冶長，能通曉鳥之言語，家貧無飯食。有一鳥語南山有只虎拖羊，公冶長往南山取羊食之，而失之人。疑公冶長偷羊，告官。官差將公冶長押在獄中，到底非關自己有罪也。後又得此為段，送公冶長出獄求。將此籤示凡事有己。催以牧善為心，不可橙聽人言。不可理人間事，有己。難有意外之處，受人宅盃，不可與人事論長短。蜂必有殺星，可連山化吉此。雖後易之籤要防小人。

공야장과 관련된 홍콩 웡따이신사묘(黃大仙廟)의 제비의 주석본

"새의 말을 이해할 수 있었던 까닭에 감옥에 갇혔지만 공야장은 죄가 없다."(본문) "능력이 있어도 억제해 두시오. 곤란한 일이 일어나더라도 반드시 좋아질 것이다."(주석)

장에게 질문했다. 그러자 공야장이 대답했다. "나는 새의 말을 이해할 수 있습니다. 살인은 저지르지 않았습니다." 그러자 관장은 이렇게 말했다. "시험해 보아서 만약 정말로 새의 말을 이해할 수 있는 것이라면 석방시켜 주겠다. 그렇지만 만약 이해하지 못한다면 죽음으로 그 죄값을 묻지 않을 수 없을 것이다!"

그로부터 60일을 감옥에서 지냈는데 어느날 드디어 기회가 찾아왔다. 참새가 감옥의 책상 위에 머물면서 이야기를 시작한 것이다.

공야장은 참새가 서로를 부르는 소리를 들었다. "흰 연꽃이 피어 있는 물가에 수레가 거꾸로 뒤집혀 있어. 수수랑 좁쌀도 쏟아졌고 게다가 수소는 뿔이 부러져서 좀처럼 해결되기 어려울 것 같아. 모두 불러 먹으러 가자." 관장은 아직 믿지 못하고 사람을 시켜 사실인지 알아보

러 가게 하였는데, 과연 공야장이 말한 대로였다. 그 뒤에도 멧돼지나 제비의 말을 이해하는 것을 보여서 증명하여 결국 석방되었다.

황간은 『논석』의 기술을 인용한 후 "이 이야기는 잡서에 의거하고 있기 때문에 전부 믿을 수는 없다. 그렇다고 해도 예로부터 공야장이 새의 언어를 이해했다고 전해지므로 일단 여기에 기록해 둔다"라고 끝을 맺고 있다. 이와 같이 진위 여부가 의심스러움에도 불구하고 기록을 남겨 놓은 덕분에 공야장이 새의 언어를 이해했다는 이야기가 후세에도 전해져 사람들의 입에 회자되었다. 심전기(沈佺期)라는 당대의 시인 등도 이러한 전설을 시에 인용하고 있다.

새의 울음소리는 하늘에서 발하는 언어

또한 위나라의 관로(管輅)도 조어(鳥語)를 이해했다고 한다. 관로라는 인물은 방술이 천재였던 것으로 보인다. 『역(易)』에도 밝고 천문(天文) 점복(占卜)이나 풍점(風占), 길흉점, 관상점 등 통달하지 않은 것이 없었다고 전해진다.

[곽은(郭恩)의 집에] 비둘기가 날아와 대들보 위에 머물며 매우 슬프게 울었다. 관로는 말했다. "틀림없이 노인이 동방에서 올 것이다. 돼지 흰 마리와 술 한 병을 가지고 올 것이다. 당신은 기뻐하겠시만 삭은 사고가 일어널 것이나." 나음날 예상했던 대로 손님이 찾아왔는데

점괘에 나온 그대로의 상태였다. 곽은은 (사고가 나지 않게 하고자 하여) 손님에게 술을 삼가고 고기를 먹지 말며 불을 조심하라고 말했다. 그런데 먹기 위해 닭에게 화살을 쏘자, 화살이 빗나가서 나무 사이를 빠져 날아가 몇 살 안 되는 소녀가 그 화살을 맞고 말았다. 소녀는 손에 피를 흘리며 놀라 떨었다.

두 번째는 관로가 안덕(安德) 현의 장관인 유장인(劉長仁)의 집에 갔던 때의 이야기이다.

까치가 관청 지붕에 앉아 울고 있었다. 그 울음소리가 매우 애절했다. 관로가 말했다. "까치가 말하길 동북쪽에서 여자가 어제 자신의 남편을 죽이고 그 죄를 서쪽 집안의 남자에게 덮어씌웠다고 합니다. 틀림없이 태양이 저물 때까지 그러한 사실을 보고하는 사람이 올 것입니다." 드디어 그 시간이 되자 예상했던 대로 동북에서 그 지역 사람들 여럿이 와서 보고했다. "어제 인근 주택의 여인이 자신의 남편을 죽였습니다. 그러고는 거짓말을 하여 서쪽의 사람이 남편과 서로 사이가 틀어져 죽였다고 말하고 있습니다."

관로는 대체 어떠한 방법으로 새의 말을 알아듣게 된 것일까? 『관로별전(管輅別傳)』『三國志』에 배송지(裵松之)가 붙인 주석에서 인용에 따르면 십이여율(十二呂律; 절대음계)에 의해 판별하는 것을 기본으로 하면서 동시에 팔풍(八風; 8방향의 바람)이나 오음(五音; 오음계), 그리고 육십갑자(六十甲子; 12지와 10간을 조합한 것)의 지식도 구사하였다고 한다. 관로는 새의 울음소리는 하늘의 의지를 반영하고 있다고 생각하였다. 하늘은 거대한 존재이지만 언어를 말할 수 없기 때문에 다양한 사물을 사용하여 인간에게 그 영묘한 의지를 알린다. 새의 울음소리도 그 중 하나이며 따라서 십이여율 등의 자연의 수에 따라 이해할 수 있다는 것이다.

이와 같이 새의 언어를 이해하는 방술은 역사상 몇몇 사람의 예를 헤아리기에 불과하다. 아마도 그 뒤에 술수로서는 그다지 발전하지 않았던 것으로 보인다.

기우술(祈雨術)

— 미야자키 요시코(宮崎順子, 오사카시립대학)

기도하면 반드시 비가 온다고 하는 동중서(董仲舒)의 방술을 필두로, 중국에는 최근까지 많은 기우의 방술이 있었다.

반드시 비가 내리는 방법을 고안해낸 동중서

한발(旱魃), 곧 가뭄은 농경사회에 있어서 가장 위협적인 것이기 때문에 기우(祈雨)는 지구상 모든 곳에서 행해졌으며, 중국에서도 역시 아득한 옛날부터 기우의 습속이 있었다. 기원전 12세기 이전에 성립한 은 왕조의 갑골문에 이미 '祈雨(기우)'라는 두 글자가 보이며, 또한 그 시대 탕왕(湯王)이 가뭄이 들었을 때 하늘에 기도를 올렸다는 말도 전해지고 있다. 주대(周代)에는 기우를 위한 제사를 '우제(雩祭)'라고 불렀으며, 우제는 관리가 담당하는 국가적 행사였다.

한대(漢代)에는 동중서(董仲舒)가 주도한 기우가 유명하다. 동중서라는 인물은 당시에 저명한 유자(儒者)였는데, 청대(淸代) 말의 장병린(章炳麟)이 그를 무사(巫師), 곧 샤먼이었다고 간주할 만큼 술수를 잘 쓴 인물이었다. 그는 천후(天候), 곧 일기의 변화를 음양이기(陰陽二氣)의 운행으로 이해하였기 때문에 양기를 닫아 막고 음기를 발산하는 방법을 사용함으로써 비를 내리게 하고자 하였다. 구체적으로는 남문(南門)을 닫지 않고 불을 피우지 않음으로써 양기를 닫고, 북문(北門)을 열거나 사람에게 물을 끼얹음으로써 음기를 발산하는 방식을 썼다고도 한다. 현대의 우리에게는 형편없는 견강부회(牽强附會)로 생각될 수 있으나 동중서의 방법을 사용하면 반드시 비가 내렸다고 역사서『한서』「동중서전」은 기록하고 있다. 또한 그의 주저인 『춘추번로(春秋繁露)』에는 한발을 음양으로 설명한 「정화편(精華篇)」이나 기우이 방법을 기술한 「구우편(求雨篇)」이 있다. 「구우편」에 의하면 계절에 따라 각각 상이한 의식을 행해야 한다고 한다. 예를 들면, 봄에 가뭄이 든 경우는 다음과 같이 한다.

오행 중에 수(水)에 해당되는 날에는 마을에서 토지나 산천의 신에게 제사를 드리고 집에서는 문의 신에게 제사한다. …… 마을의 동문(東門) 밖에서 서쪽으로 통하는, 한 1변이 8자(8尺; 약 1.8m)인 단(檀)을 쌓는다. 푸른 비단을 8필을 위에서 아래로 드리운다. 제사 드리는 신의 이름은 공공(共工)이다. 물고기 8마리나 말린 고기를 바치고 축(祝), 곧 기도를 바치는 사람은 청결하고 말을 막힘없이 시원스럽게 하는 사민을 선정한다. 축은 3일간 몸을 청결하게 하고 푸른 옷을 입는다. 마침내 의식의 단계가 되면 재배(再拜)한 후 다시 재배하고 서서 원하는 일을 말한다. "하늘은 오곡을 키우고 인간을 길러주실 터인데 지금 곡식은 가뭄에 시달려 열매를 맺지 않을까 염려됩니다. 삼가 청주(淸酒)와 말린 고기를 바칩니다." 다시 재배하고 비를 청한

다. 만약 원하는 바를 들어주어 비가 많이 내리면 예로서 희생제물을
바치지 않으면 안 된다.

또 한 가지, 용의 상(像)을 만들어 받들어 모시는 방법도 「구우편」
에 기록되어 있다. 십간(十干) 중의 갑(甲)이나 을(乙)의 날에 길이가
8장(8丈; 약 18m)이나 되는 커다란 푸른 용의 상을 만들어 중앙에 안
치하고 나아가, 길이 4장(약 9m)의 소룡(小龍)을 7개 만들어 동측에
동방을 향하도록 하여 각각 8자(8尺; 약 1.8m)씩 떨어지게 안치한다
고 한다. 또한 동중서와 거의 동시대에 작성된 『회남자(淮南子)』라는
문헌에도 용의 상, 곧 토룡(土龍)을 사용하여 비를 구한다는 기술이
있다.

신상이나 물을 사용하여
비를 부른다

최근까지 기우제는 중국 각지에서 행해져온 것으로 보인다. 나오에
히로지(直江広治)가 저술한 『중국의 민족학(中国の民族学)』에 의하
면 기우의 방법에는 크게 나누어 이하의 4종류가 있다고 한다. (참고
로, 이것들은 1950년 전후에 볼 수 있었던 예이다.)

1. 샤이룽왕(晒龍王)
이것은 용왕(龍王)의 상을 뜨겁게 내리쬐는 태양 아래에 들고 나가
햇볕을 쬠으로써 비를 구하는 방법이다. 예를 들어, 허베이(河北)성

지(冀)현 난츄이(南褚宜)촌에서는 가뭄이 들 때 사람들이 용왕묘(龍王廟)에 모여 용왕의 상을 광장에 들고 나가 햇볕을 쬔다. 기우의 대상이 되는 신은 통상 용왕이지만, 관제(關帝)·옥황(玉皇)·관음(觀音) 등 영험하다고 생각되는 신들의 경우도 있다. 후지엔(福建)성 후양(富揚)에서는 보살상(菩薩像)이 사용된다. 이외에 샤오룽왕은 여기저기에서 행해지는데, 간단히 말해 신에게 가뭄의 고통을 체험하게 하여 신 자신이 고통에서 벗어나고자 비를 내리게 만들도록 하는 처사인 셈이다.

2. 다오룽왕(盜龍王)

허베이(河北)성 치타이(祁臺)현 콩챠오(孔橋)촌에는 마을의 서남쪽에 용왕묘가 있는데, 기우를 할 때는 용왕회(龍王會)라는 것이 설치된다. 이 모임의 16~17인이 인근 마을로 용왕의 상을 훔치러간다. 어느 마을의 상을 훔쳐도 되는 것으로 보이며 죄가 되지 않는다. 한번에 몇 개나 훔쳐와 마을의 광장에 나열한다. 훔쳐오는 상의 수는 많은 편이 좋다고 여겨진다. 드디어 백천(百泉)이라는 신지(神池)에 용왕상을 짊어지고 가는데, 마을의 성인 남성 전원이 참가한다. 이 마을의 경우에는 용왕상을 훔치는 일과 백천에 행렬하여 가는 것, 두 가지의 부분으로 이루어져 있는데, 다른 지방에서는 용왕을 훔치는 것만이 독립적으로 행해지는 경우가 많다. 또한 '차광(借光)'이라고 해서 신상을 빌려오는 곳도 있다. 화베이(華北)에서 자주 보이는 것인데 용왕상이 없는 촌락에서는 어딘가 근처의 용왕묘에서 신상을 빌려와 기우를 하는 셈이다.

3. 순회(巡廻)

용왕상을 메고 순회하는 것이 기우의례가 된 곳도 적지 않다. 허베이(河北)성 창리(昌黎)현 후지아잉주앙(候家營莊)에서는 용왕상을 바구니에 넣어 짊어지고 부근의 취락을 순회한다. 각 마을마다 집의 문 앞에는 물 항아리를 준비하고, 거기에 버드나무 가지를 꽂아놓고 항아리에 황색 종이를 붙이고, "구강팔하오호사해룡왕지위(九江八河五湖四海龍王之位)"라고 써놓는다. 그리고 그 앞에 향을 피운다. 행렬이 오면 물항아리의 물을 뿌린다. 행렬은 도중에 우물을 보면 무릎을 꿇고 절하며 "비야 내려라!"라고 외친다. 행렬에 참가하는 사람은 모두 맨발에 머리에 버드나무로 만든 모자를 쓴다. 이와 같이 하여 부근 촌락을 돌고 자신의 마을로 돌아와 용왕묘에 모여 밤 기도를 한다.

4. 취수(取水)

이 방법의 특징은 촌락에서 상당히 떨어진 신성한 연못이나 샘으로 가서 그 물을 가지고 돌아오는 것이다. 우치다 토모오(內田智雄)가 저술한 『중국 농촌의 가족과 신앙(中國農村の家族と信仰)』에 의하면, 샨둥(山東)성 리청(歷城)현 렁수이구오주앙(冷水溝莊)의 취수 의식은 다음과 같은 순서로 행해진다. 기우제 날이 정해지면 마을의 주민은 전원, 3일 전부터 기휘(忌諱), 곧 금기를 지킨다. 옥황묘의 벽에 의례에서 마을 사람들이 각각 맡은 역할을 붙여둔다. 이 가운데에 '포승수병(抱升水瓶)'이라는 역할이 있는데, 4명이 배당된다. 이것은 목적지인 백천(白泉)에 이르렀을 때 그 물을 길어 지참한 병에 넣어 가지고 돌아가 마을의 옥황묘의 물 항아리에 옮겨 담는 임무이다. 기우제 당일이 되면 신에게 소원을 비는 역할을 하는 사람이 신상을 옥황묘에서 꺼내어 가마에 안치하고 행렬을 이룬다. 가마의 양측에는 도사가 한 사람씩 선다. 백천에 도착하면 가마를 내리고 지전(紙錢)을 불에 태우며 절한다. 그리고 나서 물을 항아리에서 뜨고, 붕어 한 마리를 잡아 항아리 안에 넣고, 이것을 가마 앞에 바치며 모두 함께 무릎을 꿇고 절한 뒤 귀로(歸路)에 든다. 옥황묘에 도착하면 신상을 본래의 위치에 모셔두고 도사가 독경을 하며 향을 태우고 예배하며 각사람이 저마다 비가 내리기를 기원한다. 그것이 끝나면 모두 자기 집에 돌아가 쉬고 저녁식사 후 다시 묘에 모인다. 도사는 소지(燒紙)와 소향(燒香), 곧 종이와 향을 태우고 〈삼관경(三官經)〉이나 〈북두경(北斗經)〉을 읽는다. 이것이 끝나면 잠깐 쉬고 밤 12시가 되면 다시 모여 도사가 황경(皇經)을 읽는 것을 새벽까지 듣는다. 이것이 3일간 계속된다. 신에게 바치는 문장(文章)은 취수의 날, 그리고 제2일째와 제3일째 정오에 묘에서 태운다.

앞에서 기술한 『중국의 민속학(中国の民俗学)』에 의하면, 이상의 4가지 유형 가운데 신상을 중심으로 하는 의례가 비교적 새로운 것이라고 한다. 그리고 취수 의례는 물을 통해 비를 부른다는 원시적인 유감주술(類感呪術)의 일종이며, 세계 여러 민족에 널리 보이는 것이라는 점을 생각하면 극히 고풍적인 기우의 방법이라고 할 것이다. 그러나 앞에 기술한 동중서의 문장 중에도 이미 용왕을 설치하는 기우의 방법이 기술되어 있으므로, 중국에 있어서 이들 두 가지의 시대적 변천에 대해서는 다시 검토해볼 필요가 있다고 생각된다.

승교술(乘蹻術)

— 히라키 코헤이(平木康平, 오사카부립대학)

중국에는 예로부터 하늘을 나는 기술이 있으며, 많은 사람이 자유롭게 비행했다고 한다. 하늘을 비상하는 여러 가지 술수를 본다.

용, 호랑이, 녹로를 타고 하늘을 날다

승교술(乘蹻術)이란 공중을 비상하는 술수를 말한다. 여기에서 '蹻(교)'는 발을 들어 높은 곳에 가는 것이다. 혹은 '蹻(교)'는 '轎(교)'와 통하며, 어깨로 들어올려 사람을 짊어지고 산을 오르는 가마로, 하늘을 나는 탈 것에 타는 술수를 말한다.

『포박자』「잡응(雜應)」편에서, 어떤 사람이 높은 산에 오르고 먼 길을 걸어도 지치지 않는 방법을 물었는데, 이에 대해 갈홍은 다음과 같이 답하고 있다.

단약(丹藥)을 복용하기만 해도 몸이 가벼워지고 힘이 생겨서 일을 해도 지치지 않게 된다. 만약 처음 산림에 들어가 신체가 아직 그러한 경지에 이르지 못한 사람은 '운주분(雲珠紛)' 등으로 발을 닦고 '천웅학지환(天雄鶴脂丸)' 등을 10일, 20일 복용하면 먼 길을 걸어도 지치지 않을 뿐 아니라 보통보다 3배 빠르게 걸을 수 있게 된다.

단, 승교술을 터득하면 산하(山河)를 전혀 문제시 하지 않고 이 세계를 생각하는 대로 날아갈 수 있다. 승교술에는 세 가지가 있다. 첫째는 '용교(龍蹻)', 둘째는 '호교(虎蹻)', 셋째는 '녹로교(鹿盧蹻)'이다. (여기에서 녹로는 주술적인 탈 것을 말한다.) 모두 부적을 복용하며 정신을 통일하는 것이 필요하다. 만약 1,000리를 가고자 하면 2시간 정신을 통일해야 한다. 만약 하루 밤낮 동안 정신을 통일하면 하루 밤낮에 1만 2,000리를 날 수 있다. 이 이상 더는 날지 못한다. 이 이상 날기 위해서는 다시 정신을 통일하지 않으면 안 된다.

또 대추나무의 심재(心材), 곧 나무줄기의 중심부의 빛깔이 짙고 단단한 부분을 사용하여 비거(飛車), 곧 나는 수레를 만들고, 소의 가죽을 회전하는 검 모양의 우근(羽根; 깃뿌리)에 휘감아 동력을 전달하는 방법이 있다.

혹은 정신을 집중시켜 내 몸을 '오사(五蛇)'·'육룡(六龍)'·'삼우(三牛)'로 변화시키고 강풍을 탄다. 40리를 날아오른 부근을 '태청(太淸)'이라고 한다. 태청 안은 기가 대단히 굳세고 강하여 인간의 체중도 감당할 수 있다.

나의 스승께서 말씀하셨다 "소리개가 날아 높이 오르면 양 날개를 편 채로 전혀 날개짓을 하지 않아도 저절로 앞으로 나아간다. 이것은 굳세고 강한 기를 탔기 때문이다. 이것은 용이 처음 단계의 구름을 타고 40리를 상승하면 그 뒤로는 혼자서 날 수 있는 것과 마찬가지다." 이 말은 선인이 입으로부터 세간에 전해졌지만 범인들은 잘 알지 못한다.

또한 '교(蹻)'를 타기 위해서는 오랜 기간 정진하지 않으면 안 된다. 1년간 부추나 마늘류, 새나 짐승의 고기를 끊어야 비로소 세 개의 교를 탈 수 있다. 부적을 복용하고 오사(五蛇)를 마음으로 그리더라도 역시 용교(龍蹻)가 가장 날아가는 거리가 길다. 그 이외의 방법으로는 1,000리를 넘어갈 수 없다. 상승·하강·전진·정지에는 모두 정해진 방법이 있으며, 자기 마음대로 해서는 안 된다. 만약 그 금기를 지키지 않고 무분별하게 교를 타면 추락의 위험이 있다.

『운급칠첨』「잡필요결법(雜必要訣法)」에는 자신의 모습을 숨기고 하늘을 나는, 다음과 같은 '은지팔화현진술(隱地八化玄眞術)'이 실려 있다.

> 은지팔화현진의 술수는 첫째는 장형닉형(藏形匿影)이고, 둘째는 병허어공(秉虛御空), 세째는 은륜비소(隱淪飛霄), 네째는 출유입무(出有入無), 다섯째는 비령팔방(飛靈八方), 여섯째는 해형둔변(解形遁變), 일곱째는 회신전현(廻晨轉玄), 여덟째는 은형무천(隱形舞天)이라고 한다. 이는 곧 상청금대옥실비방(上淸金台玉室秘房)의 신묘한 술수이며, 이것을 옥급(玉笈), 곧 옥으로 된 책 상자에 갈무리하고 금장(金章)으로 봉하여 그 곁에서 옥동(玉童)이 시중들게 하며 옥녀(玉女) 800명으로 하여금 호위하게 해야 한다.

이와 같은 팔술(八術)의 내용을 추측해 보면, 첫 번째는 모습과 그림자를 감추는 은형술(隱形術), 두 번째는 하늘을 나는 비행술(飛行

術), 세 번째는 모습을 감추고 하늘을 나는 은형비행술(隱形飛行術),
네 번째는 유(有)의 세계에서 무(無)의 세계로 진입하는 은형술, 다
섯 번째는 영혼을 사방팔방으로 날아가게 하는 비령술(飛靈術), 여섯
번째는 모습을 변화시켜 둔주(遁走; 도망)하는 변신술(變身術), 일곱
번째는 아침을 밤으로 변화시키고 밤을 아침으로 변화시키는 변환술
(變幻術), 여덟 번째는 모습을 감추고 허공에서 춤추는 은형곡예비행
술(隱形曲藝飛行術)이 될 것이다.

하늘에 오른 사람들

　새처럼 날개를 갖지 않은 인간은 하늘을 날 수 날이 오기를 꿈꾸며
여러 가지로 골똘히 생각하고 궁리하였다. 오늘날 우리는 비행기나
비행선, 헬리콥터, 글라이더 등 하늘을 나는 수단을 실제로 가지고
있다. 하지만 중국에는 예로부터 이런 수단 없이도 하늘을 나는 기술
이 있어 자유자재로 비행한 사람들이 많았다고 한다.

　앞에서 본 『포박자』「잡응」편에 보이는 대추나무의 심재를 사용하
여 비거(飛車), 곧 나는 수레를 만들고 소의 가죽을 회전하는 검 모양
의 깃뿌리에 감아서 동력을 전달하는 비행 도구는, 니덤(Needham)
에 의하면, 대나무 잠자리(대쪽으로 프로펠러처럼 만든 장난감)와 같
은 모양, 즉 헬리콥터였다고 한다. 니덤, 『중국의 과학과 문명』 제9권. 고대 중
국인에게 공중을 비행하는 것은 단지 꿈만이 아니었던 셈이다.

　기워전 4세기 무렵의 『장자』에는 이미 바람을 타고 거침없이 휙휙

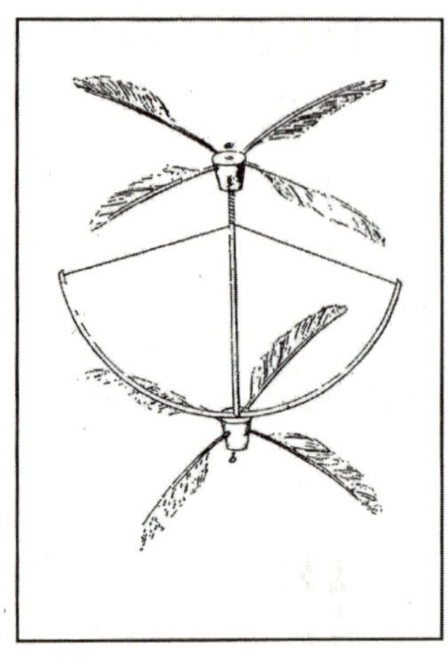

중국의 헬리콥터- 독락(獨樂)
니덤, 『중국의 과학과 문명』 제9권에서

하늘을 나는 열자(列子) 이야기가 나온다. 또한 『열선전(列仙傳)』에 등장하는 신선 중 몇몇은 여러 가지 방법으로 하늘을 날아 천상으로 올라갔다. 예를 들면, 적송자(赤松子)는 수정 가루를 복용하고 불 속에 들어가 자신의 몸을 태워 비를 내리고 하고 비바람을 따라 산에 오르내리며 마침내는 천상에 올라갔다. 또한 황제(黃帝) 시대의 마의(馬醫)였던 마사황(馬師皇)은 병이 든 용을 치료해 주자, 용이 그를 등에 싣고 하늘로 올라갔다. 황제 또한 용의 등을 타고 하늘로 올라갔다. 적장자여(赤將子輿)라는 선인은 오곡을 먹지 않고 화초를 먹으며 바람을 타고 하늘을 오르내렸다. 소나무 열매를 먹고 하늘을 날 수 있게 된 선인, 학이나 봉황의 등을 타고 승천한 선인은 이 외에도 여럿 있다.

일본의 『혼쪼신선전(本朝神仙傳)』에 요시노(吉野)산에서 하늘을 날아 가츠라기(葛城)의 산으로 통하는 구메(久米)의 신선 이야기가 실려 있다. 이 신선은 강에서 베를 빨고 있던 여성의 허벅지살을 보고 애욕이 불끈불끈 일어나 신통력을 잃고 땅으로 추락하였다. 이 이야기는 일본 중세를 대표하는 수필집인『쓰레즈레구사(徒然草)』나 일본의 대표적인 불교설화집인『곤자쿠 모노가타리슈(今昔物語集)』에도 실려 있어 유명하다. 그는 깊은 산에 들어가 신선의 법을 공부하고 소나무 잎이나 사철나무의 넝쿨을 먹고 비행술을 터득했다고 전해지고 있는 것을 보면, 그것은 중국 전래의 비술(秘術)이었던 것으로 보인다.

『포박자』「하람(遐覽)」편에는『묵자오행기(墨子五行記)』에 은형비행술이 기록되어 있다고 적혀 있다. "변화의 기술에 대한 중요한 문헌에는『묵자오행기』가 있다. 원래 5권본이었는데, 유안(劉安)이 세상에 머물고 있는 동안에 그 요점을 베껴 한 권으로 만들었다. 그 방법을 보면, 특별한 약을 복용하고 부적을 사용하면 사람을 상하로 비행시켜 어딘지 모르게 그 모습을 감추게 한다."『운급칠첨』「일월성신부(日月星辰部)」에 금성(金星)·목성(木星)·수성(水星)·화성(火星)·토성(土星)의 오성(五星)에 올라가는 방법인 〈비등오성법(飛登五星法)〉이 실려 있다. 모두 존사(存思), 복기(服氣), 인액(咽液; 침을 삼킴), 염주(念呪; 주문을 외움) 등의 수행을 쌓으면 각각의 별의 신을 하강하게 하여 그를 맞이할 수 있게 된다. 그리하여 그 별에 올라갈 수 있다고 말하고 있다.

척고(擲筶)

— 모리타 겐지(森田憲司, 나라대학)

신의 뜻을 묻는 것으로서 예로부터 전하는 척고(擲筶).
그 점치는 법을 알아본다.

각종 의례를 통해
신의 뜻을 묻다

'척고(擲筶)'는 '대나무[筶]를 던진다[擲]'는 의미의 단어이다. 고(筶)는 '뽀에'라고 부르는데 한 면은 둥글고 다른 한 면은 평면으로 되어 있는, 초승달 모양의 한 쌍의 점치는 도구이다. 척고는 '뽀에(筶)'를 던져서 신의 뜻을 묻는 행위이다. 뽀에는 대나무의 뿌리나 나무자체로 제작되는데(최근에는 플라스틱 제품도 있다고 한다), 보통은 붉은색으로 칠해져 있다. 크기는 큰 것도 있고 작은 것도 있어 다양하다. 큰 것은 20cm 정도 되는 것도 있다. 또한 도사가 가지고 있는 뽀에는 끈으로 이어진 원형의 작은 동판(銅版)이다.

점치는 사람은 신 앞에 서서 두 개의 뽀에의 불룩한 부분을 정확히 합쳐서 가슴 앞에 들고 지면에 던진다. 신의 뜻은 던진 뽀에가 어떤 모양으로 지면에 떨어지는가에 의해 드러난다. 다시 말해, 던진 뽀에가 둥근 면과 평평한 면 중 어떤 것을 위로 향하고 있는지에 따라 점의 결과를 판단한다. 평평한 면이 위를 향하면 '앙(仰)' 곧 '양(陽)'이며, 둥근 면이 위를 향하면 '부(俯)' 곧 '음(陰)'으로 여긴다. 던진 두 뽀에가 모두 '앙(仰)'이면 '소고(笑筶)'라고 해서 신이 냉소하며 원하는 것을 무시하고 있고(길흉을 알 수 없다는 설도 있다), 두 개 모두 '부(俯)'의 경우는 '노고(怒筶)'라고 해서 신이 화가 나 있는 것으로 이 것 역시 원하는 것을 들어주지 않는 것으로 생각한다[흉(凶)으로 여긴다는 설도 있다]. 그리고 한 면이 '부', 한 면이 '앙'인 경우를 '성고(聖筶)'라고 부르며 신이 청(請)을 들어준다고 생각한다. 단, 실제로는 성고가 나오기까지 여러 번 반복해서 던지는 사람이 많다고 한다. 보통 척고(擲筶)는 3회 연속해서 행하며, 3회 계속해서 '성(聖)'이 나와야 비로소 청을 들어준다고 여긴다. 다만 이것에도 이설이 있으며 '성(聖)·성(聖)·양(陽)'이 나와야 가장 좋은 것이라는 설도 있다.

뽀에(筶)는 간단하게 신의 의지를 물을 수 있는 방법이기 때문에

척고를 앞에 두고 기도하는 부인
사진 / 오가타 도오루(人形徹)

각종 의례에서 신의를 물을 필요가 있으면 어김없이 사용된다. 예를 들어 제를 지내는 날 신상(神像)을 실은 가마가 순회할 때에 진행하는 경로를 정하거나, 다음 항에서 다룰 〈팔괘패(八卦牌)〉를 걸을 때에 신의 뜻을 묻는 경우 등이 그러하다.

그리고 가장 일상적으로 눈에 띄는 광경은 '성첨(聖籤)' 곧 길흉을 점치는 제비이다. 사묘의 신전(神殿)에 놓여 있는 상자에 역시 대나무나 일반 나무로 만들어진, 가늘고 긴 막대기가 60개비 혹은 100 개비를 꽂아 놓았는데, 여기에서 제비를 뽑는 사람은 우선 그 안에서 임의로 한 개비를 택하여 신전(神前), 곧 신령 앞에서 기도를 하고나서 뿌에를 던진다. 만약 그때 뿌에가 '성고(聖筶)'의 상태를 나타내면 그 점괘가 신의 뜻에 들어맞는 것이 된다. 그것을 3회 반복하여 동일한 대답이 나오면 비로소 그 번호의 제비를 받고 거기에 표시되어 있는 신의 뜻을 읽는다. 만약 뿌에에 의해 드러난 신의 뜻이 부정적이라면 다시 신전(神前)의 상자에서 다른 막대기를 뽑아낸다. 이 같은 과정을 3회 연속 해서 신이 동의(同意)하는 성고가 나올 때까지 막대기를 뽑고 뿌에를 던지는 것이 반복된다.

길흉을 점치는 제비로만 쓰이는 것이 아니라, 사묘에서 뿌에가 사용되는 일이 많기 때문에 사묘나 신전(神前)에는 크고 작은 뿌에가 몇 벌씩 설치되어 있는 것이 흔한 일이며, 인기척이 없는 사묘에서 신전에 던져진 뿌에가 석상(石床)에 부딪히는 '꽝' 하는 금속음은 타이완을 여행하면서 인상에 남는 풍경 중 하나이다.

뿌에가 사용되는 것은 사묘에만 한정되지 않는다. 일반 가정에서도 사용된다. 가정에서 불간(佛間), 곧 불상이나 위패가 안치되어 있는 방에 뿌에를 두는데, 간단하게는 바쳐진 식사를 신이 만끽했는지 아닌지를 묻는 것으로 시작해, 어떤 일이 있으면 그것을 던져서 뽀에에 드러난 신의 의지에 따라 방침을 결정하는 사람이 적지 않다고 한다. 세계대전 이전 일본 분게이(文芸)출판사에서 출판된 신에이세이(辛永淸) 씨의 『안칸엔의 식탁(安閑園の食卓)』에는 타이완의 유복한 가정이 묘사되어 있는데, 거기에도 아버지가 불간에 틀어박혀 뽀에로 신의 의지를 묻는 장면이 나온다.

6세기까지
거슬러 올라가는 역사

사실 '筶(고)'는 일반적으로 볼 수 있는 글자는 아니다. 예를 들면 모로하시 데쓰지(諸橋轍次)의 『대한화사전(大漢和字典)』에 이 글자가 실려 있지만, '고'라는 음만 달아놓고 '의미 미상'이라고 되어 있다. 아마도 대나무가 신의 의지를 알려준다는 의미로 지어진 속자(俗字)일 것이다. 문헌자료에서는 '杯珓(배교)'라는 형태로 나오는 것이 보통이다. 또한 '盃珓(배교)'라고도 쓰고, 한 글자로 '盃(배)'로도 끝내는 경우가 있다. 더 나아가 '筊(효)', '校(교)', '教籈(교교)' 등의 글자도 쓰이고 재료에 따라 글자가 변한다고 한다.

그렇다면 뼈에의 삼일월형(二口月形)은 무엇을 의미하는 것일까? 남송시대의 정대창(程大昌, 1123-1195년)이 쓴 『연번로(演繁露)』 권 3에서는, 원래는 모시조개 껍데기를 던져서 그 안과 밖을 보아 '휴구(休咎)', 즉 '길흉'을 판단하였던 것인데, 대나무나 일반 나무를 깎아 조개껍데기 모양으로 만들게 되었다고 기록되어 있다. 조개껍데기

추첨(抽籤)하기 전에 기원하는 여인
유명한 관광지인 푸지엔(福建) 리엔지양(連江)현
의 칭지사(淸芝寺)에서는 추첨(抽籤), 곧 점괘를
뽑아보는 손님이 많다. 이 젊은 여성은 추첨하기
전에 무언가를 기원하고 있다.

를 던져서 점을 칠 때는 그것이 아무리 많아도 부족하기 때문에 부서
지지 않는 물건으로 대신 사용했다는 것은 확실히 있을 법한 이야기
이다. '杯(배)' 또는 '盃(배)'라는 글자를 쓰고 있는 것은 조개껍데기를
모방하기 위해 안쪽 측면을 깎았던 것이 술잔의 모양과 유사하기 때
문일 것이다.

또한 10세기의 문헌인『태평어람(太平御覽)』에 인용되고 있는『형
초세시기(荊楚歲時記)』_{남조 양나라 시대의 연중행사의 기록}에는 "교(敎)를
사신(社神)에 던져서[擲] 내세의 풍검(豊儉; 풍요할지 빈곤할지)을
점친다"는 구절이 있으며, 거의 동일한 문장을 인용하고 있는『연번
로(演繁露)』의 주석에는 "여기서 '교(敎)'는 오동나무[桐]로 만든 것으
로 작은 대합조개 모양인데 던질 때 '반부반앙(半俯半仰; 한 면은 위
를 향하고 한 면은 엎어진 형태)'을 길(吉)로 여긴다"고 되어 있다. 이
때문에 오늘날의 뽀에(筶)와 동일한 것이었다고 생각된다. 그렇다면
6세기 강남에 뽀에(筶)가 이미 존재했던 것이 된다. 또한 당대 후반

306

의 인물인 한유(韓愈, 768~824년)의 〈형악묘(衡嶽廟)를 배알하는 시(詩)〉에는 "손에 배교(杯珓)를 들고 나의 척(擲)을 인도한다"는 구절이 있어 '배교(杯珓)'라고 부르는 것을 볼 수 있다.

구체적으로 뾰에를 사용하여 신의 뜻을 묻는 장면으로는 송 태조가 아직 신분이 낮았던 때에, 신전(神前)에서 자신이 장래에 어디까지 출세할 수 있는지를 점쳤는데, 어떤 지위를 부르며 던져도 신의 뜻이 나타나지 않고 마지막으로 "이 이상이라고는 천자(天子)밖에 없다"라고 말하면서 뾰에를 던졌더니 '성고(聖筶)'가 나왔다는 이야기가 있다.『석림연어(石林燕語)』권1. 또한 남송의 도읍인 임안(任安)에 있는 피장사(皮場祠)에서 뾰에를 통해 신으로부터 돈을 받는다는 이야기『이견삼지(夷堅三志)』임사(壬四) 등이 있다. 이 이야기들은 뾰에가 이미 널리 사용되고 있었음을 시사해 준다.

또한 뾰에로 점을 보는 것은 지금도 왕성하게 사용되고 있으며 뾰에 그 자체도 타이완에서는 쉽게 구입할 수 있다. 뾰에를 사용하는 대신에 돈이나 가죽으로 행하기도 한다.

팔괘패(八卦牌)·수패(獸牌)

— 모리타 겐지(森田憲司, 나라대학)

벽사(辟邪)의 힘을 간직한 팔괘패(八卦牌)나 수패(獸牌)란 무엇인가?
그 문자나 모양[象]의 의미를 밝힌다.

삼충(三冲)의
흉상(凶相)을 피하다

타이완을 여행하면서 상점이나 집들이 즐비하게 늘어서 있는 거리
가 계속 이어지고 있는 지구, 예를 들면 루강(鹿港)이나 앙핑(安平)
의 구(舊) 시가지를 걷고 있으면, 민간의 처마 끝에 다양한 물건이 걸
려 있는 것을 만난다. 걸려 있는 물건으로는 목판에 팔괘를 그리거나
새긴 것[八卦牌], 혹은 역시 목판으로 된, 일본에서 말하는 바로는
칼을 입에 물고 있는 사자나 호랑이의 얼굴(獸牌), 나아가서는 거울
등이 있다. 또한 팔괘의 주위에는 호부(護符; 수호를 위한 부적)이나
성숙(星宿), 호리병, 옛날 돈, 붓 등 여러 가지 행운을 빌기 위한 물건
이 그려져 있거나 설치되어 있는 경우도 있고, 거울에 팔괘가 그려져
있는 예도 있다.

〈사진 1〉 민가 처마 끝에 걸린 수패

사진 / 저자

〈사진 2〉 팔괘를 그려 놓은 거울

사진 / 미즈노 마사요시(水野正好)

이들 물건은 무엇을 의미하며 왜 처마 끝에 달아놓은 것일까? 이러한 풍습에 대해서는 동팡유엔(董芳苑) 씨의 저서인 『타이완 민간 주택 문미(門楣) 팔괘패 기능의 연구(臺灣民宅門楣八卦牌功用的研究)』타이완 다오쌍(稻鄕) 출판사가 있다. 이 저술은 남부 타이완을 중심으로 한 조사 보고와 그것에 기초한 연구를 행하고 있기 때문에 그것을 참조하여 기술하고자 한다.

동팡유엔 씨는 패를 거는 이유로서 '삼충(三冲; 三衝)'이라는 것을 제시하고 있다. 다시 말해 노충(路冲)·주충(柱冲)·택충(宅冲)의 세 가지이다. '노충(路冲)'이란 길의 막다른 곳이나 T자 모양의 도로를 가리킨다. 이들은 대흉(大凶), 곧 매우 흉한 것으로 여긴다. 중국에서는 사기(邪氣), 곧 삿된 기는 직진한다고 하기 때문이다. 덧붙여 말하면, 중국식의 정원에 칠곡(七曲), 구곡(九曲)이 다리가 많은 것은 직진하는 사기를 피하기 위한 것이라고 한다. 그 다음에 '주충(柱冲)'이란 집의 정면에 전신주·나무·굴뚝 등이 있는 경우로, 이것도 역시 흉상(凶相)으로 여긴다. 마지막이 '택충(宅冲)'은 집의 정면이 다른 집의 문과 마주하거나 다른 집의 건물이나 담의 모서리가 마주 대하고 있는 것을 말한다. 이것 역시 흉상이다.

이러한 사고방식은 지금도 남아 있으며 '주충'의 예를 들면, 타이완에서는 집의 정면에 전신주가 서 있으면 그 집에서는 전력회사에 전신주의 위치를 바꾸도록 전화를 하고, 회사에서도 납득할 수 있는 것이므로 곧바로 이동공사를 한다고 한다.구보 노리타다(窪德忠) 저, 『눈으로 보는 오키나와의 민속과 그 경로(目でみる沖繩の民俗とそのルーツ)』p. 22. 그리고 이들 흉상을 피하기 위해 집의 처마 끝에 팔괘패나 수패를 걸어놓는 것이다.

거미집이나 사자의 얼굴을 도안화(圖案化)하다

그렇다면 패의 도안이 되고 있는 '팔괘'란 무엇인가? 팔괘의 모양에 대해서는 〈사진 3〉을 보는 것이 가장 빠른데, 『역경(易經)』의 「계사전(繫辭傳)」에는 복희(伏犧)씨가 천지우주의 만물을 관찰하고 그것을 상징하는 것으로서 만들었다고 기술하고 있으며. 역의 음의 기호인 '一'과 '--'를 세 개씩 겹쳐 쌓은 경우에 가능한 8종류의 기호로서, 그것이 방사(放射) 모양으로 늘어서 있어 팔각형의 테두리 안에 알맞게 들어가 있다.

보통 사용되는 팔괘로는 2개의 종류가 있다. 곧 복희씨가 만들었다는 '선천팔괘(先天八卦)'와 주나라 문왕(文王)이 만들었다는 '후천

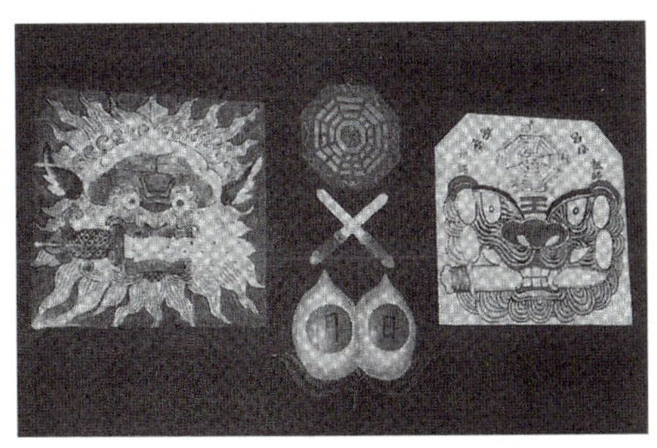

팔괘(後天八卦)'이다. 이들 두 가지는 괘의 병렬방식이 달라 '선천팔괘'에서는 '건(乾; ☰)'괘가 가장 위에 오는 것과 달리, '후천팔괘'에서는 '리(離; ☲)'괘가 가장 위에 온다. 또한 '선천팔괘'의 중앙에는 '태극(太極)' 문자가 그려져 있고, '후천팔괘'에는 쌍으로 된 물고기가 그려져 있다. 그리고 '선천팔괘'는 높은 곳에 걸어 사기를 막는 경우에 사용되고 ,'후천팔괘'는 점을 보는 등의 경우에 사용된다고 한다. 따라서 팔괘패에서 마귀를 제거하기 위해 사용되는 것은 '선천팔괘' 쪽이다.

팔괘는 거미집과 같은 모양이기 때문에 '천라지망[天羅地網;'羅' 역시 '網(그물)'의 의미]'의 부호였으며 사기(邪氣)를 잡아 제어하는 신비한 힘이 있다고 여긴다. 그렇기 때문에 팔괘패는 처마 끝에만 거는 것이 아니라 수호부적의 도안으로 사용되는 경우도 있고, 팔괘를 디자인한 코인을 부적으로 몸에 지니거나 사략시 때에 상량 나무 위에 놓아두기도 한다.

다음으로 '수패'에 대해 살펴보자. 이것도 위에 게재한 사진으로 알 수 있는 바와 같이, 칼을 입에 문 사자나 호랑이의 정면을 향한 얼굴이 빨강이나 파랑 원색으로 그려져 있는 것으로 수적으로는 사자이 경우가 많다. 많은 경우에 액자에 '王'자가 그려져 있으며, 입에 물고 있는 칼은 한 자루인 경우와 두 자루인 경우가 있다. 사자가 물고 있는 칼은 '칠성검(七星劍)' 곧 북두칠성을 검신(劍身)에 그려넣은 칼로서 구마(驅魔)의 힘이 있다고 하며, 도사가 의례 때 사용하는 검도 '칠성검'이다. 또한 사자 위에 작은 팔괘가 그려져 있는 경우도 있다.

중국에서는 사자나 호랑이에 벽사(辟邪), 구마(驅魔)의 힘이 있다고 여긴다는 것은 잘 알려진 사실이며, 그 힘으로 '삼충'이 발생시키는 사기(邪氣)를 막으려는 것이리라. 게다가 '王' 자나 칠성검 혹은 팔괘 등이 덧붙여져 사악한 것의 침입을 막는 힘을 보다 강화시키고자 하는 것이라고 말할 수 있다. 또한 이러한 수패에 대해서는 종이에 인쇄한 것을 붙이는 경우도 있으며, 타이완에서는 세화(歲畵) 등을 파는 상점에 가면 쉽게 손에 넣을 수 있다.

패를 거는 순서

일반적으로 경제적인 곤란이나 환자의 발생과 같은 집안에 문제가 생기면, 타이완 사람들은 뼈로 점을 치거나 _{전항 〈척고〉 참조} 풍수가나 법사 등에게 상담을 하여 그 원인이, 앞에서 기술한 바와 같이 '충(冲)'에 있다고 생각하는 경우나 나아가 자신의 집 위치가 삼충(三冲; 三衝)에 해당되는 경우에는 사전의 예방조치로서 이러한 것을 처마 끝에 거는 것으로 보인다. 또한 어떠한 패를 거는 것이 좋은가는 법사와 상담한 후에 결정한다.

그리고 이들 팔괘패나 수패 등을 걸 때에는 법사를 집에 불러 의례를 행하고, 패를 '칙점개광(勅点開光)'한 후에(이것으로 패는 신으로서의 능력을 갖는다), 집 주변을 깨끗이 한 다음 법사의 손으로 처마 끝에 건다. 그 의식에 대해서는 동팡유엔(董芳苑) 씨의 저서에 상세하게 소개되어 있다.

또한 맨 앞에서 기술한 바와 같이 팔괘패의 중심이 거울이 되는 예나 거울 그 자체를 거는 경우도 있다. 앞에서 소개한 〈사진 2〉와 〈사진 3〉은 타이완의 루강안핑(鹿港安平)에서 촬영한 것(거울은 루강, 패는 안핑)인데, 〈사진 2〉의 경우 거울 표면에 꽉차게 수호부(守護符)가 그려져 있다. 더욱이 〈사진 3〉의 처마 끝에 걸려 있는 팔괘패의 뒤에도 '칙점개광' 받은 거울이 들어 있다. 잘 알려진 바와 같이 거울에 사기를 물리치는 힘이 있다고 여기는 것은 고금동서에 공통으로 보이는 민속인데, 이 경우도 그 예라고 할 수 있을 것이다.

석감당(石敢當)

— 모리타 겐지(森田憲司, 나라대학)

석감당은 악마를 물리치는 것으로서
중국뿐 아니라 일본에서도 보이는 석주(石柱)의 유래를 보여준다.

전한시대의 글에도 보이는
오래된 습속

우선 '석감당(石敢當)'이 무엇인지부터 알아보자. 일반적인 형태를 기술하면, '석감당' 혹은 '태산성감당(泰山石敢當)'이라는 문자가 새겨진 높이 1m가 채 못 되는 석주(石柱; 돌기둥) 또는 석판(石板)으로, 독자적으로 서 있는 경우도 있고 벽에 박아놓은 경우도 있다. 또한 '전(磚 또는 甎)' 곧 흙을 구워 만든 중국식 벽돌로 만든 것도 있다고 한다. 그리고 이들 문자 외에 팔괘나 사자두(獅子頭)_{전항 〈팔괘패·수패〉 참조}, 혹은 칠성, 수호부(守護符) 등이 함께 새겨져 있는 경우도 있어 다양하고, 풍부한 사례들이 보고되어 있다. 세계대전 이전의 현지조사나 기행문 등에 따르면 이러한 습관은 중국 각지에 분포되어 있는 것으로 보이며, 나아가 싱가포르나 말레이시아의 사례도 보고되어 있다.

석감당은 어떤 장소에, 무엇을 위해 세우는 석조물일까? 석감당은 막다른 길, T자로(T字路), 네거리, 혹은 집의 문 옆에 박아 놓은 경우가 많다. 그 외에 마을 입구, 도선장(渡船場), 다리 옆 등에도 세운다고 한다. 그리고 거기에서 말하는 건립의 이유는 '팔괘패'의 '삼충(三冲)'과 마찬가지로 막다른 길이나 T자로는 흉상으로 여기기 때문이며, 또한 집에 무언가 문제가 생긴 경우에 마(魔)를 물리치는 역할을 하기 때문이다.

그렇다면 석감당은 언제부터 존재한 습속인 것일까? 석감당에 대한 가장 오래된 문헌이 전한(前漢) 시대 사유(史游)의 저술로 알려진 『급취편(急就篇)』이므로, 이 습속이 예로부터 존재했던 것이라고 할 수 있다. 또한 실제로 이 문자를 돌에 새겨 벽사(辟邪)에 이용한 예는 남송시대 왕상지(王象之)가 편집한 지리서인 『여지기승(輿地紀勝)』에 실려 있다. 당나라 대력(大曆) 5년(770년)의 연기(年記)의 한 석감당의 석비(石碑)가 송나라 경력(慶曆) 연간(1041~1048년)에 복건(福建)의 보전(莆甀)현에서 발굴되었다고는 이야기이다. 이 글로 미루어 보아 미 당대에는 이러한 습속이 있었음을 알 수 있다. 이 석비를 세운 것은 당시의 현령(縣令; 知事)으로, 석비 아에는 벽사와 함께 관민의 행복과 지역의 문화융성을 기원하는 문구가 새겨져 있다. 또한 구보 노리타다(窪德忠)에 의하면, 후지엔(福建)성 후(福)주의 유샨(于山) 쥬씨엔구안(九仙觀)에는 남송시대 쇼흥(紹興) 연간(12세기 중엽)에 만들어진 석감당이 보존되어 있다고 히는데, 이것은 현존히는 가장 오래된 석감당일 것이다. 구보 노리타다(窪德忠), 『도교의 신들(道教の神々)』 p. 22, 히라가의(平河)출판사.

'석감당'은
무엇을 의미하는가?

그렇다면 '石敢當(석감당)'이라는 단어가 의미하는 것은 무엇일까? 이 단어는 중국이나 일본의 수필 등에 적지 않게 언급되고 있는데, 예로부터 사람들의 관심을 불러모았던 것으로 보인다. 그 이유에 대해서는 옛날부터 여러 가지로 이야기되고 있다. 앞에서 인용한『급취편(急就篇)』에는 당나라 시대의 인물인 안사고(顏師古)의 주석이 있는데, 그는 예로부터 석씨(石氏) 성에 용사가 많은 예를 들며, '敢當(감당)'에 대해서는 '맞이하는(부딪히는) 곳마다 적이 없다(대단히 강하여 어떤 상대에게도 지지 않는다)'고 해석하고 있다. 이와 같이 '敢當'이라는 두 글자를 '감히 맞이한다'라고 읽고, 이러한 석각(石刻)의 문자가 자신을 향해 오는 사기(邪氣)를 맞이하여 그것을 물리쳐서 막아줄 수 있는 것으로 이해되는 것이 일반적인 듯하다. 그리고 그 배경을 고대로부터 내려오는 돌의 영력(靈力)에 대한 신앙으로 설명하려는 이론도 있다.

또 다른 한편에서는 '石(석)'을 성(姓)으로 보고 '敢當(감당)'을 이름으로 삼아, 인명(人名)으로 보는 해석도 있다. 이러한 이름의 용사(勇士)가 가진 힘으로 사기를 막는다는 이야기이다. 이 이야기는 모로하시 데쓰지(諸橋轍次)의『대한화사전』에 인용된『성원주기(姓源珠璣)』라는 명(明)대의 문헌에 소개되어 있다. 오대(五代)의 후한(後漢)의 개조인 유지원(劉知遠)이 아직 후한의 군인이었던 때에 그의 부하 중에 석감당이라는 용사가 있었는데, 그는 "흉(凶)을 만나면 길(吉)로 바꾸고 모욕[侮]을 막고[禦] 위태로움[危]을 막았던[防]" 인물이었다고 한다. 그래서 후대 사람들이 그의 모습을 돌에 새기고 그의 이름을 기록하였다는 것이다. 오대는 10세기 전반이므로 이미 당대에 석감당이 돌로 새겨지고 있었음을 보여주는 자료가 있는 이상, 물론 이 이야기는 성립되지 않지만, 일반인들 사이에서는 이렇듯 인명으로 해석하는 것이 오히려 받아들여지는 것으로 보인다.

또한 맨 앞에서 기술한 바와 같이 종종 '태산석감당(泰山石敢當)'이라고도 쓰는데, 왜 그러한지는 잘 알 수 없다. 영악(靈嶽)으로서의 태산의 힘을 구마(驅魔)에 빌리고자 한 것일까?

끝으로, 석감당은 어떤 방식으로 숭배되는가? 세계대전 이전의 다이와 상황에 대한 보고를 보면, 석감당을 세우는 데에는 동지(冬至) 후의 갑신(甲辰), 병신(丙辰), 무신(戊辰), 경신(庚辰), 임신(壬辰), 갑인(甲寅), 병인(丙寅), 무인(戊寅), 경인(庚寅), 임인(壬寅)의 10일 가운데서 날을 택하여 이 세 글자를 새기고, 설날[元日], 인시(寅時, 곧 심야), 사람들이 없는 때에 세운다고 한다. 그리고 그것을 세운 뒤에 그대로 두는 것이 아니라 매월 1일과 15일, 혹은 매일 향을 바친다고 한다. 게다가 제야(除夜)에 날고기 세 조각을 바쳐 제사를 지낸다고도 문헌에는 기록되어 있다. 역시 석감당을 세운 것은 개인에 한정되지 않고 공동으로 행하기도 하며, 그 경우에는 각각 공물을 가지고 와서 제사를 지낸다도 한다.

일본, 타이완에도
남아 있는 석감당

　석감당에 대한 이러한 신앙은 중국뿐 아니라 오키나와(沖繩)나 미나미 큐슈(南九州)를 중심으로 일본 각지에 전파되어 있어, 필자 역시 오사카(大阪) 시내에서 본 적이 있다. 특히 오키나와에서는 '이시간토(イシガントウ)'라고 불리며 널리 퍼져 있다. 구보 노리타다에 의하면 석감당을 세우는 것이 오키나와에서 최근 유행하여 석실(石室)에는 기성제품의 석감당을 진열하여 팔고 있다고 한다.구보 노리타다, 『중국문화와 남도(中國文化と南島)』p.21, 다이이치 서방(第一書房). 역시, 타이완의 펑후다오(澎湖島)에는 석감당이 많고 게다가 종류도 다양하다. 이것은 이곳 토지는 바람이 강해 토사(土砂)가 바람에 날리기 때문에 그 사기를 물리치기 위한 것이라고 한다. 같은 종류의 석조물로서 석주(石柱)에 '아미타불(阿彌陀佛)' 혹은 '나무아미타불(南無阿彌陀佛)'이라고 새긴 것이 타이완에 있다는 것이 보고되어 있다. 이 구절에도 벽사의 힘이 있다고 생각되어 석감당과 같은 작용을 하는 것으로 여겨지는 듯하다.

3장

의약과 신선술

—불로장생의 길

양생(養生)·의료와 도교

— 이시다 히데미 (石田秀 , 규슈국제대학 교수)

여러 관점에서 '참된 삶의 방식 – 양생(養生)'을 추구했던 도교신봉자들.
그런데 그 전제에는 '생명은 신체가 있어야 한다'는 생각이 존재했다.
양생을 위해 생겨난 독자적인 신체관·기법·의료 등을 살펴본다.

중국에서
양생의 의미

'養生(양생)'이라는 글자를 보면, 일본인이라면 누구라도 "요오죠오(ようじょう)'라고 읽을 것이다. 그리고 "양생하지 않으면 안 돼요"라는 식의 충고를 받으면, 대부분 사람들이 무절제한 생활을 개선하거나 병을 앓고 난 뒤의 휴양(休養) 같은 것을 생각할 것이다. 일본어 사전을 찾아보면, 양생의 첫째 의미로 "건강을 유지하여 병에 걸리지 않도록 힘쓰는 일"이라고 적혀 있는데, 일상생활 대부분을 병든 환자처럼 살도록 강요받는 현대 일본인들에게 양생이라고 하는 것은 오로지 '병든 상태를 회복하는 일'로 비춰지고 있는 듯하다.

'양생'이라는 말 자체는 중국 고대사상에서 나온 말이다. 예컨대 기원전 4,5세기 무렵 활약했던 장주(莊周)라고 하는 인물의 언행을 제자들이 후일 엮어낸 책인『장자(莊子)』제3편에는 '양생주(養生主)'라는 제목이 있는데, 한결같이 양생의 방법을 설명하고 있다.

다만「양생주」에서 설명하고 있는 '양생(養生)'은 현대 일본인이 '요오죠오(養生)'라고 읽는 단어에 담겨 있는 이미지와는 상당한 차이가 있다. 중국고대에서 양생은 '삶[生]을 기르다[養]'는 뜻인데, 그 삶이란 '건강한 삶'에 국한된 것은 아니다. 여기서 말하는 삶은 오히려 '마땅히 따라야 하는 자연적인 삶'이며, 양생은 태어날 때부터 불구이거나 질병에 걸렸다 하더라도 '자연적인 운명'에 거역하지 않으면서 온화한 마음으로 자연의 이치에 맡기고 살아가는 '참된 삶의 방식'을 가리키는 것이다. 이러한 의미를 제일어의(第一語義)로 삼는 중국적 '양생'을 우리는 일본적인 '요오죠오'와는 구별해서 '요오세이(養生)'라고 읽고 있다. 앞으로 이 글의 해설에서 사용하는 '양생'은 이러한 의미이다.

'참된 삶의 방식'이라는 의미에서의 양생은 당연히 중국인들 누구에게나 중요한 것이었지만, 그 중에서도 특히 양생에 관심을 기울인 것은 단연 도교신봉자들이다. 그렇지만 그 안에도 다양한 관점이 있으며, 똑같은 양생이라는 말을 사용한다 하더라도 관점마다 의미하는 바가 조금씩 다르다. 오관(五官)을 끊임없이 자극하는 욕망과 인위(人爲)를 버리고 자신이 부여받은 그대로의 삶에 충분히 만족하고 자연의 이치에 맡기는 입장도 있지만, 다른 한편으로는 이미 충분히 의식주를 호화롭게 누리면서도 아직 만족하지 못하고 영원한 생명을 추구하고 쾌락을 영속화하고자 하는 제왕(帝王)적인 의미의 양생도 있다. 이와는 반대로 이런 욕망과는 인권이 없는 입장에서 이 세상의 영화를 깨끗이 버리고 영원한 생명을 보존하는 존재가 되고자 양생 수행에 힘쓰는 이도 있을 것이다.

　어떠한 삶을 '참된 삶의 방식'과 연결되는 것으로 보는가에 따라 나타나는 여러 관점 중에는 신체[形]를 수련하는 사람과 마음[神]을 수련하는 사람, 크게 나눠 두 부류가 있다고 보는 이론이 있다. 하지만 이것은 초점을 어디에 두고 보는가 하는 차이에 불과하다. 양신(養神)을 주창하는 대표적인 문헌인『장자』「각의(刻意)」편에서도 지적하는 것은 외형에만 집착하는 어리석음이며, 동시에 이것은 신체가 있어야만 오래 존속할 수 있는 인간의 삶을 대전제로 하고 있다.

　삶의 본질을 신체의 표면적인 번지르르함이나 건강에 놓을 것인가, 아니면 인간성(人間性; 이 경우 '性'에는 섹슈얼한 의미는 없다)에 놓을 것인가 하는 차이다. 양쪽 모두가 '살아 있는 몸뚱이의 생명'을 지키는 데 목표를 두는 것은, 예를 들면『장자』「덕충부(德充符)」편 등에서 보이는 그로테스크한(기괴한) 신체를 지녔던 자들의 우화를 읽어 보면 알 수 있다. 그들은 그로테스크한 외형 때문에 징병을 면제받아서 생명을 지키면서 내면으로는 기품 있는 인간성을 갖추고 있었기 때문이다.

　양생이론은 한편으로는 국가를 다스리는 모델로서 천인감응설(天人感應說)을 말하던 한나라 시대 유교적 정치가들에 의해서 주창되었지만(사회적 신체론), 또 다른 한편에서는 지극히 개인적인 '인생의 쾌락'의 기법으로도 사용되었다. '방중(房中; 침실 안이라는 뜻)'이라고 불리는 성행위를 중심으로 한 양생서(養生書)가 이러한 쾌락을 '생의 본질'이라고 생각하는 왕후들 때문에 일찍부터 저술되어 있었다. 삶의 풍요를 선(善)이라고 생각하는 중국전통 속에서는 이것은 비윤리적 행위이기는커녕 오히려 윤리적인 행위이고, 그것을 이용해 남녀 상호간의 삶의 에너지 충전을 도모하거나, 더 나아가서는 영생까지도 꾀하였다. 대중적인 도교의례 속에서는 방중을 의례화하고 그것에 따라서 우주의 생명 모두에게 풍요를 기원하는 일까지 행하였다.

자기 신체에서 우주를 보다

중국 고대인들은 고대 인도에 조금도 뒤떨어지지 않는 수준의 신체기법을 개발한 것으로 알려져 있다. 인도 요가와 비슷한 중국의 신체기법은 기공(氣功)이나 선정(禪定)이라는 이름으로 현대인들에게도 계승되어 이전보다 한층 더 활발하게 배우고 있다는 것은 잘 알려진 사실이다.

인도 요가, 특히 하타 요가[Hatha-Yoga; 베단타(Vedanta) 철학의 영향으로 사람이 이미지를 형성하는 능력을 중시하는 8, 9세기 이후의 요가]는, 인간의 신체를 '보이지 않는 미세한 몸'으로 보고, 인체 중심을 지나는 맥관(脈管)과 그 마디마디에 존재하는 차크라(chakra; 에너지 센터), 그리고 그곳을 통하여 상승(上昇)하는 쿤달리니 여신(女神) 등으로 구성된 특이한 신체관을 가지고 있다. 마찬가지로 중국의 신체기법도 그 배경에는 독특한 신체관이 있다. 죽은 자의 신체를 해부하여 정적(靜的, static)인 해부도를 만들었던 서양근대 해부학과는 달리, 이들 두 고대문명의 신체관은 살아 있는 유기적인 인간

신체에 그대로 접근하고자 한다.

살아 있는 신체는 통상 있는 그대로 해부하여 볼 수가 없다. 또 살아서 움직이는 신체에 흐르고 있는 에너지는 셀 수 없이 많고, 그 루트(route) 또한 다양하다. 하타 요가와 마찬가지로 중국 고대 신체기법 역시, 신체의 본질을 '보이지 않는 신체'로 파악하는 것은 이와 같이 '살아 있는 신체'를 기본으로 하는 관점에서 보면 당연한 귀결이라 할 수 있다.

그렇지만 중국 고대인들이, 서구 근대에 정교하고 세밀화된 '사체(死體) 해부에서 얻은 정적(靜的)인 신체관'을 무시하거나 몰랐던 것은 결코 아니다. 은(殷) 왕조 때부터 동물이나, 때로는 인간의 장기(臟器)를 조상신에게 바치면서 기도하는 방식이 전통적으로 계속 이어져 왔고, 옛날부터 생체해부를 포함한 각양각색의 해부가 행해졌다. 현재 남아 있는 사체(死體)를 토대로 만든 해부도 가운데 가장 오래된 것은 10세기 것인데, 이것은 동시대 서양의 중세에서 찾아봐도 발견할 수 없을 만큼 뛰어난, 아마도 최고의 해부도일 것이다. 그럼에도 그들은 그러한 해부도를 그다지 중요하게 여기지 않았다.

그것이 생기가 없는, 죽은 자의 사체인 이상, 거기에는 가장 중요한 '생명의 본질'의 면모가 완전히 사라져 없어졌다고 생각했기 때문이다. '생명의 본질'이 생생하게 흐르는 신체는 그 내부를 갈라서 열어 볼 수가 없다. 하지만 '보이지 않는 신체'는 겉에서 보이는 진단이나 맥증(脈証), 인간 개개인의 내적 감각 등 '장(場)'으로서의 죽은 사람의 신체'를 참고로 하여 가장 유사한 것으로 모델화할 수 있었다. 시대가 변해오면서 정교하고 치밀해진 이러한 모델 중에서 가장 발전된 형태로 〈그림 1〉로 게시해 둔다.

명당도(明堂圖), 유주도(流注圖) 등으로 불리는 이런 종류의 '보이지 않는 신체'의 도상(圖像)은 신체를 흐르는 12개의 정경(正經), 8개의 기경(奇經), 그것들의 우회도로(by-pass)인 낙맥(絡脈), 손맥(孫脈) 등으로 구성된 복잡한 '생명의 본질'의 흐름을, 주요한 것만 골라서 그리고, 더불어 그 흐름의 곳곳에 산재하는 에너지의 결절점(結節点; 외부로 통하는 통로이기도 하다)인 경혈(經穴)을 나타낸 것이다. 살아 있는 신체 모습은 이러한 에너지 흐름의 '다발[束]' 혹은 덩어리로 인식되었다.

이러한 에너지 흐름은 전통적인 언어로 말하자면 '기의 흐름'이라고 총칭될 만한 것으로, 인체의 본질은 자연의 기가 응집되어 다발(덩어리)이 된 것이라 할 수 있다. 기를 '물질'로만 설명하고자 혈도(血道)를 예로 드는 사람들이 많지만, 기(氣)라고 하는 것은 '마음'과 '몸' 쌍방에 관여하며, 유기적 신체나 자연의 연관성을 파악하기 위한 인식 도구이기 때문에, 그와 같은 접근 자체가 난센스(nonsense)라는 것은

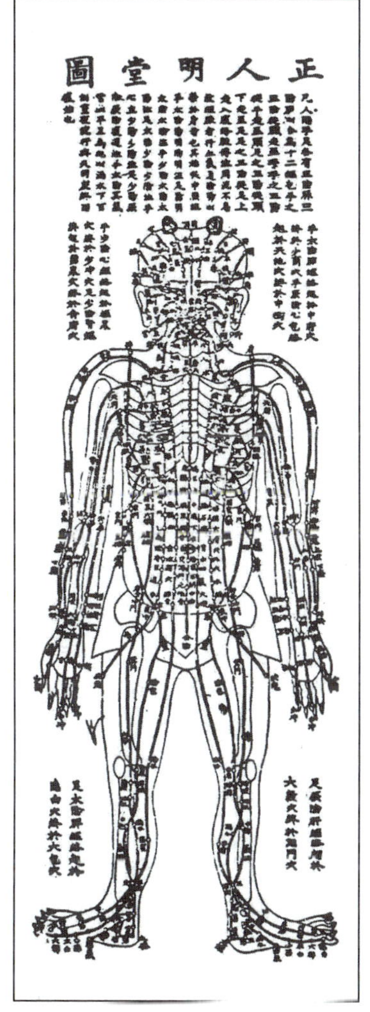

〈그림 1〉

말할 필요도 없다. 그러한 '유기적 연계성'은 물질로서의 상(相; 모양)이나 '마음'으로서의 상(相)뿐만 아니라 신격(神格)으로서 우리 눈에 비춰지는 상(相)까지 내포하고 있기 때문이다.

도교에서는 기가 가진 신격으로서의 위상을 사람의 신체에서 찾으려는 경우, 체내신(體內神)이라고 하는 이미지로 그린다. 자연의 기가 응집하여 사람의 신체라고 하는 '기의 다발(덩어리)'이 되는 바, 거기에 나타나는 신(神)들은 당연히 자연의 기가 형상을 취하여 어슴푸레하게 나타난 것이다. 그리고 자연의 사계절이나 오행의 변화를 나타내는 기가 신체라고 하는 소우주에서도 순환을 관장하고 있다면, 사람이 자연 안에서 보는 신들과 신체 안에서 발견하는 신들은 기본적으로 같은 것이다. 이와 같이 신체인 소우주(micro-cosmos)와 자연인 대우주(macro-cosmos) 안에서 동일한 신격(神格)이 마치 순간이동(teleportion)한 것처럼 나타나는, 도교의 독특한 '중첩적 신체우주관'이 성립되는 것이다. 사람이 자신의 신체를 본다는 것은 그 자체로 광활한 우주를 보는 것이며, 그 반대로도 생각할 수 있다. 즉 우주를 본다는 것은 그 자체로 사람의 신체를 본다는 것이다.

그래서 보이는 신체 안의 신들이 사실은 자기 생명의 본질이며, 그 생명의 본질인 신들은 동시에 자연의 신들 그 자체이기도 한 것이다. 자기 신체를 들여다보는 것 자체가, 우주이기도 한 자신와의 자연스러운 일치로 이어지는, 이러한 신체관이야말로 도교에서 여러 신체기법의 전제인 것이다.

건강의 원천은
기의 순환

양생을 위한 여러 가지 신체기법에 대해서는 각각의 항목에서 상세하게 해설을 하고 있기 때문에, 여기서는 매우 거칠고 간단하게 묘사하는 정도로만 정리하고자 한다.

신체의 본질은, 자연 유래의 대상, 곧 응집하고, 다발이 되어 순환하며 움직이고, 살아 있는 '유체(流體)', 곧 '기(氣)'이다. 이렇게 집합된 기의 다발(덩어리)인 신체를 조화롭게 유지해 가는 것이 신체기법으로서의 양생의 기본이자 모든 것이다.

이렇듯 기를 온전하게 잘 보존하는 것은 단지 외형적인 아름다움이나 건강의 유지만을 위해 필요한 것은 아니다. 앞에서 설명한 바와 같이 그러한 내용에 구애됨 없이 '마땅히 따라야 하는 자연적인 삶'을 따르는 것이 '참된 삶의 방식'이라는 양생관이 전제되어 있다. 이러한 사고는 도교적 사상의 하나인 원점이었다.

기를 잘 보존하는 것은 그 자체가 '마음'를 평온하게 유지하는 것이다. 신체기법의 기본 중 하나로 신체 구석구석까지 기를 충만하게 채우는[閉氣; 폐기] 방법이 있는 것은 이러한 마음의 평온함과 그 결과 얻어지는 시각, 곧 아집으로 인해 왜곡시키지 않고 사물을 바라보는 관점을 중시하기 때문이다. '심재(心齋)'『장자』「인간세」편, 곧 '마음의 재계(齋戒)' 등에서 말하는 이러한 상태야말로 도교적 명상의 이상(理想)이다.

당연히 기를 신체에 가득 채우고 이를 유지하는 것은 한편으로는 건강과도 연관된다. 병은 기의 다발(덩어리)인 사람의 신체에서 비어 있는 틈새로 달라붙는 나쁜 기운(신격으로 표현하면 나쁜 신) 때문에 걸리는 것으로 생각되었으므로, 틈새가 생기지 않도록 기를 가득 채워두는 일이 '무병식재(無病息災)', 즉 병이 나지 않고 재앙을 잠재우는 것과 장수(長壽)로 이어질 수 있다.

기가 빠져나가지 않도록 막아서 충만하게 하는 데에는 뒤에서 기술하는 바와 같이 호흡법 공부도 중요하겠지만, 치아를 딱딱 부딪치거나(叩齒; 고치), 양쪽 귀 부근을 두드리는(鳴天鼓; 명천고) 등의 신체 기법도 잊어서는 안 된다. 이것은 현대의 기공법에도 일종의 건강법과 같은 형태로 남아 있는데(깨달음에 좋다고 설명된다), 본래는 체내에서 신들로 이미지화되어 있는 기가 밖으로 빠져나가지 않도록 모아서 막아두기 위한 뇌명(雷鳴, 곧 叩齒)이나 고(鼓, 곧 鳴天鼓)의 소리로 생각되는 것이다.

온 몸에 기가 가득 차 있어서 나쁜 기운이 들어올 수 없다면 보다 적극적으로 강한 기를 움직여 신체의 불균형을 치료할 수도 있다. 강한 기가 움직여 흘러가게 되면 그 힘으로 신체에 침입한 나쁜 기운도 밖으로 나갈 수밖에 없기 때문에 병도 점차 쾌차하게 된다. 또한 기가 막히지 않고 잘 순환하면 신체 각 부위의 나쁜 부분이 정비되고 컨디션도 잘 조절될 수 있게 된다. 게다가 '마음'의 위상(位相)에서 보면, 그러한 기운동의 결과로 신체에 두루 기가 가득 찬다는 것은, 바꾸어 말하면 '마음'의 평정과 편향됨 없는 명상적 인식상태에 도달한다는 것이다. 이렇게 해서, 도인(導引)이라고 부르는, 요가(다만 요가보다 훨씬 경직되어 있지 않고 유연한 움직임)와 같은 운동이나 이미지 안에서 체내의 기를 순환시키는, 행기법(行氣法)이 발달하게 된다.

그런데 인간은 통상(通常), 기를 막은 채로 있을 수 없다. 호흡은 생명운동에 반드시 필요하며 거기에는 신진대사라고 하는 중요한 기능이 있다. 낡은 기는 사기(死氣)라 부르며, 이를 사기(邪氣), 곧 나쁜 기로 취급하는 경우가 많다. 육자결(六字訣)이라고 하는 토기(吐氣), 곧 날숨법이 열사(熱邪)나 풍사(風邪)를 없애거나, 오장육부의 병을 막아주기 위해 매우 중요한 신체기법으로 오늘날까지 전해지고 있다. 이것은 『노자』 29장[1]에 그 일부가 보일 만큼 오래된 전승방법으로 '허[呵]~' 라든가 '취[吹]~' 하는 소리를 내면서 기를 토하는 방법이다.

또한 도교에서는 종종 사람이 아직 세속의 때에 오염되지 않은 태아(胎兒) 상태를, 이상적인 심신 상태로 본다. 사람이 몸과 마음 모두가 순수한 '참뒤 삶의 방식'을 구하고자 한다면 이러한 태아의 몸과 마음을 모델로 삼아야 한다. 그렇기 때문에 모체에 있는 태아처럼 평온한 '태식(胎息)'이라고 하는 호흡법을 중요시하였고, 또한 태아의 생성시기에 있던 성적(性的, sexual) 원기(元氣)의 순수함과 강한 힘이 모든 기의 이상체(理想體)로서 칭송되었다. 이러한 지향은 결국 세속에서 더렵혀진 성인(成人)의 신체 내부에, 자기시원적(自己始原的) 음양(陰陽)의 두 기운이 교합해서 만든 또 하나의 신체, 곧 '성태(聖胎)'를 탄생시키고, 그 태를 양육함으로써 순수성 그 자체인 자신에 도달하고자 하는 내단(內丹), 곧 신체연금술(身體鍊金術)의 사상을 낳은 것이다.

---

1. 將欲取天下而爲之 吾見其下得已....故物或行或隨, 或歔或吹, 或强或羸 或挫 或隳. 是以聖人去甚去奢去泰. ―『노녁셩』29상

불사의 선약을
구한 도사들

중국 전통적인 의학은, 옛날 은(殷)나라 때부터 귀신이 씐 것이라고 하는 병인론(病因論)과 신체와 자연의 기(氣)의 불균형이 병을 유발한다고 하는 병인론, 양쪽을 모두 포함하고 있다. 흔히 의학 교과서에 기술되어 있는 샤머니즘적인 의료와 합리적인 의학과의 대립적 도식은 현대 우리의 시선으로 보아서 생긴 오해라고 할 수 있다. 사실은 의사나 샤먼(shaman) 모두 두 가지 병인론에 근거하여 의료를 행했다고 보는 것이 옳을 것이다. 다만, 양자는 직업적인 성격상 각각 상이한 영역에서 존재해 왔고 그와 동반하여 어느 쪽을 의료의 중심으로 파악하는가에서 차이가 있는 것이다. 이러한 차이에 대한 기록을 대립적으로 보는 것은 현대의 우리가 범하는 오류라고 할 수 있을 것이다.

중국의 의사들 대부분은 도교 신도들이기도 했다. 의술(醫術)은 샤머니즘적인 기법까지 포함한 방술(方術)의 하나였고, 그것을 다루는 사람들, 곧 방사(方士) 중에는 선인(仙人)이 되어 하늘을 날고 불로장생의 신체에 도달하기를 바란 사람도 적지 않았다. 앞에서 기술한 바와 이 두 종류의 병인론의 병용은 그들에게는 지극히 당연한 일이라고 할 수 있다. 기(氣)라고 하는 개념으로 병인(病因)을 설명하는 것 자체가 이러한 두 종류의 병인론과 결부되어 있었던 것이다. 앞에서 말한 것처럼 기는 '물질적'인 것으로도 '정신적'인 것으로도 파악될 수 있으며, 동시에 그 안에 '신격(神格)'으로 보이는 성격도 가지고 있기 때문이다.

그러므로 도교적인 의료라고 해도 도교의 의료가 다른 의술가(의사)의 그것과 그다지 다를 수는 없다. 단지, 앞에서 기술한 무(巫)와 의(医)의 관계처럼 각각의 의술가들은 각각 중심으로 삼는 점이 있고, 그 위치에 따라 보다 종교적 색채가 강하게 나타나기도 하고 혹은 그와 반대로 현대 우리 관점에서 볼 때 합리적으로 보이기도 하는 차이가 있을 뿐이다. 이러한 사정은 도사이자 동시에 의술가로서 유명한 당나라 초 손사막(孫思邈)을 생각해보면 쉽게 알 수 있다. 그가 저술한『천금요방(千金要方)』이라는 의학서는 종교적 요소보다는 합리적 요소가 강한 책으로 현대의 우리에게는 보인다. 그런데 그가 만년에 저술한『천금익방(千金翼方)』은, 벽곡(辟穀)·은둔법(隱循法)·복기(服氣)·연단(煉丹)·부주(符呪)라고 하는 도교적 양생이나 신앙치료를 중심으로 한 책으로 마치 전혀 다른 사람의 저작으로 보일 정도다.

주문이나 기도가 현실적으로 사람의 심신을 움직여서 병을 치유한다는 것을 중국인들은 예로부터 알고 있었다. 주문이나 부적으로 나쁜 기운이나 물건들을 쫓아내는 방법은 마왕퇴(馬王堆) 유적에서 출토된 의서(醫書)나 유교경전인『주례(周禮)』에서도 볼 수 있다. 초기 도교집단인 오두미도(五斗米道)의 부적(符籍) 치료도 유명하다.

앞에서 기술한, 체내의 기를 순환시키는 행기(行氣)는 이러한 기도나 명상[存思]과 함께 외교기법으로 응용되는 경우도 많았다. 기를 자기 이외 사람에게 발하여 병을 치료하는 지금의 외기공(外氣功)과 유사한 것도 의서인『황제내경영추(黃帝內經靈樞)』와 도교문헌인『포박자』등에서 볼 수 있다.

방제(方劑) 즉 치방(處方)이니 침구(鍼灸) 곧 침과 뜸도 부적이나

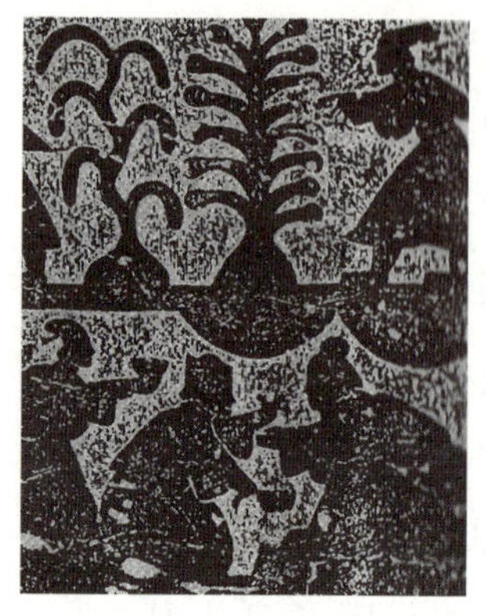

<그림 2>

신앙적 명상, 행기(行氣) 등과 병행하여 실행되었다. 도교에서는 유난히 질병치료를 뛰어넘는 선약(仙藥) 또는 불로장생의 약을 탐색하는 일을 중요하게 여긴다. 〈그림 2〉에서 보는 것처럼 선약(仙藥)을 키우거나 채집하는 선인이야말로 초기 약물 채집자였던 방사(方士)들의 이상(理想)이었다. 약물 탐구는 이윽고 그것들을 잘 조합하고 오랜 기간에 걸쳐서 순도를 높이는 외단(煉丹)의 기술로 통합, 정리되었다.

중요한 것은 이러한 외단의 과정에서 수행자는 약과 함께 자기 심신도 순수한 것으로 완성시켜 가야 한다는 것이다. 단순히 불사를 향한 욕망을 넘어서, 순수한 심신을 갖추기 위한 희구가 여기에서 문제가 되었다. 사람들이 외단과 내단(內丹)을 병용하다가 결국은 내단을 중심으로 하는 신체연금술로 점차 전향해 가는 이유 중 하나가 외단이 가지고 있는 이러한 지향성에 있다.

민중도교 차원에서는 불사약도 중요하지만, 오히려 그 중심은 앞에서 말한 바와 같이 부적이나 주문을 방제(처방)·침구(침과 뜸)와 병용하는 것이다. 부적의 언어 안에 복용해야 하는 약 처방이 지시되어 있거나 기도해야 하는 신의 이름이 기록되어 있기도 하여, 약물의 힘과 신앙의 힘의 상승작용에 의해 경이적인 치유력을 보이는 경우도 많다. 이는 정신신경 면역학과 같은 방법론으로 현대의학에서도 받아들이고 있는데, 이러한 의료의 모습은 미래 우리에게 매우 귀중한 연구영역이다.

침구(鍼灸)와 도교

— 하야시 가츠(林克, 다이토문화대학 조교수)

건강·장생을 모두 바라는 도교와 침구(鍼灸).
예로부터 수많은 상호침투가 있었지만, 그 중에서도 단전설(丹田說)의
이론화에 기(氣)와 경락(經絡)에 관한 침구이론이 깊게 연관되어 있다.

후한시대에
이미 완성된 침구

침구(鍼灸), 곧 침과 뜸은 경혈(經穴)이라고 하는 피부 위의 한 지점을 바늘로 찌르거나 뜸을 떠서 병이나 장해를 치료하거나 건강을 유지하고 증진시키는 것으로서, 탕약(湯藥)과 같은 약물요법이나 안마도인(按摩導引)과 같은 운동요법 등과 함께 중국전통의학의 한 분야를 형성한다. 이러한 의료법은 본가인 중국은 물론이고 한국이나 일본 등에서 예로부터 행해져 왔을 뿐만 아니라 현재는 전 세계에 보급되고 있다.

침구의 역사는 확인 가능한, 중국의 가장 오래된 왕조 은(殷)나라 때(BC 16세기경~BC 11세기경)까지 거슬러 올라가는 것으로 생각된

다. 은나라 멸망 후 주(周)나라는 진(秦)나라(BC 256년)에 의해 멸망하기까지 약 800년 동안 지속되었다. 800년의 기간 중 약 300년이 춘추시대였으며, 그 무렵의 명의(名醫)로 의완(医緩)·의화(医和)·편작(扁鵲) 등의 이름이 전해지고 있다. 그 중에 특히 유명한 편작(扁鵲)은 전국시대(800년 가운데 마지막 200년)에 활약했다는 이야기가 전해지기는 하지만, 어느 시대 사람인지는 정확히 알 수 없다. 춘추시대부터 전국시대에 걸쳐 활약했던 여러 명의(名醫)들의 사적이 '편작'이라는 이름에 가탁된 것이 아마도 사건의 진상일 것이다. 그와 같은 명의들에 의해서 침구를 포함한 중국전통의학이 기초를 탄탄하게 다져왔다. 처음으로 중국을 통일한 시황제가 세운 진(秦)왕조는 건국 후 15년 만에 멸망하고 기원전 206년에 한(漢)나라가 탄생한다. 서력기원을 기준으로 대략 기원전 200년과 기원후 200년 동안 지속한 한 왕조 시대에는 당시까지 축적된 학술의 정리와 체계화가 진행되었고, 중국 전통의학도 이 시대에 정리·체계화를 거쳐서 전체상이 거의 완성되었다.

『태평청령서』를 근거로 치료했던 간길

도교의 원류는 전국시대까지 거슬러 올라가지만, 실질적인 탄생은 후한시대이다. 그러므로 도교의 원류와 중국전통의학의 접촉은 전국시대에도 있었지만, 이 둘의 실질적인 관계는 후한시대 때 시작되었다고 할 수 있다. 후한 순제(順帝)시대(126~144년)에 간길[干吉, 혹은 우길(于吉)]은 곡양(曲陽)의 천수(泉水) 부근에서 『태평청령서(太平淸領書)』라고 하는 서책을 입수하였는데, 이것이 도교에서 가장 오래된 경전으로 알려진 것이다. 『태평청령서(太平淸領書)』는 후대에 개정 증보되고 제목이 『태평경(太平經)』으로 바뀌어 현재까지 전해지고 있다. 『태평경(太平經)』은 종교경전이지만 질병치료에 관한 여러 편의 기술을 포함하고 있다. 그 안에는 식물에서 추출하여 만든 약에 관한 「초목방결(草木方訣)」, 동물을 재료로 해서 만든 약에 관한 「생물방결(生物方訣)」, 주문(주술)에 관한 「신축문결(神祝文訣)」 등과 함께 침구에 관한 「구자결(灸刺訣)」이 있다. 이 결(訣)들은 모두 치료에 관한 원칙적 사항을 기술한 것으로 구체적 치료법은 볼 수 없다.

「구자결(灸刺訣)」에는 인체에 360개 맥(脈)이 있어서 그 하나하나의 맥이 1년 360일 중 하루씩 인체의 기능을 담당한다는 것(당시에도 이미 1년이 365일과 4분의 1이라는 것을 알고 있었지만 어림수로 360일이라고 했다), 침이나 뜸은 360개의 맥을 조절하고 음양의 기흐름을 좋게 하여 질병과 나쁜 기운을 제거하고자 하는 것, 치료법을 기록한 교전(敎典)에도 처음부터 끝까지 모든 것을 터득하여 자신들이 치료해본 결과 성과가 좋은 실적들을 기록하여 독자적인 교전(敎典)을 만든다는 것 등이 기술되어 있다. 간길은 사원을 세워 향을 피우고 『태평청령서(太平淸領書)』를 읽으며, 부적과 신수(神水; 신통하고 영허한 효험을 나타내는 물)를 주어 사람들의 병을 치료하였다고 전해진다. 종교교단의 질병치료라고 한다면 그것은 당연한 일이었겠지만, 「구자결(灸刺訣)」 등의 존재는 의술의 보완이 있었다는 사실을 시사한다. 이 사실을 분명하게 뒷받침해주는 것이 그 다음에 나온 『태평경(太平經)』이 「재계사신구사결(齋戒思神救死訣)」의 문구이나.

점복(占卜)이 특기인 의사, 약제가 특기인 의사, 침술이 특기인 의사, 뜸이 특기인 의사, 신에 대한 제사(祭祀)가 특기인 의사 등이 10명 있어서 각자가 특기인 질병을 치료하게 된다면 10가지 병을 치료하는 것이 가능하다. 100명이 있으면 100가지 질병, 1,000명이 있으면 1,000가지 병, 만 명이 있으면 만 가지 질병을 치료할 수 있게 된다.

갈홍에게서도 보이는 구법에 대한 관심

후한(後漢), 삼국시대에 이어서 진(晉)나라 갈홍(葛洪, 284~363년경)은 초기 신선사상을 집대성하고 도교사상 특필할 만한 역할을 도맡았던 인물이다. 그는 신선도에 관한 저술을 많이 했는데, 그의 저술 가운데는『옥함방(玉函方)』,『주후구졸방(肘後救卒方)』과 같이 의술전문서도 두 개나 있다.『옥함방(玉函方)』은 소실되어서 전해지지 않으며,『태평청령서』와 마찬가지로『주후구졸방』만 후대에 증보개정되고 제목이『주후비급방(肘後備急方)』으로 바뀌어 오늘날까지 전해지고 있다. 이 책은 질병·상해를 70여 가지로 분류하여 각 항목별로 약 처방과 구법(灸法; 뜸 치료법)을 기재했는데, 침법(鍼法)은 보이지 않는다. 갈홍은 신선도(神仙道)의 스승인 포현(鮑玄)의 딸 포고(鮑姑)를 아내로 맞이하였는데, 그녀는 의술에 정진하여 특히 구법의 달인이었다고 한다. 그녀의 의술은 부친으로부터 물려받았을 터여서『주후비급방』에 구법만 기술된 것은 두 사람의 영향에 의한 것이라고 생각된다. 그건 그렇고, 갈홍의 의술에 대한 사고방식을 잘 보여주는 자료가 그의 저술인『포박자』「잡응편(雜應篇)」에 있어서 인용한다.

> 양생술의 비결을 터득한 자는 영험이 뚜렷한 묘약(妙藥)을 복용함과 동시에 전신으로 기를 순환시키는 일을 게을리 하지 않고, 아침저녁으로 기공법을 행하며 영위(榮衛; 중국전통의학에서 혈액과 림프액에 해당하는 생리기능을 담당한다고 생각되는 것)를 유통시켜서 정체되지 않도록 한다. 그에 더하여 방중술(房中術)을 행하고 음식을 절제하며 병인(病因)이 되는 바람이나 습기를 피하고 자신의 힘으로 어찌 할 수 없는 일이 있더라도 괴로워하지 않는다. 이와 같이 하며 병에 걸릴 일이 없다. 하지만 어려운 일이라 속세에서 살아가는 자들은 마음을 집중하지 못하고 수양법도 이것저것 일정하지 않으며 게다가 해야만 하는 일도 하지 않는다. 그러므로 병에 걸리지 않을 수가 없다. …… 그 옛날 신선도를 처음 공부하던 자들은 의술도 병행해서 공부하여 일상의 질병에 대비했다. 그런데 어설픈 도사는 이러한 이치를 모르고 그동안 들어왔던 지식에만 기대어 치료효과도 없는 치료법에 빠져버리는 경우가 많다. 세속을 끊고 은둔하며 오로지 양생에만 힘써서 병고가 들어오지 못하게 한다는 것도 가능한 일은 아니다. 그것만이 아니라 병고가 내 몸을 덮치게 될 때도 치료조차 할 수 없게 된다. 결국 약제에만 의존하는 서민(庶民)만도 못한 셈이다.

도교는 거칠게 말하면 현세이익 추구를 주된 목적으로 하는 종교라고 할 수 있다. 따라서 부(富)와 장수(長壽)를 획득하는 것이 도교의 중심적인 주제라고 해도 무방하며 이 두 가지를 획득하는 수단이 중국의 연금술이다. 좀 더 자세하게 설명하자면 중국의 연금술은 부의 원천인 금을 만들어내는 협의의 연금술(鍊金術)과 불로장생 약인 금단(金丹)을 만들어내는 연단술(煉丹術)로 나눌 수 있다. 『포박자』 내편은 금단(金丹)에 관한 많은 기술(記述)을 담고 있는 문헌인데, 앞의 인용문은 도교에서 불로장생과 질병예방을 목적으로 하는 양생술이 중시되지만 질병이나 상해가 발생했을 때 그 치료에도 상당한 관심을 기울이고 있다는 사실을 잘 보여준다.

갈홍 이후에도 도교와 의술, 양 방면에 모두 정통한 도홍경(陶弘景, 452~536년), 손사막(孫思邈, 581~682년) 등이 등장하였으며, 침구(鍼灸)를 포함한 의술에 대한 관심은 후대 도교에도 그대로 이어져 오고 있었다. 그러나 도교의 주된 관심은 뭐니 뭐니 해도 양생술에 있었기 때문에 양생술과 침구와의 관계에 대해서는 뒤에 따로 기술하고자 한다.

기와 경락 이론을 갖춘 침구의 원전

수(隨)나라 대업(大業) 6년(610년), 소원방(巢元方) 등은 수나라 이전 의학의 성과를 광범위하게 수집해 놓은 『제병원후론(諸病源候論)』을 편찬하였다. 50권(卷), 67문(門), 1739편(篇)으로 된 이 저서들은 제목에서 볼 수 있듯이 질병의 원인과 징후를 중점적으로 기술한 것으로, 질병에 대한 처치법으로 『양생방(養生方)』, 『양생방도인법(養生方導引法)』, 『양생금기(養生禁忌)』 등의 양생서(養生書)에서 인용한 내용에 그쳐 침구나 약물에 대한 언급은 거의 없다.

이 책은 수많은 질병에 대한 양생기법을 망라하고 있기 때문에 도교 양생술의 경전이 되었다. 제1권에 〈바람으로 인한 편고(偏枯; 반신불수)의 증후〉라는 장이 있고, 이 장에 인용된 『양생방도인법』에 "등허리를 곧게 펴고 양손과 양발을 뻗으며, 잡념을 없애고 머리에서부터 기를 끌어내려 발가락 10개와 족심(足心; 발바닥의 중심)으로 유도하기를 21회를 반복한 후, 족심까지 기가 도달하는 게 느껴지면 멈춘다"라고 되어 있다. 머리부터 발까지 기를 끌어내리는 기법은 『장자』 「대종사(大宗師)」편의 "진인의 호흡은 발꿈치로 행한다(眞人之息以踵)"는 구절까지 거슬러 올라가 볼 수 있을 만큼, 예로부터 이어져온 도인법(導引法), 즉 운동·자세·호흡·명상을 조합한 양생술 기법이다

『장자』는 전부 33편으로 이루어져 있으며 장자가 쓰인 시기는 오래된 부분과 새로 쓰인 부분 사이에 200년 정도 간격이 있다. 「대종사(大宗師)」편은 전체적으로는 오래된 부분에 속하고 전국시대 중기에 작성된 것으로 보인다. 이와 같이 오래 전부터 존재해 온, 발까지 기를 끌어내리는 기법에는 당초 기를 끌어내리는 구체적인 루트에 관한 인식은 없었던 것 같고, 막연하게 들숨[吸氣]을 발까지 끌어내리고, 날숨[呼氣]을 발에서부터 끌어올렸던 것으로 생각된다. 이 같은 상황에서 침구의학은 기와 경락(기의 통로) 이론을 발전시켜 그 기법에 대한 구체적인 기의 루트와 기운동의 기초이론을 제공해온 것이다.

기(氣)는 중국 전통의학 모든 분야에서 기초가 되는 것이며, 기의 통로를 '맥(脈)'이라 하고, 온 몸에 둘러 퍼져 있는 맥을 '경락(經絡)'

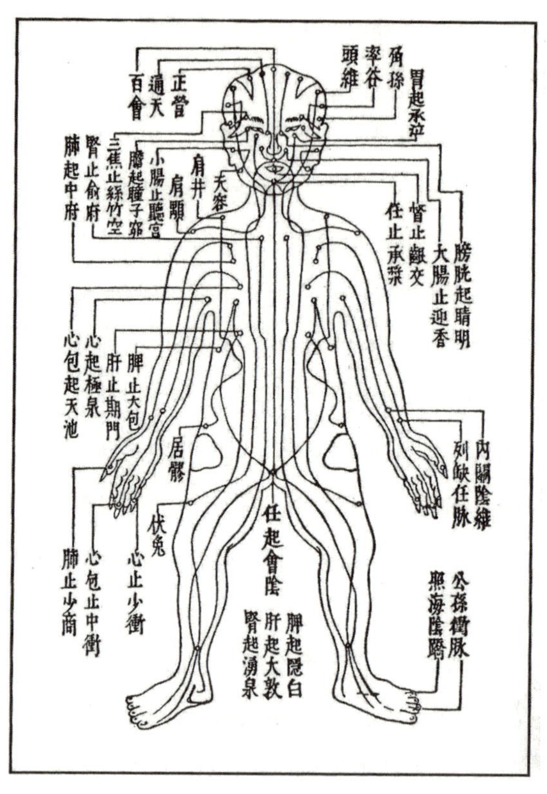

12경락도(앞면전도)

『유경도익(類經圖翼)』에서

이라고 부른다. 경락이라는 단어 자체는 간선(幹線)을 의미하는 '경(經)'과, 지선(支線)을 의미하는 '락(絡)'이 합쳐진 것이다. 경(經)에는 12경맥(經脈), 12경별(經別), 기경(奇經) 8맥(脈)이 있고, 락(絡)에는 15락맥(絡脈), 365락(絡), 손락(孫絡)이 있다. 12경맥은 간선(幹線) 중의 간선이고, 손과 체간(體幹)을 연결하는 6가닥[本]을 수경(手經), 발과 체간을 연결하는 6가닥을 족경(足經)이라고 부른다. 12경맥은 6장[六臟; 심장, 폐, 간, 비장, 신장, 삼초(三焦)] 및 육부[六腑; 쓸개, 위, 대장, 소장, 방광, 심포(心包)]와 연결되어 있으며, 육장 가운데

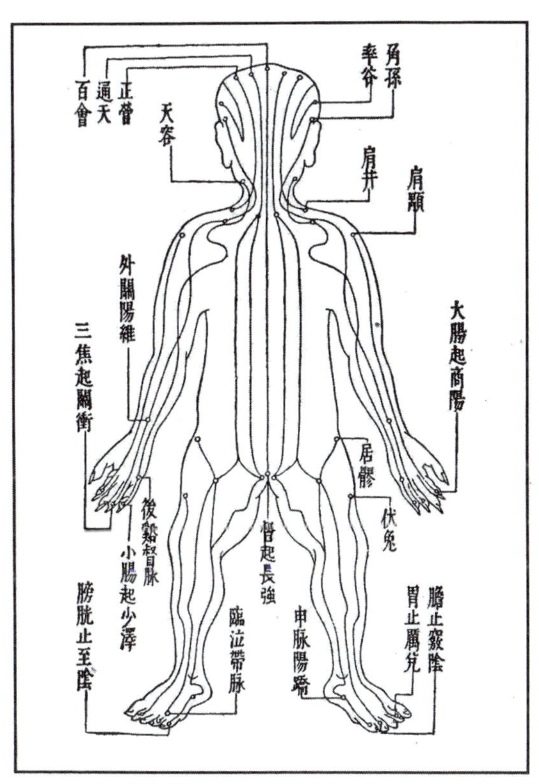

12경락도(뒷면전도)
『유경도익(類經圖翼)』에서

어느 하나와 밀접한 관계를 가진 6가닥을 음경(陰經), 육부 가운데 어느 하나와 밀접한 관계를 가진 6가닥을 양경(陽經)이라고 부른다. 수경(手經) 6가닥 안에는 음경과 양경이 각각 세 가닥씩 있고, 발의 경인 6개도 마찬가지로 세 가닥씩 갈라져 있다. 12경맥이 가 경은 밀접한 관계를 가진 장부의 명칭과 그것이 뻗어나간 부위기 손이냐 발이냐에 따라서 손의 심경(心經)이라든가 발의 위경(胃經)이라고 부른다. 12경별(經別)은 12경맥이 체간부(體幹部)에서 복선화(複線化), 즉 여러 갈래로 갈라져 나간 부분이라고 보면 된다. 12경맥, 12경별의 12는 1년의 달수이고 하루의 시간을 12지(支)로 구분한 숫자이며, 태양과 달의 운행과 관련된 것을 암시하는 숫자이다. 즉 12경맥·12 경별은 계절의 추이나 1일의 시간의 추이에 따라서 기능항진과 저하를 규칙적으로 반복하는 것이다.

이것과는 달리 계절이나 시간과 관련이 희박한 경맥이 '기경8맥'이라 불리는 8가닥의 맥인데, 기능으로는 12경맥 사이에서 기가 과하거나 부족한 것을 조정하거나 총괄한다. 15경맥은 경맥 사이에서, 365락은 경맥과 전신의 365절(節) 사이에서, 그리고 손락(孫絡)은 낙맥(絡脈)과 전신의 각 부분 사이에서 연락을 맡아서 한다.

이상이 경락의 개요이며, 이 중에서 머리 부분과 발 사이에서 기가 오르내리는 데에는 족경(足經)이 사용되었다. 기의 통로인 경락이 명확하게 됨으로써 양생술이 매우 크게 발전하게 되었는데, 기와 경락의 이론은 침구의학의 원전인『소문(素問)』과『영추(靈樞)』에 상세하게 기술되어 있다. 중국에서는 옛날부터 궁정도서관의 장서(藏書)를 정리하였고 가장 오래된 것이 전한(前漢) 왕조의 장서목록인『한서(漢書)』「예문지(藝文志)」인데, 그 속에『황제내경(皇帝內經)』이라는 의서가 실려 있다.『소문(素問)』과『영추(靈樞)』는『황제내경(皇帝內經)』이 둘로 나뉘어 전해진 것으로, 그 중 일부에는 당대(唐代)에 추가된 부분을 포함하고 있으나 대부분은 전국시대 때부터 한대(漢代) 사이에 저술된 의학논문으로 보인다. 이 두 책은 기와 경락에 관한 인식을 견고히 하고 체계적인 이론을 정비함으로써 침구의학의 원전이 되었는데, 그것에 멈추지 않고 중국전통의학 전반을 넘어서 양생술에 대해서도 기초가 된 이론을 제공하는 역할을 하였다.

단전학설에 기여한 침구 이론

『제병원후론(諸病源候論)』 제2권 「귀신에 인한 증후[鬼邪候]」장에 인용된 『무생경(無生經)』에는 다음과 같은 문장이 있다. "여러 가지 질병, 귀신에 의한 장애, 요괴(妖怪)의 독(毒)을 치료하기 위해서는 천정을 향해 반드시 누워서 눈을 감고 숨을 멈춘 채 단전을 내시(內示)한다. 코로 서서히 숨을 들이마셔 배를 가득 채운 뒤, 입으로 서서히 숨을 내쉬는데, 소리를 내어서는 안 된다. 많이 들이쉬고 적게 내쉬고 세심하게 주의하면서 실행한다." 여기에서 "단전(丹田)을 내시(內示)한다"는 것은 배꼽 세 마디 아래쯤에 있다고 생각되는 단전부위에 의식을 집중하는 것이다. 이렇듯 단전을 응시하는 것은 갈홍의 『포박자』에도 이미 기재되어 있고, 또한 현재 기공법에도 연면히 이어져 내려온 대표적인 양생기법이다. 『포박자』에는 단전 외에도 상·중·하의 삼단전(三丹田)이라는 명칭도 보인다. 삼단전 중에서 특히 중요한 것은 하단전(下丹田)이며, 보통 단전이라고만 부를 경우는 하단전을 가리키는 경우가 많다. 단전은 불로장생의 묘약인 단(丹)을 생성하여 기르는 곳이라는 의미이며, 양생기법을 이용하여 그곳을 작동하게 하여 그 묘약을 체내에서 생성하려는 것이다. 단전의 생리적 기능과 해부학적 부위, 단의 생성 메카니즘 등을 포괄한 단전학설은 양생사상의 역사에서 대단히 중요하다. 그러한 단전학설에 침구의학이 관계하고 있는 것이다.

『소문(素問)』, 『영추(靈樞)』와 함께 침구의학의 원전으로 간주되는 것으로 『난경(難經)』이 있다. 명의(名醫)인 편작(扁鵲)의 저작으로 전해져 왔는데 실제로 작성된 것은 후한시대 중엽쯤으로 보인다. 이 책은 '81난(難), 즉 여든한 가지의 어려움'이라는 장으로 이뤄졌으며, 그로 인해『팔십일난경(八十一難經)』이라고도 한다.『소문(素問)』과『영추(靈樞)』의 편수도 81인데, 81이라는 수는 최대·궁극의 의미를 지닌 9를 두 번 곱한 것으로 완벽한 전체를 의미한다. 다시 말해, 의학에 관한 모든 문제를 망라해 다 논의하고 있다는 것을 암시하는 수이다.

『난경(難經)』의 제8난(難)에서는 경맥에 대해 이렇게 말한다. "모든 경맥은 전부 생기(生氣)의 근원과 연결되어 있다. 이른바 생기의 근원이라는 것은 12경맥의 근본이며, 신간(腎間)의 동기(動氣)를 말한다. 이것은 오장육부(五臟六腑)·12경맥의 근본이며, 호흡의 요충지요, 삼초(三焦)의 원천이며, 일명(一名) 사기(邪氣)를 방어하는 신(神)이라고 한다." 신간(腎間)의 동기(動氣)란 좌우 한 쌍인 신장 가운데에 있는 맥동(脈動)을 의미하는데,『난경(難經)』에 의하면 생명을 주재하는 근원으로서 인간의 생명 그 자체로도 비유할 수 있는 것으로, 그 때문에 원기(原氣), 즉 생명의 가장 근본이 되는 기라고도 한다. 생명을 주재하며, 생명의 근본이 되는 기는, 바꿔 말하면 인체에 원래부터 갖춰져 있는 단(丹)이다. 따라서 신간(腎間)의 동기(動氣)를 단전(丹田)이라고 생각하게 되었던 것이다. 또한『난경(難經)』의 제36난(難)에는 이런 문장이 있다. "우측의 콩팥을 명문(命門)이라 한다. 명문이란 것은 신기(神氣)와 정기(精氣)가 머무는 곳이며, 원기(原氣)가 연결되는 곳이다. 남자는 생식의 정기를 저장하고, 여자는 자궁에 연결되어 있다." 원기는 신간의 동기이기 때문에 명문이 원기와 깊게 관계하는 것은 분명하다. 원기(原氣)인 까닭에 새로운 생명을 낳는 남녀의 생식기관과 연결되어 있는 것이다. 이상과 같이 명문(命門)과 신간(腎間)의 동기(動氣)를 기초로 하여 양생사상의 단전학설이 발전해 갔다. 요컨대, 침구의학 이론이 단전학설의 형성과 발전에 커다란 기여를 한 것이다.

내단형성의 기법, 소주천(小周天)에 영향

체내에서 단을 생성하는 기법을 내단술이라고 한다. 수(隋)나라 이전에는 실제로 단약을 제조하는 연단술(煉丹術), 즉 외단술(外丹術)이 중심이었고 내단술(內丹術)은 부수적이었는데, 당대(唐代)를 사이에 두고 그 상황은 일변한다. 당나라 시대는 연단술이 유행하였고, 역대 황제도 자주 단약(丹藥)을 복용했다. 단약에는 수은이나 비소가 많이 들어가 있었기 때문에 복용한 사람은 대부분 중독사하였다. 이것이 단약복용에 대한 엄격한 반성을 촉구하였고, 내단술이 주류를 차지하는 계기가 되었다. 당·송 시대 이후에 중시된 내단술에 '소주천(小周天)'이라고 하는 기법이 있다. 그 기법에서 없어서는 안 되는 것이 단전(丹田)과 기경8맥(奇經八脈) 중 임맥(任脈)과 독맥(督脈)이다. 임맥과 독맥은 인체의 좌우중앙의 정중선(正中線)을 따라서 흐르는 경맥(經脈)으로, 임맥은 회음부에서 몸이 앞쪽으로 나와서 배꼽을 지나 아랫입술로, 독맥은 윗입술에서 코·미간·정수리를 지나 몸의 뒤쪽으로 내려가서 회음부에 이르는 것이다. 임맥과 독맥이 형성하는 둥근 고리 모양의 통로는 천구(天球)상에서 태양이 일주(一周)하는 길인 황도(黃道)에 비유할 수 있기 때문에 '소주천(小周天)'이란

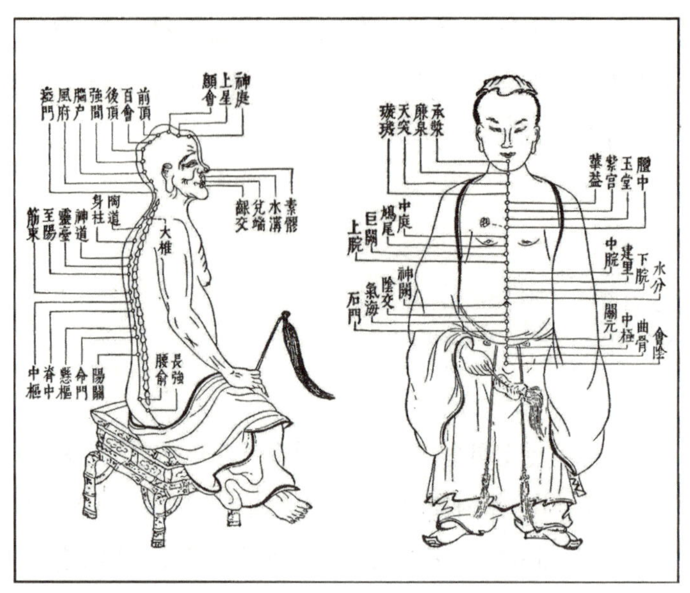

독맥도(督脈圖)(오른쪽)와 임맥도(任脈圖)(왼쪽)
『유경도익(類經圖翼)』에서

이름이 붙게 된 것이다. 이 통로에 기를 순환시키고, 그 과정에서 연락을 담당하는 단전(丹田)에서 서서히 단(丹)을 만들어내는 기법이 '소주천(小周天)'의 개요이다. 임맥과 독맥의 통로와 기능을 처음으로 명기(明記)한 것이 『소문(素問)』과 『영추(靈樞)』이며, 기경(奇經)을 8가닥[本]으로 정리함과 더불어 기경(奇經)과 12경맥의 관계를 명확하게 한 것이 『난경(難經)』이었다. 다시 말해, '소주천(小周天)'에 있어서도 그 기초가 되는 이론을 제공한 것은 침구의학의 원전이었다.

양생술의 구체적인 기법은 다양하지만 그 기초부분을 지탱하고 있는 것이 침구의학과 공통되는 이론이라는 사실은 이상의 설명으로 볼 때 명확한 것 같다.

목적이 동일했던
양생술과 침구의학

　침구의학과 양생술의 관계는 지금까지 설명한 것에서 그치지 않는다. 보다 더 깊은 관계를 가지고 있다. 『소문(素問)』「사기조신대론(四氣調神大論)」과 『영추(靈樞)』「역순(逆順)」편에서는 마땅히 지녀야 할 의사의 자세에 대해서 "병에 걸리기 전에는 치료를 베풀고, 병에 걸리고 난 후에는 치료하지 않는다[治未病, 不治已病]"고 한다. 현실적으로 침구치료에 있어서 질병이나 상해가 발생한 뒤에 치료를 하지 않는다는 것은 있을 수 없지만, 침구의학이 질병 발생 후의 치료보다 더 중시한 것이 평생의 건강유지나 증진이었음을 이 한 문장으로 알 수 있다. 양생술은 가능하다면 불로장생을 목적으로 하지만, 가장 일차적으로는 평생 건강유지나 증진을 목적으로 한다. 따라서 침구의학과 양생술은 상당 정도 동일한 목적을 공유하고 있다고 할 수 있다. 『소문(素問)』의 제1권에 수록된 「상고천진론(上古天眞論)」이나 「사기조신대론(四氣調神大論)」이라는 편에는 양생에 대한 기술(記述)이 거의 대부분을 차지하고 있다. 또한 의술과 양생술 모두에 통달한 손사막(孫思邈)이 저술한 『천금요방(千金要方)』의 「양생」편 제1장에서는 혜강(嵇康)의 「양생론」과 『포박자』, 그리고 이와 더불어 「상고천진론(上古天眞論)」・「사기조신대론(四氣調神大論)」을 인용하고 있다. 이것은 침구의학과 양생술의 공통적인 증거라 할 수 있다.

　침구의학은 양생술에 중요한 기초이론을 다수 제공하였다. 이것은 양자가 모두 신체라고 하는 동일한 소재를 다루고 있기 때문이기도 하지만, 그 이상으로 성취하고자 하는 목적에 있어서 공통부분을 많

이 가지고 있기 때문이다. 이러한 것에 입각하여 침구와 도교 양생술
은 오랜 중국역사에 있어서 깊은 관련을 계속 지켜왔던 것이다.

본초(本草)와 도교

― 오오가타 토오루(大形徹, 오사카부립대학 조교수)

도교의 신선사상과 깊게 관련되어 있는 본초. 불사(不死)의 선인(仙人)이 되기 위해 꿈꾸던 약은, 질병도 치료할 수 있는 약으로서 2,000년이나 되는 역사 속에서 연구되었고 수많은 기록을 남기고 있다.

'본초(本草)'란 중국고대의 약물(藥物) 관련 문헌을 가리키는 것으로, 그와 관련된 학문을 본초학(本草學)이라고 한다. 도교에는 선인(仙人)이 되는 방법의 하나로 약물복용이 있는데, 그러한 약물의 대다수는 본초서(本草書)에 기록되어 있다. 질병을 치료하는 약과 선인이 되는 선약(仙藥)이 엄밀하게 구분되어 있는 것은 아니다. 피부병을 치료하는 약이 동시에 신선약이기도 하다. 본초가 오늘날에는 단순히 한방약을 의미하는 단어라는 이미지가 강하다. 그래서 선약과 한방약이 같다고 하면 기이하게 느껴질지도 모른다. 하지만 본초라고 하는 말이 생겨난 배경에는 당시 유행하고 있던 신선사상이 매우 큰 영향을 끼쳤고, 그러한 영향 없었다면 본초라는 단어는 생겨나지 않았을지도 모른다.

여기서는 먼저 '본초'라는 단어가 이렇게 생겨났는지를 고찰할 것이다. 그런 다음, 가장 오래된 본초서인『신농본초경(神農本草經)』의 내용에 대하여 고찰하고, 더 나아가『열선전(列仙傳)』에 대해서 언급하고자 한다.

1. 본초(本草)

‘본초’라는 말은『한서(漢書)』「누호전(樓護傳)」에 처음 등장한다. 누호(樓護)는 평제(平帝) 원시년간(元始年間, 1~5년)에 광한태수(廣漢太守)가 된 인물인데, 그 집안은 대대로 의사였고, 그도 젊은 시절 의사가 되기 위하여 장안(長安)에서 수학했다. 누호는 의경(医經)·본초(本草)·방술(方術)의 서책을 수십만 언(言)이나 암송했다고 한다.

이런 사실로 보면 전한 시대에 이미 본초 관련 서적이 있었음을 알 수 있다. 또한 당시 의사는 의경(醫經)이나 본초뿐만 아니라 방술(方術)을 배웠다는 것이 흥미롭다.

■ 본초대조(本草待詔)

『한서』「교사지(郊祀志)」에 ‘본초대조(本草待詔)’라는 말이 있다. 성제(成帝, 재위 BC 33~7년) 때, 승상(丞相)인 광형(匡衡)이 상주(上奏)하여 예에 걸맞지 않거나 중복되는 사당을 정리하였다. 당시 ‘후신(候神)의 방사(方士)’, 즉 신선(神仙)의 출현을 구하고자 방사들이 신을 모시는 사당이 전국에 683개소가 있었다. 이 중에 475개소 사당의 제사가 없어졌다고 한다. 이를테면 무제(武帝) 때의 태일(泰一)·황제(黃帝)·명양(冥羊)·마행(馬行)·팔신(八神)·연년(延年) 등과, 선제(宣帝) 때의 봉산(蓬山)·지부(之罘)·내산(萊山)·선인(僊人)·옥녀(玉女)·천신(天神) 등이 그에 해당한다.

그때 방사, 신선들과 교류하는 사자(使者), 거기에다가 본초대조까지 합쳐서 70여 명이 파면되었다. 당나라 때 안사고(顏師古, 581~645년)는 "본초대조(本草待詔)란 방약(方藥)·본초에 의지해서 조칙(詔勅; 임금이나 신의 명령, 말씀)을 기다리는 자를 말한다"라고 이해하고 있다.

후대에 본초는 단지 약물만을 가리키게 되는데, 여기서 본초는 단순히 질병을 치료하는 약만을 지칭하는 것은 아닌 것으로 보인다. 옛날에 진시황제나 한무제는 선인(仙人)을 찾아 헤맸는데, 그것은 선인이 가진 '불사의 약'을 손에 넣기 위해서였다. 당시 도인(導引)이나 행기(行氣)라고 하는 장생술도 행해졌는데, 시황과 무제는 선인이 가져온 불사의 약에 집착하였다.

무제 다음 선제(宣帝, 재위 BC 74~49년) 때도 앞에서 기술한 것처럼 사당을 세우고 또 유향(劉向)에게 선약(仙藥)을 제조하기 위한 연금술을 시행하게 하였다. 더욱이 성제(成帝) 역시 귀신을 좋아해서 제사나 방술에 대해 잘 아는 인물을 대조(待詔; 관직명. 경학이나 문장에 능통한 인물로서 왕의 조서를 작성하고 왕의 자문에 응하던 관직)로 삼았다.

본초대조는 아무래도 방사(方士)와 행동을 같이 했던 것으로 보인다. 방사의 사당에는 사관(祠官)이 관여하지 않고, 방사가 부지불식간에 자기 마음대로 제사를 지내게 된 듯하다. 따라서 방사가 죽으면 그것을 끝으로 제사가 끊어졌던 것으로 보인다. 방사가 제사를 지내는 목적은 신선을 불러내어 선약을 손에 넣는 것에 있다고 생각하였는데 거기에는 아무래도 약물에 정통한 본초대조가 관여했던 것 같다.

본초대조는 병을 치료하는 약물만을 만드는 사람들은 아닌 듯하다. 본초대조가 방사와 함께 파면되었다는 것은 신선약에 깊이 관여했기 때문이었을 것이다.

■ 본초의 어원

본초라고 하는 말은 어떻게 만들어진 것일까? 가장 오래된 설은 오대(五代), 촉(蜀)나라 인물이며, 촉(蜀)의 임금인 맹창(孟昶)의 명령으로 이른바 〈촉본초(蜀本草)〉를 만든 한보승(韓保昇)의 것이다. 『본초강목(本草綱目)』의 「서례(序例)」에 인용된 「역대제가본초(歷代諸家本草)」, 『신농본초경(神農本草經)』에서는 다음과 같은 설을 소개하고 있다. "약에는 옥석(玉石), 초(草; 풀), 목(木; 나무), 충(蟲; 벌레), 수(獸; 짐승)가 있다. 본초라고 말하는 것은 모든 약 중에서 초(草)의 종류가 가장 많기 때문이다."

일본의 모리 릿시(森立之)는 그 설을 전개하여 약물은 "초(草)를 가지고 근본[本]을 삼는다"고 해석한다. 모리 릿시는 '본초(本草)'를 '초(草)를 본(本)으로 한다'고 이해했던 것으로 보인다.

약물은 확실히 초류가 많은데, 그것은 단지 본초서 속에 식물약인 초약의 종류가 많다는 것만을 의미하는 것이다. 또 『본초강목(本草綱目)』은 약을 옥석(玉石), 초(草), 목(木), 충(虫), 수(獸) 등으로 분류하여 나열하고 있지만, 처음부터 최고의 본초서로 여겨졌던 『신농본초경(神農本草經)』은 약물을 상약(上藥) 곧 선약(仙藥) , 중약(中藥) 곧 건강약(健康藥), 하약(下藥) 곧 치료약(治病藥), 이렇게 세 가지로 분류해 놓았으며, 초약을 별도로 구별하여 분류하고 있다고는 생

지초(芝草)를 들고 있는 우인(羽人)
『남양한대화상석(南陽漢代畫像石)』,
문물출판사(文物出版社), 1990.

각되지 않는다.

앞에서 본 바와 같이 본초대조는 신선약과 깊게 연결되어 있었다. 당시 대표적인 신선약으로는 '시(芝)'가 있다. 이것은 이른바 '영지(靈芝)'라고 하는 것으로 버섯류라고 한다. 후세에 그려진 그림은 버섯 모양을 하고 있으며, 현재 시중에서 판매되고 있는 타이완산 영지버섯은 말굽버섯과의 버섯이다.

그런데 한나라 시대 화상석(畫像石)에 그려진 영지를 보면 세 가닥으로 갈라진 가늘고 긴 모양의 것으로서 버섯이라기보다는 풀처럼 보인다. 실제로 영지는 '지초(芝草)'라고도 불린다. 『한서(漢書)』「예악지(禮樂志)」에 보이는 교지가(郊志歌)의 〈제방(齊房)〉에는 원봉(元封) 2년에 '지(芝)'가 감천궁(甘泉宮)의 제방(齊房)에서 자라는 것을 "제방에 풀이 생겨나니 아홉 줄기에 연이은 잎들[九莖連葉]이네"라는 시(詩)로 표현하고 있다. 여기서는 단지 '초(草)'라고 썼지만 '지(芝)'를 말하는 것이다.

또한 꼭 '지(芝)'를 가리키는 것은 아니지만 '신초(神草)'라는 단어도 있으며, 이것 역시 선약을 의미하는 경우가 많다. '본초'의 '초'는 이러한 '지초(芝草)' 혹은 '신초(神草)'라고 하던 선약(仙藥)을 가리키는 것은 아닐까 생각된다. 아마도 '본초'는 선인이 '근본[本]이 되는 풀'이라고 말했던 의미일 것이다.

2. 『신농본초경(神農本草經)』

『신농본초경(神農本草經)』은 본초서 중 가장 오래된 것으로 알려져 있다. 후한 무렵에 저술된 것으로 추정되고 있는 원서는 소실되었는데, 청나라 때 손성연(孫星衍)·손풍익(孫馮翼)과 일본의 모리 릿시(森立之)가 각각 집일본(輯佚本)을 내놓았다.

『신농본초경(神農本草經)』은 『본초강목(本草綱目)』명나라 이시진(李時珍) 저 등 후세의 본초서의 원본이 된 문헌이다. 후세의 본초서는 약물의 효능을 설명한 약물서들이다. 『신농본초경(神農本草經)』도 약물서이긴 하지만 그 약물복용의 목적이 신선이 되는 것에 있었던 것으로 보인다.

『신농본초경(神農本草經)』에는 "오랫동안 복용하면, …… 늙지 않고, 신선이 된다[권상(卷上), 옥천(玉泉)]", "오랫동안 복용하면 신선이 되고, 죽지 않는다(권상, 수은(水銀)]"라는 표현이 있으며, 약물을 장기간 복용함으로써 불로불사의 신선이 되는 것이 설명되어 있다.

『신농본초경』은 「본초경서록(本草經序錄)」, 「권상(卷上), 상약(上藥)」, 「권중(卷中), 중약(中藥)」, 「권하(卷下), 하약(下藥)」, 네 부분으로 되어 있으며 「본초경서록(本草經序錄)」에서는 『본초경(本草經)』 전체의 이념을 기술하고 있다.

상약(上藥) 120종은 '군주[君]'이다. 양명[養命; 명(命)을 기르는 일]을 주재하며, 천(天)에 대응한다. 독이 없기 때문에 많이 복용하거나 오랫동안 복용해도 사람을 상하게 하지 않는다. 몸을 가볍게 하고 기(氣)를 보태서 늙지 않지 않으며, 수명을 연장하고자 하는 사람은 상경(上經)에 근본을 둔다.

중약(中藥) 120종은 '신하[臣]'이다. 양성(養性; 성(性)을 기르는 일, 혹은 양생)을 주재하여 사람[人]에 대응한다. 무독(無毒)·유독(有毒)한 것들 가운데 적당한 것을 선별한다. 병을 막고 허약체질을 개선하고자 하는 사람은 중경(中經)에 근거한다.

하약 120종은 '관리[佐使]'이다. 병을 치료하는 일을 주재하여 땅(地)에 대응한다. 독이 많기 때문에 오래 동안 복용해서는 안 된다. 한열(寒熱; 추위와 더위)과 사기(邪氣)를 없애고 복부경련을 낫게 하고 질병을 치유하고자 하는 사람은 하경(下經)에 근거한다.

이상의 내용에 의하면 상약은 양명(養命)의 선약, 중약은 양생(養生)의 건강약, 하약은 질병을 치료하는 약을 말하는 것으로서 그 정의가 분명하다.

이와 같은 내용을 보면 양명의 선약으로 여겨지는 상약에는 치병의 효과가 전혀 없는 것처럼 착각하기 쉽다. 하지만 '~을 치료한다'는 효과는 모리 릿시의 집일본(輯佚本)의 상약 125종 중 105종에 기술되어 있다. 이것은 중약 115종 중 106종, 히약 118종 중 113종과 비교해도 큰 차이가 없다. 전체적으로 봐도 358종의 약물 중 324종에 '~을 치료한다'는 말이 보인다. 요컨대『신농본초경』에 수록된 약물은 상약·중약·하약에 관계없이 거의 전부가 어느 정도는 병을 치료하는 약효를 지니고 있는 셈이 된다.

이것은 약물인 이상 너무나도 당연한 일이지만, 그렇다면 문제는 도대체 어째서 상약만이 선약이 될 수 있었던 것일까 하는 것이다. 이 문제를 푸는 열쇠는 상약이 무독으로 구복(久服), 곧 장기복용이 가능하다는 것에 있다.

■ 본초의 구복법(장기복용법)

하약(下藥; 낮은 등급의 약)은 "독이 많으면 구복(久服), 곧 장기복용이 불가능하다"고 되어 있다. 하약에는 극약(劇藥)이 많다. 병을 고치는 약인 하약은 소위 '독으로 독을 다스리는' 것이고 약의 독성을 가지고 병독(病毒)을 없애는 것이었다. 이러한 약은 병이 나으면 즉시 복용을 멈추지 않으면 안 된다. 만약 계속 복용하게 되면 육체적으로도 피해를 입게 된다.

상약(上藥; 가장 높은 등급의 약), 125종 가운데 110종에 "구복[久服; 그 중 6종은 구식(久食)]"이라고 기술되어 있다. 상약은 병도 치유하지만 그것을 구복하면 불로 혹은 장수한다는 신선약으로써 효력이 있다고 되어 있다.

기본적으로 독이 없기 때문에 부작용도 적을 것이고, 체질을 개선한다고 하는 한방약의 목적에도 합치한다. 그러나 '구복(久服)'이라는 것이 실제로 어느 정도의 기간 복용을 계속하는 것인지에 대해서는 명쾌하게 기술되어 있지 않다. 가령 300년간 '구복'이 가능하다면 그 경우는 이미 훌륭한 선인일 것이고, 예를 들어 단지 10년간 복용했는데 갑자기 죽어버리게 된다면 그것은 약을 '구복'할 수 없었기 때문에 죽은 것이라는 강변도 가능하다. 구복이라고 하는 애매모호한 조건을 붙임으로써 아무것도 아닌 한방약이 선약이 되었던 것이다.

'구복'이란 말은『명의별록(名醫別錄)』에도 많이 보인다. 또한『후한서』「방술열전(方術列傳)」의 〈화타(華佗)〉에도 나타나는데, '칠엽청점산(漆葉靑黏散)'은 "구복하면 삼충(三蟲)을 제거하고 오장을 이롭게 하며 몸이 가벼워지고 사람의 머리가 백발이 되게 하지 않는다"고 기록되어 있다. 여기는 칠엽(漆葉; 옷나무잎)과 청점[靑黏; 황지(黃芝) 혹은 지절(地節)이라고도 하는 약초]의 복합처방[複方]이다. 이것을 복용한 번아(樊阿)는 '나이가 100여 살'이었다고 기록되어 있다.

또한『열선전(列仙傳)』에는 '상식(常食)'이라는 단어가 보인다. '구복(久服)'이나 '구식(久食)'과는 표현이 다소 다르지만, '흔하디흔한 약을 오래 동안 계속해서 복용한다'는 원리는 같다.

3.『열선전(列仙傳)』의 선약

『신농본초경』에는 구체적인 선인이 등장하지 않으나『열선전(列仙傳)』은 선인의 전기(傳記)로서, 70여 명의 선인이 등장한다. 그리고『열선전』에는 70개의 설화가 수록되어 있다. 그 중 43개 설화에 약 혹은 약물의 명칭이 등장한다. 약물의 종류는 50가지이며, 그것의 총수는 60개 이상이다

『열서전』과『신농본초경』에는 공통되는 약물이 많다.『열선전』에 등장하는 50종의 약물 중 33종이『신농본초경』에 들어 있다. 이들 33종 중『신농본초경』의 상약(上藥), 이를테면 선약(仙藥)에 싱딩하는 것이 26종이다. 결국『열선전』의 선약 중 상당수가『신농본초경』에서노

선약으로 간주되고 있는 셈이다.

또한 『신농본초경』의 '구복(久服)'이 『열선전』에서는 '상식(常食)'으로 기록되어 있다. 이와 같은 사실들은 〈선전(仙傳)〉과 〈본초(本草)〉가 약물에 대한 지식이나 견해에 관해서 동일한 기반 위에 있었다는 것을 의미한다.

『열선전』에는 구체적인 약명이 등장한다. 방회(方回)의 '회(回)의 일환(一丸)', 계부(桂父)의 '계환(桂丸)', 최문자(崔文子)의 '황산(黃散)·적환(赤丸)', 산도(山圖)의 '지황(地黃)·당귀(當歸)·강활(羌活)·독활(獨活)·고삼산(苦參散)' 등이 그것이다. '계환(桂丸)'은 계부(桂父)의 약, 또는 계피를 사용한 약이라는 뜻일 것이다. 계부는 고대 신화 전설 속의 선인으로서 『열선전』에서는 상림(象林) 사람이라고 한다. 적환(赤丸)은 후한(後漢)의 장기술(長機述), 서진(西晋)의 왕숙화(王叔和)가 편찬한 『금궤요약방론(金匱要略方論)』에 나오는데, 복령(茯苓)·반하(半夏)·오두(烏頭)·세신(細辛)을 조합한 것임을 알 수 있다. 또한 이 책에는 '최씨팔미환(崔氏八味丸)'이라는 약 이름이 나온다. 여기에서 '최씨(崔氏)'는 아마도 '최문자(崔文子)'일 것이다. 최문자라는 이름은 『초사(楚辭)』에도 보인다. '황산(黃散)'은 『포박자』「잡응(雜應)」편에 역병(疫病)을 막는 약으로서, '최문황산(崔文黃散)'이라는 이름으로 소개되어 있다. 또 『포박자』「금단」편에는 '최문자단법(崔文子丹篇)'이라는 약을 기술하고 있다. 이러한 약은 실제로 존재했던 약일 가능성이 크다.

4. 전기에 등장하는
선인(仙人)과 선약(仙藥)

다음은 『열선전(列仙傳)』 나오는 구체적인 이야기이다.

주황(朱璜)은 광릉(廣陵) 사람이다. 젊은 시절 독하(毒瘕), 즉 악성 배앓이에 걸려 저산(雎山) 위에 사는 도사(道士), 완구(阮丘)의 집으로 찾아갔다. 완구(阮丘)는 주황(朱璜)을 불쌍히 여겨, "자네가 뱃속에 있는 삼시충(三尸蟲)을 제거한다면 진인(眞人)이 되는 도업(道業)의 기술을 가르쳐줄 수 있네만, 어떤가?"라고 말했다.

주황은 "병이 나으면 나리의 몸종이 되어 30년 동안은 돌아가지 않을 각오입니다"라고 대답했다. 완구는 주황에게 7가지 약물을 조합하여 주었다. 매일 환약을 9알씩 먹고 100일이 지나자 간장·비장과 같은 것이 몇 되나 아래로 배설되었다. 그리고 수십일 동안 양생을 하여 살도 찌고 마음도 나날이 쾌활하게 되었다. 완구는 『노군황정경(老君黃庭經)』을 주며 매일 세 번씩 읽게 하였다. 그 결과 주황은 이 경전에 대해 통달하고 그것이 의미하는 바에 대해서 깊이 생각하게 되었다.

그곳에서 완구는 주황과 함께 부양산(浮陽山)의 옥녀 사당으로 들어갔다. 80년 정도 지난 뒤 다시 옛 거처에 나타났는데, 백발은 모두 검어지고 머리카락은 길게 자라 석 자 남짓이나 되었다. 자기 집에 들러서 밥을 먹고 그대로 수 년 동안 머물다가 다시 떠나갔다. 이와 같이 하여 그는 무제 말년이 될 때까지도 여전히 생존해 있었다.『열선전』 권하(卷下), 〈주황(朱璜)〉.

이 이야기에 등장하는 도사(道士) 왕구는 『열선전』에 '황완구(黃阮
丘)'라는 별도의 항목에 전기기 기록되어 있다. 그 전기에는 사람들이
100여 년 동안이나 완구가 선인이었던 것을 알아채지 못했다고 되어
있다. 완구가 주황에게 준 것은 7종류의 약물을 조합한 '칠물약(七物
藥)'이었다. 여러 종류의 약물을 조합하는 것은 복방(複方)이라고 하
여 한방에서는 일반적인 일이다. 예를 들어 『금궤요약방론(金匱要略
方論)』에는 '후박칠물탕(厚朴七物湯)'이라는 처방이 기록되어 있다.

 '칠물약(七物藥)'을 조합했다는 것에서도 알 수 있듯이 완구는 본초
와 의학에 밝았던 것으로 보인다. '칠물약(七物藥)'은 삼시(三尸)^{별항}
〈벽고(辟穀)〉 및 〈일본의 민간습속 속의 도교〉 참조를 제거하기 위한 약이며, 분
류를 하자면 치병을 위한 극약(劇藥)에 가까워 보인다. 여기에서는
삼시를 없애고 병을 치료하여 건강한 몸이 된 뒤, 주황이 선인이 되
었다. 『열선전』을 보면 대부분이 선인이 되기 위한 선약이지만, 이 이
야기를 보면 도사나 선인은 동시에 치병(治病)의 약에도 능통했던 것
으로 보인다.

『열선전』에서 한 가지 더하여 '여상(呂尙)'의 이야기를 소개하고자
한다. '여상(呂尙)'은 '태공망(太公望)'이란 이름으로 잘 알려져 있다.

 여상은 기주(冀州) 사람이다. 태어날 때부터 비범한 지혜를 겸비하
고 있었고, 생사존망(生死存亡)을 예언하는 일이 가능했다. 은(殷)나
라 주왕(紂王)의 난을 피해서 요동(遼東)에 40년간 은둔한 뒤, 서쪽
의 주(周)나라로 가서 남산(南山)에 숨어 살았다. 반계(磻溪)에서 낚
시하기를 3년, 그러나 물고기는 한 마리도 낚지 못했다. 마을 사람들
은 모두 "이제 그만 하세요"라고 말했다. 여상은 "당신들이 이해할 수
있은 아니라네"라고 대답했다. 그 후, 정말로 낚아 올린 물고기 뱃속

에서 병법(兵法)에 관한 서책을 발견하였다.

주나라 문왕(文王)은 성인을 자기수하에 맞아들이는 꿈을 꾸었다. 그리고 여상의 소문을 듣고는 수레에 태워 데려왔다. 문왕의 아들인 무왕(武王)이 마침내 은나라 주왕을 토벌하게 되었을 때, 여상은 『음모(陰謀)』라는 제목의 서책, 100여 편을 펴냈다.

그는 연꽃 열매인 연자육(蓮子肉)과 종유석의 일종인 석수(石髓)를 복용하고, 200년 가까이 되자 스스로 죽음을 예고했다.

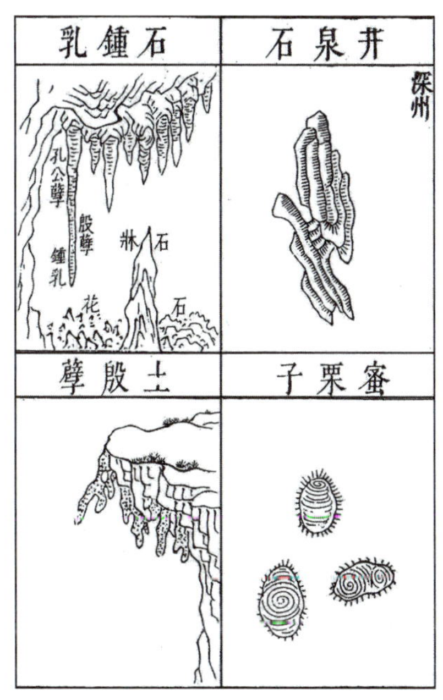

『본초강목』에 기재된 '석종유(石鐘乳)' 등의 여러 약물

사정이 있어서 매장하지 않고 있었는데, 그 후 아들인 급(伋)이 장례를 치르려고 보니 시체가 사라졌다. 그리고 단지 『옥검(玉鈐)』이라는 서책 6편만 관 속에 놓여 있었다고 한다.

여상의 전기는 『사기』에서 볼 수 있다. 『사기』에는 문왕의 조부인 태공(太公)이 오매불망 기다리던 인물이라 태공망(太公望)이라 부르게 되었다고 한다. 또 그가 100살 남짓 살다가 죽었다고 하는데 『열선전』에서는 200살까지 길게 늘이고, 게다가 시해(尸解; 죽음을 가장하는 방법으로 신선이 됨)별항 〈시해(尸解)〉 참조했다고 한다. 그리고 연자육(蓮子肉)과 석수(石髓)라는 약물을 복용하여 선인이 되었다고 한다. 연꽃은 『신농본초경』에서 "구복(久服)하면 몸이 가벼워지고 잘 늙지 않으며 배고프지 않고 장수한다"는 선약이다. 석수도 역시 '석종유(石鐘乳)'라고 하여『신농본초경』에 나온다.

『열선전』은 역사상 혹은 전설상 유명한 사람을 선인으로 둔갑시키고 있는데, 그런 경우 이렇듯 약물과 억지로 결부시키는 경우가 많다.

이외에도 무광(務光)『장자』에 나온다이 창포랑 부추를, 팽조(彭組)별항 〈진인전·선인전〉 참조가 육계(肉桂; 계수나무 밑둥치 부분의 껍질)와 지(芝; 버섯. 흔히 영지라고 하는 것)를, 미치광이 접여(接輿)『논어』에 나온다가 황로(黃櫨; 거망옻나무) 열매랑 순무 씨를 복용하였다고 한다. 모두 본래 이야기에는 없었던 것들이다. 또 동방삭(東方朔)『한서』에 나온다이 "약을 판다"고 되어 있다.『열선전』에는 그 밖에도 약을 파는 이야기가 여러 개 나오고, 약을 채집하는 '채약부(採藥父)', '적환(赤丸)·황산(黃散)'이라고 하는 구체적인 약 이름, '천 알의 환(丸)에 열 근의 육계(肉桂)'라고 하는 분량, '한 알의 환약이 7전(錢)'이라고 하는 단가까지도 기록하고 있다.『열선전』에는 성분을 알 수 없는 '불사의 기이한 약'에 대해서는 쓰지 않았으며, 약물의 경우 본초서에도 등장하는 낯익은 것들이 많다.『열선전』은 그러한 약의 채집이나 판매에 관여했던 방사들이 선전을 위해 이용했던 것일지도 모르겠다.

존사(存思)와 내단(內丹)

— 야마다 도시아키(山田利明, 도요대학 교수)

신체활성을 위해 체내에 거주하는 신들을 명상하는 존사는 점차 천(天)과 인체의 일체화, 대우주의 신(神)과의 교감을 향하여 발을 내딛는다. 단순한 건강법이 아니라 도교의 중요한 의례가 된 것은 무엇 때문일까?

존사에서 생겨난 내단법

존사(存思)란 일종의 명상법이다. 그러나 이것은 선(禪)과 같은 무념무상은 아니고, 오히려 의념(意念)을 한곳에 집중하는 방법이라고 할 수 있다. 그 대상은 신체의 일부나 신체 내부의 각 부위를 담당하는 체내신(體內神), 혹은 기(氣)이다.

존사사상은 체내신 사상과 밀접하게 관계한다. 일반적으로는 체내신이 체내에서 분리되면 쇠약해지고 병에 걸려 이윽고 죽음에 이르게 된다고 해석된다. 그렇기 때문에 체내신을 신체 각 부위에서 존사하여 체내에 머무르게 하거나 온 몸으로 순환시켜서 활성화를 도모한다. 존사에 의해서는 구체적으로 신의 용모를 마음속으로 그리고 그것을 신체 해당부분에서 강하게 의식하는 것이다. 신의 용모와 성명(姓名)이 확실하지 않으면 구체적인 신상(神像)을 연결시킬 수 없다. 그러므로 체내신의 모습과 복색·성명 등을 적은 경전이 저술되었는데, 많은 경우 이것은 비전(秘傳)이어서 스승으로부터 제자에게 구전(口傳)으로 전수[구결(口訣)·비결(秘訣)]는 것이었다.

또한 체내신이 아니라 기를 존사하여 그것이 신체 주요부분을 순환하게 하거나 일정 부분에 축적되게 하여, 그것을 신선이 되기 위한 단약으로 변화시키는 내단법(內丹法)이 있다. 외단법(外丹法)이 노정(爐鼎; 금속을 가열하는 기구)을 이용하여 각종 약제로 금단(金丹)을 만드는 데 반해서, 내단법은 신체를 노정으로 간주하고 기와 존사를 통해, 즉 연기(鍊氣)를 통해 신체 내에 금단을 형성한다는 발상이다.

외단법이 극약을 이용하는 위험도 높은 득선법인 데 반해, 내단법은 복기(服氣)와 존사에 의한, 지극히 평이한 방법으로 전개되었다. 하지만 내단법 수행이 하루아침에 이루어지는 것은 아니다. 정신집중의 자기수련과 많은 비결(秘訣)을 얻어야 비로소 완성되는 것이다.

통상적으로 체내신의 존사와 내단법을 동일시하는 경우가 많은데, 체내신의 존사에는 좀더 복잡한 발전이 있어서 반드시 득선법(得仙法)으로의 내단과 동일한 것으로는 볼 수 없다.

존사법을 체계화한
상청경전(上淸經典)

본래 존사법은 체내신 사상과 함께 발전해 왔다. 가장 오래된 층부(層部)가 후한시대 말까지 거슬러 올라갈 수 있다고 한다. 『태평경(太平經)』에 목·화·토·금·수, 오행의 기를 기초로 오장신(五藏神) 존사법이 기록되어 있는데, 오행의 기가 체내에 들어와서 오장신이 된다고 한다. 오행의 기를 체내로 받아들일 때 오행의 신(神)의 도상(圖像)을 그려 벽에 걸어놓고 그 모습을 존사한다. 남자의 경우는 남신을, 여자의 경우는 여신을 대상으로 한다.

오장신이란 오행의 기에서 변화한 다섯 개의 장신(藏神; 체내에 존재하는 신)이라는 뜻이지, 오장(五臟)의 신은 아니다. 그러나 오행을 각 장기(臟器)에 배당시킴에 따라, 목(木)은 간장(肝臟), 화(火)는 심장(心臟), 토(土)는 비장(脾臟), 금(金)은 폐(肺), 수(水)는 신장(腎臟)으로 위치가 정해지기 때문에 결과적으로는 오장신(五藏神)과 오장신(五臟神)은 동일한 의미를 갖는다.

후한(後漢) 시대의 문헌인 순열(荀悅)의 『신감(申鑒)』에는 당시 시행되었던 양생술을 신비한 대상으로 여기는 것에 대한 비판이 있으며, 그 중 하나로 "도인(導引)하여 기를 축적해서 장[臟器]을 두루 돌게 하고 내시(內視)한다[導引蓄氣, 歷藏內視]"는 구절이 있다[3]. 내시(內視)란 체내의 존사이며 기를 장기에 순환시키는 것을 가리킨다. 요컨대, 체내신과 기의 존사가 『태평경(太平經)』에서뿐 아니라, 후한시대 말 무렵에 꽤나 널리 시행되었음을 알 수 있다.

300년대 매우 초기의 『포박자』에서는 "몸 안의 여러 신들을 사시

오장신의 존사
『상청대동진경(上淸大洞眞經)』에서

(思視; 생각으로 보는 것)하고, 내시(內視)하여 (신을) 현현시키는 방법은 셀 수 없을 정도며, 모두 효력이 있다[思見身中諸神, 而內視令見之法, 不可勝計, 亦各有效也]"「지진(地眞)」편고 기술하고 있기 때문에 이 무렵에는 체내신 존사법도 상당한 숫자에 이르렀다는 것, 그와 동시에 체내신도 오장신뿐만 아니라 많은 것들이 상정되고 있었다는 것을 밝히고 있다. 또한『포박자』자체도 이러한 체내신 몇몇을 기록하고 있다.

　체내신과 그 존사법이 점차 늘어가는 가운데 이들 사상과 실천을 체계화한 것이, 300년대 중엽에 출현한 상청경전(上淸經典)이다. 진(晉)나라 흥녕(興寧) 2년(364년)에 상청경이 출세(出世), 곧 세상에 나오기 시작하였는데, 그 가운데에서 가장 존중받았던 경전이『상청대동진경(上淸大洞眞經)』이다. 이 경전은 전편(全篇)이 체내신 존사를 할 때의 주문[呪]으로 구성되며, 이 경전을 1만 번 독송하면 신선이 될 수 있다고『진고(眞誥)』에 기록될 만큼 강력한 신통력을 갖는다. 이러한 사실로도 상청경전이 얼마만큼 체내신 존사를 중시했는지를 알 수 있다. 현재『도장(道藏)』에 수록되어 있는 이 경전은 송대(宋代)에 대폭 개정되었는데, 그 주문 부분은 비교적 옛 원형을 그대로 보유한 것으로 생각된다. 그리고 이 경전과 함께 상청경전을 신봉하는 사람들 사이에서 전해지는 것으로 『황정외경경(黃庭外景經)』과 『황정내경경(黃庭內景經)』, 두 가지가 있다. 양자 모두 신체의 여러 기관을 설명한 경전으로, 각 기관을 궁실(宮室)에 비유하여 그곳에 신이 머무르는 것이라고 한다. 최근 연구에서는 『외경경』이 더 오래 되었고, 『내경경』은 300년대 후반의 것으로 추정되고 있다. 따라서 내용적으로도 『내경경』이 상세하고 체내신의 위치나 그 신명(神名) 등을 기록되어 있으며, 『외경경』에는 없는 새로운 궁실이나 기관도 서술되어 있다.

이와 같이 상청경에서 설명하는 체내신 존사는 한편으로는 『황정내경경』에 의한 신체관을 따르면서 다른 한편으로는 『대동진경(大洞眞經)』 등에 의한 주문과 존사의 실천을 설명하는 것으로, 매우 체계화된 것이었다.

후대의 존사법은 모두 이들 상청경전에서 설명하는 신체관과 존사법에 근거한 것이 많다. 그런 의미에서 보자면, 존사법은 상청경전에 의해 확립된 것이라 볼 수 있다.

『자양진인내전(紫陽眞人內傳)』, 『포박자』에서 나타난 존사법의 전개

상청파 중에서 가장 효과 있는 존사는 흔히 니환(泥丸)이라고 명명하는 뇌 속에 있는 동방궁(洞房宮)의 사신(司神)인 중앙황로군(中央黃老君)을 대상으로 행해진다. 4세기 말 성립된 『자양진인내전(紫陽眞人內傳)』은 동방(東方宮)의 중앙황로군을 존사하여 신인이 된 주희산(周羲山)의 방법을 상세하게 전하는데, 이에 따르면 통상 중앙황로군은 천상계에 있고, 이것을 존사하면 동방 안으로 하강하게 할 수 있다고 설명한다. 이러한 시스템은 대우주인 천상계와 소우주인 인체가 서로 관련되어 있다는 것을 보여주는 것으로, 실제로 두개골 안에서 올려다보면 곤륜(崑崙; 코)이 중앙에 있어서 좌우로 일월(日月; 양쪽 눈)이 빛나며『황정내경경』, 북극대연(北極大淵; 정수리) 바로 앞에는 명당궁(明堂宮), 멀리 아래쪽에는 강궁(絳宮; 심장)이 있다『포박자』「지진地眞)」편. 인체 안에서도 특히 두부(頭部)인 니환(泥丸)이 천상세계 그 자체를 반영하는 것으로 여겨졌던 것이다.

존사를 통해 천상계에 있는 중앙황로군이 니환 안의 동방궁으로 하강한다는 것은, 곧 대우주와 소우주가 일체가 된다는 것을 의미한다. 천(天)은 영원불멸이다. 그렇다면 천(天)과 일체가 된 인체도 또한 영원불멸이다. 동방(궁) 존사는 이러한 사상을 토대로 행해졌다. 다만 그것은 엄격한 수행과 정신집중에 의해서만 가능한 것이어서 단순한 체내신 존사와는 다르다. 이러한 동방(궁)의 존사야말로 상청경전에서 설하는 최고의 존사이며 그것은 아마도 인체에서 두부(頭部)가 가진 중추성을 인식하기 시작한 것과도 관계가 있을 것이다.

한편, 동방궁을 중심으로 하는 뇌 속의 영역은 일반적으로 상단전(上丹田)이라 부르는 부분이다. 주지하는 바와 같이 뇌의 상단전과 가슴[胸]의 중단전(中丹田) 그리고 하복부의 하단전(下丹田)을 총칭하여 삼단전(三丹田)이라고 하는데, 상단전은 좀더 엄밀히 말하면 동방궁 속에 있는 궁실을 말한다. 기(氣)가 이곳을 경유해서 전신(全身)을 순회한다. 삼단전 존사는『포박자』「지진(地眞)」편에 '진일(眞一)'의 존사로 기술되어 있다.

도는 일(一)에서 시작한다. 일(一)의 고귀함은 다른 것과 견줄 수 없다. 각각 한 자리에 머물면서 하늘과 땅과 사람을 표상한다. 따라서 이것을 삼일(三一)이라고 한다. 하늘은 일(一)을 얻어 청정해지고, 땅은 일(一)을 얻어 편안해지며, 사람은 일(一)을 얻어 태어나고, 신(神)은 일(一)을 얻어 영묘한 것이다. …… 일(一)에는 이름도 있고 옷 색깔도 정해져 있다. …… 남자의 경우는 9푼[分]의 길이, 여자의 경우는 6푼[分]의 길이이고, 배꼽 2치[寸] 4푼[分] 밑에 있는 하단전에 있다고도 하고, 또 심장 아래의 중단전에 있다고도 하며, 혹은 사람의 미간(眉間)에서 안쪽으로 한 치[寸] 들어간 명당(明堂), 두 치[寸] 들어간 동방(洞房), 세 치[寸] 들어간 상단전에 있다고도 한다.

이렇듯 신비한 일(一)을 존사하여 각각의 자리에 안주시켜 일(一)이 그곳을 떠나지 않도록 한다. 이것을 『포박자』에서는 '수일(守一)'이라고 말하며, 불사를 획득하고 신명(神明)을 통하고 재해를 피하는 대법(大法)이라고 한다.

또한 『포박자』에서는 일(一)이 상단전·중단전·하단전의 삼단전의 각각에 있는 것(각각 한 곳에 있는 것)으로 해석할 수도 있고, 혹은 그들(삼단전)을 순환하는 것으로도 해석이 가능한 것처럼 쓰고 있는데, 이것은 진일 존사의 전개에 있어 과도기적인 과정을 보여주는 표현인 것이다. 왜냐하면 일(一)의 존사는 처음 그 시에는 하나의 진일(眞一)이 삼단전을 순환하는 것이라고 생각했고, 나중에는 삼난선 각각에 일(一)이 존재한다고 하는 삼진일설(三眞一說)로 변화했기 때문이다. 『포박자』의 경우가 바로 진일설(眞一說)에서 심진일설(三眞一說)로 전개된 과도기적인 상황이 표현된 것으로, 상단전의 위치에 대해서도 명당·동방·상단전 세 곳이 상정되어 있으며, 반드시 한 곳으로 한정하고 있지 않다.

일(一)이 『포박자』에서는 이름과 복색(服色)·신장(身長) 등이 기록되어 있어 거의 체내신과 동일시되고 있는데, 본래 『노자』에서 말하는 "도는 일(一)을 낳고, 일(一)은 이(二)를 낳고, 이(二)는 삼(三)을 낳고 삼(三)은 만물을 낳는다[道生一, 一生二, 二生三, 三生萬物]" 제42장, "영백(營魄)을 싣고 일(一)을 끌어안는다[載營魄抱一]" 제10장 등, 사물의 시작, 혹은 도의 본체로서 표현된다. 이것이 『태평경(太平經)』에 와서는 "무릇 일(一)은 곧 도(道)의 근본[根]이며 기(氣)의 시작[始]이다" 乙部 〈수일각사법(修一卻邪法)〉라고 하여, 도의 근본으로 자리매김을 하고 나아가 기(氣)의 시조로 여겨진다. 이른바 원기(元氣)가 이것에 해당된다. 또한 "일(一)이란 마음[心]이며, 뜻[意]이며, 의지[志]이다. 이러한 일(一)을 몸속의 신(神)으로 의념(意念)하는 것이다" 권92라고 말하는 바와 같이 체내신으로서의 위치도 가지고 있어서 일정하지 않다. 그것은 현재의 『태평경』의 성립과정을 드러내는 하나의 문제를 제기하고 있는데, 또 한편으로는 도와 일(一) 또는 기라고 하는 개념의 유동성을 나타내기도 한다. 하긴 『태평경』 자체 내에서는 몸 밖에 있는 것을 오행의 기라 하고, 신체 내에 들어오면 오장의 신이 된다고 하는 것으로 볼 때, 그것은 그 나름대로 통일성 있는 해석이기도 하다.

그러나 『포박자』에서는 일(一)이 완전히 체내신으로 되어 있어, 거기에서 『태평경』의 수일(守一)과 『포박자』의 수일에 대한 관점의 차이가 드러난다. 이후에 수일은 일(一)을 기로 해석하는 입장과 일(一)을 체내신으로 해석하는 입장이 혼재하는 듯한데, 이를테면 4세기부터

『내공도설(内功圖說)』의 존사(오른쪽)와
곤륜(崑崙)을 양손으로 끌어안는 호흡법(왼쪽)

5세기 사이에 성립한 고영보경(古靈寶經)의 하나인 『태상영보오부서(太上靈寶五符序)』에는 '삼일진기(三一眞氣)의 요(要)' 등의 표현이 있으며, 내단법을 설명한 것으로 여겨지는 위백양(魏伯陽)의 『주역참동계(周易參同契)』도 진일의 기를 '정양(正陽)' 혹은 '진인(眞人)' 등으로 표현하고 있어 삼단전 존사가 점차 기의 존사로 그 비중이 옮겨 간 것으로 보인다.

동시에 오아법(五芽法)이라는 것, 즉 오방(五方; 동·서·남·북·중앙)이 정기를 존사해 체내에 받아들이는 방법도 고영보경(古靈寶經)을 중심으로 기록된 것이다. 혹은 해와 달, 즉 음양의 정[精氣]의 존사도 이 시대 문헌에 기록된 것이다. 어느 쪽이든 모두 도인(導引)과 존사(存思)가 조합된 하나의 복기존사(服氣存思)의 기법 구성된 것으로, 내단법 기초가 이 시대 만들어졌다는 것을 의미할 것이다.

독자적인 내단법을 성립시킨
전진교(全眞敎)

　이와 같은 육조(六朝)시대 기의 존사를 기반으로 해서 내단법을 확립한 것은 수나라 도사인 소원랑(蘇元朗)이다. 그는 『지도편(旨道篇)』을 저술하여 내단법 이론을 구축함과 동시에 소위 '성명쌍수(性命双修)', 즉 마음과 정기를 수양하는 것을 내단법의 기반으로 설정하였다. 이러한 '성명쌍수(性命双修)' 이론은 후에 내단법으로 계승되었고 송·원·명·청을 거쳐 현재에 이른다.

　외단법이 경우에 따라서는 생명의 위험을 동반하는 것에 반해, 내단법은 기본적으로 호흡법과 존사의 조합이기 때문에 송대 이후 외단법에 대한 반성과 더불어 널리 행해진다. 특히 전진교(全眞敎)에서는 정양조사(正陽祖師)라고 부르는 한종리[漢鍾離; 종리권(鍾離權)]가 만들었다고 하는 내단법이 존중되었고, 장백단(張伯端)에 의해 계승·개량되었다. 전진교에서는 교조 왕중양(王重陽) 이후 대대로 내단법 수업이 이어져 왔는데, 그것은 불교 교리에서 영향을 받은 교리와 함께 선(禪) 수행법을 도입한 것이었다. 전진교에서 중시하는 『수진십서(修眞十書)』는 주로 당·송의 내단 문헌 10종을 한 권의 책으로 편집한 것으로, 이로써 내단법이 집대성되었다고 할 수 있다.

　내단법은 그 성격부터 단지 득선법만으로서만이 아니라 건강법으로도 널리 행해졌고, 청대(淸代)에는 『내공도설(內功圖說)』이라는 건강법을 위한 도해(圖解)까지 간행되었다. 이것은 12단금(十二段錦)이라는 12개의 자세를 기본으로 하는 것으로 존사와 호흡, 체조법을 조합하고, 음양설·오행설에 기반하여 설명하고 있다.

존사를 통한
신의 강림

　존사는 장생과 건강의 방법으로서만 존재한 것은 아니다. 신을 천상계에서 강림시키기 위해서도 행하였다.

　육조시대 초기 영보파(靈寶派)에는 한 가지 특이한 의례가 있었다. 존사를 통해 천상세계와 교감하는 방법이다. 도사가 천상계에 강한 사념(思念)을 보내 천신(天神)이 그 사념에 의해 지상에 세워진 제단 위로 하강한다. 이때 향을 피워 올리는데 그것은 신이 향의 연기를 타고 내려오기 때문이다. 제단 위에 내려온 신은 그곳에서 사람들의 기원을 받는데 모두 끝나고 나면 다시 도사의 사념과 향 연기를 타고 천상으로 돌아간다. 도사의 사념이 약하면 돌아갈 수도 없다.『영보오부서(靈寶五符序)』. 이때 공물(供物)로 하얀 물새를 바친다. 이것을 타고 신이 내려오고, 다시 돌아간다고도 한다.

　그러나 5세기 중엽에 등장한 육수정(陸修靜)이라는 도사는 이러한 청신(請神) 의례를 보다 체계화했다. 체내신으로서 인체 내에 있는 오체진관(五体眞官) · 공조사(功曹使)라는 신을 존사를 통해 천상계로 보내어 몇 월 며칠, 어디, 누구누구의 집에서 기원제사를 올릴 것임을 아뢰고, 바라건대 강림하시기를 고한다. 상주(上奏), 즉 아뢰기를 마치 오체진관(五体眞官) · 공조사(功曹使)는 다시 체내로 돌아온다. 이것은 모두 존사를 통해 행해지는 의식으로서 제사 당일 한 번 더 도사가 존사하여 오체진관(五体眞官) · 공조사(功曹使)를 올려서 천신을 선도(先導)해 간다. 체내신을 신체에서 내보내서 천상으로 가게 하는 것을 발로(發爐) · 출관(出官)이라 부르며, 체내로 돌아오게 하는 것을 복로(復爐)·복관(復官)이라 한다.

　도교의 여러 의례 중에서도 신에게 강림을 청하는 숙계(宿啓) 의식이 중시되는 것은 청신(請神)을 위한 상주(上奏)를 존사를 통해 행하기 때문이고, 이때 격이 높은 도사를 초빙하는 것도 도사의 격이 높으면 높을수록 교감할 수 있는 신이 많기 때문이다.

　육수정의 청신법(請神法)은 어디까지나 존사를 주체로 하는 것으로서 구성되었다. 제단 위에서 하는 의식은 오히려 음(陰), 곧 그림자와 같은 의식이며, 정확하게 말해 그때 천상계에서 존사를 통해서 행해지고 있는 의식을 투영하는 것에 지나지 않는다.

　결국, 도교의 신체관은 체내신이라고 하는, 신체 내의 신의 존재를 근거로 하여 전개되었다고 할 수 있다. 기본적으로는 도교의 양생사상에서는 외단·선약의 복용을 제외하고 이 체내신을 어떻게 해석하고 활성화시키는가 하는 점이 중시되었다. 존사라는 명상법은 체내신과 교감하는 하나의 수단으로 이용되었는데, 체내신도 신이기 때문에 존사를 통해 대우주 신과의 교감도 가능했다. 존사법이 단지 양생법이 아니라, 도교의례 안에서 중요한 의례법이 된 것도 여기에서 유래된 것이다. 이러한 존사법 발달에 의해 신은 인간에게 초대되어 지상세계로 강림한다는, 도교만의 독자적인 사상이 형성되었던 것이다.

수일법(守一法)

— 요코테 히로시 (橫手 裕, 도쿄대학 교수)

『포박자』는 '일(一)'을 체내신(體內神)으로 받아들여
'수일(守一)'을 가장 훌륭한 체내신 명상법으로 여겼다.

'일'은 목숨을 지켜주는 신

『노자』에서는 "도는 일(一)을 낳고, 일은 이(二)를 낳고, 이는 삼(三)을 낳으며, 삼은 만물을 낳는다"42장고 하여, '일(一)'이 '도(道)'와 직결되고 동시에 만물의 기원이 된다는 것을 기술한다. 또한 "예로부터 일(一)을 얻은 자는, 하늘은 일을 얻음으로써 청정해지고, 땅은 일을 얻음으로써 편안해지고"39장라든가, "성인은 일(一)을 끌어안아 천하의 모범이 된다"22장라고 하여 '일(一)'을 얻는 것과 끌어안는 것을 선명한다. 또한 『장자』「재유(在宥)」편에는 "나는 일을 수호함으로써 조화에 머문다"와 '수일(守一)'과 같은 표현을 볼 수 있다. '수일(守一)'은 물론 '일을 지킨다'는 뜻이다. 이 단어만 놓고 보면 매우 추상적인데, 정신통일이나 정신집중과 연결 짓기 쉬웠기 때문인지, 명상 실천이 중요한 수행이었던 도교에서 이것이 즐겨 쓰이게 되면서 다양한 사람들에 의해 다양한 의미로 이용되었다.

 '수일(守一)'을 설명하는 것으로 고대로부터 가장 유명한 것은, 갈 홍의 『포박자』「지진(地眞)」편일 것이다. 도교에서는 일찍이 오장신 (五藏神) 등 체내신의 명상이 시행되고 있었는데,『포박자』에서는 '수 일'이 체내신 명상과 결합되었다.

 '일(一)'에는 성명(姓名)과 복색(服色)이 있다. 남자는 몸길이 9푼 [分], 여자는 몸길이 6푼. 어떤 때에는 배꼽에서 2치[寸] 4푼[分] 아 래의 하단전 안에 있고, 어떤 때는 심장 아래의 강궁금궐(絳宮金闕), 중단전에 있다. 사람의 양쪽 미간, 1치[寸] 정도 움푹 들어간 곳인 명 당(明堂), 두 치 움푹 들어간 곳이 동방(洞房), 세 치 움푹 들어가면 상단전(上丹田)인데, 어떤 때에는 그러한 장소들에 있다. '일(一)'이 야말로 도가에서 대단히 중요시하는 바로서, 대대로 피를 마시며 맹 약하거나 구전(口傳)을 통해 그 성명(姓名)을 전하는 것이다.『포박자』 「지진(地眞)」.

 당연하지만 극비 중의 극비인 이러한 '일(一)'의 정식 성명과 형체 는 밀의적으로 감추어졌지만, 이들 상·중·하, 삼단전(三丹田)에 있 는 신을 마음으로 명상하는 것이 '수일(守一)'이다. 다시금 말한다.

 '일(一)'은 음양을 낳고 추위와 더위를 움직이게 한다. 봄은 일을 얻어 (만물을) 싹트게 하고, 여름은 일을 얻어 성장시키고, 가을은 일을 얻 어 수확물을 거두어들이게 하고, 겨울은 일을 얻어 저장한다. 클 때는 천지사방도 이것에 이르지 못하고, 작을 때는 머리카락 하나에도 미치지 못한다.『포박자』「지진(地眞)」.

'일'은 단순한 체내신이 아니다. 이 문장 앞에서 노자의 기술(記述)과 관련시켜 '일'을 해설하는 것에서도 알 수 있듯이, 이것은 우주만물의 근원적 실재인 '도'와 연결한 노자의 '일'의 성격도 포함한 것이다.

'일'은 또한 '진일(眞一)'이라고도 한다. 천진황인(天眞皇人)이 황제(黃帝)에게 했다는 말, "무릇 장생(長生)의 선방(仙方)은 금단(金丹)뿐이고, 몸을 지켜서 나쁜 기운을 물리치는 데에는 진일(眞一)뿐이니"『포박자』「지진」가 인용된 것을 보더라도『포박자』에서는 '금단(金丹)'이 장생을 목적으로 하는 데 비해 '수일[守眞一]'의 효용은 주로 여러 액운으로부터 몸을 지키는 것이었다.『포박자』에서는 다음과 같이 말한다.

시퍼런 칼날이 머리를 겨누어도 일을 생각하면 목숨을 얻는다. ……육지에서는 나쁜 짐승을 피하고, 물속에서는 교룡(蛟龍)을 퇴치한다. 도깨비나 독충도 두려워할 만한 것이 못 되고, 귀신도 감히 가까이 하지 못하며, 칼날도 베지 못한다.『포박자』「지진(地眞)」.

사람이 일을 지켜내면 일도 또한 사람을 지켜준다. 따라서 날카로운 칼날도 벨 수가 없고 모든 해악도 범하지 못한다.『포박자』「지진(地眞)」.

또한, "일(一)을 생각하면 공복이 되어도 일이 먹을 것을 준다. 일을 생각하면 목이 말라도 일이 마실 것을 준다."『포박자』「지진」고 한다.

'일(一)'은 자신의 생명을 지켜주는 신(神)인 것이다.

갈홍은 스승으로부터 이런 말을 들었다고 한다. "도술에 관한 여러 경전에는 사념명상(思念瞑想)을 통해 해악을 물리치고 몸을 지키는 방법이 수천 가지나 있다. …… 구변십이화(九變十二化)나 이십사생(二十四生) 등등, 몸 안에 있는 온갖 신을 마음속으로 그려서 보이게 하는 방법이 셀 수 없이 많으며, 또 각각 효과도 있지만 대체로 번잡하고 마음이 피곤하다. 만약 수일의 도를 알면 이러한 일체의 술수들은 버려도 좋다."『포박자』「지진」. 이처럼 수일법은 간단하므로 다른 여러 체내신 명상법보다 우수한 방법으로 여겨졌다.

기가 변화하여
신이 되다

이러한 '일(一)'은 이후, 삼단전 각각마다 별도의 형태를 갖는 것으로 여기게 되었고[삼일설(三一說)], '수일(守一)'도 '수삼일(守三一)' 방법으로 전개되었다. 육조시대 말엽의 것으로 추정되며, 수일법의 완성된 형태의 하나로서 언급되는『금궐제군삼원진일경(金闕帝君三元眞一經)』에서는, 삼단전의 신들에 대해 다음과 같이 상세하게 밝히고 있다.

상단전[니환궁(泥丸宮)]에는 상원적자(上元赤子)가 있다. 휘는 현응천(玄凝天), 자는 삼원선(三元先), 니환천제군(泥丸天帝君)이다. 그 오른쪽에는 제경(帝卿)이 있다. 제경은 휘가 조륵정(肇勒精), 자는 중현생(仲玄生), 치설뇌(齒舌腦)의 정기가 변하여 생겨났다. 둘

다 붉은색[赤色] 능라비단 옷을 입고 갓 태어난 아기 같은 모습을 하고 있다. 중단전[강궁(絳宮)]에는 중원진인(中元眞人)이 있다. 휘는 신운주(神運珠), 자는 자남단(子南丹), 강궁단황군(絳宮丹皇君)이다. 그 오른쪽에는 보황경(輔皇卿)이 있는데, 휘는 광견(光堅), 자는 사령(四靈), 사장(四臟)의 정기(精氣)가 맺어져서 응화한 것이다. 둘 모두 빨간색[朱色]의 능라비단 옷을 입고 갓 태어난 아기의 모습을 하고 있다. 하단전[명문단전궁(命門丹田宮)]에는 하원영아(下元嬰兒)가 있다. 휘는 시명정(始命精), 자는 원양창(元陽昌), 황정원왕(黃庭元王)이다. 그 오른쪽에 보진필경(保鎭弼卿)이 있는데, 휘는 귀상명(歸上明), 자는 곡하현(谷下玄), 정기진액(精氣津液)의 신이 기를 맺어서 응화(凝化)한 것이다. 둘 다 항색 능라비단으로 된 얇은 옷을 입고 갓 태어난 아기 같은 모습을 하고 있다.

이와 같이 삼단전의 신은 각각 그 오른쪽에 체내 각 부분의 정기로부터 생겨난 대신(大臣)이 그를 보좌하기 위해 곁에 붙어 있는데, 다른 곳에서는 세 명의 신 자신도 체내의 기가, '기(氣) → 정(精) → 신(神) → (하원; 下元) 영아(嬰兒) → (중원; 中元) 진인(眞人) → (상원; 上元) 적자(赤子)'로 변화하여 생겨난 것이라고 기술하고 있다. 근본을 제대로 알고 보면 체내신은 기가 변화하여 형태를 취한 것이 된다. 『금궐제군삼원진일경(金闕帝君三元眞一經)』은 이들 체내신에 의한 수일법을 구체적으로 기술하여 엮은 것이다.

입춘(立春) 날 한밤중에 정동(正東)쪽을 향하여 앉아 [입하(立夏)는 남쪽, 입추(立秋)는 서쪽, 동지(立冬)는 북쪽을 향한다], 기를 9번 내뱉고, 침을 35번 삼킨다. 그것이 끝나면 북두칠성을 마음속으로 떠올리고, 그것이 점점 머리 위에 내려와 그 자루부분[쇠 柄]이 하늘의

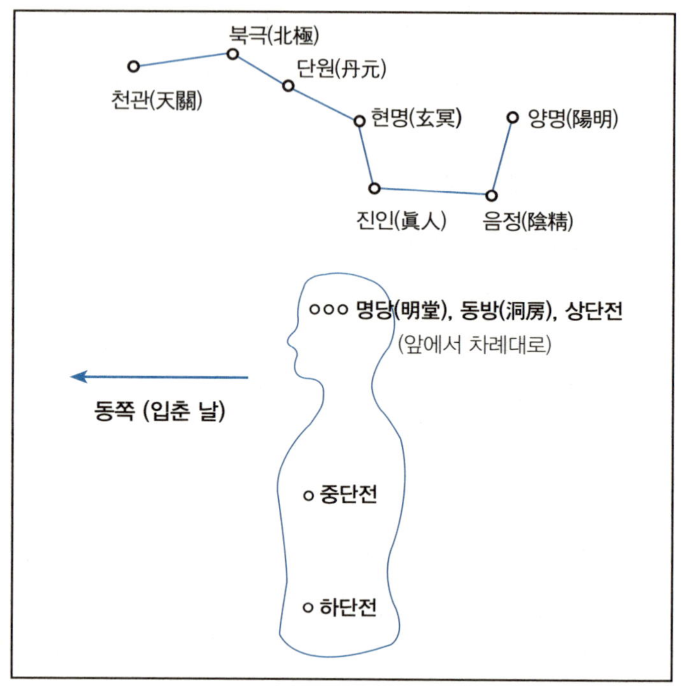

〈금궐제군삼원진일경(金闕帝君三元眞一經)〉

동쪽 방향을 직선으로 가리키는 것을 사념(思念)한다. 그리고 (국자 부분의 일부인) '음정(陰精)'과 '진인(眞人)', 두 개의 별이 정수리로 가까이 오고, '양명(陽明)'과 '현명(玄冥)', 두 개의 별이 그 위에 있으며, '양명(陽明)' '음정(陰精)'은 뒤에, '현명(玄冥)'과 '진인(眞人)'은 앞에 있는 것처럼, 이들 별과 그 위치를 생생하게 마음으로 그린다. 한편, 삼일(三一)의 존군(尊君), 즉 앞에서 기술한 상원(上元)·중원(中元)·하원(下元)이 홀연히 생겨나 (체내로부터) 북두 속으로 나가고, 잠시 뒤 삼경군(三卿君; 大臣)도 같은 방법으로 나타나며, 곧바로 6

명의 신, 즉 삼일의 존군과 삼경군은 모두 '현명(玄冥)'으로 올라가서 도착하자마자 동쪽으로 나아가 천관(天關)까지 가서 멈추며, 그리고 나서 모두 나의 입 쪽을 향하는 것을 사념한다. 또한 상원·중원·하원이 각각의 대신(大臣)을 거느리고 있는 것을 마음속으로 그린다. 그런 다음 한 차례 기를 들이마시고 잠시 동안 상원의 두 사람이 기와 함께 입으로 들어가 상승하여 니환궁으로 돌아간다. 다음으로 다시 한 차례 기를 들이마시고 잠시 동안 중원의 두 사람이 기와 함께 입으로 들어가 하강하여 강궁(絳宮)으로 돌아간다. 그리고 또 한 차례 기를 들이마시고 잠시 동안 하원의 두 사람이 기와 함께 입으로 들어가 하강하여 하단전 속으로 들어간다. 천관(天關)은 입[口] 앞, 7자[尺] 되는 곳에 마음으로 그리고, 그런 다음 삼일을 나의 삼궁(三宮)에 들인다. 모든 것을 마치고 나면 삼일이 각각의 장소에 자리 잡는 모습을 확실하게 사념한다. 그리고 앉으나 누워서나 마음으로 이것을 생각한다.

수일(守一)을 착실하게 행하게 되면 삼일(三一)이 보이게 되고, 삼일이 타고 다니는 운거(雲車)와 우개(羽蓋)를 타고 천상의 태미(太微)로 백일승천할 수 있다고 한다.

태식(胎息)

— 사카우치 히데오(坂內榮夫, 기후대학 교수)

기를 중시하는 도교에서는 각종 호흡법이 고안되었다.
태식을 비롯한 그 이론들을 살펴본다.

육체는
기로 이루어져 있다

태식(胎息)은 도교의 독자적인 호흡[調息]법 중 하나로 태아가 어머니의 육체에 있을 때, 입과 코로 호흡을 하지 않는 것에 착안한 것이다. 그 방법으로는 우선 입과 코로 숨이 들고나는 것을, 그 소리도 들리지 않고 자각도 할 수 없을 정도로 매우 미약하게 하여, 코로 들이마신 숨을 호흡기[氣管]에서 소화관[食道]을 거쳐 가능한 한 오랜 시간 체내에 붙잡아 놓았다가[閉氣], 그 다음에 입으로 내쉬는 것이다. 도가와 도교에서는 인간의 육체가 기로 이루어져 있고, 기가 소멸하면 인간은 사망한다고 생각하였다. 그래서 체내의 기를 유지하고 충족시킬 필요가 생긴 것이다. 그렇기 때문에 태식을 통해, 들이마신 기에서 자양을 섭취하고 자신의 육체를 활성화시키며 또한 회

춘하고자 하였다. 그리고 태식이 도교의 호흡법 중에서는 비교적 고도의 도술로 평가되는 경우가 많아서, 태식의 완성을 배움의 목표로 삼았던 경우도 있었다.

『포박자』「석체(釋滯)」편에는 구체적인 태식수련의 상황을 다음과 같이 설명하고 있다. "태식을 터득한 자는 코와 입을 사용하지 않고도 호흡할 수 있다. 마치 아기가 모친의 태안에 있을 때처럼 (호흡하는 것이) 가능하면 완성된다. 처음 태식 호흡법[行氣]을 배울 때에는 코로 숨을 들이쉬고 멈추고는 가만히 마음속으로 수를 헤아린다. 120까지 헤아리면 입으로 아주 약하게 숨을 내쉰다. 내쉬는 것도 들이마시는 것도 모두 자신의 귀에 숨이 들고나는 소리가 들리지 않게 한다. 항상 미시는 숨은 많고 내쉬는 숨은 적게 한다. 불새의 깃털을 입과 코 위에 붙이고 숨을 내쉬어도 깃털이 움직이지 않을 정도가 되는 것을 목표로 한다. 연습을 해서 마음속에서 헤아리는 수를 조금씩 늘려 그 수가 늘어나서 1,000까지 셀 수 있게끔 한다. 1,000까지 셀 수 있게 되면 나이 든 사람도 하루하루 젊음을 되찾는다."

또한 역사적으로 볼 때, 후한(後漢) 때 방술가(方術家)인 왕진(王眞)『후한서』「방술전(方術傳)」72下이 행한 도술 중에 '테식(胎食)·태식(胎息)의 방법'이라고 기술한 것을 볼 수 있다. 여기서 '태식(胎食; 타액을 삼키고 곡물을 먹지 않는 도술)'과 나란히 '태식(胎息)'이 있는 것으로 볼 때, 후한시대 때 이미 태식이라는 도술이 성립되어 있던 것은 확실하다고 할 수 있다.

여기서 기술한 태식을 다른 말로 '조식(調息)'이라고도 한다. '조식'이란 호흡법을 말하는 것으로, 태식 외에 복기(服氣)·행기(行氣) 등도 조식으로 본다. 이들 각종 호흡법이 발달한 원인으로는 육체가 기로 이루어져 있다고 하는 도교적 생성론을 생각할 수 있다.

중국에서 호흡법의 역사는 매우 오래되어,『장자』「대종사(大宗師)」편에 "진인의 호흡은 (깊디깊게) 발꿈치로 하는데, 범인의 호흡은 목구멍으로 한다"고 하여 그 구체적인 내용은 불분명하지만, 호흡법에 관련된 기술(記述)이 보인다. 이와 같이 호흡법은 도교의 발생 이전부터 이미 행해졌으며 후대에 와서 도교에 도입되어 다양하게 발달된 것이다. 몇 가지 호흡법에 대해서 간략하게 살펴보자.

여러 가지 호흡법과 그 사고방식

먼저 복기(服氣)라는 호흡법에 대해 살펴보면, 이 역시 역사가 오래되었고, 이전에는 '토고납신(吐故納新)의 도술(道術)' 혹은 '토납(吐納)의 술(術)'이라고 부르기도 했다. '토고납신의 도술'은 이미 『장자』「각의(刻意)」편에 "취구호흡(吹呴呼吸), 토고납신(吐故納新), 웅경조신(熊經鳥申)은 (장)수하기 위한 것일 뿐이다"라고 기록되어 있다. 이것을 풀이하면 "숨을 들이마시거나 내쉬면서 심호흡을 하여, 묵은 기를 토해내고 새로운 기를 들이마시며, 곰이 매달린 듯, 새가 날개를 편 듯한 자세로 체조하는 것은 장생하기 위해서일 뿐이다"라는 의미로, 이 도술이 전국시대부터 존재했음을 알 수 있다. 이러한 복기는 현대어 풀이에서도 알 수 있듯이 체내에 있는 묵은 기를 토해내고, 외부의 신선한 기를 받아들이는 것이다. 여기에서 받아들인 기를 체내에서 순환시키면, 다음에 설명할 행기(行氣)의 도술이 된다.

다음으로 『노자』에도 호흡법을 기술한 곳이 있다. 제6장에 나오는 구절이다. "신(神)을 기르면[谷] 죽지 않을 수 있다. 이것을 현빈(玄牝)이라고 한다. 현빈(玄牝)의 문(門), 이것을 천지의 근원이라 한다. 면면히 이어져 있는[存] 것 같은데, 그것을 써도 다함이 없다[谷神不死, 是謂玄牝. 玄牝之門, 是謂天地根. 綿綿若存, 用之不勤]." 일반적으로 인용되는 왕필(王弼)의 주석이 아니라, 육조시대의 것으로 생각되는 하상공(河上公)의 주석에 따라 이렇게 해석된다. "오장(五臟)에 거주하는 신(神)을 기르면 불사할 수 있다. 그 길은 코와 입 [玄牝]에 있다. 코나 입이라는 문(門)은 천지의 원기가 통하여 널리 퍼지게 하는 것이다. 그리고 (호흡의) 방법은 솜털과 같이 있는 듯 없는 듯 미세하게 행하지 않으면 안 되며 천천히 지치지 않도록 하지 않으면 안 된다." 이렇게 해석하면, 이것은 도교 호흡법에 대해 설명하고 있는, 상당히 이른 시기의 실례라고 할 수 있다.

다음으로 육자결(六字訣)이라고 부르는 호흡법도 있다. 이것은 『양성연명록(養性延命錄)』「복기요병(服氣療病)」편 제4에 따르면, '취호희가허희(吹呼唏呵噓呬)'의 여섯 문자이고, 각각의 문자의 음(音)이 인간의 각 장기(臟器)에 대응하고 있다. 이에 대해 『양성연명록』에서는 심장이 '호(呼)'와 '취(吹)', 폐장이 '허(噓)', 간장이 '가(呵)', 비장이 '희(唏)'에 대응한다고 한다. (희에 대해서는 기록이 없다.) 그래서 폐(장)가 병들었을 때는 폐장에 대응하고 있는 문자인 '허(噓)'의 중국어 발음인 '슈-'를 발성하고, 또 간장이 병들었을 때는 '가(呵)'의 발음, '하-'를 발성하여, 각 장기의 병을 치유한다는 것이다. 다만 이 호흡법과 거의 동일한 것이 『마가지관(摩訶止觀)』권8 하(下)에도 있는 것으로 볼 때, 불교와 도교 어느 쪽이 최초로 이 호흡법을 창안해내었는지에 대해서는 판단이 어렵다.

마지막으로 복기(服氣)로부터 발전한 호흡법에 행기(行氣)가 있다. 이것은 체내에 기를 순환시키는 것으로, 구체적인 방법이나 기를 순환시키는 경로로 분류해 보면 거의 무한대라 할 수 있을 정도로 종류가 많다. 그리고 순환시키는 기에 대해서도, 외부에서 들어온 기[外氣]를 순환시키는 경우와 체내에 존재하는 기(內氣)를 순환시키는 경우의 두 종류가 있다. 이 중에서 내기를 순환시키는 행기가 보다 더 뒤에 나온 것으로, 당대(唐代)에 완성된 것으로 간주된다. 행기의 실제적인 예로는, 당대에 성립되었다는 『환진선생복내원기결(幻眞先生服內元氣訣)』「행기결(行氣訣)」에 이렇게 기술되어 있다. "3회 연속해서 기를 들이마시며 하단전을 존시(存視; 생각을 통해 봄)한다. 그곳에 있는 내기(內氣)를, 의식을 집중하여 움직이게 하고, (하단전 뒤쪽의) 두 개의 혈(穴)에 넣는다. 그렇게 하면 두 갈래의 백기(白氣)가 척추를 사이에 두고 위로 올라가 니환궁(泥丸宮; 상단전)으로 들어간다. 그런 다음 (머리 안의) 여러 궁으로 들어간 뒤, 머리와 얼굴, 양 팔꿈치, 손가락 등까지 내려간 뒤 가슴에 있는 중단전(심장)으로 들어간다. 그리고 오장을 순환한 뒤 하단전으로 들어가서 삼성(三星; 의미가 명확하지 않다)을 지나 대퇴부와 무릎 등을 지나서 용천(湧泉; 발바닥 한가운데)에 도달하는 것을 존시(存視)한다." 이것은 내기를 통해 시행하는 행기의 명백한 예라고 할 수 있다.

이와 같이 도교에는 태식을 비롯하여 많은 호흡법이 존재한다. 여기서 기술한 것 외에도 많으며, 그 실상은 매우 복잡하다. 따라서 이토록 복잡한 호흡법의 전체적인 모습을 밝히기 위해서는 더욱 더 연구를 거듭해 가야만 하는 것이 현실이다.

행기(行氣)

— 마쓰무라 다쿠미(松村 巧, 와카야마대학 교수)

수백 살 수명을 살게 하는 신선도의 중요한 탐구법이 된 행기(行氣).
'기'의 의미를 설명하고 행기의 실천방법을 살펴본다.

'하늘의 오기(五氣)'를 섭취하다

동진(東晋)의 신선술가(神仙術家) 갈홍(葛洪, 283~343년)은, "선약(仙藥)을 복용하는 것이 장생의 기본인데, 그와 함께 행기(行氣)를 실행한다면 그 효과는 더욱 빨라진다고 말한다. 만약 선약을 얻을 수 없는 경우라도 행기를 실행하면서 그 도리를 다 한다면 수백 살 수명도 실현할 수 있다"『포박자』「지리(至理)」편고 한다. 또한 당나라 때 의술가이 손사막(孫思邈, ? ~ 682년)은 "대체로 선도(仙道)탐구에는 중요한 방법이 세 가지 있는데, 보정(保精)과 행기(行氣) 그리고 복이(服餌)이다. …… 행기는 만병을 고칠 수 있고, 역병을 물리칠 수 있으며, …… 기갈(飢渴)을 피할 수 있고, 수명을 연장하는 것이 가능하다. 그 중에서 가장 중요한 것은 태식(胎息) 말고는 없다"고 한다.『운급칠첨(雲笈七籤)』권33 수록 「섭양침중방(攝養枕中方)」. 여기서 말하는 '행기'는 넓게는 '기' 혹은 호흡과 관련된 방술을 포괄한 개념이지만, 어찌되었든 선술가(仙術家)든 의술가(醫術家)든 장생과 치병의 탐구에 있어 '행기' 또는 기와 관련된 방술에 중요한 위치를 부여하였다. 그것은 '기'야말로 살아 있는 모든 것의 생명의 근원이기 때문일 것이다.

고대 중국인의 생명관에 따르면, 만물의 생명활동은 기에 의존하고 있으며, "인간의 생명현상은 기의 집합으로 이루어진 것으로, 기가 모이면 생존하고, 기가 흩어지면 죽는다"『장자』「지북유(知北遊)」편고 한다. 이러한 기의 신묘한 작용이 영혼이나 정신[神]이며, "신은 기에 의거하여 작용한다. 그러므로 사람에게 기가 있으면 신이 있고, 신이 있는 이상 기가 있다. 신이 떠나면 기는 끊어지고, 기가 없어지면 신은 사라진다"『태평경(太平經)』「사행본말결(四行本末訣)」라고도 한다.

이와 같이 생명의 근원이 되는 기의 섭취는, 넓게 본다면 음식에 통해 '땅의 오미(五味)'를 섭취하는 것과 호흡을 통해 '하늘의 오기(五氣)'를 섭취하는 것으로 나뉘는데,『황제내경소문(皇帝內經素問)』6절「장상론(藏象論)」편 이 중에서 호흡을 통해 '하늘의 청기(淸氣)', 즉 맑은 기를 수용하는 것이야말로 장생에 있어서 무엇보다도 중요하게 여겼다. 고대 중국인의 생리학적 인식에 따르면, "사람은 하루 동안 1만 3,500회 정도 호흡하고, 그 기의 흐름[즉 맥(脈)]은 체내를 50회 순환한다"『난경(難經)』제1난고 여겼는데, '기'와 관련된 방술은 당연히 이러한 '기'의 호흡과 '기'의 순환 양쪽 모두에 걸쳐 있다.

이 가운데 호흡에 대해서는 일찍이 『장자』에서 장수를 가져다주는 것으로 착목(着目)되어, '기'의 신진대사를 촉진하는 '토고납신(吐故納新)'의 호흡법「각의(刻意)」편과 '발꿈치로 (호흡)한다'는 심호흡법(深

呼吸法)「대종사(大宗師)」편이 언급되어 있다. 후대에 신선도에서 장생의 탐구는, '기'와 관계된 여러 가지 방술을 창안해 냈는데, 그것은 '조기(調氣)', '복기(服氣)', '행기(行氣)' 등의 이름으로 정리되었다. 이 중에서 '조기(調氣)'는 '기'의 조화를 실현하는 것에 중점을 둔 호칭이며, '복기(服氣)'는 '기'의 복용(服用)에 중점을 둔 개념이다. 그리고 '행기(行氣)'는 '기'를 체내에서 순환시키는 것에 중점을 둔 호칭이다. 그렇지만 이들 사이에 명확한 정의나 절연한 구별이 있는 것은 아니다. 또한 '기'의 복용이라는 점에서 보면 신체 외부로부터 수용한 '외기(外氣)'의 복용과 신체 내부에 있는 고유한 '내기(內氣)'의 복용, 두 가지로 대별되는데, '내기'의 복용법 중 하나가 모태(母胎) 안의 태아가 '기'를 섭취하는 것을 모방한 '태식(胎息)'이디. 또한 '기'의 방술 중 '기'의 순환에 중점을 두는 경우는, 그 순환을 촉진하기 위한 신체굴신운동[身體屈伸運動; 즉 도인(導引)]과 조합되는 경우가 많고, 또 '기'를 몸 전체 각 부위로 유도하기 위해서 각 부위에 정신을 집중하는 것[즉, 존사(存思)]과 조합되는 경우도 적지 않다.

기의 호흡과 순환을 통제하는 법

그런데 '행기(行氣)'의 구체적인 실습법에 대해서는 예로부터 『포박자』「석체(釋滯)」편에 그 골격이 기술되어 있으며, 후대에 이르러 여러 종류의 다양한 실습법이 고안되어 나왔다. 그 개요는 『운급칠침(雲笈七籤)』 권56~62 「제가기법부(諸家氣法部)」에서 볼 수 있고, 또

한 『도장(道藏)』「동신부(洞神部)·방법류(方法類)」에는 『태청조기경
(太淸調氣經)』을 필두로 하는 '기'의 방술에 관한 전문적인 저술이 수
록되어 있다. 여기서는 우선 『포박자』「석체(釋滯)」편의 설명을 살펴
보고자 한다.

행기를 배우는 처음 단계에서는 코로 기를 들이마시고, 멈춘 채, 살
며시 마음속으로 120까지 세고, 그런 다음 입으로 살며시 내쉰다. 들
이마시고 내쉬고 할 때는 기의 들고나는 소리가 자신의 귀에도 들리
지 않도록 한다. 또한 평소에도 늘 많이 들이마시고 적게 내쉬도록
한다. …… 서서히 익숙해지면 마음속으로 세는 숫자를 점점 늘려가
는데, 오랜 기간 지속하면 1,000까지 셀 수 있게 된다. 1,000까지 셀
수 있게 되면 늙은이는 젊어지고, 하루에 하루씩 젊어져 간다. ……
무릇 행기를 하는 경우에는 생기(生氣)의 시간에 해야만 하며, 사기
(死氣)의 시간에 해서는 안 된다. …… 하루 낮과 밤은 12시간씩 있는
데, 한밤중부터 정오까지 6시간이 생기(生氣)이고, 정오에서 한밤중
까지 6시간이 사기(死氣)이다. 사기 시간에는 행기를 하더라도 무익
할 뿐이다.

이 기술 내용 안에, 후대에 가서 복잡하게 발전하게 된 '행기'의 다
양한 실습법의 몇 가지 기본사항이 포함되어 있다. 이를테면, 다음과
같은 것이다.

1. 호흡에 있어서, 생명력으로 가득 찬 청정한 '기'만을 흡입하지 않으
   면 안 된다. 또 흡입은 '하늘의 청기(淸氣)'의 통로인 코를 통해서 하

고, 토출은 '땅의 오미(五味)'에서 유래하는 탁기(濁氣)의 통로인 입
을 통해서 행하며, 청탁(淸濁)의 기를 혼재시켜서는 안 된다.『태청조
기경(太淸調氣經)』참조

2. 호흡에 있어서 보다 많이 들이마시고, 보다 적게 내쉬어야 한다. 예
를 들면,『운급칠첨(雲笈七籤)』권59 수록『태청왕로구전복기법(太
淸王老口傳服氣法)』에서는, 흡기(吸氣), 즉 들이마신 기의 3분의 2
만을 내쉬고, 나머지 '기'를 삼켜야 한다고 말한다. 이와 같이 해서
온몸 특히 '하단전 = 기해(氣海)'에 '기'를 가득 차게 한다. '기해(氣
海)'의 충만이야말로 '신(神)'의 안주(安住), 더 나아가서는 장생의
기초인 것이다. 손사막(孫思邈) 저,『존신연기명(存神煉氣銘)』참조

3. '기'를 흡입한 후, (수를 계속 세며) 기관(氣管)을 잠시 막는다. 그
사이 흡입된 깨끗한 '기'는 기해로 보내져 다시금 온몸을 순환한다.
보다 길게 '기'를 가두어 두는 것은 흡입된 기를 유지해서 몸 전체
구석구석까지 순환시키기 위해서다.

그런데 위의 사항들은 주로 '기'를 흡입하는 방법과 관계된 것이다.
흡입되거나 혹은 삼켜진 '기'는 위와 장을 경유해서 얼마간 배꼽 주
위 하단전에 비축되었다가, 그 다음에 온몸을 순환한다.『운급칠첨(雲笈
七籤)』권59 수록『태청왕로구전복기법(太淸王老口傳服氣法)』 다만 신선술(神仙
術)에서 설명하는 '기'의 순환경로는 반드시 의술(醫術)에서 말하는
'12경맥(經脈)'과 일치하는 것은 아니고, 지극히 주관적이며 자의적
이다. 어쨌든 이러한 '기'의 순환과 나아가 기를 의식적으로 유도하여
순환시키는 방술(方術)이 좁은 의미에서 '행기'이다.『환진선생복내
원기법(幻眞先生服內元氣法)』〈행기결(行氣訣)〉『운급칠첨(雲笈七籤)』권

60 수록에서는 "삼킨 내기와 외기를 의식적으로 (하단전의) 두 개의 구멍으로 보낸다. 그러고 나서 두 갈래인 하얀 기가 척추를 사이에 두고 길게 뻗어나가 똑바로 니환(泥丸)으로 들어가, (니환의) 모든 궁으로 증발되어 올라가 무성하게 퍼져서 모발·얼굴·두경(頭頸; 머리와 목부분)·양팔 및 엄지손가락을 두루 순환하며, 일시에 내려가 가슴으로 들어가서 중단전에 이른다. …… 오장(五藏)으로 흘러들어가 돌고 돌아 하단전으로 다시 돌아오는 것을 상상해 본다"라고 한다. 다시 말해, 체내의 '기' 순환을 '상견(想見)', 생각을 통해 이미지화함으로써 '기'를 체내의 구석구석까지 유도하여 활력이 온 몸에 빠짐없이 골고루 미치게 한다. 또한 손사막의 (일설에는 도홍경의)『양성연명록(養性延命錄)』「복기요병(服氣療病)」『운급칠첨(雲笈七籤)』권32 수록에서는 "행기를 통해 온갖 병을 제거하고자 한다면 병의 소재에 따라서 그 부위를 마음속으로 생각하라"고 하여, '정신집중을 통해 '화기(和氣)', 즉 조화로운 기를 유도해서 병을 공격하여 치료해야 한다고 설명하고 있다. 즉 정신집중을 통해 '기'의 순환을 유도하고 통제하는 것이다. 이것이 '기'의 순환과 관련된 방술, 곧 협의의 '행기'이다.

이상의 내용은 요약하면, '복기', '행기'라고 부르는 '기'의 방술은 바로 '기'의 호흡과 순환을 의식적으로 통제하여 그것이 지닌 생리학적 작용을 특수한 수준까지 발휘시켜 생명력 증진과 장생을 실현하고자 하는 것이다.

도인(導引)

— 고바야시 가즈히코(小林和彦, 간사이대학 교수)

호흡과 함께 몸을 움직이는 도인(導引)은 예로부터 행해온 장생술로,
오늘날 다시 '기공'이라는 것으로 새롭게 주목을 모으고 있다.
도인의 역사와 함께 도인법의 방법론을 설명해 보겠다.

전한의
도인도(導引圖)

예로부터 장생을 원하지 않은 민족은 없었던 것 같다. 그래서 기원전 5세기 공자(孔子)도 "인자는 장수한다"『논어(論語)』「옹야(雍也)」편) 고 말했고, 공자가 교학의 기본 텍스트로 사용했던 『시경(詩經)』에서도 "기쁨이 넘치는 군자여, 언제까지고 오래 사시오"『시경(시경)』「소아(小雅)」〈남산유대(南山有臺)〉라고 하였다. 또한 사마천의 『사기』「시황본기(始皇本紀)」에도 천하를 통일한 진시황제가 서불[徐市; 서복(徐福)]에게 명하여 동해의 삼신산(三神山)에 불사의 약을 구하러 보내기도 했고, 같은 『사기』의 「효무본기(孝武本紀)」에 한나라 무제(武帝)가 만년에 방사(方士)를 파견하여 봉래(蓬萊)의 선인, 안기생(安期生)을 만나고

자 했다는 것 등을 보면 고대 중국인들도 예외는 아니었던 것으로 보인다. 그러한 장생술의 주요한 방법으로는 벽곡(辟穀; 심신을 청정하게 하기 위하여 곡류를 먹지 않는 방법), 조식(調息; 일정한 호흡법을 행하여 체내에 기를 들여오는 방법), 방중(房中; 일정한 한도의 절도를 지키며 남녀의 교합을 행하여, 체내의 기를 보존하는 방법), 도인(導引) 등이 있는데, 1973년에 중국 후난(湖南)성 마왕뚜이(馬王堆) 3호 묘에서 늦어도 전한초기로 보이는 세로 약 50cm, 가로 약 140cm인 비단에 44체가 그려진 도인도(導引圖)가 발견됨으로써 최근 도인에 대한 관심이 높아져 가고 있다.

  이상, 선학(先學)들이 주장하는 바를 참조하여 기술했는데, 계속해서 그것에 준하는 한편 도판(圖版)을 함께 사용하여 중국도인의 역사, 그리고 미약하나마 그 방법론을 소개하고자 한다.

장생을 위한
유연체조

  도인(導引)은 도인(道引)이라고도 쓰며 그 역사가 오래되어 『장자』 「각의(刻意)」편에 "냉기(冷氣)를 들이마시고 오래된 기를 내뱉으며, 난기(暖氣)를 토해내고 새로운 기를 (몸 안에) 들이는 심호흡을 하며, 곰이 나무에 올라가 가지에 매달리거나, 새가 하늘을 날 때 다리를 곧게 펴는 듯한 체조를 하는 것은, 수명을 늘리는 것만을 위한 것이다. 이것은 바로 그 도인술을 행하는 사람, 팽조(彭祖) 등과 같이 장수했던 자들이 즐기는 바이다"라고 되어 있고, 이 문장에서 보이는 팽조(그림 1)는 도인을 행했던 시조(始祖)로 전해지고 있다.

민간에 전해지는 선인들의 전기를 정리, 기술한 열선전(列仙傳)류향(劉向)의 작품이라고 전해지고 있다에는 이렇게 기록되어 있다. "팽조라고 하는 자는 은나라 대부였다. …… 하나라 때부터 은나라 말기까지 살았고, 800세를 넘게 살았다. 늘 계피(肉桂; 장목과의 상록고목으로 껍질과 뿌리를 약용으로 사용했다)와 영지(靈芝; 버섯 종류로 선약으로 사용되었다)를 먹고, 도인행기의 도술로 정통한 사람이었다." 또한 『사기』의 「유후세가(留侯世家)」에도 장량(張良)이 벽곡(辟穀), 도인을 행했다는 기록이 있는 것으로 볼 때, 도인은 상당히 오래 전부터 있었다고 생각할 수 있겠다. 그 뿐만이 아니라 중국에서 가장 오래된 도서목록인 『한서(漢書)』 「예문지(藝文志)」에도 그 이름이 기록되어 있고, 기원전 1세기 말경에는 이미 성립되어 있었다고 생각되는 『황제내경소문(皇帝內經素問)』의 「이법방의론펴(異法方宜論)」펴에는 황제와 기백(岐伯)의 문답형식을 빌려서, 동방·서방·남방·북방의 각 풍토에 따라 질병도 다르다고 한다. 또한 중토(中土; 중국)에 관해서는 이렇게 기술하고 있다. "중앙의 땅(중국)은 토(土)로 상징되는 것처럼 지세(地勢)가 다습하고, 만물의 어머니로서의 산물이 지극히 풍요로운 곳입니다. …… 그러므로 발생하기 쉬운 질병이라고 하면 위약(痿弱; 손발이 쇠약해짐), 궐역(厥逆; 기가 거꾸로 올라가서 음양이 조회를 잃게 됨), 한열(寒熱; 오한·발한) 등이며, 그 치료법으로는 도인법(導引法)이라든가 안교법(按蹻法)과 같은 마사지법이 효과적입니다. 그래서 도인법과 안교법 등은 중국에서 발달하여 널리 배포된 것입니다." 앞에서 말한 마왕퇴 출토 유적에서 나온 〈도인도(導引圖)〉에서 그 구체적인 방법으로서 제20번째 '인롱(引聾)'(그림 2)과 제30번째 "지팡이로 음양을 통하게 한다(以丈(杖)通陰陽)"(그림3)를 소개해 보면 다음과 같다. '인롱'에서는 직립한 여성이 양 다리를 바깥쪽으로 벌리고 양 팔을 좌우로 벌리고 있는데, 난청 등 귀의 질병을 치료하는 것으로 보인다. 또한 '지팡이로 음양을 통하게 한다'라는 자세에서는 봉을 든 여성이 허리를 살짝 접어서 그 봉을 지면에 꽂아 세우고 오른손은 아래, 왼손은 위로 하고 있다. 이 동작은 좌우를 반대로 반복해서 한 것으로 보이며, 이러한 동작으로 대지의 기를 체내로 들여보내려고 했던 것은 아닐까 하는 추측을 할 수 있다.

이상의 내용으로 볼 때, 도인이라고 하는 것은 한 마디로 설명하자면, "기(氣)와 일체화되는 것을 목표로 하며 장생하기 위해 행하는 일종의 유연체조로서 건강유지 · 치병 등에도 도움이 되고자 했던 것이다"라고 말할 수 있을 것이다.

〈그림 2〉　　　　　〈그림 3〉

이리하여 앞에서 『장자』「각의(刻意)」편에 있는 문장과 『회남자(淮南子)』「정신훈(精神訓)」에 등장하는 곰·새·원숭이·호랑이 등 동물의 동작을 토대로 5종류의 도인의 형태로 정형화한 것이, 후한 말부터 삼국시대에 걸쳐서 생존했던 화타(華佗)에 의해서 주창되었다고 하는 '오금희(五禽戱)'(그림 4)일 것이다.

'오금희'는 화타가 호랑이·사슴·곰·원숭이·새의 금수를 모방하여 창안한 일종의 유연체조이다. 『후한서』「방술전」에서 하타가 오보(吳普)에게 이렇게 말한다. "사람의 몸은 가능한 한 움직이는 것이 바람직하다. …… 그래서 옛날 선인은 도인이라는 것을 했다. …… 나에게 한 가지 도술이 있다. 그것을 '오금(五禽)의 희(戱)'라고 명명한다. 제1은 호랑이, 제2는 사슴, 제3은 곰, 제4는 원숭이, 제5는 새이다. 이것도 질병을 없애고, 겸하여 발을 튼튼하게 하는 것으로 옛적의

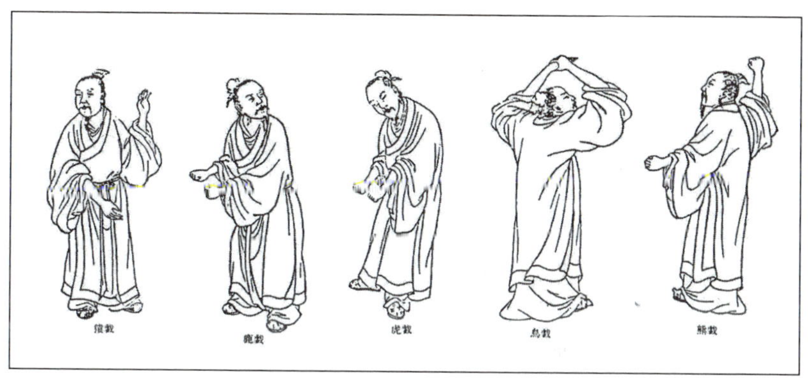

〈그림 4〉

도인에 해당한다." 그 중에 첫 번째 호랑이의 자세(그림 5)를 소개한다.

신체를 앞으로 굽히고 양 손은 지면에 대고, 머리를 들어 양 눈은 전방을 본다. 왼손을 들고 오른발을 들어서 무게중심을 앞쪽에 두고 앞으로 걷기 시작한다. 그리고 왼손과 오른발이 착지함과 동시에 오른손과 왼발을 앞으로 내밀며 걷는다. 이와 같이 하여 앞으로 3보 나아갔다가, 다시 뒤로 3보 물러가 원래 자리로 돌아간다. 이때 왼팔과 오른쪽 허벅지를 굽혀서 신체를 왼편으로 한번 구르고, 양손과 양발을 지면에 대고 원래 자세로 돌아간다. 이상과 같은 동작을, 방향을 바꾸어서 자연호흡으로 여러 차례 반복하고, 땀이 살짝 나오면 멈춘다.

이와 같은 '오금희'는 양(梁)나라의 도홍경(陶弘景)이 저술한 『양성연명록(養性延命錄)』당나라 손사막의 저술이라는 설도 있다의 「도인안마(導引按摩)」편, 제5에도 그림은 없지만 설명되어 있다.

또한 『양성연명록』 「교계(敎誡)」편 제1에는 팽조의 말이 소개되고 있다. "도(진리)는 복잡한 것이기는 하나 속에 있는 것은 아니다. …… 그것은 항상 도인(導引), 납기[納氣; 신선한 대기(大氣)를 몸 안에 받아들이는 일], 태식(胎息; 올바른 호흡법) 중에 있으며, 이것을 행하면 천년도 살 수 있다." 그러한 도인법의 구체적인 방법은 송나라 장군방(張君房)이 저술한 『운급칠첨(雲笈七籤)』 안에 있는 「대청도인양생경(大淸導引養生經)」에 기술된, 5회 정도 반복하여 행하는 일종의 체조에서도 알 수 있다. 다음은 그 중에서 가장 최초의 것이다.

옷을 벗고 옆으로 누워서, 허리를 편다. 그리고 나서 5회 호흡하고 멈춘다. 이 동작은 신장의 움직임을 도와주고, 두통을 없애주며, 조화롭게 하는 효과가 있다.

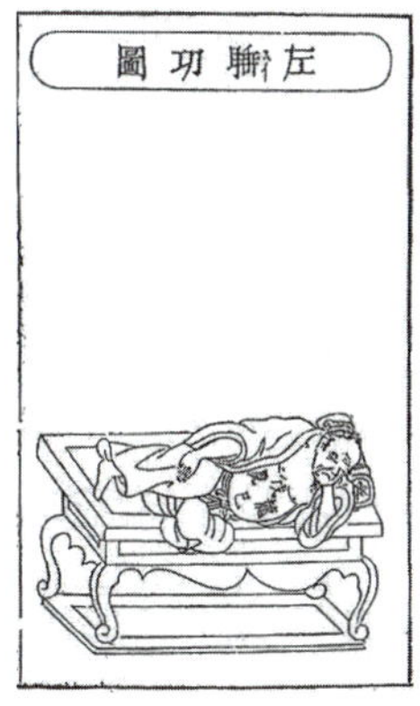

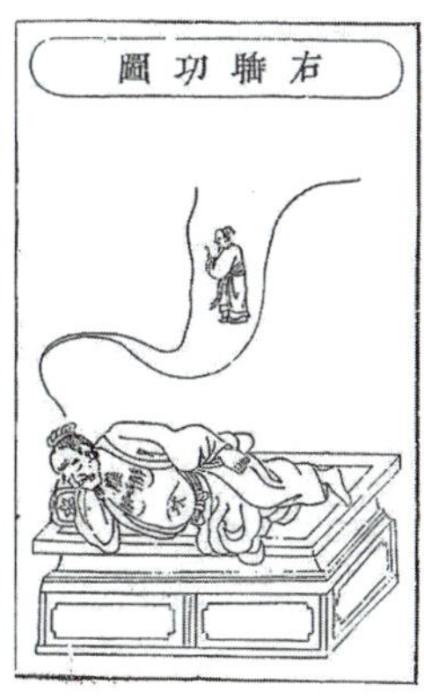

〈그림 5〉   〈그림 6〉

다음으로 수·당나라 시대로 접어들면 수나라에서는 소원방(巢元
方)의 『제병원후론(諸病源候論)』〈양생방도인법(養生方導引法)〉에
서 인용한 내용이 있고, 질환의 치료에 도인이 사용되었다. 당나라
시대에는 『신당서(新唐書)』「백관지(百官志)」에서 안마박사가 도인법
을 가르쳐서 병을 제거했던 것을 볼 수 있으며, 또한 손사막이 『비급
천금요방(備急千金要方)』 30권을 저술하여 도인 그 외의 양생술에
의한 치료법이 수록되어 있다.

송대에 보급된
팔단금도인법(八段錦導引法)

송대에 이르면, 오대(五代)부터 북송 초에 걸쳐서 활약한 진단[陳
搏, 진희이(陳希夷)]의 수공(睡功)을 그 예로 들 수 있다(그림 6). 그
의 수면(睡眠)은 일종의 기공(氣功)으로서 좌우수공(左右睡功)이 있

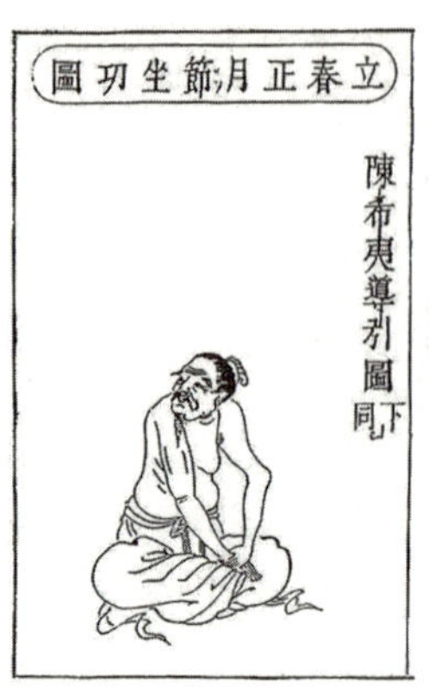

〈그림 7〉

으며 수선(睡仙)이라 불렸는데, 후세에 그를 가탁한 것으로 보이는 〈진희이이십사기좌법(陳希夷二十四氣坐法)〉이 있다.

이것은 매월 절(節; 달초)과 중(中; 달의 중간)을 합쳐, 이를테면 '입춘정월의 절, 좌공(坐功)의 설(說)', '우수정월의 중, 좌공의 설(說)'이라고 하듯이 24절기로 나눠서 설명하고 있다(표 1). 이와 관련해 가장 먼저 다가오는 '입춘정월의 절, 좌공의 설'을 소개한다.

매일, 자축시(子丑時; 오후 11시부터 오전 3시경까지)에 손을 포갠 후 상체를 일으키고 몸통을 틀어서 목을 좌우로 4, 5회 끌어당긴다. 고치(叩齒; 위, 아래 치아를 부딪는 행위), 토납(吐納; 호흡하는 행위), 수연(漱嚥; 침을 삼키는 행위)을 각각 3회씩 행한다(그림 7).

〈표 1〉 진희이 24기좌법(陳希夷 二十四氣坐法)

사계	초춘		중춘		만춘	
진희이 24기좌법	1월		2월		3월	
	입춘정월 절기, 좌공의 설	우수춘월 중, 좌공의 설	계칩이월 절기, 좌공의 설	춘분이월 중, 좌공의 설	청명삼월 절기, 좌공의 설	곡우삼월 중, 좌공의 설
사계	초추		중추		만추	
진희이 24기좌법	1월		2월		3월	
	입추칠월 절기, 좌공의 설	처서칠월 중, 좌공의 설	백로팔월 절기, 좌공의 설	추분팔월 중, 좌공의 설	한로구월절기, 좌공의 설	상강구월 중, 좌공의 설

여기에 더해 "풍기(風氣; 감기), 적체(積滯; 심한 기침), 배통(背痛; 등의 통증), 주통(肘痛; 팔의 통증) 등 질병을 완치한다"고 되어 있다.

또한, 북송 초기부터 남송 초기의 도사인 증조(曾慥)가 저술한 『도추(道樞)』42권에 도인, 행기, 벽곡 등 여러 도술이 설명되어 있는데, 앞에서 말한 『제병원후론(諸病源候論)』과는 전혀 다르다.

게다가 송대의 도인법 중에 주의하지 않으면 안 되는 것으로는 '팔단금도인법(八段錦導引法)'이 있다. 이것은 북송시대에 이르러서야 비로소 그 이름이 알려졌고, 앞에 나왔던 증조(曾慥)로 인해서 자세한 형태를 알 수 있게 되었는데, '여러 가지 서로 다른 동작을 가지고 비단옷감처럼 잘 짜인, 훌륭한 도인(導引)'이라는 의미로, 그 방법이 8체(體)이기 때문에 '팔단금(八段金)'이란 이름이 붙은 것이다. 그 내용은 '제1. 치아를 두드려서 신(神)을 모으는 이론', '제2. 천주[天柱; 목 뒤에 있는 혈(穴)자리]를 뒤흔든다는(움직인다는) 이론', '제3. 설교수인(舌攪漱咽; 혀를 굴려 입안을 양치하여 침이 생기게 한 후 삼킴)의 이론', '제4. 신당(腎堂; 허리 뒤 신장부위)을 문지르는 이론', '제5. 단관록로(單關轆轤; 왼편과 오른편으로 나누어 각각 신장 부위

초하		중하		만하	
4일		5월		6일	
입하사월 절기, 좌공의 설	소만사월 중, 좌공의 설	망종오월 절기, 좌공의 설	하지오월 중, 좌공의 설	소서유월 절기, 좌공의 설	대서유월 중, 좌공의 설
초동		중동		만동	
4월		5월		6월	
입동시월 절기, 좌공의 설	소설시월 중, 자공이 설	대설십일월 절기, 좌공의 설	동지십일월 중, 좌공의 설	소한십이월 절기, 좌공의 설	대한십이월 중, 좌공의 실

〈그림 8〉

에 손을 댄 후 같은 편 어깨관절을 돌림)의 이론', '제6. 쌍관록로(双關轆轤; 양손을 양 신장 부위에 동시에 대고 양 어깨관절을 동시에 돌림)의 설', '제7. 좌우안정(左右安頂; 양손을 깍지 낀 후 호흡을 들이마시면서 위로 들어 올린 다음 두발을 앞으로 뻗고 호흡을 내쉬면서 몸을 굽혀서 양 발끝을 잡음)의 이론', '제8. 구반(鉤攀; 왼발을 오른발 위에 올리고 양손으로 발목과 발가락을 잡고 발

목과 발가락 관절을 동시에 돌린 다음 새끼발가락부터 하나씩 풀어주고 발바닥을 손으로 마사지 한 후 무릎을 잡고 왼발을 쭉 펴는 동작을 6회 한 후 다시 발을 바꾸어 똑같이 시행함)의 이론', 이렇게 8체(體)로 성립되어 있다. 덧붙여서 설명하자면 '제1. 치아를 두드려서 신을 모으는 이론'은 36회 치아를 두드려서 신을 모으고 양손으로 후두부를 감싼 채, 그 양손으로 24회 귀를 두드린다(그림 8).

이 동작은 앉아서 행하는 것과 서서 행하는 것 두 가지로 크게 나뉘는데, 전자가 예로부터 내려오는 형태를 전하고 있다. 그리고 후자에는 북파와 남파가 있다. 송나라 홍매(洪邁)의 『이견지(夷堅志)』에 의하면, 정화(政和) 7년(1117년) 이거구(李居矩)가 팔단금(八段錦)을 행했다고 되어 있어, 어느 정도는 보급이 되어 있었다고 생각된다. 이것에는 간단한 것과 복잡한 것이 있어서, 12단(段) 있는 것을 '12단금(段錦)'이라고 한다.

다음으로 명대(明代) 들어서자, 특별히 신선함은 없지만, 왕기(王圻)의 『삼재도회(三才圖會)』인사부 권10에 〈팔단금수진도(八段錦修

眞圖)〉, 〈24기수진도(24氣修眞圖)〉가 수록되어 있어, 도인술의 보급에 크게 도움이 되었던 것으로 보인다. 특히 만력(萬曆) 19년(1591)에 간행된 고렴(高濂)의 『아상재준생팔전(雅尙齋遵生八牋)』19권은 문인사대부로서 뛰어난 인물에 의해 저술되었다는 점에 특징이 있고, 명나라 대유학자 왕양명(王陽明)도 일종의 도인술을 행했다는 것이 기록되어 있는 것으로 볼 때 상당히 성행했던 것으로 보인다.

청(淸)에 이르서는 지금까지 기술해온 오금희(五禽戱), 진희이수공법(陳希夷睡功法), 24기절좌공도(24氣節坐功圖), 팔단금(八段錦) 등이 소개된 도인술의 집약서라 여겨지는 『만수선서(万壽仙書)』3권이, 조약수(曹若水)에 의해서 강희(康熙) 연간(1662~1722년)에 출판되었다. 또한 광서(光緖) 7년(1881년)에는 왕조원(王祖源)에 의해서 12단금총결(12段錦總訣), 12단금도결(12段錦圖解), 역근경도해(易筋經圖解) 등으로 구성된 『내공도설(內攻圖說)』이 간행되어, 동(動)과 정(靜)을 겸한 수련법을 주장하고 있다.

병원에도 설치되었던
기공과(氣功科)

중화민국 성립 후에는 얀차지(楊昌濟)가 후난(湖南)성 제1사범학교에 근무하면서 정좌(靜座)의 공(功)을 설명하거나, 일본에서 정좌를 설파한 후지다식 식심조(藤田式 息心調)와 오카다식 정좌법(岡田式 靜座法)이 일정한 유행 불러왔는데, 전체저으로는 저조해서 프롤레타리아 문화대혁명 시기에는 미신이라고 해서 탄압된 적도 있었다. 그러나 현대 중국에서는 보건증진, 질병치유에 관계된 연기공(軟氣功)으로서, '기공(氣功)'이라는 명칭으로 통일되었다. 그렇게 된 결정적 이유는 류이꾸이쩐(劉貴珍)에 의해서 1955년에 허베이인민출판사(河北人民出版社)에서 간행된 『기공요법실천(氣功療法實踐)』 때문이었다. 또 1957년, 허베이(河北)성에 처음으로 기공전문기관인 탕샨시기공요양소(唐山市氣功療養所)가 지어지고, 1957년에는 상하이시 기공요양소(上海市氣功療養所)가 개설된다. 기공문헌으로는 200만부 베스트셀러가 되었고, 기공의 오늘날과 같은 붐을 불러일으키고 있는 꿔린(郭林)의 『신기공요법(新氣功療法)』이 1980년 안후이과학기술출판사(安徽科學技術出版社)에서 간행되었다. 또한 같은 해 12월에는 잡지 『기공(氣功)』이 간행되었다. 그리고 1988년 12월에는 중국의 종합적인 월간잡지인 『인민중국(人民中國)』에서 기공 특집호가 발간되기도 했다. 사회적인 움직임으로는 1970년대 후반부터 일반 병원기구의 일부로 기공과(氣功科)가 설치되었고, 1980년대에는 기공치료 데이터가 공간(公刊)되기에 이르렀으며, 21세기에 와서 도인(기공)은 지금까지 계속 증가하여 중국사회 중요한 일익을 담당하고 있다.

[부기(付記)]

본 소논문 및 도판은 모든 선배 학자들의 이론, 그리고 저술이나 번역서 등에 힘입은 바가 크지만, 주(注)를 다는 것은 생략하였다. 덧붙여 말하자면, 비교적 도인술의 구체적인 방법을 기술한 것으로 리시씬(李士信) 저술, 팡웨이성(龐維昇), 구라하시 토시코(倉橋俊子) 번역의 『도해기공법(圖解氣功法)』1990년, 三一書房이 있다.

방중술(房中術)

— 이카이 요시오(猪飼祥夫, 침구사)

왕족의 성생활 관리에서 성교를 통해 건강을 유지한다는 사상으로 변화하였고, 마침내 장생을 염원하는 도교와 결합하게 된 그 분화의 역사를 살펴본다.

왕족을 위한 성의학

방중술이란 고대중국의 성의학을 말한다. 방중(房中)에서 '방(房)'이란 방(room)을 가리키는 것으로서, 예로부터 성행위는 방 안에서 행해졌기 때문에 방중(房中)이라 불렸고, 혹은 방내(房內)라고도 불리어 왔다.

한대(漢代) 황실의 두서목록을 분류한 것으로 알려진 『한서(漢書)·예문지(藝文志)』에는 의학의 분류목록이 있다. 그 시대 의학은 의경(醫經)·경방(經方)·방중(房中)·신선(神仙), 4개로 나뉘어 있다. 의경은 해부학과 생리학 그리고 침구치료법의 문헌류이고, 경방은 오늘날 한방약을 사용한 치료법과 식생활에 대한 문헌류, 방중은 여기서 설명할 성의학에 대한 문헌류이며, 신선은 현대 기공이나 태극권의 선조인 도인과 안마의 문헌류이다.

『한서(漢書)·예문지(藝文志)』에서 다뤘던 방중술의 문헌은, 『용성음도(容成陰道)』26권, 『무성자음도(務成子陰道)』36권, 『요순음도(堯舜陰道)』23권, 『탕반경음도(湯盤庚陰道)』20권, 『천로잡자음도(天老雜子陰道)』25권, 『천일음도(天一陰道)』24권, 『황제삼왕양양방(皇帝三王養陽方)』20권, 『삼가내방유자방(三家內房有子方)』17권으로 8가(家) 186권이다. 이 모든 문헌들은 지금 현재 완전한 형태로 전해지지 않는다.

이러한 방중술 문헌에는 고대 전설시대 황제의 이름과 선인의 이름이 드러난다. 요와 순 그리고 황제(黃帝)는 전설상의 황제(皇帝)이고, 용성공(容成公)과 무성자(務成子)는 『열선전(列仙傳)』과 『포박자』에 이름이 있는 선인(仙人)이다. 전설상의 황제와 선인이 성의학 해설자인 것은, 이들 문헌이 매우 오랜 옛날부터 구전을 통해 사용되어 온 결과임이 분명하다. 의학은 2,000년 전『한서(漢書)』시대에는 방기(方技)라고 불렸는데, 방기의 중요한 분야의 하나로 방중술이 이미 확립되어 있었다.

음도(陰道)라고 하는 것은 성행위를 가리킨다. 음(陰)이란 여성 성기의 상징이며 양(陽)은 남성을 비유하고 있다. 이 시대부터 여성 성기로 성행위를 표현했던 것으로 보이는데, 현대 일본어에서도 비슷한 어휘가 존재한다는 것도 참으로 재미있다. 양양방(養陽方)이라는 것은 남성의 기능을 증진시키는 방법이고, 유자방(有子方)은 자손을 만드는 방법이다. 음도(陰道)는 또한 접음(接陰)이라고도 한다. 이들 문헌에 드러나는 성행위는 그저 단지 성행위를 하는 것만이 아니고,

성행위를 통해서 연명장수(延命長壽)를 꾀하는 것에 목적이 있다. 이와 같은 방중술은 양성(養性)이 그 요체인 것이다.

『한서(漢書)·예문지(藝文志)』는 방중술을 이렇게 정리하고 있다. "방중(성생활)은, 생명과 애정의 극치인 것이다. 도를 완성하고자 할 때, 옛날 성왕은 밖에서의 즐거움을 제한하고, 안에서의 애정이라는 것을 적당히 금하여 절도 있게 했다. 문전(文傳)에 선왕이 즐거움[樂]을 만든 것은 모든 일에 절도가 있게 금 하기 위한 것이

라고 한다. 즐기지만 절도가 있으면 평화롭고 수명이 연장된다. 어리석은 자는 이것을 돌아보지 않기 때문에 질병이 생기고, 생명을 훼손시키는 것이다."

성의학인 방중술이 어느 시대부터 시작되었는지는 확실하지 않지만, 적어도 2,000년 전에는 상당히 고도로 발전해 있었던 것은 틀림없다. 갈홍이 썼다고 알려진 『신선전(神仙傳)』에 팽조(彭祖)의 전기(傳記)가 있다. 그는 은나라 말기에 767세였다고 하는 인물인데, 그런데도 쇠약해지지 않았다. 은나라 왕실에 채녀(采女)라고 하는 자가 있어서 왕의 명령으로 팽조에게 연년익수(延年益壽) 방법을 익히기 위해 나섰는데, 교접의 도를 알지 못하면 약을 복용하더라도 효과는 기대하기 어렵다고 하였다. 그리하여 채녀는 그 방법의 요점을 모조리 터득하여 은나라 왕에게 가르쳤다. 은나라 왕은 시험해보고 효과가 있었기 때문에 다른 사람들한테는 비밀로 하고 싶어서 팽조의

도술을 전수하는 자를 죽이고, 팽조까지도 죽이려고 했다. 이 전설은 이미 사카데 요시노부(坂出祥伸) 선생에 의해서 후세의 것임이 명백하게 밝혀졌지만, 방중술의 사고방식이 상당히 오래된 기원을 가지고 있음을 전해주는 것이다.

방중술의 기원은 산부인과와 관계가 없을 수 없다. 필자의 추론을 잠시 설명하자면, 성의학으로서 방중술은 산부인과 지식에 부수적으로 발전해온 것은 아닐까 하는 생각이 든다. 은나라 때 갑골문자에는 출산능력이 있는지 없는지의 여부라든지, 임신을 확인한다든지 출산 예정일을 정확하게 추정한다든지, 태어날 아이가 남자아이인지 여자아이인지 등에 대한 기록이 있다. 이들 기록은 성행위에 따른 결과인 출산예정일에 대해서 명확하게 밝히고 있을 뿐만 아니라, 그 계산법이 확립되어 있었다는 것을 시사한다. 아마도 궁정에서 왕의 성생활이 관리되고 기록되었던 것으로 보인다. 그리고 그 목적은 아들을 얻고자 했던 것으로 생각된다.

고고학 통계에 따르면, 기원전 13세기 말 무렵 은나라 왕인 무정(武丁)은 64명이 넘는 부인을 두었다고 한다. 『천금요방(千金要方)·양성(養性)』에서는, "황제(黃帝)는 여인 1,200명과 성교섭을 가지고서 선인이 되었다"고 말하고 있다. 황제(黃帝)와 같이 고대 전설 속에 나오는 사람은 제쳐두더라도, 64명의 부인을 상대한다는 것은 그에 상응하는 성지식이 필요했을 것이고 당시에도 이미 방중술적인 사고방식이 있었을 것으로 보인다.

『주례(周禮)·천관내소신(天官內小臣)』에 "왕의 음사음령(陰事陰令)을 담당한다"라는 구절이 있는데, 정현(鄭玄)의 주석에 따르면, "음사(陰事)란 군비(群妃), 즉 여러 왕비나 후궁들과의 성교섭을 말한다"고 되어 있다. 또한 『주례 · 천관(天官) · 구빈(九嬪)』에 "성교섭[御]을 왕의 처소에서 펼친다"는 구절이 있는데, 정현의 주석에 따르면 "왕이 마음을 편안하게 가지도록 권하고, 왕이 편안해지면 상대의 순서를 고한다. 대개 여러 왕비(群妃)와의 성교섭 방법은 한 달 동안 달의 모양 변화와 비슷하게 왕비들의 지위에 따른 교섭의 순서를 정한다. 지위가 낮은 후궁이 먼저고 지위가 높은 후궁이 나중이다. 후궁 지위에 있는 81명은 9일간 저녁에 배정한다. 궁녀 27명은 3일간 저녁에, 구빈(九嬪) 9명은 하룻밤, 3부인(婦人)은 하룻밤, 왕비는 하룻밤으로 배정한다. 이렇게 하면 15일로 한 달의 절반이다. 보름 이후부터는 반대로 한다"고 한다. 이전부터 『주례(周禮)』는 서주(西周)시대 정치제도를 설명한 것으로 알려져 왔지만, 왕의 성생활도 관리하여 기록한 것은 확실하다. 이러한 가운데 방중술이 발전해온 것으로 보인다.

『묵자(墨子)』「사과(辭過)」에서는 "오늘날 제후는 여자를 많이 축첩하고 있다. 그 때문에 세상의 많은 남자들이 독신으로서 아내가 없다. 많은 여자들이 잡혀 있어서 남편이 없다. 남녀가 적절한 혼기를 놓치고 있으니 백성의 수가 적은 것이다"라고 말하고 있는 것으로 보아, 일반 남녀의 경우는 결혼도 뜻대로 할 수 없을 정도였다. 방중술은 적어도 많은 여성과 교섭을 가지는 왕과 제후들을 위해 생겨난 것으로 그들을 위해 설파된 것이다.

한대부터 당대에는
도교와 방중술이 합체

　지금으로부터 20여 년 전에 후난(湖南)성 장샤(長沙)시 교외 마왕퇴(馬王堆)에서 한나라 시대 무덤이 하나 발견되었다. 이 무덤에는 여러 가지 부장품이 매장되었는데, 그 가운데 방중술에 관한 문헌이 있었다. 이들 문헌은 『한서·예문지』에 수록된 문헌류의 시조에 해당되는 것으로 추정되고 있다.

　『양생방(養生方)』, 『십문(十問)』, 『합음양(合陰陽)』, 『천하지도담(天下至道談)』이라는 이름이 붙은 문헌류가 방중술을 기술한 것으로, 『합음양(合陰陽)』에서 '합음양'이란 성교섭을 말한다. '합음양지방(合陰陽之方)'이라고 하는 부분에서 당시의 성교섭을 엿보고자 한다.

　확실하게 성교섭을 하는 방법은 손을 잡고, 팔을 바깥쪽으로 빼서 팔꿈치를 문지르고, 겨드랑이로 갔다가, 목에서 턱으로 올라가 볼을 쓰다듬고 키스를 한다. 목에서 목젖으로 내려가 젖꼭지를 지나 치구(恥丘; 불두덩)으로 올라가, 음부로 들어가서 교근(交筋; Clitoris)를 애무한다. 키스를 하면서 서로의 정기를 빨아들이면 시력이 쇠퇴하지 않고 천지와 함께 생존할 수 있게 된다. 교근(交筋; Clitoris)이라고 하는 것은 음부 안의 맥이 교차하는 곳이다. 그곳을 찾아서 이 부분을 만지작거리면서 자극을 주면 몸이 편안해지고 즐거워져서 좋은 기분이 된다. 서로를 원한다고 하더라도 아직 행하지 않는다. 서로 키스를 하고 서로 포옹하고서 희도(戱道)를 마음껏 즐긴다.

여기까지 개략을 풀이해 보았는데, 죽간(竹簡)에 쓰인 문장이기 때문에 명확하지 않은 곳도 많다. 이 부분은 성의학에서 말하는 전희(前戲)에 해당한다.

희도(戲道)에 대해 말하면, 첫 번째로 말하고 있는 것은 기가 얼굴로 올라가서 뜨거워지면 서서히 호흡이 가빠진다는 것이다. 두 번째 나오는 것은 유방이 단단해지고 콧등에 땀방울이 맺히는데 이때 천천히 포옹을 하라는 것이다. 세 번째는 혀가 벌어지고 매끄러워지면 서서히 달아오른다고 한다. 네 번째는 음액(陰液)이 흘러 사타구니가 젖어오면 서서히 끌어당기라고 한다. 다섯 번째로는 목이 말라 침을 삼키게 되면 천천히 움직이라고 한다. 이것을 오욕(五欲), 즉 다섯 가지 정욕의 특징이라고 말하고 있다. (이상과 같은) 특징이 모두 갖추어지면 남자의 성기를 위에서 찌르고 안으로는 넣지 않는다. 그리고 나서 그 기를 오르게 한다. 기가 오르면 깊숙이 안에 넣고, 위로 이것을 찌르고, 거기서 열을 빼내고, 그리고 다시 밑으로 이것을 되돌린다. 그 기를 오르게 하지 않으면 여자가 녹초가 되어 지친다. 그 뒤에 십동(十動)을 행하고, 십절(十節)을 맺고, 십수(十修)를 서로 나누며, 몸을 맞대고 몰두하면, 기가 종문(宗門)으로 통한다. 그래서 팔동(八動)을 보고, 오음(五音)을 듣고, 10가지 성교섭 후의 증상[十已之徵]을 수상하게 밝히라는 것이다.

희도(戲道)에 포함되는 성교섭의 어휘 '오욕(五欲)', '십동(十動)', '십절(十節)', '십수(十修)', '팔동(八動)', '오음(五音)', '십이지징(十已之徵)'은, 이 문헌과 같은 마왕퇴의 죽간에 각각을 해설한 문장이 있다. 또한 이 어휘들의 대부분은 일본 헤이안(平安)시대의 의학서인 『의심방(医心方)』 권28 「방내(房內)」에 전해진다.

『의심방(医心方)』에는 『옥방비결(玉房秘訣)』을 인용하여, "무엇으로써 여자의 쾌감을 알 수 있을까? 소녀(素女)가 말하기를 오징오욕(五徵五欲)이 있다"라고 쓰고 있다. '합음양지방(合陰陽之方)'의 '오욕(五欲)'은 『의심방(医心方)』에서 '오징(五徵)'으로서 열거되어 있는 문장에 해당한다. '십동(十動)'이란 성교섭 시의 움직임을 기술한 것이다. 『의심방(医心方)』의 '십동(十動)'과 '합음양지방(合陰陽之方)'의 '십동(十動)'과는 다르다.

'합음양지방(合陰陽之方)'의 '십동(十動)'에 해당하는 단어는 『의심방(医心方)』의 '환정(還精)'에 보인다. '십절(十節)'은 성(性)의 체위를 동물의 모양으로 이름 붙이고 있다. 상당히 변화하긴 했지만, 『의심방(医心方)』의 '구법(九法)'과 유사한 명칭이 있다. '십수(十修)'는 이 것을 올리거나 내리거나, 왼쪽으로 하거나 오른쪽으로 하거나, 빨리 하거나 서서히 하거나, 드물게 하거나 빈번하게 하거나, 얕게 하거나 깊게 하거나 하는 성교섭을 할 때의 움직임을 세밀하게 기술한다. 이 문장은 『의심방(医心方)』의 「방내(房內)」편, '화지(和志)'에서 『동현자(洞玄子)』를 인용하여 기술한 문장에 가깝다.

'팔동(八動)'은 여성의 움직임을 포착하여 여성이 바라는 것을 파악하기 위한 해설이다. '오음(五音)'은 여자의 숨소리를 관찰하여 마음의 느낌을 알고자 한다. '십이지징(十已之徵)'은 남성이 사정 후 어떤 냄새가 나는지 기술되어 있다. 적어도 10번 사정을 하지 않으면 신명(神明)이 생겨나는 경지에는 도달할 수 없다고 한다.

성교섭이 '합음양(合陰陽)'에서 말한 것처럼 언제나 완전하게 행해지는 것은 아니다. 『천하지도담(天下至道談)』에는 이렇게 기록되어 있다. "기에는 팔익(八益)이 있다. 또 칠손(七損)이라고 하는 것이 있다. 팔익을 이용하여서 칠손을 제거할 수 없다면, 즉 40세가 되어 음기(陰氣)가 반으로 줄고, 50세가 되면 기거(起居)가 쇠한다. 60세가 되면 귀와 눈이 총명하지 못하게 되고, 70세가 되면 아래는 시들고 위는 힘이 빠져 버린다. 음기를 쓰지 않으면 눈물이 흘러나와 그치지 않는다. 이 상태를 다시 왕성하게 하는 도가 있다. 칠손을 버려 그 병을 막고 팔익을 이용하여 그 기를 두 배가 되게 한다. 이러한 결과, 늙은 자는 다시 왕성해지고 왕성한 자는 쇠약해지지 않는다."

'칠손팔익'이라는 말은 대단히 유명해서, 『황제내경(黃帝內經)·소문(素問)』에서도 볼 수 있다. 이 말은 오랜 기간 그 본래의 의미를 이해할 수 없었는데, 에도(江戶) 말기에 『의심방(医心方)』이 재발견되면서, 그것이 성의학적인 어휘라는 것을 마침내 알게 되었다. 마왕퇴의 죽간에 기술된 칠손은 성교섭 때문에 질병에 걸린다든지, 과도하게 교섭을 가진다든지, 불능이 된다든지, 숨을 헐떡인다든지, 성교섭을 원하지 않게 된다든지 하는 상황을 말한다. 이러한 상황을 초래하는 방법은 잘못된 것이어서 당연히 그만두어야 한다. 이것이 칠손을 제거하는 길이다. 팔익의 내용은, 아침의 수행에서부터 음식을 통한 기의 유도, 전희할 때 흥분의 고조를 아는 방법, 성교섭할 때에 기의 억제, 억제 후 기의 축적, 그 뒤 사정할 때까지 기다려 성교섭이 끝나는 과정을 기술하고 있다. 이 과정은 성교섭을 통하여 건강을 증진시키는 데 목적을 두고 있다. 마지막으로는 "그러므로 팔익을 잘 이용하여 칠손을 제거하면 기의 눈이 총명해지고, 몸이 가벼워져서 움직이기 좋게 되고, 음기가 점점 강해져서 연년익수(延年益壽)할 수 있으며, 생활이 즐거워진다"는 결론을 도출할 수 있는 것이다.

많은 여성들과 성교섭을 지속하는 데는 두 가지 방법이 있다. 하나는 성적흥분을 불러일으켜서 몇 번이고 발기를 하는 방법과, 체력을 키워서 사정을 하지 않는 방법이다. 특히 사정하지 않은 방법이 후세 방중술의 과제가 되었다. 마왕퇴의 문헌에서는 사정하지 않는 것을 강조하고 있지 않지만, 『의심방(医心方)』에서는 사정하지 않는 방법을 '환정(還精)'이라는 말로 표현하고 있다. 사정을 하지 않음으로써 기력에 여유가 생기고 몸이 잘 움직이며 귀와 눈이 총명하게 된다. 그리고 정(精)이 머리로 돌아가서 뇌를 보충해 준다. 정(精)을 중요시하는 사상은 제(齊)나라 직하(稷下)의 황로(黃老) 학파인 송연(宋研)과 이문(伊文)의 〈중정(重精)〉에서 이미 볼 수 있다. 그들은 정(精)을 인생의 근본이며, 생명·건강·장수의 기본적 요소라고 생각하고 있었다. 당연히 쓸데없이 정력을 소모시키거나 올바르지 않은 방법으로 교합하거나 절도가 없으면 병이 된다. 『황제내경·소문』에서는 그와 같은 주의를 환기시키고 있다. 또한 여성과의 성교섭을 통해 음기(陰氣)를 얻어, 자신의 건강에 도움이 되게 하고자 하는 사상이 나타났던 것이다. 『포박자·석체(釋滯)』에 "방중의 법(法)에는 10여 남짓의 유파(流派)가 있다. 어떤 것은 손상을 보충하여 도와준다 하고, 어떤 것은 많은 병을 고친다 하고, 어떤 것은 음기를 취해서 양기를 늘린다 하며, 어떤 것은 증년익수(增年益壽)하고자 한다. 그 중 가장 중요한 것은 환정보뇌(還精補腦)라고 하는 한 가지 일에 있다"고 기술되어 있다.

한대(漢代)로부터 당(唐)대에 이르는 시기는 방중술이 도교와 가장 밀접했던 시기이다. 후한시대 형성된 도교는 이미 신선장생 사상을 내재하고 있었기 때문에 양생치신(養生治身)의 방중술과 합체하는 것은 용이하였다. 장릉(張陵)이 사천(四川)에서 일으킨 오두미도(五斗米道)는 황로의 붉은 부적으로 장생을 익히고, 행기·도인·방중의 방법을 가르쳤다고 한다. 병에 걸렸을 때는 현녀소녀(玄女素女)의 방법을 채취하여 치료했다. 북주(北周)의 승려 견란(甄鸞)의『소도론(笑道論)』에 "우선 내가 가르침을 받은 것은 황서(黃書)에서 말하는 합기, 즉 3×5, 즉 15회, 7×9, 곧 63회 시행하는 남녀교접술이다. 눈과 눈, 쌍방의 혀를 마주하여 단전에서 행도(行道)한다. 수행에 진전이 있게 된 자는 재난을 피할 수 있고 수명이 연장됨이 마땅하다. 남편에게 부인을 바꾸도록 가르치며 오직 색욕만을 생각하게 하는 것이 그 시작이다. 이비와 형이 서 있는 앞에서도 부끄러움을 알지 못한다. 이것을 자칭하여 중기진술(中氣眞術)이라고 말한다. 오늘날의 도사도 늘 이 방법을 행하여 도를 구하고 있다"고 나와 있기 때문에 행기도인과 방중술이 결합되어 있는 것이라고 볼 수 있다.

후한(後漢)의 환제(桓帝) 무렵 사람인 위백양(魏伯陽)은 연단(煉丹)의 시조라고 할 만한 사람이다. 그의 저작인『주역참동계(周易參同契)』에는 방중술이 은유를 통해 기술되어 있다.『주역참동계(周易參同契)』는 주역(周易)과 황로(黃老)와 노화(爐火), 이 세 가지를 모아서 역의 이론으로 설명한 것이라고 한다. 내단의 각도에서 보자면, 건곤(乾坤)이 두 괘를 '정기(鼎器)'에 비유하고, 감리(坎離)를 '부부(夫婦)'에 비유하며, 원정(元精)을 '난기(丹基)'에 비유하고, 효상(爻象)의 변화를 '화후(火候)'에 비유하고 있다. 그러나 건곤은 남녀의 상징이며, 정기(鼎器)라고 하는 것은 세발솥을 말하는데 여성의 성기를 뜻하는 은어이고, 원정(元精)이라고 하는 것은 성액을 가리키는 것으로 이것이 내단의 기초가 되는 것이라고 생각되었던 것이다. 효상(爻象)의 변화는 성교섭의 변화에 대한 은유로 보이는 것이다. 내단에서는 채약(採藥)이라는 말이 자주 쓰이는데, 이것은 여성이 성적 만족을 충분히 얻은 후에 성기에서 분출한 기를 채취하는 방법이다. 내단의 사상에는 환정보뇌(還精補腦)라고 하는 사고방식이 깊게 관련되어 있다는 생각이 드는데, 아직까지 명확하게 밝혀지지 않았다.

삼국시대 조조(曹操)는 양성법(養性法)을 좋아했다고 한다. 그는 많은 방사들을 허창(許昌)으로 초청했다. 그 중에 방중가(房中家)인 감시(甘始)·동곽연년(東郭延年)·봉군달(封君達)·좌원방(左元放)·냉수광(冷壽光) 등의 인물이 있었다.

『후한서·방술전』에 따르면 "감시·동곽연년·봉군달 세 사람은 모두 방사(方士)이다. 대체로 이들은 모두 용성(容成)의 '어부인(御婦人)의 방술(方術)'을 자주 행하였다. 어떤 자는 오줌을 마시고, 어떤 자는 물구나무서기를 하고, 정기(精氣)를 애호하며, 황당무계한 것을 보거나 말하거나 하지는 않는다"라고 한다. 냉수광(冷壽光)도 용성(容成)의 어부인(御婦人)의 방술을 행했다고 한다. '어(御)'라는 것은 성교섭을 말하는 것으로 용성의 어부인의 방술이란 『한서·예문지』의 『용성음도(容成陰道)』26권이라는 문헌과 같은 것이다. 또한 『박물지(博物志)』에서도 "감시(甘 始)·좌원방(左元放)·동곽연년(東郭延年)은 용성의 어부인의 방술을 행하였다"고 말하고 있다. 특히 좌원방은 좌자(左慈)를 말하는데, 건안(建安)의 귀족들에게 인기가 많았던 도사였다. 좌자는 갈홍·도홍경에게로 이어지는 인물이며, 도교 사상에 영향이 매우 컸다.

마왕퇴에 있는 한묘(漢墓)의 방중술 문헌은 『의심방(医心方)』에서

416

『옥방비결(玉房秘訣)』,『동현자(洞玄子)』등을 인용하는 것 안에 전해지고 있다.『옥방비결(玉房秘訣)』은 양(梁)나라 충화자(冲和子)의 저작으로 알려졌는데 그 내용 중에 '소녀왈(素女曰)'이라고 하는 글은『소녀경(素女經)』을 말한다.『소녀경(素女經)』은 또『현녀경(玄女經)』이라고도 불렸다.『수서(隨書)·경적지(經籍志)』에는『소녀비도경(素女秘道經)』1권과 그리고『현녀경(玄女經)』이 있고, 이어서『소녀방(素女方)』1권 있는 것이 이에 해당한다.

소녀(素女)가 방중술의 전문가라고 하는 전승은 진부하다. 후한 사람 왕충의『논형(論衡)』에「명의(命義)」편에 소녀가 황제에게 어녀(御女)의 법을 설명했다고 하는 이야기가 있고,『한무고사(漢武故事)』와 후한 사람 장형(張衡)의 작품으로 알려진『동성가(同聲歌)』에 소녀(素女)의 이야기가 있다.『의심방(医心方)』은『옥방비결(玉房秘訣)』을 인용하여 '소녀왈(素女曰)'로 시작하기 때문에 이 글이『소녀경(素女經)』에서 인용된 것은 분명하다. 마왕퇴 한묘의 의서류(醫書類)에 나오는 칠손팔익에는 소녀(素女)의 전승이 없기 때문에『소녀경(素女經)』이 성립한 것은 그 후의 일일 것이다. 그리고 진(晋)나라 갈홍의『포박자(抱朴子)』에『소녀경(素女經)』이라는 명칭이 있는 것으로 볼 때, 이 시기에는 이미 성립되어 있었던 것으로 보인다.

도홍경(陶弘景)의 찬술이라고 전해지는『양성연명록(養性延命錄)』에는『팽조경(彭祖經)』을 많이 인용하고 있다.『포박자(抱朴子)·미지(微旨)』에는 "팽조의 법은 가장 중요한 것이다"라고 기술하고 있다.『의심방(医心方)』의『옥방비결(玉房秘訣)』에도 '팽조왈(彭祖曰)'이라고 하여 인용되고 있다. 한나라에서 당나라에 이르는 시대에 방중술은 용성·소녀·팽조의 전설이 주요한 중심이있다고 생각된나,

성교섭을 할 때에 성적흥분을 일으켜 여러 번 발기를 하는 방법도 중요한 방중술의 기술이다. 『폐추제여담(敝帚齊餘談)』에서 춘화(春畵)는 한나라 광천왕(廣川王)이 방 안에서 남녀교접도를 그리게 했을 때 시작되었다고 한다. 제나라 후폐제(後廢帝)의 반비(潘妃)도 궁전 벽에 외설스러운 남녀의 모습을 그리게 했다. 수나라 양제(煬帝)도 동(銅)으로 된 벽에 춘화를 부조로 표현하게 했다. 당나라 고종(高宗)은 거울로 된 방을 만들었는데, 그 후 그곳을 측천무후(則天武后)가 음사(淫事)에 이용하였다고 한다.

앞에서 기술한 한대(漢代)의 『동성가(同聲歌)』에도 소녀(素女)의 춘화가 있었다는 사실을 전하고 있으므로, 일찍이 오래 전부터 이러한 것들이 이용되어 왔음을 알 수 있다. 또한 프랑스의 페리오(Pelio)가 가져간 돈황(敦煌)의 문헌에도 춘화가 포함되었다고 하는 걸 보면 상당히 널리 이러한 그림이 이용되었을 것으로 추측된다.

춘화뿐만 아니라 성교섭시 체위에 대해서도 다양한 탐구가 있었다. 『의심방(医心方)』에는 '구법(九法)', '삼십법(三十法)' 등이 설명되어 있다. '구법(九法)'은 『현녀경(玄女經)』에서 인용되는데, 용번(龍翻), 호보(虎步), 원박(猿搏), 선부(蟬附), 구등(龜騰), 봉상(鳳翔), 토완(兎玩), 어접(魚接), 학교(鶴交) 등의 체위이다.

예를 들면, 호보(虎步)에 대해서 "여자를 엎드리게 하여, 엉덩이는 들어올리고 머리는 숙이게 한다. 남자는 뒤에서 무릎을 꿇고 여자의 배를 껴안은 자세에서 옥경(玉莖)을 안으로 넣어 깊숙한 곳까지 찔러 넣고는 깊고 은밀하게 앞뒤로 움직이는데 집중하면서 40번 행한다. 그때마다 저절로 여성의 성기는 닫혔다가 팽팽해졌다가 하면서 정액이 밖으로 흘러넘치면 끝내고 쉰다. 그리하면 병에 걸리지 않고 남자는 더욱 더 건강해진다"고 기술되어 있다. 이 체위는 마치 호랑이가 걸어가는 모습을 연상시킨다. '삼십법(三十法)'에는 실행이 불가능한 체위도 있다.

약물 또한 방중술의 중요한 도구이다. 『의심방(医心方)』에 인용된 『동현자(洞玄子)』에는 '독계산(禿鷄散)'이라는 약에 대한 이야기가 나온다. 촉(蜀)나라 태수인 여경대(呂敬大)라고 하는 사람이 이 약을 마시고 70세가 되어 세 명의 아들을 얻었다. 그런데 부인은 병치레가 잦은 사람이어서 옥문(玉門) 속이 쑤시고 아파 앉아 있기도 힘들었기 때문에 이 약을 정원에 버렸는데, 수탉이 이것을 먹고는 갑자기 암탉 위로 올라타 매일매일 등에서 내려오지 않고 암탉의 머리를 부리로 쪼아서 대머리가 되어버렸다. 그래서 이 처방을 '독계산(禿鷄散)'이라고 부르게 되었다고 한다. 내복약뿐만 아니라 외용약도 발명되었다. 성(性)의 약에 대한 신앙은 지금까지도 건재하다. 또한 성교섭에 따른 질병의 치료에도 약물은 이용되었다.

당나라 때 의사이며 도교의 진인(眞人)인 손사막(孫思邈)이 쓴 『천금요방(千金要方)·방중보익(房中補益)』에는 방중술의 의의가 다음과 같이 정리되어 있다. "사람 중에 40세 이하인 자는 방자하게 행동하는 이가 많다. 40세 이상인 자는 곧 기력이 일시적으로 쇠퇴한 것을 느끼며, 쇠퇴함이 이미 극에 달하면 많은 질병이 잇달아 발생하고, 이를 방치하고 치료하지 않으면 종국에는 구할 방도가 없게 된다. 그래서 팽조는 사람으로 사람을 치유한다는 것은 참된 진신을 따르는 것이라고 말하고 있다. 그러므로 나이가 40세가 되면 보통은 방중술을 알고 있어야 한다. 그렇지만 방중술의 길은 매우 가까이에 있는 것임에도 사람들은 잘 행하지를 못하고 있다. 그 방법은 하루 밤

에 10여자와 성교섭을 하더라도 사정하지 않고, 굳게 닫고 있는 것일
뿐이다"라고 한다. 필자는 팽조의 의견에 대단히 동의하고 있다.

도교와 쾌락의
두 방향으로의 분화

　당에서 송이 되자 조금씩 방중술에 변화가 생기기 시작한다. 그리
고 전 시대 때 사용되었던 성의학 문헌이 점점 전수되지 않아, 정확
한 이해를 하기 어려워졌다. 방중술에서 보이는 두 가지 국면은, 송
대 이후 점차적으로 성의학과는 멀어져만 가고 있었다. 내단(內丹)을
중심으로 한 도교사상과 춘화나 성구(性具), 성욕을 일으키게 하는
미약(媚藥)을 중심으로 한 열락의 방향으로 분화했던 것이다.
　춘화의 경우, 북송에서는 화원의 화가들이 그린 〈춘궁화(春宮畵)〉
라고 하는 것이 나타난다. 이것은 황제의 성적 쾌락을 위해서 그려진
것이다. 일반적으로 춘궁비희도(春宮秘戱圖)라고 불리었다. 춘궁화
는 성의 안내서로 송나라 궁정의 지체 높은 공자(公子)나 귀인(貴人)
들이 사용하였다. 그들은 또한 도사들로부터 성교의 기술을 배우고
있었다. 그러나 유교의 윤리관이 사회에 널리 퍼지기 시작하자, 이와
같은 행위에 비판적인 의견이 많이 나오게 되었다. 송학(宋學)이 등
장하고 나서는 점차 그러한 경향이 강해졌다.
　그림뿐만 아니라 문학 분야에서도 성을 즐기는 자들이 나타났다.
당대 유명한 시인 백거이(白居易)의 동생 백행간(白行簡)의 『천지음
양교환대락부(天地陰陽交歡大樂賦)』는 돈황(敦煌)에서 발견된 성교

학이다. 이 부(賦)에도 "소녀(素女)의 책을 읽고, 요에 그려진 그림을 본다"고 나와 있는데, 오늘날의 음란서적과 같은 것이 있었다는 것을 알 수 있다.

성교섭이 쾌락의 경향을 강하게 가지게 된 것은, 당나라 이후 기원(妓院)이라고 불리는 사창가의 발전과 관계가 없다고 할 수 없다. 그 안에서 이야기되는 것과 행위가 새로운 성문화를 만들어냈다. 세속의 설화로부터 이야기책이 만들어지고, 원나라 잡극(雜劇)의 발전과 더불어 명대에 이르러 본격적인 소설이 출현했다. 그 중에서도 명나라 『금병매(金瓶梅)』와 『육포단(肉蒲團)』은 성문학으로 유명하다. 『주림야사(株林野史)』 등도 청대에 수차례나 금서(禁書)로 발매 금지되었던 책이었는데, 거기에는 이전의 방중술적인 요소는 없어졌다. 청대가 되면서 더욱 엄격한 유교윤리가 요구되면서 성문학도 점차 사람들 눈에 띄지 않는 곳으로 사라졌다. 그 가운데서 『화영금진(花營錦陣)』은 오늘날까지 전해진 드문 예이다.

중국 근세의 방중술을 특징짓는 기이한 관습으로 전족(纏足)이 있다. 전족은 5대와 송대에 시작된다. 여성의 발을 기형이 될 정도로 단단하게 조여서 무리하게 작은 발을 만들어내는 습관이다. 이 습관이 널리 퍼지자 작은 발이 미의 기준이 되어 성적으로도 쾌감이 증가한다는 전설이 지배했다. 의학적으로는 뼈에 이상이 생기고 지혈로 인한 괴사를 초래해 매우 위험한 습관이다.

성구(性具)도 음경 모양이 자위기구니 둥근 옥구슬이 사용되었다. 음경 모양의 자위기구는 이미 오래 전부터 사용되어 왔는데, 면령(緬鈴)이라고 불리는 둥근 옥구슬은 면전(緬甸;지금의 미얀마)에서 전래되었다고 알려져 있다. 현우환(懸玉環)은 발기한 음경에 끼워서 사용하기 때문에 일본에서는 둥근 원 혹은 반원통형이라고 불리는 것들에 해당한다. 성구 외에도 미약(媚藥; 최음제)이 다양하게 발명되었는데, 그 대부분은 이제는 내용을 알 수 없게 되었다. 개빈환(開牝丸)이라고 하는 여성을 흥분되게 하는 약이라든지 긴빈환(緊牝丸)이라고 하는 처녀처럼 만드는 약이 있었다고 하는데, 지금은 명확하지 않다. 다만 의학 분야에서는 음위(陰萎), 즉 발기불능을 치료한다던가, 여성의 성교섭 시 생기는 질병을 치료하는 것은 행해졌지만 순수 성의학을 논하는 것은 점차 줄어들었다.

내단(內丹)이란 단약(丹藥)을 안에서 단련해서 불노장생을 꾀하는 것이라고 이해된다. 특히 전진교(全眞敎)의 남파(南派)에 의해서 내단이론이 완성되었다. 내단에 대해서는 별도항목으로 논할 것이므로 여기서는 생략하겠지만, 필자는 방중술을 내단의 관점으로 보지 않으면 이해하기가 어렵다고 생각한다. 예를 들면 장백단(張伯端)의 『금단사백자(金丹四百字)』에는 다음과 같은 기술이 있다.

남성의 정지(精脂; 정액)와 여성의 음수(陰髓; 애액)가 서로 엉겨 붙어서 여성의 성기 속으로 돌아와서 변화하여 넘쳐흐르는 물이 된다. 그러면 기가 막히게 좋은 약물이 그 어두컴컴한 구멍에서 생겨나고, 성교섭에서 양(陽)의 정(精)이 화로에 방출되면 용과 호랑이인 남녀의 행위를 멈추고, 그때 자궁에 현주(玄珠)와 같은 아기가 생겨난다. 이 구멍은 보통 구멍이 아니다. 남자와 여자가 함께 만들어낸 것으로 신기한 구멍이라고 부르고, 그 속에는 남녀의 정기가 있다.

이와 같은 이해는 종래 주석과 본질적으로 다르다는 것을 필자도 알고 있지만, 내단의 중요한 언어는 구전으로만 전해져 왔다는 것이나 필사할 때 매우 신중하게 취급하게 한 것으로 보면, 문자만으로 이해하는 것은 불가능해 보인다. 장백단의『오진편(悟眞篇)』은『주역참동계(周易參同契)』를 계승하는 내단서로 알려졌지만, 이 책도 이같은 해석을 포함시키지 않는다는 것이 완전히 이해되지는 않는다.

내단은 천단(天丹)·인단(人丹)·지단(地丹)으로 나뉘어져서, 인단은 남녀의 성행위로 얻어지는 단이다. 인단을 얻는 방법을 '재접법(栽接法)'이라고 한다. 전진교(全眞敎) 중에서도 북파는 청정(淸淨)을 주체로 하고 있기 때문에 재접법은 행하지 않는다. 재접법 경전이라고 생각되는 것은『현미심인(玄微心印)』,『삼봉단결(三峯丹訣)』,『금단진전(金丹眞傳)』,『증도일관진기(証道一貫眞機)』,『방호외사(方壺外史)』 등이 있다.『순양연정부우제군기제진경(純陽演正孚祐帝君旣濟眞經)』,『수진연의(修眞演義)』는 특히 재접법(栽接法)을 위한 경전류이다. 명나라 만력(萬曆) 연간에 등장한『수진연의(修眞演義)』는 세발솥을 여성의 성기라 했고, 흑연(黑鉛)을 성기에서 나오는 약물이라 했으며, 수화기제(水火旣濟)를 남녀 성교섭으로 해석하고 있다. 이와 같이 내단설에 따른 방중술 기법이 명청(明淸)에 이르러서도 비밀리에 일부가 전해져, 현재까지 그 기법이 전해지고 있다.

여단(女丹)

— 황웨이(黃瑋, 리츠메이칸대학 비상근강사)

여선(女仙)이 된다는 것을 믿으며 실천했던
여도사(女道士)들의 장생술(長生術), 그 수련법을 밝힌다.

한(漢)대까지 거슬러 올라가는
여단의 기원

여단(女丹)이란 도교의 양생이론에 의해 산출된 여성전문, 여성단독의 장생술을 말한다. 역사문헌을 살펴보면 한(漢)대의 장미자(張微子), 왕묘상(王妙想), 위진남북조 시대의 위화존부인(魏華存夫人), 전진인(錢眞人), 수, 당시대의 구부인(瞿夫人), 설원동(薛元同), 사자연(謝自然), 송, 금시대의 장선고(張仙姑), 손불이(孫不二), 견선고(甄仙姑), 명·청시대의 초고(焦姑), 손한화(孫寒華) 등의 여도사(女道士)가 체내 수련법을 행했다는 것을 알 수 있다. 현존하는 여단 전문서는 전부 20여 종류 있는데, 그 중 중요한 것은 다음과 같다. 손불이[孫不二; 마단양(馬丹陽)의 부인]의 『손불이원군법어(孫不二元君法語)』, 청대 말의 가룡양(賀龍驤)의 『여단합편(女丹合編)』17종류의 여단서 수록 등이 있다. 이 외에 『도원정미가(道源精微歌)』, 『여공정법(女功正法)』, 『서왕모여수정도십칙(西王母女修正途十則)』, 「니환이조사여종쌍수보벌(泥丸李祖師女宗雙修寶筏)』이라는 문헌도 있다.

이 글에서는 『여단합편(女丹合編)』에 수록된 『호천성과여단십칙(壺天性果女丹十則)』의 예를 들어 여단의 수련법을 전체적으로 고찰해 보고자 한다.

수련에 전념하면
여선(女仙)이 된다

『호천성과여단십칙(壺天性果女丹十則)』리위엔궈(李元國)에 의하면 청대의 문헌인 듯하다은 상세하고 체계적으로 여단의 수련법을 십칙(十則)으로 나누어 논술하고 있다.

제1칙, 양진화기(養眞化氣)
― 진(眞)을 길러 기(氣)로 변화시킨다.

여기에서는 우선 남녀 양성의 생리의 차이로 인해 그 수련법이 근본적으로 다르다는 사실이 강조된다. 다시 말해, 남성은 양(陽)의 몸[體]에 속하므로 먼저 '본원[本元; 생명의 근원, 원기(元氣)]'을 연마하고 그 후에 '형질(形質; 인간의 형체와 기질)'을 연마한다. 이와 달리 여성은 음(陰)의 몸[體]이므로 먼저 '형질'을 연마한 후에 '본원'을 연마한다. 그 구체적인 방법을 열거하면, 남성은 '백호[白虎; 남성의 정액(精液)]'를 항복(降伏)시켜 기로 변하게 히여 아동(兒童)의 신제

로 만든다. 여성은 '적룡(赤龍)'을 참
(斬)하여(월경을 멈추게 해서) 기로 변
화시켜 남성의 신체로 변화시킨다. 이
단계에 도달하면 남성의 경우는 이어
서 기(氣)를 신(神)으로 변화시키고 신
(神)을 허(虛)로 변화시키는 수련에 들
어간다. 여성의 경우는 기(氣)를 신(神)으로 변화시키는 것은 동일하
나 신(神)을 허(虛)로 변화시키는 단계가 없다.

여성의 '적룡(赤龍)'을 참하기 위한 구체적인 수련법은 다음과 같
다. 정좌(靜坐)하고 잠시 단중(膻中; 兩乳房 중간 지점)에서 존사(存
思)하고 마음을 고교하게 보존하고 있으면 한 줄기의 맑은 기[淸氣]
가 자궁으로부터 위로 솟아올라 순식간에 두부(頭部; 머리 부위)의
니환(泥丸)에 도달하는 것을 느낄 수 있다. 이때, 고요하게 마음속으
로 그 기를 니환으로부터 아래로 도인(導引; 이끌려 내려감)하여 목
구멍을 통과한 후 다시 단중(膻中)으로 되돌아가게 한다. 그런 다음
다시 단중을 존사(存思)한다. 계속해서 자궁으로부터 청기(淸氣)가
올라가지 않을 때까지 연공(練功; 수련)한다. 이와 같이 4, 5일간 계
속 하게 되면 혈(血; 피)을 기(氣)로 변화시킬 수 있게 된다.

제2칙, 구전연형(九轉煉形)

— 기를 9회 순환시켜 신체를 연마한다.

긴장을 풀고 정좌한 뒤 입안에 타액이 가득 고일 때까지 혀를 움직
인다. 옥액(玉液; 타액을 말한다)을 꿀꺽꿀꺽 목구멍으로 삼켜 내려
보낸다. 단중(膻中), 황방[黃房; 중단전(中丹田)을 말한다]을 거쳐

자궁의 혈해[血海; 하단전(下丹田)]로 들여보낸다. 잠시 동안 그곳을 존사하고 나서 다시 그 액기(液氣)를 미려(尾閭; 꼬리뼈 근처)로 옮기고 등뼈를 지나 니환까지 유도한다. 다시 니환으로부터 아래로 옮겨 그것이 단중에서 멈추게 한다. 그 액을 기화(氣化)시키기 위해 단중을 존사한다. 이와 같이 한 차례 연습하는 것을 일전(一轉; 한바퀴 돎)이라고 한다. 또한 3전(三轉)을 1회로 삼는다. 1회를 마치면 양손으로 양 유방을 천천히 36회 돌리며 마사지한 후 가볍게 들어올려 단중에 모으고 의념(생각)을 통해 기를 자궁의 혈해까지 유도한다. 이상의 과정을 3회 행하면 구전연형(九轉煉形)이 완성된다.

제3칙, 운용화부(運用火符)

― 불을 가감(加減)하여 운용(運用)한다.

만약 자궁의 혈해(血海)로부터 한 줄기의 맑은 기가 단중에서 솟아오르고 있는 것을 감지하면 그대로 이전의 수련법에 따라 연공(練功)한다. 이렇게 하면 이러한 청기(清氣; 맑은 기)가 다시 자궁의 혈해로 되돌아간다. 이때 중단전을 확실히 의수(意守; 마음으로 지킴)하면 청기(清氣)가 자연스럽게 미려(尾閭)를 통하여 빠져나가 등뼈를 따라 니환에 도달하여 옥액(침)으로 변화한다. 다시 이것을 의념(意念: 생각)하면서 중루(中樓; 목구멍을 말함)를 통과시켜 단중까지 유도한다. 잠시 동안 그 기가 분산되지 않도록 존사(存思)한다.

제4칙, 묵운태식(默運胎息)

― 고요하게 태식(胎息)을 다룬다.

만약 여성이 수련 중에 중단전만 사용하여 체내 호흡을 하고 그 호흡이 입과 코로 호흡하는 것처럼 자유롭고 막히는 일 없이 행할 수 있으면, 저절로 한 호흡, 한 호흡을 근[根; 뿌리, 황방(黃房)인 중단전을 말한다]으로 돌려보낼 수 있다. 그와 같이 호흡을 해나가면 서서히 코와 입으로 행하는 호흡과 다르다는 것을 알 수 있게 된다. 1개월 정도 계속하면 태식을 완전히 습득할 수 있다.

제5칙, 광립공행(廣立功行)
ㅡ 널리 도덕을 쌓는다.

여기에서는 주로 도덕적 수양의 필요성을 기술하고 있다. 예를 들면 시아버지와 시어머니에게 효도할 것, 순수한 마음으로 사람을 대할 것, 가난한 사람이나 연로한 사람에게 동정의 마음을 가질 것, 언어를 삼갈 것, 스승을 존경할 것 등등의 도덕 범주에 속하는 사항들을 구체적으로 기술하고 있다. 더욱이 이러한 마음의 수행은 신체의 수련과 동등하게 중요하다는 것을 강조하고 있다.

제6칙, 지견행지(志堅行持)
ㅡ 의지를 견고하게 수행하여 끝까지 오래 지속한다.

이 규칙에서는 육계(六戒)를 세우고 도덕수양을 행하는 것의 중요성을 여러 번 설하고 있다.

제7칙, 조양원신(調養元神)
ㅡ 원신(元神)을 조절하고 기른다.

여기에 도달하면 여단수련의 높은 차원의 단계에 들어가는 셈이 된다. 그때 수련자의 심성은 이미 순수하고 맑아져서 어떠한 유혹에도 움직이지 않고 신(神)이 이미 '입정(入定)'하게 된다. 입정(入定)이란 본래 불교의 용어로서 정신을 고도로 집중시킴으로써 일체의 외부 자극에 대해 무반응이 되는 상태를 가리킨다. 언어로는 표현하기 어려운, 정신집중의 가장 훌륭한 경지에 들어가 있는 셈이다. 장시간 입정하면 마치 죽은 사람과 같이 움직이지 않고, 지껄이지 않으며, 먹지 않아도 배고프지 않는 상태가 된다. 그때에 다른 사람에게 간호를 받을 필요가 있다. 입정한 사람의 코에 미세한 숨이 느껴지거나 신광(神光; 신령스러운 몸에서 발하는 빛)이 어느 정도 나타나면 슬슬 목소리를 내어 이야기를 걸어도 좋다.

제8칙, 이신출각(移神出殼)

— 체내 밖으로 신(神)을 옮겨 나가게 한다.

원신(元神)을 조양(調養; 조절하고 기름)하여 입정의 경지에 도달하면 드디어 원신을 오랫동안 체내에 머물게 할 필요가 없다. 빨리 체외로 빠져나가게 하지 않으면 안 된다. 밖으로 나간 원신은 동적(動的)이므로 '일신(逸神)의 법(法)', 즉 원신을 자유자재로 움직이는 법을 사용하여 한층 더 수련을 쌓기를 거듭해야만 한다.

제9칙 대도비승(待度飛昇)

탈(度脫; 세속의 차원을 벗어나니 깨달음의 경지에 이름)을 기다려 승천한다.

상성(上聖; 높은 경지에 도달한 신선)이 도탈시켜줄 때까지 기다리면서 계속해서 덕을 쌓으며 지선시업을 베풀고, 밎으러 오면 비로소 승천한다.

제10칙, 요도성진(了道成眞)

— 도를 완성하여 여선(女仙)이 된다.

뜻을 세우고 마음을 전일(專一)하게 하여 수련하면, 반드시 도를 완성하여 여선이 될 수 있다. 그렇게 되면 생사와 천지의 조화 등을 모두 자신이 파악하고 천지와 더불어 오래 존재할 수 있다.

이상, 『호천성과여단십칙』을 요약하여 간단히 소개하였다. 이 책은 여단의 진수를 알기 쉽게 논술하고 있으므로 여단 연구자에게 좋은 참고가 될 것이다.

【주요 참고문헌】

『女丹合編選注』, 邱小波, 蔣紅 共編, 上海飜譯出版社, 1991년

『道敎氣功養生學』, 李遠國 著, 四川省社會科學院出版社, 1988년.

Immortelles de la Chine ancienne, Cathenine Despeux, Padés, 1990.

연금술(鍊金術)

— 사카데 요시노부(阪出祥伸 , 간사이대학교 교수)

불노불사의 묘약으로서 진귀하게 여겼던 금(金).

희소한 천연의 금의 대용품으로 사용되었던 것이 합금기술에 의해 얻어진 금단(金丹)이었다. 도교에서 연단술(煉丹術)이 달발한 배경과 그 기술을 탐구한다.

연단술(煉丹術)은 도교의 중요한 수행법의 하나이며 이른바 내단(內丹), 외단(外丹)을 아울러 말하는 것이다. 내단, 외단 모두 불노장생 혹은 불사연명(不死延命)의 달성, 다시 말해 신선이 되는 것을 목적으로 하는데, 그것은 황금의 복용에 의해 달성되는 것이다. 단, 내단의 경우, 황금이 체내의 배꼽 아래 세치(三寸; 세 마디)인 하단전(下丹田)이라고 하는 부위에 다양한 내단 수련에 의해 연성(鍊成)되는 것이다. 앞의 근《존사·내단》참조.

이단의 경우, 천연에서 산출되는 황금이, 중국에시는 사금(砂金)이 산금(山金; 다른 광물과 혼재)뿐이며 게다가 소량밖에 얻을 수 없기 때문에, 주로 수은(水銀)과 다른 금속을 소성(燒成; 불로 기열하여 만듬)시켜 합금(amalgam)을 만드는 방법이 사용되었다. 그 주요

수은제련도(水銀製鍊圖)
『천공개물(天工開物)』에서

원료가 단사(丹砂), 즉 유화수은(硫化水銀)이기 때문에 중국의 연금술은 연단술(煉丹術)이라 불린다. 또는 후세, 동진(東晋) 시대의 도사인 갈홍(葛洪)의 『포박자(抱朴子)』에 "무릇 장생을 가능하게 하는 선방(仙方; 신선의 방술)은 오직 금단뿐[夫長生仙方, 則唯有金丹]" 「지진(地眞)」편 이라고 하여 금단을 불노장생법 가운데에서 가장 중시하고 있는 것에서 알 수 있듯이, 단사(丹砂)로 만들어진 합금을 금단이라고 불렀다. 또한 그것을 연성(鍊成)하는 기술이라는 점에서 금단도(金丹道)라고도 부른다.

유럽에서는 예로부터 연금술이라고 하는 것이 있다. 그것은 알케미(Alchemy)라고 부르며 근대 화학(Chemistry)의 모태가 된 것이다. 'Alchemy'의 어원을 살펴보면, 'Al'이 아라비아어의 정관사이며 'chemy'는 고대 이집트를 의미하는 'Khem(검은 흙)'에서 유래했다는 것이 지금까지 거의 정설로 여겨지고 있다.

그런데 근년, 중국 과학기술사의 세계적 권위자인 영국의 조셉 니덤(Joseph Needham)은 중국어 '금액(金液; 액화된 금. 이것을 마시면 선인이 될 수 있다는 이야기를 『포박자』에서 볼 수 있다)의 고대음인 Kimmi에서 유래한 것이 아닌가 하는 새로운 학설을 제창했다. 물론 이것은 중국의 연금술이 아라비아를 경유해서 유럽으로 전해졌다

432

는 것을 전제로 한 것이다. 이와 같은 추측이 어느 정도의 확증을 가지고 주장하는지는 알 수 없지만, 중세 유럽의 연금술과 앞으로 설명할 중국의 연단술과의 사이에 상당한 근사성이 인정된다는 점은 현명한 독자들이라면 이해할 수 있을 것이다.

『사서(史書)』에 나오는
불사의 약

중국의 연단술(煉丹術)의 가장 큰 특징은 영원한 생명의 획득, 다시 말하면 불노불사이며, 그것의 실현자인 신선이 되는 것이다. 그러나 '불사의 약', '불사의 길[道]'이 문헌에 등장하게 된 것은, 전국시대 후반기부터이다. 예를 들면,『한비자(韓非子)』에는 어떤 사람이 불사의 약을 형왕(荊王)에게 헌상했다고 하고, 연왕(燕王)에게 불사의 길을 가르치려 했던 식객(食客)이 있었다고 기록되어 있다.『사기(史記)』「봉선서(封禪書)」에는 역시 전국시대 후반기의 전설로 전해지는 것으로서, 발해(勃海)에는 봉래(蓬萊)·방장(方丈)·영주(瀛州)에 삼신선이 있는데, 그곳에는 많은 선인들이 머물고 불사의 약이 있으며, 황금이나 은으로 만들어진 건물이 있다고 기록되어 있다. 시대가 지나 진시황제가 천하를 통일하자, 그 역시 동해의 신선을 동경하여 서불(徐市)이나 한중(韓終) 등 방사의 말에 현혹되어 불사의 약을 구하러 그들을 파견했지만, 모두 실패로 끝났다.

앞에서 언급한 기록에 나오는 '불사의 약'은 여기에서 다루고자 하는 단약은 아닌 것 같다. 당시에는 식물성 약이 아니었을까 추측돼다. 구체적으로는 '지초(芝草)'라고 불리는 것이다. 예를 들어, 방사(方士)인 노생(盧生)은 진시황제에게 불사의 약의 탁월한 효험을 설명하면서, "'우리는 지초(芝草)와 기약(奇藥; 효과가 신기한 약), 선인을 찾고 있습니다만, 지금까지 만난 적이 없습니다. 귀신이 방해하고 있는 것 같사옵니다"라고 말했다. '지(芝)'라고 하는 것이 오늘날의 영지(靈芝; 말굽버섯)를 말하는 것인지는 확실하지 않지만 아마 버섯류 정도로 보인다. 유향(劉向)의 『열선전(列仙傳)』에는 지초(芝草)를 먹고서 70세까지 살았던 녹피공(鹿皮公) 이야기라든가, 심지어 하나라 때부터 은나라 말기까지 800여 세 장수를 누렸다고 하는 팽조의 전기가 실려 있다.

그런데 한나라 초기 무제(武帝)시대(재위, BC 141년~BC 88년)가 되자, 불사의 약은 단사(丹砂)를 변화시켜서 만든 황금으로 등장한다. 『사기(史記)』「봉선서(封禪書)」는 방사·이소군(李少君)이 무제에게 바친 상소문을 다음과 같이 기록하고 있다.

부뚜막에 제사를 지내면 귀신을 불러들일 수 있습니다. 귀신을 불러들이면 단사(丹砂)를 황금으로 변화시킬 수 있습니다. 황금이 만들어져 그것으로 음식을 담는 그릇을 만들면 수명이 늘어날 것입니다. 수명이 늘어나면 발해의 봉래산에 사는 선인도 만날 수 있습지요. 선인을 만나서 봉선제(封禪祭)를 하시면 불사를 얻을 수 있습니다. 황제가 그러할 것입니다.

이 기록은 연단술의 역사에 있어서 획기적인 의미를 가지고 있다. 대단히 거칠고 조잡한 기술이며 자세히 보면 명확하지 않은 것투성이지만, 적어도 첫째, 단사를 황금으로 변화시킨다고 하는 술수, 곧 연단술이 당시에 이미 시행될 수 있는 기술적 단계에 도달해 있었다는 점, 둘째, 황금으로 변화시키는 데 귀신원문에서는 '物'과 부뚜막이 밀접하게 관련되어 있다는 점, 이 두 가지를 확인할 수 있다.

발달되어 있었던
가짜 황금의 기술

첫 번째 점에 대해 설명해 보자. 우선 단사를 사용한다는 점에서 보자면, 먼 옛날 은허(殷墟)에서 나온 갑골(甲骨)에 그것이 칠해져 있었다는 것, 그리고 그것이 무덤 안에 시체의 방부제로 사용되었다는 것은 마왕퇴(馬王堆) 1호 한묘(漢墓)의 관에서 붉은색의 용액이 발견되었다는 점에서도 알 수 있다. [문헌상으로는 『순자(荀子)』「정론(正論)」편에, 관에 단안(丹矸)을 넣는다고 하는 기록에 의해 알려졌다.] 또한 상당히 이른 시기부터 그것은 염색용으로 사용되었다. 그리고 단사(丹砂), 즉 유화수은(硫化水銀; Hgs)를 공기 중에서 가열하고 증류시켜서 수은(水銀; Hg)을 분리하는 기술공정 역시 필시 상당히 이른 시기부터 시행되었을 것이다. 당(唐)나라 이태(李泰)가 쓴 『괄지지(括地志)』에는 제(齊)나라 환공(桓公, BC 642년 사망)의 묘를 진(秦)나라 사람이 파헤쳤을 때, 수은지(水銀池)가 있었다고 기록되어 있다. 그리고 진시황제가 생전에 조성한 자신의 묘 내부는 "수은으로 백천(百川)·강하(江河)·대해(大海)를 만들고 기계장치로 (그것이) 흘러들어가게 했다"「사기(史記)」「시황본기(始皇本記)」고 한다.

또한 연단술의 성립 배경으로 주목할 만한 사실이 있다. 무제(武帝) 시대보다 훨씬 이전부터 '가짜 황금 만들기'가 민간에서 유행하였고, 그로 인해서 경제(景帝) 중원(中元) 6년(BC 144년) 황금을 위작하는 자는 기시(棄市; 시장에서 사형을 집행함)한다는 법률이 제정되었다. 당시 "금은 만들 수 있으면, 세상은 제도(濟度)될 수 있다. 다시 말해, 금을 만들면 선인이 될 수 있다"는 말이 유행하였는데, 비용만 잔뜩 들고 결국은 모두 실패하였다고 전해지고 있다.『연서(演書)』「경제기(景帝紀)」와 그에 대한 응소(應劭)·맹강(孟康)의 주석을 따름

그러한 가짜 황금을 만드는 데 어떤 재료를 사용하였는지, 단사였는지 어쨌는지는 전해지지 않는다. 그러나 가짜 황금 만들기가 비록 실패의 연속이었다고 하더라도 그 기술 정도는 상당히 발달되었을 것이라는 점은 쉽게 추측할 수 있다. 이소군의 연단술은 이상에서 간략하게 서술한 바와 같이 기술적 배경을 가지고 등장하였던 것이다.

연단술에는
정신적 과정이 필요

두 번째 사항으로 가보자. 아궁이를 받들어 모시는 것이, 후세 부뚜막신 신앙으로 연결된 것일까. 나는 연단의 전 단계에 행해지는 제계의례(濟戒儀禮)와 연결되는 것은 아닐까 생각된다. 그렇게 이해했을 때야말로 귀신을 불러들일 수 있는 건 아닐까. 이소군보다 수십 년 후에 역시 가짜 황금을 주조하다가 실패한 유향(劉向)은『침중홍보원비서(枕中鴻寶苑秘書)』에서 "기이한 것을 사용하여 금을 만드는 술

수"가 설명된 것을 읽고, 이것을 굳게 믿고는 상방(尙方; 궁중의 금
은가공소)에서 황금을 주조하려고 했었다.『한서(漢書)』「유향전(劉向傳)」

단사에서 황금을 제련하는 것은, 확실히 사람 손을 거치는 것이지
만, 그러한 물질적 과정과 함께 귀신의 눈에도 보이지 않는 움직임을
체득한다고 하는 정신적 과정이 합일되는 상태가 연단의 전 과정이
라 할 것이다.『포박자(抱朴子)』「금단」편에는 "신단(神丹)·금을 녹
인 물 및 삼황문(三皇文)의 천신지기(天神地祇)를 불러 모으는 방법
을 도사들에게 물었지만, 한 사람도 아는 자가 없었다"고 기록되어
있다. 천지의 신들을 부르는 것이 연단에 있어서는 중요한 의미를 가
지고 있다. 더구나 그렇게 되기 위해서는 100일 동안 제계하고 속인
들과 왕래를 끊는 등 엄격한 금기가 부과된다.

이소군의 연단에 관한 기술은 너무 지나치게 간단하지만, 그러나
내가 앞에서 기술한 바와 같이 후대 연단술의 핵심이 되는 부분이 만
들어졌다는 것을 나타내고 있다고 생각한다.

연단기술과 이론을
확립한 갈홍(葛洪)

연단술은 후한 말에서 진(晉)나라에 걸친 시기, 즉 3세기부터 4세기
에 걸쳐 위백양(魏伯陽), 그 제자인 호강지(狐剛子), 더 나아가 갈홍
등이 나타나서 그 기술과 사상이 거의 확립되었다. 위백양(魏伯陽)은
후한시대 사람으로 생몰연도는 알 수 없다. 그의 저서『주역참동계
(周易參同契)』는『주역』의 괘효(卦爻)라는 기호 모양을 빌려서 언단

을 설명하고 있는데, 내용으로는 너무나도 상징적인 은어와 비유가 많아서 도대체 외단서(外丹書)인지 아닌지조차 판단할 수가 없다. 송대의 주자(朱子)도 내단서(內丹書)라고 해석하였고, 니덤(Needham) 박사도 그런 입장에 서 있을 정도였다. 호강자의 저술로는 『오금분도결(五金粉圖訣)』, 『출금광도록(出金礦圖錄)』 등 연단서가 있었지만 지금은 소실되었다. 다만 단편적으로 전해지는 문장에서 보면 사제(師弟) 간의 문답형식을 취하고 있고, 그 상대로는 스승인 위백양, 또 제자로는 갈홍의 종조부인 갈현(葛玄)과 스승인 좌자(左慈)가 등장하고 있다. 그리고 보면 위백양의 연단술은 호강자를 거쳐 갈홍에게 전승되었다고 할 수 있다.

갈홍(283~363년)은 연단기술과 이론을 확립했다고 할 수 있다. 그는 말한다. "수은이라고 하는 물질은 태우면 태울수록 영묘한 변화가 일어난다. 황금은 불에 넣고 여러 번 단련해도 줄어들지 않으며 땅에 묻어도 영원히 썩지 않는다. 이 두 개의 물질을 마시고, 사람의 신체를 단련함으로써 사람이 불로불사할 수 있는 것이다. 이것은 짐작건대 외물을 빌려서 자신을 견고하게 하는 것이다." 『포박자(抱朴子)』「금단(金丹)」편 같은 연단이론을 위백양은 금은 맹렬한 불 속에 넣어도 빛을 잃지 않는다든가, 금의 성질은 썩어 없어지지 않기 때문에 술사(術士)가 이것을 복용하면 영원한 생명을 얻을 수 있다고 설명하고 있다. 한대(漢代)의 이소군(李少君)이나 유향에게서 계승된 생각을 자각적으로 논하고 있는 것 같다. 이것은 프레이저류로 말하자면 일종의 공감주술(共感呪術), 곧 Homepathic Magic이다.

연단서로 보는
황금합성법의 실제

구체적으로 연단은 어떠한 과정으로 행해지는 것일까. 주로 수은과 다른 금속을 불에 구워서 합금(아말감)을 만드는 방법이 사용된다. 『포박자(抱朴子)』 「황백(黃白)」편에서는 이것을 황백술이라고 부른다. 황은 황금, 백은 수은이다. 이것들을 제련하는 방법 중 지금 황금을 만드는 일례를 인용해 보자.

〈김앵(金櫻)선생이 청림자(青林子)에게서 전수받은 황금합성법〉
먼저 주석을 제련하여 폭 6마디 4부, 두께 1마디 2부로 된 판으로 만든다. 적염(赤鹽), 즉 붉은 소금을 잿물과 섞어서 진흙 상태로 만들어서, 주석 표면에 바른다. 두께는 평균 1부 정도. 적토로 된 가마솥에 겹겹이 쌓아놓는다. 주석 10근에 적염 4근의 비율이다. 입구를 봉하고 가장자리를 단단하게 막는다. 말똥불로 따뜻하게 데우기를 30일. 불을 빼고 뚜껑을 열어보면 주석 알맹이는 전부 재가 되어 그 속에 콩 같은 것이 방울방울 연결되어 있다. 이것이 황금이다. 흙으로 만든 항아리에 넣어서 숯불과 풀무로 가열한다. 10회 단련하면 완성된다. 대개 10근의 주석으로 황금 20량을 만들 수 있다. 本田 濟 譯, 『抱朴子』內篇, (平凡社東洋文庫)에 의함

다음으로 당대 사람으로 보이는 초택(楚澤)선생으로 알려진 인물의 저서 『태청석벽기(太淸石壁記)』 권상(卷上)에서 수은과 주석의 합은(合銀)을 이루는 '조수은상법(造水銀霜法)'을 인용해 보자.

수은 1근, 소금 2근, 박초(朴硝; 초산나트륨) 4량, 태음현정(太陰玄精; 염화마그네슘) 6량, 돈황반석(敦煌礬石; 유산칼륨) 1근(을 준비한다).

우선 주석을 솥 안에 넣고 강한 불로 녹여서 용액으로 만들고, 별도로 수은을 따뜻하게 데워 주석 속에 넣고 휘저어 섞는다. 땅 위로 옮겨서 잠시 놔두면 응고되어 은처럼 하얗게 된다. 곧바로 소금 2근을 주석과 섞어 이것을 빻아 부수고, 채로 여러 번 쳐서 태양현정(太陽玄精) 분말과 돈황반석 분말을 섞는다. 용기 속에 배치하는 방법은 전적으로 4신(四神; 은·납·모래·수은) 단방(丹方)에 준하는데, 다만 박초(朴硝)분말을 위에 뿌리고, (불조절을 할 때) 문화(文火) 즉 뭉근한 불은 많게 하고, 무화(武火) 즉 센 불은 적게 한다. 7일 낮밤이 지나면 그 서리가 연꽃과 같이 위로 생겨난다. 굉장히 사랑스럽다. 서리를 취하여 다시 연마한다. 이것은 수은과 주석을 합금하는 방법이면서 수은상(水銀霜), 즉 염화제1수은도 만들 수 있는 제법이다.

이상과 같이 연단(煉丹)에서는 화로를 축조하여 세발솥이나 가마솥 같은 반응기 속에 납·수은 등 광물과 소금·잿물 등 중화제를 첨가해 넣고 고온에서 가열하여 화학변화를 발생시키면 합금이 된다는 것이 기본적인 사고방식이다.

다음은 연단의 재료를 들어보면 연단서(研丹書)에 기재된 것만 해도 60~70종의 광물약이 있다. 주요물질은 단사(丹砂), 유황(硫黃), 자황(雌黃), 석류황(石硫黃), 증청(曾靑), 반석(礬石), 자석(磁石), 융염(戎鹽)이며, 이것을 특별히 8석이라고 부른다.

연구가 시행되었던 연단기구

연단기구로는 노(爐; 화로)·정(鼎; 세발솥)·궤(匱; 도가니 모양의 약물용기)가 사용된다. 화로[爐]는 세발솥[鼎]을 받치는 기구이고, 조(竈; 화덕, 아궁이)라고도 불리며, 바람을 통해서 연료 연소를 조절할 수 있게 되어 있다. 화로는 흙으로 만들거나 혹은 벽돌을 구워서 만든다. 〈그림1, 2〉는 남송(南宋)시대, 오오(吳悞)의 『단방수지(丹房須知)』(1163년)에 그려진 화로이다. 미제로(未濟爐)에서는 불은 위, 물은 아래, 기제로(旣濟爐)에서는 불이 아래, 물은 위에 있다. 미제로의 윗부분에 있는 통 무양으로 된 용기는 약물을 넣는 세발솥[鼎], 즉 반응기(Reaction Chambre)로서 그 바깥쪽을 불이 태운다. 그 아래쪽

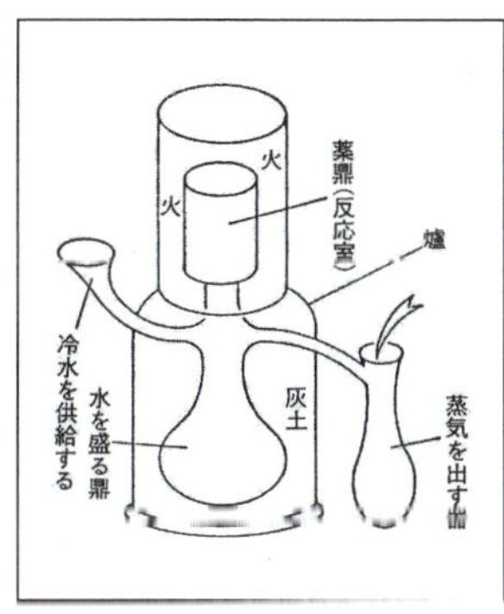

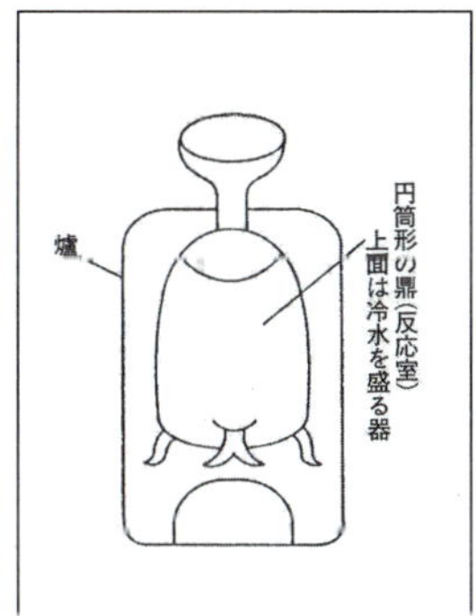

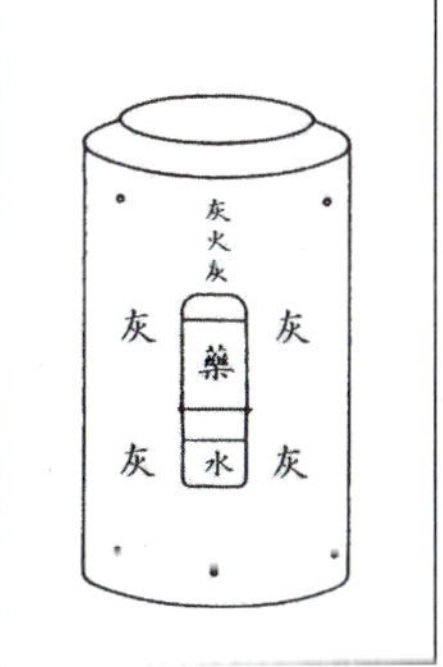

〈그림 1〉 미제로(未濟爐)	〈그림 2〉 기제로(旣濟爐)	〈그림 3〉 수화정온양금단
미완성; 화는 위, 수는 아래	완성; 화는 아래, 수는 위	(水火鼎溫養金丹)

*〈그림 1〉과 〈그림 2〉는 『단방수지(丹房須知)』,
〈그림 3〉은 『감기십육전금단(感氣十六轉金丹)』에서

에 있는 것은 물을 담아 채우는 세발솥[鼎]으로서 그 주위에는 회토(灰土)와 같은 것들을 넣는다. 수정(水鼎; 물솥)에는 관이 있어서, 물을 넣거나 증기를 내보내도록 되어 있다. 기제로의 경우는 중앙에 세 개 다리가 있는 원통이 세발솥이고 여기에 약물을 넣는다. 그 위쪽은 냉수를 채우는 용기이고 아래쪽에서 가열한다.

화로[爐]의 형식은 위에서 설명한 것 이외에도 여러 종류가 있고, 『감기십육전금단(感氣十六轉金丹)』에 그려진 것은 〈그림 3〉과 같이 간단하다.

다음으로 세발솥, 곧 정(鼎)에는 속에 약물을 넣어 주위에 불을 에워싸서 반응실 역할을 하는 화정(火鼎; 불솥)과 물을 담는 수정(水鼎; 물솥)이 있다. 수정은 화정의 일부분을 냉각시키는 역할을 한다. 동시에 앞에 그림 미제로, 기제로 내부에 그려져 있다. 세발솥은 은으로 만든 것이 가장 적합하다고 하지만 사기 혹은 벽돌로 만들어지기도 한다. 〈그림4〉는 남송시대 맹후(孟煦)의 저술 『금화충벽단경비지(金華冲碧丹經秘旨)』(1225년) 권하에 실려 있는 '환단제삼전(還丹第三轉)·통천철지단(通天徹地丹)'의 솥단지이고, a·b·c·d·e를 조합하면 f가 된다. 연단 장소는 마을에서 떨어진 청정한 곳이어야 한다. 이런 곳에 집을 짓고 단(壇)을 쌓은 뒤, 그 위에 화로[爐]와 세발솥[鼎]을 놓는다. 『단방수지(丹房須知)』에 따르면 단의 구조는 3층으로 되어 있고, 각 층이 4면으로 나뉘어져 각각마다 여덟 개의 문이 있다고 한다(그림 5).

연단을 시작하기 전에 100일 간 재계(齋戒)와 목욕(沐浴)을 하여 신체를 청정하게 해야 한다는 것은 앞에서 기술한 대로다. 그동안은 오신(五辛; 부추, 염교, 파, 마늘, 생강)과 생선을 먹어서는 안 되며, 부

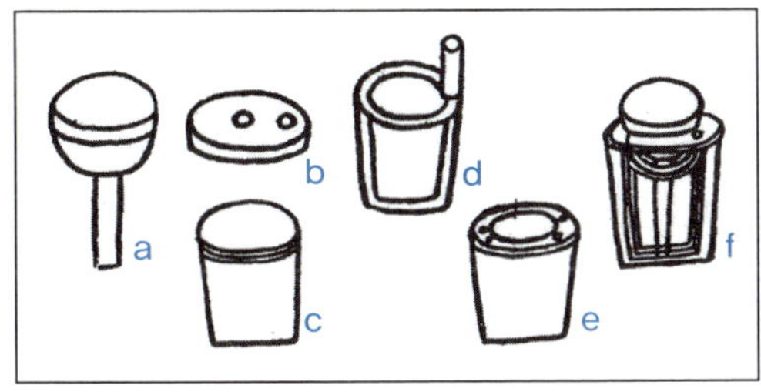

〈그림 4〉「환단제삼전(還丹第三轉)·
통천철지단(通天徹地丹)」의 정기(鼎器)

〈그림 5〉 용호단대(龍虎丹臺)

정한 것을 가까이 하거나 속인과 교접해서는 안 되는 등 엄격하게 금기를 지키지 않으면 안 된다.『포박자』「금단」편 후세에 이르면 목욕재계와 같은 간단한 의례가 더욱 복잡한 양태로 발전되고, 내단적인 존사(存思)·고치(叩齒)·소신(召神)·주언(呪言)·발부(發符) 등이 시행되어져 그것을 마치고 나야 비로소 연단에 착수할 수 있다.

연단과정에서 시행되는 조작으로는 단(煅; 장시간의 가열), 연(煉; 건조시켜서 가열), 용(溶; 용해), 추(抽; 증류), 비(飛; 가열로 인한 변화), 복(伏; 고정 작용), 목욕(沐浴; 연마) 등이 있다.

복식(服食)·복이(服餌)

— 시라스기 에츠오(白杉悅雄, 도후쿠 예술공과대학 교수)

광물에서 식물까지 선약이 될 수 있었던
그 처리법과 복용법의 비밀을 풀어본다.

송진을 복용하고
신선이 된 조구(趙瞿)

심신을 건강하게 하고, 수명을 연장하며, 노화를 막아, 회춘을 이루고, 영생을 구하는 것, 그리고 마침내는 신선이 되는 것을 목적으로 선약을 복용하는 것을 '복식(服食)' 혹은 '복이(服餌)'라고 한다. 그 전형적인 설화 중 하나를 먼저 소개하고자 한다.

상당[上党; 현재 중국의 산시(山西)성]에 조구(趙瞿)라는 사람이 있었다. 몇 년째 나병을 앓아, 의사에게 진찰을 받았지만 낫지는 않고 금방이라도 죽을 것 같은 상태였다. 가족들은 조구를 버리기로 하고 식량과 함께 산 속 동굴에 두고 왔다. 버림받은 조구는 자신의 불행한 처지를 생각하며 매일 밤 슬피 탄식하며 눈물로 한 달을 보냈다.

(그러던 어느 날) 선인 한 사람이 동굴 앞을 지나다가 조구를 보자 가엾이 여겨 약 한 봉지를 조구에게 건네며 복용법을 알려주었다. 그 약을 복용한 후 100일 정도 지나자 조구의 몸에 있었던 부스럼이 깨끗하게 낫고 얼굴도 통통하고 혈색이 좋아졌으며, 피부도 반질반질 옥처럼 윤이 났다. 선인이 그의 상태를 보러 들렀을 때, 조구는 자신을 소생하게 해준 은혜에 감사하며 약 처방을 알려달라고 간청하였다. 그러자 선인은 "이것은 그저 흔한 송진이라네. 게다가 이 산에는 널려 있지. 이것을 정련해서 복용하면 자네는 불노장생할 수 있을 거라네"라고 하였다.

그래서 조구는 집으로 돌아가 오래 동안 송진을 복용하였더니 몸은 전전 가벼워지고 기력도 백배니 좋아졌으며, 하루 종일 높은 곳을 오르고 험악한 장소를 돌아다녀도 피곤한 줄을 몰랐다. 170세가 되어도 치아가 빠지지 않고 머리카락도 세지 않았다. 인간세상에서 300년 정도 살았는데 여전히 얼굴색은 어린아이 같았다. 뒷날 포독산(抱犢山)에 들어가 소식을 끊었다. 필시 지선(地仙)이 되었을 것이다. 『포박자(抱朴子』「仙藥(선약)」편 초역(抄譯)

이 설화에서 보듯이 '송진'은 선약으로서 다른 서책에도 나오는 유명한 것이다. 소나무는 열매나 잎사귀 모두 복식(服食)의 대상으로 많이 사용되었다. 소나무 수령(樹齡)의 길이와 성복수란 것은 상관관계가 있는 것 같다. 신신가이며 본초(本草), 즉 약물학의 대가이기도 한 도홍경(456~536년)은 "수지(樹脂), 곧 나무의 진에 윤기가 돌고 겨울에도 잎이 시들지 않는" 점이 소나무를 선약(仙藥)으로 삼는 이유라고 말하고 있다. 이와 관련하여, 송진에 비견될 바향 복식의 선

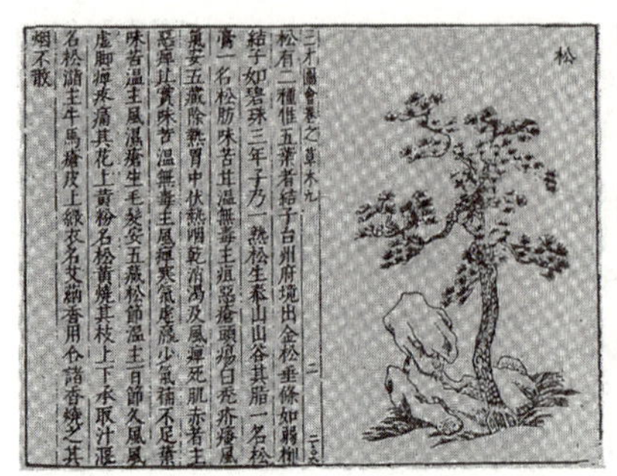

왼쪽: 〈소나무〉 (명 · 왕기(王圻)의 『삼재도회(三才圖會)』, 본초구초(本草九草)
오른쪽: 〈손사막〉 (명 · 왕기(王圻)의 『삼재도회(三才圖會)』 「인물십일권(人物十一卷)」

약으로 자주 복용되는 것으로 '복령(茯苓)'이 있다. 『본초강목(本草綱目)』 저자인 이시진(李時珍)은, "복령은 소나무의 신령한 기운이 응결되어 만들어진 것이다"라고 기술하고 있다.

　다음으로 선약의 처리와 복용의 구체적인 방법을 살펴보도록 하자. 복식의 기원은 전국시대까지 옛날로 거슬러 올라가며, 그런 풍습이 정점에 달해 유행했던 시기는 당대(618~907년)라고 할 수 있다. 복식법의 구체적인 예가 현재까지 전해지는 문헌도 당나라 무렵의 것이 비교적 많다. 여기서는 당대를 대표하는 의방서 중 하나인 『천금방(千金方)』에 나오는 복식법을 소개하고자 한다.

　저자인 손사막(孫思邈)은 도교와 의학 양쪽 분야에서 커다란 발자취를 남겨 진인(眞人)이라고도 하고 약왕(藥王)이라고도 존칭되는 인물이다. 『천금방』 권27 「복식법 제6(服食法第六)」에서는 앞에서 소개한 송진의 처리와 복용법에 대해서 다음과 같이 지시하고 있다.

■송진의 채집법

일몰 때 음지(북측) 쪽 소나무의 껍질을 벗겨 진액을 채집하고, 양지(남쪽) 쪽 소나무를 벗겨서 진액을 채집한다. 수지(樹脂)와 진액을 같은 양 복용하면 신령과 교신할 수 있게 된다. 채집할 때는 소나무의 남과 북, 양측에서 각각 가로 세로 5마디, 깊이 5마디 구멍을 뚫고, 또 그 구멍을 껍질로 막아서 바람이 들어가지 않도록 한다. 만약 바람이 들어가면 그 송진은 복용할 수 없다. 봄과 여름에 채집하고 채집이 끝나면 밀봉하여 새어나오지 않도록 진흙을 발라둔다.

■송진의 정련법

송진 7근을 준비하고, 뽕나무를 태운 새로 만든 용액 한 말을 넣고 끓여 세 번 끓어 넘치게 한다. 계속해서 그것을 냉수에 넣어 응고시키고, 재차 이것을 끓인다. 이러한 공정을 10번 반복하면 송진이 하얗게 되는데 그때 복용한다.

■송진의 복용법

100회 정련한 송진을 채에 걸러서 꿀과 섞어서 통에 넣어둔다. 바람이나 햇볕이 닿지 않도록 한다. 한 번에 바둑돌 크기만한 것을 1개, 하루에 세 번 복용한다. 차츰 양을 늘려서 한 근을 복용하게 되면 공복을 느끼지 않게 되고 수명이 늘어난다. 또는 술과 빌꿀을 섞어 엿처럼 만들어서 하루 1, 2량 내지 반근을 복용한다.

『신농본초경(神農本草經)』에는 120종의 선약이

　복식의 효과나 방법을 기술하는 것으로는 그 밖에도『신선복식영초창포환방(神仙服食靈草菖蒲丸方)』,『태청경단곡법(太淸經斷穀法)』,『침중기(枕中記)』,『신선복이단석행약법(神仙服餌丹石行藥法)』등이 있다. 위의 네 가지 책은 모두 당대 혹은 그 이전에 나온 고서로『도장(道藏)』에 수록되어 있다. 또한 복식에서 사용되는 선약 대부분이 예로부터 치료약으로도 이용되었기 때문에『증류본초(證類本草)』와『본초강목(本草綱目)』등 약물서 및 의방서(醫方書)에서도 복식법이 많이 인용되고 있다.

　복식에 사용되는 선약은 광물에서 식물까지 여러 갈래에 걸쳐서 그 종류가 다양하다. 또한 앞에서 기술한 바와 같이 선약은 의약으로도 빈번하게 이용되고 있으며, 한 가지 약물을 의약(醫藥)으로서의 약효 설명과 선약(仙藥)으로서의 약효 설명을 같이 하는 경우가 종종 있다.

　이윽고 신선사상 입장에서 인체에 대한 약효가 정리되면서 약물을 분류하려는 사고방식이 나타나고 있다. 현존하는 중국 최고의 약물학서『신농본초경(神農本草經)』의 약물분류가 그것이다.

　『신농본초경(神農本草經)』은 수록된 365종의 약물을 상·중·하 세 종류로 분류한다. 하약(下藥)으로 분류된 약은 주로 질병의 치료약으로 이용된다. 독성이 강해서 장기간 복용해서는 안 된다. 중약(中藥)으로 분류된 약 대부분은 자양강장(養性)을 목적으로 한다. 유독성이 있기 때문에 조심해서 이용해야 한다. 상약(上藥)으로 분류된 약은 생명을 기르는(養命) 것이다. 무독성이라 대량으로 복용하거나 장기간 복용해도 부작용이 없다. 상약에는 몸을 가볍게 해주고 건강을 증진시키며 노화를 막아 수명을 연장시키는 약효가 있다. 이 분류는 약물분류로는 가장 오래된 것이며, 동시에 이 분류로 인해 처음으로 선약(仙藥)이 정의되고 그 범위가 정해졌다.

『신농본초경(神農本草經)』에서 상약 즉 선약으로 분류된 약물은 합계 120종이 있다. 그 내역은 단사(丹砂)·운모(雲母)·석종유(石種乳)·증청(曾靑) 등의 보석류(寶石部), 창포(菖蒲)·국화(菊花)·천문동(天門冬)·출(朮; 차조)·독활(獨活; 땅 두릅)·원지(遠志; 싸리)·황련(黃連; 깽깽이풀)·오미자(五味子)·지부자(地膚子) 등의 초부(草部), 송진·잣·복령(茯苓; 버섯)·상상기생(桑上寄生; 뽕나무) 등의 목부(木部), 그 외에 수부(獸部), 금부(禽部), 충어부(蟲魚部), 과부(果部), 미곡부(米穀部), 채부(菜部) 등으로 모든 분류항목에 이르고 있다. 단, 『열선전(列仙傳)』과 『포박자(抱朴子)』「선약」편 및 그 외의 복식에 관한 서책에서 보이는 선약은 옥석(玉石)·풀(草)·목부(木部)에 속하는 것들이 대부분이다. 또한 중약으로 분류되어 있는 석위(石葦; 고란초)·당귀(当歸)·고삼(苦蔘)·선인장[仙人丈; 구기자]과 『신농본초경(神農本草經)』에는 수록되지 않은 진주(眞珠) 등도 복식의 선약으로 중시되어 왔다.

복약(服藥)

— 오가타 도오루(大形 徹, 오사카부립대학 교수)

사람들은 불사를 원하며, 승선(昇仙)할 수 있는 약을 줄곧 찾아왔다.
그 비약(秘藥)이라고 하는 것은 과연 어떤 것일까?

약을 복용하는 것을 일반적으로 복약(服藥)이라고 부르는데, 이 글에서는 신선이 되기 위해 약을 복용하는 것에 관해서 서술하고자 한다. 또한 다른 장에서 〈본초와 도교〉, 그리고 〈복이(服餌)〉를 다룬 것과 일부 중복될 수 있기 때문에 여기서는 불사의 약을 중심으로 기술할 것이다.

불사(不死)의 약

약물은 본래 질병을 치유하는 것이다. 그렇지만 약물을 복용하여 불사를 얻는다는 사고방식은 오래 전부터 있었다.

『한비자(韓非子)』 「설림(說林)」편에는 불사의 약 이야기가 기술되어 있다. 불사의 약을 왕에게 헌상한 자가 있었다. 그런데 그것을 왕의 가신이 먹어버렸다. 왕은 몹시 진노하여 가신을 죽이려고 했지만, "소신이 불사의 약을 먹었다고 전하께서 저를 죽이신다면 이것은 사약(死藥)이 될 것입니다"라고 교묘하게 말을 둘러대어 용서를 받았다고 하는 이야기다. 이 이야기에서는 불사의 약, 그 자체를 문제 삼는 것은 아니지만, 『산해경(山海經)』에는 '불사의 백성'이나 '불사의 나무'에 관한 이야기가 있다. "불사의 백성, …… 그곳 사람들의 모습은 색이 검고 장수하여 죽지 않는다"는 이야기이다.『산해경』「해외남경(海外南經)」

곽박(郭璞, 276~324년)은 『산해경』에 주석을 덧붙여, "감목(甘木)은 바로 불사의 약이니 이것을 먹으면 늙지 않는다"라고 한다. 또한 『여씨춘추(呂氏春秋)』「구인(求人)」편에서도 "남쪽에 교지(交阯)·손박(孫樸)·속만(續樠)이라는 나라가 있다. 우인(羽人; 날개 달린 사람, 곧 신선과 같은 인물)과 나민(裸民; 옷을 입지 않은 사람들)이 살고 있으며 불사의 땅[鄕]이다"라고 한다. 또한『회남자(淮南子)』「지형훈(墜形訓)」에는 '불사수(不死樹)'가 기록되어 있으며, 『박물지(博物志)』「물산(物産)」에도 "원구산(員丘山) 위에 불사의 나무가 있다. 이것을 먹으면 장수한다"고 되어 있다.

불사의 나라가 있으니 불사의 백성도 존재한다는 것이다. 하지만 그 땅은 중국보다 멀리 떨어져 있어 무슨 연유인지 남방인 경우가 많다. 불사의 이유는 아마도 불사의 나무인 감목(甘木)의 열매를 먹기 때문일 것이다. 불사의 땅에 우인(羽人)이 거주한다는 것은 곤륜산(崑崙山)에 있는 서왕모(西王母)를 섬기는 우인(羽人)과 관련이 있을지도 모르겠다.

『산해경(山海經)』「해내서경(海內西經)」에 무당이 알유(窫窳)의 시

체를 에워싸고 불사의 약으로 사기(死氣), 곧 죽음의 기운을 가로막
았다고 하는 섬뜩한 이야기가 기록되어 있다. 알유는 원래 사신인면
(蛇身人面), 곧 뱀의 몸과 사람의 얼굴을 가진 존재로서 사람을 잡아
먹는다고 하는데 이부신(貳負臣)에 의해 살해되었다고 한다. 그리고
다시 변화해서 용머리가 되었다고도 한다. 여기서 불사의 약은 시체
가 부패하지 않는 것을 목적으로 하는데, 그것은 아마도 사후의 재생
관념과도 강하게 연결되었던 것 같다.

다음에 서술할 봉래산(蓬萊山)과 달의 세계, 그리고 곤륜산(崑崙
山) 등은 신선이 사는 세계다. 그들 세계는 어딘지 죽은 자들의 세계
와도 미묘하게 겹쳐 있다. 한나라에서는 죽은 자의 혼이 곤륜산의 서
왕모 곁으로 간다고 생각하였다. 승선(昇仙), 즉 선인이 되는 것은 본
래 죽은 자의 혼이 비상하여 날아가는 것이라고 한다.

예(羿)는 서왕모로부터 불사의 약을 받았는데 항아(姮娥)가 이것을
훔쳐서 월궁(月宮)으로 도망갔다.『회남자(淮南子)』「남명훈(覽冥訓)」. 후한
고유(高誘)의 주석(기원전 205년 이후)에 의하면 "항아는 예의 아내
이다. 예는 서왕모에게 불사의 약을 청하여 얻었으나 아직 그것을 복
용하지 않고 있던 사이에 항아가 훔쳐 먹고 선인이 되어 달나라로 도
망가서 달의 정령이 되었다"고 한다. 후세에 달에서 토끼가 약을 찧
고 있다는 이야기도 이 이야기의 영향이 있었을 것이다.

시황제와 무제가
찾고자 했던 선약

진시황제가 동방의 연(燕)나라와 제(齊)나라 해변으로 행행(行幸)을 할 때, 방사들은 저마다 앞 다투어 주장하며 말했다. "봉래(蓬萊)·방장(方丈)·영주(瀛州)의 삼신선(三神仙)이 전설에 따르면, 발해(勃海)에 있습니다. 바로 가까이에 있는 것처럼 보이지만 도착하여 들어서려 하면 배가 바람으로 인해 되돌아오게 됩니다. 그럼에도 불구하고 이전에 도착했던 자가 있어 선인들과 불사의 약이 있습니다. 그곳 세상의 동물들은 전부 새하얗고 궁전은 황금과 백은으로 지어졌습니다." 이 말을 들은 시황제는 방사인 서불[徐市; 서복(徐福)]에게 명하여 어린 사내아이와 계집아이 수천 명을 태운 배를 보내서 삼신산을 탐색하게 하였다. 하지만 결국, "발해에 있는 삼신산의 기묘한 약을 얻고자 하였으나 끝내 손에 넣지를 못하고 수도로 돌아가는 도중 사구(沙丘)라는 땅에서 승하하였다"고 한다.『사기(史記)』봉선서(封禪書).

『사기(史記)』「회남왕전(淮南王傳)」에 따르면 이 약은 '연년익수약(延年益壽藥)', 즉 수명을 늘리는 약이라 하였고, 또한 봉래산(蓬萊山) 궁전은 '지성궁궐(芝成宮闕)'이라 불리는데 선약인 '지(芝; 버섯류)'로 만들었다고 한다. 『한서(漢書)』에 의하면 회남왕(淮南王) 유안(劉安, 기원전 179~122년)은 '신선황백(神仙黃白)의 술수[術]'를 터득하였다고 한다. '황백(黃白)'은 금은을 말하는데, 진흙이랑 납 등으로 만들어낼 수 있었다고 한다. 『한무제외전(漢武帝外傳)』과『신선전(神仙傳)』에서는 유안(劉安)이 승선(昇仙)하였다고 한다. 또한『예문류취(藝文類聚)』에서 인용하고 있는『열선전(列仙傳)』에서는 "유안

(劉安)은 『단경(丹經)』을 하사받았다. …… 그가 선거(仙去), 신선이 되어 하늘로 올라갔을 때 약이 달라붙은 그릇이 정원에 남겨져 있었고, 닭과 개가 그것을 핥고 모두 비승(飛升)했다”고 한다. 후대의 신선전(神仙傳)에서는 회남왕 유안의 사적(事跡)이 한무제에게 영향을 주었고, 이에 무제(武帝)가 신선(神仙)에 대해 흥미를 가지게 되었다고 한다.

무제에게 먼저 환심을 산 인물은 이소군(李少君)이라고 하는 방사(方士)다. 그는 각노(却老), 즉 젊어지는 술수가 가능했던 덕에 무제의 신임을 얻었다. 이소군 자신은 연령을 숨기고, 항상 70세라고 했는데, 수백 년 전 제나라 환공(桓公)시대 때부터 살아온 것 같은 모습이었다. 그는 귀신을 불러내어 단사(丹砂; 유화수은)를 변화시켜 황금을 만들어낼 수 있었다고 한다. 이 황금은 복용하지 않고 그것으로 식기를 만들면 수명을 연장할 수 있으며 봉래산 선인을 만나 봉선(封禪) 의식을 행하면 불사할 수 있다고 설명했다.

황금 자체가 그 당시에 복용된 것은 아직 아니지만, 나중에 유행하게 된 연금술의 단서로 간주할 수 있다. 이러한 황금은 귀신의 힘을 빌려서 만들어지는 것으로, 단순한 황금은 아니다. 그리고 후세에는 금액(金液)을 직접 복용하게 된다.

무제는 방사를 보내서 신묘한 것을 찾고, 지약(芝藥)을 채집하게 하는데 1,000번 이상이나 시켰다고 한다. 또한 신선을 불러내기 위해서 감천궁(甘泉宮)을 증축했더니 지(芝)가 감천궁 실내에서 돋아났다고 한다.『사기(史記)』효무본기(孝武本紀) 이한대(漢代)의 그림으로 보면 선인이 이러한 지(芝)를 가져주는 것으로 나타난다.

시황제와 무제는 선인을 동경하였는데, 그것은 선인이 불사의 약을 가지고 있었기 때문이었다. 그들이 생각하는 '불사(不死)'는 현세에서 가능한 한 장생하는 것을 의미하는 것으로 보인다. 불사의 약은 선인만이 손에 넣을 수 있거나 만들어낼 수 있는 지(芝)나 기약(奇藥)이었을 것이다. 그러한 기약의 성분에 대해서는 분명하게 알려진 것은 없지만 그것은 오히려 당연한 일이고, 신비적인 약이기 때문에 좀처럼 존재하기 힘든 약인 것이다.

후대에 『신농본초경(神農本草經)』이나 『열선전(列仙傳)』은 신비적인 약을 부정하고, 흔하디흔한 약물을 장기간 복용해도 선인이 될 수 있다고 말하고 있다. 여기에는 귀신의 힘을 빌려서 선약을 만들어내려는 사고방식은 거의 없다. 『포박자(抱朴子)』에서는 약물 자체는 흔하게 있다. 그러나 선약을 만들 때에 목욕재계를 하고 복잡한 절차를 거치는 것이 필요하다고 한다. 이것은 역시 선약을 만들기 위해서 귀신의 힘을 빌리지 않으면 안 된다는 것을 말하는 것이리라.

어느 쪽이 되었든 복약은 약물복용을 통해서 인간에서 선인으로 체질을 변화시키고자 하는 목적을 가지고 있다는 것이다.

오석산(五石散)

— 아카호리 아키라[赤堀 昭, 고타로(小太郎) 한방 대표]

약효보다는 해가 더 많이 전해지는 오석산(五石散).
그 해로움으로 괴로워하면서도 유행했던 그 배경에는
현실을 도피하려는 원의가 살짝 감춰져 있다.

술로
복용했던 약

오석산(五石散)은 훗날 통틀어 한식산(寒食散)이라고 불리게 되었던, 혹은 한식산(寒食散)의 원료가 되었던 가루약[紛藥]으로 생각된다. 오석산(五石散)은 그 명칭에서 짐작되듯 다섯 가지 종류의 석약(石藥; 특수한 흙 등을 함유한 광물성 약을 혼합한 것), 또는 그것을 중심 재료로 한 것일 가능성이 높다.

6세기 무렵에는 이 약에 대해서 기록한 저서가 있었다고 하는데, 거기에는 처방내용이 기재되었을지도 모르겠다. 그러나 현존하는 의학서에는 이 약으로 인한 중독을 치료할 수 있는 처방이 다수 열거되어 있지만, 한식산(寒食散) 자체에 대해서는 전혀 발견되지 않는다.

　수(隋)나라의 소원방(巢元方)만은 황보밀(皇甫謐)(253~320년)이 저술한 책을 인용해서, 한식산(寒食散)은 『금궤요략(金匱要略)』에서 말하는 후씨흑산(候氏黑散)과 자석한식산(紫石寒食散)이 아닐까라고 말하고 있다. 확실히 후자에는 자석영(紫石英), 백석영(白石英), 적석지(赤石脂), 종유(鐘乳), 태일우여량(太一禹余糧) 이라는 다섯 가지 종류의 석약(石藥)이 함유되어 있는데, 전자에 함유된 석약은 반석(礬石)뿐이다. 게다가 이 두 가지 처방을 구성하고 있는 약의 수는 전자가 14, 후자가 13으로 앞에서 기술한 광물약과 각기 한 종류씩 있는 동물성 약을 제외하면 나머지는 모두 식물성 약이다. 이와 같은 사실로 볼 때, 통틀어서 한식산(寒食散)이라고 하지만 그 내용물은 여러 종류의 것들이 있었음을 엿볼 수 있다.

　한식산(寒食散)에 대해서 전해지는 것은 복용 시 주의사항뿐으로, 복용할 때는 얇은 옷을 입고 차가운 것만을 먹게 되어 있다. 한식산(寒食散)이란 이름이 여기에서 유래한 것으로 보인다.

　또 이 약은 술로 복용하였다. 술은 차갑든지 뜨겁든지 모두 좋다고 하는데, 따뜻하게 덥힌 술이 사용되는 경우가 많았던 것으로 보인다. 오석산이든 한식산이든 의학서에는 전혀 나오지 않는 것으로 미루어보아, 이 약은 원래 특정한 질병을 치료하는 약은 아니고, 초기 도교에서 보이듯이 불노장생을 목적으로 만들어진 것은 아닌가 생각된다.

풍류로 여겼던
중독방지의 배회

1세기 무렵까지 중국에서는 분약(粉藥)이나 환약(丸藥)이 식초와 함께 자주 복용되었는데, 가장 많이 이용되었던 것은 술이었다. 이것은 수질이 나빠서 생수를 마실 수 없었던 것과, 물을 끓일 용기가 발달되지 않았기 때문이라 여겨진다. 물로 복용하는 약이나 달이는 약이 출현한 것은 한참이 지난 훗날이므로 오석산은 오래된 타입의 약이라 할 수 있다.

이 약은 위(魏)나라 하안(何晏, ?~249년)이 복용하고 나서 "오석산을 복용하면 병이 나을 뿐만 아니라 정신이 상쾌해진다"고 말했던 것으로 보아 널리 유행했던 것으로 보인다. 그는 명문가 출신이지만 모친이 조조(曹操)의 측실(側室)이 되었기 때문에 후궁(後宮)에서 공자(公子)처럼 사랑받으며 자랐다. 항상 분첩을 손에서 떼지 않았고, 길을 걸을 때는 그림자를 보면서 자세를 가다듬었다고 할 만큼 스타일리스트였다. 그 때문에 천박한 인물이라고 해서 관료계에 받아들여지지 않았던 적도 있었는데, 조조가 권력을 잡자 그의 심복으로서 활약을 했다. 또한 『논어집해(論語集解)』를 저술하고 그 밖에도 노장사상에도 정통한 사상가였다. 그래서 그의 살롱(salon)은 당시 번성하였던 청담(淸談)사상의 중심 가운데 하나가 되었고, 그의 말과 행동은 귀족계급 사람들에게 커다란 영향을 미쳤다. 그 후 육조시대의 귀족들은 앞 다투어 이러한 약을 복용했다.

술의 작용도 있었을 테지만, 이 약을 마시면 몸이 달아오르게 된다. 그래서 그것을 가라앉히는 것이 중독방지에 도움이 된다고 생각하여 집 밖을 걸어 다녔다. 이것이 행산(行散)이라 하여, 풍류 행위로서 받아들여졌다. 역사서 등에 의하면 한식산(寒食散)은 오십여조(五十余)의 조항이 등장하는 것으로 되어 있는데, 단일한 약으로서 적은 빈도는 아니다. 그 중에는 왕융(王戎, 234~305년)이 진(晋)나라 팔왕(八王)의 난에 휘말렸을 때, 한식산의 중독증상이 나타났다고 거짓말을 하고는 일부러 변소에 빠져서 위기를 모면했다고 하는 이야기나, 하순(賀循, 250~319년)이 진민(陳敏)의 반란에 가담하도록 강요받았을 때, 한식산을 복용하고 있다는 것을 드러내기 위해 머리카락을 노출시키고 알몸으로 다님으로써 임무를 감당할 수 없다는 것을 보여주어 단념시켰다고 하는 이야기 등이 포함되어 있다. 이와 같은 변명이 통했던 것은 이 약이 널리 복용되고, 그 중독이 빈번하게 발생했기 때문일 것이고, 이것으로 미루어 보아 역사서 등에 있는 예는 빙산의 일각이라고 생각해도 좋을 것이다. 한식산 복용에 대한 기록은 당나라 시대에도 있지만 3세기부터 5세기 때 집중되고 있어서 이것의 대유행도 육조 말기에는 시들해진 것으로 보인다.

일본에서는 이 약을 복용했다는 기록이 없다. 그러나 『의심방(医心方)』984년에는 다수의 한식산 중독의 치료처방이 채록되어 있고, 『연희식(延喜式)』927년에는 당시 전약료(典藥寮)에서 만들던 제제(製劑) 속에 한식산 중독의 치료약이 있었다고 적혀 있다. 그러므로 이 약은 일본에서도 이용되었던 것으로 보인다

약의 부작용(장애)로
신하를 죽인 황제

한식산에 대한 기록은 혜함(嵇含)이 중병에 걸린 자신의 아들에게 이 약을 투여해서 회복시켰다고 하는 사례 말고는 거의 대부분이 발동(發動)이라던가 약발(藥發), 석발(石發) 등으로 불리던 이 약으로 인해 발생한 부작용(장애)에 관한 것뿐이다.

예를 들면, 황보밀(皇甫謐)은 이 약을 사용하고 나서 자살을 생각했을 만큼 장애로 괴로워했는데, 진(晉)의 무제(武帝, 236~290년)의 잦은 출정 요청에 대해 거부하는 상소문에 "한식산을 복용하고 조심하지 않았던 탓에 최근 7년 동안 그 독으로 인하여 고통 받고 있습니다. 한겨울에 알몸으로 얼음을 먹거나, 더울 때 오싹해지면서 기침을 심하게 한다거나, 온학(溫瘧; 학질)에 걸린 것 같기도 하고, 상한(傷寒; 열병)에 걸린 것 같기도 하고, 온 몸이 부어올라 사지가 뻐근하고 아파서 어찌 할 수가 없습니다"라고 썼다고 한다.

또한 북위(北魏)의 도무제(道武帝, 371~409년)는 한식산을 복용하고 있었는데, 그 장애 증세가 여러 차례 발현하였는데, 409년 여름이 되자 더욱 악화되었다. 게다가 며칠씩 먹지를 못하거나 새벽녘까지 잠을 잘 수 없는 상태가 이어졌다. 감정의 기복이 심해지고 여러 관료들이나 측근에 있는 사람들을 믿을 수가 없게 되었으며, 점괘를 마음에 두고 신경을 쓰거나 가까이 있는 사람들을 의심하게 되었다. 또한 아주 오래 전에 있었던 일이 마음에 걸려서 낮이고 밤이고 중얼중얼 혼잣말을 계속 하고 신변에 수상한 자가 보인다고 하였다. 신하가 오면 구악(舊惡)을 추궁하여 그의 안색이 변하거나 호흡이 거칠어지거나, 혹은 동작이 어색해지거나 말 실수를 하면, 역심을 품은 증거라고 억측을 해서 몸소 그를 때려죽였다.

『의심방(医心方)』 등 의학서에 의하면 머리가 깨질듯이 아프고, 눈이 침침해져 발이 걸려 넘어질 뻔하고, 눈이 찌르는 듯 아파지는 두부(頭部) 부위의 장애증세, 허리가 끊어질 듯 아파오는 신경계 통증 증상, 체온조절 불능, 감각이상, 정신상태 불안정, 화농이 잘 생기고, 부종이 발생하며, 구토, 설사, 변비, 복부팽만과 같은 소화기 질환 등 다양한 장애증세가 이 약을 사용함으로 인해서 발생했다고 한다. 그 원인물질로는 수십 일 동안 술을 계속 마시고 늘 냄새를 펄펄 풍기게 하지 않고서는 될 수 없다고 하는 기록이 있는걸 보면 술로 인한 걸로 짐작된다. 그러나 이것만으로는 모든 것을 설명할 수가 없으니, 아마도 앞에서 설명한 것처럼 내용이 다른 다양한 한식산이 있었기 때문이 아닐까 한다.

한식산이 대유행 했던 것은 정치적으로 정세불안이 거듭되면서 사람들이 보신(保身)에 어려움이 많던 시기였기 때문이다. 해악이 있다는 것을 알면서도 이 약을 복용한 것은 정신을 상쾌하게 한다는 말이 보여주듯이, 첫 번째는 이 약이 현실도피를 가능하게 했기 때문일 것이다. 두 번째는 상약(上藥)의 일종이라고 생각했기 때문일 것이다. 상약은 불노장생에 효과가 있다고 알려진 약이다.

벽곡(辟穀)

— 이시다 히데미(石田秀實, 규슈국제대학 교수)

오곡(五穀)이 지닌 '대지적(大地的)' 기운을 물리치고
심신을 순화시켜서 연년경신[延年輕身]을 바라는 신체기법

건강장수와
등선(登仙)을 향한 갈망

벽곡(辟穀)이란 문자대로 해석한다면 곡물을 멀리하여 먹지 않는 것이다. 일본에서 '단지키(斷穀)'라고 부르는 것에 해당할 것이다. 벽곡의 다른 명칭인 절곡(絶穀)이나 단곡(斷穀), 각립(却粒) 같은 것들도 그것이 가진 단식(斷食)의 이미지를 환기시켜 주는 것이리라.

하지만 중국 도교의 전통적 신체기법으로서의 벽곡은 일본에서 행하는 단식과는 조금 다른 것이다. 그 실태는 별칭 중 하나인 '휴량(休糧)'이라고 하는 단어에 잘 드러나 있다. 량(糧), 즉 곡류를 먹는 것을 쉬고 대신 좀더 깨끗한 것을 먹어서 심신을 순화시키는 것이다.

곡물, 다시 말해 오곡류는 사람에게 무엇보다도 소중한 먹거리인데, 어째서 그 소중한 것을 일부러 피하는 것인지 의아해 할 사람도

462

있을 것이다. 이 이유를 찾으려면 고대 중국 사람들이 왜 벽곡과 같은 가혹한 수행을 행했을까 하는 점을 먼저 밝혀야 한다. 일반적으로 사람들이 벽곡을 시작한 계기는 '연년경신(延年輕身)' 즉 수명을 늘리고 몸을 가뿐하게 하고자 하는 바람에서였다. 그렇다면 몸을 가뿐하게 하는 것이 왜 그리 중요했을꺼? 그것은 사람이 이윽고 이 저속한 지상세계에서 비상하여 천상을 자유롭게 노니는 선인이 되고 싶었기 때문일 것이다.

수명을 늘리고, 가능하다면 영원한 생명을 내 것으로 하여 속세 저편으로 날아오르기를 바라는 사람이 가장 기피해야 할 것은, 이 세상의 '지상적(地上的)'인 요소다. 오곡은 분명 사람에게 가장 소중한 먹거리이지만, 동시에 매우 '대지적(大地的)'인 먹거리이기노 하다. 천상을 향해 가려는 사람의 몸이 그러한 먹거리의 기운을 받아 섭생하고 길러지는 한, 사람은 땅의 탁하고 더러운 오미(五味)의 기(氣)『노자하상공주(老子河上公注)』제6장로부터 자유로워질 수 없으며, 희구(希求)하는 천사와 같은 몸으로 변용하는 것은 상상도 할 수 없게 된다. 곡물을 섭취하지 않는 방법이 도교의 수행법으로 도입된 것은 무엇보다도 선인이 되고자 하는 갈망이 있었던 까닭이다.

대지의 어머니(Mother Earth, 大地母)인 땅의 포용력 안에서 평온해지고, 욕심 없는 삶을 추구하는 도교적 생활 안에 이러한 대지에 대한 혐오와 천상계를 향한 희구(希求)라는 준엄한 이원론적 사상이 있다는 것이, 도교에서 생태적이고 조화로운 사상을 찾아보고자 했던 사람들에게는 충격일지도 모른다. 하지만 이 지상의 삶이 어차피 대지의 어머니 같은 풍요로움과는 상반된 인위와 간사함의 축적에 의해 성립되어 있다고 한다면, 지상을 근원적인 포용력으로 가득 찬

장소로 이해하려는 것을 그만두고, 광활한 우주에서 보다 근본적인 풍요로움을 구하려는 지향이 나오게 되는 것이 어찌 이상하다 할 수 있을까. 그게 아니더라도 도교 신자는 반전하는 '클라인(Klein)의 항아리(바깥쪽으로 빠져나가는 길이 안쪽으로 이어져 있다는 초3차원적 공간)'같이 연속되어 있는 동천우주(洞天宇宙) 속에 살며, 이 하찮은 지상을 여러 개나 있는 하늘과 땅의 하나로서 상대화하려는 시선 아래 살고 있는 것이다.

사악한 욕망으로 몰아넣는 삼시(三尸)

곡물 섭취를 끊는 것은 오곡의 '지상적(地上的)' 성격이 인간의 장생과 천상에서 노니는 데에 장애가 되기 때문인데, 심신의 순화라는 점에서는 또 다른 의미를 벽곡에서 발견할 수 있다. 사람 마음의 사악한 욕망은 삼시(三尸)라는 뱃속의 벌레로 인해서 야기된다고 생각하였다. 삼시는 사람의 두부(頭部; 상단전) · 흉부(胸部; 중단전) · 복부(腹部; 하단전)에 거처하는 귀신 같은 존재다. 초기에는 시체에 둥지를 튼 벌레의 이미지로 인식되었는데, 육조 이후가 되면서 희미한 귀신 형상을 지닌 '혼령귀신의 종류(魂靈鬼神의 種類)'『포박자(抱朴子)』「미지(微旨)」로 생각하게 되었다.

일본에 전래된 삼시 신앙은 이른바 수경신(守庚申), 다시 말해서 경신일(庚申日)에 몸에서 몰래 빠져나온 삼시가 그 사람의 나쁜 행위를 사명신(司命神)한테 보고하러 올라가기 때문에 그것을 막기 위해서 그날은 잠을 자지 않고 밤을 새는 습속으로 유명하다. 일본 고대 신앙이나 불교의 청면금강(靑面金剛)과의 관계 등에 대해 시끄러운 논의의 대상이 되었던 수경신(守庚申)의 삼시의 성격을 중국 도교에서 유래된 고문헌으로부터 다시 검토해 보니, 이 '고자질쟁이 마귀'와 같은 존재가 똑같이 사람의 마음을 사악하게 하고 욕망이 이끄는 대로 몰아붙이는 것을 알 수 있다.

어째서 삼시가 사람에게 나쁜 욕망의 원동력이 되었을까? 그것은 사람의 체내에 기생하는 이 귀신이 일찍이 사람의 몸이라고 하는 질곡으로부터 자유로워져서 "제멋대로 여기저기 돌아다니며(악행 때문에 죽은 자기의 숙주였던 인가을 대신해서) 주상의 귀신으로 행동하며 제사 받기"同上를 원하기 때문이다. 그러므로 나쁜 욕망이 가는대로 사는 것을 끊으려고 한다면, 이 삼시를 몸에서 없애지 않으면 안 된다.

그런데 삼시는 음식물에서 유래한 정령이라고 한다.『전시병구전(傳尸病口傳)』에 인용된『노자삼시경(老子三尸經』음식물은 대지에서 얻어지는 것이며, 그 대지에서 유래한 "다섯 가지 맛의 먹거리를 좋아하여 먹게 만드는"『의심방(医心方)』권26에 인용된『대청경(大淸經)』것이 삼시다. 그렇다면 대지에서 수확한 곡물 섭취는 삼시를 몸으로 불러들이고, 그렇게 해서 몸으로 들어온 삼시가 사람에게 대지에서 유래한 먹거리에 대한 욕심을 야기시키는 악순환에 빠지게 된다.『황정내경경(黃庭內景經)』에 다음과 같은 글을 볼 수 있다.

여러 가지 곡물의 열매는 땅의 정(精)에 지나지 않는다. 다섯 가지 맛의 먹거리는 겉모양도 뒤틀린, 악미의 비린내 나는 먹거리나. 신녕(神明)을 어지럽히고 데(胎)의 기를 밀라붙게 한나,

신체연금술에서 빠질 수 없는
내기호흡법(內氣呼吸法)

　도교 신도들에게서 특히 중요하게 생각하는 호흡법으로 '내기(內氣)의 호흡'이 있다. 이것은 쓸데없는 바깥의 기가 아니고 자기의 신체 안에 있는 근원적인 원기(元氣)를 상하로 돌리면서 호흡하는 것이다. 내단(內丹)이라고 불리는 신체연금술에서 특별히 중요한 역할을 담당한 이 호흡법에서는, 기도(氣道)에서 중단전(中丹田)을 거쳐 하단전(下丹田)으로, 다시 하단전에서 나아가 발목 복사뼈까지 이르는 장대한 호흡의 경로를 열어가는 것이 필요하다.

　이러한 호흡경로[종식(踵息); 즉 발꿈치 호흡이라고 부른다. 이것은 자주 발꿈치 부분이 직접 대지의 기를 들이마시는 것으로 오해하는데, 잘못된 것이다]는 사람이 태어나서 아직 곡물을 먹지 않는 동안에는 제대로 열려 있지만, 이윽고 성장과 함께 섭취한 곡물의 '사악한 기'로 인해서 막혀버린다. 이러한 경로를 다시 여는 방법으로는, 첫 번째로 벽곡(辟穀)을 시행하여 더 이상 곡기를 몸 안으로 보내지 않는 것이 중요하다. 거기에 더해서 매일매일 내기호흡 훈련을 거듭한다면 마침내 곡기는 없어지고, 막혔던 통로도 개통된다.『운급칠첨(雲笈七籤)』권58『윤진인복원기술(尹眞人服元氣術)』

한대에 발생하여
현재도 실천

　벽곡의 역사는 오래되었다. 전한 초기 마왕퇴한묘(馬王堆漢墓)에서는 『각곡식기편(却穀食氣篇)』라고 이름 붙여진, 벽곡에 대해서만 전문적으로 논하는 서책이 출토되었고, 이 묘지에 매장된 대(軑)부인과 거의 동시대를 살았던 장량(張良)이라는 한제국(漢帝國)의 대신이 벽곡에 힘썼다는 이야기를 『사기(史記)』 등에서 볼 수 있다. 후대로 오면 다양한 도교 문헌에 벽곡의 기사(記事)가 넘치게 많다.

　벽곡의 실제는 앞에서 기술한 바와 같이 오곡 먹는 것을 끊고, 그 대신 청정한 천공(天空)의 기를 들이마시거나[복기(服氣)라고 함], 오곡보다 훨씬 깨끗한 정기의 산물로 여겨지는 먹거리, 예를 들면 측백나무 열매, 송진, 복령(茯苓), 석위(石韋; 고사리의 일종) 등을 먹거나, 자기의 신체우주로부터 솟아나는 타액[옥액(玉液)이라 함]을 마심으로써 신체를 순수하고 가볍게 하는 수행의 체계로 이루어져 있다. 복기에 대해서도 앞에서 기술한 것처럼, 벽곡 문헌에 기술된 것 외에 『초사(楚辭)』 왕일(王逸) 주석에 인용된 『능양자명경(陵陽子明經)』 등 예로부터 그에 관한 전문서적이 저술되었다.

　또한 현대 중국에는 기공사(氣功師) 얀씬(嚴新)의 강연에 감동하여 2년 동안이나 음식을 먹지 않고 물과 과즙만으로 2년이나 산 벽곡 실천자로 유명한 딩징(丁靜)이라는 소녀가 있으며, 그녀의 신체 상황에 관해서 의학자 그룹이 연구하고 있다.

시해(尸解)

— 마쓰무라 다쿠미(松村 巧, 와카야마대학 교수)

시해(尸解)라는 것은 선도(仙道)를 체득한 사람이
보통 사람의 '죽음'을 빙자하여 이 세상을 떠나는 것.
다양한 시해의 방법과 그 의미부여를 살펴본다.

가짜 죽음 후
다시 육체를 되찾다

한무제를 섬기던 방술사로 이소군(李少君)이라는 사람이 있었다. 『사기(史記)』「봉선서(封禪書)」에 의하면 이소군(李少君)은 무제에게 "아궁이에 제사 지내고 그 신을 가까이 불러들여, 그의 도움을 받아 황금을 만들어 황금으로 된 그릇을 매일 사용하면 수명이 연장되며, 마침내 봉래산 선인을 만나 봉선제(封禪祭)를 드리면 '불사'를 실현할 수 있다"고 설득하였다. 이소군은 평소 스스로 노화를 물리치는[각로(却老)] 일이 가능했다고 알려져 있었다. 하지만 이와 같이 불사를 설파하며 불로를 자칭했던 이소군도 "병에 걸려 죽었다." 그런데 무제는 이소군이 "선인이 되어 사라졌을 뿐 죽은 것은 아니다"라고 간주했다고 한다. 이상은 사마천(司馬遷)의 기술이다.

　동진(東晋)의 신선사상가, 갈홍(葛洪, 283~343년)은, 그의 저서 『포박자(抱朴子)』「논선(論仙)」편에서 이소군은 정말로 죽은 것이 아니고, 필경 '시해(尸解)'하여 선인(仙人)이 되었을 것이라고 분명하게 말하면서, 그 근거로『한금중기거주(漢禁中起居注)』라는 서책을 인용한다. 그 인용문은 이소군의 죽음에 앞서 "(천상의) 태일신(太一神)이 이소군을 초청하고 있다"고 태일신의 사자(使者)가 알려주는 꿈을 무제가 꾸었다는 것과, 그리고 이소군이 죽은 후 시체를 넣어둔 관을 열어 봤는데 시체가 없어졌으며, 의관(衣冠)만이 남겨져 있었다는 것, 이 두 가지를 전하고 있다. 그 진위야 어쨌든 간에 신선도에 있어서 선도(仙道)를 체득한 자가 이 세상을 떠날 때, 그 방법의 하나로 이와 같은 죽음을 빙자해서 세상을 떠나는 방법을 설하고 그것을 '시해(尸解)'라 불렀다.

　시해(尸解)는 불사를 실현한 선인이 통상적인 인간과 똑같은 죽음의 방식을 빙자해서 이 세상을 떠나는 것이다. 그런 경우, 먼저 가짜 죽음을 달성하고, 마치 매미나 뱀이 허물을 벗는 것처럼 혼이 육체로부터 이탈하고, 잠시 후 혼이 뒤에 남은 육체를 되찾아 재차 육체를 지니게 되는 것이다.

　이와 같은 시해(尸解) 개념의 원형은 일찍이 진(秦)·한(漢)의 신선 사상 속에 이미 존재하고 있었던 것 같다.『사기(史記)』「봉선서(封禪書)」에는, 전국 말기부터 진(秦)에 걸쳐 송무기(宋毋忌)의 선문고(羨門高) 등 연(燕)나라 출신인 방술가를 언급하며, 그들이 '선도(僊/遷/道=仙道)'를 모방하여 '형해소화(形解銷化; 육체로부터 이탈하여 사라지고 다른 모습으로 변화하는 것)'를 했다고 기술하고 있다. 그 술수(術數)의 구체적인 내용은 잘 알려지지 않았지만, 후한의 복건(服虔)은 이것을 주석하여 '시해(尸解)되기'라고 하였다.『사기집해(史記集解)』에서 인용.

그런데 후한 초기 합리주의 사상가 왕충(王充; 27?~100)은 그의 저서 『논형(論衡)』「도허편(道虛篇)」에서 신선술을 비판하는 중에 '시해(尸解)'를 언급하며, 그 허망함을 가차 없이 지적했다. 그는 이소군이 "만약 정말로 불사하고 시해되어 이 세상을 떠났다면 같은 시대 사마천은 반드시 그 실상을 기술했을 터, 이소군이 죽었다고 말할 리가 없다." 그렇지만 "우부(愚夫), 무지한 사람은 그것을 시해되어 사라진 것일 뿐, 사실은 불사한 것이라고 굳게 믿고 있었다"라고 논하고 있다. 그리고 세상에서 말하는 '시해(尸解)'의 개념을 검토하고, "소위 말하는 시해란 무엇인가? 육체가 죽어서 정신이 떠나는 것을 말하는 것인가? 아니면 육체가 불사하여, 지금의 피부를 벗어버리는 것을 말하는 것인가? 만약 육체가 죽어서 정신이 떠나는 것을 말하는 것이라면 그것은 (통상적인 사람의) 죽음과 똑같은 것이다. …… 또한 육체가 불사하여 지금의 피부를 벗어버리는 것을 말하는 것이라면, 여러 가지 선도(仙道)를 배운 사람이 죽는 경우라 하더라도 뼈와 살까지 전부 그 자리에 남겨질 것이니, 그것은 통상적인 죽은 자의 시체랑 같은 것이다"라고 논하고 있다.

그러나 왕충의 이러한 논봉(論鋒)이 시해의 또 하나의 측면에는 미치지 못했다. 그것은 선인이 가짜 죽음을 달성한 뒤 잠시 후에 시체도 사라진다는 점이다. 그렇게 되어 혼이 육체를 되찾을 수 없다면, 혼과 육체가 구비된 형태의 초월, 즉 선화(仙化)는 완결되지 않는다. 유향(劉向, 기원전 79~23년)이 지었다고 전해지는 『열선전(列仙傳)』

은 태공망(太公望)·여상(呂尙)이 "200살 가까이 되었을 때, 미리 예고하고 사망하였는데, 사정이 있어서 곧바로 매장하지 못했다. 나중에 아들 급(伋)이 매장하려 하자 이미 시체는 없고, 『옥검(玉鈐)』 6편이 관 속에 있을 뿐이었다"고 기술되어 있다. 이와 같은 기술 내용은 갈홍의 『신선전(神仙傳)』에 이르면 너무 많아서 일일이 셀 수조차 없다. 예를 들면, 후한의 왕원(王遠)은 제자 진탐(陳耽)에게 세상을 떠날 것을 예고하고 "죽었지만 진탐은 선거(仙去)한 것으로 알고 있었기 때문에 땅에 매장하지 않았다. …… 3일째 밤, 홀연히 시체가 없어졌다. 의관을 벗은 흔적도 없이, 마치 뱀이 허물을 벗은 것과 같았다."『왕원전(王遠傳)』.

선인(仙人) 중에서 신분이 낮은 시해선(尸解仙)

그런데 갈홍은 이렇게 해서 속세를 버린 자[시해선(尸解仙)]를 선인의 등급 중 하나로 만들고, 또한 그것을 선인의 등급 중 낮은 등급에 위치시켰다. "짐작하건대, 선경(仙經)에서 말하는 상사(上士; 최상의 선비)는 육체를 들어올려 허공으로 날아올라가며, 이것을 천선(天仙)이라고 한다. 중사(中士; 중등의 선비)는 명산에서 누비며 이를 지선(地仙)이라고 한다. 하사(下士; 하등의 선비)는 우선 죽고 그 뒤에 허물을 벗는데 이것을 시해선(尸解仙)이라고 한다."『포박자(抱朴子)』「논선(論仙)」편.

이 중 '천선(天仙)'은 백주대낮에 위풍당당하게 승선(昇仙)한다. 예를 들어, 『열선전(列仙傳)』에 의하면 황제(黃帝)는 "수산(首山)의 동(銅)을 채취하여, …… 세발솥[鼎]을 주조하고 그것이 완성되면 한 마리의 용이 춤을 추듯이 훨훨 내려앉아 황제(黃帝)가 그것을 타고 하늘로 올라갔다." 또한 왕자교(王子喬)는 "흰 두루미를 타고, …… 손을 들어 당시 사람들에게 이별을 고하고는 며칠 후에 날아가 버렸다." 그것의 진위야 어찌되었든 아주 멋진 비상이다.

한편 '지선(地仙)'에 대해서는 화산(華山)·태산(泰山)·곽산(霍山)·항산(恒山)·숭산(嵩山)의 오악(五嶽)을 비롯하여 천하 명산에 사는 선인들이고, 도홍경(456~536년)이 저술한 『진령위업도(眞靈位業圖)에는 "오(吳)나라 시대로 내려가서 영보경(靈寶經)을 전파하고, 아래로 내려가 지선(地仙)이 된" 태극좌선공(太極左仙公) 갈홍(葛洪)을 위시하여. 소괄산(小括山)에 사는 [『신선전(神仙傳)』에서는 곽산(霍山)으로 들어간] 좌자(左慈)와 중악선인(中嶽仙人)인 송래자(宋來子) 등 많은 선인이 기록되어 있다.

이들 선인들에 비해서 '시해선(尸解仙)'은 훗날 도교 교리에서도 확실히 높은 지위는 부여받지 못했다. 『진고(眞誥)』 권5 「견명수(甄命授)」는 "시해(尸解)하여 세상을 떠난 자가 있는데, 그런 사람들에는 여러 가지 종류가 있다. 모두 다 선인으로 꼽히기는 하나, 시해의 선인은 화개(華蓋) 마차를 몰아, 하늘을 나는 용을 타고 태극(太極)으로 올라가 (천계의) 구궁(九宮)에서 노니는 자격은 부여받지 못했다"고 하였고, 그것에 대한 도홍경의 주석은 "지하주자(地下注者)의 한 종류이다"라고 말하고 있다. 또한 같은 책 권7 「견명수(甄命授)」에서는 "하해법(下解法)을 얻은 자는 [선계(仙界)에서] 지령을 받아 귀수(鬼帥)가 될 뿐이다"라고도 말하고 있다. 이들은 시해로 인하여 선계

로 들어가 '지하주자(地下注者)'나 '귀수(鬼帥)'가 되는 자에 대해서는 『진고(眞誥)』권13 「계신추(稽神樞)」에 한층 더 자세하게 기술되어 있다. 그것에 따르면 이들의 지위는 "같은 선인의 출발점이다." 통상적으로 죽은 자가 '나풍도(羅酆都)'에서 받는 사후재판은 면할 수 있지만, 어느 쪽이든 선계의 하급자에 불과하고, 일반적으로 '동천(洞天; 천하의 명산 아래 펼쳐져 있는 지하세계)'에 살며, 선계의 한직이나 하급관리가 되어 다시 수업(修業)을 거듭하며 차츰차츰 선인의 위계를 올라가야만 한다고 되어 있다.

관에 남겨진 도검(刀劍)과 죽장(竹杖)의 역할

어찌 되었든 역사서나 전기문에 따르면, 선인이 '시해'로 말미암아 세상을 떠나는 경우, 시체가 사라진 후에 의관이 남겨질 뿐만 아니라, 그것 이외에도 선인은 여러 가지 유품을 남기고 있다. 『열선전』에서는 황제(黃帝)에 대해 앞에서 설명한 백일승천을 했다는 기록과 더불어 그가 '시해'하였다는 설명도 기술되어 있는데, 그에 따르면 황제(黃帝)는 "죽는 날을 자신이 선택하고 신하들에게 이별을 고했다. 죽고 나자 교산(橋山)에 매장하였다. 그 후 산이 무너졌는데 관은 비어있었고 시체는 없어졌으며, 단지 검과 신발만 남아 있었다." 또한 『진고(眞誥)』 권14 「계신추(稽神樞)」에 묘사되어 있는 『검경(劍經)』에서는 옥자[玉子; 제곡(帝嚳)], 왕자교(王子喬), 란파(欒巴), 세 명의 선인은 모두 '시해(尸解)'하여 나중에 검을 남겼다고 기술하고 있으며, 또한 『신선전(神仙傳)』에 따르면 예를 들어 호공(壺公)과 성선공(成仙公)은 '시해'되어, 관 속에 '대나무 지팡이'를 남겼고, 계자훈(薊子訓)과 영수광(靈壽光)은 시해 후에 '이(履; 신발)'을 남겼다. 그리고 동봉(董奉)은 후에 '백(帛; 흰 비단)'을 남겼으며, 개상(介象)은 후에 '부(符; 부적)'을 남겼다고도 전하고 있다. 『운급칠첨(雲笈七籤)』 권85 「시해(尸解)」에서 〈태극진인유대산(太極眞人遺帶散)〉조항에서는 이것을 정리하여, "대략 시해한 자는 모두 어떤 물품에 가탁(仮託)하고 떠났다. 어떤 자는 칼, 어떤 자는 검, 어떤 자는 대나무, 어떤 자는 지팡이에 가탁하였고, 또 물(水)·불(火)·칼(兵刃) 등의 시해(尸解)도 있다"고 전하고 있으며, 같은 책, 같은 권(卷)에서 인용한 「음군전포청시해법(陰君傳鮑靚尸解法)」은 이것을 한층 더 서열화하여, 선법(仙法)에 보면 늙어서 선(仙)을 얻는 경우, 시해가 최상이다. 그 중에서도 최상의 시해는 칼을 이용한다. 낮은 등급의 시해에서는 대나무나 나무를 이용한다"고 말하고 있다.

  이와 같이 시해[尸解; 검해(劍解)·장해(杖解)]에서 도검과 죽장을 이용하는 것은 선인의 거세(去世)를 보다 신비화하기 위한 도구라고

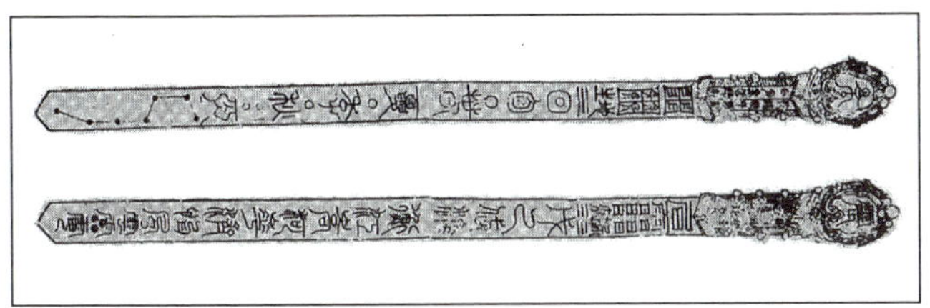

신검도(神劍圖)
사마승정(司馬承禎) 저, 《상청함상검감도(上淸含象劍鑑圖)》에서

해석할 수 있는데, 그와 더불어 도검과 죽장에 신비적인 의미를 부여
하는 일종의 종교적 패티시즘(fetishism)을 엿볼 수 있다. 『운급칠첨
(雲笈七籤)』권84 「시해(尸解)」의 〈조검시해법(造劍尸解法)〉조항에
서는 진인(眞人)이 시해할 때 이용되는 특수한 검 만드는 방법이나 문
구를 새기는 방법이 상세하게 기록되어 있고, 이렇게 제조된 검의 경
우, "몸에서 떼어놓지 않고 항상 지니고 있으면 자신을 지킬 수 있으며,
악마를 쫓아낼 수 있을 뿐만 아니라 오체(五體)를 조영할 수가 있다"
고 말한다. 또 같은 책, 같은 권에 있는 〈시해신장법(尸解神杖法)〉조
항에서 인용한 『적서옥결(赤書玉訣)』에서는 시해에 사용되는 특수한
지팡이 제조법과 그 용법이 기록되어 있어, "이 지팡이로 하늘을 가
리키면 천신들이 예를 갖추고, 이 지팡이로 땅을 가리키면 지신들이
마중을 나오고, 이 지팡이로 동북을 가리키면 모든 악마들은 자취를
감추며, 또한 지팡이를 타고서 왔다갔다 왕래도 할 수 있다. [이 신장
(神杖)에 관련된] 수도(修道)를 9년 동안 실천하여 태만히지 않고 정
성으로 노력하면 신선이 모습을 드러내 보이며, 지팡이는 사람을 태
워 하늘을 날고, 만약 시해를 하고 싶다는 욕망을 보이면 지팡이가
몸을 대신하여 순식간에 진인이 될 수 있다"라고 설명하고 있다.

여기까지 이르면, ‘시해(尸解)’에 있어서 도검이나 죽장의 의의는 선인이 육체를 대신해 버려두기 위한 유품에 그치지 않고 선인으로서의 신비한 힘을 발휘하는 도구, 다시 말하면 선인의 신통력의 수단으로서의 의미를 갖추게 되는 것이다. 그러므로 선인이 ‘시해(尸解)’를 성취한 뒤에도 이 도구들은 필요하고, 『운급칠첨(雲笈七籤)』 권84 「시해(尸解)」의 〈석석정금광장경록형법(釋石精金光藏景錄形法)〉조항에서는, “여러 가지 검을 사용하여 시해하는 자는 검을 몸 대신으로 삼지만, 500년 후 이 검은 모두 자연스럽게 그 본래의 장소로 돌아간다”고 하며, “그것은 당연히 영인[靈人; 선인(仙人)]이 그렇게 되도록 만들기 때문이다”라고도 한다. 이와 같이, 육체 대신 남겨둔 도검이나 죽장이 홀연히 모습을 감추거나 혹은 하늘을 향해 날아갔다가_{同上}, 선인의 손에 다시 돌아옴으로써 ‘시해(尸解)’가 되는 신비한 의식은 완결되는 것이다.

더욱이 앞에서 인용한 『운급칠첨(雲笈七籤)』 권85 「시해(尸解)」의 〈태극진인유대산(太極眞人遺帶散)〉조항에서는 ‘시해(尸解)’로서 도검이나 죽장에 인한 시해 외에 ‘물(水)·불(火)·칼(兵刃)의 시해’가 있다고 기술되어 있다. 이 가운데 ‘수해(水解)’를 이룬 선인의 예는 『운급칠첨(雲笈七籤)』 권84 「시해(尸解)」의 〈수해(水解)〉조항에 신현자(辛玄子), 단계정(段季正), 왕진현(王進賢), 세 사람의 예가 있는데, 그에 따르면 ‘수해(水解)’란 ‘익사(溺死)’를 가탁해서 속세를 떠나는 시해이다. 또, ‘화해(火解)’와 ‘병해(兵解)’, 혹은 ‘인해(刃解)’에 대해서는 『운급칠첨(雲笈七籤)』 권85 「시해(尸解)」에서 인용하는 「태극진인비선보검상경서(太極眞人飛仙寶劍上經叙)」에 설명되어 있으며, 그것에 따르면 ‘화해(火解)’란 ‘소사(燒死)’, 곧 타서 죽은 것에 가탁(仮託)하여 속세를 떠나는 것이다. 그리고 '병해(兵解)', 혹은 '인해(刃解)'란 '부상을 입어 죽는 것'에 가탁(仮託)하여, 속세를 떠나는 것이다. 이들은 어느 쪽이든 '낮은 등급의 시해'에 속하는데, 통상적인 인간의 죽음을 가탁하여 이 세상을 떠나 선계(仙界)로 들어간다고 하는 점에서는 '검해(劍解)'나 '장해(杖解)'와 다르지 않다.

　이상으로 살펴본 바와 같이, '시해(尸解)'라는 것은 통상적인 인간의 죽음방식에 가탁하여 이 세상을 떠나, 선인의 경지에 들어가기 위한 추탈의 방법이었다. 그것은 신선도를 통해서 죽음을 지배하고, 죽음을 자유로이 다루고자 했던 인간의 갈망의 소산이었다고 말할 수 있을 것이다. 그러나 후한의 합리주의자인 왕충(王充)은 "무릇 인간은 사물이며, 왕후와 같이 높은 신분이라 하더라도, 그 성질은 만물과 다르지 않다. 만물이 모두 죽을 수밖에 없는 존재인 이상, 사람은 선인이 될 수 없다"『논형(論衡)』「도허(道虛)편」고 지적했다. 모든 인간은 예외 없이 죽는다는 사실과, 더욱이 선인은 그러한 죽음을 넘어선 불사의 존재라고 말하는 신선도의 입장을 서로 모순시키지 일 없이 고안해내었던 '불사(不死)의 존재인 선인의 죽음'이야말로 '시해(尸解)'의 본래의 의미일 것이다.

식양생(食養生)

— 나카무라 미치코(中野道子, 식양생 연구가)

음식으로 건강과 장수를 도모하는 일.

도교에서는 선인이 되기 위하여 음식에서부터 출발하였다.

식양생(食養生)은 일반적으로는 음식으로 심신의 건강을 지키고 장수를 도모하는 것을 말한다. 중국에서는 예로부터 양생과 음식의 관계를 중요시하고, 그것에 대해서 기술한 책만 해도 상당하다. 중국 의학의 고전적인 기초의학서인『황제내경(黃帝內經)』에서는 음양오행설 등에 근거한, 음식의 절제와 조화, 위생 등이 논의되고 있다. 이 밖에도 당나라 손사막(孫思邈)의『천금요방(千金要方)』과 명나라 이시진(李時珍)의『본초강목(本草綱目)』등에는 일상에서 섭취하는 음식을 가능한 효과적으로 양생에 도움이 될 수 있게 하려는 생각이 엿보인다.

그렇다면 도교에서 식양생은 어떤 것일까? 도교에서는 불로장생하여 선인이 되는 것을 최고의 이상으로 여겨왔다. 그래서 도교에서 말하는 본래 식양생은 불로장생하여 선인이 되기 위한 것으로, 일반적인 식양생과는 다르다. 단, 당연한 일이겠지만 일반적인 식양생과 관련하여 연결되는 부분이 있다.

여기에서는 우선 선인이 되기 위한 음식에 대해서 설명을 하고, 일반적인 식양생으로 이어지는 음식에 대해서 살펴보고자 한다.

선인이 되기 위한 음식

도교에서 선인이 되기 위한 음식에 관해서는 벽곡(辟穀)과 복식(服食)이라는 방법이 있다.

먼저, 벽곡은 단곡(斷穀)이라고도 불리는 것에서 알 수 있듯이 곡물을 끊는다는 의미인데, 곡물은 말할 것도 없고, 고기·계란·야채 등 일상적인 음식도 먹지 않는 방식이다. 그러면 아무것도 먹지 않는가 하면 그렇지는 않다. 복기(服氣; 천지에 충만한 기를 섭취하는 방식)는 차치하더라도 복식이 있다.

복식이란 복약(服藥)이라고도 부르며 특정한 음식과 약물을 먹는 방식이다. 복식의 대상이 되는 것은 산야에 있는 약초와 나무의 열매류, 동물과 광물, 연단(鍊丹)을 통해서 만들 수 있는 단약(丹藥) 등이다. 그 중에는 독의 위험성이 있는 것과, 머리에 뿔이 있고, 턱 밑에 붉은 八(팔)자가 씌어 있고 1만 년 살았다는 두꺼비나, 눈처럼 흰 색을 하고 1,000년을 지내온 박쥐 등, 현실상의 가공된 것들까지 포함된다.

이 모든 양생술에서 공통된 점은 일상의 일반적인 음식물 섭취로는 생명활동을 유지할 수 있지만, 불로불사의 선인은 될 수 없다고 하는 사고방식이다. 가령 복기의 경우도 천지의 기를 받는 것이니 전혀 섭취를 하지 않는 것과 마찬가지다. 썩어 없어질 음식물을 섭취해서는 영원한 생명을 얻을 수 없다는 사고가 그 근저에 있다고 할 수 있다.

이것으로 볼 때, 음식물로 인해서 현세의 불로장생, 건강유지를 도모하고자 하는 일반적인 식양생과 도교의 그것과는 본디 차이가 있다는 것을 알 수 있다.

일반적인 식양생으로 연결되는 음식

선인이 되기 위한 복식의 대상으로는 산야에 약초나 나무 열매류, 동물 등이 포함되지만, 그 중에는 당연히 일반적인 양생식과 연결되는 것이 있다. 구체적으로 식재·약재 및 약이(藥餌), 즉 약선(藥膳)의 예를 몇 가지 들어보겠다.

① 식재(食材)·약재(藥材)에 대해서

우리의 일상에서 식생활과 가까운 것 중 영양학상 그 효용이 인정되는 것이 적지 않다. 또 최근 약선(藥膳)의 유행으로 한방생약 등, 그 식재나 약재로 알려지게 된 것도 있다. 예를 들면, 참깨나 죽순, 꿀, 동과(冬瓜; 호박), 검은콩, 잣, 연자(蓮子), 대추, 은행, 구기자 등이다. 이 중에서 참깨와 검은콩은 오늘날에도 건강식품으로 알려져 있다. 영양학상으로도 동맥경화나 고혈압의 원인이 되는 콜레스테롤 제거작용을 한다는 리놀산이 다량 함유된 사실이 인정받고 있다. 또한 동과(冬瓜)는 이뇨작용이 있어서 방광염이나 신장병 치료식으로 이용되고 있다.

② 약이[藥餌, 약선(藥膳)]에 대해서

그 효용을 성선불사(成仙不死; 선인이 되는 것)를 하는 것에서 경신불로(輕身不老; 초인이 되는 것), 연년익수(延年益壽; 장생하는 것)하는 것으로 보는 것까지 다양한데 이들이 모두 약선으로 취급되었고, 후세에 참고가 되는 것도 많다.

약선이란 특정한 약물(한방생약)과 음식을 원료로 하여 가공 조리한 것이다. 질병예방과 치료, 건강유지·증진, 불로연명이라는 약의 효용을 지니면서도 더구나 먹었을 때 맛있는 것을 말한다. 약물과 음식 양쪽의 좋은 점을 끌어내어 서로 보완이 가능한 것이다. 종종 '약식일여(藥食一如)'라든가 '익시동원(医食同源)'이라고 이야기되는 음식이다. 약이[藥餌, 약선(藥膳)]의 예를 넣 가지 알아보자.

• 청정반(青精飯)

청정(青精)은 남천(南天)이라는 나무의 가지와 잎을 찧어서 나온 즙에 쌀을 넣어 쪄서 건조시켜 완성한다. 단단하고 색은 청록색이다. 오랫동안 복용하면 안색을 좋게 하고 장생이 가능하다고 한다. 복식법(服食法)의 하나로 벽곡을 위한 약처방이었다. 당나라 두보(杜甫)의 〈이백에게 보내다(贈李白)〉라는 시와 송나라 육유(陸游)의 시 등에서도 그 이름이 보인다. 또한 송대의 약선 전문서인 『산가청공(山家清供)』에는 약선의 하나로서 열거되어 있다.

• 호마반(胡麻飯)

참깨와 쌀을 같이 넣고 끓여 만드는 것이다. 『태평광기(太平廣記)』에서 인용한 『신선기(神仙記)』에 그 이름이 나온다. 유신(劉晨)과 원조(阮肇), 두 사람이 약을 채집하러 산에 들어갔다가 두 여인을 만났다. 환대를 받으니 그대로 머물며 호마반을 먹고 반년 정도 지내다 집으로 돌아왔는데, 10세대나 지나 있었다는 이야기가 실려 있다. 같은 재료로 만든 호마죽은 중국에서 여름에 자주 먹는 녹두죽과 함께 가볍게 먹을 수 있는 약선으로 알려져 있다.

그런데, 죽(粥)은 도가에서 방약(方藥)의 하나인데, 육유(陸遊)는 『검남시고(劍南詩稿)』에서 선인이 되는 간단한 방법으로 죽을 먹는다는 것을 알았다고 한다. 또『준생팔전(遵生八箋)』에서는 백엽(柏葉; 측백나무 잎)으로 만든 죽을 신선복이(神仙服餌)로 삼고 있다. 잣이나 국화, 대추, 연밥, 구기자 등을 포함해서 그 종류가 매우 풍부하다. 죽은 소재에 따라 변화를 주기 쉽고, 식재·약재성분이 잘 우러나온다. 칼로리가 낮고 소화흡수도 좋다. 만들기 쉬운 점도 있어서 중국에서는 오늘날까지도 일상적인 약선으로 즐기는 음식이다.

• 신선복천문동병자법(神仙服天門冬餅子法)

송대 의학서인『태평성혜방(太平聖惠方)』에 따르면 냄비에 먼저 천문동을 찧어서 나온 즙 3되를 넣고 1되가 될 때까지 조린다. 거기다가 백밀(白蜜; 하얀 꿀)과 참깨가루를 넣어 반 마디 두께로 떡을 만든다. 1회 떡 하나를 입에 물고 따뜻하게 데운 술과 함께 삼킨다. 하루 3회 복용한다. 잉어랑 같이 먹어서는 안 된다고 한다. 맛도 좋고, 복용도 간단해서 노인용 약선으로서 후세에 평가받고 있다.

이상으로 구체적인 예에서 보듯이, 도교 양생에서 이용되었던 음식과 약물, 약이는 일반 양생식과도 연결되는 점이 있다는 것을 이해할 수 있을 것이다.

마지막으로 오늘날 도사의 식생활을 잠깐 언급해 보면, 불교와 마찬가지로 비린내 나는 음식을 피하고 정진(精進)요리를 먹는다. 그러나 제사 때는 고기도 먹는 것을 보면 불교처럼 엄격한 것은 아니다.
또한 도관(道觀)을 떠나 있을 때는 일반식도 먹는다고 한다. 융통성
이 있기는 하지만 참으로 세속적이다. 그것은 도교와 연관된 식양생
이 일반 식양생과 겹치는 면이 있기 때문이라는 것을 알 수 있다.

4장

도교의 의례와 경전

도교의례와 경전편찬의 역사

— 마루야마 히로시(丸山 宏, 쓰쿠바대학교 교수)

도교의 의례(儀禮)가 지금도 사회에 존재하는 것은 어째서일까?
이 글에서는 무대를 타이완에 두고, 그 이유를 해명함과 동시에
의례와 불가분에 있는 경전(經典)에 대해서도 논하고자 한다.

고도로 완성된
도교의 의례(儀禮)

도교는 종교이기 때문에 신앙이념과 신앙실천이라는 두 가지 면을 가지고 있다. 요컨대 교리와 의례를 다 갖추고 있다. 이것은 어느 종교에서나 공통되는 점이라 너무나 당연히 생각할 수 있을 것이다. 그러나 도교연구가 우선적으로 철학사상면에서 진행된 측면도 있어서, 의례와 교리의 관계, 의례와 경전의 관계를 잘 살펴볼 필요가 있다고 할 수 있다.

앞으로 이 글에서 의례는 신앙실천, 특별히 정해진 형식에 따르는 행위로 이루어진 종교표현을 말하고, 교리는 신앙이념 체계를 가리킨다. 또한 경전은 신앙이념이 문자화된 문헌의 일종으로 볼 것이다.

이상의 정의(定義)에서, 필자가 의례, 경전이라는 말로 대략 무엇을 의미하고자 하는지를 이해하기를 바란다.

그렇다면 도교의례가 무엇인가를 직접 보여주는 것은 참으로 어려우므로, 조금 우회해 설명하고자 한다. 여기서는 도교연구에 있어서 의례의 고찰이 왜 중요한지를 필자 본인의 체험으로 기술해 보겠다.

필자는 타이완(臺灣)에 2년간 유학하며, 도교에 대한 조사를 한 적이 있다. 유학하기 전에 문헌상으로 의례의 사료를 읽기는 했지만, 그 의미를 충분히 이해하지는 못했다. 그래서 타이난(臺南)에 체류하면서 숙련된 원로도사를 따라다니면서 실제로 의례에 참여하고, 의례 각각의 행위나 문서 내용에 대해 직접 질문하고 답변을 들으며 깊게 이해하고자 노력했다.

조사과정에서 확신한 것은 다음의 두 가지다. 먼저, 첫 번째로 도교의 의례는 도교가 가진 여러 종류의 다양한 구성요소가 집중적이고 또한 동시에 종합적으로 표현되었다는 것이다. 그리고 이러한 의례야말로 도교의 사회적 실체이며, 의례가 없었다면 구체적인 사회현실로서의 도교는 적극적인 형태를 가질 수 없었다는 점이 두 번째다.

의례는 형해화(形骸化)된 도교적 습관의 끝판이라든가, 또는 무질서하며 시끄러운, 허무맹랑한 주술의 퇴적에 불과하다고 속단할 수는 없다. 유교 지상주의 시대의 전통적 지식인 관료이든, 근대 자연과학 지상주의 시대의 대학의 과학자든, 만일 도교의례에 대해서 도교 내부에서 설명하는 것을 들을 수 있다면, 그것이 얼마나 조리 있고 사상적으로도 체계적인지 깜짝 놀랄 것이라고 필자는 생각한다.

자세한 내용은 뒤로 미루고, 도교라고 하는 종교 안에는 의례의 목적, 프로그램의 순서, 기원하는 신들을 불러냄[請神]과 다시 돌려보

냄[送神], 의례공간으로 제단구축과 해체, 신자들의 참여기회 제공
등이 실로 짜임새 있게 고안되어 있다. 정당한 종교의례라면 이처럼
결격이 없는 구조를 지니는 것이 당연하다고 할 수 있는데, 도교 역
시 상당한 고도의 완성도를 느끼게 하는 데 부족함이 없다. 그리고
의례에는 대략 다음과 같은 구성요소가 종합적으로 갖춰져 있다. 편
의에 따라 여러 요소를 열거해 보겠다.

■정신 심리적 요소

예를 들어 도사는 신비한 가르침이 기록되어 있는 『비결(秘訣)』에
따라서 존상(存想) 내지 존사(存思)를 한다. 도단(道壇), 즉 도교의례
를 행하는 제단의 내부를 성스러운 천정(天廷; 천상계)으로 생생하게
상상하는 것이나, 불러낸 신장(神將)을 그곳에 정렬해 놓듯이 실재화
시키는 작업을 거행한다. 이것은 실로 현란하고 다채로운 명상을 수
반하는 비의(秘儀)적인 요소이기도 하다.

■도덕 계율적 요소

의례를 하기 전 며칠간 그리고 의례를 하는 기간 동안 도사와 신도
들은 육식을 끊고, 행동을 삼가며, 신체를 청결하게 하는 등의 규범
을 지킨다. 그렇게 함으로써 의례의 효과를 보증하고, 신들로부터 노
여움을 사지 않고 끝내도록 한다.

■신체 연기적 요소

이것은 도사가 의례를 실천하는데 있어서 일거수일투족 연기(演
技)와 관련된 측면이다. 여러 종류의 절[拜禮], 무용 스타일, 행진하

는 방식, 그리고 수결(手訣)이라 부르는 손가락의 움직임이나 모양의 조합과, 우보(禹步) 내지 보강(步罡)이라고 하는 걸음걸이 방식 등이 포함된다. 이 움직임은 아름답지 않으면 안 되고, 또 보다 중요한 일을 할 때는 위엄을 동반하지 않으면 안 된다. 단적으로 말하자면 도사라고 할 만한 사람은 신체가 건강하고 안색은 윤기가 흐르며 훌륭한 연기를 해낼 수 있는 능력이 요구되는 것이다.

■청각 예술적 요소

도사는 사실 노래하는 사람이다. 도사는 전통적이고 지방 고유의 곡조로 귀신을 감동시킬 만한 노래를 부른다. 후장(後場)이라고 불리는 음악사들은 타(打; 타악기), 취(吹; 관악기), 현(弦; 현악기)으로 나뉘어서 반주를 한다. 도장(道場)에서 사용되는 곡은 지방음악의 보고(寶庫)이다. 필자는 특히 타이난(臺南) 시내에서 본 의례 중에 심야의 밝은 보름달 밑에서, 도사가 고독한 혼을 달래주듯 '촉루(髑髏; 백골)의 노래'를 낭랑한 목소리로 부르던 모습을 잊을 수가 없다.

■시청 예술적 요소

일반적으로 도장화(道場畵)라고 칭해지는 도교 신들의 화축(畵軸; 거는 그림)이 도단에 걸려있다. 도사 중에는 자신이 직접 붓을 잡는 경우도 있다. 또 도사가 착용하는 강의(絳衣) 등 의상에 놓는 자수표현은 성좌(星座)나 9층보탑(九重寶塔), 용호(龍虎), 기린(麒麟), 곤륜(崑崙)과 봉래(蓬萊) 등 우주도(宇宙圖)를 나타내고 있다. 이들은 모두 도교 도상학(圖像學, iconology)으로서 연구가 기대되는 요소이기도 하다.

■언어 문헌적 요소

도사는 뒤에 기술하겠지만, 의례 중에 다량의 문자로 표기된 문헌을 사용한다. 그것은 의례의 대사를 적은 과의서(科儀書), 신에게 보내는 상소문이나 관문(關文) 외에, 참회를 위한 경전이나 『도인경(度人經)』, 『북두경(北斗經)』 등의 경전이 포함된다. 이들 문헌을 통해 의례의 배후에서 의례를 지탱하고 있는 이념이 어떤 문자로 표현되고 있는지를 충분히 알 수 있다. 또 도사는 이것을 지방 방언[타이완의 경우는 민남어(閩南語)]인 오래된 문언음(文言音)을 사용해서 발성한다. 유교의 사숙(私塾), 즉 사설 교육기관이 사라져버린 현재는 주로 승려의 불전(佛典)과 도사의 도전(道典)을 고음(古音)으로 읽고 있어서 대단히 귀중하다.

■정치 경제적 요소

타이완에서 도교의례는, 마을의 사묘에서 제례로서 거행될 때 그곳에 모셔진 신의 은총를 입고 있는 지역 일대의 사람들이 모두 참여하기 때문에, 소위 세속적인 행정과는 별개로 종교적 차원에서 지역 집단의 조직화를 이루고 있다. 도사는 제사에 참가한 주민들의 호장(戶長)들의 이름을 빼먹지 않고, 신들에게 전하며 각자의 안녕을 기원해야만 한다. 그 목록은 장대한 주민일람표가 된다. 또한 제사 운영자금은 부유한 실력자나 지방 지도자가 거액을, 일반주민들은 평등하게 분담하여 소액을 갹출(釀出)한다. 제사를 위해 차려진 물량은 지역사회 번영에도 즉시 반영된다.

이상에서 열거한, 적어도 일곱 가지 요소가 불가분의 밀접한 관계 안에서 조합된 것이 바로 도교의례인 것이다. 이렇듯 복합적 전체를 충분하게 이해했을 때, '도교란 무엇인가?'라는 본질에 접근할 수 있는 것이 아닐까 생각된다. 여기서 주의해야 할 것은, 이른바 언어문헌적인 측면을 나타내는 경전이라는 요소는, 도교의례의 복합적인 여러 요소 중 한 부분에 지나지 않는다는 것이다. 경전이 의례의 존재이유를 드러내는 문장을 그 안에 담고 있다고 하는 중요성을 인정하면서도, 경전만으로 도교의 총체를 생각할 수 없다는 것은 이상의 내용에서 알 수 있을 거라 생각한다.

타오[道]에 직접 작용하여 민중이 지지

사회적 현실로서 도교의례가 어째서 지금까지 존재할 수 있는가 하는 질문은 중대하기 때문에 간단하게 답변하기는 어렵다. 여기서는 타이완의 도교의례 상황에 한정해서 하나의 가설을 기술하고자 한다.

타이완에서 민중은 종교적인 세계에 실제로 존재한다고 보는 대상으로서 신(神)과 귀(鬼)와 선조(先祖)를 구별하고 있다. 이러한 대상들에게 무언가 작업(작용)을 하고자 할 때, 반드시 도교의 도사에게 의뢰해야 할 필요가 있는 것은 아니다. 그럴 경우 민중의 종교는 단순히 지방(地方)의 신기(神祇)에 대한 제사이고, 귀신이 두려워서 생긴 주술적 대처이며, 소박한 조상숭배에 불과한데, 이러한 것들을 그대로 도교라고 부르는 것은 우선 가능하지 않다. 오히려 민속종교(민간신앙)라고 부르는 것이 적절하다 할 수 있겠다.

그런데 문제는 그와 같은 민속종교에 도사가 주도하는 도교가 개입하여도 전혀 지장이 없다는 것이다. 만약 도사를 고용할 수 있을 만큼 경제적 여유가 있다면 그렇게 하는 편이 훨씬 효과가 크다고 여기는 것이 실상이다. 이렇게 되면 도사 측에서는 신들의 제사나 귀신 쫓기, 조상의 영혼구제를 확실하게 거행할 수 있을 만한 준비가 되어 있어야 한다. 더구나 도사가 의지하고 있는 의례와 그 이념은, 불교나 단순한 민속종교와는 다른, 도교 그 자체에서 유래하는 핵심적 요소를 가지고 있지 않으면 안 된다. 그렇지 않다면 도사가 하는 일은 도교의 것이 아닌 게 된다. 실로 도교의례는 도교이기 때문에 민속종교에 도움이 될 수 있는 것이 아니면 안 된다는 것이다. 어째서 이것이 가능한지를 이해하는 하나의 열쇠는, 그들 중국인이 도교의례를 채용하고 도사를 그 가운데에 세움으로써, 그들이 생각하기에 가장 근원적인 우주의 심오한 힘인 '도(道; Tao)'가 작용하게 할 수 있다는 생각하는 것에서 찾을 수 있다. 마을 사묘의 신을 모실 때, 도사라면 마을의 신을 휘하의 일원으로 삼고 있는 체계의 극점에 위치한 원시천존(元始天尊)에게 마을의 안녕을 직접 간원(懇願)할 수 있다. 이러한 천존은 바로 '도(Tao)' 그 자체가 신의 형상을 취한 것에 다름 아니기 때문에, 도사는 직접 '도'의 작용에 개입하는 것이 된다. 민중 입장에서 보면 가능한 한 이 편이 더 좋다고 여기기 마련이다.

귀신을 쫓을 때도, 도사는 여러 가지 방법과 연기(演技)를 이용할 수가 있다. 또한 조상이 사망해서 지옥에 떨어져 있는 것을, '타오(Tao)'가 가진 자비한 힘의 화신(化神)인 구고천존(救苦天尊)과 같이 높은 지위의 신에게 매달려 구출해 내고, 도교 신자로서 선인(仙人)의 몸을 부여하여 천당에 다시 태어나게 만드는 것도 도사라서 가능한 일이다. 자손의 배려로 이렇게 되었을 때 기뻐하지 않을 조상은 없다.

도교가 민속종교를 초월해 있고, 게다가 민속종교와 사이에서 밀접한 접점을 가질 수 있는 이유는, 도사로 인해 도교의례가 '타오'라는 근원적 힘에게로 직접적인 활동을 개시함으로써 민속종교의 목적달성을 강화하고 보완할 수 있다는 것, 바로 그것이다. 그리고 도교의례가 어디까지나 도교의례일 뿐, 민속종교의 의례가 될 수 없는 이유는, 정밀한 이론과 복잡한 의례의 근거로서 '도(타오)'에 대한 신뢰를 굳건하게 가지고 있기 때문이다. 이상과 같은 민속종교와 도교의 차이와 상호관계를 이해하는 것은 매우 중요한 일이라 생각한다.

만일 도교가 민속종교에 봉사하도록 하는 의례를 전혀 갖추지 못하고, 이를테면 그냥 노장(老莊) 사상의 지적인 유행이나 언구라는 실체밖에 갖추지 않았다면, 좁은 학문적 세계에 한정된, 단명(短命)하고 소극적인 것으로 끝났을지도 모른다. 타이완에서의 도교의 존재도, 대학의 노장사상 연구자 사이에서만 한때의 유행으로 존재했다는 과거의 현상에 불과한 것인가? 실제로는 결코 그렇지 않다. 타이완 도교의 적극적인 사회적 실체는 도사들이 신들에 대한 제사와 조상숭배에 개입하는 형태로 도교의례의 영역에 뿌리 깊게 퍼져나가고 있다는 것에 주의(注意)하지 않으면 안 된다. 민중의 민속종교 내용이 사회의 현대화 혹은 정치적 강제에 의해서 갑자기 크게 변화하지 않는 한, 경제적인 번영은 오히려 도교의례의 수요를 높이는 결과마저 초래하고 있는 것이 실상이라 생각해도 무방할 것이다.

각 시대의 요소가 통합된
의례의 실제

이 글 서두에서 말한 것처럼 경전과 의례는 종교로서의 도교가 가진 불가결하고 불가분한 양 방면의 두 바퀴와 같은 것이다. 앞으로 서술할 때에는 '경전(經典)'이라는 표현 안에 의례를 위해 사용되는 문헌이라는 의미를 포함시켜 생각해 보고자 한다. 그런데 경전과 의례의 전후관계를 보면, 경전을 근거로 해서 의례가 만들어진 것이라고도 볼 수 있고, 의례에 표현을 부여하여 문자화한 것이 바로 경전을 기록한 것이라고도 볼 수 있다. 두 방향 모두 이론적으로는 발생할 수 있는 일이어서 명확한 증거가 나올 수 없는데, 그 전후관계를 책상 위에서 탐색하는 것은 그리 큰 의미가 없다고 생각한다. 또한 이제부터 거론하는 경전과 문헌에 대해서는, 그것의 엄밀한 성립연대를 자세하게 고증하는 것도 이미 다른 전문서적에서 다루었고, 또 이 책의 다른 항에서 기술되고 있으므로 생략하기로 한다. 그것보다는 오히려 다음과 같은 문제를 제시하고, 그 대강의 답을 해보려 한다. 즉, 타이완의 현대 도교의례에 대체 도교 역사상 어떠한 의례와 경전이 반영되었는지, 그것들을 시대별로 오래된 것부터 최신 것까지 순서대로 보면, 의례사(儀禮史)와 경전사(經典史) 관계를 잘 알게 되지 않을까 하는 것이다.

필자의 생각으로는, 타이난(臺南) 정일파(正一派)의 도교의례 내용과 그에 의거하는 문헌은 아마도 명대(明代) 중엽 무렵, 롱후샨(龍虎山)과 관계가 깊었던 후지엔(福建)성 남부 향촌의 유능한 도사들에 의해 정리되었을 가능성이 높다. 많은 민간문화의 걸작들이 종종 그렇듯이, 그것이 구체적으로 누가 어떤 자료를 가지고 어떻게 실현하였는지는 안타깝게도 특정하기 어렵다.

다만 타이난의 정일파 의례와 그 문헌에는 도교의례 역사상 중요한 변천과정이, 오래된 것 위에 새로운 것이 첨가되어 가는 형태로 보존, 축적되었다는 점은 분명해 보인다. 이에 대해서 기안초(祈安醮)와 공덕(孔德)의 프로그램 순서에 입각해서 우선 설명하고자 한다.

기안초는 보통 3일간의 규모로 거행되며, 대규모일 경우에는 5일 내지 7일 동안 진행되는 경우도 있다. 먼저 〈발표(發表)〉 과의(科儀)를 통해 신들에게 초(醮)의 개시를 통고한다. 여기에서는 다양한 종교기법이 채용된다. 무엇보다 두드러지는 것은 옥단행사(玉壇行事), 곧 도단(道壇)의 정화를 위해 전강성(天罡星)의 기의 에너지를 이용하는 천심법(天心法) 주술과, 오뢰령패(五雷令牌)를 붙이고 메신저로서 원사신(元師神)을 파견하는 뇌법(雷法) 주술이 사용된다는 점이다. 이들 천심법(天心法)과 오뢰법(五雷法)은, 뒤에서 설명하듯이 오대(五代)부터 남송(南宋)시대에 걸쳐서 형성된 민간무사(民間巫師)에서 기원(起源)한 신선하고 강력하여 신속하고 효과가 뛰어난 벽사기법(辟邪技法)이었다. 천심법과 오뢰법만으로는 기안초 구조 전체를 지탱하기에 충분한 내용이나 분량을 갖추지 못하지만, 정화(淨化)나 민간의 제신(諸神)을 부리는 방법으로는 더 할 나위 없이 유효한 것으로 중시되어 도입된 것으로 생각된다.

다음으로 〈계백(啓白)〉이라고 칭하는, 신들을 부르는 청신(請神) 의식이 거행되는데, 이는 맨 마지막의 〈정초(正醮)〉라고 하는, 사신(謝神) 혹은 송신(送神)의 의식에 내응된다. 〈계백(啓白)〉 다음에는, 〈분등(分燈)〉과 〈숙계(宿啓)〉를 행한다. 이것은 정식(正式) 과정인 〈행도(行道)〉과의를 위한 사전준비에 상응하는 것이다. 〈분등(分燈)〉은 도단의 등을 전부 끄고, 『노자』의 "도는 일(一)을 낳고, 일은 이(二)를 낳고, 이는 삼(三)을 낳으며, 삼은 만물을 낳는다"는 구절에 따라서 점등(點燈)하여 세계 광명의 회복을 표현한다. 그 후 천경(天磬)과 지종(地鐘)을 타종하여 음양의 종소리가 울려 퍼지게 하고, 발[簾]을 걸어 올려서 신들과 대면한다. 현재 타이난(臺南)에서 진행하는 방식에서, 〈숙계(宿啓)〉는 〈금단(禁壇)〉이라고 하는 축귀(逐鬼)를 한 뒤, 「안오방진문(安五方眞文)」이라는 오방(五方)의 기(氣)를 배치하는 작업을 행한다. 이렇게 함으로써 성스러운 도단(道壇)의 구축인 〈건단(建壇)〉이 완성된다. 이상의 일련의 의례에서 행했던 각 과목(科目)은 편성방식은 다소 차이가 있지만, 육조 수당의 도교의례 안에 전부 갖추어져 있었던 것들이다.

〈숙계(宿啓)〉 다음날부터 아침, 정오, 밤 하루 3회 신들과의 알현의식인 〈삼조행도(三朝行道)〉 과의(科儀)가 개최된다. 이것이야말로 도교의례의 중심을 이루는 것이다. 〈삼조행도(三朝行道)〉는 육조시대 유송(劉宋)의 도사 육수정(陸修靜) 시기에 완성되었다. 〈행도(行道)〉 과의(科儀)의 내용은, 4세기부터 5세기에 걸쳐 성립된 『영보도인경(靈寶度人經)』이라는, 천존(天尊)의 보편적 구제를 설파하는 경전의 교설(教說)과 불가분의 관계에 있다. 즉, 〈발로(發爐)〉에 의해 소환(召喚)된 자기의 몸신[身神]과 함께 도사는, 천존이 계시는 천정(天廷; 천상계)으로 가서 구제를 기원하는 문서를 천존에게 상정(上呈)하고 우아하게 가무(歌舞)를 하며 술과 차를 헌상하고, 나아가 죄를 참회하는 것을 연출하는 것이다.

주요한 〈행도(行道)〉 과의(科儀)를 진행하는 사이사이에, 『삼관보참(三官寶懺)』, 『조천보참(朝天寶懺)』 등의 경전을 송창(誦唱)하는 과정이 적당하게 배당된다. 소위 경전을 낭송하는 것은, 도교의례에서는 다소 이차적이며 조용한 부분에 불과하다.

도단에서의 마지막 의례는 〈정초(正醮)〉로서, 이는 〈계백(啓白)〉에서 불러낸 신에게 빠짐없이 감사의 술을 올리고 다시 돌려보내는 것이다. 이때 중요한 것은 〈숙계(宿啓)〉에서 안치된 「오방진문(五方眞文)」을 떼어내어 회수(回收), 분화(焚化)하고, 〈건단(建壇)〉에 대응하는 〈산단(散壇)〉, 즉 성스러운 의례 공간을 해체하는 것이다. 이와 같은 질서를 가진 프로그램 구성은 실로 고도의 구상력(構想力)이 뒷받침된 것이라고 할 수 있을 것이다. 게다가 「오방진문(五方眞文)」의 취급은 3세기부터 4세기 경 강남(江南)지방에서 시행되고 있던 『적서오편진문(赤書五篇眞文)』 의례에서 유래할 정도로 오랜 전통에 속해 있던 것이다.

도단 밖에서는 〈진표(進表)〉와 〈보도(普度)〉가 거행된다. 〈진표(進表)〉는 〈정초(正醮)〉에 앞서 행하는데, 도단(道壇)에서 시작하여 곧바로 밖으로 나가서 노천(露天)에서 행하는데 선반이나 받침대 위에서 보강(步罡), 즉 북두칠성을 밟는다고 하는 의례적 걸음걸이를 하면서 올라가는 것이 특징적이다. 주목할 만한 것은, 이러한 〈진표(進表)〉가 후한의 장도릉(張道陵)이 창시한 초기 천사도(天師道)의 〈상장(上章)〉이라는 의례의 주요한 특색을 모두 보존하고 있다는 점이다. 예를 들어, 도사는 메신저로서, 정일공조(正一功曹) 등의 지극히 오래된 신들을 '출관(出官)'이라는 방법으로 불러내는데, 이것은 아마도 3세기 경 오두미도(五斗米道)의 제주(祭酒), 곧 교단의 구역들을 이끌어가는 지도자들이 사용했던 기법을 그대로 이어받은 것으로,

타이난(臺南)의 도사도 이것을 행하고 있다. 이것을 행할 수 있는지의 여부가 정통 정일파 도사인지 아닌지를 구분하는 기준이라고 말할 정도의 중요성이, 이 의례에 있다고 필자는 생각한다.

도단 밖에서 하는 피날레는 종종 야간에 치러지는데, 제사를 지내주는 사람이 없는 고혼(孤魂)에게 대량의 음식을 제공하는 〈보도(普度)〉 의례이다. 이것은 구고천존(救苦天尊)으로 화신(化身)한 도사가 음식을 베풀어서 아귀(餓鬼)를 구제한다는 내용이다. 여기에서 이용되는 기법은, 불교의 금강승(金剛乘), 즉 밀교에서 유래한 지결(指訣)이나 진언주(眞言呪) 등이다. 명확하게 독립된 과목(科目)으로서의 보도(普度)는 당나라 말 이후 밀교(密敎)의 민간화 움직임과 관련되어 있고 그 이전에는 없어서, 이 과목의 성립이 늦은 것으로 보인다. 기안초(祈安醮)의 맨 처음에 행하는 〈발표〉가 새로운 주법(呪法)과 관련되듯이, 말미(末尾)에 행하는 보도(普度)도 새로운 것이어서, 현행 타이완의 의례는 옛 영보재(靈寶齋)나 상장(上章)의 요소들의 전후를, 송나라 시대의 비교적 새로운 요소들과 아울러 수용한 형태라고 할 만한 구조를 통해 보여주고 있다는 점이 두드러진다.

사실은 이 외에도, 토살(土煞)이나 화신(火神)을 구축(驅逐)하는 데에는 홍두무법(紅頭巫法)이라는 지방(地方)의 무당[巫師]의 기법이 능란하게 이용되고 있다. 이들은 가장 뒤늦게, 송대부터 명대에 걸쳐 수용된 것으로 추측된다.

공덕(功德)이라고 불리는 추선공양(追善供養)을 위한 의례의 기본 구조는 원래는 기안초와 그리 다를 것이 없었다. 그런데 옛날 육조와 수당시대의 영보재(靈寶齋)에서는 〈행도(行道)〉 과의(科儀) 안에서 일괄적으로 표현되었던 구제(救濟) 과정이 이윽고, 각각 방사(放

赦), 타성(打城), 파옥(破獄), 목욕(沐浴), 해결(解結), 연도(煉度), 과교(過橋) 등 개별적으로 독립된 과목(科目)이 되었고 송대에 와서 형태가 정비되었다. 현행 타이난(臺南)의 공덕도 거의 그것을 계승하고 있는 것으로 생각해도 무방하다.

현행 도교의례가 서로 다른 시대에 성립한 요소들을 잔존시키면서, 게다가 각 요소가 상호 모순되지 않도록 연관시켜 전체적인 의례질서를 만들어내는 것을 눈앞에서 직접 목격하면서, 그 능수능란한 구성력에 감동하는 것은 필자만이 아닐 것이다.

경전편찬의 역사적 흐름과 각 파의 특징

그런데 오해하지 말아야 할 것은, 도교의례 역사에서의 옛 문헌과 현재 사용되는 의례문헌이 반드시 아주 세세하게, 한 구절, 한 글자까지 일치하는 것은 아니라는 점이다. 중요한 것은 완전한 일치점을 찾는 것이 아니라, 내용의 특색이나 스타일에 있어서 대체로 공통되는 부분이 있는지의 여부이다. 이와 같은 제약에 입각해서 이번에는 의례의 프로그램 순이 아니라, 도교의례사(道敎儀禮史)의 발전단계의 시대 순으로 경전과 의례문헌의 성립을 추적해 보고자 한다.

■천사도(天師道)의 경전과 의례

2세기 후반에 지금의 쓰촨(四川)성에서 신흥종교인 천사도(天師道)를 장릉(張陵)이라는 인물이 창시했다. 그와 동시대 교단내부의 사료는 당시의 것이 발견되지 않았기 때문에, 육조시대 천사도가 남긴 문헌을 통해 추측해 보면, 『노자』를 중시했던 점 외에도, 『정일맹위록(正一盟威籙)』과 『이십사치기도(二十四治氣圖)』, 『천관장본(天官章本)』 등의 문헌이 있었다. '녹(籙)'이라는 것은 도(타오)의 기(氣)가 변화하여 형상을 지니게 된 신(神)들의 목록이고, 도사는 이들 신들과 맹약을 맺는 것이다. '도(圖)'란 우주 전체의 지형도와 같은 것으로, 기가 분포된 매트릭스(matrix) 같은 것이다. '장본(章本)'은 태상노군(太上老君)에게 바치는 기원문의 범례집(範例集)으로, 천(天)·지(地)·수(水)의 삼관(三官)에게 보냈다고 하는 수서(手書)와 깊은 관계가 있었던 것으로 생각된다. 초기 천사도는 단순한 무술(巫術)이 아니라, '녹(籙)'과 '도(圖)', '상장(上章)' 의례에 의한 치병구제의 수단을 하나의 체계로서 갖추고 있었던 것이라고 생각된다.

■상청파(上淸派)의 경전과 의례

4세기 강남(江南)의 하층귀족인 허(許)씨 일족에게 잇달아 신이 하강하였고, 양희(楊羲)라는 서기(書記)가 계시를 기록했다. 이것이 유명한 모산(茅山)의 세앙스(séance; 交靈會, 영적 세계의 존재들과의 교통, 혹은 교통하는 집단모임)로서, 『진고(眞誥)』에 그 모양이 생생하게 그려져 있다. 이 집단은 『황정경(黃庭經)』과 『대동진경(大洞眞經)』을 외움으로써 장생을 얻고자 했다. 이 두 개의 경전은 주로 개인의 신체 여기저기에 궁전을 가지고 있는 신체신의 명호(名號)와 자태를 기술하고 있으며, 이들을 불러서 선명하게 명상하는 존사(存思)의 기술을 통해 장생을 꾀하며, 더 나아가서는 일족의 구제까지 행하고자 했던 것이다. 그 언사(言辭)는 고상하고 우아해서 수당의 전성기 때 엘리트들로부터 두터운 지지를 받았다. 지금도 타이완의 도사들은 〈행도〉 과의(科儀) 중 기원문을 올리기 직전에 신체의 기를 충실하게 만들기 위해 상청파 기법의 일부인 취기(取氣)의 법을 사용할 때가 있다.

■영보파(靈寶派) 경전과 의례

천사도가 부록(符錄)을 의지해서 병을 고치고 액운을 몰아내는 데 힘쓰고 민중의 신변에 있는 고뇌를 해결하기 위해 애쓰며, 상청파 경전이 귀족의 장생에 수의를 집중하는 가운데, 대승불교의 영향을 받아 4세기부터 5세기에 강남(江南)에서 형성된 것이 영보파(靈寶派) 계통의 경전군(經典群)과 그 안에 기술된 천존(天尊)에 의한 보편적인 세상 구제론을 실천하는 영보재(靈寶齋)라는 의례방법이었다. 이들은 참회를 핵심으로 하여 견고한 정신력 그리고 국가의 안녕과 보호를 위한 금록재(金錄齋)나 조상의 구제를 위한 황록재(黃錄齋)라는 다양한 사회적 요청에 걸맞고, 게다가 구성마저 탄탄한 의례를 완비했다는 점에서 커다란 혁신성을 보여주고 있다. 이들 의례의 충실함에는 육수정(陸修靜)이 많은 역할을 하였고, 그 성과는 북주(北周)의 도교백과인 『무상비요(無上秘要)』에도 열기(列記)되어 있다. 영보의례의 전통이 수당시대 이후에도 면면이 이어져 긴 생명력을 유지하고 있다는 것은, 앞에서 보여준 타이완의 현행 의례의 중심에 여전히 영보재(靈寶齋)의 〈행도(行道)〉 과의를 포함하고 있다는 점에서 분명히 드러난다고 할 수 있다.

이러한 영보의 의례전통은 상청파가 당나라 말기 이후 쇠락해간 것에 비해서 송나라 이후 사회의 커다란 변화에 부응하여 민중의 민속종교와의 사이에서 접점을 찾아내는 데 성공했다는 것이 특필할 만한 일이다. 당나라 말기 두광정(杜光庭)의 『태상황록재의(太上黃籙齋儀)』를 필두로 하여 의례문헌을 집대성하는 작업의 중심에도 이 전통이 있었다. 또한 12세기부터 13세기의 영전진(寧全眞)이나 김윤중(金允中) 같은 많은 도교의례 학자들도 『도인경(度人經)』을 축으로 하는 영보대법(靈寶大法)의 정비와 혁신에 여념이 없었다. 타이완의 도사들이 가지고 있는 문헌 중에는 자기들의 종파를 청미영보파(淸微靈寶派)에 속한다고 말하는 자가 있어서, 상당히 상징적인 것이라 생각된다.

■송대의 새로운 주법(呪法)의 경전과 의례

도교의례의 주요한 전통에서 다수는, 거의 후한 말부터 육조라는 분열사회 속에서 중국인의 생사관(生死觀)과 종교의식이 긴장을 고조시키면서 창조되었다고 할 수 있다. 초기에는 그런 것들도 강한 인상을 줄 수 있었지만, 당나라가 번성했던 시대를 거치고 당말·오대(唐末·五代)가 될 무렵에는 낡은 전통이 되었고, 점차로 생명력을 잃어갔다. 그리하여 의례 구조 전체를 일거에 바꿀 수는 없더라도, 민간의 새로운 활력으로 충만한 종교운동으로부터 자극을 받으면서 자기 내면의 변화를 가져오지 않을 수 없게 되었다.

그 대표적인 예가 천심법(天心法)과 뇌법(雷法)인데, 이것은 천강성(天罡星)과 뇌(雷; 천둥) 등의 강력한 구사력(驅邪力; 악한 기운을 몰아내는 힘)을 주술에 도입하여, 그것을 귀신을 쫓아내는 데 사용하는 등, 송나라 때 성립한 새로운 주법(呪法)들이다. 이들 주법은 소위 영보재(靈寶齋)의 전통 외부에서 민간의 무당들에 의해서 상당히 자유롭게 만들어진 것이었다. 신소파(神霄派)의 경우처럼 송나라 휘종(徽宗) 황제의 관심을 끌어 정권의 핵심부까지 파고들어간 자도 있고, 새롭게 권위를 갖추고 민간에도 확산되었던 것이다. 송나라의 많은 주법을 원대(元代)에서 명(明代) 초기 무렵에 최종적으로 완성한 것은 청미파(清微派)라고 불리던 집단으로서, 그들이 집대성한 의례문헌이 현재 『도법회원(道法會元)』라고 하는 의례전서(儀禮全書)로서 『도장(道藏)』에 수록되어 있다. 이 문헌에는 굉장히 많은 양의 부주(符呪) 의례의 매뉴얼이 총망라되어 있다. 그것들에서 공통적으로 보이는 것은, 남송시대 발전했던 금단남종(金丹南宗)의 내단(內丹) 사상과 부주의례(符呪儀禮)가 통합 일체화된 경향이 나타나고 있다는 것이다. 의례에는 동시대 도교계의 주요한 사고방식이 탐욕적으로 계속 반영되어 가고 있는 것이다.

마지막으로, 이 글을 끝맺으면서 앞으로의 연구에 있어서 희망을 기술하고자 한다. 타이완에서 한 조사체험에 의하면, 도사장(道士長; 도사들의 우두머리)의 집에는 반드시 손으로 베껴쓴 엄청난 분량의 문헌이 소장되어 있었다. 그것에는 경전(經典), 과범(科範), 문검(文檢), 비결(秘訣), 잡기(雜記)가 포함되고, 더구나 각각 독자적인 내용을 지니면서 전체로서 하나의 체계를 이루고 있다. 도사는 이것들을 능수능란하게 구사하면서 도교의례를 학습하고 실천한다. 이러한 사실은 의례와 문헌이 불가분의 관계에 있나는 것을 잘 말해주고 있다. 그러므로 만일 이와 같은 소장 상황이 중국 대륙 전역으로 확산되어 있다고 한다면, 문화대혁명의 거센 물결을 피해서 보존되어 있는 민간 도사들의 수사문헌(手寫文獻; 손으로 베껴 쓴 문헌) 연구

**도사가 소장하고 있는
과의서(科義書)의 한 예**
청대(淸代)의 연호를 볼 수 있다. 타이
베이(臺北)·홍루이란(洪瑞覽) 씨 소장

는 막중한 임무라 하지 않을 수 없다. 도교의 민간 수사문헌과 그에
따른 다양한 의례실천은 중국의 독자적인 종교문화의 보고이므로,
그 충분한 해명이 기대되는 바이다.

공덕의례(功德儀禮)

— 아사노 하루지(浅野春二, 고쿠가쿠인대학 교수)

공덕의례는 망자의 영혼을 구제하는 의례이다. 도사를 불러서 엄숙하게 거행되는 그 모습을 타이완 남부의 예를 통해 상세하게 기술한다.

상례(喪禮)의 일환인 공덕의례

타이완의 정일파(正一派) 도사가 현재 행하고 있는 도교의례 중 하나로, 공덕(功德) 혹은 주공덕(做功德), 주사공(做司公)이라고 부르는 것이 있다. 이는 망자의 영혼을 초승발도(超昇拔度; 망자의 영혼을 지옥에서 구제하여, 천당 곧 천국으로 보냄)하기 위한 의례이며, 많은 경우 상례(喪禮)의 일환으로 이루어지고 있다. 정일파 도사에 의한 도교식 의례 외에, 불교계의 종교직 직능자(스님 외)가 하는 불교식 의례가 있는데, 이 두 가지 의례의 과복구성은 매우 유사하다. 이것은 한(漢)민족의 민속종교의 틀을 구성하는 데 필요로 하는 의례가 각각 도교식 방법, 불교식 방법에 의해 이루어지고 있기 때문이 아닌가 생각된다. 공덕, 주공덕, 주사공 등은 타이완과 기타 지역의 일반인들이 사용하는 명칭이다. 도교의례로는 황록재(黃籙齋), 구유재(九幽齋) 등의 명칭이 사용된다. 지역에 따른 차이점도 보이지만, 여기서는 타이완 남부의 타이난(臺南) 지구를 예로 들어 설명하겠다.

타이난 지구에서 공덕의례로서 행해지는 정일파 도사의 재(齋) 의례에는 대략 세 가지가 있다. 그 세 가지는 ① 황록재(黃籙齋), ② 구유재(九幽齋), ③ 옥록재(玉籙齋)이다. 수많은 망자의 영혼을 초승발도(超昇拔度)하도록 공적인 경우에 시행되는 것이 ① 황록재(黃籙齋)다. 이것은 모든 망자의 영혼을 널리 발도(拔度), 즉 구제의 대상으로 삼는 의례이다. 그리고 한 가정에서 사망자가 초승발도(超昇拔度)하도록 보다 사적인 경우에 시행되는 것이 ② 구유재(九幽齋)다. 또한 출산을 하다가 사망한 여성을 초승발도하는 것과 같이 특수한 경우에 시행되는 것이 ③ 옥록재(玉籙齋)다. 이들은 황록(黃籙), 구유(九幽), 옥록(玉籙)이라는 도교의례에서 옛날부터 사용되었던 명칭에 의해 구별되고 있지만, 기본적으로는 이 세 가지 모두 황록재 계통의 의례였다고 생각된다.

이와 같이 크게는 세 가지로 나뉘지만, 실제로 시행되는 재(齋) 의례에서는 한층 더 세분화되어 분류된다. 그러한 상세한 분류는 의례에 사용되는 의례문서인 소문(疎文) 등에서 볼 수 있다. 타이난 지구에서는 소문 외에도 ⓐ 무상금서발도재(無上金書拔度齋), ⓑ 무상구유발도재(無上九幽拔度齋), ⓒ 무상십회발도재(無上十廻拔度齋), ⓓ 무상황록발도재(無上黃籙拔度齋), ⓔ무상옥록발도재[無上玉籙拔度齋; 혹은 무상옥록혈호발도재(無上玉籙血湖拔度齋)] 등 명칭이 사용된다. ⓐ, ⓑ, ⓒ는 ② 구유재(九幽齋)에 포함되고, ⓓ는 ① 황록재(黃籙齋), ⓔ는 ③ 옥록재(玉籙齋)에 각각 해당한다.

방살(方赦), 타이난 현

타성(打城), 타이난 현. 제종(帝鍾)을 흔들고 우각(牛角)을 부는 도사

이들 중 ⓐ, ⓑ, ⓒ의 구별은 거의 의례가 지속되는 시간에 따른 의례 규모의 차이에 기인한다. ⓐ 무상금서발도재(無上金書拔度齋)는 일반 사람들이 오야(午夜)라고 부르는, 낮부터 밤 또는 다음날 아침까지 계속되는 시간 동안 열리는 공덕의례이다. 소문(疏文)에는 지속되는 시간을 표현하는 말도 기록되어 있는데, 이 경우는 일오야(一午夜)로 되어 있다. ⓑ 무상구유발도재(無上九幽拔度齋)는 일반 사람들이 공각일조(空殼一朝)라고 부르는, 아침부터 그날 밤까지 계속되는 시간 동안 열리는 공덕의례이다. 소문(疏文)에는 일천(一天)이라고 기록되어 있다. ⓒ 무상십회발도재(無上十廻拔度齋)는 일반 사람들이 재복일조(在腹一朝), 숙계(宿啓), 이조(二朝), 이조숙계(二朝宿啓)라고 부르는 것으로, 각각 하루(전날 밤과 다음날 아침까지를 포함해서 24시간 이상), 하루 반(1일째 의례를 정오 무렵 개시해서 36시간 이상), 이틀(48시간 이상), 이틀 반(60시간 이상) 계속되는 시간 동안 열리는 공덕의례이다. 소문(疏文)에는 재복일조(在腹一朝)에 대해서 일주야(一晝夜) 혹은 일단석(一旦夕)이라고 기록되어 있나, 숙

계(宿啓), 이조(二朝), 이조숙계(二朝宿啓)에 대해서는 구별없이 이주야(二晝夜) 혹은 이단석(二旦夕)이라고 기록되어 있다. 한 가정에서 상례의 일환으로 시행되는 것의 대부분인 ② 구유재(九幽齋)가 이와 같이 세분화되어 있는 것은 의뢰자의 사회적 지위나 경제적 능력에 따라서 공덕의례를 다양한 규모로 운영할 필요가 있었기 때문이라 생각된다.

공덕의례는 상례(喪禮)의 일환으로서 시행되는 경우가 많지만, 상례 자체는 유교적인 의례과정으로 시행되고 있다. 공덕의례는 유교식 의례과정 안에 끼워 넣는 형태로, 도교식 또는 불교식으로 행해지는 의례인 것이다. 타이완에서는 '주순(做旬)',' 주칠일(做七日)'이라고 해서, '일칠일(一七日, 7일)'부터 '칠칠일(七七日, 49일)'까지, 사후 7일마다 공양을 기회로 삼는 경우가 많았다. 타이난 지구 전통에서는 일칠일(一七日; 頭旬, 首七), 삼칠일(三七日; 三旬, 三七), 오칠일(五七日; 五旬, 五七), 칠칠일(七七日; 尾旬, 七七)에 행하는 것이 관례였는데, 지금은 수 주간에서 1개월 정도 빈렴(殯斂; 매장 전에 시체를 관에 수습한 채 안치하는 일) 기간 후, 달력에서 정한 안장(安葬; 매장)일 전후로, 1회만 시행하는 것이 일반적인 것으로 되어 있다. 상례에 있어 망자의 영혼을 구제하는 의례를 도교 내지 불교의 형식에 준해서 하지 않으면 안 되는 까닭은, 보통 조상에 대한 자손의 효(孝)로서 설명되지만, 한편으로는 조상이 세상에 살아 있을 때 범한 죄로 인해 저승에서 고통받고 있으면, 이승에서 살고 있는 자손에게 나쁜 영향을 준다고 하는 민속종교적인 논리도 작용했을 것으로 보인다.

도사에 의해
구제받는 영혼

다음으로는 무상금서발도재(無上金書拔度齋)(一午夜)를 예로 들어, 의례의 개요를 설명하고자 한다. 타이완에서 정일파 도사의 의례는 도사 5명을 기본으로 하는데, 타이난 지역의 무상금서발도재(無上金書拔度齋)는 도사 3명에 의해 시행되는 비교적 소규모인 재(齋) 의례이다. 도사 외에 최저 두 사람의 악사(樂師)를 필요로 한다. 의례를 행할 때에는 가건물을 세워서, 도교 신들을 모시는 제단을 임시로 설치한다. 제단 정면으로는 삼청[三淸; 원시천존(元始天尊), 영보천존(靈寶天尊), 도덕천존(道德天尊)]의 족자(簇子)를, 그리고 그 좌우에는 옥황상제(玉皇上帝; 정면을 향해 오른쪽), 자미대제(紫微大帝; 정면을 향해서 왼쪽)의 족자를 걸어둔다. 구고천존(救苦天尊)과 보화천존(普化天尊)의 족자를 걸어놓는 경우도 있다. 좌우 측면에는 제1전(第一殿)에서 제10전(第十殿)까지 저승의 왕과 그 왕이 지배하는 지옥을 묘사한 시왕도(十王圖)를 걸어놓는다. 의례는 이 제단과 망자의 신주(神主; 위패) 등을 모셔 두기 위해서 상가 집의 방 하나에 마련된 영당(靈堂)과 그 주변 장소에서 거행하게 된다. 이 방은 신감(神龕; 신을 모신 감실), 곧 신붕(神棚; 신을 모신 신단)을 모시는 정청(正廳)으로 이용된다. 정오 무렵까지 시간에 맞추어 준비가 끝나며 의례가 개시된다. 의례를 의뢰한 귀족들은 기본적으로는 도사가 의례를 진행하고 있는 내내, 도사의 등 뒤에서 향을 들고 서서 도사한테 맞춰서 절을 한다. 도사가 하는 의례는 다음과 같은 구성으로 되어 있다. (의례를 진행할 장소에 대해서는 이하 기호로 표시하겠다.

D＝단(壇), R＝영당(靈堂), S＝기타)

1. 기고(起鼓) D: 토지공(土地公)과 그날의 당번 신을 불러내기 위해 북을 두드린다.

2. 계백(啓白) D: 신들을 단(壇)으로 맞이한다.

3. 예령설법(詣靈說法) R: 도사가 도번(道旛), 즉 혼을 부르는 깃발을 흔들어서 초혼(招魂)을 하고, 귀족들이 술을 올리고 절한다. 도사는 다시금 망자를 위로하는 노래를 부른다.

4. 개통명로(開通冥路) D: 저승으로 통하는 길을 개통시켜 망자의 영혼을 제단에 이르게 하여 도교로 귀의시킨다.

5. 『도인경(度人經)』 상권(上卷) D: 『도인경(度人經)』을 읽는다. 여기서 읽는 『도인경』은 『정통도장(正統道藏)』 맨 앞에 수록되어 있는 『영보무량도인경(靈寶無量度人經)』 가운데 제1권을 셋으로 분해하여 상ㆍ중ㆍ하로 만든 것인데, 그 중에서 상권을 읽는다.

6. 『자비보참(慈悲寶懺)』 상권(上卷) D: 『자비보참』을 통송하고 참회를 한다.

7. 예령농화(詣靈弄花) R: 『자비보참』을 통송하고 참회했으므로, 망자의 영혼이 용서받을 수 있도록 기록된 문서를 낭송하고, 망자를 위로하는 노래를 부르며 춤을 춘다. 그러고 나서 낭송한 문서를 태운다.

8. 『자비보참(慈悲寶懺)』 중권(中卷) D.

9. 보도(普度) S: 모시는 사람이 없는 고혼체백(孤魂滯魄)에게 보시를 한다.

10. 예령농화(詣靈弄花) R.

11. 『자비보참(慈悲寶懺)』하권(下卷) D.

12. 예령농화(詣靈弄花) R.

13. 방사(放赦) S: 망자에게 사면장(赦免狀)을 발급하는 의례. 도사
가 도단(道壇)이나 영당(靈堂) 가까운 노상이나 공터에서 종이랑
대나무로 만든 인형을 가지고 사면장을 들고 가는 사관(赦官)에게
술을 마시게 하고, 사관이 탄 말한테 여물을 먹이는 몸짓을 한다.

14. 타성(打城) S: 지옥의 성(城)을 쳐부수고 망자를 지옥에서 구출하
는 의례. 도사는 도단(道壇) 이외의 기댈 만한 장소나 영당(靈堂)
앞에서 북 치는 담당자를 상대로 귀졸(鬼卒)과 익살스런 문답을 주
구장창 계속한 뒤에, 마지막으로 여갑진인(余甲眞人)이 되어 종이
랑 대나무로 만든 지옥의 성(城)을 쳐부순다. 그리고 그 안에서 혼
신(魂身; 망자를 본 뜬 인형)을 꺼낸다.

15. 목욕(沐浴) R: 지옥에서 구출한 망자를 목욕시킨다.

16. 배삼보(拜三寶) D: 목욕을 하여 몸이 깨끗해진 망자로 하여금 삼
청(三淸)을 알현하게 하고, 도교에 귀의시킨다.

17. 해결(解結) D: 이 세상에서 지은 죄와 과실을 풀어 없앤다.

18. 사단(謝壇) D: 제단으로 불러온 신들에게 술과 음식을 바친 후 보
낸다.

19. 전고(塡庫) S: 망자가 이전에 이승에서 태어났을 때 진 빚을 천고
(天庫)에 반납하는 의례. 적당한 공터에서 지전(紙錢), 즉 종이돈의
일종인 고전(庫錢)을 잔뜩 쌓아올린 뒤 태운다.

20. 십월회태(十月懷胎) S: 전고(塡庫) 의례의 일부. 십월회태(十月
懷胎)의 노래를 부른다.

21. 격고(繳庫) S: 전고(塡庫) 의례의 일부. 고전(庫錢)의 재[灰]이 무

게를 재는 몸짓을 한다.

22. 과교(過橋) R: 망자에게 나하교(奈河橋)를 건너게 해서 천당으로
    보낸다.

23. 제령(除靈) R: 영당의 영탁(靈卓)을 움직여서 살기(煞氣)를 제거
    한다.

24. 송령(送靈) S: 혼신(魂身; 망자를 본뜬 인형)을 가마에 태워서 돌
    려보낸다.

25. 소지조(燒紙厝) S: 지조(紙厝; 종이랑 대나무로 만든 것으로, 망
    자가 저승에서 살 집)를 혼신(魂身)과 함께 태운다.

26. 안위(安位) S: 집에서 모시는 신과 조상의 위패, 망자의 위패를 신
    감(神龕; 신을 모신 감실)에 안치한다.

27. 세정(洗淨) S: 집안의 사람들, 그리고 집안, 집 부근의 관계된 장
    소를 부수(符水)를 가지고 정화(淨化)한다.

예전에는 19 · 20 · 21의 전고의례(塡庫儀禮) 후에, 연도종지(煉度宗旨)와 공덕희(功德戲; 연극)가 열렸는데, 지금은 시간이 걸리기 때문에 생략되고 있다. 다만 공덕희는 도사가 의례를 하는 틈틈이, 최근 볼 수 있게 된 견망단(牽亡団; 법관계통)에 의해 연출되는 경우가 있다.

여기서 열거한 예는 비교적 소규모인 것들이지만, 한층 규모가 큰 의례의 경우에는 행도의례(行道儀禮) 계통을 이어받은 도장과의(道場科儀)나 언공배표의례(言功拜表儀禮) 계통인 진표과의(進表科儀)가 더해져 도교의례로서의 본격적인 구성을 구비하게 된다.

공덕의례는 일반 가정에서 행하는 상례 외에는 종친(宗親)들이 모

어서 조상에게 제사 지내는 경우나 커다란 재해로 인해 망자가 다수 생겼을 경우에 시행된다. 또한 사고방지나 질병치료를 목적으로 행해지는 경우도 있다. 사고나 질병이 어쩐지 망자의 영혼에 의해서 야기되었다고 생각될 때, 그 영혼을 초승발도(超昇拔度)함으로써 사고나 질병의 원인을 제거하고자 하는 것이다. 그때 발도의 대상이 되는 영혼은 혈연관계에 있는 영혼에 국한되는 것은 아니다. 경우에 따라서는 개와 같은 동물의 영혼일 때도 있다.

기안경성초(祈安慶成醮)

— 마루야마 히로시(丸山宏, 쓰쿠바대학 교수)

하루하루 평화로움에 감사하며, 사묘(祠廟)의 신(神)을 모시는 의식이 타이완의 마을에서 열린다. 도사를 초빙하는 이러한 습속에는 사람과 신의 강한 의존관계가 존재한다.

도교는 중국에서 성립되고 중국사회에서 성장·발전해온 종교이다. 도교가 종교인만큼 당연히 독자적 신앙의 내용과 그것을 뒷받침해주는 의례의 방법을 갖추고 있다. 이 글에서는 타이완에 남아 있는 도교 전통을 '기안경성초(祈安慶成醮)'라는 행사를 소재로 하여 설명해 보고자 한다.

마을 전체가 참여하는
대규모 제사

'기안경성초(祈安慶成醮)'는 정식 명칭이 금록경성기안사은방초(金籙慶成祈安謝恩芳醮)이다. 이렇듯 긴 명칭을 앞에서부터 해설하자면, 먼저 '금록(金籙)'은 금색으로 된 목록이라는 의미이다. 이 목

514

록은 실재하지 않는 상상 속의 것이어서 하늘에 관련된 신들의 이름 외에, 도사와 민중이 하늘을 향해 바치는 공덕의 양이 기록된 것으로 생각된다. '금록(金籙)'에 대응하는 것은 '황록(黃籙)'이다. 황록에는 지하에 있는 지옥의 신들과 지옥에 손을 쓰는 방법이 기록되었다고 상정된다.

금록에 따른 의례는 하늘에 작용하여 다가갈 목적을 가진 청법(淸法)에 속한다. 기안경성초(祈安慶成醮)는 청법의 대표적인 예이다. 어째서 청정한 법이라고 하느냐면, 이 의례를 행하기 위해서는 식사에서는 육식을 끊고, 마음을 고요하게 하며, 심신을 깨끗이 하여, 자연의 청정한 기가 상승하여 형성된 하늘에 작용하게 하지 않으면 안 되기 때문이다. 하늘에는 도교의 높은 지위의 신들이 관료조직을 가지고 있다. 도사다운 사람은 타오[道]의 세계의 말단(末端) 관료 중 한 사람, 다시 말해 타오[道]의 신하로서의 신분으로, 마을의 안녕을 기원하는 문서를 마련하고, 천신(天神)께 상소하여, 재가(裁可; 안건을 상정하여 허가를 얻음)하는 역할을 완수하지 않으면 안 된다. 황록은 '유법(幽法)'에 속한다. '유(幽)'는 어둡다는 뜻으로, 도사는 망자를 어두운 지옥에서 구출해 오는 일도 한다. 그것이 공덕(功德)이라 부르는 의례이다. 전항 〈공덕의례〉 참조

경성(慶成)은 건축공사가 완성된 것을 경축하는 것, 다시 말해 완공을 축하한다는 의미다. 타이완에서는 민간에서 묘[廟; 사묘(祠廟)] 라고 하는 건축물에 신을 모시고 있다. 그 신의 종류는 다 똑같지는 않다. 예를 들면, 마조(媽祖), 보생대제(保生大帝), 청수조사(淸水祖師), 왕야(王爺) 등 신들이 많다. 이들은 모두 당나라 말기에서 송나라에 걸쳐 복건성(福建省)의 고향에 실재했던 사람들이었는데, 그

들이 생전에 행했던 종교적이고 자선적인 활동이나 전란이나 질병으로 인한 비정상적인 사망을 구제한 활동 등에 착목(着目)하여, 민중이 기리게 된 존재들이다. 타이완의 민남계(閩南系) 한족(漢族)은 이들 신들을 매우 독실하게 믿어 타이완으로 건너올 때도 버리지 않았으며, 타이완에 정착한 이후에도 수호신으로서 계속 그들에게 귀의하여, 경제적인 여유가 생기면 자금을 모아서 점차로 대규모의 사묘를 건설하게 되었다. 사묘의 경우도 길가의 작은 사묘에서부터 한 구획 정도의 중형 규모의 사묘, 그리고 마을 중앙에 위치한 대형 규모의 공묘(公廟)까지 대소(大小)가 있다. 특히 최근 자주 볼 수 있는 것은 공묘(公廟)의 대형화로, 그 공사가 종료되면 반드시 도사를 초빙하여 경성기안초를 행한다.

타이난(臺南)현 용캉(永康)향의 공묘(公廟)에서 1987년 11월 26일부터 3일간 거행된 경성기안초를 예로 들어보자. 이 공묘는 보생대제(保生大帝)라는 의약(醫藥)의 신을 모시는 보생궁(保生宮)이다. 비문(碑文)과 노인의 설명에 의하면, 이 마을의 사묘는 청나라 동치(同治) 12년(1874년)에 창건되었다. 이 사묘에서 처음 도사를 초빙하여 제사 지낸 것은 전후 1958년이고, 이후 1975년과 1987년, 즉 12년 주기로 행해지고 있다. 특히 1975년에는 사묘의 중수(重修; 1946년에 붕괴된 것을 재건)가 준공된 것을 경축하여 경성기안초를 지냈다. 1987년의 경우는 구체적으로 완공된 것은 아니었지만, 1주기 12년을 기념하는 의미에서 완공축복이라는 동일내용을 반복한 것이다.

'기안(祈安)'이란 안녕을 비는 것으로, 특히 신의 힘으로 국태민안(國泰民安; 국가가 태평하고 백성이 편안함)과 풍조우순(風調雨順 바람과 비가 순조롭게 불고 내림)을 기원하는 것이다. 즉 기안이란 사회적, 자연적 조화를 기원한다는 의미를 지닌다. 금록기안초가 중국 중세시대에는 황제를 위해 국가의 보호와 안녕, 그리고 음양오행을 포함한 천지우주의 조화를 비는 도교의례였다. 이렇듯 국가 차원의 의례가 촌락 수준의 사묘를 단위로 행해지게 된 것은, 중국 역사상 남송 이후 경제적으로 선진지역인 창강(長江) 하류 지역과 동남 연해(沿海) 지역이었다는 것은 매우 흥미로운 현상인 것으로 보인다.

'초(醮)'란 좁은 의미로는 술과 기타 공물(供物)로 신의 은혜에 감사를 표하는 제의(祭儀)를 말한다. 그러나 건초(建醮), 주초(做醮) 등으로 발전하면서, 민간의 평소 대화에서는 도교의례 전체를 가리키는 넓은 의미로 사용되는 경우가 매우 많다.

이상으로 정리하자면, 기안경성초는 하늘에 손을 쓰고자 하는 금록에 속하고, 사묘의 건축 준공을 경축하며, 마을의 안녕을 기원하기 위해 행하는 도교의 대규모 제사라 할 수 있다.

초(醮)의 택일은
영매(靈媒)의 말에서

마을 사람들에게 있어서 기안경성초는 일생 동안 몇 번밖에 볼 수 없는 의례이다. 이러한 활동을 하는 이유는 마을 사람들의 깊고 두터운 종교적 인식에 기인한다. 그것은 자신들의 마을이 대재앙에도 끄떡없이 이럭저럭 오늘날까지 살아올 수 있었던 것은 보이지 않는 곳에서 마을 사묘의 신이 지켜주고 있음에 틀림없다는, 그래서 자신들은 감사하지 않을 수 없다는 생각에서나, 만일 이러한 사고(思考)가

① 부명(符命) 낭독

사묘의 건축을 기념하고 용신(龍神)에게 오방(五方)의 안진(安鎭; 안녕과 진정)을 빌기 위해 부명(符命)을 낭독하는 리안쓩(李安雄) 도사(1944년 생)

② 백호(白虎)와의 인연 끊기

청(淸) 왕조 시대 지방 관리의 복장을 한 신사(信士) 대표가 가지고 있는 백호(白虎)와의 인연을 끊기 위해 호랑이와 연결된 붉은 실을 칼로 자르고 있는 도사. 여기에서 백호는 남쪽 마을의 경계에서 소각(燒却)된다.

③ 진표과의(進表科義)

사묘 앞에 있는 정원에서 진표과의(進表科義)를 행하는 도사들. 바로 앞과 안쪽에 있는 돼지와 산양 희생물은 천공(天公)을 동시에 행하기 위해 바치는 것이다. 뒤쪽에는 "용캉쌍(永康鄕)의 보생궁(保生宮)에서 정묘(丁卯)년 기안청초대전(祈安淸醮大典)을 삼가 축하한다"는 글자가 보인다.

④ 정초과의(正醮科義)

사묘 안에서의 마지막 과의(科義) 과정인 '정초과의(正醮科義)'에서 관계된 모든 신들에게 술을 바치고 감사의 절을 한 다음, 신이 만족했는지 어떤지를 점치는 장면. 도사의 옆에 있는 사람이 양손으로 뽀에라는 점구(占具)를 던지고 있다.

⑤ 보도(普度)를 지내는 제장(祭場)

보도(普度)를 지내는 제장(祭場)의 야경. 엄청난 양의 먹거리가 고혼(孤魂)이라고 불리는 아귀(餓鬼)들에게 베풀어진다. 놀랄 만한 성대함에 압도된다. 보도를 하면 고혼이 기뻐하여 마을의 안녕이 확실해진다는 것이다.

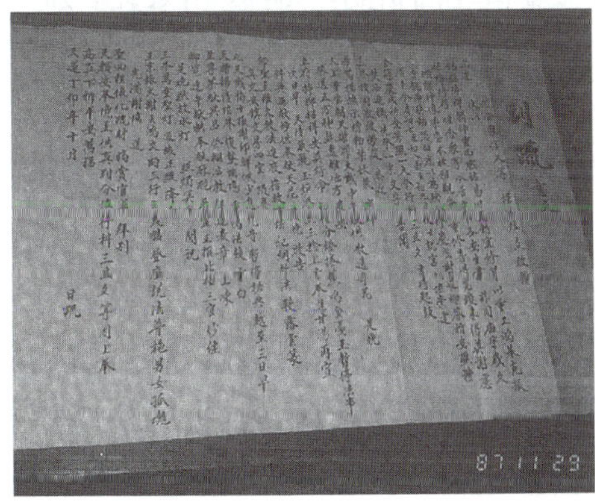

⑥ 의례문서의 실례(實例)

초(醮)의 요지와 프로그램이 기록되어 있다. 도사는 이것을 의례 중에 몇 번이나 낭독하여 신과의 소통을 도모한다.

없었다면 신을 모신다거나 사묘를 세워서 경축하는 일은 있을 수 없다. 사람과 신의 강한 상호의존 관계가 전제되어 있는 것이다.

언제 어떤 규모로 초를 거행할지는 사묘(祠廟)의 신에게 신내림을 받은 당키[童乩]라 불리는 영매(靈媒)의 말에 따르는 경우가 많다. '당키'가 된 사람은 마을의 조건에 걸맞은 계시를 내릴 것으로 생각한다. 택일이 정해지면, 마을 사람은 몇 번이고 집회를 열어서 마을의 장로의 관장 하에 건초(建醮)위원회를 조직하고, 힘 있는 가장들을 '주회(主會)'라 불리는 책임자로서 선출한다. 이러한 선출도 '뽀에'라는 점치는 도구로 점을 쳐서_{별항 〈척고〉 참고} 신의 의향에 따르도록 한다. 그런 다음 자금을 모은다. 신을 위해 사용될 자금은 정확한 회계를 요구하므로, 일이 끝난 후에는 결산한 내용을 돌에 새기기도 한다. 보생궁(保生宮)에서는 많이 내는 사람이 1인 20만 위안(100만 엔), 적게 내는 사람은 2,000위안(1만 엔)을 내서, 전체적으로 1,000만 위안(5,000만 엔) 정도 모인다고 한다. 출금의 모체는 그 마을 전체 호수와 거의 같다. 지출은 사묘의 장식과 새로운 신상제작 등 설비비 외, 인건비, 초청비, 극단과 도사단에게 주는 보수 등이다.

마을에서는 집집마다 등고(燈篙)라는 대나무 장대를 마당에 세우고 등을 밝힌다. 이것은 사묘의 정원에도 세운다. 마을 경계에는 패루(牌樓)라고 하는 아치(arch)를 세우고, 붉은 제등(提燈)을 사묘까지 줄지어 세운다. 등고(燈篙)는 이것을 목표로 귀신들이 내려와 모이므로 눈에 잘 띈다. 이것이 세워지면 제사기간 중이라는 것을 마을 밖에서도 금방 알 수 있다. 의례 일주일 전이 되면 모든 집에서는 육식을 끊고 재계를 시작한다. 사묘의 장식이나 조명도 완성시킨다. 자택의 신단[神壇; 신붕(神棚)]에 있는 신상을 사묘 안으로 운반하여 감초(監醮), 즉 초(醮)의 상태를 잘 지켜보도록 한다. 이렇게 하면 신상(神像)의 영험함이 고조된다.

도사가 와서 의례가 시작되면 마을의 대표인 주회(主會)들은 도사의 뒤에 서서 도사와 함께 반복해서 무릎을 꿇고 절을 한다. 마을 사람들은 도사가 집행하는 의례의 깊은 뜻을 잘 알고 있지는 않지만, 도교의 신을 숭배한다는 주된 취지는 잘 알고 있다. 특히 보도(普度)라 불리는 시아귀(施餓鬼) 의례에서는 각자의 집에서 주부(主婦)가 제장(祭場)으로 음식을 가져와 공양한다. 이렇게 하여 고혼(孤魂)들이 만족하면 마을이 한층 더 안전하게 되는 것이다. 의례 마지막에 도사가 마을 사람들에게 부적과 정화수를 배부하고, 마을 집집마다 천사(天師)의 호부(護符)를 붙인다. 초의 사흘째 밤, 정진(精進)이 끝나면 제사음식을 자택 마당에서 친족 친지들과 함께 먹으면서 매우 즐거운 한때를 보낸다.

3일 낮, 3일 밤 계속되는 의식

타이완의 도사는 정일파(正一派)라고 하는 가장 오래된 종파의 재가도사(在家道士)이므로, 제사의례와 장송(葬送) 의례의 서비스를 해서 보수를 얻어 생활을 하는 직업도사이다. 도사의 수장인 도징(道長)은 주회(主會)와 잘 의논해서 의례의 내용과 가격을 결정하고, 도사단을 조직한다. 또 도교는 한자 문화와 관료제의 국가인 중국의 종교이기 때문에, 한번 의례를 할 때마다 수십 장이나 되는 종교문서를 사용하여 신들과 소통을 해야만 하며, 도장(道長)은 붓을 잡고 며칠 동안 문서를 완성시킨다. 그 중에서도 방문(榜文)이라는 문서에는 의례의 프로그램 외에 마을에 있는 거의 모든 집의 가장(家長) 이름이 오류 없이 열기(列記)된다. 이는 도교가 가지고 있는 이념, 즉 공동체를 전체로서 영유(領有)하여 교화하자는 이념의 한 표현이기도 하므로 사묘의 정원에 게시된다.

도사는 전날 저녁 사묘 안에 도단을 설치한다. 태상노군(太上老君) 등 고위(高位) 도교신의 화축(畵軸)을 안쪽에 걸고, 묘신(廟神) 곧 그 사묘의 신은 사묘 입구 부근으로 옮겨 평소와는 전혀 다르게 배치하여 도사가 의례를 행하기 용이하게 한다. 이러한 상태는 제사기간 동안만 유지된다. 첫째 날은 아침부터 시작을 알리고[發表], 신을 불러[請神], 밤에 잠시 소등했던 등을 다시 밝힌다[分燈]. 둘째 날은 신에게 차를 올리고[進茶], 경전을 암송하며, 밤에 도단에서 귀신을 쫓는[禁壇] 연기를 하고, 오방(五方)의 성스런 기(氣)로 만들어진 진문(眞文)을 안치해서 우주의 재생을 꾀한다[安眞文]. 셋째 날은 밖에서 옥황(玉皇)에게 표를 바치고[進表], 감사의 예를 하고[正醮], 시아귀[施餓鬼; 보도(普度)]로 마무리한다.

경성(慶成)을 위한 특별한 과목(科目)은, 첫째 날 오후에 거행되는 주술적 특색이 농후한 것이다. 그것은 '경토과(慶土科)'라고도 부르는데, 공사(工事)를 한 지면에 머물고 있는 흙 속의 악한 정령이나 택호(宅虎)라는 흰 호랑이에게 주륙(酒肉)을 주어서 마을 밖으로 추방하는 내용이다. 흥미로운 것은 도사가 이 과목을 도교가 아닌 민간의 무당들의 기법을 사용하여 시행함으로써 민중의 요청에 유연하게 화답하고 있다는 점이다.

온왕초(瘟王醮)

— 마쓰모토 고이치(松本浩一, 쓰쿠바대학 교수)

사묘(祠廟)의 주신(主神)을 맞이하여, 극진하게 대접하고 보낸다는 중국의 초(醮). 중국인 사회를 상징하는 이 제례(祭禮)는, 지역의 번영을 소원하는 사람들의 기도이다.

현재 초(醮)는 묘신(廟神)의 탄신일이나 사묘의 보수·재건이 완성된 때 등에 사묘제례의 일부로서 집행되고 있다. 초(醮) 자체는 도교 최고신인 삼청(三淸), 즉 원시천존(元始天尊)·영보천존(靈寶天尊)·도덕천존(道德天尊)과, 옥황대제(玉皇大帝)를 대상으로 하는 독자적인 프로그램에 따라서 집행된다. 그러나 이렇듯 도사단(道士團)에 의해서 집행되는 의식(儀式)만이 제사의식을 형성하는 것은 아니다. 사람들의 주된 관심은 사묘의 주신을 중심으로 집행되는 의식이다. 그것은 일본의 전통적인 제사의식과 비슷한 형식을 지니고 있어, 주신을 맞이하여 신여(神輿), 즉 신위(神位)나 신체(神體)를 모시는 가마에 태워서 영역 안을 순행하고, 환대를 다한 뒤 보내는 과정으로 이루어진다. 그런데 사묘의 제례에는 서로 교류가 있는 다른 지역 사묘의 신여(神輿)도 참가하고, 주신의 신여는 그 사묘의 영역뿐만 아니라 제례에 참가한 지역의 사묘에도 그 지역의 신여와 함께 행렬을 편성하여 순회한다. 즉 제례는 사묘을 모시는 지역 내부에서만 완결되는 것이 아니고, 다른 지역과의 연대관계도 중요한 것이 된다. 이 점이 일본의 제례와 크게 다른 점일 것이다. 여기서는 왕야(王爺)라고 하는 신을 대상으로 집행되는 왕초(王醮)를 예로 들어 사묘 초제(醮祭)의 성격을 소개해 보고자 한다.

360명이나 되는
왕야(王爺)의 수

왕야(王爺)를 모시는 사묘는, 현재 타이완에서는 복덕왕신(福德王神), 즉 토지공(土地公)의 사묘 다음으로 많은 수를 차지하는데, 그 사묘의 대부분은 타이난(臺南)현 지방을 중심으로 남부에 집중되어 있다. 왕야는 한 명만 있는 신(神)이 아니고 더러는 360명이나 있다고도 알려져 있는데, 각각 다른 성씨를 가지고 있다. 그 중에는 주(朱), 지(池), 이(李)씨 성의 왕야를 많이 모시는데, 지부천세(池府千歲), 이부천세(李府千歲) 등으로 불리고 있다. 사묘에 모시는 경우에도 단 한 명만 모시는 게 아니고, 특히 5명을 한 조로 편성하여 모시는 경우가 많다. 제목에 온왕(瘟王)이라는 말이 가리키는 것처럼, 왕야는 원래는 온신(瘟神), 즉 역병신(疫病神)이라고 알려져 왔다. 그런데 사람들 사이에서 역병을 초래하는 본래의 모습에서 다시 역병을 일으키는 악귀를 단속하는 신이 되고, 점차로 다양한 역할을 하는 만능의 신이 되어갔다고 한다. 명나라 후기 때 수필『오잡조(五雜組)』에 보이는 기사(記事)에는, 복건(福建)성 해안지방에는 역병이 유행할 때 역병신에게 제사를 지낸 후, 이 역병신을 종이로 만든 배에 태워서 강과 바다로 흘러보내는 풍습이 있었다는 이야기가 전해지고 있다. 이것이 현재 왕초(王醮)의 기원으로 보이는데, 이 왕야선(王爺船)이 흘러가 도착한 곳에서는 다시 초(醮)를 행하여 이를 받들어 모시는 일을

송강진(宋江陣)과 마을 대표들
마을 대표들은 청나라 왕조의 관리 복장이다.

반드시 해야만 했다. 타이완의 왕야를 모시는 사묘에서도 이와 같은 기원(起源)을 전하는 경우가 낳다. 타이난(臺南)현 수시(蘇厝)촌 장흥궁(長興宮) 등에서 모시는 십이행온왕(十二行瘟王)은 뚜렷하게 역병신으로서의 성격을 갖추고 있는데, 평소 때는 사묘에 신상을 놓아두지 않고 위패 같은 모양을 한 신의 상징인 왕령(王令)만 안치되어 있다. 이 왕야는 모두 12명이 있는데, 그들 각각이 12지(支)의 하나로 표현되고 있다. 그리고 3년에 한 번, 초제(醮祭) 때에는 3명씩 왕야가 내려온다. 그런데 왕야에게는 옥황대제(玉皇大帝)의 명을 받아서 사람들의 선악을 감시하기 위해 인간계로 파견되어온 신으로서의 일면도 있다. 그래서 사묘에서도 초제 때 왕야의 강림을 '대천순수(代天巡狩; 하늘을 대신해서 민간의 정세를 시찰한다)'라 부르고, 왕야를 모시는 사묘도 일반적으로 '대천부(代天府)'라 부른다.

그런데 왕야에 관한 전설에는 역병신과는 관계가 없는 것도 많다. 예를 들면, 왕야가 원래는 당나라 현종(玄宗)이 장천사(張天師)의 법력을 시험해 보려 했기 때문에 희생된 360명의 진사(進士)라고노 하

소각 직전의 왕야선(王爺船)

고, 전시(殿試; 황제가 몸소 시행하는 과거시험)를 보러 가다가 익사한 360명 진사의 혼이라고 하며, 또한 역병에서 사람들을 지키려다가 희생이 된 5명의 진사가 신으로 모셔졌다고도 한다. 다시 말해, 이들 전설에서 생각해볼 수 있는 것은 뜻을 이루지 못하고 죽은 자, 백성을 위해 혹은 부당하게 희생된 자들의 영력(靈力) 있는 혼을 신으로 모신 것이 왕야라는 것이다.

이 외에도 왕야의 기원에 관해서는 다양한 설이 있으며, 또 왕야는 당키(童乩)의 수호신으로도 생각된다. 이와 같이 왕야는 지극히 복잡한 성격을 지니고 있지만, 그만큼 민간신앙과 밀착된 신격이라고도 할 수 있다.

열광 속에서 전개되는 초(醮)

장흥궁(張興宮)의 왕초(王醮)를 예로 들면, 사람들에게 있어서 왕초는 순수(巡狩; 순시)를 위해 강림한 왕야(王爺)를 맞이하여, 마을 안과 교류가 있는 이웃 마을의 사묘를 순행하고, 초 의례 기간 중에 사묘에서 하루 3번 음식을 올리며, 마지막으로 신상(神像)을 왕야선에 태운 뒤 신상을 배와 함께 불태워 다시 보낸다는 줄거리로 이루어진다. 왕초에 즈음해서는 준비사항으로 각 집의 정원에 고혼(孤魂), 즉 제사를 지내줄 사람이 없는 망자를 맞이하기 위해서 등고[燈篙; 일본의 오봉(お盆). 추석과 같은 명절에 정령을 맞이하기 위해 세워두는 등불과 비슷한 것]을 세우고, 사묘에서는 왕야선이랑 왕야가 머무를 왕부(王府)를 준비하거나, 마찬가지로 등고를 세우기도 한다. 또 장홍궁에서는 볼 수 없지만, 초제(醮祭)를 거행하기 전에는 사묘의 신에 소속되는 다섯(동·서·남·북·중) 병영(兵營)의 신병(神兵)들을 오방(五方)에 배치하는 '방병(方兵)'이라는 의식을 행하고, 초를 끝낸 뒤에는 이들 신병(神兵)을 다시 철수시키는 '수병(收兵)'을 행한다. 그들은 사묘에 모신 신들이 부하 병사로서 평소에는 명계(저승)의 사악한 존재가 끼어들어 해를 입히지 않도록 그 시역을 수호하는 임무를 맡고 있는데, 신들의 탄신일 등의 경우에는 그들의 노고를 치하하기 위해 '상병(賞兵)'이라는 의식을 자주 행한다. 제례 중에 중심적인 역할을 맡아 하는 것은 '송강진(宋江陳)'이라고 부르는, 마을의 청년단에 해당하는 조직이다. 설명할 필요도 없이 이 조직 이름은 『수호전(水滸傳)』에 등장하는 영웅에서 가져온 것으로, 원래는 마을의 자경단(自警團) 곧 마을 자체의 수비단체 역할을 맡았던 것으로 생각되며, 단원들은 여러 가지 무기를 들고서 의례의 각 단계마다 퍼포먼스를 한다. 이 외에도 '태고진(太鼓陳)'이나 '태평가(太平歌)'와 같은 진동직인 노래와 예능을 하는 예진(藝陳)이 몇 개 징도 마을에 있어서 제례에 참가한다.

도사의 초는 밤이 될 때부터 시작되는데, 그 무렵부터 서로 교제가 있는 마을에서 사묘의 주신의 신여(神輿), 그리고 송강신(宋江陳)과 예신(藝陳)이 속속 들어와서 인사를 나눈다. 그리고 밤숭이 지나 도

사를 선두로 신여와 송강진이 왕야를 맞이하러 출발하고, 강가 모래
밭에서 도사는 개광점안(開光點眼) 의식을 하고서 왕야의 신상에 혼
을 불어넣는다. 왕야의 신상은 절대로 사람 눈에는 띄지 않게 한다.
열광 속에서 신상을 왕부로 맞아들이면 새벽을 기다렸다가, 사람들
은 순행을 출발한다. 행렬은 '숙정(肅靜)', '대천순수(代天巡狩)'라고
적은 플래카드(placard)를 들고 있는 알리미 선발대를 선두로, 이 의
례에 참가한 사묘들의 송강진과 깃발, 신여 등이 이어지고, 맨 뒤에
해당 사묘의 주신, 즉 왕야의 신여가 따른다. 다른 마을의 사묘에서
는 그들이 마중 나온 사람[당키(童乩), 또는 신이 앉아 있을 작은 의
자를 멘 두 사람인 경우가 많다]과 인사를 나눈다. 이 행렬이 본묘(本
廟)에 돌아왔을 때는 역시 한바탕 열광적인 장면이 펼쳐진다.

　왕부(王府)에서는 초가 진행되는 기간 중 하루에 세 번 식사나 뜨
거운 차 등의 공양이 행해지고, 도사들도 하루 세 번 왕부를 향해 배
알을 하는데, 왕야에 관한 금기에는 매우 엄격함이 있으며, 이 사묘
에서 도사가 의식을 행하고 있는 초단(醮壇)은 비교적 자유롭게 출입
하게 하지만, 왕부에는 여간해서 들여 보내주지 않는다. 사람들은 수
시로 공물을 가지고 사묘에 와서 참배하고 간다. 초 기간에는 사묘
앞 광장에서 홍두법사(紅頭法師)들이 '칠성교(七星橋)' 등 개운(改
運), 액막이 주술을 행하는 경우가 많다. 사람들은 주문을 외우는 법
사에 이어서 북두칠성을 그린 다리를 건너고, 작은 종이 인형으로 몸
을 쓰다듬으며 마지막으로 인형에 숨을 불어넣는다. 이 인형은 왕야
선과 함께 소각된다. 또한 역시 이 기간에 다른 도사단이 기름을 넣
어 불을 붙인 냄비를 가지고 마을에 있는 신자들 집을 돌며, 액막이
행사를 하면서 가정의 평안을 기원하는 의식도 진행한다. 그동안 도

사가 초단(醮壇)에서 진행하는 의례에서는 청조(淸朝) 관료의 의복과 모자를 걸친 마을 사람들이 반드시 몇 명쯤 참여하는데, 이들의 의례가 사람들의 눈길을 끄는 경우는 거의 없다.

배가 불타면서
제례는 절정으로

그런데 사묘 밖에 특설로 세워진 단(壇)에서 행해지는 '보도(普度)'는, 마을 사람들에게도 중요한 이미를 가지고 있다. 앙야선을 소각히기 전날 저녁, 사람들은 각자 집에서 소쿠리에 음식을 가늑 넣어, 제단 앞에 길게 설치된 선반으로 짊어지고 온다. 도사의 법사가 끝나면 고혼들에게 올렸던 음식은 가지고 돌아가 그날 밤 각자의 집에서 친척 친지들과 모여서 성대한 연회를 베푼다. 마을 사람들은 초가 진행되는 동안 초를 지내는 당일까지는 소식(素食), 곧 채식이나 정진요리(精進料理)를 먹는 것을 원칙으로 하기 때문에, 이러한 연회는 신과 인간이 함께 머는 음복(飮福) 연회라는 의미도 가지고 있는지도 모른다. 그 무렵 사묘에서는 도사가 왕초(王醮)의 독자적인 일련의 의식을 집행한다. 오뢰신등(五雷神燈), 화온초(和瘟醮), 타선초(打船醮)가 그것이다. 앞의 두 가지, 즉 오뢰신등과 화온초는 왕무에서 사람들의 눈에 띄시 않게 신행되는 반면, 세 번째의 타선초는 왕야선에서 배가 출발할 때 필요한 것이 빠짐없이 구비되었는지 여부를 확인하며 진행한다. 도사의 초단(醮壇)에서의 의식은 이 의식에 앞서 이미 완료되있고, 난(壇)의 신상(神像)은 절거되어 있다. 마지막 날에는 왕야선이 강가 모래밭으로 운반되어 와서 대량의 지전(紙錢)과 함께 소각되고, 왕야는 다시 하늘로 돌아가게 되는데, 이것이 제례의 절정이라는 사실은 말할 나위도 없다. 그러나 도사는 '압선기(押船旗)'라는 깃발을 게양한 한 사람과 동행할 뿐이다.

중국 사회에서 사묘는 한 지역의 통합의 상징으로 현실 사회적 관계뿐만 아니라, 명계(저승)에 있어서도 지역을 둘러싼 다양한 존재와의 관계의 중심으로 기능하고 있다. 그리고 초제(醮祭)에 있어서는, 그 지역의 평안과 번영에 영향을 주는 여러 명계(저승)의 존재들에게 다가가 작용하려는 움직임이 집중적으로 이루어지고 있다는 것을 알 수 있다. 도사가 집행하는 초의(醮) 의례에서는, 신들의 관료조직에서 정상의 자리에 있는 최고신에게 기원을 한다. 보도(普度)에서는 재앙이 생길까 두려운 고혼에 대한 위로가 진행된다. 그리고 중심이 되는 것은 사묘의 주신에게 드리는 제사이고, 그 속에서 신도들의 부정이 씻겨 나가고 해악을 가져오는 악귀가 진압되어, 다음 제례가 있을 때까지 번영이 약속되는 것이다.

법사(法師)의 의례와 역할

— 후루이에 신페이(古家信平, 쓰쿠바대학 교수)

타이완 종교는 도교 색채를 띠고 발전했으며, 종교 직능자들이 독특한 의례에 종사해 왔다. 여기서는 타이난(臺南)의 법사(法師)들의 활동 내용을 예를 들어 고찰한다.

타이완 도교를 지탱하는 도사와 법사

타이완의 한인(漢人)은 대륙에서 이민을 통해 건너와 구성되었고, 이 사람들은 불교와 그 일파인 재교(齋敎), 혹은 한민족 고유종교라고도 할 수 있는 도교를 가져와 전했다. 오늘날 타이완의 종교 상황은 그러한 종교들과 민간의 다양한 신앙이 뒤섞여 매우 복잡한 양상을 보이고 있는데, 일반적으로는 도교 전통의 색채가 농후해 보인다. 이 전통에 깊이 관련된 직능자로는 도사(道士), 법사(法師) 및 당키[童乩]와 '앙이'라고 하는 영매(靈媒)가 있으며, 사람들은 각각의 직능에 맞추어 다양한 의뢰를 한다.

도사는 도사단을 주재하며, 도관(道冠)을 쓰고 도복(道服)을 입고 초제(醮祭) 등의 제전(祭典)과 장례(葬禮)를 집행하며, 도장(道場)에서는 과의(科儀)와 독경(讀經)을 한다. 타이완 북부 지방에서는 도사가 사묘(祠廟)의 개축(改築)과 신축(新築) 시에 행하는 제전(祭典)이나 초제(醮祭)라는 축사(祝事) 그리고 가지기도(加持祈禱; 신의 힘을 빌려 질병이나 재액을 막고자 올리는 기도) 등에만 종사하는 '홍두도사(紅頭道士)', 장례와 추선공양(追善供養)에 종사하는 '오두도사(烏頭道士)'로 분화되어 있다. 이와 달리 남부에서는 이러한 구별 없이 양쪽 직능을 모두 겸하며, 그냥 도사라고 부른다. (남부에서는 '홍두'라 하면 법사를 가리킨다.) 한편, 법사도 단(壇)을 소유하고 수호신을 모시며, 붉은 머리띠를 두르고 질병치유, 액막이, 가지기도 등 주술적인 법술을 전문으로 행한다. 도사와 법사의 역할은 서로 상당히 겹쳐 있어서, 예를 들면 신축된 사묘의 문을 처음으로 여는 의식도 어느 쪽에서든 가능한 행위이기 때문에, 의뢰자 측의 선택에 따라 결정된다. 당키와 앙이는 빙령형(憑靈型; 신령에게 빙의된 유형)의 샤먼으로 각각 신령과 망자의 영이 빙의해서 신탁을 하고, 법사가 그를 도와주는 역할을 한다. 이것은 당키와 법사가 함께 수행과 훈련을 받는 경우가 많고 그 지식이 공통된 것과도 관련되는 것으로 보인다.

지금까지 도사에 대해서는 연구가 상당히 진행되어 있지만, 법사에 관한 연구는 매우 제한적이며, 법사의 실태에 대해서도 도사와 비교하면 별로 잘 알려져 있지 않다. 외관으로 보자면, 그들은 의례를 집행할 때는 맨발로, 도사의 도복(道服)에 해당하는 의상은 착용하지 않고, 머리에는 붉은 두건을 두르고, 그의 곁에 북을 두드리는 한 명의 보조자가 동행할 뿐이며, 여러 명의 법사가 연합하는 일이 없이 단독으로 집행하는 것이 보통이다.

전수서(傳授書)에 기록된
신주(神呪)와 신의 이름

법사가 의례에서 외우는 신주(神呪)에 대해서는, 그것을 기록한 '전수서(傳授書)'를 검토해 보면 홍두법사와 남부의 도사가 행하는 구사(驅邪)·치병(治病) 등 가지기도의 방술과 상당히 공통된 점이 있다고 한다. 전수서는 신주부(神呪簿)라고도 불리며, 법사가 사장(師匠)의 것을 필사한 신주(神呪)를 집성해서 만든 것으로, 원래는 구전으로 전해져 왔기 때문에 동음(同音)에 대해서는 가차자(假借字)도 많다. 이른바 타이완어 발음에 맞추기 위해서, 어주 맞추기에 따른 조작이 이루어지기 때문에 한자 표기가 가지각색이 된다. 이것은 외부 사람에게는 여간해서 보여주지 않기 때문에 지금까지 공표된 것은 적지만, 타이완 남부 타이난(臺南)에 어느 법사가 가지고 있는 것에는 여러 도교의 신들과 붓다의 강림을 청하기 위해 신주(神呪)가 열기(列記)되어 있다.

신(神) 중에는 원시천존(元始天尊), 영보천존(靈寶天尊), 도덕천존(道德天尊), 옥황상제(玉皇上帝) 등 도교의 지고신이 있고, 도교와 깊은 유대가 보이는 것 외에도 관음불조(觀音佛祖), 달마대사(達磨大師) 등 불교의 제불(諸佛)도 포함되어 있다. 또한 그와는 별도로 민간신앙의 신들이 상당히 수용되어 지역의 신들도 등장한다는 것에 그 특징이 있다. 각각의 신이 취한 포즈나 신덕(神德)이 기술되어 있는데, 그것은 타이완 사람들이 마음에 그리는 신의 이상적인 모습이며, 사묘에 모신 신상의 형태와도 서로 겹쳐져 있으며, 『봉신연의(封神演義)』의 묘사와 깊은 관련을 가지고 있나, 법사가 의례 중간에 개개의 신에게 강림을 청할 때, 신주(神呪)를 외우면서 각각에게 어울리는 자세를 잡아 보여주는 경우가 있는데, 의뢰인도 그때 무엇을 부르고 있는지 볼 수 있다. 법사의 의례를 보다 가깝게 볼 수 있는 것이다.

신주부(神呪簿)에는 이 외에도 의례 중에 각 단락마다 큰 북을 두드리는 지점이나 뿔피리를 부는 지점이 지시되어 있고, '신병화급여율령(神兵火急如律令)'이라는 신병(神兵)의 강림을 명하는 상투적인 문구가 들어가 있다. 이것은 일본의 슈겐도(修驗道)에서 사용하는 주술어인 '급급여율(急急如律)'과 관계가 있을 것이다. 신주부(神呪簿)에는 이것 외에 주부(呪符)의 서식(書式)도 포함되어 있는데, 그것을 소지한 법사가 쓴 각서(覺書)의 색채가 강하다. 따라서 신주(神呪)가 순서에 일정한 기준 없이 모아졌다고 보는 것이 좋기 때문에, 이것이 공표되어도 그것만으로는 법사의 의례를 명백하게 밝히기는 어렵다.

법사(法師)의 자질에 따라 상이한 의례

타이완 남부 타이난(臺南)현에 사는 어떤 법사는 다음과 같은 의례를 시행하고 있다.

■ 사토(謝土)

집을 신축하거나 묘지를 새로 지었을 때, 토지를 지키는 신의 분노를 사서 재앙을 당하지 않도록 하는 기도. 연립주택에서도 시행되는 경우가 있다.

법사에 의한 개광점안

법사에 의한 액막이 의례

■ 개광점안(開光點眼)

사묘나 개인의 집에서 신상을 새롭게 안치할 때, 그것에 혼을 불어 넣는 의례. 태양 빛을 거울에 반사시켜서 닭 벼슬 피를 묻힌 붓으로 신상의 요점에 찍는다.

■ 고상(犒賞)

사묘의 주신 탄신일과 초를 할 때 보통 주변에 배치되어 수호해 주는 신장신병[神將神兵, 오영군병(五營軍兵)] 등의 노고를 치하하고 위로하기 위한 의례. 사묘의 신도는 공물을 가지고 모인다.

■ 수혼(收魂)

육체에서 빠져나온 혼을 찾아와서 병을 고치는 법. 법사의 단에 의뢰인이 와서 시행하는 경우도 있고, 부적을 태워서 재를 물과 함께 마시게 한다.

■ **보운(補運)**

재난이 계속되면 운을 좋게 하기 위해서 개최되는 의례. 의뢰인 집에서 진행하는 것과 의뢰인이 신도로서 다니고 있는 사묘 등을 이용해서 하는 경우가 있다.

■ **낙지부(落地府)**

명계(저승)에서 제자리를 찾지 못하고 망령이 되어 나온 영혼을 병자의 몸에 다시 돌려보내는 의례. 의뢰인 집에서 의례를 행하는 당키와 함께 염라대왕 앞으로 가서 원인을 묻는다.

■ **배천공(拜天公)**

결혼식 전날 심야에 천공(天公), 즉 옥황상제를 알현하는 의례. 의뢰인이 신도로 있는 사묘에서 신상을 빌려와서 진행한다.

■ **진향(進香)**

모묘(母廟; 가장 처음 세워진 큰 사묘)의 탄신일 등에 신상을 늘어세우고 신도가 참배하러 가는 일. 이것과 함께 소문(疏文)을 낭독한다.

이 외에도 자택에 설치한 단(壇)의 주신(主神)의 탄신일을 신도와 함께 축하하기도 하고, 매주 2회 정도 신내림을 한 상태에서 신도의 여러 가지 질문에 판시(判示), 즉 판단을 내려주는 의례를 행하고 있다. 신내림은 일반적으로는 법사의 직무에는 들지 않으나 샤먼적인 측면을 보이는 경우도 있다.

다만 이러한 법사의 경우에는, 망자의 영이 저세상에서 고통받고 있는 것을 왕사성(枉死城)에서 구제하기 위해 행하는 '타성(打城)'이라는 의례를 하지 않고, 음력 7월 이외의 시기에 타성을 행하고 있는 타이난 시내의 악제묘(嶽帝廟)에도 가지 않는다. 그것은 자기를 인도할 수 없는 자가 망령(亡靈)을 제 세상의 고통으로부터 벗어나게 할 수 있을 리 만무하다고 법사 자신이 느꼈기 때문이라 생각되지만, 그의 사고방식은 악제묘 같은 음(陰)의 사묘에는 발을 들이지 않겠다는 것으로 보여, 담당하는 의례분야가 양(陽)에 편중되어 있는 셈이 된다. 다른 법사의 사례도 보면, 담당하는 의례는 아마도 법사 개인의 자질에 따라서 결정되는 것으로 보인다.

앞으로 밝혀져야 할 의례(儀禮)·신주(神呪)의 내용

타이난(臺灣)의 어느 법사의 의례는 다음과 같이 구성되어 있다.

■ 헌향(獻香)

제단의 주신(主神) 이름을 불러가며 향(香)을 바치는 것을 주창하며, 향로에 향을 올린다. 의례의 개시를 고하는 부분에서 이 신주(神呪)는 신주부(神呪簿)에는 기재되어 있지 않으며 구전으로 전해진다.

■ 청정단계(淸淨壇界)

청정부(淸淨符)를 태워서 깨끗한 사발에 넣고 거기에 주문을 적어 한층 더 청정부수(淸淨符水), 즉 청정부를 태워 그 재를 탄 물이 효

과를 높게 한 후, 부수(符水)를 손가락에 적셔서 하늘과 땅 그리고 제
사장소를 청정하게 한다.

■ 개정편(開淨鞭)

법편(法鞭; 용을 새겨 넣은 무늬가 있는 채찍)을 제단에서 받아, 신
주를 외우면서 의례에서 사용할 수 있는 상태가 되도록 한다.

■ 청신(請神)

상계(上界)·중계(中界)·하계(下界) 신들의 왕림을 청하는 신주
[神呪, 즉 삼계총주(三界總呪)]를 외운다. 그 다음에 개개의 신들을
불러온다. 그 일례로서 좌금(座禁; 당키를 탄생시키는 의례) 때 불
러온 신명(神名)을 열기하면, 합단관장(合壇官將), 현단관장(玄壇
官將), 관음보살(觀音菩薩), 보암교주(普庵敎主), 관성제군(關聖
帝君), 보생대제(保生大帝), 천상성모(天上聖母), 오부삼천세(吳府
三千歲), 복덕정신(福德正神), 중단원사(中壇元師), 흑호대장군(黑
虎大將軍), 당관원사(唐官元師)가 있다. 이들 신들을 불러 의례에
참석시키는 셈인데, 이들 신령을 불러오기 위한 신주(神呪)는 신주부
(神呪簿)에 기록되어 있고, 무장(武將)이면 거친 동작을 하고, 연꽃
을 타고 있는 관음보살을 나타내는 데에는 작은 연꽃 가지를 엮는 것
처럼, 신주의 내용에 대응하는 동작을 한다. 그런 다음에 삼정경(三
淨經)을 외워 제장(祭場)을 완벽하게 정화시킨다.

■ 청오방격계(請五方隔界)

오방성자(五方聖者)를 부른다.

이 이후는 의례의 성격에 따라서 달라지고, 좌금(座禁)에서는 수호를 위한 오영군병(五營軍兵)을 불러 배치시켜 새롭게 탄생하는 당키를 지키게 했다. 불러온 신을 보내는 부분은 그들을 맞이할 때만큼 명료하지 않다. 류지완(劉枝萬) 씨는 수혼의례(收魂儀禮)를 다섯 가지로 구분하여, 정단(頂壇; 청신에 해당하는 모든 의례에 불가결한 부분), 하정[下頂; 여러 신으로 부족할 우려가 있기 때문에 정예부대 파견을 청하는 구사(驅邪)에 만전을 기한다], 수혼[收魂; 오방(五方)으로 유리된 영혼을 회수한다], 진방할(進房割; 병실에서 병자에게 들러붙어 있는 악령도 풀어준다), 압송외방(押送外方; 악령으로 하여금 어쩔 수 없음을 알아 체념하여 떠나가게 한다)으로 구성되었다고 한다. 정단(頂壇)과 하단(下壇)이 거의 모든 의례에도 공통되는 것이라 할 수 있겠다.

한편, 오영(五營)을 부르는 신주(神呪)를 타이완에서 수집한 아홉 개 신주부와 비교해 보았는데, 같은 문장이 하나도 없어 계통을 정리하는 것은 곤란했다고 한다. 현재 옥제묘(嶽帝廟)의 경우 타성의 의례와 수혼법에 대해서는 개별 보고가 나오고 있다. 하지만 개개인 법사의 차이가 크다는 점은 지적되지만, 구체적인 검토를 할 수 있을 만한 보고(報告)는 적어, 앞으로의 연구에 위임시키고 있는 형편이다.

5장

도교와 그 주변

역(易)·음양(陰陽)·오행(五行)과 도교

— 아즈마 쥬지(吾妻重二, 간사이대학 교수)

어딘지 모르게 수수께끼처럼 보이는 역(易)과 음양오행설(陰陽五行說). 그러나 본래는 자연철학이며, 유교와 결합되어 광범위한 분야에 영향을 미쳐 왔다. 여기에서는 그것들이 도교에 남긴 족적을 살펴보고자 한다.

역·음양·오행을 합체시킨
동중서(董仲舒)

'역(易)'이라든가 '음양오행(陰陽五行)'이라고 하면 신비한 것이라고 생각하는 사람들이 많은 것 같다. 어딘지 불가사의한 이미지가 늘 붙어 다니는 도교와 처음부터 같은 뿌리였을 것이라고 보는 일마저 있다. 그렇지만 사실은 결코 그렇지 않다. 『역』도 음양오행설도 독자적인 이론으로 유지되어 중국인의 자연철학을 형성하여 왔다. 그러한 자연철학이 사람들의 상식으로서 먼저 존재하였고, 후한(後漢)이후 성립한 도교가 이것을 흡수했다고 하는 것이 바른 순서이다.

『역(易)』이라는 문헌은 주나라 왕조 때에 긴 시간을 거쳐서 작성되었다. 『역(易)』의 본문은 괘(卦) 및 괘사(卦辭)·효사(爻辭)로 이루어진다. '괘(卦)'는 건(乾, ☰)·태(兌, ☱)·리(離, ☲)·진(震, ☳)·손(巽, ☴)·감(坎, ☵)·간(艮, ☶)·곤(坤, ☷)의 팔괘(八卦)가 기본으로, 이것을 상하로 겹쳐서 64괘를 만든다. '괘사'란 이러한 64괘 각각에 대해 붙어 있는 점사(占辭)이다. 또한 '효(爻, ━와 ╍)'에도 모두 점사(占辭)가 붙어 있어, 이것을 '효사(爻辭)'라고 한다. 점술가는 서죽(筮竹)을 세어보아 괘를 뽑은 다음, 그 괘사와 효사를 보아 길흉을 판단하는 셈이다.

━와 ╍는 초기에는 각각 강(剛)·유(柔)로 형용되는데, 전국시대부터 한나라 초기에 걸쳐 성립된 〈계사전(繫辭傳)〉『역』을 보충 설명하는 것의 하나 등에 이르러 양(陽)·음(陰)이라는 이름으로 불리게 되었다. 양효(陽爻; ━)는 강건함이나 남성적 성질을, 음효(陰爻; ╍)는 유약함이나 여성적 성질을 나타낸다. 주목할 만한 것에, 〈계사전〉은 더욱이 음양이기(陰陽二氣)의 교합(交合), 전환(轉換), 순환(循環), 운행(運行)이라고 하는 제 법칙을 설명하고 있다. 순수하게 점술서였던 『역』은 이러한 자연철학을 여는 철학서로서의 성격을 짊어지게 되었다. 전국시대 말경에 발흥한 음양가의 활약과 서로 작용하여 『역』은 그것이 성립한 후 얼마 뒤 음양사상과 합체하였다.

한편 오행사상의 경우는 어떠할까? 오행(五行)이란 목·화·토·금·수(木·火·土·金·水)의 다섯 가지 요소를 말한다. 전국시대 이후, 오행사상에는 다음과 같은 세 가지의 계통이 성립되있나.

① 오행생성설(五行生成說): 水 → 火 → 木 → 金 → 土
② 오행상극설(五行相克說): 土 → 木 → 金 → 火 → 水
③ 오행상생설(五行相生說): 木 → 火 → 土 → 金 → 水

①의 오행생성설은 『서경(書經)』「홍범(洪範)」편에 따른 것으로서 처음에는 일상생활 상의 5가지 요소를 나열한 것에 지나지 않았지만, 후세에 오행이 이 세상에 출현한 순서로 간주되게 되었다. 뒤에서 다룰 〈하도(河圖)〉는 이 사상에 기초하고 있다. ②의 오행상극설[상승설(相勝說)]은 오행이 다른 것을 이기는 관계를 나타낸다. 목(木)은 토(土)를 깨뜨리고 싹을 내고, 금(金)은 목(木)을 쳐서 깨뜨리며, 화(火)는 금(金)을 녹인다고 말하는 것 같다. 이 이론을 맨 처음 주창한 사람은 전국시대 말의 추연(鄒衍)이다. ③의 오행상생설은 오행이 다른 것들을 산생하는 관계를 말한다. 목(木)이 타서 화(火)을 낳고, 화(火)는 재가 되어 토(土)로 변화하며, 토(土) 속에서부터 금(金)이 발견된다고 하는 것으로 보인다. 이러한 오행상생설의 기본적인 형태는 『여씨춘추(呂氏春秋)』 12기(紀)나 『예기(禮記)』「월령(月令)」편에 보이며, 예로부터 존재했던 십간(十干)이나 십이지(十二支)도 도입되고 있다. 〈표 1〉은 오행의 배당을 표시한 것이다.

이와 같이 『역』과 음양설, 오행설은 당초에는 각각 별개로 형성된 것이었다. 『역』에 오행설이 들어가 있지 않았고, 『예기』「월령」편 안에 음양사상이 희박했다. 그러나 모두 자연계의 법칙을 제시하는 것이었으므로 결국 급속하게 접근하기 시작했다. 이것들을 통일시킨 것은 전한시대 중엽의 학자로서 유교 관학화(官學化)의 주역이었던 동중서(董仲舒)이다. 이른바 중국풍의 우주 시스템이 구상된 셈인데, 그것의 정리된 체계를 우리는 동중서의 『춘추번로(春秋繁露)』, 후한의 역위(易緯), 『백호통(白虎通)』, 나아가 수(隋)나라 소길(蕭吉)의 『오행대의(五行大義)』 등에서 볼 수 있다.

음양오행설은 관학이 되었던 유교와 이와 같이 일체화된 결과, 여

오행(五行)	목(木)	화(火)	토(土)	금(金)	수(水)
방각(方角)	동방(東方)	남방(南方)	중앙	서방(西方)	북방(北方)
계절	봄	여름		가을	겨울
색	청색	적색	황색	백색	흑색
십간(十干)	갑을(甲乙)	병정(丙丁)	무기(戊己)	경신(庚申)	임계(壬癸)
제(帝)	태호(太皞)	염제(炎帝)	황제(黃帝)	소호(小皞)	전욱(顓頊)
신(神)	구망(句芒)	축융(祝融)	후토(后土)	욕수(蓐收)	현명(玄冥)
음률(音律)	각(角)	치(徵)	궁(宮)	상(商)	우(羽)
맛	신맛[酸]	쓴맛[苦]	단맛[甘]	매운맛[辛]	짠맛[鹹]
장기(臟器)	심장[心]	폐(肺)	비장[비]	긴(肝)	신장[腎]

러 방면에서 압도적인 기세로 침투해 갔다. 천문학, 역학(曆學), 지리학, 의학, 주술, 나아가 경학(經學), 역사철학 등, 어느 하나 영향을 받지 않은 것이 없다. 도교에 미친 영향도 또한 그 하나였다.

『역』에 기초한 연금술(錬金術)

도교와 『역』· 음양오행설은 관련이 깊다. 이제 그 두드러진 예를 살펴보고자 한다. 도교의 발단이 된 후한 말의 태평도(太平道)는 황건적의 난을 일으켜 한나라 왕조를 멸망시켰다. 태평도의 지도자였던 장각(張角)은 다음과 같은 혁명 슬로건을 제창했다고 한다.

창천(蒼天)은 이미 죽었고 황천(黃天)이 마땅히 설 것이라.

해[歲]는 갑자(甲子) 연이니 하늘이 대길(大吉)하니라.[1]

이 말은 천[蒼天]의 명(命)을 받았던 화덕(火德)의 한 왕조는 죽고 황덕(黃德), 즉 토덕(土德)의 왕조에 의해 대체되어야 한다는 의미인 듯하다. 결국 이것은 '火 → 土'라는 오행상생설에 입각한 것이다. 갑자(甲子)는 60간지(干支)의 시작으로서 혁명을 일으키기에 적합한 해라는 의미이며, 대길은 말할 것도 없이『역』의 용어이다. 태평도 교단과의 관계가 상정된 도교경전인『태평경(太平經)』에 대해『후한서』가 "음양오행으로 가문[家]을 이루었다"[2]고 평하고 있는 것은 이러한 점을 갈파(喝破)한 것이리라.

도교 방술 중 하나로 연금술[外丹]이 있다. 가장 오래된 중국 연금술의 경전으로 간주되는 것은 후한말의 위백양(魏伯陽)이 지었다는『주역참동계(周易參同契)』이다. 매우 난해한 문헌인데 서명(書名)에서 알 수 있듯이, 이 책은『역』을 바탕으로 삼고 있다. 중국의 연금술은 처음부터『역』의 음양오행과 결합되어 있었던 것이다. 이 책의 서두에 다음과 같이 말하고 있다.

건곤(乾坤)은 역(易)의 문호(門戶)이자 여러 괘의 부모다. 감리(坎離)는 광곽(匡郭)이자 바퀴[轂]를 구르게[運] 하고 축(軸)을 바로잡는다.[3]

---

1. 蒼天已死, 黃天當立, 歲在甲子, 天下大吉.

2. '其言以陰陽五行為家'『後漢書』「郎顗襄楷列傳」

3. 乾坤者, 易之門戶, 眾卦之父母。坎離匡廓, 運轂正軸.

건(乾; ☰)과 곤(坤; ☷)의 두 괘는 여러 괘의 근본이며, 감(坎; ☵) 과 리(離; ☲)의 두 괘는 차바퀴의 바퀴통이나 축과 같이 음양운동의 중심적 역할을 한다고 한다. 건곤(乾坤)은 노(爐)와 정(鼎), 곧 부뚜막과 반응실(反應室)을, 감리(坎離)는 납[鉛]과 수은[汞]을 비유한다. 이 책은 그 외에도 '화후[火候; 부뚜막의 불을 가감(加減)하는 것]'를 『역』의 이론을 따라 상술하고 있다.

그런데 당대로부터 오대가 되자 『주역참동계』는 내단서(內丹書)로 간주하게 되었다. 내단(內丹)은 외단(外丹)과 대응하는 단어로서 육체를 노정(爐鼎)에 비유하여 체내에 있는 음양오행의 기를 순환시키는 장생술이다. 현재 유행하고 있는 기공(氣功)의 일종이라고 해도 좋을 것이다. 내단의 경우, 감(坎)은 심징(心臟) 부근에 있는 음기(陰氣)를, 리(離)는 신장(腎臟) 부근에 있는 양기(陽氣)를 의미한다. 음양 두 기를 교합시킴으로써 체내에 순수하고 조잡하지 않은 양기를 산출하는 것이다. 일반적으로 오장은 『황제내경(黃帝內經)』에 따라 간(肝)—목(木), 심(心)—화(火), 비(脾)—토(土), 폐(肺)—금(金), 신(腎)—수(水)로 배당되어, 『예기』 「월령」편(표 1)의 배당과는 조금 다르다.

또한 도교경전 가운데 『태상영보오부서(太上靈寶五符序)』리는 문헌이 있다. 『영보경(靈寶經)』의 기초가 된 것으로서 동진(東晉)시대 갈홍(葛洪) 학파와 관계가 있는 것으로 평판이 나 있는 문헌인데, 거기에 동·서·남·부·중앙의 오방에 신좌(鎭座)하는 5인의 제군(帝君)이 등장한다.(표 2) 예를 들어, 동방의 영위앙(靈威仰)이라는 이름의 제군(帝君)은 창제(蒼帝)라는 호를 가지며, 푸른 의복을 입고 창룡(蒼龍; 푸른 용)을 타고 푸른 깃발을 내세우고 있다. 그 모습을 변하시키면 목성(木星)이 되고 봄의 따뜻한 기를 밭하다고 한다. 마지막의 오아(五芽)란 장생을 가져다주는 식물이다. 사람은 이들 5제군을 받들어 모심으로써 무병하고 재화(災禍)를 잠재우며 장수를 획득한다.

〈표 1〉과 비교하면 분명하듯, 여기에서 여러 항목의 배당은 제명(帝名)과 신명(神名)을 제하면, 대체로『예기』「월령」편과 같다. 또한 이렇듯 난해한 제군의 명칭이 후한 시대의 위서(緯書)를 근거로 하고 있다는 것도 흥미롭다.『영보경』은『도장(道藏)』(도교의 경전모음집)의 맨 앞에 놓여 있는 중요한 경전이다. 음양오행설이 위서를 통해 발전을 보았고, 또한 그것이 도교 교의에 틀림없는 영향을 주었다는 것이 이러한 사실로부터도 알 수 있다.

이와 같이 도사(道士)들은 음양오행설에 기초한 여러 사상에 관심

〈표 2〉 오제군(五帝君)의 배당, 「태상영보오부서(太上靈寶五符序)」

각방(各方)	동방	남방	중앙	서방	북방
제(帝)	영위앙 (靈威仰)	적표노 (赤飄奴)	합추뉴 (合樞紐)	요백보 (曜魄寶)	은후국 (隱侯局)
호(號)	창제(蒼帝)	적제(赤帝)	황제(黃帝)	백제(白帝)	흑제(黑帝)
신(神)	갑을(甲乙)	병정(丙丁)	무기(戊己)	경신(庚申)	임계(壬癸)
복색(服色)	청(靑)	적(赤)	황(黃)	백(白)	현(玄)
짐승[獸]	창룡(蒼龍)	적룡(赤龍)	황룡(黃龍)	백룡(白龍)	흑룡(흑룡)
기(旗)	청기(靑旗)	주기(朱旗)	황기(黃旗)	소기(素旗)	급기(皀旗)
별[星]	목성(木星)	화성(火星)	토성(土星)	금성(金星)	수성(水星)
기(氣)	춘(春)	하(夏)	토(土)	추(秋)	동(冬)
오아(五芽)	청아(靑芽)	주단(朱丹)	황정(黃庭)	명석(明石)	현자(玄滋)

을 갖고 이를 흡수하여 교리의 이론화에 힘썼다. 도사와 선인(仙人)들의 전기문인 『역세진선체도통감(歷世眞仙體道通鑑)』을 보면, 후대에 정명도(淨明道)의 시조로 알려진 진(晋)나라의 허손(許遜)이 "천문(天文)·지리(地理)·음률(音律)·오행(五行)·참위(讖緯)의 문헌에 밝았다"고 하며, 『진고(眞誥)』의 작자로 알려진 양(梁)나라의 도홍경(陶弘景)이 "오행·음양·풍각(風角)·기후·태일(太一)·둔갑(遁甲)·성력(星曆)·산천지리(山川地理)의 학문을 좋아했다"고 평가되고 있는 것을 발견할 것이다.

만물생성의 과정을 나타내는
태극도(太極圖)

도교와 음양오행설의 관계는 이에 그치지 않는다. 근세 이후 특히 주목되는 것은 〈태극도(太極圖)〉를 필두로 하는 도상(圖象)들이다. 〈태극도〉는 북송시대의 주돈이(周敦頤)의 작품으로 알려져 있다. 이것은 『역』「계사전」에 보이는 만물생성의 절차를 도해(圖解)한 것이다.(그림 1)

이것에 의하면 우선 우주의 근원적 원리인 태극(큰 ○)이 존재한다. 이어서 그곳에서 생긴 음양이기가 착종교합(錯綜交合; 서로 섞이고 모이고 합함) 오행이 발생한다. 오행의 그림에시는 오행생싱실에서 기술한 바와 같이 수(水)와 화(火)가 오행 중에서 맨 처음에 출현하기 때문에, 우선 수와 화가 열거되어 있다. 그리고 '목―회―토―금―수―목'이라는 선(線; 과정)으로 이번에는 오행상생설이 나타난다.

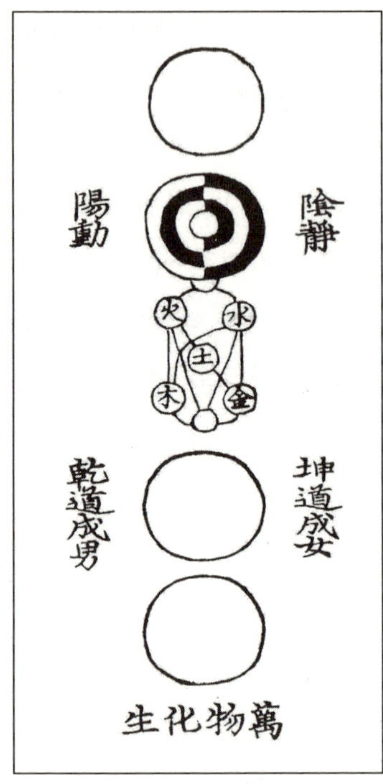

〈그림 2〉 천지자연지도(고태극도)

〈그림 1〉 태극도

그리고 나아가 오행이 하나로 모이고 태극 및 음양의 운동과 하나가 되어(아래의 작은 ○), 만물을 산출해 나가는 것이다.

〈태극도〉는 사실 주돈의 작품이 아니고 오대(五代) 송초(宋初)의 도사인 진단(陳摶)이 전했다는 설도 있다[남송의 주진(朱震)]. 그러한 설이 맞는지 아닌지는 생각해볼 필요가 있지만. 적어도 확실한 것은 태극도가 후세 도교 측에서 대서특필하게 되었다는 것이다. 그 예는 남송시대의 『태극묘화신령혼동적문도(太極妙化神鈴混洞赤文圖)』등 도교문헌에서 볼 수 있다.

〈태극도〉와 관련이 있는 것으로는 〈천지자연지도(天地自然之圖)〉

혹은 〈고태극도(古太極圖)〉라고 부르는 것이 있다. (그림 2) 음양이 파형(巴形), 곧 하나의 원 안에 올챙이 모양을 한 것의 꼬리가 바깥으로 소용돌이치게 배치한 모양으로 조합된 이 그림은, 일설에 따르면 진단의 작품으로서 〈태극도〉의 원형이라고 한다. 오늘날에는 도교의 대표적인 상징이 되어 도관(道觀)이나 도사의 복장에 자주 그려진다. 최근 연구에 의해 이 그림이 명(明)대 무렵에 성립된 것임이 밝혀졌는데, 그 유래가 어찌 되었든 간에 〈태극도〉와 함께 도교와 음양오행 사상의 융합을 완벽하게 상징한다. 더욱이 이것이 한국의 국기인 '태극기'의 바탕이 되었다는 것은 주지하는 바와 같다.

음·양을 숫자로 표현하는 하도락서(河圖洛書)

마지막으로 〈선천도(先天圖)〉와 〈하도락서(河圖洛書)〉에 대해 기술하고자 한다. 〈선천도〉는 주돈이와 동시대의 인물인 소옹(邵雍)이 만든 것으로, 음양의 소멸과 성장의 양상을 『역』의 괘를 가지고 체계적으로 도상화하고 있다. 소옹에 의하면 『역』의 괘를 그렸다고 하는 전설상의 성왕(聖王)인 복희(伏羲)의 작품이라고 한다. 이것에는 〈팔괘방위도(八卦方位圖)〉와 〈육십사괘방위도(六十四卦方位圖)〉, 두 가지가 있는데 여기에서는 앞의 것만 〈그림 3〉에 게시해 둔다.

〈선천도(先天圖)〉 역시 도교에서 왕성하게 사용되었다. 그것은 예를 들어, 현재 타이완 등에서 자주 볼 수 있는 구마(驅魔) 도구의 하나인 팔괘패(八卦牌)에서도 알 수 있다. 〈그림4〉에 게시한 바와 같이

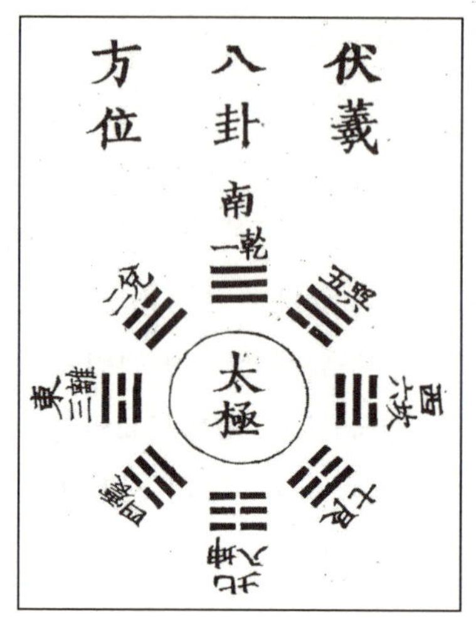

〈그림 3〉 선천도

〈그림 4〉 팔괘도

팔괘방위는 분명 〈선천도〉의 그것과 동일하다.

〈하도(河圖)〉에는 1(一)부터 10(十)까지의 숫자가 그려져 있다. 흰 점은 양으로서 홀수를 나타내고, 검은 점은 음으로서 짝수를 나타낸다. 이것은 오행상생설에 기초하고 있다. 다시 말해, 수, 화, 목, 금, 토의 순서(차례)로 숫자인 1, 2, 3, 4, 5를 배당하고 거기에 5를 더한 6, 7, 8, 9, 10을 배당한다. 그렇게 하면 '수=1, 6, 화=2, 7, 목=3, 8, 금=4, 9, 토=5, 10'이라는 합이 만들어진다. 이 수를 오행의 방위에 따라 배치한 것이 〈하도〉인 것이다. 예를 들면, 수는 북방(北方)이므로 북쪽에 1과 6을 배치시키고, 화는 남방(南方)이므로 남쪽에 2와 7을 배치시킨다. 또한 그림에서는 위쪽이 남, 아래가 북이다. 이는 〈낙서(洛書)〉에서도 동일하다.

〈낙서(洛書)〉는 1부터 9까지의 수를 배치한 것이다. 이것은 종(縱; 세로) · 횡(橫; 가로) · 사선(斜線), 어느 것의 수를 더해도 15가 되는

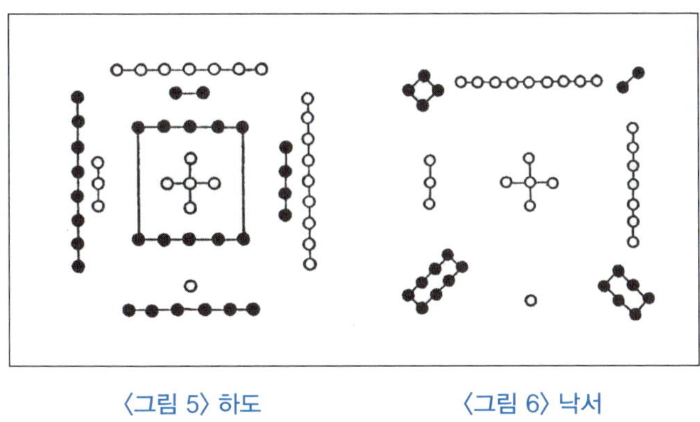

<그림 5> 하도   <그림 6> 낙서

마방진(魔方陳)의 일종에 지나지 않는다.

　이러한 수의 배열 그 자체는 이미 한대(漢代)에 존재하였다. 다만, 송대에 이르러 도상화되고, 거기에 더해 그것이 전설상의 〈하도〉와 〈낙서〉와 같은 것으로 여겨지게 된 것이다. 이러한 도상에 대해서도 도교기원설이 있으나 정확한 것은 알 수 없다. 그러나 신비함이 감도는 이 두 그림은 북송의 유목(劉牧)이나 남송의 주자(朱子)에 의해 보급된 것이지만, 도교가 그것의 유행에 미친 영향은 무시할 수 없었다고 생각된다. 예를 들면, 〈그림 4〉의 팔괘패를 보라. 그 주변에 빙 둘러 그려져 있는 점과 선은 분명히 〈낙서〉이다.

문학과 도교 ① 당시(唐詩)

— 모리세 토시조우(森瀬壽三, 간사이대학 교수)

당대를 문학의 황금기로 이끈

"개성해방(個性解放)" 안에 있던 것은……?

도교도였던 시인
이백(李白)

위진남북조 시기의 도교의 흐름은 진(晉)나라의 갈홍(葛洪)의 『포박자(抱朴子)』나 양(梁)나라의 도홍경(陶弘景)의 『진고(眞誥)』에 의해 집약된다. 그것들은 그 이후의 도교나 문화일반에서 매우 지대한 위치를 점유하게 된다. 당(唐)이라는 시대는 황실 이씨(李氏)가 노자(老子)의 자손임을 자칭하면서 도교가 대단히 융성하게 되었다. 불안의 시대였던 남북조 시기의 정권이 북위(北魏)나 양(梁)을 전형으로 하여 불교신앙과 강하게 결합되어 있던 것과 대조적으로, 사회의 안정과 지식인의 사회참여를 촉구한 당왕조가 도교를 존숭한 것은 문화면, 특히 문학 분야에도 커다란 영향을 주지 않을 수 없었다. 문학의 기조(基調) 그 자체도 당 이전에 있던 표현의 '금욕주의'에서 해방

이백(李白)
「명간삼재도회(明刊三才圖會)」, 광릉고적출판사 영인본(廣陵古籍出版社影印本)

되어 '미만(靡謾)', 곧 퇴폐적인 언어라고 비난받던 섬세한 묘사나 자유로운 조어(造語; 표현)의 시도를 존숭하는 분위기가 고조되었다. 이와 같은 일종의 '개성해방'이 당대(唐代)의 문학을 중국문학사상의 황금기로 이끈 것인데, 그 배경에는 그와 같은 종교, 사상 측면에서의 전환이 있었음을 간과해서는 안 된다.

산문 문학에서는 당대의 전기소설(傳記小說)이 알려져 있다. 유명한 『두자춘전(杜子春傳)』에는 주인공에게 수많은 시련을 준 괴이한 노인이 화산(華山) 운대봉(雲臺峰)에서 9척 남짓한 크기의 약을 조제하는 화로를 만들어 옥녀(玉女) 9명을 거느리고 두자춘을 맞이하는 장면이 묘사되어 있다. 선단(仙丹)을 도사에게 만들게 하고 그것을 복용하여 불로장수를 도모하는 것은 당 왕조의 왕후들이 즐겨 행하던 일이었다. 헌종(憲宗), 이순(李純)과 같이 그것을 위해 왕명을 내린 경우마저 있었다.

당을 대표하는 시인의 한 사람인 이백(李白)은, 특히 도교와의 관계가 깊은 인물로 알려져 있다. 황신과 동일한 농서(隴西) 이씨를 자

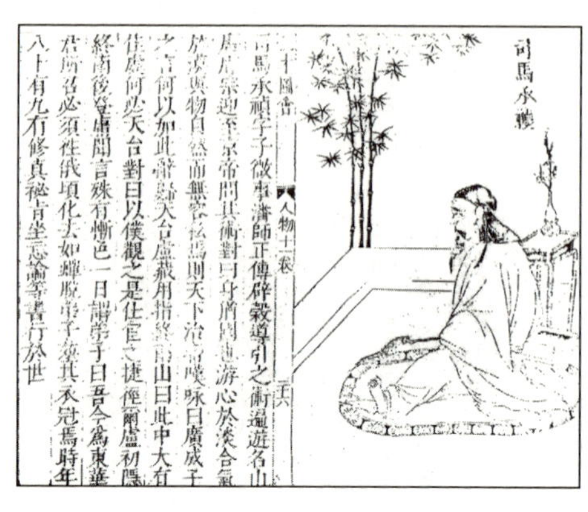

사마승정상(司馬承貞像)
「명간삼재도회(明刊三才圖會)」, 광릉
고적출판사 영인본(廣陵古籍出版社
影印本)

칭하였던 그는 촉(蜀, 사천성) 출신이었고, 지금도 돈독한 신앙을 가진 사람이 많은 이 지역에서 당나라 초기에 '감우(感遇)' 시군(詩群)들로 많은 신선을 노래한 진자앙(陳子昻)이 배출되었다. 그의 고향인 사홍(射洪) 현 금화산(金華山)도 예로부터 신앙의 중심이었으며 현재도 이노군파(李老君派) 도교의 고찰이다. 이백은 일찍이 현종(玄宗) 황제에게 스스로 주조한 검(劍; 칼)과 경(鏡; 거울)에다가 도록(道籙)을 바친 1대 도사 사마승정(司馬承禎)과 만난다. 만년(晩年)의 이 도사가 청년 이백에게 무엇을 말했는지는 분명히 알 수 없으나 당대 도교의 주류인 모산파[茅山派; 혹은 상청파(上淸派)]의 중심인물과의 만남은 그에게 큰 영향을 주었음에 틀림없다. 그러나 이백은 도사의 길을 가지 않고 자유분방한 시인으로서 대성한다. 그리고 현종 밑에서 명성을 날린 후 궁정에서 쫓겨나 실의에 차서 방랑하던 중 천보(天寶) 3년(744년)에 제주(齊州)에서 북해(北海)의 고천사(高天師)로부터 도록(道籙)을 전수받았다. 오늘날에도 이백을 도교의 진인으로 숭배하는 것은 그 때문이다.

그의 연작시(連作詩)인 〈고풍(古風)〉 제5수(首)는 다음과 같다.

태백산은 어찌 저리 푸르디 푸르른가.	太白何蒼蒼
꼭대기 위에는 별들이 늘어서 있고	星辰上森列
하늘에서 떨어진 거리 겨우 삼백리	去天三百里
인간 세상과 아주 멀리 떨어져 있네.	邈爾與世絶
그곳에 검고 윤기 나는 머리의 노인 사는데	中有綠髮翁
구름을 펴고 눈 덮인 솔 위에 누워 지내고	披雲臥松雪
웃지도 않고 말도 않고	不笑亦不語
동굴 속에서 조용히 살고 있다네.	冥棲在巖穴
내가 와서 신선 같은 그분을 만나	我來逢眞人
무릎 꿇고 앉아 귀한 비결을 들으니	長跪問寶訣
빛나듯 옥괴 같이 희고 아름나운	
치아를 보이며 가르치는데	燦然啓玉齒
단약을 만드는 비법을 전수받았네.	授以鍊藥說
전해들은 귀한 말씀 뼛속 깊이 새기는데	銘骨傳其語
노인은 몸 솟구쳐 순식간에 사라져 버렸네.	竦身已電滅
고개 들어 보았으나 간 데를 알 수 없고	仰望不可及
마음속에서 여러 감정이 뜨겁게 일어났네.	蒼然五情熱
앞으로는 배운 대로 신선 되는 단사 지으며	吾將營丹砂
오래오래 인간세상 멀리 살려네.	永與世人別

　이 시에 기술되어 있는 섯은 태백산의 엄굴(巖窟)에 기거하고 있
는 진인에게 단약을 만드는 법을 전수받은 젊은 이백의 앳되고 순수
한 신심(信心)이다. "오래오래 인간세상 멀리 살려네(永與世人別)"
는 이른비 속세를 떠난 사람이 되고자 하는 것이 아니고 진인이리고

하는 '초인(超人)'을 지향하는 것이다. 이장지(李長之)는 『도교도 시인 이백과 그 고통[道教徒詩人李白與其痛苦]』에서 니체(Nietzsche)의 초인(超人) 사상을 끌어들여 대조시켜 이백의 도교에 대한 지향을 논하고 있다. 현종(玄宗)이 재위 후반에 도교에 심취하기도 했으므로 왕유(王維)나 두보(杜甫)와 같이 그다지 도교와 관계가 없는 것으로 생각되었던 대시인들도 잘 살펴보면 그들의 정신활동의 근저에 당시 도교와 깊은 관계가 있었음을 최근의 연구에서 논하고 있다.

이하(李賀)의 시에
흐르는 도교사상

율령제(律令制)에 의한 부(富)의 편중과 그것의 자기붕괴 현상으로서 안사(安史)의 난이 일어나 당 왕조를 뿌리채 뒤흔들어 놓았다. 그래서 부흥 후의 당왕조는 약체화(弱體化)를 피할 수 없었으나, 그런 만큼 더더욱 중만기(中晚期)의 당 사회에는 한 층 더 자유로운 풍조가 만연하여 중국 문학사상 가장 개성 있는 시기가 되었다. 일본에서도 예로부터 친숙한 백거이(白居易; 白樂天)의 젊은 시절의 작품인 〈장한가(長恨歌)〉에도 도교의 영향이 농후하게 나타나 있다. 거기에는 양귀비(楊貴妃)의 혼(魂)이 동해(東海) 삼신산(三神山)에 사는 선녀(仙女)로서 묘사되어 있다. 그리고 양귀비의 혼을 찾은 것은 임공[臨邛, 사천(四川)의 지명]의 도사이자 방사(方士)이다. 원래 양귀비 자신이 현종의 아들인 수왕(壽王) 이모(李瑁)의 비(妃)였던 것을 일단 여도사 태진(太眞)으로서 출가시킨 후 다시 환속시켜 곁에 둔 것이므로, 이러한 설정은 자연스러운 것이다. 또한 "한나라 황제가 미색을 중히 여기어[漢皇重色]……"로 시작하는 〈장한가〉는 현종을 한나라 무제(武帝)에 견주고 있으며, 『한무내전(漢武內傳)』의 무제와 서왕모(西王母)의 전설이 그 바탕이 되고 있다. 백거이와 같은 시기에 활약한 또 다른 인물, 한유(韓愈; 韓退之)에게는 수많은 개성 넘치는 제자들이 있었는데, 이하(李賀)라는 시인은 독특함이 그를 능가할 사람이 없다고 할 만하다. '귀재[鬼才; 귀란 사자(死者)의 혼을 말한다]'의 어원이 된 이 시인은 낙양(洛陽) 부근의 출신인데, 역시 도교와 관계가 깊은 시들을 남기고 있다. 20대에 세상을 떠난 이하의 임종에 대해, 천제(天帝)의 사자(使者)가 강림하여 백옥루(白玉樓)에 글을 쓰게 할 작정으로 데리고 갔다는 전설이 있다. 그것 자체도 도교적 세계의 것인데다가, 〈신현곡(神絃曲)〉이라는 제목의 시에는 신 강림의 현장이 생생하고 신비롭게 묘사되어 있다.

무녀가 술을 부으면 하늘에 구름 가득해지고	女巫澆酒雲滿空
향로의 숯불, 향불되어 몽실몽실 피어오르네.	玉爐炭火香咚咚
해신(海神), 산신(山神) 모두 몰려와 앉고	海神山鬼來座中
지전 느릿느릿 타오르니	
어디선가 회오리바람 소리 울려오네.	紙錢窸窣鳴旋風
상사나무에 금빛 줌 방울 달고	相思木貼金舞鸞
눈썹 한번 찡그리며 다시 또 연주한다.	攢蛾一唼重一彈
별을 부르고 귀신도 불러 술과 음식 흠향하니	呼星召鬼歆杯盤
산도깨비 흠향할 때	
사람들 숲들에 소스라치게 놀라네.	山魅食時人森寒

종남산 지는 햇빛 산등성에 깔리고　　　終南日色低平灣
신은 유(有)와 무(無) 사이에 영원히 있다.　　神兮長在有無間
신 노하고 기뻐함에 무당은 얼굴빛 바꾸며　神嗔神喜師更顏
신을 보내고 온갖 것 타고서 청산으로 돌아오네. 送神萬騎還靑山

　여기에는 향을 피우고 지전(紙錢)을 태우며 비파를 연주하여 귀신을 맞이하고 보내는 무녀의 모습이 생생하게 묘사된다. 이하에 대한 작은 전기문을 쓴 만당(晩唐)의 이상은(李商隱)은 '의식의 흐름'이라고도 할 만한 '무제(無題)'의 시군(詩群)으로 알려졌는데, 거기에는 도홍경의 『진고』의 영향이 농후하게 발견된다. 이상은은 『진고』를 자신의 문학의 중요한 원천으로 삼았던 것으로 보인다.

　일찍이 쓰다소키치(津田左右吉)는 사상사가의 입장에서 당나라 문학가가 도관이나 사원에 가서 시를 짓는 것은 대체로 소풍이나 관광에 지나지 않는다고 단정하였다. 그러나 그 이미지 안에 신앙이 내재해 있다는 사실을 그는 간과하고 있다고 생각하지 않을 수 없다.

문학과 도교 ② 근대소설·희곡

― 이노우에 타이잔(井上泰山, 간사이대학 교수)

현세를 멀리하고 선경(仙境; 신선의 경지)을 꿈꾸는 사람들의 소원을
중국 〈사대기서(四大奇書)〉를 중심으로 검증한다.

일취지몽(一炊之夢)과
잡극 〈악양루(岳陽樓)〉

　인간은 누구든지 유한한 시공(時空)에 얽매여 살아간다. 한 번뿐인
인생, 두 번 다시 되풀이할 수 없는 각 개인의 삶. 누구도 거역할 수
없는 이 엄숙한 사실에 생각이 미쳤을 때, 우리는 종종 고독과 절망
의 늪에 빠지게 된다. 그리고 어떻게든 그곳에서 빠져나오려고 허우
적거린다. 불로불사의 선경(仙境)이야말로 그러한 인간의 고독을 가
시게 하기 위해 산생된 유토피아라고 말할 수 있다.

　송대에 편찬된 『태평광기(太平廣記)』라는 문헌에는 신선에 관한 다
양한 이야기가 기록되어 있지만, 그 중에서도 선인인 여옹(呂翁)이
빌려준 베개를 통해 깨달음을 얻은 노생(盧生)의 이야기는 '일취지몽
(一炊之夢)', '한단지몽(邯鄲之夢)'이라는 단어와 함께 일본인에게도

잘 알려져 있다.

당(唐) 개원(開元) 19년, 도사인 여옹이 한단(邯鄲)의 여관에서 잠깐 쉬고 있는데, 한 젊은이가 말을 타고 우연히 지나가다가 자신의 불우함을 한탄한다. 그것을 들은 여옹은 봉투 안에서 마법의 베개를 꺼내어 젊은이에게 건네주었고, 젊은이는 꿈속에서 30년간에 걸쳐 더없는 영화를 누리다가 80세에 달하여 사망하는 시점에서 다시 눈을 떠 보니 잠들기 전 여관 주인이 짓고 있던 황양(黃粱), 곧 좁쌀 밥이 아직 덜 익었더라는 것이다. 시공을 초월할 수 있는 꿈이라는 수단을 사용하여 인간이 세속에서 인위적으로 이루고자 하는 것의 허망함을 논한 전형적인 이야기라고 할 수 있다.

'여옹'이라는 제목의 앞의 이야기는 그 뒤에 연극에도 도입되어 다양하게 재구성된다. 원대부터 명대에 걸쳐 씌인, '잡극(雜劇)'이라고 부르는 희곡 중에는 도사를 주인공으로 하는 것이 많이 포함되어 있다. 특히 흥미로운 것은 그러한 작품이 모두 인간의 욕망을 절반쯤 긍정적으로 묘사하고 있다는 점이다.

일례(一例)로서 마치원(馬致遠)의 『악양루(岳陽樓)』라는 희곡을 소개하면, 이것은 팔선(八仙) 중 한 사람인 여동빈(呂洞賓)이 버드나무의 정(精; 기의 일종)과 매화나무의 정(精; 기의 일종)을 제도(濟度; 깨달음을 얻게 한 것)하여 선계로 인도하는 이야기이다. 하지만 선계에 오르기 위한 필수조건으로서 우선 인간으로 다시 태어나 모든 인간의 욕구를 다 없애는 것이 필요하다고 한다. 결국 도교극에 있어서는 욕망을 덮어놓고 부정하지 않고 현세에서 생각하는 인간의 욕망을 마음껏 분출하면 결국은 선계로 인도되어 신선이 된다는 발상이다. 오직 금욕만을 중시하는 유교와는 크게 상이한 점이다.

소설에서 보는
도교적 요소

　희곡에 등장하는 도사는 상제(上帝)의 명을 받들어 선계에서 하계(下界; 이 세상)로 파견되는데, 마찬가지의 경향이 소설 안에서도 나타난다. 우선 근세소설의 대표작이라고 할 만한 『수호전(水滸傳)』을 보면, 양산박(梁山泊)과 친분이 있는 송강(松江)이라는 인물이 있는데, 그는 원래 천계의 선인이었다. "마심(魔心), 곧 악한 마음이 고쳐지지 않고 도에 합당한 행위를 할 수 없기" 때문에 잠시 하계에 내려와 세상과 사람들을 위해 선행에 힘쓰게끔 의무를 부여받은 것이다.

　다음으로 『서유기(西遊記)』를 살펴보면, 오공(悟空), 팔계(八戒), 오정(悟淨)을 데리고 취경(取經), 곧 경전을 구하기 위해 여행을 떠난 삼장법사(三藏法師)도 사실은 본래 인간이 아니라 '금선자(金蟬子)'라는 이름의 도사의 화신이었다. 불교의 경전을 구하러 길을 떠난 삼장법사가 사실은 도사였다는 것은 생각해보면 자못 이상한 이

명(明)의 장진숙(臧晉叔)편
『원곡선(元曲選)』「악양루(岳陽樓)」에시

야기이지만 소설에서는 실제로 그렇게 되어 있다.

　결국 『수호전』이나 『서유기』, 모두 그 주인공의 전신이 도교신이었으며, 세상 사람들을 고난에서 구하는 행위 자체가 자기 자신의 속죄이기도 한 셈이다. 『서유기』나 『수호전』 안의 도교적 요소는 위의 예에 그치지 않는다. 『수호전』의 이규(李逵)는 두 자루의 도끼를 무기로, 그에 맞설 상대가 없다는, 죽음을 두려워하지 않는 난폭자이지만 도사인 나진인(羅眞人)의 요술에 걸리자 갓난아기와 다름이 없었다. 또한 공손 승(公遜 勝)의 도술도 양산박 집단의 전생을 승리로 이끌기 위한 중요한 열쇠가 되었다. 또 『서유기』에서도, 나카노 미요코(中野美代子)가 『서유기의 비밀(西遊記の秘密)』에서 상세하게 고증하고 있는 바와 같이, 손오공은 금(金), 저팔계는 목(木), 사오정은 토(土)에 배열되는 등 주요인물의 존재 그 자체가 오행상극(五行相克)사상과 깊이 연관되어 있음을 알 수 있다.

　『삼국지연의(三國志演義)』의 경우는 어떨까? 사실 여기에도 도교적 색채가 농후하게 반영되어 있다. 그 대표적 인물이 잘 아는 바와 같이 제갈 양(諸葛 亮), 공명(孔明)이다. 도교의 영지(靈地)인 와룡강(臥龍岡)에 틀어박혀 수행하던 공명을 설득하기 위해 유비 현덕(劉備 玄德)이 삼고(三顧)의 예를 다했다는 이야기는 매우 유명하다. 소문과 달리 공명은 거듭되는 전쟁에서 기묘한 대책을 명확히 내세워 적군을 몹시 괴롭혔다. 육손(陸孫) · 중달(仲達) · 맹획(孟獲) 등의 인물들도 그의 지략 앞에서는 당해낼 수가 없어서, 조조(曹操)조차도 적벽(赤壁) 전투에서 대패를 당했다.

　공명의 백전백승의 비결은 다름 아니라, 바람을 불러오고 비를 내리게 하는 병법(兵法)의 오의(奧義; 비법)인 '기문둔갑(奇門遁甲)'의

삼고(三顧)의 예(禮)(위)와 적벽(赤壁) 전투(아래)
『삼국지평화(三國志平話)』에서

기술이었다.

또한 죽을 때가 가까웠음을 깨달은 공명이 자신의 시체를 장에 넣고 입 안에 쌀 일곱 알을 머금게 하라는 등, 사후의 처치를 상세하게 지시하고 하늘의 별을 향하여 주문을 외는 장면 등에도 마술사로서의 성격이 여실히 나타나 있다.

『수호전』, 『서유기』, 『삼국지연의』를 다루었으니 다음은 당연히 『금병매(金甁梅)』도 다루지 않을 수 없다. 앞의 세 문헌과 달리 영웅호걸의 활약을 묘사한 것은 아니지만, 『금병매』 역시 도교와 인연이 없지 않다. 아니 오히려 일생생활의 자질구레한 일이 대부분을 묘두 역술가나 점쟁이 등이 관여하고 있어, 말하자면 전편이 도교적인 빌싱으로 일관되고 있다고 해도 좋을 정도이다. 특히 질병 치료에 관해서는 투약부터 도신(跳神; 벽사와 길상의 기원)에 이르기까지 도교적 의술의 처방에 따르지 않는 것이 없으며, 이것을 거여했던 인물은 모두 비참한 최후를 맞는다. 미약(媚藥; 성욕을 일으키게 하는 약)을 지나치게 사용하여 정액의 유출이 멈추지 않게 되어 죽은 서문경(西門慶) 등은 그 전형적인 예라고 할 수 있다.

도교사상과
근세 백화문학(白話文學)

이상, 원대의 잡극과 명대의 〈사대기서〉로 대상을 한정하여 도교적 모티프를 검토해 보았지만, 이것만으로도 중국 근세의 백화[白話; 구어(口語)] 문학이 도교사상과 얼마나 깊은 관련을 가지고 있는지를 알 수 있을 것으로 생각된다. 사실은 이 외에도, 예를 들면 『봉신연의(封神演義)』나 『속금병매(續金瓶梅)』와 같이 도교 색채가 한층 농후한 작품도 있어서 그것들을 합해서 생각하면 도교와 백화문학의 관계는 이미 단순히 영향을 주었다고 말할 정도의 것이 아니라 도교적 세계관 없이는 이야기의 틀(구조) 자체가 성립할 수 없었다고 해도 과언이 아니다.

회화(繪畵)와 도교

— 곤도 히데미(近藤秀実, 다마미술대학 교수)

시대와 함께 변천해간 회화의 특성을,
원대(元代)의 벽화제작자인 안휘(顏輝)를 중심으로 검증한다.

음과 양을
능란하게 표현한 화가

　도교 회화(繪畵)라고 하면 제일 먼저 산시(山西)성 루이청(芮城)현의 영락궁(永樂宮)의 벽화가 생각난다.(그림 1) 영락궁은 당대(唐代)의 여동빈(呂洞賓)의 고향인 산서(山西)성 제(濟)현 영락진(永樂鎭) 땅에 있으며 금대(金代) 말, 1244년에 화재로 소실, 1247년에 재건이 시작되어 1262년에 삼청전(三淸殿), 순양전(純陽殿), 중양전(重陽殿)이 완성되었다. 1950년대에 그 장소에 댐이 건설되면서 지금의 루이청(芮城)현으로 옮겨 다시 세웠다. 벽화의 내용이 매우 흥미로운데, 그림의 화제(畵題; 그림의 주제)와 도안에 대해 말하면 다음과 같다.

　삼청전에는 286인의 천신지지(天神地祇; 하늘의 신과 땅이 신)의 군상(群像)을 그린 〈조원도(朝元圖)〉가 그려져 있어 압도된다. 순양

전에는 여동빈의 탄생부터 신선으로서 활약하는 모습이, 그리고 중양전에는 금대(金代) 도사 왕중양(王重陽)의 사적이 묘사되어 있다. 순양전에는 벽화 제작자의 이름이 기록되어 있는데, 여기에서 주호고(朱好古)가 화공들을 통솔하던 총지휘자라고 되어 있어 당시 벽화 제작의 구조를 엿볼 수 있다.

벽화가 완성된 것은 지정(至正) 18년(1358년)이었다. 영락궁의 벽화의 여러 존상(尊像)의 무리들에 대한 표현은 역시 불교 회화에서 촉발되어 그려진 것이리라. 도상적으로도 고도의 적확함을 추구하고 도교를 교의(教義)에 있어서나 도상표현에 있어서도 손색이 없는 것으로 만들어내려 한 의도가 느껴진다.

영락궁과는 별개로 동시대의 벽화제작자의 한 사람으로서 일본에서도 유명한 것은 강서성 노릉(盧陵) 출신의 안휘(顔輝)이다. 안휘는

568

벽화제자자인 도생(塗生)에게서 그림을 공부하고 후에 독립하여 도교 및 불교 관계의 화화를 그렸다. 때로는 역사화, 산수화까지 손을 댄 것으로 보이는데, 그가 선택한 화제(畵題) 범위의 광범위함은 물론, 그것이 사람들의 마음을 사로잡는 것은 회화표현의 뒷면에 매우 인간적인, 궁극적으로 말하면 안휘 자신의 마음의 움직임을 존재하게 했기 때문이다.

일반적인 도상표현에서 벗어나 자기 안의 도교적 세계를 개성 넘치는 독자적인 회화로서 표현한 것이 안휘였다. 벽화제작의 기술에 더해 북송과 남송시대부터 이어진 전통적인 중국회화의 고도의 표현기술도 습득하여 그때까지는 없었던 종교회화를 만들어낸 것이다.

여기에서 말하는 북송과 남송시대의 고도의 회화표현이란 개별자와 전체를 대치시키는 동시에 그 통일성을 회화에서 나타내는 것이다. 또한 때로는 묘사하는 대상의 내면에까지 깊게 파고들어가는 성격에 기초하여 약간 점착질(심리학적으로 말해 꼼꼼하고 정중하나 때로는 폭발적으로 감정을 드러내는 기질)적인 요소를 갖는 경우도 있다. 이것이 중국회화의 커다란 매력 중 하나이다.

북송시대의 회화 중 우수한 작품, 곽희(郭熙)의 〈조춘도(早春圖)〉(그림 2)를 보자. 그림에서는 안개가 만물을 다 덮으려 하는 몽롱한 표현과 시커먼 수목의 명료한 표현의 두 가지가 대극을 이루고 있다. 거친 바위의 표면을 노골적으로 드러내는 차갑고도 영원히 고독한 산괴(山塊; 산줄기에서 따로 떨어진 덩어리)와, 그 산기슭의 물가에서 일상의 일로서 짐을 싣고 부리는 데 힘을 쏟는 민중. 그들의 뜨거운 땀이 세차게 내뿜는 듯함마저 느껴진다. 좁은 배에서 풀어놓은 개는 꼬리를 흔들며 뛰어다닌다. 영원과 일상, 고독과 친밀, 우리의

〈그림 2〉
곽희(郭熙), 〈조춘도(早春圖)〉
1072년작

세계를 둘러싼 양극의 존재에 대한 인지표현이다. 마음 안에 존재하는 이 양극을 표현하는 화가와 그렇지 않은 화가의 작품은 저절로 화면감정도 달라지게 된다.

안휘는 이러한 의미에서 양극을 화면에 훌륭하게 정착시킨 화가이기도 했다. 시간의 추이에 따라 형태를 종잡을 수 없게 변화시키는 구름, 연기, 화연 등을 화면에 집어넣고 한편으로는 명료한 윤곽선으로 인물을 묶어낼 수 있는 화가이기도 했다. 일본에 있는 안휘의 작품, 〈두꺼비[蝦蟆]·철괴도(鐵拐圖)〉(그림 3)에서는 인물의 얼굴, 손발, 옷 문양의 윤관석이 강하고 확실한 것에 비해 배경에 그려진 사

물들을 두른(그린) 선은 모두 어슴프레하다. 그는 우주에 잠재한 양극, 곧 음과 양, 명과 암, 회화에서의 명료함과 불명료함을 표현할 수 있는 화가의 한 사람이었다. 이러한 점에서 벽화화가이지만 영락궁의 화가인 주호고와는 확실히 다른 차원에 서 있었다.

한편, 〈두꺼비 · 철괴도〉는 송대 후반부터 원대 초에 걸쳐 행해진 회화예술에서 '고전 변용' 움직임의 중심에 안휘가 자신을 두고 민감하게 반응했다는 사실도 나타낸다. 고전을 강하게 의식하고 그것에 입각하면서도 새롭고 상이한 창조를 이룬 것이다. 유럽의 미술사에서는 '마니에리슴(manierisme)'이라는 것이 1520년경부터 100년 정도

이어졌는데, 그에 상응하는 회화내용을 담은 것이 중국에서는 안휘의 작품이라고 나는 생각한다. 『신조세계미술대사전(新潮世界美術大辭典)』의 '마니에리슴' 항목의 일부를 인용해 본다.

그 표현은 극도로 세련된 기교, 곡선을 많이 사용한 복잡한 구성, 왜곡된(변형된) 원근법 등을 이용한, 예상치 못한 의외의 구도, 명암의 대조나 그 안에 숨어 있는 심층적 표현에 의한 강렬한 효과, 환상적인 세부(細部), 특히 부자연스럽기까지 한 비범한(특이한) 비율, 현실과 떨어진 색채 등을 특색으로 하며 종종 복잡한 우의적(寓意的)이고 추상적인 내용을 내포하고 있다.

안휘의 작품은 마니에리슴적인 요소가 다분하다.
회화예술에 있어서는 반고전적(反古典的) 마니에리슴의 존재를 확인할 수 있지만 여기에서 생각해야 할 것은 종교, 특히 도교의 경우, 송말 원초에 그와 같은 반고전적 동향이 존재했는가 하는 것이다. 송말 원초의 도교에 그와 같은 동향이 있었고, 그것이 회화나 문학 등의 예술사조와 연동되었다면 대단히 흥미로운 문제가 될 것이다.

친근하고 편안하게 변한 선인상(仙人像)

다음으로 명대로 옮겨가 보자. 앞에서 말한 영락궁의 벽화에서는 종리권(鍾離權), 여동빈을 그린 부분의 묘사는 다분히 설화적이었다. 그러나 안휘 등의 손을 거쳐 선인상이 독립적으로 묘사되고 개성 묘사도 가해져 단순한 선인우상(仙人偶像)에 대한 묘사도 점차 많아 지게 되었다. 그리고 명대에는 사람들이 가지고 있는 선인에 대한 이 미지도 회화의 측면에서 보면 접근하기 어려운 것에서부터 친근하게 접근할 수 있는 것으로 변화하였다. '선인상(仙人像)의 서민화'라고 해도 좋을 것이다. 사카이 타다오(酒井忠夫) 선생으로부터 가르침을 얻은 결과인데, 이러한 현상은 명대의 부유한 시민계급의 사조와도 밀접하게 관계하는 것으로 보인다. 경제적으로 힘을 얻은 명대 시민 계급 사이에 일종의 문화적 동경(憧憬)이 생겨나 그것을 토대로 독특 한 도시문화가 형성되어 갔다. 그러한 격랑(激浪) 기운데 다양한 '선 인상'이 과연 무사히 원래의 모습을 유지할 수 있었을까?

정전선(鄭顚仙)은 홍치(弘治)·정덕(正德) 연간(15세기말, 16세기 초)에 아마 소주(蘇州)에서 활약했으며 명말에는 일부의 논평자들로 부터 '광태사학파(狂態邪學派; 거칠고 농담의 대비가 강렬한 필묵법 을 사용하는 경향을 가진 화파)'라고 혹평을 받았던 것으로 보이는 화 가이다. 자세한 경력은 알 수 없지만 왜구퇴치(倭寇退治)로 유명한 임환(任環)의 『산해만담(山海漫談)』에서 그 이름을 볼 수 있어 약간 의 단서는 얻을 수 있다. 『산해만담』에서 정전선은 '시은(市隱)'으로 기록되어 있다.

'시은'이라 "소은(小隱)은 육수(陸數)에 은서하고 대은은 조시(朝 市)에 은거한다"(미숙한 은자는 산에 살고 제대로 된 은자는 사람들 과 함께 뒤섞이어 거리에 산다)라는 말을 상기시킨다. 그러나 문제는 그렇게 간단하게 이야기할 수 없다. 이 무렵 부유한 시민계급이 자기 의 존재를 자각하고 자신의 존재를 보강하기 위해 '시은'이라는 단어

〈그림 4〉 정진선, 〈군선도(群仙圖)〉
광저우(光州)박물관 소장

를 스스로에게 붙이기 시작한 것으로 보인다. 마치 그것에 동조하는 것처럼 정진선이 묘사하는 선인상도 확실히 시민적 친근함을 느끼게 하는 것으로 그 성질이 변해간 것이다. 〈군선도(群仙圖)〉(그림 4)가 그 일례이다.

건축과 도교

— 다나카 탄(田中 淡, 전 교토대학 인문과학연구소 교수)

불교사찰이나 유교의 사묘보다 좀더 원시적인 요소를 지닌 도교 사원.
역사적 궁관(宮觀)의 자취를 더듬어가며 그 특징을 살펴본다.

무제가 신선누거(神仙樓居)를 동경하여 지은 건장궁(建長宮)

도교가 건축 형태에 반영된 것이 명확하게 알려진 초기의 예는 신선사상에 경도되었던 전한시대 무제에 의한 일련의 고층건축이다. 『사기』에 의하면 무제는 원정(元鼎) 2년(기원전 115년)에 수험자(修驗者)인 소옹(少翁)과 공손경(公孫卿)의 "신선은 누거(樓居)를 좋아한다"라는 진언(進言)에 따라서 장안(長安)의 미앙궁(未央宮)에 백양대(柏梁臺)를 지었다. 신선에 접근하고자 하는 의사를 구체적인 형태로 명시한 최초의 건축이다.

춘추 전국시대 이후 유행한 '대사(臺榭)'라는 단상(壇狀; 단 모양) 피라미드 형식의 항토(夯土; 안전히 다져 굳힌 흙)의 삭층, 네 개의 둘레를 목조건축이 떠받치게 하는 구조에 따라 그 최상층에 측백나무 소재의 들보를 얽어 만든 목조건물을 머리에 얹은 것으로 생각되며, 최상층에는 높이 20자(1자는 약 2.25m)의 선인(仙人)의 동상이 이슬을 받는 접시가 놓인 손바닥을 공중 높이 내밀고(들고) 있었다고 한다. 그리고 봉선(封禪; 흙을 쌓아 단을 만들어 하늘과 산천에 제사 지내는 일)을 한 다음 해에는 장안(長安)에는 비렴계관(飛簾桂館), 감천궁(甘天宮)에는 익연수관(益年壽館) 및 통천대(通天臺)를 각각 건축했다. 그리고 나아가 태초(太初) 원년(기원전 104년)에는 백양대가 화재로 불타 없어지자 광동(廣東)의 방사인 용지(勇之)의 제안을 따라 이전의 건축 규모를 상회하는 건장궁(建章宮)을 건축했다. 건장궁 안에는 신명대(神明臺)와 정간루(井幹樓)라는 건축물이 나란히 세워졌는데, 두 건축물 모두 높이 50자였다. 또한 수많은 궁관들은 서로 각도(閣道; 2층 복도)로 연결되어 있었다. 신명대는 종래의 대사(台榭) 방식, 즉 토목(土木) 혼재(混材) 구조의 고층건축물이며, 한편 정간루는 목재를 우물 정자[井] 모양으로 겹쳐 쌓아올려 만든, [다시 말해, 일본에서 말하는 아제쿠라(校倉) 구조양식, 즉 기둥을 쓰지 않고 단면이 삼각형이나 사다리꼴인 재목을 '井'자 모양으로 쌓아 사방 벽으로 한 창고 형태의 건축양식과 같이] 완전히 목조로 된 고층 건축물이었다고 생각된다. 또한 궁내의 태액지(太液池) 안에는 봉래(蓬萊)·방장(方丈)·영주(瀛州)·호량(壺梁)이라는 동해의 신선이 거주하는 산을 모방한 섬이 석가산(築山; 돌무더기를 쌓아 인공적으로 만든 산)으로 만들어졌다. 무제의 대규모 공사는 이미 즉위 직후 상림원(上林園)의 확장에서부터 시작되었는데, 건장궁(建章宮), 특히 신명대(神明臺)와 정간루(井幹樓)로 상징된다. 고고유물, 화상(畫像) 자료 등에서 보아도 이 시기를 경계로 하여 중국에서 순 목조의 고층누각이 급속히 성행하게 되었던 것으로 보이며 무제의 신선누거(神仙樓居)에 대한 동경은 건축양식, 기술의 역사에서도 중대하고 획기적인 시대를 열어 주었다.

공간구성의 특색이 드러난
산지(山地)의 궁관(宮觀)

다음으로 시대가 내려오면 각지에 건축된 궁관의 실레나 자료를 통하여 도교건축이 갖는 특색을 몇 가지 들어보자. 무엇보다도 중국의 건축은 역사를 통틀어 궁전이니 불교사원 모두 양식이나 기술, 평면배치 상에서는 차이가 없다는 것이 특징 중 하나이다. 전체적으로 보아 도교의 궁관도 마찬가지이며, 불교사찰이나 궁전 혹은 사합원(四合院; 중국의 정원양식) 주택과 그것을 구별할 고유의 건축적 특징을 추출하기는 매우 어렵다. 예를 들면, 도교의 성지인 산둥(山東)성 타이안(泰安)현의 대묘(岱廟)의 경우, 현존하는 건물은 청대에 재건축한 것이지만 전체적인 평면배치는 베이징의 자금성(紫禁城) 궁전과 동일한 것을 채용하고 있다. 그리고 그 안에 있는 송천황전(宋天貺殿)의 제작은 용마루에 치문[鴟吻: 치미(鴟尾)라고도 함. 용마루 끝에 얹는 장식 기와]을 얹은 황유리(黃琉璃) 기와지붕의 이중(二重) 기동조(寄棟造; 우진각 지붕 혹은 사주조라고노 함. 지붕건축양식의 일종)의 지붕, 그리고 백석난간(白石欄干)을 에워싼 기단(基壇; 건축물의 기초가 되는 단)에서부터 기둥, 들보, 조물(組物; 처마를 떠받치는 건축부재)과 그것의 극채색(極彩色; 야단스러운 재색)에 이르기까지 자금성의 태화전(太和殿)과 아주 꼭 닮은 건축양식이다. 건축 디자인 혹은 건축물 배치는 대묘(岱廟)의 천황전(天貺殿)이나 자금성의 태화전(太和殿), 그리고 구후(曲阜)에 있는 공묘(孔廟)의 대성전(大成殿) 모두 기본적으로 차이가 없다고 할 수 있다. 단지 기단(基壇)이 이층 혹은 삼층으로 차이가 있을 뿐이며, 말하자면 도관(道觀)이나 유묘(儒廟) 모두 궁전의 축소판에 지나지 않는다는 것이다. 이러한 종류의 건축물 배치의 원칙은 송대의 동악묘(東岳廟)가 전침(殿寢), 당각(堂閣), 문정(門亭), 고관(庫館), 누관(樓觀), 곽무(廓廡) 등 합계 123간으로 되어 있다는 기록에서 이미 발견되고 있으며, 나머지 다른 사악(四岳)의 묘(廟) 역시 거의 똑같은 정황이었다고 추정된다. 송대의 변경[汴京; 지금의 허난(河南)성 카이펑(開封)]에 세워진 옥청소응궁(玉清昭應宮)은 합해서 대략 2,610간에 이르는 장대한 건축군(建築群)이었는데, 평면계획의 원칙은 관철되고 있었다.

　건축공간 구성의 특색이 발휘되고 있는 것은 산지에 건축된 궁관이다. 예를 들면, 당대에 대척산[大滌山; 저장(浙江)성 위항(余杭)현] 위에 창건된 동소궁(洞霄宮)은 이미 소실되었으나 일찍이 산문(山門), 쌍패(雙牌), 삼문(三門), 허황단(虛皇壇), 삼청전(三清殿), 고원(庫院), 재당(齋堂), 선기전(璇璣殿), 우성전(佑聖殿) 등의 건축군으로 구성되어 있었다고 알려진다. 청성산[青城山; 칭청산. 쓰촨(四川)성 관(灌)현]에 현존하는 고상도관(古常道觀), 삼청궁(三清宮), 원명궁(円明宮), 건복궁(建福宮), 진무궁(眞武宮), 옥청궁(玉清宮)의 여섯 궁관은 산중에 여기저기 흩어져 있으며 각각 독립된 도교 건축군을 형성하고 있다. 이와 같이 산 위에 지어진 도관은 때로는 건물을 급한 경사면에 달라붙은 것과 같이 배치하는 경우도 있으며 높낮이

광인왕묘(廣仁王廟)

진사(晉祠)의 성모전(聖母殿)

의 변화가 심한 구성을 갖는다. 다만, 그러한 경우도 한 건물마다의 배치구성은 평지에서의 건설계획의 원칙을 기본적으로는 원용(援用)하는 경우가 많다.

현존하는 도관 중 연대가 오래된 두관건물을 들면, 우선 목조긴축으로서 가장 오래된 것은 산시(山西)성 뤼청(芮城)현 룽촨(龍泉)마을의 광인왕묘[廣仁王廟; 또는 오룡묘(五龍廟)] 대전(大殿)으로, 당나라 태화(太和) 5년(831년)에 건립된 수신(水神)·광인왕(廣仁王)을 받들어 모시는 건물이다. 그것은 산시(山西)성 우타이(五臺)현의 남선사(南禪寺) 대전(大殿)(782년), 그리고 불광사(佛光寺) 대전(857년)과 더불어 만당(晚唐)시기의 오래되고 소박한 양식을 전해주는 것이다. 그러나 소규모의 건물일 뿐, 그 건축군은 남아 있지 않다.

이것을 뒤따르는 것이 산시성 타이유엔(太原)시 진사(晉祠)의 성모전(聖母殿)으로, 북송 천성(天聖) 연간(1023~1031년)에 창건에 소요된 정면 7간, 이중(二重)의 팔자지붕 양식[이리모야츠쿠리(入母屋造); 위는 맞배지붕으로 아래는 우진각 지붕으로 된 동아시아의 지붕건축양식]의 본격적인 거축이다. 전면(前面)에 '十(십)'자로 교차하는 석교(石橋; 돌다리)를 덮놓은 방형(方形; 네모난 모양)의 언못, 어소

현묘관(玄妙觀) 삼청전(三淸殿)　　　　　영락궁(永樂宮) 무극문(無極門)

비량(飛沼飛梁) 및 그 앞쪽에 금대(金代)에 세워진 헌전(獻殿)이 있다. 건축사적으로는 대표적인 도관의 유구(遺構; 옛 토목의 구조와 양식)로 간주되어 성모전은 주목할 만한 특이한 평면구성과 가구(架構; 건물의 골격 구조)를 간직하는데, 오히려 기둥에 휘감겨 있는 목조로 된 용의 분방한 디자인이 강렬한 인상을 준다.

　다음으로 쟝수(江蘇)성 수저우(蘇州)시에 있는 현묘관(玄妙觀)의 삼청전(三淸殿)이 남송시대 순희(淳熙) 6년(1179년)에 건설된 것인데, 역시 이중의 팔작지붕양식의 대전(大殿)으로서 송대의 대표적인 유구(遺構)의 하나이다. 산시성 뤼청(芮城)현[원래 용지(永濟)현에서 옮겨 지었음]의 영락궁(永樂宮)에는 무극문(無極門), 삼청전, 순양전(純陽殿), 중양전(重陽殿), 모두 원대의 유구인 4채가 현존하며 종렬식(縱列式)의 배치가 그대로 전해내려오고 있는 매우 드문 예이다. 산시성에는 이 외에 진청(晉城)시의 이선관(二仙觀), 옥황묘(玉皇廟), 동악묘(東岳廟), 딩쌍(定襄)현의 관왕묘(關王廟), 푸(蒲)현의 동악묘(東岳廟), 홍동(洪洞)현의 수신묘(水神廟) 등 상당한 수의 송·요(遼)·금·원 시대의 유구가 집중적으로 남아 있다.

건축의 실체로서 도교에서 특수한 예를 든다면 무당산[武當山; 후난(湖南)성 준(均)현]의 태화궁(太和宮)에 있는 원나라 대덕(大德) 11년(1307년)과 명나라 영락(永樂) 16년(1417년)에 각각 건립된 두 채의 금전(金殿), 나아가 그것을 모방하여 청나라 강희(康熙) 9년(1671년)에 지어진 명봉산[鳴鳳山; 윈난(雲南)성 쿤밍(昆明)시]의 동와사(銅瓦寺)의 금전(金殿)이 있다. 이름이 나타내는 바와 같이 기둥[柱]·들보[梁]·조물(組物)부터 난간(欄干)·지붕에 이르기까지 모두 구리[銅]를 주조하여 도금을 한, 대부분 믿기 어려운 건축이다. 또한 청양궁[靑羊宮; 쓰촨(四川)성 청두(成都)시]에는 팔괘정(八卦亭)이라는 팔각(八角) 보형조(寶形造)로, 상계(裳階; 본채에서 차양처럼 달아 낸 지붕, 날개지붕)를 붙인 작은 건물이 있다. 이것은 명칭대로 역(易)의 팔괘를 그대로 실제 건축물로 형성한 것으로서 팔방에 각각의 괘를 그리고 상계(裳階)의 기둥에는 '무극이태극(無極而太極)' 등 노자(老子)와 같은 이들의 말을 구리로 제작한 것 위에 대련[對聯; 기둥 등에 대구가 되게 써 붙인 것]으로 새겨놓았다. 이들은 모두 도교 이외에서는 거의 볼 수 없는 부류의 건축이라고 해도 좋을 것이다.

다만, 중국 건축사를 총체적으로

정양궁(靑羊宮) 팔괘정(八卦亭)

조감해볼 경우, 이러한 개개의 기이한 재료나 디자인만이 아니라 도교궁관에는 일종의 보수적 요소가 불교사찰이나 유교사묘보다도 잘 보존되어 있는 경향이 있다는 사실도 지적해야 할 것이다. 예를 들면 전후에 병렬된 두 전(殿) 사이를 지나는 복도로 연결된 '공자전(工字殿)'이라고 하는 평면구성이 있다. 이것은 옛날 서주시대 이래 종묘(宗廟)에 채용된 형식으로서 당대 이후에는 궁전이나 관아(관청)에만 허용되는 형식이었다.

그런데 현존하는 건축물 가운데, 북송시대 개보(開寶) 6년(973년)에 건설된 허난(河南)성 지위엔(濟源)의 제독묘(濟瀆廟)나 비각(碑刻)에 묘사된 대중상부(大中祥符) 4년(1011년) 건립 당시의 산시(山西)성 완롱(萬榮)의 후토사(后土祠), 그리고 금(金)나라 승안(承安) 5년(1200년) 재건 당시의 허난(河南)성 덩펑(等封)의 중악묘(中岳廟)의 그림에서 명쾌한 실례를 볼 수 있다. 건물의 기단(基壇) 정면의 계단을 2곳에 설치하는 '쌍계(雙階)' 제도(制度), 혹은 궁관의 중정(中庭; 안채와 바깥체 사이에 있는 뜰) 통로를 토수도(土手道)와 같이 짓는 '마도(馬道)'의 형식도 마찬가지다. 이렇듯 시원(始原)의 옛 구성요소가 답습되고 있다는 사실은 도교건축이 갖는 원시적인 성격을 나타내는 좋은 예라고 말할 수 있을 것이다.

밀교(密敎)와 도교

— 요리토미 모토히로(富本宏, 전 슈치인대학 교수)

원래부터 유사점이 많았던 밀교와 도교는

그런 까닭에 서로의 요소들를 능란하게 자기의 것으로 만들어갔다.

밀교의
성립과 특징

다양한 측면을 갖는 불교 안에 밀교라고 하는 하나의 단계가 있다는 사실은 널리 알려져 있다. 밀교는 인도에서 대승불교가 성립한 지 500년 후(5, 6세기 무렵), 인도의 민족종교인 힌두교가 이전의 브라만교에서 단장을 새롭게 하여 부흥시켜가는 시기와 호응하여 대승불교의 한 지류로 일어난 신흥종교이다.

밀교의 사상적 특징으로는 부처로 상징되는 거룩한 존재와 우리와 같이 고뇌나 분노로 가득한 세속적 존재가 어떠한 상황 아래에서는 일체화할 수 있다는 주장을 들 수 있다. 이것은 대승불교 이래 "모든 존재는 부처가 될 수 있다"는 성불사상(成佛思想)을 진전시킨 것이라는 것, 그리고 동시에 인도 고유의 발상, 즉 '대우주와 우리의 신체와 같은 소우주가 구조적으로 다르지 않다'는 생각을 이어받고 있다.

그리고 그러기 위해서는 신체와 언어와 정신집중이라는 삼종(三種)의 행법(行法), 곧 삼밀행(三密行)을 구사하여 부처와 동일한 행위, 결국 부처의 모방을 행하는 것이다. 그리고 동시에 거기에서 발생하는 기이한 힘[공덕력(功德力) 등]을 이용하여 마이너스적 요소를 제거[식재(息災)라고 한다]나 플러스적 요소의 증대[증익(增益)이라고 한다] 등을 실현하고자 하는 것이다.

이와 같이 특징 지을 수 있는 밀교가 중국 고유의 민족종교인 도교와 어떠한 교섭을 하였는지에 대해서 몇 가지 흥미로운 점을 지적하고자 한다. 단, 개개의 문제에 대해서는 별도로 상세한 설명이 있기 때문에 여기에서는 총론적으로 소개하고자 한다.

상호간에 영향을 받은 밀교와 도교

밀교는 다른 불교의 여러 형태들과 마찬가지로 석존의 나라, 인도에서 성립하였다. 특히 선(禪)이나 정토종(淨土宗)의 사상에 비해 훨씬 인도적 요소가 농후하다. 그리고 현재에도 진언(眞言)이나 다라니(陀羅尼) 등의 성스러운 언어는 인도의 고대어인 산스크리트어[梵語]로 외우고 있다. 또한 소망달성의 수단으로서 불의 신[火天]의 힘을 빌려 공물(供物)을 불에 태워 공양하는 호마(護摩)는 기원전 1000년 무렵의 베다 문화 시대부터 현재에 이르기까지 거의 그대로의 모습으로 전해지고 있다. 이러한 밀교가 7세기부터 9세기에 걸쳐 실크

로드나 남해로(南海路)를 거쳐 중국에 전파되고 그곳에서 처음으로 도교와 만난 것이다.

주지하는 바와 같이 인도에서 중국에 불교가 최초로 전해졌을 때, 사후의 존재를 설명하는 윤회사상이나 부모를 버리고 머리를 깎는 출가주의 등에 대해 유교와 도교로부터 맹렬한 공격이 가해졌다. 이것을 삼교논쟁(三敎論爭)이라고 부른다.

그런데 밀교의 경우는 일단 대승불교의 한 지류로 신속한 성불을 강조한 나머지 현세에 중점을 두고 내세나 윤회에는 거의 관심을 드러내지 않는다. 또한 관정(灌頂)이라는 의례만 받으면 재가(在家) 신자에게도 부처가 되는 통로가 열리기 때문에 반드시 체발(剃髮; 머리를 깎는 일)과 출가를 중요시하지 않는다. 이를 테면 밀교와 도교의 관계는 이질성보다도 오히려 동질성이 현저했다고 말할 수 있을 것이다. 그 결과 현실적으로는 이하의 두 가지 상반된 현상이 동시에 일어나게 되었다.

첫째는 유사한 특징을 갖는 밀교와 도교가 특히 당대(唐代) 전반에 접촉함으로써 서로 상대방의 교리나 실천 중에 마음에 드는 일부 요소들을 도입하였다. 이 경우 중국이라는 특정 지역에 있어서 선발과 후발이라는 관계도 있어서, 도교가 밀교에서 도입한 것이 우레[雷]를 지배하는 뇌법(雷法)에 사용하는 주문이나 일부의 금주(禁呪; 주문과 같음) 등 양적으로는 그리 많지 않다. 불의 제사인 호마법(護摩法) 등은 가장 밀교적임에도 불구하고 어떤 이유에서인지 도교측에서는 그리 주목받지 못했다.

역으로 당대 말기가 되면 밀교측의 중심인물이었던 인도승, 금강지[金剛智, 재당(在唐) 720~741년], 선무외(善無畏, 재당 716~736년), 불공(不空, 재당 714~774년)이 잇달아 세상을 떠난 일도 있어서 밀교가 중국 사회에 정착할 목적으로 도교의 요소를 수용한 경전의궤가 상당수 찬술되게 되었다. 그 중 하나가 『용수오명론(龍樹五明論)』이라고 하는 단편의 실천서이다. 이것은 대승불교의 대가였던 용수보살이 다양한 주문을 설한다는 내용인데, 인도에서 성립한 것이 아니라 중국밀교와 도교의 합작이다. 구체적으로는 약사여래(藥師如來)나 허공장보살(虛空藏菩薩) 등 불교의 부처들이 등장하는데, 질병이나 재앙을 제거하기 위해 외우는 주문은 인도계열의 범어로 된 것과 도교계열의 한문의 '급급여율령(急急如律令)' 등이 혼합되어 있다.

두 번째로 밀교와 도교의 주력숭배(呪力崇拜)나 현세지향을 공통으로 하고 있는 결과, 양자 사이에 일종의 반발이나 경합이 있었던 것으로 보인다. 밀교측의 금강지나 불교의 전기를 보면 기우(祈雨) 등은 밀교측이 더 강했던 것 같으나, 대세로서는 당대 황제의 다수가 도교에 경도되어 있었기 때문에 밀교가 대규모로 유행한 것은 현종(玄宗)부터 대종(代宗)에 그쳤다고 말하지 않을 수 없다.

도교적 요소를 도입한
일본의 밀교

일본의 고대사회에 있어서 상당한 영향력을 갖추었던 도교이지만 불교와 같이 불(佛, 사람)·법(法, 경전)·승(僧, 신앙자)이 정리된 체계적이고 제도적인 종교에는 이르지 못했다. 그 중에서 주로 진언(眞言)과 천태(天台)의 양대 밀교 측에서는 일부 도교적 요소를 많이 도입하고 있다. 예를 들면, 산야에 머물며 수행하는 수행자로 대표되는 슈겐도(修驗道)나 경신(庚申)·묘견(妙見) 등의 부처들, 나아가서는 북두만다라(北斗曼茶羅)나 염마천만다라(閻魔天曼茶羅) 등의 이른바 별존만다라(別尊曼茶羅)를 들 수 있다. 거기에는 '임병투자개진열재전(臨兵鬪者皆陳列在前)'이라는 아홉 글자나 오도대신(吾道大神), 비가라신(毘迦羅神), 삼시(三尸) 등의 도교의 요소가 중요한 위치를 차지하고 있다.

이들과는 별도로 밀교승으로서 도교에 지대한 관심을 나타낸 예로, 진언종을 열었던 구카이(空海, 774~835년)과 내고지(根來寺)를 일으켜 신의진언종(新義眞言宗)의 조사(祖師)로 여겨지는 가쿠반(覺鑁, 1095~1143년)이 있다.

구카이는 당나라에 들어가기 이전 24세 때, 『삼교지귀(三敎指歸)』라는 자서전적 요소가 강한 사상서를 저술하고, 그 책에서 도교가 세속의 교리인 유교보다 뛰어나다고 칭한다. 이 시점에서는 밀교도 언급되고 있지 않기 때문에 불자로서의 도교해석이 되는 셈인데, 일본의 승려 가운데서 도교에 대해 정면으로 분명하게 이야기한 것은 구카이(空海) 한 사람이다.

　헤이안(平安) 후기에 활약한 가쿠반(覺鑁)은 밀교에 정토교의 요소를 도입한 인물로 알려져 있는데, 무슨 이유인지 음양오행이나 오장(五臟) 등의 도교적 요소에 주목하고 만년의 저작인『오륜구자명비밀석(五輪九字明秘密釋)』에서 밀교교리와의 융합을 시도하고 있다.

　이상과 같이 인도에서 성립한 밀교와 중국의 민족종교인 도교 사이에는 대상에 작용을 가하여 어떤 결과를 얻으려고 하는 주술적인 측면에 있어서 특히 공통점이 적지 않다. 이 외에 신체를 소우주로 파악하는 발상이나 남녀 양성의 합일을 중시하는 실천 등에도 유사점이 인정되는데, 양자 사이의 상호관계를 해명하는 데에는 현재 연구의 축적이 필요할 것이다.

별[星]과 도교

― 나가이 스스무(永井 晋, 가나자와문고 학예원)

청나라 왕조 이전의 중국에서는 하늘에 빛나는 별들과 함께 관념상의 별에도 관심을 기울였다. 전자는 사천대(司天臺, 천문대)의 관리가 주야로 관측하는 별, 후자는 역법(曆法)이나 점성반(占星盤) 위를 움직이는 별이며 신으로서 숭배되었던 별이다. 도교는 별에 관련된 신이 많기 때문에 별의 종교라고도 일컬어지고 있다. 신이 된 별이 지상의 세계에 강림하여 사람들과 교류했다는 이야기가 많이 전해진다.

하늘의 메시지를 해독하는 천문(天文)

도교의 별에 대해 이야기하기 전에 중국의 천문(天文)에 설명해 보자. 청왕조 이전의 중국에서 천문이린 하늘에 나타나는 문양, 하늘이

지상의 세계를 통치하는 사람에게 보여주는 메시지를 의미한다. 황제는 하늘이 정한 대리자로서 지상세계를 통치한다고 생각했던 것이다. 황제의 정치가 문제(탈) 없이 행해지고 있는 때는 음양의 조화가 잘 유지되고 세계의 질서가 안정되었다. 또한 선정(善政)이 베풀어지고 있는 때는 좋은 상징(symbol), 즉 상서(祥瑞)를 드러내어 칭찬하고, 정치가 어지러운 때에는 나쁜 상징, 곧 재이(災異)를 보여 반성을 요구했다. 그리고 하늘이 나타내는 의향에 황제가 따르지 않을 때에는 천명(天命)을 바꾸어 황제(왕조)를 멸하고자 했다. 한(漢) 왕조 시대에 성립한 이러한 사고방식을 유교에서는 천인상관설(天人相關說), 참위사상(讖緯思想)에서는 천인감응설(天人感應說)이라고 부른다. 이러한 학설에 입각하면 자연계에서 일어나는 다양한 사건과 현상들은 하늘의 메시지가 되며, 천문은 그 중에서도 특히 중요한 상징이 된다. 동아시아에서 독자적인 발전을 이룩한 중국의 천문학은 이러한 '천문(하늘의 메시지)'을 해독하는 기술로서 역대 왕조에서 보호되고 발전했다.

중국의 점성술은 천상의 국가를 상징했던 성좌(星座)체계의 위를 음양오행을 상징하는 태양, 달, 오성[五星; 목성, 금성, 화성, 목성, 토성]이나 항상 보이는 것은 아닌 별, 곧 객성(客星), 혜성(彗星), 유성(流星), 초신성(超新星) 등이 짜놓은 문양의 의미를 천문서나 위서[緯書; 경서(經書)에 덧붙여 기록된 예언의 글] 등에 기록된 예언설이나 사서(史書)에 기록된 선례(先例)에서 해독하는 것이다. 중국의 점성술은 국가의 운명을 밝히는 것을 목적으로 한 것이다.

현존하는 문헌 가운데 천문을 체계적으로 기술한 가장 오래된 것은 중국 최초의 정사(正史)인 『사기』의 「천관서(天官書)」이다. 천관(天

官)은 하늘의 관료를 의미하고, 하늘의 북극성(北極星) 부근을 중관(中官), 그 외측[外側; 바깥부분]을 사방으로 나누어 동관(東官) · 남관(南官) · 서관(西官) · 북관(北官)이라고 부르고, 외주(外周; 바깥 둘레)에 퍼져 있는 남천(南天; 남쪽 하늘)을 외관(外官)이라고 불렀다. 그 위에 성좌의 체계가 점차 정비되어 당대(唐代)에는 '삼원이십팔숙(三垣二十八宿)'이라고 부르는 체계가 성립되었다. 삼원(三垣)은 하늘의 북극성을 중심으로 천제(天帝)의 궁전을 의미하는 자미원(紫微垣), 정부를 의미하는 태미원(太微垣), 수도의 시가지를 의미하는 천시원(天市垣)으로 되어 있고, 자미원을 에워싸는 3층 구조로 되어 있다. 삼원의 외측은 달이 운행하는 위치를 나타내는 성좌로서 정비된 이십팔숙(二十八宿)을 중심으로 세밀하게 구분되어 있다. 이십팔숙은 청룡(青龍) · 주작(朱雀) · 백호(白虎) · 현무(玄武)의 사신(四神)과 더불어 동서남북에 일곱 성좌(星座)씩 분할하여 28숙(宿)으로 구역 내의 성좌를 배속시켰다.

천문을 신격화한 성신(星辰) 신앙

도교는 천문에 빌미니 성과에 무어한 다양한 상상에 신앙상의 상징을 더하였다. 신이 된 빌이 시상에 내려와 사람들과 교류를 갖게 되었던 것이다. 여기에서는 천문이 무엇보다 중요시했던 북신(北辰)과 북두(北斗), 오행을 상징한 별들 가운데서는 화성(火星), 그리고 객성(客星) 가운데 지명도가 높은 남극노인성(南極老人星)을 들어 이야기하고자 한다.

하늘의 북극을 올려다보면 북극성을 중심으로 천상의 별들이 선회하고 있는 것처럼 보인다. 그 때문에 천문에서는 천제(天帝)를 상징하는 별로 북극성을 배당했다. 『사기(史記)』「천관서(天官書)」는 북극성을 태일신(太一神)의 성좌로 삼는다. 다만 세차운행[歲差運行; 춘분점이 황도를 따라 1년에 50.3"씩 동쪽으로 서쪽으로 이동하여 2만 5,800년 주기를 갖는 운행]에 의해 하늘의 북극의 위치가 이동하기 때문에 북극성은 시대에 따라 변화한다. 이러한 북극성을 신격화한 신이 북극자미대제(北極紫微大帝)이다. 북극자미대제는 사극대제의 하나로서 모든 별들과 귀신을 통치하는 것으로 여겨지는 고위의 신이다.

『사기』「천관서」에서 북두칠성이 천제(天帝)의 수레로서 여러 곳을 순행하고 칠정(七政)을 다 같이 정비하여 음양의 근본이 되는 중요한 성좌이다. 한(漢)나라의 벽화에는 북두칠성에 실려 있린 귀신, 북두군(北斗君) 앞에서 조명(助命), 곧 목숨을 구해줄 것을 필사적으로 기원하는 남자의 모습을 그린 것이 있다. 북두칠성을 신격화한 신이 북두진군(北斗眞君)으로 별명에는 천강(天罡)이 있다. 『수신기(搜神記)』에는 관로(管輅)의 조언에 따라 커다란 뽕나무[桑] 앞에서 바둑을 두는 북두와 남두[南斗, 28숙의 두숙(斗宿)]에게 술과 안주를 바쳐 연명(延命)에 성공한 남자의 이야기가 수록되어 있다. 이 이야기에서 관로는 "남두는 탄생을 기록하고 북두는 죽음을 기록하기 때문에 사람들은 북두에게 다양한 기원을 한다"고 북두의 성격을 설명하고 있다. 죽음을 관장하는 귀신에게 연명과 부귀를 내려주는 사명신(司命神)의 성격이 첨가되어 있는 것이다. 도교에서는 『태상현령북두본명

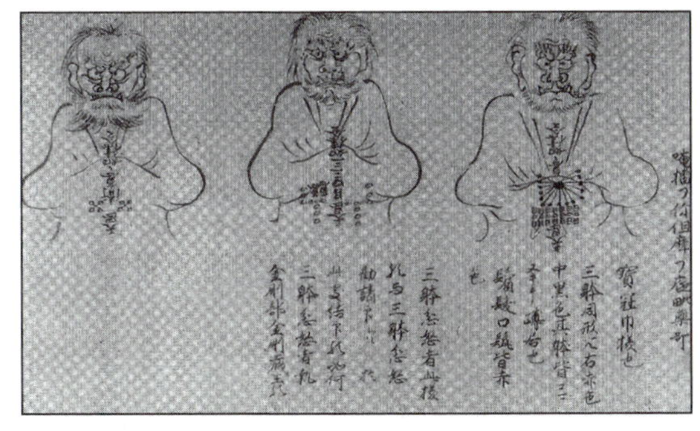

천강도(天罡圖)
가나가와(神奈川) 현립
가나자와(金沢)문고 보관

장생진경(太上玄靈北斗本命長生眞經)』, 『태상현령북두본명장생묘경(太上玄靈北斗本命長生妙經)』을 필두로 다양한 전적(典籍)들이 작성되었다. 또한 불교에서도 『북두칠성연명경(北斗七星延命經)』, 『북두칠성호마의궤(北斗七星護摩儀軌)』 등 북두칠성에게 연명을 기원하는 경전이 작성되었다. 도교에서도 불교에서도 죽음을 관장하는 북두칠성에 대해 연명을 기원하는 신앙이 왕성하게 유행한 것이다.

형혹성(熒惑星), 곧 화성(火星)은 오행의 '火(화)'를 상징하는 별이다. '火(화)'는 불타오르는 것을 가장 기본적인 성격으로 삼고 있다.『서경』「홍범(洪範)」 오행 가운데 '화'는, 색은 적(赤), 방위는 남, 계절은 여름, 별은 형혹성과 같이 불을 연상시키는 사물을 관할하고 있다. 점성술 상에서 형혹성이 관할하는 관직은 예를 담당하는 법관, 외교를 담당하는 대홍려(大鴻臚), 내정(內政)을 담당하는 사공(司空), 육군을 담당하는 사마(司馬)라고 한다.『진서(晉書)』「천문지(天文志)」.『수신기(搜神記)』에는 오(吳, 222~280년)나라 손휴(孫休)의 영안(永安) 3년(260년), 형혹성이 아이의 모습으로 나타나 함께 놀고 있던 아이들에게 오(吳)의 멸망과 진(晋)의 통일을 고했다는 이야기가 수록되어 있다. 오행의 '화'를 상징한 형혹성이 화신(火神)인 화덕진군(火德眞君)과 결합되어 형속화덕진군(熒惑火德眞君), 혹은 화조대제(火祖大帝)로서 받들어 모셔지게 되었다.

남극노인성(南極老人星, Canopus)은 남쪽 하늘에서 빛나는 일등성이다. 평소에는 보이지 않는 밝은 별이므로 점성술에서는 경성[景星; 상서(祥瑞)]으로 분류되어, 남극노인성이 관측되면 황제의 수명이 늘어난다고 생각해 경사(慶事)의 징조로 여겼다. 남극노인성은 행복과 장수를 담당하는 신으로 여겨 한(漢)대부터 수성사(壽星祠), 혹은 노인묘(老人廟)을 건립하여 받들어 모셨다. 북송시대 인종(仁宗)의 하우(嘉祐) 8년(1063년)에는 머리가 신체의 절반이나 되는 작은 남자가 도읍에 나타나 황제를 알현(謁見)했을 때 사천대(司天臺)에서 수성(壽星)이 제좌[帝座; 자미원(紫微垣)에 있는 성좌]의 곁에 나타났다는 이야기가 있다.『사현요언집(事玄要言集)』 일본의 조정에서도 노인성이 보이면 경사를 축하했다. 칠복신(七福神)의 하나로서 친근하게 여겨지고 있는 수노인(壽老人)은 남극노인성을 신격화한 것이다.

도교의 지옥(地獄)

— 미나미자와 요시히코(南澤良彦, 규슈대학 교수)

최고경지를 목표로 하는 도교의 수행자는

지옥조차도 자기를 반성하는 시련의 장(場)으로 간주했다.

불교의 영향으로 성립한
도교의 지옥

아쿠타가와 류노스케(芥川龍之介)가 현대어로 다시 써서 유명한 당대(唐代)의 전기소설인 『두자춘(杜子春)』의 한 구절에 "무슨 일이 일어나더라도 말하지 말고 있으라"는 도사의 지시를 지키다가 결국에는 생명을 빼앗긴 두자춘의 죽은 혼이 지옥의 부름을 받았다는 대목이 있다. "두자춘이 참수를 당하자 그의 혼백은 염라대왕의 면전에 끌려왔다. '이놈이 운대봉(雲臺峰)의 요술사(妖術使)인가?' 염라대왕은 그렇다고 말하자 서둘러 신병을 감옥에 넘겨주었다. 이렇게 해서 그는 녹인 구리물을 마시고 철장(鐵杖)으로 두들겨 맞고 절구로 찧기고, 불구덩이 안에 던져지고 펄펄 끓어오르는 솥에 집어넣어지며 칼로 된 산에 오르고 검(劍)으로 된 나무를 기어오르는 고통의 책무를 빠짐없이 맛보았다."『당송전기집(唐宋傳奇集)』하, 이마무라 요시오(今村与志雄) 역, 이와나미(岩波)서점, 1988년 그러나 오히려 단 한 마디도 발설하지 않는 두자춘을 지옥의 왕은 여자의 몸에서 다시 태어나게 해주었다.

앞에서 말한 것과 같이 전율할 만한 지옥을 당대(唐代)의 사람들은 분명히 믿고 있었다. 그렇지만 이와 같은 지옥의 처참함을 구명(究明)하는 모습은 원래 중국 고유의 관념이 아니라 염라왕[혹은 염마왕(閻魔王)이라고도 함]의 존재까지 포함하여 불교의 영향에 의한 부분이 많다. 게다가 무릇 '지옥'이라는 단어 자체가 불교경전이 중국어로 번역되는 과정에서 번역자에 의해 고안되어 나온 것이다.

명산(名山)과 명천(名川)에
모인 영혼

대개 동서양을 막론하고 어느 민족, 종교에도 사후의 세계에 대한 관념은 존재한다. 한민족(漢民族)도 예외가 아니라 사후에도 영혼이 불멸할 수 있다고 믿었으며, 게다가 사후에도 생활에 있어서 부자유가 없는 것처럼 사자와 함께 여러 가지 물품을 묘에 넣고 간절하게 공물을 바쳐왔다.

소박하고 단순했던 고대 시대에는 영혼이 자손의 공양을 정말로 받을 만한 묘의 내부를 본거지로 한다는 생각을 했다. 그리고 결국은 후기의 한(漢)나라 시대가 되면 사후의 세계 역시 상당히 정비되어, 묘의 주인들은 지방마다 명산이나 대하(大河) 등의 특정 장소에 모이게 되었다. 그러한 장소로 가장 유명했던 것이 태산(泰山)이다.

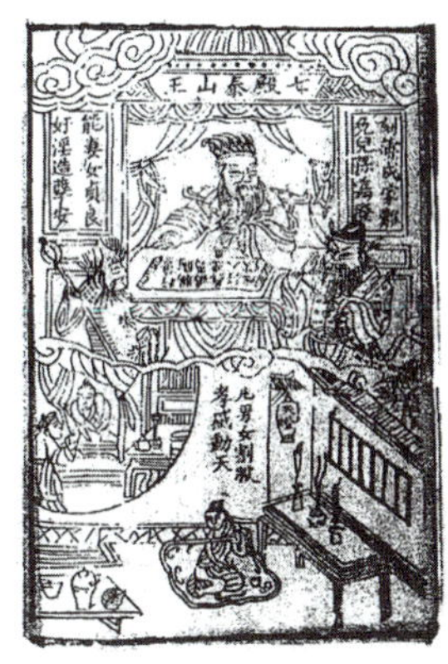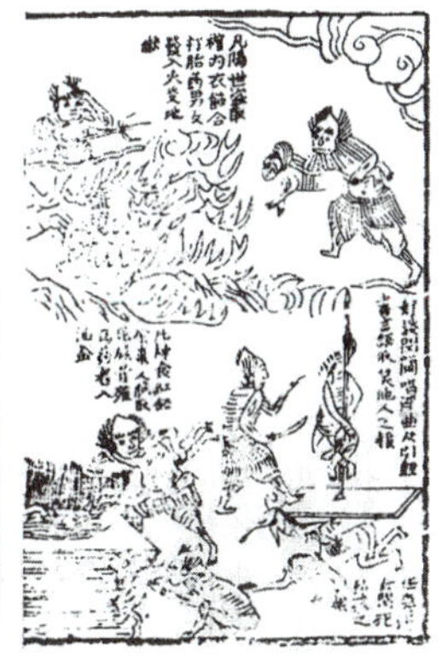

**심판의 정원(왼쪽),
지옥의 고문(오른쪽)**
민간의 선서(善書), 『옥력초전
(玉曆抄傳)』계열의 〈지옥시왕
(地獄十王)〉에서

　지금의 산둥(山東)성 타이안(泰安)시에 소재하고 있는 태산은 해발
1,532m로 특별히 높다고 할 수는 없지만, 일종이양(一種異樣), 즉
종류가 같으나 상이한 양태의 분위기를 가진 '천주산(天柱山)'이라는
별칭에 상응하는 괴위(魁偉; 생김생김이 매우 뛰어나고 우람함)한 산
이다. 이 산 속에는 사자의 영혼이 모여 태산부군(泰山府君)이라는
신의 심판을 받는다고 여겨져 왔다. 태산부군의 판결에 따른 형벌은
주로 광물을 캐거나 하천에서 토목작업 등을 하는 중노동이며 지옥
과 같은 고통을 맛보는 것이 확실하지만, 펄펄 끓인 금속용액을 마시
게 한다거나 칼로 몸을 난도질하는 등의 고문이 가해지지는 않았다.
　각설하고, 남조(南朝)시대에는 태산지옥까지 흡수한 풍도지옥(酆
都地獄)이 등장한다. 양(梁)의 도홍경(陶弘景)은 북방의 계(癸)의 땅
에 있으며 신이 높이가 2,600리, 주변이 3만 리, 내부에는 동천(洞天),
곧 광대한 동굴 모양의 별천지가 있고, 그 주변은 1만 5,000리이다.
산 위와 동천에는 각각 망자(亡者)들의 궁실(宮室)이 6개 있다. 산 위
에 있는 것이 외궁(外宮), 동천(洞天)에 있는 것이 내궁(內宮)인데,

명칭이나 제도가 모두 동일하다. 모두 합해 12궁실(지옥)에는 각각 지배자가 있으며 그 위에 더하여 북태제(北太帝)가 통솔하고 있다.

제1궁의 명칭은 주절음천궁(紂絶陰天宮), 사람이 죽은 뒤 우선 이곳에 와서 사후의 업무를 분부받는다. 앞에서 말한 태산이나 명산명천의 지옥에 가는 망자도 역시 업무를 부여받을 때나 죄 심판을 받을 때에는 이곳에 올 필요가 있다. 제2궁은 태살량사종천궁(泰煞諒事宗天宮)이며 급사한 망자가 이곳에 온다. 제3궁은 명신내범무성천궁(明晨耐犯武城天宮)이며 현인이나 성인의 망자가 여기에 온다. 제4궁은 명소죄기천궁(恬昭罪氣天宮)으로 길흉화복이나 연명죄해(延命罪害)를 담당한다. 제5궁은 종령칠죄천궁(宗靈七罪天宮), 제6궁은 감사련완루천궁(敢司連宛屢天宮)이다.

『진고(眞誥)』에서는 열둘(12)이었던 지옥의 수가 이후 증가하여 24지옥, 혹은 36지옥이 되었다. 그들 지옥의 모습은 한(漢)대의 태산지옥의 그것과 다르며 불교의 지옥설의 영향을 받아 상당히 공포로 가득 찬 것이 되었다.

풍도지옥과 더불어 중요한 도교의 지옥설은 '구유지옥(九幽地獄)'이다. 오(吳)의 갈현(葛玄)의 『태상자비도량소재구유참(太上慈悲道場消災九幽懺)』에 따르면, 동북의 방삭음(方朔陰)의 땅, 구류(九壘) 아래에 이 지옥이 있다. 동쪽의 풍뇌지옥(風雷地獄)은 항상 흑풍(黑風)이 불고 벼락이 떨어지며, 창들이 이리저리 날아가 죄인을 맞추어 그의 사지(四肢)를 갈기갈기 찢어 그 고통이 만겁의 길이에 이른다. 남쪽의 화예지옥(火翳地獄)에서는 죄인에게 타오르는 불이나 재를 먹이고 그 머리 위에도 불의 산(불을 산같이 쌓은 것)을 두어 전신이 타서 문드러지고 마디마디에서 불이 나오게 한다. 금망치와 철곤

장으로 마구 때려 전신이 허물어져 내리고 철로된 쇠갈고리로 배를 도려 파며 금망치로 심장을 눌러 으깨어 버린다. 북의 명랭지옥(冥冷地獄)에서는 구한(丘寒)의 연못에 빠뜨리고 얼음으로 된 창, 서리로 된 칼날로 근육과 뼈를 가르고 그 상처에 100가지 독으로 만든 액체를 부어 온몸이 허물어져 내리고 내장이 파열되게 한다. 중앙의 진략지옥(晋掠地獄)에서는 고문을 받아 고통이 참기 어렵고 근육이 잘려 피가 흐르며 괴로운 나머지 기절하여 지면에 픽 쓰러지면 옥졸(獄卒)이 철 갈고리로 찔러 칼날로 이루어진 산과 칼로 된 나무를 빙 둘러 오르게 만든다. 그곳은 바람이 어지럽게 불어 칼 나무가 크게 흔들거리므로, 죄인은 칼산을 밟아 발바닥이 찔리고 몸은 칼끝에 걸려 있다. 동남쪽의 동주지옥(銅柱地獄)에서는 맹렬한 화염의 구리 기둥을 팔로 싸안고 발로 올라가며 몸의 안과 밖에 모두 타서 눌러 붙고 배와 등도 곪아 짓무른다. 이 외에 서남쪽의 도할지옥(屠割地獄), 서북쪽이 화차지옥(火車地獄), 동북쪽의 확탕지옥(鑊湯地獄)의 세 지옥이 있는데 그 내용은 문학을 통해 추측하길 바란다.

그런데 지옥에 이미 떨어져 버린 부모나 선조들을 그곳에서 구해내기 위한 의식도 도교의 교의에는 존재한다.별항 〈공덕의례〉 참고. 역대의 무수한 경전에 그 순서가 기술되어 있으며 도교의 교의상에서 중요시되고 있었다는 사실을 알 수 있다. 앞에서 살펴본 『태상자비도량소재구유참』두 주안점은 지옥에 대한 기술이 아니라 그곳에서 구제하는 방법을 설하는 것이다.

승선에 도달하는
수행의 장

이상 대략적으로 도교에서 설하는 지옥의 모습을 기술했는데, 도교의 교의 전체에서 본다면 도교의 신앙인에게 지옥이란 단지 공포스럽기만 한 장소가 아니라 오히려 수행의 장(場)의 하나이기도 하다. 무엇보다도 보다 주체적으로 신앙을 추구해 가고자 하는 사람들에게 있어서 그러했다. 앞서 말했던, 풍도지옥을 설하는 『진고』에서 망자는 지옥에서 사후의 업무를 분부받는다고 여겼는데, 예를 들어 생전에 매우 충성과 효도를 잘 했던 망자의 사후는 다음과 같다.

지충지효(至忠至孝)의 인물이 죽으면 사령(辭令)의 임무를 받아 지하주자(地下主者), 곧 선인(仙人) 견습생이 된다. 140년이 지나면 드디어 하선(下仙), 곧 가장 낮은 지위의 선인의 가르침을 받아 대도를 전수받을 수 있다. 그로부터 점차 승진하여 선관(仙官)으로 임명된다. 그리고 그 뒤, 140년마다 선계의 시험을 치러 차츰 지위가 올라가는 등 터무니없이 오랜 세월이 필요하다고 말할 수 있는데, 결국 최종적으로는 신선이 될 수 있는 것이다.

불교 신자의 궁극적 소원이 해탈(解脫), 곧 번뇌로부터의 해방인 것에 비해, 도교 신자에게 있어서 궁극적 소원은 승선(昇仙)이다. 죄가 무거워 단지 도교의 신들에 귀의해 기도만 하는 민중에게는 오직 두렵고 구제를 빌 수밖에 없는 지옥도, 승선이라는 최고의 경지를 목표로 하는 탈속(脫俗)의 도교수행자들의 입장에서 보면 때로는 자기의 죄과를 반성하는 수단이며 더불어 승선에 도달하는 도상(途上)에 존재하는 것으로서 적극적으로 수용해야 하는 시련의 장이었다.

비밀결사와 도교

— 와타나베 준(渡部惇, 고마자와대학 교수)

수많은 비밀결사의 성립에는

전제정치에 시달리던 서민들이 신앙하는 민중도교의 존재가 있었다.

민중결속의
연결고리가 되었던 종교

중국의 비밀결사는 시간적으로 상당히 장기간에 걸쳐 존속함과 동시에 사회적으로도 상당히 큰 영향력을 가진, 중국 역사상 중요한 역사현상으로 파악될 수 있다. 이러한 사실은 중국에서는 2000년이나 간전제(間專制) 정치가 이어지고 그 밑에서 다수의 농민민중이 끊임없이 생활의 불안과 고통 속에 놓여왔다는 사실과 크게 관계한다. 이러한 비밀결사는 통상 2가지 계통, 비밀종교결사[교문(敎門)]와 비밀회당(秘密會黨)·방회(帮會)로 나뉘는데, 최근에는 이들을 다시 교(敎), 회(會), 방(帮)의 3가지로 분류한다는 주장도 나오고 있다. 이러한 비밀결사의 역사는 매우 옛날까지 거슬러 올라가는데, 일대(一大) 사회세력으로서 역사의 무대에 등장해가는 것은 전제정치가 가장 무르익었던 명청시대였다. 그리고 열강의 식민지 지배가 시작되었던 근대가 되자 더욱 팽창하여 결사의 수가 300에서 400종류에 이르고, 수천만의 무리가 이러한 조직에 귀속했다고 한다. 이것을 근대 중국의 추정 인구인 4, 5억과 비교할 경우 얼마나 큰 비중을 차지하고 있었는지 알 수 있을 것이다. 중국의 비밀결사가 세계사 상에서도 유례가 없는 현상이라고 하는 까닭이다.

중국의 비밀결사는 하층민중이 주체를 이루었다. 그리고 이러한 민중을 결속시키는 한편 유대(연결고리)의 역할을 담당한 제일의 대상으로 종교를 든다. 게다가 종교는 국가권력이나 지배계층에 의해 공인되고 지지된 것과는 차원이 달라 널리 민간사회에서 믿는 것이었다. 통상 이러한 민간종교는 민중도교라는 명칭으로 불리고 있다.

민중도교는 후한 말의 사회변동 가운데, 민중 자신이 형성한 종교결사인 태평도(太平道)나 오두미도(五斗米道) 등에서 처음 시작된다. 결국 이들은 북조(北朝)와 수당(隋唐) 사이에 국가나 귀족과 결합되어 도관도교(道觀道敎)로서 성립하지만, 다른 한편 민중의 생활에 뿌리를 둔 신앙이 단절된 것은 아니었다. 송대에 들어 도교는 새로운 전개를 보여준다. 남송초 화북지역에서 성립한 전진교(全眞敎), 태일교(太一敎), 진대도교(眞大道敎) 등은 사회적 불안과 서민의 대두(擡頭)를 배경으로 탄생한 새로운 도교였다.

민중도교의 최전성기는 명청시대에 찾아왔다. 이 시기, 농·공·상업의 발전과 더불어 사회의 분화가 진행하면서, 서민의 힘이 한층 더 증대하였고 민중의 의식도 고양되었다. 또한 후에 근대사회의 지지세력이 되었던 광곤무뢰층(光棍無賴層; 마치 건달과 같이 무력 등을 동원하여 사회상층부나 기존질서에 맞서는 무리의 계층)도 이 시기에 등장하였다. 이러한 상황에서 이 시기 정통도교가 쇠퇴하는 것과는 역비례하여 도교의 세속화, 민간화가 진행되었다. 다시 말해, 도교의 색채가 농후했던 민간종교의 여러 분파가 지역에 출현하여 사회에 영향을 미쳤다. 이 시기는 또한 불교의 속계 진출도 강해졌다. 그리고 명(明)나라 태조(太祖)의 종교정책, 삼교귀유(三教歸儒) 사상에 의해 유교의 민중화도 진행되었다. 이렇게 해서 유·불·도 삼교 융합의 경향이 한층 더 가속화한 것이 이 시기의 특색이다.

민중도교에서 신앙의 대상이 되었던 신들은 통상 삼교가 혼합된 경우가 많으며, 여기에 다시 민간의 속신(俗神) 신앙에서 발전해온 신들이 더해져 구성되었다. 그 중 일부를 들면 다음과 같다. (순서는 같지 않다.)

미륵(彌勒), 관음(觀音), 달마(達磨), 석가(釋迦), 옥황대제(玉皇大帝), 이노군(李老君), 현천상제(玄天上帝), 공성인(孔聖人), 관제(關帝), 문창제군(文昌帝君), 진무대제(眞武大帝), 낭랑(娘娘), 문신(門神), 약왕(藥王), 재신(財神), 개로신(開路神), 후토(后土), 여조(呂祖), 잠신(蠶神), 왕령관(王靈官), 뇌공(雷公), 북두성(北斗星), 천비(天妃), 종산신(鍾山神).

이를테면, 여러 가지가 뒤섞인 다신교(多神敎)이다. 성진(城鎭; 큰 도읍과 같이 많은 사람들이 거주하는 곳)이니 향촌(鄉村)에는 공묘(孔廟)나 사찰, 도관이 병존했는데, 산간벽지의 작은 마을 등에서는 삼교를 함께 받드는 혼합식 소묘(小廟)가 적지 않게 있었다. 일반적으로 문화수준이 낮은 민중에게 있어서는 각종각파의 차이를 판별하기가 곤란하고 또한 그럴 필요도 없었다. 그들에게 있어서 다종다양 (多種多樣)의 우상(偶像)들 가운데에서 스스로 숙지한 것을 찾아 구하여 그것을 신앙할 수 있으면 좋았던 것이다.

"민심의 근저에 있는 신앙은 도교이며 거의 대부분의 중국인이 도교신자라고 해도 과언이 아니다." 어느 도교학자의 말이다. 이 말에서 보이는 바와 같이 민중도교는 매우 광범위한 다신교 형태를 취하여 민중 속에 침투해 갔다. 비밀결사에 귀속한 민중이라 하더라도 예외는 아니었다.

반체제, 반전통주의를 지향한 비밀 교문(秘密敎門)

그럼, 비밀결사 가운데 우선 비밀교문에 대해 고찰해 보자. 이 가운데 가장 대표적인 것은 백련교(白蓮敎)이다. 그것의 기원은 남북조 시대까지 거슬러 올라가는데, 비밀종교결사로서 역사에 등장한 것은 원(元)나라 시대였다. 원(元)의 중국지배는 민족적으로나 계층적으로 모두 지나치게 가혹함의 극치를 보여주었는데, 이러한 가운데 백련교는 마니교[혹은 명교(名敎)라고 함]나 미륵교(彌勒敎) 등에서 영향을 받아 성립하여, 그 강렬한 반역 의식에 의해 원나라 말의 농민반란 중에 커다란 역할을 담당했다. 명나라 태조인 주원장(朱元璋)은 처음에는 백련교를 이용하여 세력을 확장했으나 도중에 탄압으로 전환했다. 이후 백련교는 사교(邪敎)로서 끊임없는 탄압의 대상이 되었다. 결국 중엽 이후에는 백련교로부터 나교(羅敎), 무위교(無

홍문회징도(洪門會場圖)
소일산(蕭一山), 『근대비밀시회시료
(近代秘密社會史料)』에서

爲敎), 홍양교(弘陽敎), 백양교(白陽敎), 수원교(收元敎), 원돈교(円
頓敎). 대승교(大乘敎), 홍봉교(紅封敎), 황천교(黃天敎), 장생교(長
生敎), 삼일교(三一敎) 등 각종 교파가 파생하여 그 수가 100종(種)에
이르렀다. 게다가 청대에 들어오지 제리교(在理敎), 선천도(先天道),
청련교(靑蓮敎), 태상문교(太上門敎), 팔괘교(八卦敎), 의화권교(義
和拳敎) 등이, 그리고 청말에는 진공도(眞空道), 귀일도(眅一道), 동
선사(同善社) 등이 생겨나, 합세 백 몇십 종이 넘는 결사가 결성되었
다. 명청시대는 확실히 비밀종교의 전성시대였다.

이러한 비밀종교에서는 민중이 알기 쉬운 통속적인 형식을 취한 경
선보권(經典寶卷)이 낳이 작성되었는데, 이것들은 유불노 삼교의 성
전을 혼합한 것이 많다. 또한 '진공가향(眞空家鄕)'이나 최고신이 '무

생노모(無生老母)'에 대한 신앙은 여러 교파에 공통된 것이었는데, 이것도 불교의 공(空) 관념, 도교의 무위(無爲) 사상 등으로부터 영향을 받은 것이다.

비밀교문의 활동은 '야취효산(夜聚曉散; 밤에 모이고 새벽에 흩어짐)'으로 일컬어지듯이 흔히 캄캄한 밤에 거행되었다. 그들은 전제지배에 굴복하는 것을 수긍할 수 없었던 사람들을 중심으로 결성되었던 까닭에 강렬한 반체제, 반전통주의를 고수했다. 그리고 일단 계급의 모순이 격화되자 이것이 농민민중의 불만과 결합되어 지배체제를 흔들리게 하는 거대한 반란으로 이어졌다. 명대 말 천계(天啓) 연간의 서홍유(徐鴻儒)의 난, 청대 건륭(乾隆) 연간의 왕륜(王倫)의 난, 가경(嘉慶) 연간에 다섯 개 성에서 일어난 백련교(白蓮敎)의 난, 천리교(天理敎)의 난 등등이 모두 그러한 것들이다. 개중에는 적극적으로 진보적인 역할을 담당한 것도 있었지만, 이와 달리 일관도(一貫道)와 같이 열강이나 국내 봉건세력과 결탁하여 반동회도문(反動會道門)의 길을 걸은 교문도 출현했다.

민중도교와 밀접히 결합된
회당(會黨)과 방회(幇會)

다음으로 또 다른 비밀결사 집단인 회당(會黨)과 방회(幇會)에 대해 살펴보고자 한다. 회당은 천지회(天地會)로 대표될 수 있다. 천지회는 교문(敎門)에 비해 종교적인 색채가 강하지 않다. 그것의 본질, 즉 결사의 유대는 삽혈결맹(歃血結盟), 이성결배제형(異姓結拜

弟兄)에 있었다. 이것은 이성(異姓) 동지가 혈주(血酒)를 나눠 마심으로써 형제의 언약을 맺는 것이다. 이러한 습속은 고대 춘추전국시대까지 거슬러 올라가는데, 이른바『삼국지연의(三國志演義)』의 유비(劉備), 관우(關羽), 장비(張飛)의 삼결의(三結義),『수호전(水滸傳)』의 양산박(梁山泊)의 호한결의(好漢結義)에서 보는 바와 같이 시대와 함께 민간사회에 널리 행해지게 되었다. 최근의 연구에 따르면, 천지회는 청나라 왕조 전기(前期), 건륭(乾隆) 중엽에 성립한 것으로 여겨진다. 주지하는 바와 같이 청나라 왕조는 백련교를 탄생시킨 원 왕조와 마찬가지로 이민족의 정복왕조였다. 천지회의 성립을 둘리씨고 종래부터 명(明) 왕조의 유노(遺老; 전 왕조를 섬겼던 신하들)나 한족지사(漢族志士)들 사이에서 결성된 '민속혁명조직'이라는 설이 있지만, 최근에는 약소한 소성[小姓, 이성동지(異姓同志)]들이 연합하여 혈맹을 맺어 동성(同姓) 집단을 결성하고 호족대성(豪族大姓; 호족을 이룬 번성한 성씨가문)의 압박에 대항하려 했던 것에서 그 출발점을 찾으려는 사고가 유력하게 여겨지고 있다. 객관적으로는 건륭(乾隆) 연간, 인구의 폭발적인 증가가 일어나 다수의 유민(遊民), 광곤무뢰(光棍無賴)기 석출(析出)된 일이 그 배경에 있다.

천지회는 복건(福建)을 발생지로 삼아 화남(華南)에서 해외를 향해 확장되어간, 화남(華南)·화교(華僑) 형(型)의 결사였다. 이것에 비해 내륙인 사천(四川)을 발생시보 하여 화중(華中)의 상상(長江) 유역으로 확대된 것이 가노회(哥老會)로서, 성립과정에서 백련교 등의 비밀종교나 천지회와 접촉교류하고 그 영향을 받았다. 양자는 청말 이후, 홍문(洪門), 홍방(紅幇)이라고 총칭되었다. 한편, 대운하(大運河)의 조유(漕運; 불건을 실어 나름) 노농자, 곧 뱃사공들 사이에 결성된 결사에 청방(靑幇)이 있다. 나교(羅敎) 계열을 구성하여 사도(師徒)의 상하관계를 특색으로 하며 형제결사의 횡적 관계를 중시하는 홍문, 홍대와는 구별된다. 청방은 청말(淸末) 이후에는 상해(上海) 등 대도시를 중심으로 유통 상업형의 방회로 큰 발전을 이루었다.

이들 회당, 방회는 종교를 직접적인 연결고리로서는 삼지 않았지만, 양자 모두 민중도교와 매우 밀접한 관계를 가지고 있었다. 여기에서 천지회, 홍문의 경우에 대해 약간의 사례를 들어보고자 한다.

1. 천지회에서 하는 '순천행도(順天行道)', '태평왕국(太平王國)', '호상방조(互相幇助)', '공동화합(共同和合)' 등의 주장 초기도교인 태평도의 사고와 완전히 상통한다.

2. 『천지회전설(天地會傳說)』안에 진근남(陳近南)이 백학동(白鶴洞)에서 도교를 연구했다는 기술이 있다. 이것은 도교도가 천지회의 창설에 관계하고 있었다는 것을 추측하게 한다.

3. 홍문천지회가 개산입당(開山入堂; 모임을 처음 창설하고 활동을 시작함)할 때에는 관제(關帝)를 모시는 외에 홍가형제(洪家兄弟)의 결배맹서(結拜盟誓)를 공증하는 존재로서 도교신선들 중 여러 신들을 받들어 모셨다.

4. 소일산(蕭一山)의『근대비밀사회사료』안에 한종리(漢鐘離), 이철괴(李鐵拐) 이하 도교의 팔선(八仙)의 도상이, 천지회의 숭배신으로서 게재되어 있다.

5. 경(鏡; 거울)과 검(劍; 칼)은 도교에서는 법기(法器; 깨달음 등 종교적 목표를 달성하기 위한 수행이나 활동에 쓰이는 도구)로 여겨지며 도술(道術)의 필수품이다. 홍문에 있어서 그 습속(習俗)은 취

진근남(陳近南) 도상(圖像)　　　이철괴(李鐵拐) 도상　　　한종리(漢鐘离) 도상

세 그림 모두, 소일산, 『근대비밀사회사료』에서

의당(聚義堂)의 칠성검(七星劍), 칠성도(七星刀), 그리고 경(鏡)은 맹서의 진위를 조파(照破), 즉 비추어 드러내는 것으로서 계승되고 있다.

6. 도교에서 도사를 '황관(黃冠)'이라고 하듯이 황색을 숭상한다. 천지회도 황색을 가장 존숭하고 사기(師旗), 영기(令旗)를 황색으로 통일하고 있다.

인민중국(人民中國)에서는 이제까지 회당(會黨)에 '농민혁명조직'이라는 위치를 부여하고, 이것이 근대의 혁명운동[태평천국(太平天國)·의화난(義和團)·신해혁명(辛亥革命), 제1차·제2차 국내혁명전쟁, 항일전쟁 등]에 있어서 달성한 역할을 높이 평가해 왔다. 그러나 이것은 역사의 일면에 지나지 않는다. 회당·방회는 반동세력에 의해서도 크게 이용되었다. 그것의 좋은 예는 샹졔스(蔣介石)의 난징(南京) 국분정부의 성립을 결정 지은 4·12정변에 있어서의 청홍방

(靑紅帮)의 역할이다. 회당·방회는 이미 가경(嘉慶), 도광(道光) 연간(年間)부터 낙후성, 파괴성의 측면이 겉으로 드러났으며, 근·현대에 이르러서는 전반적으로 반동화(反動化), 흑사회화(黑社會化)의 방향으로 향하였다고 보는 견해가 최근 강하고, 이러한 점에서 민국(民國) 시기의 비밀교문(秘密敎門)이 반동회도문(反動會道門)으로서 부정적으로 파악되고 있는 것과 축을 같이 하고 있다.

일관도(一貫道)

— 시노하라 히사오(篠原壽雄, 전 고마자와대학 교수)

타종교의 교의를 차용하여 발전한, 노모(老母)를 주신으로 숭배하는 비밀종교결사를 타이완에서 살펴본다.

백련교와의
깊은 연관

일관도(一貫道), 혹은 천도(天道)로 널리 칭해지는 종교를, 지금 타이완의 대중이 관심을 가지고 주시하고 있다. 이 글에서는 주로 타이완에서 현재 민중 사이에 살아 있는 종교, 일관도의 발생과 주신(主神), 교의나 의례 연구 등을 중심으로 소개할 것이다.

우선 역사를 더듬어 가보자. 일관도의 명칭은 공자가 "나의 도(道)는 하나로 관철된다(吾道 一以貫之)"에 근거를 둔 것이라고도 한다. 일관도에 앞선 민중종교로서 재교(齋敎)가 민중에게 미음을 의지할 곳이 되었다. 재교는 용화(龍華)·금당(金幢)·선천(先天)의 세 분파로 구성되어 있다. 이 가운데 선천파(先天派)는 비밀주의를 고수하고 그 교의 안에 임제선(臨濟禪)을 빙불게 하는 것이 있었다. 그들은 시망 직후에 사자(死者)를 의자에 앉히는 관습이 있었다. 사자가 독실한 신자라면 사후에도 그 온화한 얼굴이 오래 유지되고 시체가 앉은 그대로 있다고 한다. 이러한 것은 일관도에서도 마찬가지였다. 법계(法系; 가르침이 전수되어온 계보) 역시 선천파와 일관도를 비교하면 동일한 조사(祖師)가 등장한다. 이러한 사실들에 의해 일관도를 선천파의 후예(後裔)라고 생각하는 단서를 알 수 있다.

이어서 일관도는 백련교(白蓮敎)의 여얼(余蘖; 잔존세력)이라는 설을 소개하고자 한다. 타이완의 연구자도 근래에는 일관도가 선천파의 후예라고 말한다. 선천파는 말할 필요도 없이 재교의 일파(一派)이며, 재교는 백련교의 여얼이기 때문에 일관도도 마찬가지로 백련교의 여얼이라는 것이다.

일관도의 사교설(邪敎說)은 신문의 사설, 〈일관도 등의 사교를 조사하여 금지하자〉(1963년)가 게재된 이래 견고해졌다.

불교계와 일관도를 비교해보자. 불교계는 국민의 상층지배계층의 지지를 얻어 그들을 신자로 삼아 보수적이며 현상 유지형의 태도를 견지한다. 이에 비해 일관도는 하층저소득층의 사람들을 많이 신자로 유입하고 행동이 정치적이며 혁명적이라고 평가될 정도로 동적(動的)이다. 또한 일관도의 문화적 성격은 서민적이며, 그 교의, 즉 도의(道義)나 의규(儀規; 의례규범)도 미성숙하다. 신자가 되면 즉각 깨달음의 구극(究極; 최고의 경지)에 도달하고 천(天)의 자애로운 법을 얻는다고 하는 것에도 주목하고 싶다. 종교가 확실한 존재로 발전하기를 바란다면, 교의와 의규의 확립, 그리고 그것의 올바른 운용, 대사회적 기능을 완전하게 달성하고자 애쓰는 것은 기본적인 필수조건이다.

그러나 일관도가 가지고 있는 신비성이나 주술성 모두 신자들을 만족시켜 점차 지지하는 사람들이 많아졌다. 역사가 깊지 않은 일관도에는 그들의 종교적 본능에 부합하고 자신의 혼을 구제하고자 하는 바람을 만족시키는 것이 있기 때문이었다.

그 역사에 있어서 일관도 제18대 조사(祖師)인 쟝티엔란(張天然)은 시조[始祖; 왕각일(王覺一)이 일대 시조]에 비견될 만큼 우상시 되는 인물로, 귀공(歸空; 서거)(1947년) 후에도 임무를 수행하는 도친(道親), 곧 신자들에 의해 신앙되어 완전한 신격(神格)을 가진 삼불(三佛)로서 받들어 모셔지고 있다. 또한 개사(開沙; 모래 위에 문자를 쓰는 것)와 차규[借竅; 성론(聖論)을 천재(天才)가 큰 소리로 읽는 것]의 사문자(砂文字; 모래로 쓴 글자)의 이법을 완성히고 교단을 발전시켰다.

일관도의 창시와 그 발자취를 고찰할 때에는 백련교와의 관계가 초미의 관심사가 된다. 『암로명등(暗路明燈)』광정정(廣定頂), 대폭적인 수정본, 1914년은 원·명·청 왕조 사이에 백련교가 비밀조직을 가지고 요언(妖言)을 설하고 교도를 흡수하며 정부에 모반했다고 기록하고 있다. 요언(妖言)은 "(선종) 6조 대사인 혜능(慧能)의 도통(道統; 계통)이 불교 승려들에게 전해지지 않고 사묘(寺廟; 절)에 보존되지 않아, 혜능 아래의 7대 조사 백마량조(白馬兩祖)에게 전해졌다. 또한 과거는 홍양기(紅陽期)로, 서가모니 부처가 천반(天盤; 우주의 모든 성을 다스리는 역할)을 관장했으니 지금은 퇴위(退位)하여 다만 제3기인 백양(白楊)시대로 미륵(彌勒)이 천반을, 궁장[弓長; 쟝티엔란(張天然)]이 도반[道盤 ; 천상계과 인간세계로 등의 신(神), 인(人), 귀(鬼)에게 생사해탈의 법을 전수함]을 담당히고 있다"고 힌다. 백련교

유산(玉山)촌의 보광성당(寶光聖堂)
남부 최대의 사묘

도들도 일관도와 마찬가지로 미륵을 교수(教首; 종교의 우두머리)로 받들어 공경한다. 현재 중국 불교계는 그들을 사교(邪敎)로 보고, 그들이 행한 선(禪)·불교사의 개찬(改竄; 글의 뜻을 다르게 하려고 글자나 구절을 일부러 고쳐서 다시 엮거나 지음)에 날카롭게 반격하고 있다.

일관도가 고전(古典)이나 역사를 대하는 비상식적인 행위를 식자들은 차마 눈뜨고 볼 수가 없었을 것이다. 쟝티엔란은 선천파의 후예를 일관도로 개칭했다. 일관도는 청나라 왕조의 사교도(邪敎徒)에게 은밀하게 전해지는 구호(口號; 슬로건)로서 신자들을 집합시키고 '명조부흥(明朝復興; 명왕조의 부흥)'을 외쳤다. 이러한 그들의 발자취에는 비밀종교결사의 수단이 답습되었다.

원나라 왕조의 한산동(韓山童)에 의해 창립된(1321년) 백련교는 '미륵하생경(彌勒下生經)'을 사용하여 말겁(末劫)에 보도수원(普度收円), 곧 구제를 한다고 하는데, 일관도도 완전히 동일한 수법으로 이 말을 사용하고 있다. 일관도의 행적은 '백련교－재교－선천도(先天派)－일관도'가 된다. 타이완의 전문가인 쫑구앙유(宗光宇)도 근년에 선천파 후예설을 주장하였다.

614

기성종교의 정수를
합체시킨 교의

이어서 중심이 되는 사상을 고찰해 보자. 우선 주신(主神)의 신적 성격을 밝히고자 한다. 천지개벽 이래의 대재앙이 임박하는 삼기말 겁(三期末劫)의 시대(석가모니 후에 미륵이 지도하는 10800년간)라는 현대에 중생을 구제하는 만령(萬靈; 여러 영들)가운데 친신(親神; 친근한 신)·주신(主神)인 노모(老牰; 牰는 '母'를 옆으로 눕힌 글자)가 산생되었다. 노모(老牰)는 비밀종교결사라고도 칭해지는 일관도의 이념을 달성하기 위해 창설된 상상(想像)의 신이다.

노모는 무생노모(無生老母)라고도 부르는데, 명나라 정통(正統) 연간(1449~1476년) 무렵부터 18세기 초의 청나라 강희(康熙) 연간(1662~1722년) 시대에 발생한, 많은 민간종교결사의 주신으로서 받들어 모셔졌다. 아마도 일관도 역시 이러한 주신을 봉양하고 제사 지내며 다른 종교들과 함께 등장한 것으로 생각된다. 일관도가 단독의 종교단체로서 활동을 겉으로 드러나게 하기 시작한 것은 청나라 도광(道光)(1821년)부터 청말 무렵이다. 그 이후 그 신격 그대로 삼계(三界)를 다스리는 진재[眞宰; 주재(主宰)]로서 신생(新生) 종교에 걸맞게 '노모(老牰)'라는 칭호를 사용한다.

또한 노모를 중심으로 받들어 모셔지는 신불(神佛)에 대한 신앙에 의해, 제사의 장(場)이 형성되고 신자가 증대하였으며, 노모는 점차 민중을 통솔하는 수호신이 되었다. 여기에서 일관도의 종교적 성격도 볼 수 있다.

교의를 고찰하면 일관도는 유불도 삼교를 중핵으로 하여 회교(回

教; 이슬람교), 야소량교(耶蘇兩教; 그리스도교, 곧 천주교와 개신교)를 더해 각 종교만이 가지고 있는 뛰어난 교설을 수합하여 하나로 만들어 자신의 사상과 교의를 형성하였다고 말할 수 있다. 『암로명등(暗路明燈)』도 기술한 바와 같이 일관도는 불교의 교리를 도용하였으며 석가는 퇴위시키고 미륵이 지도(指導)하고 있다고 말한다. 또한 노모의 명령으로 달마(達磨)를 서방에서 중국으로 건너오게 하였기 때문에 도통(道統)이 다시 중국으로 돌아왔다. 공자, 맹자의 학통(學統)이 인도의 석가에게 전해졌던 일이 그 이전에 있었다. 중국으로 되돌아온 도통은 중국 선(禪)의 제6조인 혜능 이후 불가에 전해지지 않고, 화택(火宅), 곧 재가(在家)로 옮겨져 7조인 백마량조(白馬兩祖)를 산생시킨 것은 이미 앞에서 기술했다.

이렇게 되자 불법(佛法)은 그 근저에서부터 소멸되어 버렸다. 혜능 이후의 선불교의 발자취를 보면 앞의 주장이 일관도의 날조(조작)라는 사실을 납득할 수 있다. 일관도의 주장을 보면 그들은 기성종교나 고전(古典)이 자랑하는 정수(精髓)를 제 멋대로 환골탈태(換骨奪胎)시켜 자기 것으로 귀속되게 만들어 지금에 이르렀다고 평가할 수 있을 것이다.

앞에서 말한 삼기말겁설(三期末劫說)은 일관도 교의의 중심으로서 미륵신앙을 주요 사상으로 삼는다. 삼기말겁설은 새로운 천지창조설로서 주목하고자 한다. 여기에서 말하는 미륵은 일관도가 희망하는 구세주로서 미륵의 등장에 의해 말겁설이 더욱 발전한다. 또한 세계의 종말의 임재라는 것은 일관도의 봉건적 미신(迷信)을 근거로 하는 비밀민중종교결사의 성격을 드러낸다.

이어서 삼조보도론(三曹普度論)에 대해서 기술하기로 한다. 이것은 그들의 삼불(三佛)에 의한 구제로서 지옥의 영이 인간계의 자손에 의해서만 구제될 수 있다고 말하는 것이다. 불교 교설의 시아귀(施餓鬼) 사상과 효(孝)의 윤리가 채용되고, 여기에 이천(理天), 곧 일종의 신의 나라, 혹은 파라다이스를 더하여 그들의 세계를 구축하고 있다.

비의적인 면을 소유한 삼보(三寶)는 불교교설을 한골탈태시킨 것이다. 도교 경전인 『황정내경경(黃庭內景經)』은 현관규(玄關竅)

멍멍상제노모신위(明明上帝老中神位)
정면의 모(中)가 신위

의 규(竅; 구멍)는 심장의 아래, 신장의 위이며, 천문(天門)은 양미간(兩眉間) 사이[천정(天庭)이라고도 함]라고 한다. 『포박자』에서도 규(竅)는 사람의 두 눈썹 사이에 있다고 한다. 이러한 규를 쟝티엔란(張天然)이 가리키는 것을 지점(指點)이라고 한다. 지점은 만령(萬靈)을 구제하는 유일한 천명(天命)이며 삼보(三寶)의 하나이다.

구결(口訣)은 『포박자』에서 설하고 있으며 이 문헌에서 그 시원을 찾아볼 수 있다. 오자진언(五字眞言)이 비밀종교결사이 구호(口號)라는 것은 이미 기술하였다. 이들 3가지를 삼보라고 부르는데, 이들 모두 비의적(秘儀的) 세계를 형성한다.

신의 언어를
발하는 천재(天才)

의례의 종교적인 심적 태도는 신체적 태도와 결부되어 운동을 동반한다. 표현된 종교적 행동이 정식화(定式化)되었을 때 의례가 된다. 의례는 신앙, 종교적 관념을 뒷받침해주는 상징적 행위이다. 예를 들면, 장례(葬禮) 의례는 살아 있는 사람의 의지나 감정을 강하게 표현하고, 그 표현형식은 관습화된다. 일관도의 독실한 신자의 장례로부터, 그들은 새로운 질서를 '구전(口傳)'을 통해 전수하고 있다.

의례와 그것에 동반하는 기능을 간단하게 기술했는데 일관도에서는 사람이 삼보를 전수받아야 비로소 구제된다고 한다.

의례의 일부는 신비적인 계시를 받는 것인데, 계시를 내려주는 대상은 숭상과 공경을 해야 하는 절대적인 존재일 수 있다. 신자라면 누구든지 하루에 3번 행하는 소향(燒香; 분향)은 『논어』의 삼성[三省; "나는 날마다 세 번 나 자신을 반성한다(吾日三省吾身)"] 「學而」편에 근거를 둔다. 타고 있는 선향(線香)의 개수도 목적에 따라 일정하며 행하는 순서도 여러 사람이 동시에 고수(叩首; 머리를 숙임)를 할 수 있게 장소를 물색하였다. 그 기원은 『예기(禮記)』에서 "제사가 있으면 향고(香高; 쑥)와 모초(茅草; 띠, 억새)를 바친다"라고 한 것에서 찾아볼 수 있을 것이다. 또한 문헌에 따라 고수는 고두(叩頭; 이마를 땅에 대고 절함, 공손히 절함)라는 점, 따라서 앞에서 말한 소향과 마찬가지로 고전 세계의 숨결이 여기에서도 발견된다.

신자들이 중시하는 비란(飛鸞), 차규(借竅)는 다른 곳에서는 볼 수 없다고 일컬어지는 일관도의 비의(秘儀)로서, 최고로 귀하게 여기는

고두(叩頭)를 행하는 사람들　　개사(開沙, 모래에 문자를 씀)를 행하는 천재(天才)

전례(典禮)이다. 이러한 비의(秘儀)의 대부분은 천재 한 사람이 맡아 히는데, 천재는 특수한 훈련을 거친 종교적 직능자이다. 천재는 자신이 인격을 변화시켜 살아 있는 신이 되어 일인칭(화법)으로 신의 말과 가르침을 고한다. 즉 스스로 빙의(憑依) 상태가 되어 신과 접촉하고 신격을 지녀 신과 의지의 소통을 도모하며 살아 있는 신으로서의 자기 존재성을 과시한다. 신자는 천재에 대해 신과 동일한 경건의 태도로 배례한다. 천재는 전례를 마치면 원래의 보통사람의 정신상태가 된다. 차규(借竅)는 신자 이외의 사람들은 특히 참가하기 어려운 비의 중의 비의다.

마지막으로 현황과 전망을 서술함으로써 이 글을 미무리하고자 한다. 일관도 해금(解禁, 1987년)을 계기로 많은 것들을 알게 되었다. 몇 해 전, 치산쩐(旗山鎭)의 산속에 있는 중화성교회(中華聖敎會)의 조사에 의해 정치와의 연결이 예비적으로 알려졌는데, 그들과 정치와의 관련은 의외로 깊다. 정부가 금지를 푼다는 것은 일관도 자신이 변혁을 행하는 것으로 금후의 중국사상연구의 원점이 될 것인가? 쟝티엔란(張天然)과 순휘밍(孫慧明)의 사후, 활불(活佛; 살아 있는 부처)을 숙원하고 있는데, 그 지위는 아직도 비어 있다. 타이완의 일관도는 많은 분파로 나뉘며 게다가 묘우(廟宇)를 전(全) 타이완 섬 일대에 많이 가지고 있다. 가정적인 묘는 법선(法船)이라고 하는데 그 수는 셀 수가 없다.

일본의 일관도는 전래된 지 25년이 지났다쇼와(昭和) 49년(1974년) 간행된 『천도신서(天道神書)』에 의거함고 하므로, 그 이전부터 일본에 신자가 생긴 셈이 된다. '천도일본총천단(천도일본총천단)'은 고베(神戶)시 이쿠타(生田)구에 있으며 그 옛날, 타이쭝(臺中)의 삼불원(三佛院)으로부터 신위(神位)를 받들어 모셔 많은 신자를 소유하기에 이르렀다. 쟝후아(彰化)의 한유린(韓雨霖)이 지도하는 묘우(廟宇)는 사이타마(埼玉)현 지치부(秩父)시 교외에 있으며 노전인(老前人: 최고의 지위명) 자신이 몇 번이나 몸소 일본에 와서 포교하고 있다. 또한 가고시마(鹿児島)현 가지기쵸(加治木町)와 그 외에도 많은 신자를 보유하고 있다고 한다.

도교의 명산과 궁관

— 하치야 구니오(蜂屋邦夫, 도쿄대학 교수),
나라 유키히로(奈良行博, 오사카예술대학 교수)

명산(名山)에서 추구하는 선경(仙境)의 땅

중국 전국시대에는 신악신앙과 신신신앙이 결합되어 마을과 떨어진 깊은 명산에는 불가사의한 능력을 가진 인물들이 있다는 전설이 있었다. 『장자(莊子)』「소요유(逍遙遊)」편에는 막고야(邈姑射; 아득히 먼 고야)의 산에 거주하는 신인(神人)이나 열자(列子)에 대한 기사가 있다. 그들은 구름이나 바람을 타고 천공을 비상하는 초능력자였다. 신선설은 한대(漢代)에 널리 유행하여 『한서(漢書)』「예문지(藝文志)」에는 신선가(神仙家) 10가(家), 저작 205권이 열기되어 있다.

신선이 거주하는 지역을 선경(仙境)이라고 하는데, 선경은 유원(幽園; 깊고 먼)한 명산만이라고는 할 수 없다. 『회남자(淮南子)』「지형훈[地(墜)形訓]」에는 "곤륜의 언덕을 배(培)나 녀 오른 곳을 양풍(凉風; 시원한 바람)의 산이라고 하며 그곳에 오르면 불사하게 된다. 그보다 배를 올라간 곳을 현포(縣圃)라고 하며 그곳에 오르면 영력(靈力)을 얻어 바람과 비를 부릴 수 있다. 다시금 배를 오르면 그곳을 상천(上天)이라고 하는데 그곳에 오르면 신(神)이 된다. 또 다시 배를 오르면 그곳을 태제(太帝; 天帝)의 거처라고 한다[崑崙之丘 或上倍之 是謂凉風之山 登之而不死 或上倍之 是謂懸圃 登之乃靈 能使風雨 或上倍之 爲維上天 登之乃神 是謂太帝之居]"고 말하고 있다. 또한 전한시대의 동방삭(東方朔)이 지은 것으로 가탁(假託)된 '십주삼도(十州三島)'설(說)에서는 십주(十州)란 세계의 끝에 있는 절해(絶海; 뭍에서 멀리 떨어진 바다)에 있는 것이라 한다. 원래『회남자』의 설은 전설상의 곤륜산을 한층 더 신비화한 것이며 '십주삼도설'의 경우도 몇 개 정도는 높은 산이 있다고 한다. 동진시대의 갈홍이 쓴『신선전(神仙傳)』에는 "선인은 하늘을 떠다니고 물위를 떠다니며 명산을 날아다니며 심산유곡을 좋아한다"고 기록되어 있어, 신선이 하늘을 날고 명산에 거주한다는 이미지가 강하다. 전설에서도 현실에서도 선경은 명산과 강하게 연결되어 있는 것이다.

  곤륜산은 전설상의 명산인데, 현실상의 명산의 대표는 오악(五嶽)일 것이다. 오악은 고대의 제왕이 모두 제사를 지내며 받들어 모셨던 다섯 명산이다. 그 제사에 대해서는『주례(周禮)』나『예기(禮記)』에 기재되어 있으며, 전한시대 선제(宣帝) 때에 깔끔하게 정비된 제도가 완성되었다. 오악은 시대에 다라 조금씩 바뀌었는데, 전한시대에는 동악(東嶽)이 태산(泰山), 서악(西嶽)이 화산(華山), 남악(南嶽)이 안휘(安徽)의 과산(霍山), 북악(北嶽)이 하북(河北)의 항산(恒山), 중악(中嶽)이 숭산(嵩山)이었는데, 수나라 문제(文帝) 때에는 남악이 호남(湖南)의 형산(衡山)으로, 청나라 순치(順治) 17년에는 북악이 서산인 항산으로 변경되었다. 오악에는 많은 신선이 살고 있다고 믿어, 신선관념의 발전 그리고 도교의 부흥과 융성에 따라 대표적인 선경(仙境)이 되었다. 수당시대 이후 도교의 수련술 발전에 따라 신선이나 천계 등의 선경 이외에 많은 명산이 신선이나 수도(修道)를 하여 선인이 된 도사의 거주지로 간주되었다.

도사가 수행하는 장소를 궁관(宮觀)이라고 하며, 후한시대 장릉(張陵)의 24치(治)에서 비롯되었다. 치(治)는 오두미도(五斗米道)의 교구(敎區)로서 대부분이 산중에 설치되었다. 진(晋)나라에서는 치 외에 로(盧)나 정(靖; 혹은 靜)으로 불렸고, 동진시대에는 관(館)이라고 했다. 많은 도사들이 산동(山洞; 산의 동굴)에서 수행하며 그 곁에 관사(館舍)를 지었기 때문이다. 그 뒤에 관을 도읍에 건설하는 사람들이 나타나서 북조에서 처음으로 관(觀)이라고 칭했다. 관(觀)이란 그곳에 올라 멀리 관망한다는 의미이다. 당대기 되면 館(관)을 觀(관)으로 변경하고 대도관(大道觀)을 궁(宮)이라고 칭했다. 당송 이후, 궁관(宮觀)의 수가 증가하여 송나라 휘종(徽宗)은 천하의 동천복지(洞天福地)에 모두 궁관을 건설하게 하였을 정도이다. 하치야 구니오

영락궁(永樂宮)
원대의 벽화를 현재에 남긴 전진 삼대조정(三大祖庭) 중 하나

당대 말의 도사 여동빈[呂洞賓; 호는 순양자(純陽子)]의 탄생지에 설치된 그의 사당(祠堂)인 '여공사(呂公祠)'에서 출발한 도관이다. 원래는 샨씨(山西)성 뤼(芮)현 용르전(永樂鎭)에 있었는데, 산먼씨아(三門峽) 공사 때문에 1959년부터 이전공사가 개시되어 현재 그 건축군(建築群)이 모두 같은 현의 롱촨(龍泉) 마을로 옮겨져 있다.

여공사(呂公祠)는 금나라 말 무렵부터 점차 발전하여 대도관이 되

있는데, 그 과정에서 가장 큰 역할을 담당한 것은 징기스칸으로부터 특별히 두터운 총애를 받은 전진교(全眞敎) 용문파(龍門派) 개조(開祖)인 구처기(丘處機)이다. 그의 높은 인격이 전진교의 융성을 이끌어냈기 때문에, 전진교 교조(敎祖)의 한 사람으로 여겨지는 여동빈도 존숭되기에 이른 것이다.

원나라 중통(中統) 3년(1262년), 주요 건축물들이 완성되어 대순양만수궁(大純陽萬壽宮), 영락궁으로 개명되었고, 이후 원나라 왕조에서 계속해서 벽화를 제작했다. 현재 주요한 전우(殿宇; 신령이나 부처 등을 모신 건물)들은 그 중심축 선상(線上)에 궁문(宮門)에서부터 용호전(龍虎殿, 無極門), 삼청전(三淸殿), 순양전(純陽殿), 중양전(重陽殿) 순으로 배열되는데, 궁문(宮門) 이외는 모두 원대의 것으로, 전내(殿內)의 벽화도 기본적으로는 원대의 것이 그대로 남아 있다.

삼청전은 원래 규모가 크고 전내에는 여러 신들이 원시천존(元始天尊)을 조배(朝拜), 곧 배알하는 〈조원도(朝元圖)〉가 그려져 있다. 순양전은 여동빈의 사전(祠殿; 신 등을 모시는 전각)으로서 그의 고사(古事)에 기초한 벽화 〈순양제군선유현화도(純陽諸君仙遊顯化圖)〉가 그려져 있고, 거이에서 당시 시민의 생활상을 엿볼 수 있다. 중양전은 전진교의 개조인 왕중양의 사전(祠殿)으로 벽화에는 그와 그의 일곱 제자의 고사가 그려져 있다.

영락궁은 전진교의 삼대조정(三大祖庭)의 하나로 꼽히는 주요도관이었는데, 지금은 종교 활동을 행하지 않고 있다. 나라 유키히로

624

학명산(鶴鳴山)

― 다시 활동을 시작한 오두미도(五斗米道) 발상의 거점

후한 말 장릉(張陵)이 수도생활을 한 후 오두미도의 도교 교단을 창립하였다는 산이다. 쓰촨(四川)성 다이(大邑)현에서 북쪽으로 15km 떨어진 허밍(鶴鳴) 마을에 있다. 쓰촨 분지의 서북 부근으로 이어진 민산(岷山)산맥의 한 줄기에 속하며 칭청샨(靑城山)과도 근접한다. 해발 900m 정도로 그리 높지는 않다.

장릉은 이 산에서 활동을 시작으로 후에, 종교활동의 기반으로서 24개의 교구(敎區)를 설치하고 '24치(治)'라고 불렀다. 그것들은 대체로 사천(四川)성의 서쪽이나 북쪽의 산악지대에 분포되어 있었다. 그 중 제일의 땅을 '양평치(陽平治)'라고 부르고 그 치의 수령을 '도공(都功)'이라고 했으므로, 장릉 이후 대대로 교주가 전하는 법인(法印; 다른 종교와 구별되는 한 종교의 표시. 그 가르침이 진리임을 확인시켜 주는 표시)에는 '양평치도공인(陽平治都功印)'이라는 글자가 새겨져 있다. 이와 같이 산을 단위로 하여 교구를 설치하고 있는 것이나 '24치'의 구역에 비한족(非漢族)의 기주민이 많다는 사실 등에서, 그의 도교조직과 사상의 형성에 산악 소수민족이 관련된 것은 아닌가 하는 점을 지적하는 연구자가 있다.

학밍산 산상(山上)에는 수(隋)·당(唐) 이전부터 도관이 지어졌고, 송대 이후부터 청나라 왕조까지 각 왕소에서 나 같이 사묘 소성이 이루어져, 오대(五代)의 누광정(朴光

庭), 북송(北宋)의 진단(陳搏), 명(明)의 장삼봉(張三丰) 등의 활동 사적도 남아 있다. 그러나 후에 활동력이 쇠퇴하여 상청궁(上淸宮), 문창궁(文昌宮), 영선각(迎仙閣) 등 중요 거점은 문화혁명 시기에 거의 파괴되고 말았다. 현존하는 건물은 삼관묘(三官廟), 해원정(解元亭) 등으로, 20여 년 전 명나라 성조(成祖)인 주체(朱棣)가 용호산(龍虎山)의 도사인 오백리(吳伯理)에게 명하여 장삼봉의 출현을 시도해 보게 하였다는 유래를 가진 '영선각(迎仙閣)' 유적지 부근에 자항전(慈航殿), 자허저(紫虛殿) 등을 다시 수리하여 지어져 전진교 도사사가 들어가 활동을 하고 있다.

같은 명칭의 산이 같은 쓰촨성 젠거(劍閣)현에도 있는데, 여기도 장릉이 수도한 땅으로 여겨지고 있어 그 산 중턱에는 당대부터 내려오는 도교의 석각(石刻)과 조각상들이 남아 있다.

옥룡만수궁(玉隆萬壽宮)
— 정명도(淨明道)의 발상지에 하사된 휘종(徽宗)의 편액(匾額)

쟝시(江西)성 난창(南昌)시의 서쪽부근인 씬지엔(新建)현에 있다. 송대와 원대 사이에 등장한 정명도(淨明道)의 발상지로서 서산(西山) 혹은 소요산(逍遙山)이라고 부르며 난창(南昌)시에 있던 만수궁(萬壽宮; 지금은 터만 남아 있음)과 구별된다.

정명도의 창립은 진(晋)나라의 허손(許遜)을 숭배하는 것에 기원이 있는데, 이 궁의 발흥도 그의 제사에서 시작된다. 진대(晋代)에 만들어진 허선사(許仙祠)가 남북조 시대가 되자 유유관(游帷觀)으로 개

명되고, 당대와 송대 사이에 철주
(鐵柱), 경덕(景德) 등의 개명을 거
쳐 송나라 정화(政和) 6년(1116)에
재건되었을 때 당시의 황제인 휘종
으로부터 '옥륭만수궁'이라는 편액
을 하사받았다. 원대에 전소(全燒)

되어 현재 남아 있는 것은 명대와 청대의 건축물로 근래 다시 보수하
여 지은 것이다. 옥륭만수궁을 다시 세우기 위한 보수건축은 1980년
대 후반부터 널리 낙조(樂助)를 모금하여 진행되었는데, 경내에는 관
제전(關帝殿), 삼청정(三淸殿)을 중심축으로 하여 삼관전(三官殿),
고명전(高明殿; 허손 등을 모심) 등이 배치되어 있다.

정명도의 교의는 원나라 초기 유옥[劉玉, 옥진자(玉眞子)]에 의해
기초가 단단하게 다져져, 충효를 마음에 닦고 그와 겸하여 부록(符
籙)도 함께 수행에 사용한다. 이것은 강시(江西) 중북부에 세워진 합
조산(閤皂山), 용호산(龍虎山)의 2대 부록파(符籙派)의 강력한 영향
권 안에 있으면서 동시에 유교의 윤리를 중시해 나가고자 한 것으로
서 원대도교의 사상 동향을 잘 반영하고 있다.

정명도도 후에 부록파 삼산(三山) 등과 함께 정일교에 통합되고 말
았지만, 이 분파가 받들어 모시는 신들 안에 유교윤리를 위해 목숨을
비친 권제를 두고 있는 것만 보아도 강내에 융성했던 부록파와는 사
상을 달리하고 있음을 잘 알 수 있다. 나라 유키히로

삼신산(三神山)

— 진시황도 찾고자 했던 신선이 머무는 바다 가운데의 삼산(三山)

신선이 거주한다고 하는 바다 가운데 있는 세 개의 산이며, 보통은 봉래(蓬萊), 방장(方丈), 영주(瀛洲)의 삼도(三島)를 가리킨다. 전국 시대 중기 무렵 하북(河北)과 산동(山東)의 방사(方士; 신선술이나 점복 등을 행하는 사람)들이 발해(渤海)에 출현하는 신기루에서 영감을 얻어 설명해낸 것이리라. 『사기』「봉선서(封禪書)」에는 이렇게 기록되어 있다. "삼신산(三神山)은 발해 가운데에서 그리 멀지 않은 곳에 있다고 한다. 옛날에 그곳에 갔던 사람이 있는데, 그의 이야기에 따르면 삼신산에는 많은 신선이 거주하고 불사의 약이 있으며, 사물이나 짐승은 모두 흰 색을 하고 있고, 궁전은 금은으로 만들어져 있다고 한다. 제나라와 연나라의 국왕이 사자(使者)를 보내어 삼신산을 찾게 하였는데, 배가 그곳에 닿으려고 하면 바람에 이끌려 멀어지고 말았다. 삼신산은 먼 곳에서 보면 마치 구름과 같으나 가까이 다가가면 변하여 수면 아래에 있는 것처럼 보인다. 그곳까지 가면 바람이 배를 끌어당겨 멀어지게 되어 도착한 사람이 없다."

전국통일을 달성한 진 시황제도 삼신산을 찾게 하였다. 『사기』「진시황본기(秦始皇本紀)」에는 "(시황제가 산동에 왔을 때) 제나라 사람인 서불(徐市)의 무리가 글을 올려 바다 가운데에는 삼신산이 있으며 선인(仙人)이 살고 있다고 기술했다"고 되어 있고, 전한 시대 유향(劉向)의 저술이라고 전해지는 『열선전(列仙傳)』「안기선생(安期先生)」에는 "시황제가 산동에 왔을 때, 선인이라는 소문이 있는 안기선생과 이야기를 했다. 안기선생이 떠나갈 때, '수년 지나서 봉래산을 방문해

주십시오’라고 편지를 남기고 갔다. 시황제는 서불의 무리를 배에 태워 봉래산을 찾으러 가게 했는데 다다르기 전에 대풍이 불어 끌려 돌아왔다”고 기록되어 있다. 이러한 이야기에서 한층 더 나아가 서불의 무리가 사실은 봉래에 도착했으며, 봉래란 다름 아닌 일본이라는 전설도 탄생되었다. 일본에는 구마노(熊野)를 필두로 하여 서불이 상륙한 땅이라고 여겨지는 곳이 꽤 있다.

그 외에 삼신산이 곤륜(崑崙), 방장(方丈), 봉구(蓬丘)라고 하는 설『운급칠첨(雲級七籤)』 권26 「십주삼도(十洲三島)」에서 인용하는 전한의 동방삭에 가탁했다는 설, 방호(方壺), 봉호(蓬壺), 영호(瀛壺)의 삼호(三壺)라고 이른다는 설전진(前秦)의 왕가(王嘉)의 『습유기(拾遺記)』 등이 있다.

심양(瀋陽) 태청궁(太淸宮)
— 곽수진(郭守眞)을 개조(開祖)로 하는 동북지구의 중추적 도관

랴오닝(遼寧)성 선양(瀋陽)시에 있다. 중국 동북지구 최대의 도시형 도관이다. 창건은 청나라 강희(康熙) 2년(1663)으로 처음 명칭은 ‘삼교당(三敎堂)’이었다. 개조(開祖)는 동북 도교의 실제상의 개척자이기도 한 곽수진(1606~1708년)이다. 그는 요녕(遼寧)성 본계(本溪)시 서부(西部)에 있는 구정철찰산(九頂鐵刹山)의 팔보운광동(八寶雲光洞)에서 오랫동안 수도생활을 했던 인물로, 산동의 용문파(龍門派) 7대 도인(道人)

인 이상명(李常明)으로부터 계(戒)를 받는다. '삼교당'의 삼교(三敎)란 유·불·도의 삼교를 말하며, 삼교를 함께 수행하는 것은 전진도의 가르침이다.

청나라 건륭(乾隆) 44년(1779년), 대대적인 보수개축 공사가 완성되고, 그때 개명(改名)되어 '태청궁(太淸宮)'이 되었다. 후에 광서(光緒) 연간에도 수리와 개축이 행해지고 도관의 형식이 정비되었다.

1987년 문화혁명 후 보수공사에 착수하여 현재는 도관의 모든 사당이 개방되고 정상 활동에 들어가 있다. 전우(殿宇; 신들을 모신 집)는 남쪽으로부터 중축선상(中軸線上)에 영관전(靈官殿), 관제전(關帝殿), 노군전(老君殿), 옥황각(玉皇閣)으로 이어지고, 옥황각은 2층 건물로 되어 있다. 옥황각의 동쪽과 서쪽에는 여동빈(呂洞賓)과 삼관(三官), 곽수진과 구처기(丘處機)를 모시는 각각 2층으로 된 사당이 설치되었다.

이 궁에는 랴오닝(遼寧)성과 션양(瀋陽)시의 도교협회 본부가 설치되어, 창건 이래 줄곧 동북도교의 중추적 역할을 담당해 왔다. 이와 관련된 성지(聖地)로는 철찰산(鐵刹山) 외에 안샨(鞍山)시의 동북명산인 천산(千山)이 있으며, 이 산에는 무량관(無量觀), 오룡관(五龍觀) 등 활동과 조직이 충실했던 도관 몇 개가 있다.

덧붙여 말하면, 중국 도교협회의 초대회장은 태청궁의 방장(方丈)인 유에송다이(岳嵩岱) 씨가 맡고 있었다. 나라 유키히로

청성산(青城山)

― 황제(黃帝)가 도에 대해 물어 장도릉(張道陵)이 법을 전하다.

쓰촨(四川)성 쟝얜(江堰)시구 관(灌)현 서남쪽으로 15km 떨어진 곳에 있다. 현재의 명칭은 청산(青山)이 성곽과 같이 서 있는 것에 따른 것으로 여겨지는데 적성산(赤城山)이라는 별명도 있으며, 옛날에는 장인산(丈人山)이라고도 불렀다.

전설에는 황제(黃帝)가 오악장인(五嶽丈人) 영봉자(寧封子)에게 '도(道)'를 물었던 것이 이 산이라고 한다. 개산(開山)을 한 인물로는 오두미도의 창립자인 장도릉(張道陵)을 들지 않을 수 없는데, 그의 사적에 대한 것도 전설적인 것이라 불명확한 점이 많다. 일설에서는 그가 이 산의 남쪽에 있는 다이(大邑)현에 있는 학명산(鶴鳴山)에서 수행을 한 뒤 전한(前漢) 말에 청성산으로 와서 여기에서 아들인 장형(張衡)과 손자인 장로(張魯)에게 법을 전했다고 한다.

현재 잔존하는 사당 중에 산 정상의 상청궁(上清宮)은 진대(晋代)에서부터 역사를 가진 것으로서, 대전(大殿)은 노군(老君)을 중심으로 여동빈(呂洞賓), 장삼봉(張三丰)을 모시고, 배전(配殿; 대전 옆에 나란히 있는 전각)인 문무전(文武殿)에는 공자(孔子)와 관우(關羽)를 모신다. 산 중턱에 있는 고상도관(古常道觀)은 천사동(天師洞)이라고도 하며 수대(隋代)에 창립된 여경관(延慶觀)에서 유래하였고, 삼청대전(三清大殿)을 중심으로 황제(黃帝)와 삼황(三皇)의 사묘가 있다. 천사(天師), 즉 장

도릉의 신상(神像)을 시작으로 그와 관련된 유적도 여기에 집중되어 있어 청성산의 중추를 이루고 있다. 산문(山門) 옆의 건복궁(建福宮) 은 당대(唐代)에는 장인관(丈人觀)이라는 명칭으로 창건된 것으로 노군(老君)을 중심으로 영봉자(寧封子)와 두광정(杜光庭)을 모시고 있다. 이 외에도 많은 궁관이 있으며 그 대부분이 숙박과 음식을 위한 시설을 겸하고 있는데, 이러한 일에 종사하고 있는 것은 모두 도사(道士)와 도고(道姑; 여성도사)들이다.

이 산에서는 정일파(正一派)가 활동을 계속하고 있었는데, 명대(明代) 말에 쇠퇴하여 청나라 강희(康熙) 연간에는 무당산(武當山)의 전진교(全眞敎) 용문파(龍門派) 도사인 진청각(陳淸覺)이 들어와 용문파를 전수했다. 제신(祭神; 제사드리는 신)으로서 여동빈(呂洞賓)이 보이는 것도 전진교의 영향이다. 나라 유키히로

청양궁(靑羊宮)

— 청양사(靑羊肆)로 인해서 건립된 도시형 도관(道觀)

쓰촨(四川)성 청두(成都)시 지에(街)구 서쪽 변두리에 있는, 쓰촨성 최대의 도시형 도관이다.

이 도관의 창건에 대해서는 분명하지 않지만, 당대(唐代) 무렵에 노자가 만년(晩年)에 서쪽으로 갈 때 관윤희(關尹喜)에게 자신을 방문하러 오도록 지시했다는 청양사(靑羊肆)에서 연유한 도관으로 잘 알려져 있다. 사묘의 확충에 힘을 쏟은 것은 당나라 희종(僖宗)으로, 그는 황소(黃巢)의 난을 피하여 이곳을 통과하면서, 그때 여기에 행

궁(行宮)을 지었다. 후에 도읍인 장안(長安)에 돌아간 뒤에 사전(祠殿)의 조성과 정비를 명하여 중화(中和) 3년(883년)에는 청양관(靑羊觀)을 청양궁(靑羊宮)으로 개칭하였다.

청대 강희(康熙), 가경(嘉慶) 시대에 대대적인 수리개축이 행해져 대개 그 무렵의 양식이 현존하고 있다. 중축선상(中軸線上)에 산문(山門), 혼원전(混元殿), 팔괘정(八卦亭), 삼청전(三淸殿), 두모전(斗姥殿), 당왕각[唐王閣; 자금대(紫金臺)]가 늘어서 있고, 두모전 위쪽의 양 옆에는 노자에 연유한 설법대(說法臺)와 강생대(降生臺), 두 사당이 마주 보며 서 있다.

본전(本殿)인 삼청전(三淸殿)은 가장 큰 건물로서 전내에는 삼청 시상을 중심으로 양측에는 12금선(金仙)이 모셔져 있다. 12금선 중에는 태을(太乙), 광성자(廣成子) 등 도교의 여러 신들 외에 문수(文殊), 보현(普賢), 자항(慈航) 등 불교의 신들도 포함되어 있다. 또한 삼청상 앞에는 일본 신사(神社)의 고마이누(狛犬; 신사 앞에 마주 보게 놓은 한 쌍의 사자 비슷한 짐승상)와 같이 두 마리의 동주(銅鑄; 구리주물)로 된 청양(淸羊)이 안치되어 있다. 두 양 모두 청대의 것인데, 그 가운데 뿔이 하나인 양은 신체 및 안면에 십이지(十二支) 각각의 특징을 갖춘 모습을 하고 있어 주목을 집중시킨다. 두모전에는 두모를 중심으로 남두신(南斗神), 북두신(北斗神)이 배치되어 특히 열심인 여성신자들이 많이 참배하러 모인다. 그리고 이 두관 경내에는 기공연구소도 설치되어 실천적인 도교활동의 장도 되고 있다. 나라 유키치료

수주(蘇洲) 현묘관(玄妙觀)

— 조성의 시작은 276년, 아직도 남아 있는 귀중한 삼청전

쟝수(江蘇)성 수주(蘇洲) 시내의 꽌첸졔(觀前街)에 있다. 옛 성내(城內)에서는 이 지역이 수주(蘇洲)에서 가장 번화한 곳에 해당한다.

사묘의 조성은 진(晋)나라 함령(咸寧) 2년(276년)에 '진경도관(眞慶道觀)'이라는 명칭으로 시작하여, 당대(唐代)에는 개원궁(開元宮), 송대(宋代)에는 천경관(天慶觀) 등의 개명(改名)을 거치고 몇 번이나 보수개축을 거듭해 왔는데, 원나라 성송(成宋)의 원정(元貞) 원년(1295)에 '현묘관(玄妙觀)'으로 고쳐 지금까지 이어진다. 그 뒤, 원나라 말부터 명·청시대에 걸쳐서 다시 보수와 재건축을 반복하였고, 마지막으로 보수공사가 행해진 것은 동악전(東嶽殿)으로서 청나라 도광(道光) 6년(1826년)의 일이었다. 그러나 전우(殿宇)의 관리가 용의주도하지 못하여 해방전에는 창고나 점포에 이용될 법한 상태였다.

현재 잔존하는 것은 삼청전과 산문(山門)뿐인데 예전에 사전(祠殿)이 완비되어 있었던 때의 배전(配殿)에는 약왕(藥王), 재신(財神), 천후(天后), 조사(祖師), 두모(斗姥), 삼모(三茅), 조군(竈君) 등의 신들이 배치되어 종교의 중심지로서의 풍취가 있었음을 짐작할 수 있다.

삼청전의 기본구조는 남송시대 순희(淳熙) 연간(1179년)의 건축 당시의 것을 보존하고 있어 건축사상(建築史上) 귀중한 유물로 여겨진다. 전내에는 높이 18m의 삼청(三淸; 도교의 삼위일체신들)의 금도금 좌상(坐像)이 안치되어 있는데, 현

재 일반참배자들에게 개방되고 있다.

현묘관은 삼청전을 중심으로, 부근에 있는 춘신군사(春申君祠)와 함께 정일교 도관으로서 지역의 주민이나 근교 농민들의 요구에 부응해 재초(齋醮)의식을 왕성하게 개최하고 있는데, 의식에 사용되는 음악은 강남(江南)의 음악문화를 그대로 수용한 것이다. 나라 유키히로

태산(泰山)
— 중국 오악(五嶽) 중 동악(東嶽)으로 가장 역사가 오래된 명산

샨둥(山東)성 타이안(泰安)시의 가구(街區) 북쪽에 솟아 있는 명산. 최고봉은 해발 1524m. 대종(岱宗)이라는 옛 명칭도 있다.

중국의 국토를 진호(鎭護; 평안하게 지키고 보호함)하는 오악 중 하나로, 남악(南嶽; 衡山), 중악(中嶽; 嵩山), 서악(西嶽; 火山), 북악(北嶽; 恒山) 등과 함께 옛날부터 병칭되어 왔는데, 역사의 깊이로 보나 사적(事蹟)과 문물(文物)의 양으로 보나 태산이 발군의 대상이다.

전설시대의 많은 군주가 제사와 기도를 위해 태산을 방문했다고 하는데, 역사서에 상세한 기사가 보이는 것은 진시황이나 한 무제가 태산에서 봉선(封禪; 하늘과 땅에 대한 제사)의식을 행하면서부터이다. 이후에 역대 왕조의 천자는 천지산천의 신들에게 기도하고 제사할 때에 자주 태산을 받들어 모셨다. 또한 태산의 신이 사람의 생사를 관장한다는 생각 때문에 각지의 도성(都城) 내에 동악묘(東嶽廟)를 짓는 등의 일들을 행해 왔다.

태산 기슭의 산기슭에는 산신을 받들어 모시는 묘가 설치되었다. 그

중 많은 수가 조정의 권력에 의해 조성된 것이므로 황궁(皇宮)건축의 형식에 준한 거대한 묘가 지어졌다. 다만, 묘의 배후에 있는 산의 자태 전체가 멀리서 잘 보일 수 있는 위치관계를 고려하여 지은 것은 이곳 태산 산기슭의 대묘(岱廟)뿐이다.

태산의 산 중에는 수많은 사당(祠堂)이 있는데 산 정상 부근의 벽하원군사(碧霞元君祠)가 가장 크며, 송나라 대중상부(大中祥符) 2년(1009년)부터의 역사를 가지고 있다. 원군(元君)이란 여선(女仙)의 존칭으로서 여기에서는 태산의 신(神)인 동악대제(東嶽大帝)의 딸을 받들어 모신다. 중국 북방에서 자주 보이는 민간의 여신인 낭랑(娘娘)은 여기서 말하는 벽하원군이라고도 하고 서왕모(西王母)라고도 하는데, 이들 모두 지금까지도 탄탄한 신앙을 유지하고 있어 이 사묘에는 열심인 여성 참배자들이 많이 모인다. 사당의 관리와 운영에는 주로 도고(道姑; 여성도자)들이 종사하고 있다.

동천복지(洞天福地)
— 도사가 수행을 쌓은 하늘과 이어져 있는 선경(仙境)의 땅

선인들이 거주하는 명산이나 경승지(景勝地)를 말하며 인간세계와는 다른 별천지를 의미한다. 동천(洞天)이란 하늘과 연결되는 성역

(聖域)을 의미한다. 중국고대의 전설상의 선경으로는 십주(十洲)와 삼도(三島)가 있으며, 실제의 선경으로는 동악 태산 등의 오악이 있다. 도교가 형성되어 가면서 오악을 필두로 많은 명산이나 경승지가 도사들의 수련의 장소가 되었고, 이들이 발전하여 동천복지설(洞天福地說)을 낳았다. 북주(北周)의 『무상비요(無上秘要)』 권50에 이미 "24치(治; 교구), 36정로(靖盧; 교회), 72복지(福地), 360명산(名山)"이라는 표현이 보인다.

당나라 초기의 도사인 사마승정(司馬承禎)의 『천지궁부도(天地宮府圖)』에는 십대동천(十大洞天), 삼십육소동천(三十六小洞天), 칠십이복지(七十二福地)로서 구체적인 지명이 거론되고 있어, 그 당시에 이미 동천복지설이 형성되어 있었다는 사실을 알 수 있다. 10대동천이란 왕옥(王屋), 위우(委羽), 서성(西城), 서현(西玄), 청성(靑城), 적성(赤城), 나부(羅浮), 구곡(句曲), 임옥(林屋), 괄창(括蒼)이라는 10개소의 산동(山洞; 산의 동굴)이 있는데, 서현산동(西玄山洞)은 가공의 장소인 듯하나 그 땅은 실제로 존재하고, 청성산(靑城山)과 나부산(羅浮山), 구곡산(句曲山) 등은 현재에도 도교의 대표적인 성지이다.

36소동천에는 오악과 아미산(峨嵋山), 노산(盧山), 회계산(會稽山) 등 많은 명산이 포함되며 72복지에는 도교사에서 유명한 용호산(龍虎山)과 남창(南昌)의 소요산(逍遙山), 사천(四川)의 평도산(平都山) 등의 명칭이 나온다.

당나라 말의 두광정(杜光庭)의 『동천복지악독명산기(洞天福地岳瀆名山記)』에는 도교의 성지가 십주(十州), 삼도(三島), 십대동천(十大洞天), 삼십육정로(三十六靖盧), 삼십육동천, 칠십이복지의 순으로 나열되어 있으며, 『영보무량도인상경대법(靈寶無量度人上經大法)』권4에는 "오악, 삼도, 십주는 선성[仙聖; 선인(仙人)과 성인(聖人)]들이 거주하는 곳이다. 사람들은 도를 닦아 승천하여 선진(仙眞; 선인과 진인)이 된다. 천상에는 십대동천, 삼십육소동천, 칠십이복지가 있는데, 모두 다 선관(仙官)이 다스리고 있다"고 씌어 있다. 이러한 자료들을 보면 동천복지는 십주삼도의 전설에서 발전하여온 것이라고 생각된다. 도교의 발전과 더불어 동천복지라는 사고방식도 민간에 깊게 침투하여 사람들에게 큰 영향을 미치고 현실의 고난에서 도피할 수 있는 성역(聖域)이 되었다. 하치야 구니오

백운관(白雲觀)
— 청대 불교사원 양식을 남긴 중국 도교협회 본부

베이징(北京)시 시가지 서편 문밖에 있다. 전진교(全眞敎) 용문파(龍門派)의 시조인 구처기[丘處機, 호는 장춘자(長春子)]의 본사(本祠, 유골을 보관하고 있다)를 중심으로 하는 도관. 중국 도교협회의 본부가 설치되어 있다.

이 도관은 당나라 시대의 황제가 여러 주(洲)에 만들게 한 현원황제(玄元皇帝; 老子)의 묘에서 유래하였으며 천장관(天長觀)이라고 불렀다. 금대(金代) 말에 재건된 후 태극궁(太極宮)으로 개명되었는데 전쟁으로 인해 파손되었다.

징기스칸의 절대적인 신임을 얻은 구처기가 이 궁에 들어와 사당의 조성에 착수하였고, 3년 뒤인 원나라 태조(太祖) 22년(1227년)에 일신(一新)하여 궁의 명칭도 그의 도호(道號)를 따라 장춘궁(長春宮)으로 바꾸었다. 여기에서 처음으로 용문파가 설립되게 되었는데 같은 해에 그는 우화(羽化; 서거)하고 말았다. 그리고 그의 시체는 장춘궁 동쪽에 하원(下院)으로서 세워진 백운관의 한 전각인 처순당[處順堂; 지금의 구조전(丘祖殿)]에 매장되었다.

명대(明代)가 되어 영락(永樂) 연간(1403~1424년), 성조(成祖)인 주체(周棣)가 특명을 내려 처순당을 중심으로 하는 복구공사를 행하였고, 정통(正統) 8년(1443), 영종(英宗)이 '백운관'이라는 편액(匾額)을 하사하였다. 이것으로 인해 실질상의 개명(改名)이 이루어져 이후에는 백운관이 정식 명칭이 되었다.

명대 말에 다시 쇠퇴하였다가 청대 초기에 왕상월(王常月) 방장(方丈)의 노력에 의해 사묘가 확충되고 다시 활동력을 회복하게 되었다. 그러나 그 건축은 불교사찰의 양식을 기조(基調)로 한 것이었다.

문화혁명 이후인 1981년, 청대의 배치를 기본으로 하여 수리공사를 하여, 중심축을 이루는 선상에 늘어서 있는 영관전(靈官殿), 옥황전(玉皇殿), 노율당(老律堂), 구조전(丘祖殿), 사어전(四御殿), 그리고 2층으로 된 삼청각(三淸閣)을 중심으로 다른 도교의 제신(諸神)들을 모시는 대부분의 사전(祠殿)이 개방되었다. 지금 백운관에서는 노사 양성을 위한 학교도 개설되고, 도사들에 의해 성대한 연승행사도 행하며, 매년 번창함이 더해지고 있다. 나라 유키히로

무당산(武當山)

— 명(明) 왕실의 재력으로 건축된 호화로운 궁관묘우(宮觀廟宇)

후베이(湖北)성 서북부, 단쟝코우(丹江口)시에 속하며 시얀(十堰)시와 단쟝코우 시의 거의 중간지점에 위치한다. 태화산(太和山), 태악(太岳)이라는 별명이 있고, 최고봉은 천주봉[天柱峰, 해발 1,612m]이다.

전설에서는 진무대제[眞武大帝, 북제(北帝), 북진무제(北眞武帝)라고도 함]의 발상지라고 하는데, 사묘건축이 시작된 것은 당나라 태종, 정관(貞觀) 연간(627년)이다. 송대에 진무(眞武) 신앙이 한때 유행하여 송대와 원대 사이에 무당산도 다소 발전하였다.

가장 번성을 맞은 것은 명대로서 성조(成祖)인 주체(周棣)는 자신이 진무신(眞武神)의 전생(轉生 ; 환생)이라는 신심 때문에 영락(永樂) 연간(1403~1424년)에 특명을 내려 8궁(宮) 2관(觀) 36암당(庵堂) 72암묘(岩廟)를 조성하게 하였다. 무당산의 번영은 민국 초기까지 계속되었는데, 현재 남아 있는 주요 궁관묘우는 거의 명대의 유적으로 보인다. 이들은 오랜 세월을 거쳐서 명나라 황실의 재력을 쏟아부어 조성된 것이어서 다른 도교 명산에서는 찾아볼 수 없는 호화로움이

있다. 그 가운데서도 중심지구의 현관(玄關)이 되는 자소궁(紫霄宮), 남쪽 바위의 절벽 안에 지어진 천을진경궁(天乙眞慶宮), 천주봉에 있는 태화궁과 동주(銅鑄 ;

구리주물)로 제작된 금전(金殿) 등은 그 중심에 안치되어 있는 신상들과 함께 참배자들의 마음을 강하게 끌어당기고 있다.

산중에 족적을 남긴 수도자들의 수도 많아 후한시대의 음장생(陰長生), 당나라의 여동빈(呂洞賓), 오대(五代)와 송나라 초기의 진단(陳摶), 명나라의 장삼봉(張三丰) 등이 이곳에서 수행했다고 하는데, 아마 가탁된 것도 포함되어 있을 것이다. 그렇지만 석선(碩仙; 뛰어난 선인)들이 눈에 띈다.

민국 이후 활동력이 약해진 지 오래지만 근래 20, 30년 전부터는 무술[권술(拳術)이나 검술(劍術)]과 재초(齋醮)의례 등 옛날에 화려했던 도교문화의 부흥에 밝은 빛이 보이기 시작했다.

모산(茅山)
— 승선(昇仙)한 많은 도사들이 수행했던, 별명 '구곡산(句曲山)'

쟝쑤(江蘇)성 서남부에 있는 주룽(句容)시에 있다. 난징(南京)에서 동남방향으로 70km 떨어진 곳에 위치한다.

원래는 산 속에 동굴이 퍼져 있는 것을 인체에 빗대어 '지폐산(地肺山)'이라고 불렀으며, 산령(山嶺)이 구부러져 한 선으로 뻗어 있다고 해서 '구곡산(句曲山)'이라는 별명도 있니. '모산'이라는 이름이 붙은 것은 전한(前漢)의 경제(景帝)시대에 모영(茅盈)이 두 동생[모고(茅固)와 모속(茅束)]과 함께 이 산에서 수행하면서 의료 구제활동에 힘썼고, 이 산 위에서 각각 승선을 했다는 진실에 따른 것이다. 산봉우리는 크게 3개로 나누이지는데 그 가운데 남난(南端)에 있는 가장 높은 봉우리(해발 410m)를 대모산(大茅山)이라고 하고, 주신으로는 모영을 배치하였다.

이 산이 알려지게 된 것은 『상청경(上淸經)』을 작성한 동진(東晉)의 양희(楊羲), 허밀(許謐), 허홰(許翽) 등에 세 사람에 의해서이며, 구용(句容)에서 태어난 갈홍[葛洪, 자(字)는 포박자(抱朴子)로서 동명의 책을 저술함]이 수행지로 삼았고, 『진고(眞誥)』를 편찬한 양(梁)나라의 도홍경(陶弘景)이 '산중재상(山中宰相)'이라고 칭해지며 이 산에서 은거했던 무렵부터 그 명성이 확고해졌다.

송대에는 부록파(符籙派) 삼산(三山) 중 하나로서 그 이름을 떨쳤고 합조산(閤皂山), 용호산(龍虎山)과 더불어 미신적 성격이 강한 도교로서 번영하였다. 원대에는 정일파(正一派)에 통합되어 활동력이 약해졌으나, 명·청 시대에 약간 활기를 되찾았고 청대 말에는 삼궁오관(三宮五觀)을 헤아렸다.

그러나 난징(南京)과 가깝다는 지리적 조건 때문에 태평천국의 난, 중일전쟁, 문화대혁명 등으로 커다란 타격을 받아, 1985년에 '모산도교협회'가 결성되기까지는 황폐한 채였다.

지금은 대모산(大茅山), 구소만복궁[九霄萬福宮, 본전에 삼모진군(三茅眞君)을 모시고 있다]을 활동의 중심으로 삼고 해마다 활동

력을 강화해 가서 수저우(蘇州)의 현묘관(玄妙觀), 상하이(上海)의 백운관(白雲觀)과 함께 강남의 중요도관으로서 특색 있는 종교문화를 재건 중이다.나라 유키히로

나부산(羅浮山)

— 갈홍(葛洪)이 양질의 샘을 구해 정착했던 나부산 도교의 거점

광둥(廣東)성 보루오(博羅)현에 최고봉인 비운정(飛雲頂, 해발 1,281m)이 있다. 별명은 동초산(東樵山)이다.

이 지역에 도교가 발흥한 것은 갈홍이 만년에 아내인 포고(鮑姑)를 데리고 수도하러 들어온 것부터 시작된다. 그는 동진(東晉)시대 흥령(興寧) 원년(363년)에 81세로 우화(羽化; 신선이 됨)할 때까지 단약(丹藥)을 제련하거나 약초를 연구하면서 산속과 산 아래의 동서남북에 네 암자를 세웠다. 그들 4암(庵)이 각각 도관으로 발전하여 후대 나부산 도교의 활동거점이 되었다.

갈홍의 4암 가운데 산의 동쪽 기슭에 있던 남암(南庵)은 활동의 중심지로서 갈홍의 사후에 갈홍사(葛洪祠)가 되었고, 송나라 시대에는 충허관(沖虛觀)이 되어 지금까지 이어지고 있다. 현재 충허관은 나부산 도교의 중추로서 갈홍과 포고 부부, 적송황대선(赤松黃大仙), 여동빈(呂洞賓) 등의 사당이 설치되어 있다. 또한 갈홍에 관련된 유적도 이 도관의 주변에 집중되어 있는데, '치천단조(稚川端竈)', '세약지(洗藥池)', '의관총(衣冠塚)' 등은 그 대표적인 유적들이다.

이 산은 전체가 화강암으로 이루어져 있는데, 그것이 특별한 양질의 샘물과 약초를 산출한다. 갈홍이 오랫동안 이 땅에 있었던 것도 아마 이 양질의 샘 때문이었다고

생각되는데, 현재는 그 이후로 연구개발이 가해져 의약품과 미네랄 워터가 이 지역의 특산품이 되고 있다.

광저우(廣州)의 삼원궁(三元宮), 휘저우(惠州)의 원묘관(元妙觀)은 나부산과도 관계가 깊으며 다 같이 광둥성을 대표하는 도관이다. 근년에 이들 도관이 눈부실 만한 부흥을 보이고 있는데 모두 홍콩에서 강력한 지원을 받아 이루어진 것이다. 나라 유키히로

용호산(龍虎山)
— 장도릉(張道陵)과 연관되며, 지금도 활발한 활동이 이루어지는 산

쟝시(江西)성 꾸이씨(貴溪)현에 속하고 잉탄(鷹潭)시 서남쪽 20km, 루시허(瀘溪河) 북쪽 연안에 있다. 전설에서는, 옛날에는 이 산을 운금산(雲錦山)이라고 했는데, 장도릉(張道陵)이 단약(丹藥)을 제련하여 용과 호랑이가 출현한 것으로 말미암아 용호산이라는 이름이 붙었다고 한다.

현재 이 산중에는 유적의 터밖에 남아 있지 않으나 남당(南唐) 보대(保大) 연간(943~957년)에 '천사묘(天師廟)'를 세운 데서 시작하여 송대에 연법관(演法觀), 명나라 가정(嘉靖) 연간에 그것을 보수 개축하여 정일관(正一觀)으로 개명하는 등, 사묘의 조성이 계속 진행되어 왔다. 명대(明代)의 '정일관'은 장천사(張天師), 장도릉의 제자인 왕장(王長)과 조승(趙升)의 두 진인, 그리고 옥황(玉皇), 현단[玄壇, 조공명(趙公明)] 등을 모셨다. 또한 청대 초기에 다시 대대적인 개축을 하였으나 관명은 그대로 유지되었다.

일설에서는 장도릉의 4대손인 장성(張盛)이 서진(西晋)시대에 한중(漢中)으로부터 이 지역으로 이주해 왔다고 하는데 장씨 일가가 거주지를 옮긴 것

은 중당(中唐)시대가 된 이후부터라고 하는 설도 있다. 역대 천사(장도릉 직계의 자손)이 사는 곳을 '천사부(天師府)', 신을 모시는 곳을 '상청궁(上淸宮)이라고 하며, 루씨허(瀘溪河) 상류에 당, 송 무렵부터 축조를 거듭하여 왔는데 현재 상청궁은 그 터밖에 남아 있지 않고 종교 활동은 천사부(天師府)에서만 행하고 있다.

천사부가 창건된 것은 송나라 시대이고 현재의 위치에 건설된 것은 명대부터이다. 문화대혁명에 의해 그 교단조직도 부지면적도 현저하게 축소되어 오랫동안 저조한 상태에서 빠져 나오지 못했었으나 이삼십 년 전부터 개방정책의 추세를 타고 크게 활동력을 회복하고 있다.

1994년 여름에 문을 연 '세계도교 전시관'을 위하여 중국 전체와 세계 각지의 도교관계들을 모으는 등 준비에 의욕을 불태우기도 하였다. 나라 유키히로

교단의 구조(조직)와 도사의 생활

— 이시이 마사코(石井昌子, 소카대학 교수)

세계대전 이전의 중국 대륙과,

민간신앙과 혼합되고 변용해 나간 타이완의 현재 상황을 살펴본다.

도교에서는 불교의 승려에 해당하는 사람을 '도사'라고 하며 사원에 상당하는 사묘를 '도관(道觀)'이라고 한다. 도관에 거주하는 도사는 공공연하게 대처(帶妻)생활을 하는 것이 허용되지 않는다. 대처생활을 하는 도사를 화거도사(火居道士)라고 하여 출가도사와 구별한다. 타이완에서 도사는 전부 화거도사이다. 그와 같은 이유로 대륙과 타이완의 도교의 수행, 즉 도사의 생활에 큰 차이가 난다. 이하, 대륙과 타이완의 사묘(祠廟)를 중심으로 도사의 생활에 대해서 기술하고자 한다.

현재 대륙에서 도교의 사묘는 문화혁명의 종교정책에 따라 다수가 파괴되었는데 점차 복구되었다. 이 글에서 기술하는 것은 대륙에 있어서의 도교발전의 역사의 제4기의 마지막, 다시 말해, 중화인민공화국 성립 이전의 것임을 미리 밝혀둔다.

대륙도교의 2대 조류,
시방파(十方派)와 자손파(子孫派)

　도관은 관(觀), 묘(廟), 관(官), 단(壇), 사(祠), 각(閣), 동(洞) 등으로 불린다. 대륙의 도관은 크게 시방파(十方派)와 자손파(子孫派)의 두 가지로 나눌 수 있으며, 일반적인 도관은 모두 자손파인 셈이다. 자손파라는 것은 스승[度師]이 제자[資]에게로 사자상전(師資相傳)을 통해 주지(住持; 불교에서 말하는 주지스님)를 계승하는 것이다. 자손파의 도관은 보통 도원(道院)'이라고 부른다.

　시방파의 도관은 시방(十方)의 각지 각파의 도사에게 평등하게 개방되는 대도관(大道觀)으로서 시방총림(十方叢林)이라고 한다. 시방파 도관은 직접적으로 제자를 받지 않는다. 여기에 기거하는 도사는 각 지역에서 수행할 목적으로 모인 운수도사(雲水道士)이다. 시방총림의 최대 특권은 계단(戒壇; 도사가 계를 받는 단)을 열어 전계(傳戒), 즉 수계(授戒)를 행하는 것이다. 그러니까 전계는 시방파 도관만이 할 수 있다고 하겠다. 이에 해당하는 것은 방장(方丈) 직에 있는 사람으로서 주지(住持), 감원(監院)과 더불어 총림에서 최고의 지위에 있으며, 그의 도행(道行)이 고상(高尙)하고 계율에 깊이 통달하여 한 종파의 사표(師表), 즉 모범으로 삼기에 충분한 인물이 아니면 안 된다.

　또한 도관은 교파적으로도 이분된다. 천사도[天師道: 곧 정일교(正一敎)]와 전진교(全眞敎)의 2대 교파로 나뉜다. 천사도 계열이 도관은 모두 자손파라고 해도 좋다. 본산(本山)은 쟝시(江西)성 꾸이씨(貴溪)현의 용호산(龍虎山)으로, 그곳에는 세습제에 의한 장천사[張天師; 오두미도 이후의 가계(家系)를 계속 이어나가고 있는 것에 대해 긍지를 가지고 있는 천사도의 제63대 천사 쟝엔푸(張恩溥)는 타이완으로 이주했기 때문에 그 가계가 타이완으로 옮긴 셈이 된다]가 있다. 본산의 장천사가 세습제라고는 해도 이 교파의 도사는 출가의 형식을 취하고 있는데, 그렇다고 해서 대처하는 것을 엄격하게 금하고 있다고는 할 수 없다. 그러나 도관 안에서는 대처생활을 하는 것이 허용되지 않는다. 도관에 사는 도사는 출가도사에 한하기 때문이다.

천사도 계통의 도관에 비해 전진교 계열의 도관에서는 자손파와 시방파의 도관이 확실히 구별된다. 시방파의 천하제일의 근본 도장(道場)이 베이징의 백운관이다. 백운관은 구처기(丘處機) 진인(眞人)을 개조(開祖)로 하는 전진교 용문파의 본산이기도 하다. 시방파의 도관으로서 백운관에 등록되어 있던 것은 24좌(座)가 넘는데, 이들은 전계(傳戒)가 가능한 도관이다. 천사도 계열의 도사에게는 수계가 아니라 정규(正規)의 도사로서 인정받기 위해서는 장천사가 발급하는 '첩록(牒錄)'을 소지하지 않으면 안 되었다. 이것도 청나라 말까지의 일로서 중화민국 이후에는 이 제도도 사라졌다. 문화대혁명 이후 베이징의 백운관은 부지(敷地)는 좁아졌으나 거의 이전의 모습이 그대로 남아 있으며 도사 육성이 이루어지고 있다고 한다.

화거도사에 의한
타이완의 도교

타이완에 있어서 도교는 대륙과는 양상이 다르고, 이민족이 고향에서 가져온 종교와 잡다한 민간신앙[俗信]이 혼용하고 변용되어 깊게 민간신앙에 뿌리를 내린 것이다. 도교의 교파 역시 지리적 위치만 봐도 천사도가 전한 것은 분명하며 전진교에 대해서는 알려지지 않았다. 이와 같은 이유로 타이완에는 전계를 하는 도관은 존재하지 않는다. 다시 말해, 출가도사가 아니라 전부 화거도사라는 것이다. 도사의 지위도 대륙과는 달라졌다. 타이완의 도사는 화거인 경우뿐이라서 모두 육식, 대처, 재가(在家)하며, 각자의 자택에 단[壇; 도사단(道士壇)이라고 한다]을 만들고, 옥호(屋號; 집이나 가게의 이름)를 걸어 도장(道場)을 이룬다. 제전[祭典; 제사의례] 등의 행사가 있을 때에는 화거도사들이 순식간에 모여 도사단(道士團)이 조직되며, 행사가 끝나면 곧 해산한다. 도사단 안에는 평소에는 농업에 종사하며 일반농민과 차이가 없는 생활을 하다가 법사(法事) 등의 일이 있으면 도복(道服)을 착용하고 도사의 한 사람이 되어 집행하는 사람조차 있다. 초제(醮祭)와 같은 규모의 큰 제의를 행할 때는 대개의 경우 묘(廟)를 도장(道場)으로 사용한다. 그러한 때는 묘의 한 방을 도사실로 삼아 도사들이 기거하는 장소로 만든다.

타이완에서 민간신앙에 종사하는 사람은 도사, 법사(法師), 영매(靈媒)의 세 종류로 나뉜다. 법사는 법교[法敎, 삼내교(三奶敎)가 주류]를 받들고, 붉은색 머리띠를 하고, 무술(巫術; 무당의 방술)을 구사하며, 치병·악마퇴치·가지기도(加持祈禱; 신의 힘을 빌려 질병이나 재난 등을 물리치기 위해 올리는 기도)를 전업으로 삼는 일종의 행자(行者)이다. 도사보다 지위는 낮으나 민간신앙을 담당하는 주역이다. 타이완의 도사는 전부 이러한 법교를 겸수하며 법사의 업무도 맡고 있다. 즉 도사와 법사의 이중 신분으로 도교 과의(科儀)와 법술(法術)의 양 방면을 담당하고 있는 셈이다. 그렇기 때문에 도사의 입무 범위에 따라 구별되고 있는 홍두도사(紅頭道士)와 오두도사(烏頭道士) 역시 혼동되고 명확히 구별되지 않는 것이 현실이다. 홍두도사는 건초(建醮; 초의례를 준비), 주삼헌(做三獻; 제사에서 술을 세 번 올리는 일), 사평안(謝平安; 개인이나 집단의 평안을 빎) 등 길사(吉事)에 속하는 제전(祭典)이나 가지기도 등, 살아 있는 사람들을 구제하는 구생(救生)밖에 행하지 않지만, 오두도사는 구생 외에도 장례의식이나 추선공양(追善供養; 죽은 사람의 명복을 위해 바치는 제사) 등 사상의례(死喪儀禮)에도 관여한다. 그 차이는 장례의식을 하느냐 하지 않느냐는 점뿐이다. 그러나 현실에서는 둘 다 행하고 있다고 할 수 있을 것이다.

공적인 자격이 있으나 없어도 가능하다

　타이완에서는 작은 묘(廟)가 대묘(大廟)로 개축되는 등 대묘의 출현이 눈에 띄는데, 이들 묘는 그 향진(鄕鎭; 읍, 면에 해당하는 마을 단위) 등에서 신명회(神明會)가 조직되어 그 모임에 의해 운영되거나 재단법인으로서 운영되고 있다. 이들 묘를 통합하고 있는 것이 중화민국 도교회로서 1968년에 설립되었다. 이사장, 부이사장, 상임이사, 이사, 감사에 의해 운영된다. 내정부(內政部)의 심사허가를 받은 '중화민국 도교회 단체회원 분류 등 규격 규정'에 의하면 회원(단체회원)은 사묘등기 혹은 재단법인등기를 마친 '도묘회원(道廟會員)'과, 민간의 건물을 이용해 단을 설치하고 교의를 설법하는 '도당회원(道堂

會員)’으로 나뉜다. 교회의 관리인은 묘의 대표들에 의한 선거를 통해 선출된다. 3년에 한 번 행하는데 재임은 한 번만 인정된다고 한다.

1976년에는 천사부조직규정(天師府組織規程)이 완성되어 도사에게 ‘경록(經籙)’이라고 칭하는 자격이 부여되었다. 경록은 5급으로 분류되며 도사 각 사람의 법술 능력 및 공덕의 정도에 따라 수여되고 승급도 있으며 정부의 ‘보직(補職)’에 상당한다. 초급부터 상급까지의 순서는 아래와 같다.

1. 삼오도공경록(三五都功經籙)을 처음 수여하며 서관직(仙官職)에 주(奏)한다.
2. 도공맹위경록(都功盟威經籙)에 대승(帶陞)하고 선관(仙官) 혹은 선경직(仙卿職)에 주(奏)한다.
3. 정일맹위경록(正一盟威經籙)에 승수(陞授)하고 선경직(仙卿職)에 주(奏)한다.
4. 상청오뇌경록(上淸五雷經籙)을 가수(加授)하고 상경직(上卿職)에 주(奏)한다.
5. 삼동오뇌경록(三洞五雷經籙)에 가승(加陞)하고 상경직(上卿職)에 주(奏)한다.

이들 경록(經籙)이 타이완 도사에게 미치는 영향이 어떠한지를 생각해 보면 매우 미약하다고 할 수 있다. 대중과 접하여 활동하고 있는 도사에게 있어서 경록의 자격이 없어도 전혀 지장이 없기 때문이다. 여기에 대륙과 다른 타이완 도사의 특징이 있다고 말할 수 있다.

민간신앙과 도교

— 다카바시 신이치(高橋晋一, 도쿠시마대학 교수)

타이완의 묘(廟)에는 종교의 구별 없이 다양한 신을 모시고
민중은 현세의 이익에 따라 신(神)을 선택하여 이용한다.

민간신앙의 신이
약 300종류

타이완 민중들의 일상의 신앙생활은 지역사회에 흩어져 있는 '묘
(廟)'를 중심으로 하여 영위되고 있다. 묘(사진1)란 다양한 신상(神像)
을 모신 종교시설이며 거의 일본의 신사(神社)에 상당하는 것으로 생
각하면 된다. 그러나 타이완의 묘는 결코 일본의 신사와 같이 정숙하
고 엄숙한 공간이 아니다. 언제나 대단한 참배자의 열기와 떠들썩함
에 둘러싸인 지극히 인간적인 냄새가 나는 공간이다. 신의 얼굴마저
인간의 냄새가 난다(사진 2). 타이완에서는 신이 민중의 일생생활에 매
우 밀착된 존재이며 사람들은 마치 근처에 있는 친구의 집에 놀러 가
는 것처럼 부담 없이 묘를 방문하여 그곳에 모셔져 있는 신들에게 다
양한 기도를 올린다. 이와 같은 묘가 현재 타이완 전 국토에 1만 좌

(座) 정도 있다고 한다.

그럼, 타이완의 묘에는 도대체 어떠한 신들이 모셔져 있는 것일까? 1985년에 타이완의 묘의 주신(主神)으로서 모셔져 있는 신들을 수가 많은 순으로 게시한 것이 〈표 1〉이다.초우더자이(仇德哉) 저, 『타이완묘신대전(臺灣廟神大全)』에 의함. 여기에는 옥황대제(玉皇大帝), 삼관대제(三官大帝)와 같은 도교의 신도 포함되어 있는가 하며 관음(觀音), 서가(釋迦)와 같은 불교의 불보실도 모셔져 있다. 그러나 압도적으로 다수를 차지하고 있는 것은 도민간신앙의 교나 불교의 교의에는 등장하지 않는 좁은 의미에서의 민간신앙의 신들이다. 신들로는 사람의 영혼을 신으로 받들어 모신 것(왕야(王爺), 관성제군(關聖帝君), 보생대제(保生大帝) 등)과 태양이나 별, 큰 나무나 거석 등의 자연사물에 대한 숭배에서 유래한 신(대양신, 월토공(月老公), 북두싱군(北斗星君), 풍신야(風神爺), 대수공(大樹公), 석두공(石頭公) 등)이 많다.

여기에서 〈표 1〉 가운데 내표석인 신

주신	묘수
왕야 — 천세야	690
관음불조	595
석가모니	516
천상성모마조	515
복덕정신 — 토지공	421
현천상제	413
관성제군　　관제	366
보생대제	165
삼산국왕	135
중단원사 — 태자야	120
신농대제	112
청수조사	100
옥황상제 — 천공	81
삼관대제	79
연평군왕 — 정성공	74
개장성왕	56
싱황야	55
성모낭랑	55
부우제군	52
팡백존왕	52

을 몇 개 소개하고자 한다. 왕야(王爺)(사진 3)는 원래는 역병(疫病)의 신으로서 신앙되고 있었는데 현재는 그의 강렬한 영력(靈力)을 가지고(왕야의 정체는 이 세상에 원한을 남기고 비명에 죽은 영혼이라고 여겨진다) 사람들의 온갖 소원을 이루어주는 만능신으로서 두터운 신앙을 모으고 있다. 천상성모(天上聖母), 즉 마조(媽祖, 사진4)는 항해의 수호신으로서 어부들의 신앙을 모으고 있는데 이 신도 최근에는 왕야와 마찬가지로 다양한 소원을 이루어주는 만능신으로 변모해가고 있다. 복덕정신(福德正神), 곧 토지공(土地公)은 토지의 수호신인데 도시 지역에서는 판매의 신으로 여겨지고 있다. 현천상제(玄天上帝)는 28숙(宿)의 별 가운데 북방의 현무(玄武)를 신격화한 것이다. 민간에서는 생명에 관계하는 신이라고 하여 도살업자의 수호신으로서, 혹은 아이들의 수호신으로서 신앙되고 있다. 관성제군(關聖帝君), 곧 관제(關帝)는 삼국지의 무장인 관우(關羽)를 신격화한 것이며 무신(武神)으로서 신앙되고 있는데 주판(籌板)과 부기(簿記)를 발명했다고 하는 전설 때문에 상인들의 수호신으로도 숭배되고 있다. 신농대제(神農大帝)는 사람들에게 농사짓는 방법을 가르쳐주었다는 전설로 인해 농업의 신으로서, 혹은 약을 발명했다는 전설로부터 약국의 수호신으로 신앙되고 있다. 보생대제(保生大帝)는 송나라의 명의(名醫)인 오본(吳本)을 신격화한 것으로 질병치료의 신으로서 신앙되고 있다. 보생대제를 모신 묘에는 '약첨(藥籤)'이라고 부르는 점을 보는 제비뽑기가 있는데 거기에는 질병을 치료하기 위한 한방약의 처방이 적혀있다. 중단원수(中壇元帥), 곧 태자야(太子爺)(사진 5)는 신들의 군대[오영신병(五營神兵)]의 총수(總帥)로서 요괴마귀를 진압하는 힘이 매우 강한 신으로 여겨지고 있어 민중이 경외하고

〈사진 1〉 묘(廟)
타이동(臺東)시 쭝화(中華)로,
천후궁(天后宮)

〈사진 2〉 적청원수(狄靑元帥)(오른쪽)
타이난(臺南)시 허핑(和平)가,
남사궁(南沙宮)

〈사진 3〉
이부왕야(李府王爺)
타이동시 광후루(光復路),
황천부(皇天府)

〈사진 4〉
천상성모(天上聖母)
타이동시 광후루,
황천부(皇天府)

〈사진 5〉
중단원수(中壇元帥)
타이난시 안핑(安平)구,
북극전옥흥당(北極殿玉興堂)

있다. 옥황상제(玉皇上帝), 즉 천공(天公)은 민간에서는 하늘의 죄고신으로 여겨지고 있으며 도교의 죄고신은 천공이 아니라 '삼청(三淸)'이다, 천지인(天地人) 삼계의 모든 신령을 통솔하고 천지우주에 존재하는 만물의 영고성쇠[榮枯盛衰; 인생이나 사물의 성하고 쇠함이 바뀌는 현상]와 길흉화복을 관장하는 신으로 여겨지고 있나. 삼관대제(三官大

帝), 곧 삼계공(三界公)은 도교에서 말하는 천관(天官), 지관(地官), 수관(水官)의 3신인데 도교에서 말하는 '삼관'과 민간의 '삼관'은 신의 명칭이나 성격이 다르다. 민간에서는 삼관대제가 천공의 명을 받아 인간계에 하강하여 사람들을 다스리는 신으로 여긴다. 삼산국왕(三山國王), 청수조사(清水祖師), 개장성왕(開漳聖王), 광택존왕(廣澤尊王)은 각각 광둥(廣東)성, 후지엔(福建)성 안씨(安溪)현, 후지엔(福建)성 장저우(漳洲), 후지엔성 취안저우(泉洲) 출신인들의 향토수호신이다. 또한 정성공(鄭成功)은 타이완의 모든 성(省)의 수호신으로 여겨지고 있다. 이 외에 주신으로 모시고 있는 신만 해도 300종류에 이른다고 한다.

종교보다는
이익을 중시

타이완 민간신앙의 신관념에 있어서 이들 많은 신들은 옥황상제(天公)을 정점으로 하는 일대(一大) 판테온(pantheon)을 구성하고 있다._(표 2, 표 3) 각각의 신들은 각자 독자적인 역할—민중의 입장에서 보면 '이익' 혹은 '영험'—을 하고 있고 민중은 자신들의 요구(현세이익적 욕구)에 맞추어 소원을 빌 신을 골라서 이용한다. 예를 들어, 어린아이를 원하여 기도하고 있는 여성은 주생낭랑(註生娘娘)을 받들어 모시는 묘에 참배하고 내기(도박)이나 복권에서 반드시 필승하기를 기원할 때에는 유응공(有應公)을 모신 묘에 참배하러 간다고 하는 방식이다.

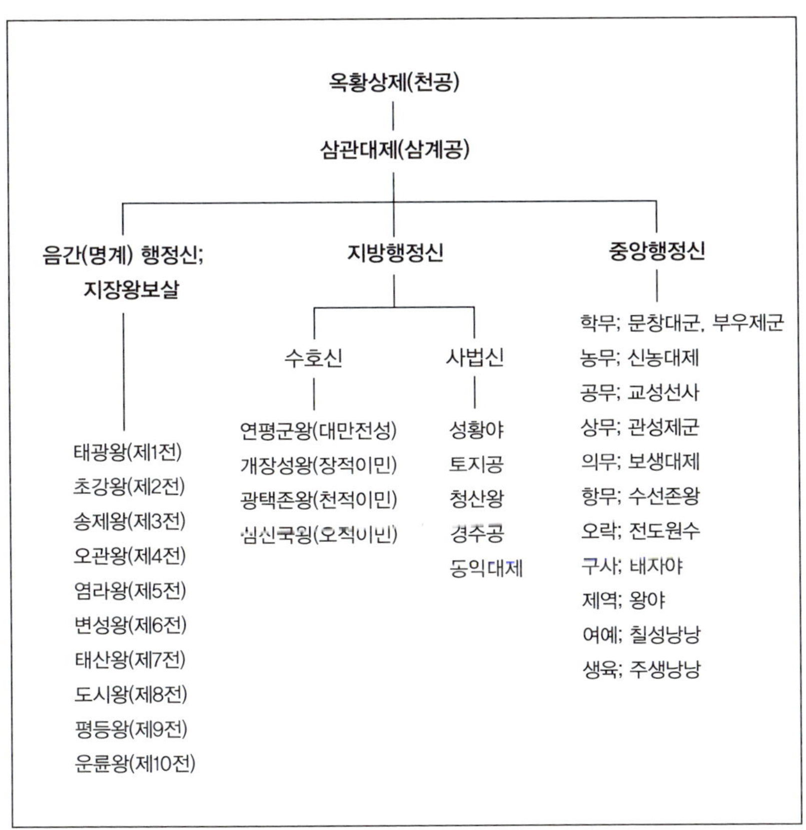

〈표 2〉 타이완 민간신앙의 신들의 판테온① (신들의 관료조직)
동황위엔(董芳苑), 『타이완민간종교신잉(타이완민간종교신앙)』 p. 170에서

그러나 근년에 있어서 타이완 사회의 급속한 근대하아 도시회에 부응하여 사람들의 요구도 다양화하고 치근에는 많은 신들이 다기능신(곧 무엇이든 잘 하는 존재)으로 변화해가고 있다. 인간의 사정에 따라 신의 역할도 변해가고 있는 것이다.

사람들이 묘에 참배하러 갈 때에는 그곳에 모셔져 있는 신의 영험

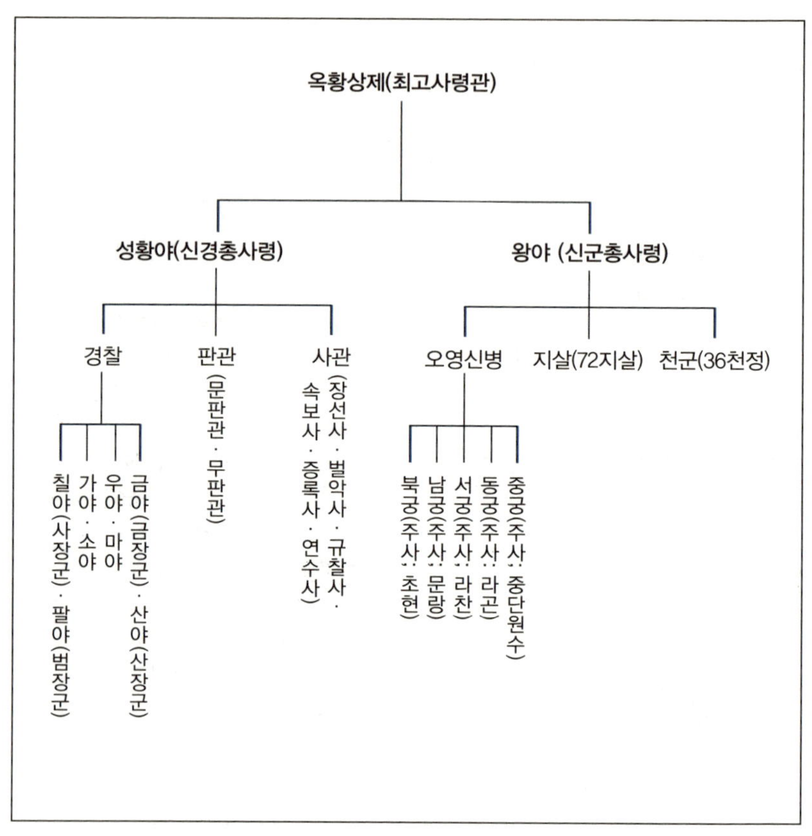

〈표 3〉 타이완 민간신앙의 신들의 판테온② (신들의 사법조직)

동황위엔(董芳苑), 『타이완민간종교신앙(타이완민간종교신앙)』 p. 172에서

함과 이익이 무엇인지(그리고 그 영험함이 강한 지 어떤지)가 오로 지 문제가 되기 때문에 그 신이 어느 종교에 속하고 있는 지는 거의 관심이 없다. 민중들은 이들은 도교의 신, 저들은 불교의 신(?)이라 고 말하는 바와 같은, 신불(神佛)의 소속에 관계되는 지식을 어느 정 도 가지고 있다(이념의 차원). 그러나 실제 신앙(실천의 차원)에서는

이들 제종교의 신들을 모두 동등—곧 무언가 이익이 있는 민간신앙의 신들의 하나—한 존재로서 취급하고 있다. 그러므로 하나의 묘에 도교의 신, 불교의 불보살, 유교의 성인(공자 등)까지 같이 모셔져 있어도 민중은 전혀 위화감을 느끼지 않는다. '민간신의 신들'을 받들어 모시는 민간신앙의 센터인 것이다. 타이완에는 순수한 불교사원(절)이 묘와는 따로 존재하지만 중국대륙에 보이는 바와 같은 순수한 도교사원=도관은 존재하지 않는다. 민중은 옥황상제와 관음보살을 본래 도교, 불교의 교의에 기초하여 믿고 있는 것이 아니라 어디까지나 넓은 의미에서의 민간신앙의 신들 중 하나—관음불조(觀音佛祖)나 천공(天公)—로서 민간신앙의 신관념 안에서 의미를 갖는 대상으로서 신앙하고 있다.

민간신앙에는 민간신앙 나름의 신관념이나 이론이 있다. 그것은 도교의 신관념과도 다르고, 불교의 신관념과도 다른 독자적 이론이다. 민간신앙은 도교나 불교라는 성립종교의 교의와는 다른 차원의, 민중(이용자)의 이론—이른바 '현세이익주의'—에 기초하여 영위되는 것이며 거기에는 도교신이나 불보살도 넓은 의미에서 민간신앙의 신으로서, 이름은 같아도 의미는 약간 다른 존재로서 도입되어 신앙되고 있는 것이다.

연중행사와 도교

— 와타나베 다케시(渡部武, 도카이대학)

중국의 연중행사는 도교의 요소가 강하기 때문에 기원도 오래되고 종류도 풍부했으나 근년에는 매우 변모하여 쇠퇴가 부득이하게 되었다. 예전에는 각 지역에서 볼 수 있었던 전통적인 습속을 여기에서 재현해 보자.

중국의 세시습속은 오랜 시간을 거쳐 형성되어 왔다. 오늘날에도 중요한 연중행사가 되고 있는 춘절(春節), 상사(上巳; 삼짓날), 단오(端午), 중추(中秋), 동지(冬至) 등은 민간도교의 색채가 농후하기 때문에 그 기원이 선진시대 무렵까지 거슬러 올라간다는 사실을 자칫하면 잊기 쉽다. 이들 명절과 도교의 여러 신들의 탄생일에서 연유한 행사로 중국의 세시풍속은 상당히 다양성 면에서 풍부하다.

중국의 연중행사는 지역에 따라서도 다양하고 혹은 민족 간에 따라서도 다양하다. 같은 한족(漢族)이라도 지역에 따라 행사의 내용이나 일정이 달라지는 경우가 있다. 세시습속에 변화를 가져온 커다란 요인으로서 왕조의 교체나 이민족의 정복 등을 드는데, 문화대혁명(1966~1976년)과 같은 격심한 이데올로기 투쟁도 전통적인 습속을 개폐시키는 큰 요인이 되고 있다.

이러한 문화혁명의 영향은 매우 심각하다. 1992년에 윈난(雲南)성의 몇몇 소수민족 마을에서 조사에 종사했을 때, 문화혁명 10연간의 정치적 싸움의 폭풍의 세례에 의해 제사의례를 전승하는 세대에 단절이 생기고 있음을 알게 되었다. 게다가 거기에 더해 개방경제 정책의 물결이 몰려와서 젊은 세대 사람들은 전통적인 문화유산에 그다지 집착하지 않는 것 같아 세시풍습의 상당 부분이 형해화(形骸化; 해체)되어 가고 있다. 역으로 전통적인 중국의 연중행사가 아직도 아름다운 색채를 발하고 있는 것은 타이완이나 동남아시아의 화교사회일지도 모르겠다.

앞으로 해설하는 도교에 관련된 연중행사는 현재 중국본토에서는 상당히 변모했을 터이므로 여기에서는 주로 구시대의 것을 기준으로 했다는 것을 알아두길 바란다. 또한 지면 관계상 도교에 관계된 연중행사를 상세하게 해설할 수 없기 때문에 청대(清代)의 북경(北京)과 소주(蘇洲)의 대표적인 세시기(歲時記)돈숭(敦崇) 저,『연경세시기(燕京歲時記)』와 고록(顧祿) 저,『청가록(淸嘉祿)』에서 관계기사를 발췌하여 '연중행사일람(年中行事一覽)'을 작성하였다(표 1). 그것도 모두 참조하시길 바란다. 또한 본문과 일람에 있는 행사의 날짜는 전부 음력으로 표시한 것이다.

기원은 명절[節日]의 장사

중국에서 정기시(定期市), 즉 정기적으로 열리는 시장이 한 형테로 '묘시(廟市)'라 있다. 묘시란 묘회(廟會)라고도 칭하며 명절일이니 쇼

〈표 1〉 청대의 북경과 소주에 있어서 도교에 관련된 연중행사 일람

북경	
청 돈숭(敦崇), 『연경세시기(燕京歲時記)』에서	
1월 1일	접신(接神)의 의례
2일	재신(財神)에게 제사를 지낸다.
입춘	춘우(春牛; 진흙으로 만든 소)를 때린다(打春).
15일	등절[燈節, 상원절(上元節)]
25일	미곡상(米穀商)은 창신(倉神: 곳간신)에게 제사를 지낸다.
2월 2일	중화절[中和節, 용태두(龍抬頭)]
3월 1~3일	태평궁[太平宮, 반도궁(蟠桃宮)]에서 서왕모 상(像) 개장(開帳). 잠신(蠶神)에게 제사를 지낸다.
28일	동악대제(東嶽大帝)의 탄신일로 사묘를 대청소한다. 제동제군(梓童帝君, 문창제군)에게 제사 지낸다.
4월 10일	대략 보름간 서정(西頂)·묘봉산(妙峯山)·아계산(丫髻山)·북정(北頂)의 벽하원군묘(碧霞元君廟)가 개장(開帳)하고, 시장이 선다.
22일	원평현(원평현)의 성황신(성황신)이 출순(出巡)
5월 5일	단양(端陽, 단오), 종자(粽子; 떡)을 주고받으며 상점에서 천사[天師; 장릉(張陵)]·종규(鍾馗; 악귀를 쫓는 신)·오독(五毒)의 그림을 사서 방에 붙인다.
초순	대흥현(大興縣)의 성황신(城隍神)이 출순(出巡). 도성황묘(都城隍廟)의 연일(緣日; 제삿날)
11~13일	십리강(十里河) 관제묘(関帝廟)의 연일(緣日; 제삿날)
6월 1일	중정(中頂)의 벽하원군묘의 연일(緣日: 제삿날)
23일	마왕[馬王, 28수(宿)의 방수(房宿)]의 제사.
24일	관제제(關帝祭)
7월 7일	칠석(七夕), 침점(針占, 칠월칠석점)
15일	중원(中元), 강남 성황묘의 연일(緣日; 제삿날)
8월 1~3일	조군(皂君; 부뚜막신)묘의 개장(開帳)
15일	중추(中秋), 달에게 수박을 바치고 월병을 먹는다.
9월 9일	조어대(釣魚臺)에서 소년 경마(少年競馬)가 열린다. 부잣집에서는 국화를 진열한다.
10월 1일	묘지의 제소[祭掃, 송한의(送寒衣)]
11월 동지	훈툰(餛飩), 즉 완탕을 먹고 구구소한도(九九消寒圖)를 만든다.
12월 23일	제조(祭竈), 조군(皂君; 부뚜막신)을 보낸다. 단 과자를 바친다. 문인묵객(文人墨客)이 시장과 저잣거리에서 그리는 춘련[春聯, 도부(桃符)]을 사서 문지방에 붙인다.
제야(除夜)	문신(門神)을 다시 갈아붙이고 조신(竈神; 부뚜막신) 등의 여러 신을 맞아들이며 침상의 신에게 제사를 바친다.

청 고록(顧祿), 『청가록(淸嘉錄)』에서

1월 1일	선조의 화상(畵像)에 절한다. 원묘관(円妙觀), 성황묘(城隍廟), 토지묘(土地廟) 참배.
5일	노두신(路頭神)에게 제사 지낸다.
9일	옥황(玉皇)의 탄신일
13일	궁부(宮府)에서 유맹장군(劉孟將軍)에게 제사를 지내고, 황충(蝗蟲)을 몰아내어 없애고 가뭄을 피하게 해달라고 기도한다.
15일	상원절(상원절). 측신(廁神)인 자고(紫姑)를 맞아들인다.
2월 2일	토지공(土地公, 토지신)의 탄신일
3일	문창제군(文昌帝君, 문학의 신)에게 문창묘에서 제사 지낸다.
8일	수리(水利)의 신인 사산장대제(祠山張大帝)의 탄신일
19일	관음(觀音)의 탄신일. 이 무렵 토지묘에서 해천향(解天餉)의 생사가 있다.
3월 15일	재신(財神)인 현단신(玄壇神)의 탄신일
18일	백룡[白龍, 강우(降雨)의 신]의 탄신일
28일	동악천제인성제(東嶽天齊仁聖帝)의 탄신일. 원묘관에서 장수를 기원한다.
4월 소난	고을의 성황묘 앞에 생사시(生糸市: 실을 파는 시장)가 선다.
12일	사왕(蛇王)의 탄신일, 사왕의 묘 참배
14일	여선(呂仙, 여동빈)의 탄신일
28일	약왕(藥王, 신농씨)의 탄신일. 약장사들은 삼황묘(三皇廟), 약왕묘에 가서 참배한다.
5월 1일	도원(道院)에서 받은 천사부(天師符)를 방에 붙이고 종규(鍾馗)의 화상(畵像)을 걸어 삿된 기를 물리친다.
5일	단오. 화병에 창포를 꽂는다. 대나무 잎에 싸서 찐 떡을 먹는다. 용주(龍舟) 경기.
13일	관제(關帝, 관우)의 탄신일. 관제묘(회관)에서 제례가 있다.
6월 4일	사조(司竈, 부뚜막신)에게 제사 지낸다.
23일	화신(火神)의 탄신일
24일	뇌존(雷尊: 벼락신)의 탄신일. 이랑신(二郞神: 부스럼의 신)의 탄신일. 이랑신묘 참배
25일	신천군(辛天君)의 탄신일
7월 7일	칠석, 걸교(乞巧: 견우와 직녀 두별에게 길쌈과 바느질을 잘 하게 해달라고 비는 것)
15일	중원(中元). 전후의 길일에 노랑묘(老郞廟) 참배
8월 3일	조군(竈君)의 탄신일. 천왕당(天王堂), 복제관(福濟觀)의 조군전(竈君殿) 참배
8일	필사낭낭[八孚娘娘, 태산신(泰山神)의 딸]의 탄신일
15일	중추. 작은 무양이 재신(財神)을 꾸며 만들고 월병을 서로 주고받는다.
9월 9일	중양(重陽). 오산(吳山)에 오른다.
10월 1일	소의절(燒衣節)
11월 동지	동지 전날밤에 주연(酒宴)을 베풀고 동기8시미를 먹는다.
12월 24일	팥죽을 먹고, 옥황(玉皇)을 맞는다. 연시(年市)가 열리고 지마(紙馬)와 향초가 팔린다.
세야(除夜)	긴 책상을 중정(中庭)에 진설하고 백분[百分, 제신도(諸神圖)]에게 제사 지낸다.

정(所定)의 날짜에 사원이나 도관에서 개최되는 시장을 말한다. 묘시의 기원은 아마도 고대의 촌락의 사제(社祭; 토지신 제사)까지 거슬러 찾아볼 수 있을지도 모르겠다. 본격적으로 묘시가 번창하게 된 것은 교통망이 정비되어 상업활동이 활발하게 된 송, 원대 이후이다. 북송시대에는 개봉(開封)의 상국사(相國寺)의 묘시, 남송시대에는 항주(杭洲)의 소경사(昭慶寺), 남경(南京)의 부자묘(夫子廟), 소주(蘇洲)의 현묘관(玄妙觀), 성도(成都)의 청양궁(靑羊宮), 서안(西安)의 성황묘(城隍廟) 등의 묘시가 유명하다.

묘시는 원래 명절일에 필요한 식품이나 관련 물품을 판매하는 것에서 시작되었다고 한다. 예를 들면, 원소(元宵; 음력 정월 보름날 밤)에는 경단, 단오에는 조릿대잎으로 싼 찰떡, 중추에는 월병(月餠)이나 토아야(兎兒爺; 진흙으로 만든 토끼인형) 등이 팔리고 그곳에서 음식을 파는 노점상들이 차려지고 구경거리(곡예, 마술 등)나 예능이 개최되게 되었다. 떠들썩해지면 그만큼 사람들이 많이 모여든다. 큰 도시에서는 가설 점포에서 영업하는 상인만이 아니라 그 절반은 상설점포를 차리는 상인까지 출현하게 되었다. 그리고 그들은 사묘와 관련된 날에 맞추어 눈이 팽팽 돌 정도로 활동을 한다.

옛날의 베이징을 잘 알고 있는 사람의 수필을 읽어보면 베이징에는 매일 어디선가 반드시 묘시가 열려 있었다고 한다. 『구도문물략(舊都文物略)』에는 다음과 같이 기록되어 있다. "옛 도시 북경에는 많은 묘우(廟宇)가 즐비하고 그 중 절반수 이상에서 묘시가 개최되었다. 1년에 한 번 개최하는 것은 대종사(大鐘寺), 백운관(白雲觀), 화신묘(火神廟), 황사(黃寺), 재신묘(財神廟), 옹화궁(雍和宮), 동악묘(東岳廟)이고 2월마다 열리는 것은 태양궁(太陽宮), 3월마다 열리는 것은 강남성황묘(江南城隍廟), 반도궁(蟠桃宮), 남정(南頂, 碧霞元君廟), 6월마다 열리는 것은 선과사(善果寺) 등 한 달에 여러 차례 개최되는 것은 토지묘(土地廟), 백탑사(白塔寺), 호국사(護國寺), 융복사(隆福寺) 등이다."

이 가운데에서 동악묘의 예제(例祭; 법식에 따른 제사)가 가장 성대한 것 중 하나였다. 이 묘는 조양문(朝陽門) 내에 위치하고 본묘에 안치되어 있는 동악대제의 탄신일인 3월 28일에는 많은 향회(香會; 참배인들에 의해 조직된 모임)의 사람들이 의례를 고무시키기 위해 다채로운 연출을 했다. 또한 선무문(宣武門) 밖 아래 경사진 거리에 위치한 토지묘의 화시(花市)는 유명해서 화초류만이 아니라 일용잡화도 풍성하게 팔아 근교의 채소재배 농가의 적절한 매물장소이기도 했다.

묘시에서 노점을 차린 상인들은 각각의 연일(緣日; 신들과 세상의 인연이 강하다고 하는 날)에 맞추어 이동을 반복하는 셈인데 신해혁명(1911~1912년) 이후 새로운 형태의 시장의 탄생에 따라 그들은 그러한 시장에 흡수되어 묘시가 쇠퇴해 갔다.

직업의 신,
행업신(行業神)

필자의 집안은 에도(江戶)말기부터 목수를 직업으로 삼아 왔다. 정월이 되면 쇼토쿠태자(聖德太子)의 그림을 도코노마[床の間; 일본식 방의 상좌(上座)에 바닥을 한 층 높여 만들어 놓은 곳]에 거는 풍습이 있다. 일본에서는 중세 이후 여러 직업인이나 여러 예능인들 사이에서 쇼토쿠 태자가 왕성하게 신앙되었고 이러한 풍습이 오늘날까지 전해지고 있는 것이다. 이것과 동일한 것이 중국에도 있다.

중국에서는 예로부터 동업자(同業者)에 의한 길드(guild)가 형성되어 이것을 '행(行)'[명청시대 이후는 '방(幇)', '회(會)', '사(社)'라고도 한다]이라고 불렀다. 직업의 수는 셀 수 없을 정도로 많이 있기 때문에 행의 종류를 종종 36의 배수로 세는 경우가 있다. 『청패류초(淸稗類鈔)』의 36행의 해설에 "36행이란 여러 종류의 직업을 말한다. 여러 직업에 대해서 열거하여 36행이라는 것이다. 배를 하면 72행, 나아가 10배를 하면 360행. 모두 36을 기본수로 삼고 있다"라고 되어 있다. 그리고 각각의 길드의 행 사이에서는 직업신을 받들어 모셨다. 그 중 몇 가지의 예를 다음에서 들고자 한다.

노반(魯班)은 건축관계 종사자들이 모시는 신이고, 태상노군(太上老君)은 대장장이, 주석[錫] 기술자, 금은기술자 등이 모시는 신이며, 구진인(邱眞人)은 옥그릇, 금그릇 업자 들이 모시는 신이고, 매선(梅仙)과 갈선(葛仙)은 염색, 안료업자 들이 모시는 신이며, 유선옹(劉仙翁)은 봉제업자들이 모시는 신이고, 복선녀(福仙女)는 자수업 들이 모시는 신이다. 또한 귀곡선사(鬼谷仙師)는 점복, 제화, 안경업자들이 모시는 신이고, 손진인(孫眞人)과 약왕(藥王)은 의약업자들이 모시는 신이다. 팽조(彭祖)는 조리사들이 모시는 신이고, 장천사(張天師)는 소금업자들이 모시는 신이며, 조공명(趙公明)은 은전(銀錢)업자들이 모시는 신이고, 진무대제(眞武大帝)는 도살업자들이 모시는 신이며, 문창제군(文昌帝君)은 출판, 종이, 각자(刻字; 글씨새김)업자들이 모시는 신이다. 또한 구황신(九皇神)은 예능인들이 모시는 신이며, 구천현녀(九天玄女)는 향초업자들이 모시는 신이고, 황도선파(黃道仙婆)는 면방적업자들이 모시는 신이다.

행업신에게 제사 드리는 장소는 신묘(神廟)나 업무활동을 하는 곳, 혹은 업자의 자택 등이다. 신묘(神廟), 묘(廟), 당(堂), 전(殿), 관(館), 궁(宮), 각(閣), 사(祠) 등으로 칭하고 가각의 제신(祭神)을 앞에 붙여 노군당(老君堂), 노반관(魯班館), 문창각(文昌閣), 신농전(神農殿) 등으로 부르고 있다. 이들 신묘(神廟)는 독립적으로 건립되는 경우도 있으나 대개는 업자(業者)와 관련되는 장소인 회관이나 공공장소, 혹은 다른 큰 묘에 병설되어 있는 경우가 많다.

신묘에는 행업신상(行業神像)이나 그의 위패가 안치된다. 신상은 점토상[泥塑像], 목조상(木彫像)이거나 혹은 목판인쇄된 '신마[神馬, 갑마(甲馬), 지마(紙馬), 화마자(花馬子)라고도 칭함]'라고 하는 화상(畵像)이기도 했다. 일상에서 업자가 행하는 봉신(奉神; 신을 받들어 봉양함)활동은 공물(供物)을 올리고 향불을 피워 예배하는 것이다. 그러나 춘절(春節), 원소절(元宵節), 청명절(淸明節) 등의 명절이나 행업신의 탄신일, 이른바 '조사탄(祖師誕)'에는 특별히 성대한 행사가 펼쳐지고 연극 등이 헌정된다.

한 가지 예만 들어 보자. 중국에서 가장 숭배되고 있는 목수의 신은 노반[魯班; 공륜반(公輪盤)이라고도 한다]이다. 그는 춘추시대에 실재했다고 생각되는 명장으로서 성(城)을 공격하는 도구인 운제(雲梯; 사다리)나 각종 세공품(細工品)을 제조했다는 일화가 『묵자(墨子)』에 기록되어 있다. 노반의 탄신일은 6월 13일이라고 생각되었는데, 이날, 광저우(廣州)지방의 목수의 동량(棟梁; 우두머리, 도편수)은 휴업을 하고 제단을 설치하여 조사에게 제사지내며 순유(巡遊; 각지를 돔)했다고 한다. 광저우의 북쪽에 있는 불산(佛山)의 나무조각업자도 이 날에 성대한 연회를 베풀었다. 또한 윈난(운남)성의 지옌촨(劍川) 지방은 예로부터 많은 목수를 배출하는 지역으로 이름이 높고 그 지방에서 노반과 관련된 민담이 풍부하게 전승되고 있다. 또한 현재에도 바이(白)族의 본주묘[(本主廟; 촌묘(村廟)]에서 노반상을 볼 수 있다.

북방의 벽하원군(碧霞元君)과
남방의 천후비(天后妃) 신앙

구시대에 있어서 화북(華北)부터 동북지방(옛 만주), 내몽고 지구 일대에 걸쳐 엄청나게 많은 수의 낭랑묘(娘娘廟)가 분포되어 있다. 낭랑(娘娘) 혹은 내내(奶奶), 낭내(娘奶)는 여신(女神)에 대한 경칭(敬稱)이며 다양한 역할을 하는 여신이 있다는 사실이 알려져 있다. 몇 가지 예를 들어 보면 최생낭랑(催生娘娘; 출산촉진의 신), 안광낭랑(眼光娘娘; 눈병의 신), 자손낭랑(子孫娘娘; 생육을 돕는 신), 송자낭랑(送子娘娘; 아들을 점지해 주는 신) 등이 있다. 대개는 아이들의 출산이나 생육에 관계하는 여신이다. 그러나 여기에서 거론하고 싶은 여신은 벽하원군이다.

벽하원군의 유래에 대해서는 확실하지 않는 점이 있다. 태산(泰山)의 신인 동악대제의 딸인 옥녀(玉女), 황제(黃帝)의 7녀 중 한 사람, 화산(華山)의 옥녀, 혹은 민간의 여성이 선화(仙化)한 것 등등, 몇 가지의 설이 있다. 어찌되었든, 이러한 벽하원군은 베이징 및 베이징 근교에 몇몇 사묘에서 모셔지고 있으며 특별히 베이징의 서민들에게 친숙한 것은 서쪽 교외, 묘봉산(妙峯山)에 있는 묘봉산 낭랑묘이다. 이 여신이 주는 이익은 돈벌이, 소송(訴訟), 출세, 교통안전, 자손점지, 좋은 인연 등에 있으며 거의 만능의 신이기도 하다.

이러한 묘봉산의 벽하원군의 개묘(開廟)의 날은 4월 1일부터 15일까지로 개묘의 날이 가까워지면 참배자모임의 임원들은 회원의 집이나 독지가를 방문하여 기부와 경제적 지원의 게시(揭示)를 의뢰한다. 당일이 되면 참배자모임의 사람들은 참도(參道; 참배하러 가는 길)를 따라서 금방동사니로 만든 거적이 걸려 있는 작은 건물을 설치하고 참배객에게 죽이나 망토, 차를 무료로 접대한다. 또한 제화인(製靴人; 신발을 만드는 사람) 조합 사람들은 참배객들의 찢어진 헝겊신 등을 수리하는 봉사활동도 하였다. 이러한 모임을 '문회(文會)'라고 칭했다.

이러한 문회와는 별도로 '무회(武會)'라고 칭하는 모임이 있는데 이 모임의 회원에 의해 헌정 상연되는 기예나 구경거리는 참배객에게 매우 인기가 있었다. 그들은 접대소에 머물 때마다 묘기를 펼쳐 보였다. 상연작품에는 개로(開路; 막대기 끝에 U자 모양의 갈고리를 단 무기로 펼치는 기예), 쌍석두[双石頭; 무거운 것을 들어 올리는 사자(獅子), 사자춤], 공상(槓箱; 보물상자의 기예) 등이 있었다. 그러나 원래 참배자의 눈길을 끈 것은 노인이나 환자를 위해 소원을 빌러 참배하는 사람들 무리였다. 그들은 죄인이 입는 붉은 옷을 몸에 걸치고 형구(刑具)로 손발을 묶어 몸을 괴롭게 하면서 참배를 했다.

북방의 여신 벽하원군에 비해, 남방의 연해(沿海)지방이나 타이완에서 인기가 있는 여신은 천후비(天后妃)이다. 이 여신은 해상에서 일하는 어부나 수운업자 사이에서 존숭되며 그들의 행업신이 되고 있다. 천후비는 천비(天妃), 천상성모(天上聖母), 마조(媽祖), 해신 낭랑(海神娘娘) 등으로도 불린다. 이 여신에 대한 신앙은 송대 무렵에 복건(복건)이 한 지방에서 시작된 것으로 보인다.

10년 정도 전에 타이완 각 지역의 묘 순례를 했는데 각지의 천후묘(天后廟)는 물론, 그 외의 묘에 있어서도 이 여신상이 안치되어 있는 것이 자주 눈에 띄었다. 타이베이(臺北) 부근의 반챠오(板橋)의 린쟈(林家)는 타이완에서도 유수한 구가(舊家; 오래도록 전통이 이어져 내려오는 집)이다. 이 집의 주인인 린헝다오(林衡道)씨는 뛰어난 민속학자로서 타이완의 민속에 대해서 살아 있는 옥편과 같은 분이다. 린(林)씨로부터 직접 들은 이야기인데 대륙의 푸지엔(福建)이나 광둥(廣東)지방에서 타이완으로 이주해서 온 사람들이 우선 받드는 것은 각각의 고향의 토지공(토지신)과 이러한 천후비라고 한다. 타이완에 온 쟝저우(漳州)인들, 촨저우(泉州)인들 혹은 하카(客家; 한족의 한 계통으로서 남하한 귀족명문계통)인들은 타이완 섬에 올 때 안전하게 인도해 준 천후비에게 경의를 표하고 천후궁(天后宮; 마조묘) 건설에 예사롭지 않은 노력을 기울였다. 그 때문에 그들의 향진(鄕鎭)에서 가장 규모가 큰 묘는 천후궁이라고 한다.

그리고 보면 대륙에서 이주해 온 사람들이 개척한 곳에는 천후궁을 부채의 살처럼 가장 요긴하게 여기는 부분이 있다. 타이완 해협에 접한 타이완 중부의 오래된 항구도시인 루캉(鹿港) 등은 그 전형이다. 또한 샹하이(上海)와 같은 대도시나 마을의 한쪽 구석에도 천후비를 모신다고 하는 건물이 있으며 현재에는 식당으로 탈바꿈하고 있는 것에 깜짝 놀란 것이 있다.

천후비의 탄신일은 3월 23일이라고 여겨지고 있으며 타이완에서는 이 날 각지로 분령(分靈; 신의 혼령을 나누어 각 사묘에 모심, 혹은 그 신령)하여 모시고 있는 천후비를 메고 나가 진향단(進香團), 즉 참배단과 함께 베이캉(北港)의 조천궁(朝天宮)에 모인다. 조천궁에 천후비의 부모전(父母殿)이 있으며 분령(分靈)인 천후비가 이 날 본가(친정)에 돌아오는 것이다. 이를 '마조회랑가(媽祖回娘家)'라고 칭하며 며칠이나 전부터 진향단(참배단)이 행렬을 이루어 도보로 베이캉(北港)으로 향하는 모습은 일대 장관을 이룬다.

항해안전의 신, 전후비(마조신)
대민 신죽현 배화궁

진향단 안에는 옷매무시를 다듬은 팔가장(八家將)의 사람들이 다양한 무구(武具)들을 머리 위로 번쩍 들거나 혹은 쇠침이 있는 법구(法具)로 이마, 등, 혀 등을 쳐서 박아 피를 흘리면서 걷고 그 뒤를 일종의 샤먼인 동계(童乩)가 빙의(憑依) 상태로 뒤따른다. 나아가 묘봉산에서 펼쳐진 것과 같은 각종 무예(武藝)가 연달아 전개되어 간다.

이와 같이 북방의 낭랑 신앙과 남방의 천후비 신앙은 동일한 여신 신앙인 동시에 좋은 대비를 이루며 그 개묘(開廟)와 탄신일이 중요한 민간행사가 되어 온 것이다.

조신(부뚜막신)을
하늘에 보내는 정월(正月) 행사

중국에서 한해의 계절들을 채색하는 전통적인 절일(節日; 명절)에는 원단(元旦; 정월 1일), 상사(上巳; 3월 3일), 단오(端午; 5월 5일), 칠석(七夕; 7월 7일), 중양(重陽; 9월 9일), 동지(冬至; 11월 15일 전후)의 6개를 들 수 있다. 이 가운데 상사, 단오, 칠석, 중양은 정확히 61일을 주기로 월차(月次)와 일차(日次)의 숫자가 동일한 '중수절일(重數節日)'을 이루고 있다. 이와 같은 중수절일의 성립은 후한(後漢)의 왕조가 멸망한 3세기 이후의 일로 여겨지며 이때부터 그 이전의 원시적 종교성이 불식(拂拭)되고 오락적인 요소가 현저하게 가미되어 갔다고 한다.

상사(上巳)에는 하천놀이, 단오(端午)에는 용주(龍舟)경기, 칠석(七夕)에는 수예(手藝)가 숙달되는 것을 기원(祈願)하며, 또한 중양(重陽)에는 산에서의 행락이나 국화(菊花) 감상 등의 오락이 행해진다. 그리고 이들은 각각의 절일(節日)에 행해지고 일본의 세시풍습에도 커다란 영향을 미치고 있다. 매 해 5월은 '독월(毒月)'이라고 칭하며 5일에 사기(邪氣)를 제거함으로써 질병을 퇴치하기 위해 창포나 쑥을 입구에 꽂고 종규(鍾馗; 역귀나 마귀를 쫓아낸다는 신)의 도상(圖像)을 걸며 용주(龍舟)를 행하는 곳이 남부 중국지방에 많다. 용주경기는 본래 이와 같은 벽사거병(辟邪去病), 혹은 풍년기원의 의도가 있었던 것인데 오늘날에는 홍콩이나 일본의 나가사키(長崎)의 예에서 볼 수 있는 것처럼 오락적인 형태로 변해 버린 곳이 많다.

그러나 뭐니뭐니해도 정월이야말로 가장 최대의 절일(節日)이다.

672

부뚜막신의 갑마지(甲馬紙)
윈난(雲南)성 다리(大理)시

정월을 사이에 두고 몇 개인가의 제사의례가 있으며 12월 23일, 혹은 24일의 조신절[竈神節; 제조(祭竈), 소년(小年), 소년절(小年節), 송조(送竈), 사조(辭竈)라고도 칭한다]은 한해의 마무리인 동시에 일련 (一連)의 정월행사의 시작도 되는 중요한 행사이다. 이 날은 천계의 옥황대제가 파견한 대제의 아들, 조신[竈神; 사명조군(司命竈君), 흔히 조왕야(竈王爺)라고도 한다]이 그 집의 사람들이 1연간에 행한 선한 일이나 악한 일의 자초시종을 대제(大帝)에게 보고하는 날이라고 여겨지고 있다. 각 가정에서는 사정이 나쁜 것이 보고되어 다음 해에 불행이 몸에 닥쳐오는 것을 두려워하여 조신에게 점착력이 강한 사탕[조당(竈糖), 교아당(膠牙餳)]을 바친다. 입안을 끈적거리게 만들어 입막음을 하려고 하는 것이다. 그리고 외식의 미지막에 가장이 조신의 도상을 태워 그 연기와 함께 조신을 하늘로 보낸다.

중국에는 예로부터 "남자는 달한테 절하지 않고 여자는 조신(竈神)에게 제사 지내지 않는다"라는 속담이 있는 것처럼 일가의 신성한 불을 관리하는 것은 가장의 중요한 임무였는데, 이러한 풍습은 지금까지도 윈난(雲南)의 소수민족의 생활 중에 계속 살아있다. 이러한 속담 안에서 우리는 희미하나마 부계사회의 흔적을 찾아 볼 수 있다.

새해가 다가오면 거리에는 연시(年市; 해마다 열리는 시장)가 열려, 정월을 장식하는 춘련(春聯; 아름다운 글귀를 짓거나 따서 써서 붙인 것)이나 문신(門神)의 화상[畵像, 연화(年畵)], 혹은 정월의 식품이 산과 같이 많이 판매된다. 각 가정에서는 '녠가오(年糕)'라고 하는 정월 떡을 만든다. 수저우(蘇州)의 세시기(歲時記)인 『청가록(淸嘉錄)』에는 찰수수에 설탕을 섞어 황색과 백색의 두 종류의 '녠가오(年糕)'를 만드는 것이 기록되어 있다. 후지엔(福建), 광둥(廣東) 지방 사람들은 오늘날에도 무를 재료의 일부로 사용한 '루오보가오(蘿蔔糕)'를 자주 만든다. 이러한 '녠가오'에는 각각의 지방색이 있다. 그리고 제석(除夕; 섣달 그믐날 밤, 제야)에 낡은 춘련(春聯)이나 문신(門神)의 화상은 떼어내고 새로운 것으로 바꿔 붙인다. 문신은 밤에 설치고 돌아다니며 사람들에게 해를 입히는 악귀나 악령이 집안의 땅에 침입하지 않도록 입구에 다리를 벌리고 막아서서 수호하는 임무를 담당하고 있다. 그 덕에 문신에게는 보통 한쌍의 무신(武神)이 배당된다.

밤 12시 전에 폭죽의 요란하고 작열한 소리를 신호로 중국의 신년이 시작된다. 이것은 악령을 놀라게 하고 조신(竈神)이 천상의 여러 신들과 함께 내려오는 것을 알리는 신호이기도 하다. 이들 여러 신을 맞이하는 것을 '접신(接神)'이라고 하는데 이러한 의례를 마치고 나서 조상의 영에게 절을 하면 진정한 신년이 되는 것이다. 정월의 행사는 2일의 재신(財神)에게 드리는 제사, 7일의 칠초(七草), 15일의 상원절[上元節, 원소절(元宵節)]로서 일단 완료된다.

조신절(竈神節)로부터 상원절(上元節)까지 사이의 행사나 의례는 전부 다 도교와 관계하는 것은 아니다. 그러나 조신절부터 접신 의례 사이에 여러 신이 모두 떠나고 이른바 신무월(神無月)이 되는 것은 민간도교에 의해 여러 신의 통합체계화가 진행된 결과라고 생각된다.

이상은 도교와 연중행사와의 관계를 그저 명색뿐인 일부만 기술해 보았다. 여러 신들 각각의 내력이나 성격을 잘 이해하면 이 방면의 연중행사가 보다 친숙하고 알기 쉬울 것이다.

6장

일본의 도교

신도(神道)의 제사와 도교

— 마스오 신이치로(增尾伸一郎, 전 도쿄세이토쿠대학 교수)

불교와 유교에 대항하여 신도(神道)의 확립을 도모했던 요시다 가네토모 (吉田兼俱). 왜 그는 신도(神道)의 교리에 도교를 도입하였던 것일까? 요시다(吉田) 신도(神道)에 속한 제사의례의 기원을 살펴본다.

이세(伊勢) 신도(神道)에 미친 도교의 영향

'신도(神道)'가 불교나 유교 등과는 달리, 일본에서 예로부터 내려 오는 민족종교로 인식되기 시작한 것은 막부(幕府) 말기의 국학(國 學) 이후, 특히 근대의 국가 신도(神道)의 단계부터였다. 고대로부터 중세시대까지 '신도(神道)'는 신적인 것, 성스러운 상태, 혹은 신의 권 위나 속성, 신의 존재방식 등을 의미했다.

고대로부터 중세에 걸친 신불(神佛) 습합의 과정은 민속적인 신 앙·제사의 신들이 불교에 포섭되는 과정이라고 볼 수도 있고 신들 중 다수는 불법(佛法)을 수호하는 선신(善神)으로서의 지위를 갖게 된다. 저명한 신들은 수적(垂迹; 부처·보살이 중생을 구제하기 위해 가짜 모습을 취하고 이 세상에 나타나는 것)의 권현(權現; 불보살이 중생을 구제하기 위하여 일부러 신(神)으로 변하여 나타나는 것, 또는 나타난 신)으로서 본지(本地; 화신하여 나타난 부처님의 본체)가 정해지고 불보살과 동격의 지위를 얻었지만 가마쿠라(鎌倉)시대 후기, 겐코(元寇) 연호 전후가 되면 이러한 본지수적설(本地垂迹說)에 반하여 각 신들의 덕이나 제사·기도의 방법과 형식의 특징을 강조하고 교의적인 해석을 덧붙인 이세 신도(伊勢神道)나 요시다 신도(吉田神道)와 같은 '샤케 신도(社家神道)'가 성립한다.

이세(伊勢) 신도에서는 가마쿠라(鎌倉) 중기에 저술된 '신도오부서(神道五部書)'라 불리는 일련의 저작과 와타라이 이에유키(度会家行, 1256~1351년)의 『유취신기본원(類聚神祇本源)』 등에서 볼 수 있듯이, 천지의 생성과 신의 관념, 신과 인간의 관계를 논할 때 도가나 역(易), 음양·참위설(讖緯說) 등의 중국사상에 의거하는 측면이 현저하다. 특히 이세(伊勢) 신도의 신격형성과 제사(祭祀)·교설(敎說)에 관한 여러 이론을 발췌·집성한 『유취신기본원』國史大系·大神宮叢書에 수록에서는 권 1의 「천지개벽(天地開闢)」편을 중심으로 『노자(老子)』, 『노자술의(老子述義)』, 『주역(周易)』, 『오행대의(五行大義)』 등을 여러 곳에서 인용하고 있다.

이러한 경향은 이세(伊勢) 신도의 영향을 받아 교설을 형성한 요시다(吉田) 신도에서 더욱 현저하여 『노자』, 『장자』 등 도가의 서적에 미물지 않고, 『태상현령북두본명연생진경(太上玄靈北斗本命延生眞經)』과 같은 도교경전 자체까지 적극적으로 받아들이게 된다.

주부(呪符)를 이용하여
번창한 요시다 신도

　요시다 신도의 교리는 무로마치(室町) 말기의 요시다 가네토모(吉田兼俱, 1435~1511년)에 의해 대성했다. 불교와 유교에 대항하면서 새로운 신도 교리의 확립을 꾀한 가네토모는 그 종교사상을 집약하는 주요 저서로 『유일신도명법요집(唯一神道名法要集)』《일본사상대계(日本思想大系)》등에 수록을 저술했는데, 여기에서는 도교에 대한 강한 관심을 엿볼 수 있다.

　분메이(文明) 16년(1484년)에 요시다 신사(吉田神社)에 재(齋)를 지내는 장소인 '대원궁(大元宮)'을 창설한 전후에 작성된 것으로 보이는 이 교리서에서는 요시다 신도의 본질에 대해 말하고 있다. 요시다 신도는, 본지수적설에 의한 제신(祭神)의 인연을 주장하는 '본수연

〈그림 1〉
요시다(吉田) 신사(神社)의
본전(本殿)

기(本垂緣起)의 신도'나 밀교(密敎)의 금강(金剛)·태장(胎藏), 양계(兩界)의 만다라의 제존(諸尊)을 일본의 신기(神祇)에 맞춰 설파하는 '양부습합(兩部習合)의 신도'와 달리, 유교와 불교의 종(宗)이나 만법(萬法)의 근원으로서의 순일무잡(純一無雜)한 '원본종원(元本宗元)의 신도'에 그 본질이 있기 때문에 '유일한 신도'라고 부른다는 것이다.

게다가 의례의 의의와 절차에 대해 상세하게 논술하는 대목에서 두 군데나 『북두원령경(北斗元靈經)』이라는 경전의 구절이 인용된다. 이 『북두원령경』은 도교에서 북두신앙의 근본 경전으로서 한국과 말레이시아 등 아시아 각지에 널리 유포되었던 『태상현령북두본명연생진경(太上玄靈北斗本命延生眞經)』을 가리킨다고 봐도 될 것이다. 도교 경전을 집대성한 『정통도장(正統道藏)』의 동진부(洞眞部)·옥결류(玉訣類)에는 이 경전의 주석서가 3부 수록되어 있다. 그 주석서는 다음과 같다.

(1) 현양자(玄陽子) 서도령(徐道靈) 집주 『태상현령북두본명연생진경주(太上玄靈北斗本命延生眞經註)』 전5권.
(2) 전동진(傳洞眞) 주 『태상현령북두본명연생경주(太上玄靈北斗本命延生經註)』 전3권.
(3) 공동산(崆峒山) 현원진인(玄元眞人) 주 『태상현령북두본명연생진경주해(太上玄靈北斗本命延生眞經註解)』 전3권.

요시다 가네토모는 주석서들을 인용함에 있어서 『북두경(北斗經)』의 본문 자체가 아니라 주로 (1)과 (2)의 주석서를 참작하면서 정리한 것으로 생각된다. 그리고 그가 특히 중시한 것은 (1)의, 원대(元代)의 도사·서도령에 의한 집주본이었던 것으로 보인다. 왜냐하면 요시다(吉田) 신사(神社)에서 소장하고 있다가 제2차 세계대전 후에 분실된 고문서나 고기록류를 다수 소장하고 있는 덴리(天理) 도서관의 요시다 문고에 이 고사본(古寫本)이 포함되어 있고, 확실하지는 않지만 필자가 보기에, 가네토모(兼俱) 자신이 베껴 썼을 가능성도 있기 때문이다.

이 사본을 『정통도장(正統道藏)』 수록본과 대조해 보면 체재나 내용에 상당한 이동(異同)이 확인되며, (1)의 주석서를 중심으로 (2)나 『북두경제사(北斗經題辭)』, 『북두본명장생묘경(北斗本命長生妙經)』 등의 경전류까지 대조하여 본문을 재구성한 것으로 생각된다. 특별히 현저한 차이는 『정통도장』 본 (1)의 권5에 실린 57종류의 〈현령부법(玄靈符法)〉이 요시다 문고본에서는 완전히 빠져 있다는 점이다. 그런데 요시다 신도에서는 이 57종류의 부(符)를 따로 〈신기도령부인(神祇道靈符印)〉이라 칭하며 오랫동안 사용해 왔다. 요시다 문고에 대대로 전해져 내려오는 〈신기도령부인〉의 사본이 남아 있는데, 이

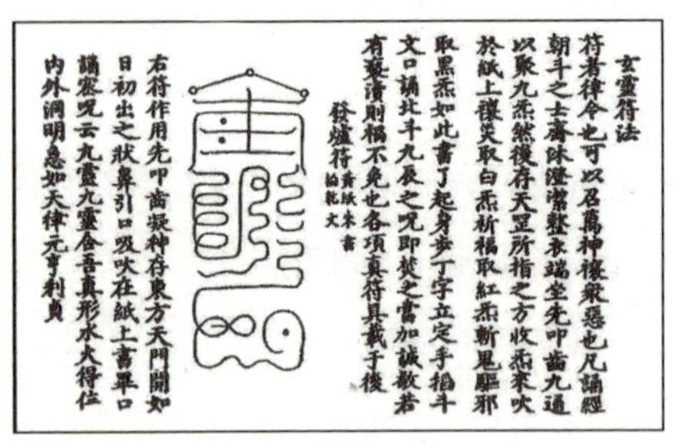

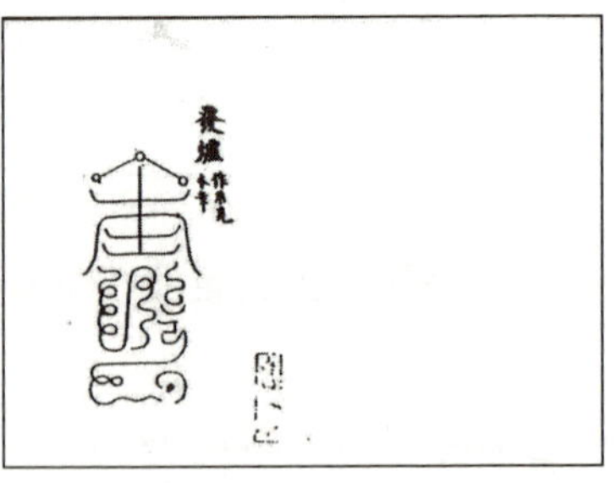

〈그림 2〉
『정통도장(正統道藏)』〈현령부법(玄靈符法)〉

〈그림 3〉 요시다 문고 〈신지도령부인(神祇道靈符印)〉〈발로부(發爐符)〉
덴리(天理)도서관 소장

를 보면 이것이 가네토모에 의해 시작된 것이고 『정통도장』 본의 〈현령부법(玄靈符法)〉의 배열을 약간 바꾸거나 짧게 주석을 덧붙인 것 외에는 부(符)의 형태나 명칭 등이 완전히 동일한 것임을 알 수 있다.(그림 2, 그림 3)

이처럼 도교의 주부(呪符)를 신도가 이용하는 것에 대해서는 에도(江戶) 중기에 『신기파위현정문답(神祇破僞顯正問答)』을 저술한 우스이 마사타네(臼井雅胤, 생몰연대 미상)가 여러 종류의 도교 경전류를 방증으로 삼으면서 비판한 듯한 예도 있지만 〈신기도령부인〉이라 칭하는 부(符)에는 무로마치(室町) 말기부터 에도(江戶) 시대를 통해 널리 유포되어 요시다 신도의 교세 확대에 공헌했다.

요시다 신도의 시조로 여기는 우라베노 히리마로(卜部平麻呂, 807~881년; 헤이안 시대 전기의 귀족)는 헤이안(平安) 시대 초기에 귀복(龜卜)을 연구하여 미야지[宮主; 율령제에서 신기관(神祇官)으로서 궁중의 신사(神事)를 맡은 직책]로 있었다. 미야지(宮主)는 율령제(律令制)에 규정된 관직은 아니지만, 헤이안 시대 중기의 법령 시행세칙을 모은 법전인 『엔기시키(延喜式)』의 〈임시제(臨時祭)〉 조문(條文)에 의하면, 이즈(伊豆), 이키(壱岐), 쓰시마(対馬)의 우라베(卜部) 중에서도 복술(卜術)에 뛰어난 사람을 선임하도록 하였고 센소(踐祚; 세자가 왕위를 계승하는 것), 즉위 때 시행되는 야소지마사이[八十島祭; 헤이안 시대부터 가마쿠라(鎌倉) 시대에 천황 즉위 의례의 일환으로 나니와즈(難波津)에서 이루어졌던 제사]나 천재지변을 다스리기 위한 곤로노미우라(軒廊御卜; 헤이안 시대 이후 조정에서 이루어진 점술) 등에 있어서는 나카쓰카시 성(中務省)에 소속된 음양사(陰陽師)와 비슷한 역할을 했다.

무로마치(室町)시대 초기에 우라베 카네토요(卜部兼豊, 1305~1376년)가 정리한 『미야지 비사구전(宮主 秘事口伝)』야스에 가즈노리(安江和宣) 저, 『신도제사논고(神道祭祀論考)』에 교정본으로 수록에는 미야지가 관장한 연중행사의 절차가 정리되어 있고 특히 전체의 절반을 차지하며 상세하게 기록된 고타이노미우라(御体御卜)는 6월과 12월에 천황의 건강과 안녕을 점치고 액막이를 하는 비의(秘儀)이다. 이때 미야지(宮主)가 점괘를 내야 하는 사항은 '토공숭(土公崇), 수신숭(水神崇), 행행숭(行幸崇), 어선과숭(御膳過崇), 조신숭(竈神崇), 북신숭(北辰崇), 귀기숭(鬼氣崇), 어신과숭(御身過崇), 신숭(神崇), 영기(靈氣)' 등 10개 항목으로 음양도(陰陽道)적인 요소가 매우 농후하다.

또한 3월과 9월, 즉 봄, 가을, 두 번 천황이 북신(北辰), 즉 북극성에 등명(燈明)을 바치고 국토의 안녕을 기원하는 교토(御燈; 헤이안 시대 이후 실시되는 연중행사) 때에도 일단 미야지가 교토 봉헌의 가부를 점치게 되어 있었다.

중세의 『일본서기(日本書紀)』 강독 연구의 수준을 보여주는 『샤쿠니혼기(釋日本紀)』를 저술한 우라베 가네카타(卜部兼方, 懷方)로 대표되듯이 가마쿠라 시대 동안 신기유직(神祇有職)과 고전학의 전문가로서 새로운 가학(家學)을 형성한 우라베(卜部) 씨는 무로마치 시대에는 공경(公卿)의 반열에 오르고 요시다를 칭하며 공무[公武; 공가(公家)와 무가(武家)] 사회에서 그 지위를 확립한다. 그리고 무로마치 말기의 요시다 가네토모에 이르러 신도 교리가 집대성되어 신사(神社)와 신직(神職)을 전국적으로 지배하는 권한을 장악하기 시작한다. 가네토모가 적극적으로 도교의 도입을 도모했던 배경에는 일찍부터 신기관(紙祇官) 우라베를 이끄는 미야지로서, 중국 민간신앙에 토대를 둔 음양도적인 제사 · 의례를 행해온 것이 크게 작용하고 있다고 생각된다.

현재 요시다 신사에서 중요한 제의(祭儀)로 꼽히는 것은 역신제(疫神祭)와 화로제(火爐祭), 그리고 추나식(追儺式)인데 이들 제의 또한 그러한 요시다 신도의 역사적 성격에 입각한 것이라고 할 수 있을 것이다.

음양도와 도교

— 고사카 신지(小坂眞二, 음양도 연구가)

음양도를 논할 때 종종 거론되는 도교와의 공통점.

양자 사이에는 어떤 관계가……

음양도의 태산부군제(泰山府君祭)를 통해 진실을 찾아본다.

음양도 고찰에 있어서
도교의 위치

중국의 도교와 일본의 음양도 사이에는 점술·신격·부주(符呪) 등 여러 가지 면에서 많은 유사성을 볼 수 있다. 그러나 일본에는 도교가 체계적인 계통이 확립되어 전해지지는 않았음이 밝혀졌고 음양도 역시 중국이 아니라 일본에서 성립했다는 견해가 유력해지고 있는 오늘날 그 유사성에 대해서도 각각의 실태에 준하여 해명할 필요가 있을 것이다. 즉, 음양도는 고대 율령국가의 신기관(紙祇官) 우라베와 더불어 점술기관이었던 온요노쓰카사[陰陽寮; 일본의 율령제에서 나카쓰카사 성(中務省)에 속한 기관 중 하나]의 음양과(陰陽科)가 '음양[중국의 학문분야에서 말하는 자부오행(子部五行) 류에 속하는

686

점술이나 주술]을 선택적으로 수용하여 9세기 중엽에 성립한 것이다. 그 후에도 몇 번의 전개를 보였는데, 음양도를 이렇게 파악할 때 도교와 음양도의 관계에 대해 고찰할 경우에는 적어도 다음 네 가지 측면을 염두에 두어야 한다.

(1) 초당(初唐) 무렵까지 중국에서 도교와 '음양'이 같은 기반에 서 있가나 도교가 음양오행설과 '음양'을 적극적으로 받아들거나 함으로써 양자에 공통성이 생겼지만 음양도는 그 '음양' 쪽을 중시했다.

(2) 신기관(神祇官)인 우라베(卜部)나 도래인(渡來人)에게는 초당(初唐) 무렵까지의 도교적 요소가 이미 수용되었는데 음양두는 그것을 받아들였다.

(3) 초당 무렵까지의 도교적 요소를 음양도가 직접 흡수했다.

(4) 성당(盛唐) 이후의 밀교와 습합한 도교를 음양도는 밀교를 매개로 하여 받아들였다.

(1)~(3)의 측면은 주로 9세기 중엽 음양도의 성립 단계, (4)는 10세기 후반의 전개 단계에서 볼 수 있는 것으로, 음양두의 대가로 알려진 가모노 야스노리(賀茂保憲, 917~977년)와 아베노 세이메이(安倍晴明, 921~1005년)가 활약한 것은 10세기 후반의 전개 단계였다.

여기서는 음양도의 점법(占法)인 리쿠진시키센(六工式占)에 공속하는 제법(祭法)인 헤바이(反閇)아 음양도제(陰陽道祭)로서 가상 잘 알려져 있는 태산부군제(泰山府君祭)를 예로 들어 위의 사정을 간단히 설명해 보겠다.

　시키센(式占)은 귀복(龜卜)이나 역점(易占)보다 늦게, 기원 전후의 후한(後漢) 초 무렵 탄생하여 남북조 시대에 고도로 발달한 점법이고 다이이치(太一)·돈코(遁甲)·리쿠진(六壬) 등 산시키(三式)와 라이코시키(雷公式) 등이 있다. 이들은 수·당과 신라에서 가져온 점법이었기 때문에 일본에서도 음양과(陰陽科) 설치 당초부터 역점 등의 점법보다 중시되었는데 10세기 후반 경까지 리쿠진시키센(六壬式占)이 전용되기 시작했다.

　시키센(式占)에는 그에 종속된 다양한 제법(祭法)이 있었는데 헨바이(反閇)도 그 중 하나로 우보(禹步)·존사(存思)·영목(營目)·고치(叩齒)·부인(符印) 등의 도주(道呪)를 돈코헨바이 국(遁甲反閇局)·리쿠진교쿠조헨바이 국(六壬玉女反閇局) 등 각 시키센에 특징적인 국(局)에 드나들면서 행하는 것이다.

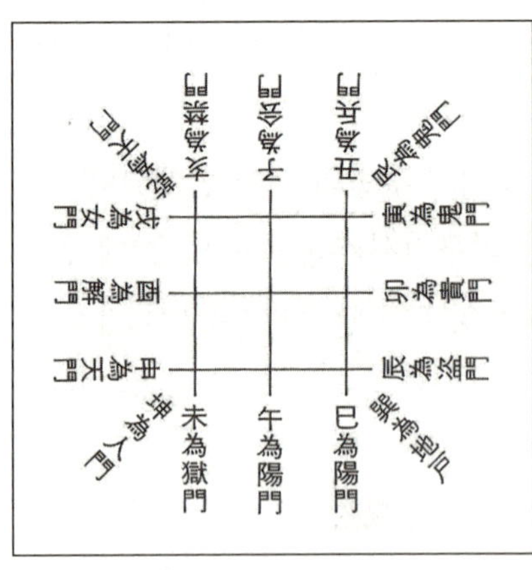

『용수오명론(龍樹五明論)』에 나타난 '십이시천문지호(十二時天門之戶)' 리쿠진교쿠조헨바이국(六壬玉女反閇局) 『대정신수대장경(大正新脩大藏經)』에서

　도사 역시 시키센과 제법에 대한 지식을 일찍부터 갖고 있었던 듯한데, 진(晉)의 갈홍(葛洪)은 삼식(三式; 산시키)을 상세하게 배우지 않았다고 하지만 상당한 지식을 터득하고 있어서『포박자(抱朴子)』내편 17 등에서는 둔갑(遁甲)의 제법을 볼 수 있다. 남북조 시대의 도홍경(陶弘景, 456~536년)도 그에 대한 지식이 있었다고 짐작되는데 같은 시기의 것으로 여겨지는 도교 경전인『적송자장력(赤松子章曆)』에는 육임(六壬; 리쿠진)·태일(太一; 다이이치)·뇌공(雷公; 라이코)이라는 식점(式占; 시키센)의 명칭으로 짐작되는 것과 해천라지망장(解天羅地網章) 등과 같이 리쿠진시키센(六壬式占)에 직접 관

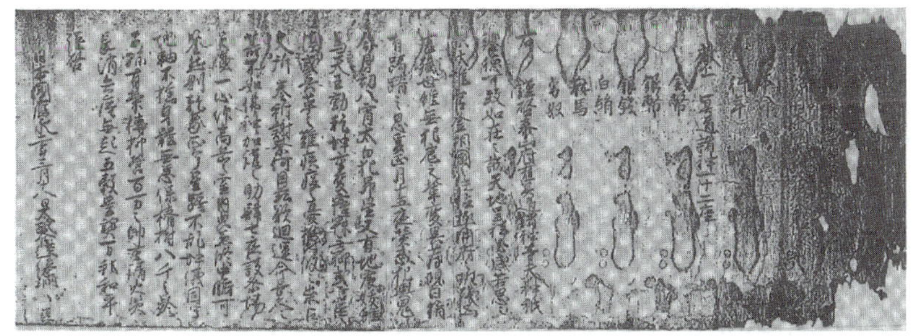

「아시카가 요시미츠(足利義滿) 태산부군제 도상안(度狀案)」
「와카스기 기(若杉家) 문서」 7호 교토(京都) 부립(府立) 종합자료관 소장

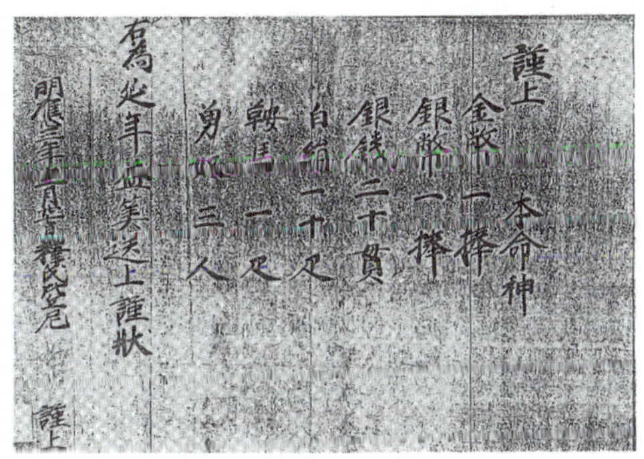

「비구니 묘정(妙正) 태산부군제 본명신봉물헌납상(本命神捧物獻納狀) 교정북두본명탄생제서지비(校正北斗本命誕生祭序紙背)」
「와카스기가 문서」 81호, 위와 같음

련이 있는 제법(祭法)이 기록되어 있다. 성당(盛唐) 시기의 승려 일행(一行)에게는 『태일국둔갑경(太一局遁甲經)』 등의 점서도 있고 구카이(空海)는 『일행육임가(一行六壬歌)』를 가지고 돌아왔다.

헨바이(反閉) 역시, 도교 경전에서는 『태상육임명감부음경(太上六壬明鑑符陰經)』에 육임식점(六壬式占; 리쿠진시키센)의 옥녀반폐국(玉女反閉局; 교쿠조헨바이 국) 등 외에도 둔갑식점(遁甲式占; 돈코시키센)의 구성식(九星式; 규쇼시키) 등 태일식점(太一式占; 다이이치시키센)인 태일식(太一式; 다이이치시키) 등등 수많은 제법을 볼 수 있다.

일본에는 『교쿠조헨바이(玉女返閉)』 등 '음양'의 제법(祭法)이 전해졌고 그 요소가 되는 도주(道呪)도 덴야쿠료(典藥寮; 전약료)에 배부된 쥬곤도(呪禁道; 주금도)에서 이루어지고 있었다.

그런데 10세기 후반 이후의 가모(賀茂)·아베(安倍) 양씨의 헨바이(反閉) 작법(作法)은 '음양'의 제법에 의거하면서도 불교적인 색채가 강한 특색이 있었다. 즉 리쿠진교쿠조헨바이 국이나 돈쿄규쇼시키 등을 절충한 듯한 형태를 취하고 있었는데 헨바이 국은 없고 고치(叩齒)도 행하지 않았다. 게다가 주언(呪言)은 '남무(南無)'로 시작되고 신격(神格)에 용수(龍樹)·제파(提婆)·마명(馬鳴)이라는 불보살이 포함되어 밀교와 같은 수인(手印)을 행하는 등 밀교색도 섞여 있었다.

사실은 리쿠진교쿠조헨바이 국은 성당(盛唐)시기 이후의 것으로도 여겨지는 밀교 경전 『용수오명론(龍樹五明論)』에서도 볼 수 있다. 가모노 다다유키(賀茂忠行)·야스노리(保憲) 부자(父子)는 밀교에도 조예가 깊었기 때문에 음양도의 헨바이 작법(作法)은 독자적인 색깔을 내기 위해 이들을 참고로 해서 도출된 것이 아닐까 여겨진다.

10세기 후반에 완성하는
태산부군제(泰山府君祭)

태산부군제는 연명익산(延命益算) · 부귀영달(富貴榮達) · 소재도액(消災度厄)을 위해 개최되는 여러 가지 음양도제 중에서도 가장 자주 행해졌던 제사다. 정기적으로는 본명일(本命日; 생년 간지의 날)이나 생일, 매 계절, 매월 등에 임시적으로는 기원 혹은 병사(病事), 산사(産事) · 천재지변 · 괴이(怪異) · 삼합액(三合厄) · 태일정분액(太一定分厄) 등 제액(除厄) 때에 집행되었다.

이 제사는 그 제사의 명칭에서 볼 때 태산부군을 모시는 것으로 생각하는 경향이 있지만 사실은 염라천자(閻羅天子) · 오도대신(五道大神) · 태산부군 · 천관(天官) · 지관(地官) · 수궁(水宮) · 사명(司命) · 사록(司祿) · 본명(本命) · 개로장군(開路將軍) · 토지영기(土地靈祇) · 가친장인(家親丈人) 등 명도십이신(冥道十二神)을 모시고 있다.

이들의 신격은 사람의 선악을 사찰(伺察)하고 그 생사를 판단한다는 중국의 사명사과(司命司過) 신앙, 불교의 명도(冥道) 신앙에 뿌리를 내린 것이고 남북조 시대에는 양자의 융합도 있었고 도교 · 밀교에 각각 몇 가지 신격을 편성하는 일도 행해졌다. 그러나 이 십이신을 모두 불러 모으는 것은 태산부군제만의 독특한 점이있다.

즉『적송자장력』등에서는 사명(司命) · 사록(司祿) 혹은 친(天) · 지(地) · 수(水), 삼관(三官)과 태산(泰山)이 편성되어 있음을 볼 수 있고 남북조의 불전인『자비도장참법(慈悲道場懺法)』등에서는 염라왕 · 태산부군 · 오도대신 등이 편성되어 있으며 당대 이후의 도교 ·

밀교와 돈황(敦煌)의 신앙에서도 마찬가지였다고 할 수 있다.

일본에서는 사명·사록이, 일찍부터 오오하라에(大祓)에 부수(附隨)되어 이루어지는 천황의(天皇儀)의 후미시(文氏) 주술의 주언(呪言)에서 볼 수 있고 천·지·수 삼관과 본명은 각각『엔기시키(延喜式)』온요노쓰카사(陰陽寮)의 음양도제인 삼원제(三元祭; 정월·7·10월에 삼관에게 지내는 제사)에서 모시고 있다. 삼원제와 본명제(本命祭)의 제물로는 동물의 말린 고기가 이용되고 있는데,『포박자』나 도홍경의『중초의(衆醮儀)』,『수지(隨志)』등에서도 비슷한 것을 사용한다고 나와 있어서, 이 두 제사는 당시 도교지식을 반영한 것이라고 봐도 될 것이다.

음양도제(陰陽道祭)인지 여부는 분명치 않지만 닌나(仁和) 4년(888년)에 유가(儒家)인 기노 하세오(紀長谷雄, 845~912년)가 실시했던 본명제는 천조(天曹)·지부(地府)·사명·사록·하백수관(河伯水官)·본명 등 6신(神)으로 편성되어 있다. 엔기(延喜) 19년(919년)에는 태산부군제의 다른 이름으로 여겨지는 칠헌상장제(七献上章祭)가 실행되었다. 이것을 신좌칠좌(神座七座)에 헌주장(献酒章; 축사)을 바치는 의미라고 해석하면 어떻게 편성된 것인지는 확실하지 않지만 칠신(七神)의 시기가 있었다는 의미가 된다.

이러한 변천이 있은 후 에이조(永祚) 원년(989년)에 태산부군제가 처음 나타난다. 아베 세이메이(安倍晴明)의 곤슈(勤修; 수행)이다. 이러한 태산부군제는 그 제물이 정진물(精進物), 즉 고기나 생선이 아닌 식물 중심의 것들인데 이것은 밀교 내지는 밀교와의 습합이 진행된 당대 이후의 도교의 경우와 동일하다.

사실 염라천자·오도대신·태산부군의 서열은 몇 가지가 알려져 있지만, 당 승려인 일행(一行)이 편찬한 것으로 여겨지는 밀교 경전인 『범천화라구요(梵天火羅九曜)』, 『화라도(火羅圖)』에서 태산부군제와 같은 서열의 것을 볼 수 있다. 이 경전은 오와(応和) 원년(961년)의 동밀계(東密系)의 법장(法藏)과의 본명일에 대한 논쟁 때[법장은 생일간지(生日干支)를 주장] 가모 야스노리(賀茂保憲)가 전거(典據)로 든 것으로서 이 안에는 음양도제의 현궁북극제(玄宮北極祭)의 전거(典據)로 통하는 『갈선공예북두법(葛仙公禮北斗法)』도 보인다.

태산부군제에서 새로 추가되었다고 여겨지는 개로장군(開露將軍)은, 정진물(精進物)로 변질한 단계에서 본명제의 전거로 삼았다고 볼 수 있는 『검남루익개오로사명관소본명전문(劍南婁益開五路謝冥官燒本命錢文)』을 토대로 한 듯하고, 토지영기(土地靈祇)와 가친장인(家親丈人)은 각각 사명(司命)의 성격을 가진 토지신과 조령(祖靈)일 것이다.

즉, 태산부군제는 10세기 후반에 가모 야스노리(賀茂保憲) · 아베 세이메이(安倍晴明) 등에 의해 그 이전에 도교적 색채가 강했던 제사를, 밀교 경전을 참고로 하여 새로이 바꾸고 재편성한 것이라고 할 수 있을 것이다. 그 제문(祭文)을 특히 도상(都狀)이라고 하는 것도 각 신좌(神座)마다 열두 통의 제문 외에 총신문(總申文; 都狀) 한 통을 합하며 모두 열세 통의 제문을 바치기 때문이라는 것이 원래의 이유로 보이는데, 그것 역시 이러한 성립사정을 반영하고 있기 때문일 것이다.

일본의 민간습속에 보이는 도교

— 요시다 류에이(吉田隆英, 히메지도쿄대학 교수)

일본의 도교는 종교 본래의 모습으로는 정착하지 않았다.
그러나 일상적인 풍습이나 신앙에 영향을 짙게 남겨
알아차리지 못하지만 잠재적인 형태로 지금도 계속 살아 있다.

일본에는 종교로서의 도교는 전해지지 않았고 도사가 종교활동을 하는 일도 없었다. 그러나 중국의 다양한 문화가 일본까지 전해지는 가운데 도교의 색채가 매우 강한 풍습 같은 것이 알지 못하는 사이에 오늘날까지 전해지고 있는 경우도 많아 일본의 신사나 사찰 중에는 도교에서 유래한 제사를 지내는 곳도 적지 않다.

나아가 저주의 말로서 현재에도 일부 사용되고 있는 '급급여율령(急急如律令)'은 "빨리 법률대로 하라"는 의미의, 한대(漢代) 공문서에 반드시 넣는 문구였는데, 일본에서도 헤이안(平安) 시대와 가마쿠라(鎌倉) 시대 각지의 유적 등에서 이 다섯 글자를 기록한 목간(木簡)이 출토되고 있다. 중국에서는 이후에 도교에서 악귀를 쫓는 주문(呪文)으로 사용되었던 이 말을 음양도나 슈겐도(修驗道) 등에서도 받아들여 오늘날까지 계속 살아남아 있는 것을 보면, 그 영향력과 영속성에는 놀라운 측면이 있다. 본고에서는 평소에 우리가 지나치기 쉬운 일본의 풍습과 신앙 안에서 도교의 영향이 강하다고 여겨지는 것을 몇 가지 살펴보겠다.

헤이안(平安) 시대에 전해진 수경신(守庚申)

중국을 비롯한 아시아의 한자문화권 나라에서는 십간(十干; 갑·을·병·정……)과 십이지(十二支; 자·축·인·묘……)를 조합한 60송류의 간지(干支)를 사용하여 연·월·일·시·방위·순서 등을 나타냈다. 그 조합의 처음 시작이 갑자(甲子)인데, 고시엔(甲子園) 야구장은 다이쇼(大正) 연간의 갑자년에 완성한 것이라서 그러한 이름이 붙었다. 그리고 간지의 57번째가 경신(庚申; 가노에사루)이다. 날짜로 헤아리면 60일에 한 번, 1년이면 약 6회는 경신의 날이 돌아오는 셈인데, 그날은 인간의 몸 안에 살고 있는 삼시(三尸)라 불리는 세 마리 벌레가 그 사람이 자는 사이에 몰래 몸을 빠져나가 하늘에 올라 인간의 생사를 관장하는 하늘의 신에게 그 사람이 저지른 죄를 보고하여 일찍 죽게 하려고 한다. 그래서 경신(庚申; 가노에사루)의 날 밤에는 잠도 자지 않고 밤새 몸을 정갈하게 하고 삼시가 몸에서 빠져나가지 못하게 하면 된다고 도교에서 믿었다. 그것을 '수경신(守庚申; 슈코신)'이라 부른다.

이 풍습은 헤이안 시대에 일본에도 전해져 처음에는 귀족과 상류계급 사이에서 행해졌다. 스가와라노 미치자네(菅原道眞, 845~903년)

〈삼시도(三尸圖)〉
『태상제삼시구충보생경(太上除三尸
九蟲保生經)』에서

와 세이쇼 나곤[清少納言, 966년경~1025년경; 헤이안 중기의 여류 작가, 가인(歌人)]은 수경신(슈코신)을 체험했다고 한다. 그러나 일본에서는 지방으로 점점 퍼져나가던 중 어느새 본래의 의미는 점점 사라지다가 '코신상(庚申さん; 경신씨)'으로 신격화되었다. 신도의 색채가 강한 경우에는 '사루타히코[猿田彦; 기기신화(記紀神話)에 나오는 신. 천손(天孫)이 내려올 때 그에게 길을 안내했다]'를 받들어 제사 지냈으며, 밀교에서는 청면금강(靑面金剛)을 본존(本尊)으로 삼고, 사루타히코 신앙에서 출발하여 다시 이것이 원숭이에 대한 신앙과 결합되어 '見ざる 聞かざる 言わざる(보지도 듣지도 말하지도 않는다)'라는 '산자루(さんざる; 三猿)'와 미카와리사루(見代わり猿, 원숭이 모양을 한 수호신으로 재앙을 대신 맡아주는 역할)까지 탄생시킴으로써 도교적인 색채가 흐려져 버렸다.

경신 행사는 그 성질상 개인 단위로 사찰이나 신사에 가서 참배하는 것이 아니라 여러 명이 모여 집단으로 하는 것이 보통인데, 일본

696

에서는 경신강(庚申講)이 조직되었다. 제사는 강중(講中), 즉 강(講) 모임을 조직한 구성원들의 집을 차례대로 돌며 행해졌는데, 이는 서민들이 서로 교제하는 장이 되기도 했다. 중국에서는 아마도 금세기 초에는 이미 그 풍습이 쇠퇴해 버린 것으로 생각되는데, 일본에서는 지금도 일부 지방에 그 풍습이 남아 있어 오래된 전통행사가 되고 있다. 그러나 그 원류는 역시 중국의 도교에서 전해진 것이다.

주겐(中元)은 선조의 영혼 구제가 기원

도교에서 천(天)·지(地)·수(水), 세 가지를 중요시하는데, 이들은 후세에 신격화되어 삼관(三官)이라 불리게 되었다. 그리고 음력 정월 15일, 곧 상원(上元)에는 인간의 복을 담당하는 천관(天官), 7월 15일, 곧 중원(中元)에는 선악을 분별하여 인간의 죄를 용서하는 지관(地官), 10월 15일, 곧 하원(下元)에는 수화(水火)의 재해를 방지하는 수관(水官)이 각각 탄생한 날이라고 여겨, 상·중·하, 삼원(三元)의 날에는 위진(魏晉) 시대 무렵부터 도교에서 성대한 제례가 거행했다.

중원(中元)인 7월 보름은 우란분절(盂蘭盆節)이기도 하다. 그 기원에 대해 중국에서 널리 행해진 『우란분경(盂蘭盆經)』에서는 석가의 제자였던 목련(目連)이 생전의 행위로 인해 아귀도(餓鬼道)에 떨어진 어머니를 위해 7월 15일, 즉 하안거(夏安居) 마지막 날이며 죄를 참회하는 자자(自恣)의 날에 부처님께 공물을 바치고 승려에게 보시하는 우란분회(盂蘭盆會)를 실시하고 어머니의 고통을 구했다고 설해지는데, 이날 승려를 공양하면 명토(冥土)에서 고통, 받는 조상을 구할 수 있다는 신앙이 그 배경이 되고 있다.

그러나 우란분(盂蘭盆)의 어원에 대해서는 이란어 계통의 우르반(urvan)인 것으로 보인다. 이란 지방에서 예로부터 내려오는 영혼의 제사이며 수확제이기도 한 우르반이 이란계 소그드인(Sogd人; Sogdian)의 중국 이주를 통해 중국에 들어왔고, 이것이 불교도들에 의해 도교의 중원, 불교의 자자의 날과 다시 결합되어 우란분회가 성립한 게 아닐까 라고 보는 설이 현재로서는 유력하다.

일본의 명절인 봉(盆)은 조상의 영혼을 맞이하여 제사 지내는 정령제로서 우르반과도 공통되는 요소가 많다. 그리고 아라봉[新盆; 고인(故人)의 사후 49일이 지나고 나서 처음 맞이하는 우란분절을 말하며 하쓰봉(初盆)이라고도 한다]을 지내는 집에서 다양한 물건을 드려 죽은 이의 영혼과 조상의 영혼을 애도하거나 부모가 건재할 경우에는 자녀들이 부모에게 선물하는 풍습이 일본에는 있었다. 그 풍습이 차츰 봉(盆) 시기에 선물을 주고받는 풍습으로 변화하였고, 근대 이후의 상업주의의 영향까지 미치면서 일반화되어 그것을 주겐(中元; 중원)이라 부르게 되었다. 그 시기는 간토(関東) 지방 같은 곳에서는 양력 7월이지만 간사이(関西) 등 음력 봉(盆)을 쇠는 지역에서는 8월로, 오늘날에도 전국적으로 주겐의 시기가 일치하지는 않는다. 이러한 것들이 바로 중국에서 기원했지만 일본만의 독특한 풍습이다.

부뚜막신(조앙신)은
우주 최고신의 사신(使臣)

　불은 인간이 생활을 영위하는 데 빼놓을 수 없는 것이고 부정(不淨)을 정화하는 신성한 것으로 여겨왔다. 그리고 어느 집에서나 불을 제어할 수 있는 부뚜막은 매일의 식사준비를 하기 위한, 신성한 공간이기도 했다. 중국에서는 부뚜막신이, 도교에 있어서 우주의 최고신인 옥황대제(玉皇大帝)의 명을 받아 지상에 파견된 존재로 여겨지고 있으며, 각 가정의 부뚜막에 있으면서 그 집에서 일어난 모든 사건을 기록하여 연말에 하늘로 올라가 보고한다고 믿었다. 음력 12월 23일이나 24일에 행하는 경우가 많았던 부뚜막신의 제사 때는 일가의 가장이 밤에 부뚜막신 그림 앞에 공물을 바치고 향을 피우면서 다음 해의 평안을 기원하고, 지방에 따라서는 부뚜막신의 입에 사탕을 발라 입을 봉하여 나쁜 말을 하지 못하도록 하는 등의 일도 이루어졌다. 일본에서도 오키나와 같은 곳에서는 중국과 비슷한 신앙을 볼 수 있는데, 그 이외의 지방에서는 중국적인 제사가 일반적으로는 실시되고 있지 않다.

　일본의 부뚜막신은 『고사기(古事記)』에도 기록이 있다. 나중에 음양가(陰陽家)·슈겐도(수험도)를 수행하는 사람·야마부시(山伏; 산 속에서 슈겐도 수행을 하는 수행자) 등이 그 제사에 관여했지만 그것은 부뚜막신의 제사가 불의 신, 즉 히부시(火伏) 신(神)의 제사가 되었기 때문이다. 부뚜막신은 농경이나 음식, 나아가 집의 신으로도 여겨져 모내기 때는 볏모, 수확 때는 첫 이삭을 바치기도 했다. 또한 며느리가 처음 시집에 들어올 때 절을 시키기도 하는 등, 부뚜막신은 일가의 성쇠를 담당하는 수호신으로서 일본에서는 주부가 모셔야 할 신이라고 여겨졌다. 그 명칭은 고진(荒神), 오카마사마, 도쿠진(土公神), 도쿠산, 오쿠도산, 후겐사마(普賢樣), 가마오토코, 히오토코 등 지방에 따라 다양하고 제사방식도 통일성이 없다.

북신(北辰)·북두(北斗) 신앙이
일체화한 묘견(妙見) 신앙

　북신(北辰; 북극성)과 북두(北斗; 북두칠성)에 대한 신앙은 인도와 중국에서도 오랜 역사가 있다. 북신신앙과 북두신앙은 본래 별개의 것이었지만 언제부터였는지 혼동이 되기 시작했고, 그것이 그대로 일본에 전해졌다.

　불교에서 북신은 묘견보살(妙見菩薩)이라 불리며, 국토를 지키고 고뇌를 없애며 소원을 이루게 하는 공덕이 있다고 하여 존중되었다. 중국에서도 북신은 북쪽 하늘에서 위치를 바꾸지 않고 빛나고 있다는 이유에서 예로부터 별 중에서 가장 중요한, 천제태일신(天帝太一神)으로 여겨졌고, 도교에서는 별을 관장하는 신으로 중시되었다.

　북신과 마찬가지로 북쪽 하늘에 국자 모양으로 떠 있는 북두칠성은 천제(天帝)가 타고 다니는 탈 것으로서 인간의 생사와 화복을 지배한다고 여겼고, 그 7개 별 중 하나인 파군성(破軍星)은 적군을 무찌르는 힘을 가졌고 하여 후에 일본에서는 특히 무사들 사이에 신앙이 퍼져나가 궁시(弓矢; 활과 화살)의 신으로서 숭배를 받았다.

　일본에는 북신과 북두의 신앙을 아우른 묘견(妙見; 묘켄)을 받들어 모시는 사찰이나 신사가 많은데, 그 중에서도 저명한 '노세묘견[能勢妙見; 오사카부(大阪府) 도요노군(豊能郡) 노세초(能勢町)]'은, 일찍이 이 지역을 지배했던 세이와 겐지[淸和源氏, 제56대 세이와 천황의 황자(皇子)·제왕(諸王)을 시조로 하는 씨족으로서, 황족 가운데 하나]의 혈통을 이어받았으며, 미나모토노 요리토모(源賴朝)의 먼 선조에 해당하는 다다(多田, 能勢) 씨 일족이 제사 지냈던 진택영부신(鎭宅靈符神)에서 유래하였다. '진택(鎭宅)'이란 집안에 사귀(邪鬼)가 침입하는 것을 막아주는 도교의 주술이고, '영부(靈符)'란 도교의 호부(護符) 즉 '부적'을 말하며, '진택영부신'은 도교에서 가내안전(家內安全)과 제해초복(除災招福)의 신이다. 그것이 나중에 일련종(日蓮宗)으로 개종하여 영부도 묘견대사(妙見大士)로 고친 것이다.

묘견사(妙見社) 중에 일련종(日蓮宗)에 속하는 것이 많은 것은 니치렌(日蓮)이 북신의 수호를 얻었다고 하여 일련종에서는 진수(鎭守)로 모시기 때문이고, 천태종에서도 묘견보살을 모시는 데 그것은 법화경 신앙과의 관계에 의해서다.

고대 일본과 도교

— 다카바시 도오루(高橋 徹, 전 아사히신문사 편집위원)

최근 각지에서 여러 개의 '도교유물'이 출토되고 있다. 그것은 고대의 천황이 도교를 신봉하고 문화적으로도 영향을 받았다는 증거다.

후지와라교(藤原京) 유적에서 '도교유물' 발굴

도교가 고대 일본의 문화에 큰 영향을 미쳤다는 사실을 인정하자는 분위기가 고대사학계 안에서도 차츰 증가해 왔다. 이것은 후쿠나가 미쓰지(福永光司, 1918~2001년; 동양사상사학자), 시게마쓰 아키히사(重松明久, 1919~1989년; 일본사학자) 등 각 학자를 비롯한 문헌 사학자들의 논고에 의지하는 바가 크다는 점은 말할 것도 없다. 그러나 그에 못지않게 각지에서 '도교유물'이라는 '물증'이 출토되었음을 보고하는 사례가 늘어나기 시작했다는 것이 '도교사상은 고대 일본인의 정신생활에도 스며들어 있었다'는 사실을 인정하지 않을 수 없게 만든다.

최근의 사례로는 1993년 봄에 나라현(奈良縣) 가시하라시(橿原市)

에서 후지와라교(藤原京) 시대(694~710년)의 도교의 주문(呪文)을 먹으로 쓴 주부목간(呪符木簡)이 발견되었다. 1993년 4월 29일자 아사히(朝日) 신문 외. 길이 24cm, 폭 4.5cm, 두께 4mm의 편백나무 소재의 상부에 '日(일)' '尸(시)' '鬼(귀)' 등의 글자를 여러 번 적은 '부록(符籙)'이라는 비문(秘文)이 쓰여 있고, 그 밑에 '급급여율령(急急如律令)'의 주문이 있었다. 출토지점은 일본 최초의 도읍지였던 후지와라교의 서쪽 끝을 남북으로 이어주는 고대의 간선도로인 '시모쓰미치(下ッ道)' 옆 도랑으로, 지금까지의 발굴조사에서 가장 오래된 국가제사 유적으로 추정되는 장소이다.

주부목간(呪符木簡) 중에서 가장 오래된 것이라고 하면 1991년 가을에 오사카시 히가시스미요시구(東住吉区)의 구와즈(桑津) 유적에서 출토한 7세기 전반의 것이 있다. 1991년 10월 31일 교토(京都)신문 외. 길이 22cm, 폭 4cm 정도의 판에 '日(일)' 자를 T자 형으로 7개 늘어놓은 것과 '安(안)' 자를 뭉갠 듯한 기호 밑에 "道意白加募之乎(도의백가모지호)"라고 먹으로 쓴 한자가 있었다. '도의(道意)'와 '백가(白加)'라는 사람이 이것을 기원자(祈願者)로 삼았던 듯하다.

후지와라교 유적의 목간에 있었던 '급급여율령'이라는 글귀는 "법률에 따라 신속하게 행하라"라는 의미로 원래 한대(漢代)의 공문서 끝에 붙이곤 했던 것이다. 그것을 도교에서 "신이여, 어서 부탁을 들어주십시오, 제발"이라는 의미의 주문(呪文)으로서 채용했다고 한다. 이것은 6세기의 『적송자장력(赤松子章曆)』을 비롯한 도교 경전에 자주 등장한다. 일본에서는 지금도 주문으로 사용되고 있는데 늦어도 후지와라교 시대에는 전해져 있었음이 밝혀진 것이나.

주부목간 이외에도 틀림없이 도교 유물이라고 일컬어지는 것 중에

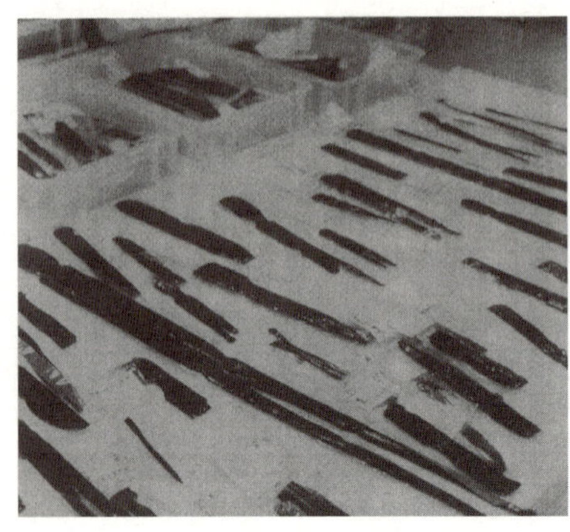

대량으로 출토된 인형(人形)
효고현(兵庫縣) 이즈시초(출석정)의 하
카자(袴狹) 유적군(遺跡群)에서 출토

인형이 있다. 그 인형부적을 먹으로 쓴 것도 많아 주부목간과 인형을 어떻게 구분하는지는 어려운 문제이다. 그것은 논외로 하고, 1988년까지 가네코 히로유키(金子裕之, 1945~2008년; 일본고고학자) 씨가 조사한 바에 의하면 인형은 전국 110여 곳의 유적에서 출토되었다. 가네코 히로유키 편 『율령기제사유물집성(律令期祭祀遺物集成)』. 현재 150곳 이상의 유적이 있지 않을까 추정된다. 효고현(兵庫縣) 이즈시초(出石町)의 하카자(袴狹) 유적군(遺跡群)에서는 인형을 중심으로 약 3만 점이나 되는 '도교유물'이 출토되었다.

주부목간이나 인형은 이구시[齋串(いぐし; 재계를 통해 정결하게 만든 꼬챙이], 말 모양[馬形], 배 모양[船形], 인면토기(人面土器), 토마(土馬) 등과 함께 일반적으로 '율령적 제사구(律令的 祭祀具)', '율령제 제사구(律令制 祭祀具)' 등으로 불리고 있다. 율령국가의 성립 후에 왕성하게 사용되기 시작했던 게 아닌가 하고 이노우에 미쓰사다(井上光貞, 1917~1983년; 일본사학자) 씨가 지적한 이래로 이 명칭이 즐겨 사용된다. 그러나 오랫동안 이 제사구가 도교와 직접적인 관계가 있다고 생각하는 사람은 많지 않았다.

율령국가의 성립에 즈음하여 일본에서 예로부터 전해지는 것, 먼 옛날 대륙에서 전해진 것, 혹은 견수사(遣隨使)나 견당사(遣唐使) 등에 의해 새롭게 가져온 것 등을 재편성하여 율령국가가 제사나 제사도구를 독자적으로 만들었다고 생각해왔기 때문이다. 그때 도교의 제사나 제사도구가 어떤 형태로든 참고가 되었다고 생각하는 사람은 있었지만 도교의 제사나 제사도구의 일부가 그대로 도입되었다고까지 생각하는 사람은 아무도 없었던 듯하다. 도교의 승려인 도시(道士)가 왔었다는 기록이 없는 것과 도교 사원인 두관(道觀)이 건설되었다는 기록이 없다는 것이 그 근거이다.

그러나 이에 대해서도 재고의 여지가 있는 것으로 보인다. 예를 들면, 1990년에 사가현(佐賀縣) 간자키군(神崎郡) 노토가와초(能登川町)의 도노니시(斗西) 유적에서 '도사포시백사포(道師布施百四布)'라는 목간이 출토되었다. 여기에서 말하는 도사(道師)는 도사(道士)와 관계가 있는 것이라고 추측해볼 수도 있기 때문이다. 도관에 대해 말하자면, 사이메이(齊明) 천황이 도노미네(多武峰)에 "관(觀)을 세운다(起つ)"라고 되어 있으며, 이것이 바로 도교사원일 것이라고 다이쇼(大正) 시대에 이미 구로이타 가쓰미(黑板勝美, 1874~1946; 일본사학자) 씨가 지적하고 있다.

도교사상에
정통했던 천황들

일본의 고대문화 형성에는 견수사나 견당사에 의해 전해진 수·당의 문화가 영향을 받았다는 사실은 잘 알려져 있다. 수입된 사상 중에서 불교의 비중이 컸다는 점은 말할 것도 없지만, 동시에 도교로부터도 큰 영향을 받았다는 점 역시 의심할 수 없다. 유감스럽게도 아직 일부 학자들 중에서 그것은 '민간의' '천한 문화'이고 일본문화의 핵심에는 아무런 영향이 없다고 생각하려는 사람도 있다. 그러나 그런 해석에는 무리가 있다. 왜냐하면 일본의 천황이 모델로 삼은 한(漢) 무제(武帝)는 도교사상의 근간이 되는 신선사상을 신봉했고, 재위 중에 세 번이나 일본에서 견당사를 파견했을 때의 중국 황제 현종은 도사(道士)였다. 그러한 현종 시대의 문물을 필사적으로 받아들인 일본이 도교사상의 영향을 받지 않았을 까닭이 없다.

나는 일본에서는 '진신(壬申)의 난'에서 승리하여 덴무(天武) 왕조의 태조가 된 덴무 천황과 덴지(天智) 왕조를 부흥했다고 하여 자신이 태종(太宗)임을 주장한 간무(桓武) 천황이 도교사상에 가장 정통했다고 생각한다. 덴무 천황은 천문(天文), 둔갑(遁甲)을 자주 행했고, 진신(壬申)의 난에서 군사를 일으켰을 때, 도교의 주술인 '시키센(式占)'을 하였다.

또한 죽은 뒤에 '아마노누나하라오키노마히토(天渟中原瀛眞人)'라는 시호(諡号)를 받았음이 밝혀졌는데, 이것은 도교사상의 핵심이 된 신선세계에서 말하는 동해(東海) 중 삼신산(三神山)의 하나인 영주(瀛洲)에서 신을 받드는 최고의 관료라는 의미다. 덴무 천황이 자신의 기대대로 사후에 동해로 갔음을 짐작케 하는 정황은, 황후(皇后)였던 지토(持統) 천황이 덴무 천황을 그리워한 『만요슈(万葉集)』의 권2~162의 노래에서도 엿보인다. 이에 대해서는 지금까지도 종종 소개되어 왔다.『일본의 도교유적(日本の道敎遺蹟)』 아사히(朝日) 신문사 간행 외.

　더욱 결정적인 것은 다이호(大宝) 2년(702년)에 지토(持統) 천황이 죽었을 때 행했던 '동서(東西)의 후히토베(文部)의 해제(解除)'에서도 덴무 천황이 도교와 밀접한 관계를 가지고 있었음을 엿볼 수 있다. 이때 오하라에(大祓え)조차 중지시켰는데, 가와치(東)의 후히토베(文部)인 가와치노후이토베(동문부)와 야마토(西)의 후히투베인 야마토노후이토베(西文部)의 액막이(祓え)는 통상 그대로 이루어졌나. 그런데『엔키시키(延喜式, 연희식)』에 있는 주문에 의하면 기원을 바친 신들 중에는 놀랍게도 도교 신들의 이름이 등장한다. 이 주문을 읊은 가와치노후히토베(東文部)는 덴무 천황이 덴치 천황 만년에 오쓰쿄(大津京)에서 나와 요시노로 들어갔을 때 따라간 일족이라는 점을 보면, 덴무 천황 생전부터 이 해제는 계속된 것으로 보인다.

　덴무 천황이 죽은 후에 장사를 지낸 장소가 지토 천황과 한께 설게한 후지와라 교의 정남쪽이라는 점 역시 천황이 도교사상과 무관하지 않았음을 뒷받침해준다. 도교 경전『진고(眞誥)』에 의하면 사후에 남쪽에 있는 주화궁(朱華宮)에서 수행한 후에 동해에서 노닌다고 하기 때문이다.

　또 다른 인물, 간무(桓武) 천황에 대해서는 '천신의 제사' 건(件)을 보면 충분할 것이다. 중국의 황제가 도읍의 외곽에서 하늘의 신에게 기원한 것과 똑같은 제사를 엔라쿠(延曆) 4년(787년) 11월에 가타노

(交野)에서 지내고 있다. 일본에서는 간무 천황의 증손인 몬토쿠(文德) 천황 이외에 기록이 없다. 몬토쿠 천황은 간무 천황을 따라했을 뿐인 것으로 보이는데, 간무 천황이 왜 이러한 일을 시작했느냐에 대해 살펴보면, 이것 역시 신선사상과 관계가 없지 않다. 이 제사에 대해 지금까지 학계에서는 '유교의 의례'로 치부해 왔지만, 원래는 시황제가 산둥반도에 있는 태산(泰山)에서 행했던 '봉선(封禪)의 의례'에서 기원한 의식이라는 점을 생각하면, 이 또한 도교와의 관계를 무시할 수 없다. 게다가 간무 천황이 나가오카쿄(長岡京)를 조성할 때 정남쪽에 있는 성스러운 산인 가타노산(交野山)을 기준으로 했다는 것은 일단 틀림이 없다. 졸저 『도교와 일본의 궁도(宮都)』(人文書院) 참조.

어쩌다 덴무 천황과 간무 천황의 예를 들었지만, 11세기 초에 기록된 오에노마사후사(大江匡房, 1041~1111년)의 『강가차제(江家次第)』를 풀어보면 정월 초하루의 궁중 의례의 경우, 그 내용이나 천황이 구술(口述)하는 주문에 도교적인 색채가 강하다는 것은 최근 들어 많은 학자에 의해 지적되고 있다.

내친 김에 조금 더 언급하자면 고대 일본에는 풍수사상도 받아들였을 것이라고 보는 설도 있다. 풍수사상은 거주지나 묘지터를 선택할 때 중시되는 사상이다. 한반도에서는 틀림없이 유행했다는 것이 알려져 있지만, 일본에서는 확실히 알 수 없다고 생각된다. 그러나 와도(和銅) 원년(708년) 겐메이(元明) 천황의 헤이조(平城) 천도(遷都) 때의 칙서[詔]에는 "사금협도, 삼산작진, 구서병종(四禽叶圖, 三山作鎭, 龜筮並從; 사방을 지키는 신이 있고 세 방향의 산이 (땅)을 안정시키고 있는, 점복에서도 최적으로 판단되었다)"이라고 나와 있어서 도읍지를 옮길 때는 풍수사상이 영향을 미치고 있는 듯한 인상도

708

받는다. 무엇보다 풍수사상 역시 넓은 의미에서는 도교사상에 포함된 것이라는 점에서 당연하다면 당연한 일일지도 모르겠다.

슈겐도(修驗道)와 도교

— 미야모토 게사오(宮本袈娑雄, 무사시대학 교수)

불교 · 도교 · 신도 · 음양도 등이 습속(習俗)하여 형성된 슈겐도.
그 안에 감추어져 있어 확연하게는 판별하기 어려운 도교적 요소를
슈겐 · 야마부시(山伏)의 전설, 수행법, 주부(呪符) 등에서 찾아본다.

무시할 수 없는
도교와의 관계

슈겐도(修驗道)와 도교와의 관련을 지적하기 전에 우선 슈겐도의 개요를 설명해 두고자 한다. 슈겐도(修驗道)란 원시산악종교를 토대로 불교 · 도교 · 신도 · 음양도 등의 여러 종교가 습속(習俗)하여 형성된 일본의 민족종교이며, 고대 말부터 중세 초기에 걸쳐 차츰 조직화되어 근세 초기에는 천태계(天台係)의 쇼고인몬세키(聖護院門跡)를 정점으로 하는 혼잔파(本山派), 진언계(眞言係)의 다이고지(醍醐寺) 삼보인몬세키(三宝院門跡) 및 쇼다이센다쓰(正大先達)를 정점으로 하는 도잔파(当山派) 등 두 파가 확립되었다. 이들 혼잔과 도잔 두 파는 엔노오즈노(役小角), 엔노교샤(役行者)를 개조로 받들고 오

710

미네산계(大峰山系), 즉 구마노산잔(熊野三山), 오미네산(大峰山), 요시노산(吉野山)의 세 산을 수행의 근본 도장(道場)으로 하고 전국적인 조직화를 전개했다. 이밖에도 도호쿠(東北)의 데와 산잔(出羽三山), 즉 하구로산(羽黑山)·갓산(月山)·유도노산(湯殿山)의 세 산에 의거하는 하구로파(羽黑派), 규슈 히코산(英彦山)에 의거하는 히코산파(英彦山派)를 비롯하여 각지의 영산 가운데 슈겐도의 산으로 여겨온 곳은 적지 않다.

이러한 산악에서의 수행을 통하여 초자연적인 능력·영험력(靈驗力)을 획득한 슈겐(受驗)·야마부시[山伏; 산가(山臥)라고도 한다]들은 (1) 자기 혹은 신자가 모시는 여러 신불(神佛)의 제사, (2) 재앙의 요인이나 길흉의 판단과 복점(卜占), (3) 가지(加持) 기도나 무술(巫術), 혹은 여러 교전(敎典)·주부(呪符)를 이용하여 수복(受福)과 진혼(鎭魂)·제령(除靈) 등 민중의 요구에 부응해 다양한 종교활동을 해왔다.

이상이 사전적으로 설명한 슈겐도의 개요인데, 서두에서 설명한 여러 종교와의 관계에 대해 말하면, 불교·신도·음양도와의 관계에 비하여, 도교와의 관련이 거의 밝혀져 있지 않다. 그것은 일본 도교의 실태가 그다지 명확하게 정리되어 있지 않은 점, 슈겐도의 교의서·해설서가 불교 특히 밀교에 의거하여 설파되고 있다는 점 등 때문이라고 여겨진다. 그렇지만 도교연구자들 중에서 "슈겐두는 도교의 일본판, 혹은 일본의 도교라고 해도 지장이 없다", "어떤 의미에서 도교의 가르침은 거의 변용되지 않고 그대로의 모습으로 슈겐도 안에 살아 있다"구보 노리타다(窪德忠) 저, 『도교입문(道敎入門)』는 견해가 제시되어 있는 바와 같이 도교와의 관련은 무시할 수 없는 측면이 있다.

그러나 필자도 도교에 대해서는 문외한이기 때문에 슈겐도에서 볼
수 있는 '도교적인 것'의 지적에 머물지 않을 수 없다는 점을 미리 양
해해 주시기 바란다.

신선으로 여겼던
시조 엔노오즈노(役小角)

　슈겐도에서 볼 수 있는 도교적인 요소 가운데 하나로 우선 신선사
상을 꼽을 수 있을 것이다. 중국의 '신선전(神仙傳)'을 모방하여 오에
노 마사후사(大戸匡房)에 의해 약 12세기에 편찬된 『본조신선전(本
朝神仙傳)』에는 다수의 신선이 등장하는데, 그 중에 엔노 우바소쿠
(役優婆塞)・다이초(泰澄)・샤몬니치조(沙門日蔵) 등 슈겐도에 있
어서 중요한 인물이 거론되고 있다. 말할 것도 없이 엔노 우바소쿠는
엔노교샤(役行者)・진벤(神變) 대보살이라고도 칭했고, 슈겐도의 시
조라 받드는 인물이며, 다이초는 호쿠리쿠(北陸)의 하쿠산(白山)의
창시자, 샤몬니치조는 긴푸산(金峰山)의 수행자로서 수행 중에 스가
와라노 미치자네(菅原道真, 845~903년)의 원혼(怨魂)을 맞닥뜨린 인
물로 알려져 있다. 이 가운데 엔노교샤에 관한 기사의 개요는 다음과
같은 것이다.

　엔노교샤는 귀신을 부려 요시노산(吉野山)과 가츠라기산(葛城山)에
　돌다리를 놓으려고 했으나, 엔노교샤(役行者)가 모반을 꾀하고 있다
　는 히토코토누시노가미(一言主神)의 한 마디 탁선(託宣; 신탁)에 의

712

해 붙잡힌다. 풀려난 후 히토코토누시노가미를 저주하고 어머니를 쇠로 만든 바리때[鉢]에 태워 어디론가 떠났는데, 도조(道照)가 고려 (신라)에서 설법을 하고 있을 때 그 청중 중에 엔노교샤가 있었다.

『본조신선전』에서 볼 수 있는 이러한 엔노교샤의 기사는 8세기에 편찬된 『일본영이기(日本靈異記)』의 내용을 계승한 것인데, 거꾸로 『일본영이기』쪽이 엔노교샤의 비행(飛行)·승천 능력을 훨씬 더 강 조하고 있고, 『본조신선전』에서는 엔노교샤보다 다이초 쪽이 "신험 다단(神驗多端)", "날개 없이 난다", "수백 년을 지나도 죽지 않는다" 등의 신선적 요소가 강조되고 있는 것처럼 보인다.

아무튼 『본조신선전』에서는 신선의 특성으로서 깊은 산속에 기주 하며 귀신을 저주하는 등 주력(呪力)과 비행·승천 등의 능력을 갖고 선약(仙藥)을 복용함으로써 장수한다는 등의 내용이 묘사되고 있다. 이러한 신선 가운데 하나로 여겨진 엔노교샤는 그 후 슈겐도의 시조 로서 대접을 받게 된다. 『제산연기(諸山緣起)』에는 어머니를 위해 당 의 북두대사(北斗大師)를 초빙해 대봉산중(大峯山中)의 수많은 선 인과 함께 천탑(千塔)의 탑파공양(塔婆供; 일련종의 한 의례로, 묘 뒤에 1, 2m의 길고 가는 나무판자를 세우는 일)을 행했다고 기록되 어 있다. 또한 근세의 슈겐도가 중시한 『엔노교샤혼기(役行者本記)』 에도 전국에 산재하는 영산(靈山)을 답파(踏破)하는 수행을 하고 물 위나 하늘을 자유자재로 비행할 수 있는 인물로 묘사되고 있어시, 신 선으로서의 엔노교샤의 성격이 유지되어 오고 있다. 또한 영산의 개 조(開祖)의 전승에도 하코네야마(箱根山)의 슈센센닌(聖占仙人)· 리교조닌(利行丈人)·겐리로진(玄利老人), 시고쿠 이시즈치신(石鎚

山)의 상선(上仙)·적선(寂仙)·상선(常仙)·법선(法仙)을 비롯하여
수많은 신선이 등장하고 있다.

슈겐도(修驗道)에서
도교적인 요소

그렇지만 조직화된 중세 이후의 슈겐도에서 신선사상이 그 핵심적
인 자리를 차지하고 불로장생을 위한 양생술·선약제조 등이 왕성하
게 행해져 왔는가 하면, 그렇지는 않다. 오히려 각각이 동떨어져 단편
적으로 전해져 왔다고 보는 편이 적확한 견해일 것이다. 예를 들면 기
후현(岐阜縣) 이토시로(石徹白)에 전해지는 '하쿠산오카가미다이니
가미시로권초일(白山大鏡第二神代卷初一)'에서는 하쿠산묘리(白山
妙理) 대보살을 '봉래신선봉주야, 정법명여래(蓬萊神仙峯主也, 正
法明如來)'라고 한 것 외에도 37개의 영굴(靈窟)이 선동(仙洞), 즉 신
선들이 거주하는 동굴이라고 기록되어 있다. 이것은 신선사상을 배
경으로 하여 저술된 것이라 볼 수 있다. 게다가 구마노(熊野)라는 땅
에 서복(徐福; 중국 진나라 사람으로 진시황의 명령으로 불로장생약
을 찾아 봉래산으로 떠남)의 묘나 봉래산이라 불리는 산도 있다. 그
렇지만 그것들은 슈겐도 전체에서 보면, 그 일부에 지나지 않는다고
할 수 있을 것이다.

슈겐도에서 신선사상이 반영되어 있는 것에 대해 말하면, 때에 따
라 슈겐샤(修驗者; 슈겐도 수행자)의 사역활동에 호법적(護法的)인
성격을 보이는 것, 그리고 다른 한편으로는 숭배의 대상으로 여기는

덴구(天狗)를 들 수 있을 것이다. 덴구는 슈겐도의 발전과 함께 고대의 도깨비를 대신하는 형태로 등장하기 시작했으며, 산의 요괴 가운데 대표적인 존재가 되었다. 일반인들이 볼 때는 산에서 수행하는 야마부시·수험(修驗) 자체가 덴구로 인식되는 경우도 적지 않은데, 슈겐도에서 이들은 불을 조작하는 것을 비롯하여 다양한 영적 위엄을 발휘하고 하늘을 자유자재로 날아다니는 존재로서, 신앙의 대상이 되어 있다. 그러나 그러한 덴구신앙도 반드시 슈겐도의 핵심적 위치를 차지하고 있는 것은 아니다.

또한 도교에 있어서 불로장생을 획득하기 위한 양생술이나 선약과의 연관성에 대해 살펴보면, 양생술의 하나인 벽곡(辟穀)에 상당하는 것으로 슈겐도에서는 곡기를 끊은 것을 들 수 있다. 곡기를 끊는 일은 봉중수행(峰中修行)에 있어서, 즉 신성불(卽身成佛)을 얻기 위한 십계(十界) 수행의 하나로 여기고 있는 것으로, 일주일 동안 곡기를 끊는 수행이이다. 십계수행 중에는 물 마시는 것은 물론이고 물의 사용을 일절 금하는 물끊기 수행도 포함되어 있다. 곡기 끊기를 극단적인 형태로 강행해온 수험에는 유도노산(湯殿山)의 잇세교닌(一世行人)이라 불리는 사람들이 있었다. 그들은 즉신불(卽身佛; 미라)이 되는 것도 목적으로 하고 있어 소나무 열매 등을 먹고 수행을 계속하며 살아 있는 채로 흙속에 입정(入定)한 사람들인데, 현재 야마가타현(山形県)을 중심으로 하여 십여 체의 즉신불이 무셔져고 있다.

한편 도교의 선약(仙藥)과의 관계는 어떨까? 이 점은 슈겐도에서 반드시 명확하게 밝혀져 있는 건 아니지만, 이세아사마다케(伊勢朝熊岳)에 전해지는 노마(野間)의 마킨탄(万金丹), 요시노 오미네야마(吉野大峯山)의 다라니스케(陀羅尼助), 히코산(英彦山)의 후로엔(不

老円)을 비롯하여 규슈(九州) 구보테산(求菩提山) 수험의 비전(秘傳)으로서 제약법이 전해지고 있다는 것, 도야마(富山)의 약장사의 기원을 입산수험(入山修驗)에서 찾아볼 수 있는 것이 아닐까 생각되고 있는 점 등으로 볼 때 슈겐도에서도 제약(製藥)이 중요한 위치를 차지하고 있었다고 여겨진다. 앞에 언급한 약의 이름에서도 도교의 선약과의 연관관계를 추측할 수 있겠다.

이상 언급해 온 슈겐도에서 볼 수 있는 '도교적인 요소'를 보더라도 슈겐도에서 도교의 영향이 매우 크다는 것을 이해할 수 있을 것이다. 그러나 앞에 언급했듯이 주로 불교에 의거하여 이론화나 해설이 이루어져 왔기 때문에 '도교적인 요소'를 찾아보기 힘들게 되어 있는 것도 사실이다.

일본식으로 응용하여
만든 주부(呪符)

근세기의 슈겐도는 민중과 가장 친근한 존재로서, 축제, 역(曆)이나 역(易)을 사용한 점술, 이른바 가지기도(加持祈禱)라 칭하는 의례, 액막이, 나아가서는 주부(呪符)를 이용하는 등 민중의 요구에 응해 다양한 종교 활동을 전개해 왔다. 그러한 슈겐도의 모습은, 그것이 도교에서 말하는 도사나 방사(方士)에 상당하는 것이라고 말하는 것을 무조건 오류라고 할 수도 없을 것 같다.

지금까지 도교와 슈겐도의 유사성을 지적하는 가운데 도교의 우보(禹步)와 슈겐도의 헨바이(反閇), 혹은 도교의 아홉 자, '임(臨)·

병(兵)·투(鬪)·자(者)·개(皆)·진(陣)·열(列)·전(前)·행(行)'
과 슈겐도의 아홉 자, '린(臨)·뵤(兵)·토(鬪)·샤(者)·카이(皆)·
진(陣)·렛츠(列)·자이(在)·젠(前)', 도교와 슈겐도 양자의 주부
(呪符)에서 볼 수 있는 '급급여율령' 등의 글자 등이 양자의 근사성을
나타내는 대표적인 것으로 꼽힌다. 또한 도교의 주부(呪符)가 슈겐
샤(修驗者)에게 끼친 영향에 대해서도 지적되어 왔다. 필자의 부족
한 지식으로 약간의 도교 주부(呪符)와『슈겐도 장소(章疏)』에 수록
된「수험심비행법부주집(修驗深秘行法符呪集)」을 비교해볼 때, 슈
겐도의 '지우법(止雨法)의 부(符)'나 '호황제긍시입부(狐荒啼亘時立
符)' 등에서 볼 수 있는 그림 등은 어쩌면 도교에서 사용히는 부(符)
의 영향을 받고 있는 게 아닌가 생각된다. 그러나「수험심비행법부주
집」에 정리된 주부(呪符)는 종자(種子)·진언(眞言) 혹은 일월성(日
月星)·귀(鬼) 등과 급급여율령의 글자가 조합된 것이 많다. 따라서
슈겐도만의 독자적인 부(符)라고 할 수 있을지 여부는 논외로 치더

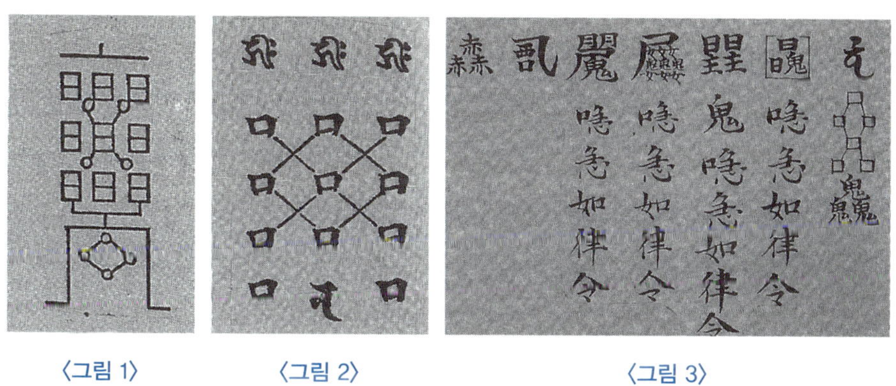

〈그림 1〉
역병을 막는 부적

〈그림 2〉
자손을 얻는 부직

〈그림 3〉
슈겐도의 여러 질병 신부(神符)

후카와 가오루(布川鑿) 저, 『사토야마부시(里山伏)의 짐(占)과 금기(禁獸)』에서

라도, 도교의 부와 달리 일본식으로 조정하여 만든 것이 많은 것으로 생각된다. 그러나 「수험도심비행법부주집」에 수록된 부 역시 슈겐도에서 사용되어온 부주(符呪)의 모든 것이라고는 말하기 어렵다.

7장

아시아의 도교

홍콩의 도교와 풍수

— 가니 히로아키(可兒弘明, 게이오대학 명예교수)

종교에 현세이익, 인간중심주의를 구하는 홍콩 사람들에게 가장 인기 있는 도교. 현재 홍콩의 종교사정을 살펴본다.

여러 종교의 영향 아래
현세이익을 찾다

홍콩에서는 지인이 거주하는 지역에 찾아갈 때, 어느 교회 근처인지를 묻는 경우가 많다. 1992년 시점에서 홍콩 전역에 기독교 교회만 872개소에 이른다. 가톨릭과 합치면 홍콩의 그리스교 신자 수는 51만 2,800명이다. 무슬림이 5만 명, 힌두교도가 1만 2,000명인 것에 비교하면 압도적인 교세다. 그러나 홍콩의 총인구로 말하자면, 그리스도교도는 불과 8.7%에 지나지 않는다.

홍콩의 메이저 종교라고 하면 역시 도교나 중국 불교 등 전통적 종교이다. 영국 통치의 영향으로 서양풍 도시, 롤스로이스 보유율이 세계 첫째, 그리고 전화 보급률이 인구 1.6인당 1대, 25.3인당 1명이 휴대전화를 소지, 삐삐는 5.7인당 1대, 의심할 바 없는 국제 비즈니스

도시 홍콩이지만,[1] 주민구성의 대부분을 차지하는 홍콩 차이니즈가 '화(華)'를 계승한 중국인임이라는 것을 다시 인식하게 한다. 이는 땅이 이어진 중국대륙에서 끝없이 중국적 문화 요소가 보충되어온 역사나, 영국의 홍콩 통치라는 것도 기본적으로 중국인들의 상호관계에 대해서는 간섭하지 않았다는 것에 기인하겠다.

홍콩에 있는 중국계 '사묘(寺廟)'는 1992년 말 현재에도 360곳에 이른다. 조례가 있어 중국계 사묘는 모두 의무적으로 등록해야 한다. 정교분리, 신앙의 자유를 보증하는 홍콩에서 '왜'라는 의문이 들지만, 사묘의 사회활동을 감시하는 것이 그 목적으로 개인의 내면적 신앙생활까지 간섭하기 위해서는 아니라고 한다. 경제의 영향이 거리 곳곳에 스며들어 있는 실리주의 도시에서 종교 활동을 방임해두면, 사람들의 신앙심을 조종하며 탐욕스럽게 자금조달능력을 발휘하는 배덕자가 나타날지도 모른다는 것이다. 거기에 사묘가 홍콩 사회의 무대 뒤편에서 개혁의 주체가 되어 식민지통치에 나쁜 영향력을 끼칠지 모른다는 우려가 당초에 있었을지도 모른다.

이러한 사묘를 불교사원이나 도교사원이라고 부른다고 해도, 실태는 그 전부가 불상, 도상(道像), 게다가 유교의 공자상 등을 함께 모시는 여러 종교가 혼효(混淆, syncretism)된 종교시설이다. 설령 전부는 아니라고 해도 대부분이 그러하다. 신앙의 측면에서 보아도 불교의 관음보살(觀音菩薩)을 열심히 믿는 한편 도교의 신에게 상업번창을 기원하며, 동시에 공자상(孔子象)에 배례해도 이상하지 않다. 중요한 것은 공덕(功德)을 얻는 것으로 삼교(三敎)의 형식적인 구별

---

1. 이 책이 출간된 시기는 1990년 초여서, 이 내용은 현재와 맞지 않다. —역자주

따위는 문제가 아니다. 배금주의라기보다 인간중심주의이다. 신선도 부처도 모두 인간을 위해 존재하는 것으로 인간이 신선이나 부처를 위해 봉사하는 것이 아니라는 사고방식이다.

유·불·도, 세 종교 중에서도 주류를 이루는 것이 도교적 요소임은 틀림없다. 홍콩의 도사(道師)는 전진교(全眞敎)계라고 불린다. 그러나 예전에 중국대륙에 존재했던 산속에서 독거하는 도사나 종교활동, 수도생활을 적극적으로 행하는 도사는 홍콩에는 없다. 홍콩에서는 도사를 '남무료(喃嘸佬)'라고 통칭하는데, 이들은 일반인의 의뢰를 받아 지역사회의 초제(醮祭), 가정과 개인의 장송 의례(장의나 법회 등), 액막이, 치병, 기복에 관련된 구사압살(驅邪押煞; 사악한 것을 몰아내고 흉살을 눌러버림) 의례를 행하는 재가(在家) 직업인에 다름없다. 신계(新界)의 신도시인 둔문(屯門)에 있는 청송관(靑松觀)은 전진교 용문파의 도관(道觀)이라고 하지만, 출가도사를 수용해서 집단적으로 수도생활을 하게 하는 본래적인 도관은 아니다. 현재는 홍콩에도 타이완에도 본래적인 의미의 도관은 보이지 않는다.

지금 숨쉬는
도교의 신들

앞서 설명한 이유로 본래 도교 사묘는 아니고, 어디까지나 도교적인 사묘일 테지만, 그것을 대표하는 것은 홍콩섬 헐리우드 로드의 문무묘(文武廟)이다. 역사가 오래되었고 아시아에서 손꼽히는 민족자선단체인 동화삼원(東華三院)과 이인삼각을 이루어 사회복지활동을

해왔다. 이밖에도 사묘 앞의 길
에 성대한 노점을 만들어낸 가우
룽야우마테이(九龍油麻地)의 천
후고묘(天后古廟)가 있고, 해외
관광포스터에 연중행사인 '태평
청초(太平淸醮)'의 사진이 자주
사용되는 리도(離島) 쟝주(長州)
에 있는 북제묘(北帝廟) 등은 일

본전 앞의 황대선

본인에게도 잘 알려진 사묘들이다. 그러나 최고의 인기를 누리고 있
는 사묘는 황대선(黃大仙)이다. 1950년대부터 신자가 급증하고 1973
년에는 현재와 같은 대가람이 되었다. 적송선자(赤松仙子)를 주신으
로 모시는데, 참배하려는 선남선녀의 인파와 줄지은 노점은 도쿄의
아사쿠사(淺草)를 연상시킨다. 지하철 역명까지도 황대선이라고 한
다. 같은 씬가우룽(新구龍)의 씨우마오핑(秀茂坪)에 있는 제천대성
묘(齊天大聖廟)도 인기 있는 신흥 사당으로 신내림의 상태가 된 남
자 영매에게 손오공이 옮겨 붙어 신자에게 신탁을 내리는 것이 인기
의 비결이라는 것 같다.

　이어서 도교신을 보면 남중국 연해지방, 특히 광동 지방의 신이 꽤
보이고, 홍콩 자체의 문화적 창고 역할을 같이하고 있다. 후지엔성
(福建省) 푸티엔(莆田)에서 남중국 일대에 게다가 화교와 힘께 해외
에까지 신앙이 퍼진 천후[天后; 마조(媽祖)]는 원래 항해안선의 수호
여신이지만, 뱃사람, 어민, 해상상인뿐 아니라 넓은 층의 신자를 갖
고 있으며, 홍콩만 해두 이 여신을 봉헌한 천후묘(天後廟)는 40곳 이
상이다. 음력 3월 23일이 탄생일인데, 빅토리아만 동부 내보와의 저

담공묘회(譚公廟會)의 사자무

후고묘만으로도 그날 바다와 육지에서 약 3만 명 정도의 참례자가 모인다.

또한 음력 4월 8일에 탄생일이 경축되는 담공(譚公)이 있다. 담공은 광둥성(廣東省) 꾸이샨(歸善) 땅의 고아라는 둥, 구룡산에서 수도한 신선이라는 둥, 그 설이 다양하지만, 한 손 가득 완두(豌豆)를 던지는 것만으로도 곡물에 비를 내리게 하거나 거친 폭풍우를 멈추게 하는 신통력을 갖는다고 하여 널리 신앙을 모으고 있다. 청나라 말의 광동기행인 『월유소지(粤遊小志)』 제3권에 혜주(惠州) 백학봉(白鶴峰)에서 5년에 1번 열리는 담공묘회(譚公廟會)의 성대한 상황이 기록되어 있는데, 홍콩섬 샤우케이만(筲箕灣)에 있는 담공묘에서도 매년 사자무(獅子舞), 용무(龍舞)로 탄생일을 화려하게 축하한다. 그날 화포(花炮; 장식된 신의 수레)의 배분을 폭죽으로 경쟁하는 행사(搶炮)는 사람들을 열광의 소용돌이 속으로 몰아넣는데, 야쿠자의 관여가 심해져 전쟁이 끝난 후 곧 금지되었다. 폭죽도 1967년 이래 홍콩 전역에서 금지된 그대로이다. 제사 풍경은 예전과는 다르지만 홍콩의 중요한 세시풍속의 하나임은 변함없다.

또한 남해용왕(南海龍王)의 재현이라고도 하는 홍성(洪聖)은 날씨의 신, 수계(水界)에 사는 요괴를 달래는 데에 영험이 있다고 해서 광둥연해에 신자가 많다. 홍성(洪聖)의 탄생일은 음력 2월 13일이다. 홍콩에서는 신계(新界) 동부의 카오사이차우(滘西州) 등에 10개소에

724

홍성묘가 있다. 또한 신제(新界) 샤틴(沙田)에 있는 차공묘(車公廟)의 주신인 차대원수(車大元帥)도 지방신의 하나이고, 역병 퇴치의 영험이 뛰어나다고 알려져 있다.

간과할 수 없는 것은 법적으로는 복지단체로서 등록했지만 실제로는 신종교 조직인 세계 홍만자회(紅卍字會)와 덕교(德敎)이다. 양쪽 다 조직에서 유·불·도, 삼교에 그리스도교, 이슬람교를 더해 5교를 통합한 신격을 세우고, 신앙에 의한 수양과 구제활동을 중시하는 한편, 신내림 상태에서 말하는 이가 신선의 신탁을 문자로 써서 전달하는 강신술인 '부계(扶乩)'도 중시한다. 임원도 신자도 일반시민으로 직업적인 종교인은 아니다. 도교의 새로운 전개의 한 부분을 나타내고 있다.

위에서 언급하여 사묘나 도사에 의해 계승되는 것 이외에 도교나 도교적 신앙의 요소는 세속신앙, 연중행사, 민속관행, 가정생활 속에도 들어 있다. 또한 도교 의례가 활동무대를 제공해온 제사 예능, 지방극, 공예, 혹은 이들 예능이 수행해온 교육적, 사회적 역할 등 언급해야 할 사항도 적지 않지만, 지면 관계상 별도의 기회로 넘긴다. 영문이지만 오래된 연구로는 바카드(Burkhurdt, V. R.), 새로운 연구로는 휴 베이커(Baker, Hugh D. R.) 등이 정리한 관련서가 간행되어 있으니 관심이 있는 독자에게는 일독을 권한다.

주권반환을 목전에 두고
과열되는 풍수열기

　다만 한 가지만 덧붙이고 싶은 것은 홍콩의 풍수 열기가 한층 더 높아진 것이다. 홍콩의 부유층이나 유력기업이 전속 풍수사를 고용하고 또한 전속관계가 아니라도 중국기업가가 건물의 구입, 사무소나 매장의 배치, 거래상 중요한 결정 등에 풍수사의 판단을 중시하고 있음은 예전부터 잘 알려져 있다. 가택, 묘지의 조성 등에 도입되는 일이 많은 풍수이론이 비즈니스에 깊게 관련되는 것이 도시 홍콩의 특징이라고 하겠다.

　풍수 열기는 1997년의 주권반환이 가까워지면서 과열되었고 정치와 결합된 것이다. 1989년 가을 홍콩섬 중심 비즈니스가 중앙에 홍콩 제일의 초고층 빌딩, 중국은행 홍콩지점이 완공되었다. 본사는 북경에 있는 중국정부가 전액출자의 외국환 전문은행이다. 홍콩지점은 홍콩에 있는 대륙계 기업의 중핵 역할을 한다. 벽면에 매직 라스를 사용한 참신한 건축으로 설계는 뉴욕에 거주하는 중국계 미국인 이오 민 페이(Ieoh Ming Pei) 씨가 담당했다. 그는 파리 루브르 미술관에 새로 건설된 유리 피라미드의 설계자이기도 하고, 명실상부 근대건축을 대표하는 인물이다. 하지만 화제가 된 것은 도끼모양을 한 첨탑의 끝나는 부분이 홍콩총독부 쪽을 향하고 있는 점이다. 그 때문에 건설 중에 26대 홍콩 총독인 에드워드 유드(Edward Youde)가 북경에서 객사하거나 크리스 패튼(Chris Patten) 총독이 부임하고부터는 영국과 중국의 관계가 삐걱거린다는 것이다. 또한 설계자는 부정하지만 가까이에 새워진 시티은행은 중국은행의 칼을 막아내는 듯한

방패형 모양을 하고 있다. 시티은행 직원이 창문의 블라인드를 내린 채 일하는 광경도 중국은행에 면한 일부 빌딩 안에서 나타나고 있다는 이야기다.

게다가 1993년 6월, 홍콩의 인기 록가수가 일본에서 텔레비전 녹화 중에 사고를 당해 사망한 일이 있다. 이 사고도 소속 프로덕션의 풍수가 나쁘기 때문이라는 소문이 있듯이, 풍수설이 시민생활의 세부에까지 영역을 넓히고 있고, 결국에는 문화센터에도 풍수강좌가 등장했다. 소득수준이 향상되어 내 집 마련의 비율이 상승했기 때문이기도 하고, 주권반환을 목전에 둔 사회불안의 현상이라고도 하지만, 급하게 근대화에 들어선 중국에서도 역시 풍수가 대중화하는 현상이 나타나고 있다.

베트남의 도교

— 우노 고이치로(宇野公一郎, 도쿄여자대학 교수)

중국에서 많은 영향을 받은 베트남. 도교도 그 중 하나인데, 단순한 수입은 아니었다. '베트남적 도교'의 전형을 '진무(眞武)'의 역할에서 살펴본다.

『서유기(西遊記)』는 보편적인 신들의 이야기

북베트남 지방은 한나라 무제 시대로부터 약 1,000년 간 중국의 일부였다. 10세기에 독립정권이 성립한 후에도 베트남은 중국적 질서에 속해 있었다. 당연히 중국에서 유입한 문물이 여러 영역에 침투해 있다. 종교도 그 중 하나이다.

베트남인이 가지고 있는 신들의 세계에 대한 이미지는 일본인과 마찬가지로 막연하다. "부처와 옥황은 어떻게 다른가?"라는 질문을 하면 일본인이 "석가와 아마테라스 오미카미(일본의 태양신)는 어느 쪽이 위인가?"라는 질문은 받은 것처럼 곤란한 표정을 한다. 하지만 이런 종류의 물음에 대해 베트남 사람들은 일본인이라면 절대 하지 않을 듯한 대답을 하는 경우가 있다. 예를 들어, "『서유기』를 보면 신들

728

거북의 등에 올라탄
화려천존동의 진무상

의 관계를 알 수 있어요”라는 말이다. “그건 중국의 소설이잖아요”라
고 말하면, “책은 중국 것이지만 거기 쓰여 있는 신불(神佛)은 중국만
의 것이 아니지요”라고 답한다. 그들에게 『서유기』는 단순한 이국의
통속소설이 아니라 보편적인 ‘신들의 이야기’인 것이다.

물론 베트남의 신계(神界)는 중국의 신계를 그대로 복사한 것만은
아니다. 통계적으로 말하자면 중국에서 도래한 신이 베트남 신계에
서 차지하는 비율은 미미하다. 한편 베트남인이 토착신을 대표하여
자주 예로 드는 사불사(四不死), 즉 사위산신(傘円山神; 단비엔), 시
동자(褚童子; 추동투), 부동(扶董; 후동)천왕, 유인(柳杏; 류하인)공
주의 네 신(신선) 신앙에는 도교색(신선사상)이 농후하게 보인다. 여
기서 ‘도교=중국’이라는 등식을 대입해서 ‘사불사 신앙은 중국적이다’
라고 하면 베트남인의 인식에서 벗어나 버리지만, 보편적 색조가 새

별적인 캔버스 위에서 다양하게 변화하면서 그려진 것으로서 이러한 신앙을 '베트남적 도교'라고 부를 수는 있을 것이다.

그러나 도교라는 것이 단독으로 분리해서 존재하는 것은 아니다. 도교는 무엇보다도 우선 주술로서 존재하고 항상 불교 및 다른 것과 많든 적든 뒤섞여 있다. 그리고 주술로서의 도교는 평야의 베트남인뿐만 아니라 인접한 산지의 소수민족에게도 보급되어 있다. 산지에서는 공산정권의 '미신' 박멸운동에도 불구하고, 혁명 이전의 주술사들이 돈벌이를 위해 사용한 주술도구 일체가 오늘날까지 자손에 의해 소중하게 보존되는 경우가 있다. 그들이 간직한 책에는 불교나 도교의 경전, 베트남적 도교의 서책, 역(曆), 풍수, 액막이 관련서 등이 포함되어 있어 일전에 베트남인들을 통해 진행되어온 '중국화'의 일단을 엿볼 수 있다.

중국으로부터
베트남을 지키는 신

이제 베트남 도교에서 전형적인 신의 하나로, 정진정명(正眞正銘)을 예를 들어보자. 신은 중국에서 도래한 도교신인 진무[眞武; 현천상제(玄天上帝)]이다. 머리를 풀어헤치고 검을 지팡이로 짚고 맨발로 거북뱀을 밟고 있는 이 신은, 요마를 퇴치하고 북방을 진압하는 무신으로서 중국에서 알려져 있는데, 베트남에 온 진무(眞武 또는 鎭武)는 그 본래의 풍모를 유지하면서도 멋지게 베트남화하였다. 그 과정을 간단하게 살펴보자.

거령사(巨靈社) 진무사당에 있는 진무상
높이 3.8m, 무게 4t.
칼을 들고 거북 등에 올라앉아 있다.

먼저 진무는 베트남에 언제쯤 왔을까. 1470년대에 여(黎)나라 성종 (聖宗)이 가뭄 때에 비를 내리거나 반대로 장마를 멈추게 하려고 진 무관(眞武觀)에서 북방진천진무 현천상제(北方鎭天眞武 玄天上帝) 에게 기원한 글이 다수 남아 있다. 기원문에서 고찰할 수 있듯이 성 종은 승룡(昇龍; 탄롱, 하이노) 성 안의 진무관을 성 밖으로 옮긴 것 같다. 그것이 현재의 하이노 북쪽의 서호(西湖) 근처에 있는 진무관 일지도 모르지만 19세기 자료에 의하면 서호의 진무관은 1010년에 이 태조(李太祖)가 하이노에 천도했을 때, 방기(邦畿; 국경지역)를 진정 시키려고 성 서북에 만들었다고 한다. 게다가 독립초기의 정조(丁朝) 와 이전의 여조(黎朝)의 도읍이 놓인 영평성(寧平省)의 화리(華間)에 있는 라용산(羅湧山)의 동굴에도 진무를 모시는 인국신사(安國神祠;

天存洞)가 있다. 20세기 초의 비문에 의하면, 이 신사는 중국 지배시기부터 있었던 것으로 정선황(丁先皇; 딘테이엔호안, 재위 970~979년)이 여기서 기도하고 흰뱀[白蛇]의 도움으로 국가를 통일했다고 한다. 이러한 후대 자료의 주장을 반드시 의지할 수는 없지만 초기의 여러 왕조가 불교와 함께 도교를 존중해서 절과 도관을 짓고 승려와 도사를 조직적으로 관리하려 시도한 것은 연대기에도 쓰여 있다. 중국에서 송나라 조정에서 진무신을 존중한 것이나 명나라 영락제(永樂帝; 그는 베트남을 일시적으로 정복하고 지배했다)가 무당산(武當山; 진무신앙의 본상)에 힘쓴 일 등을 고려하면 여(黎)나라 성종(聖宗) 때보다는 다소 오래된 시대부터 진무가 베트남에서 알려졌다고 생각해도 좋을 것 같다.

베트남의 진무는 중국의 진무와 마찬가지로 북방을 진압하는 무신(武神)이다. 바로 이러한 속성 때문에 진무는 베트남에서 보아 북방, 바로 중국으로부터 베트남을 지키는 역할을 부여받았다. 북베트남에서 진무사(眞武祠)가 위치한 지리적 분포에도 그것이 나타나 있다.

중국에서 베트남을 공격하는 주요루트는 광서(廣西)에서 진남관[鎭南關; 현재의 우의관(友誼關)]을 지나 양산(諒山)에 들어가는데, 먼저 양산에서 남하해서 요충지인 지릉애(支棱隘)를 지나 델타 북쪽 연안의 북녕성(北寧省)을 서남으로 지나치면 홍하(紅河)에 이르게 된다. 그 길을 감싸듯이 북녕성에는 서뢰(瑞雷)의 무당산의 천진무사(天眞武祠)와 홍하 동쪽 연안의 진무사가 있다. 홍하를 건너면 하이노로 거기에는 앞서 언급한 서호의 진무관 등 두세 개의 진무사가 있다. 또한 지릉애를 지나 진남(眞南)으로 델타로 내려오는 길에는 해양(海陽; 하이즈온)의 북방진무신사가 설치되어 있다.

이상이 19세기의 양상인데 북베트남에는 그 외에는 앞서 말한 화려의 천존동이 있을 뿐으로 중국군의 침입로를 노린 진무사의 위치설정이 명료해진다. 또한 보통 진무사는 북향으로 만들어지고 진무의 조상도 북쪽을 향해 둔다.

서호의 진무관은 본래 물가에 있는데, 거령(巨靈)의 진무사 앞(북쪽)에는 연못을 파고 화려의 천존동 안에는 우물이 있듯이 진무는 물(물은 목·화·토·금·수 중에 북방에 속한다)과 관련되어 있다. 15세기의 여(黎)나라 성종(聖宗)이 특히 진무에게 강우량을 제어해 달라고 기도한 것도 진무와 물의 관련을 중시했기 때문일지도 모른다. 중부 베트남의 후에에 도읍을 옮긴 19세기의 안(阮; 구엔) 왕조는 궁성의 북쪽 진북안 신사(鎭北安 神祠)에 진무를 모시고, 매년 각지에서 치수가 안전하다는 보고를 받으면 신사에 예물을 바쳤다.

신화와 전설에 등장하는 진무

실천적인 의례와 주술에 비해 설화로서의 진무의 도입과 정착은 꽤 늦다. 중국에서 진무의 사적은 도교 경전 외에 진무를 주인공으로 한 『북유기(北遊記)』라는 통속소설에서도 언급되고 있는데, 19세기 베트남인은 경전보다도 『북유기』를 즐겨 인용했다. 게다가 베트남의 신화와 전설에 나타나는 신이나 영웅을 진무의 화신이라고 보고, 원시 시대부터 진무가 베트남에서 활약한 것으로 하여 설화를 만들고 변형하는 시도도 이루어졌다. 베트남의 신화와 전설에는 거북이나 수신(水

神)이 중요한 역할을 담당하는 경우가 있고 중국의 침략을 격퇴하는 영웅도 많기 때문에 진무의 활약무대를 만드는 것은 용이한 일이었다.

만약 이러한 조작이 훨씬 더 이전에 보다 광범위하게 일어났다면 베트남 설화는 지금과는 상당히 달라졌을지도 모른다. 그러나 실제로는 진무든 사불사(四不死)든 이야기로 만들어진 것은 어느 정도 최근에 와서 시작된 것으로, 예부터 존재한 텍스트를 대신할 시간적 여유가 없었다. 다른 말로 하면, 윤색도가 다른 여러 이전(異傳)이 존재하는 것이다. 그러나 그것들은 설화의 변용이나 '도교화'의 과정을 아는 데에 있어 재미있는 자료를 제공해준다.

이상 간단하게 베트남의 진무를 소개했는데, 베트남의 진무를 중국 광동성의 불산충의향(佛山忠義鄉)의 진무와 비교해보면 그 차이를 잘 알 수 있다. 국경의 저쪽에서 진무는 해적 등을 퇴치하는 강한 신에 지나지 않지만, 이쪽에서는 어디까지나 북방을 진압하는 무신으로서의 가치가 있었던 것이다. 이것은 베트남에서 중국의 문물을 상당히 의식적이고 선택적으로 받아들인 경우가 있었음을 시사해준다.

한국의 도교

— 노자키 미쓰히코(野崎充彦, 오사카시립대학 교수)

왕조와 운명을 함께 하면서
민중으로 침투해간 족적을 쫓는다.

고대 조선으로의
도교전래

도교는 먼저 고구려를 거쳐 한반도로 전해진 듯하다. 고구려, 백제, 신라라는 고대 한국의 여러 국가의 흥망을 색채 풍부한 에피소드로 그려낸 역사서 『삼국유사』13세기 편찬에는 고구려 사람들이 앞 다투어 오두미도(五斗米道)를 신봉한다는 것을 전해들은 당나라 고조(高祖)가 고구려에 도사와 천존상(天尊象)을 보내고 『노자』를 강의하게 했다는 기록이 보이기 때문이다. 세3권 「보장봉로(寶藏奉老)」조 624년 2세기에 중국에서 대이나 5세기에는 신천사도(新天師道)로 발전했을 것으로 보이는 오두미도는 왜 이 시기 고구려에서 신봉되었을까? 의문은 남지만 어쨌든 7세기 고구려는 국가의 존망을 걸고 외교를 전개하던 중이었고, 그 도교신앙의 배경에는 국가시호(國家鎭護)의 절실한 연원이 담겨 있던 것이 분명하겠다.

백제에 관해서는 한국 쪽에 명확한 기록은 없지만, 일본의 스이코(推古) 천황 때 백제가 전해준 문물 중에 『논어』나 『천자문』한자 학습서과 함께 도교적인 방술이 포함되어 있었던『일본서기(日本書紀)』스이코 10년것으로 보아 백제에도 도교가 전파되어 있었다고 생각한다.

신라에 대해서는 삼국통일의 영웅인 김유신 장군(595~673년)이 제단을 쌓아 하늘에 기도하고 신비로운 힘을 가졌다는 이야기나, 그의 현손(玄孫)에 해당하는 김암(金巖)이 둔갑법(遁甲法)이나 육진병법에 뛰어나 메뚜기 떼의 퇴치에 공을 새운 일이 전해지고 있는 것으로 보아, 역시 이른 시기부터 도교의 영향이 강했던 것 같다. 또한 9세기 전반에 당나라에 유학한 김가기(金可紀)는 신라에 수련도교를 전한 후에 다시 당나라로 건너가 그곳에서 신선이 되어 승천했다고 하며, 그 이야기가 중국의 신선설화집인 『열선전(列仙傳)』에 남아 있어서 주목된다.

고려의 도교, 국가진호와 주술

통일신라를 이은 고려에서는 국가 종교의 위치를 점하고 있던 불교가 강한 영향을 미치고 있었지만, 한편에서는 도교도 착실하게 뿌리를 내리고 있었다. 예를 들어 본래는 전사자의 명복을 비는 불교행사였던 팔관재(八関齋)가 확대되어 천령(天靈)이나 명산대천을 모시는 도교적 성격을 띠게 된 것에서도 알 수 있다.

　고려 도교의 상징적 존재는 뭐니뭐니해도 12세기 초반에 도읍이었던 개성에 설치된 복원궁(福源宮)이겠다. 도교 황제라고 불리는 송휘종(徽宗, 재위 1100~1125년) 치하의 북송을 방문한 이중약(李仲若)의 건의로 당시 고려의 왕 예종(睿宗, 재위 1106~1122년)이 조성하여 운영한 복원궁에서는 송나라에서 파견된 도사가 훈도(訓導)를 담당했다고 한다. 또한 예종은 궁정 안에 세운 옥촉정(玉燭亭)에 원시천존상(元始天尊象)을 안치하고 자연의 조화와 풍작을 기원하는 월초(月醮; 매달 지내는 도교제사)를 행하기도 했다.

　예종은 이 외에도 태일초(太一醮), 노인성제초(老人星祭醮), 본명성숙초(本命星宿醮) 등의 재초(齋醮; 기도와 액막이)를 재위 중에 30회나 거행했는데, 이것을 보더라도 도교에 경도(傾倒)된 정도를 알 수 있다. 풍수나 주술에 현혹되어 신하에게 쿠데타를 당하고 결국에는 살해된 불우한 군주로서 알려진 의종(毅宗, 재위 1147~1170년)은 특히 성초(星醮)를 많이 행해서 국가 재정이 핍박해질 정도였다.

　1370년 명나라 태조(太祖)가 조천궁(朝天宮)의 도사 서사호(徐師昊)를 고려로 파견하고 한국의 산천을 제사 지내고 자신의 위세를 새겨 넣은 비석을 세우게 했을 때, 당시의 왕이었던 공민왕(恭愍王)은 도사가 주술로 자신에게 해를 입힐 것을 우려해서 몸을 숨겼다고 한다. 궁정 쿠데타와 원나라 외적[元寇]이라는 내우외환에 흔들린 고려시대는 또한 주술에 놀아난 시대였지만, 한국 도교는 그 한 부분에 큰 위치를 차지하고 있었던 것이다.

조선의 도교, 국가도교의 종언과 민간으로의 침투

　고려왕조를 무력으로 타도하고 새로운 정권을 수립한 이성계(李成桂)는 개인적으로는 태백금성(太白金星)을 제사 지내는 등 도교적 신앙을 가까이 했다고 전해진다. 하지만 고려와는 달리 유교를 국교로 한 조선에서는 도교가 이단으로 배척받게 되었다. 이성계의 즉위 후, 그때까지 있었던 복원궁이나 구요당(九曜堂), 태청관(太淸觀) 등 도교적 시설은 폐지되고 소격전(昭格殿; 제초 의식을 지낸 곳)만이 남겨졌다. 풍수 논의 때문에 두세 번 바뀐 천도 문제는 1394년 이 소격전에서 척전(擲錢; 동전으로 치는 점)에 의해 결말이 지어지고, 한양(漢陽)으로 결정되었다. 이후 세조(世祖) 12년(1466년)에 소격전은 소격서(昭格署)로 개칭하고 규모도 축소되었다. 소격서는 도사에 대해 고과(考課; 시험)와 도첩(度牒; 허가증)을 발행하는 권한을 가지고 성신(星辰) 관련의 초제를 담당했는데, 이것조차도 하늘을 제사지내는 것은 한 명의 천자(중국의 천자)에게만 허락된 행위로 일개 제후에 지나지 않는 조선의 왕이 행하는 것은 분수에 지나치다고 유학자들에게 공격을 받아 중종(中宗, 재위 1507~1544년) 때에 폐지되었다. 그 후 중종의 모친 병 치료 기원을 위해 초재가 일단 재개되었지만, 임진왜란에 의해 다른 많은 궁전과 함께 불타고 이후 두 번 다시 행해지는 일은 없었다. 여기서 호국 종교로서의 도교는 종말을 고한 것이다. 덧붙여 이때 조선을 구원하러온 명나라 군대에 의해 관우(關羽) 신앙이 전해지고, 결국 관제묘(關帝廟)가 각지에 세워지게 되어 오늘날까지 그 모습이 남아 있다.

서울의 관제묘

　조선 도교의 또 하나의 특징은 내단(內丹)과 같은 수련도교에 대한 관심이 높았다는 점이다. 여기에는 오래 전 신라의 김가기(金可紀) 이래의 계보를 주장하는 경향도 있지만, 실제로는 조선 전기의 방랑적 대문학자인 김시습(金時習, 1435~1493년)으로부터 시작한 듯하다. 그는 유·불·도의 깊은 소양을 발휘해서 '용호(龍虎)'라는 내단 수련법을 간결하게 써서 남겼다.『매월당집(梅月堂集)』제17권 그 후 정희량(鄭希良)이나 정렴(鄭磏), 박지화(朴枝華) 등 '해동선파(海東仙派)'가 형성되었고, 조선만의 독특한 선인(仙人)의 계보가 생겨나게 된다. 그들은 이른바 방외인(方外人)으로서 체제비판적인 입장을 취했지만, 체제 안에서 생활했던 사대부들에게도 도교는 수용되었다. 그것은 양생법(養生法)으로서의 도교였다.

　양생법으로서의 도교는 양반(조선의 사대부) 속에 침투해서『주역참동계(周易參同契)』등의 서적이 중시되었다. 조선에서 으뜸가는 대학자 퇴계 이황(李滉, 1501~1570년)노『참동계』에 익숙했던 점을 문집에 저고 있고, 권극중(權克中, 1560~1614년)처럼『주역참동계주해(周易參同契註解)』를 저술하는 인물도 출현하게 된다. 양생법, 폭 넓게 말하면 의료기술은 고려 때부터 관심을 받았지만, 그 전통이 조선에 들어서 의료서의 걸작인『동의보감(東醫寶鑑)』허준, 1613년으로 결실을 맺는다. 이 책은 중국이나 일본에서도 높이 평가되고 사용된 책인데,『황정경(黃庭經)』이나『영추(靈樞)』라는 도교에서는 친숙한 경전의 이름이 빈출하는 것으로 보아 내단수련법의 영향을 크게 받은 것으로 보인다.

한편 민간에서 도교는 여러 주술이나 민속신앙으로서 정착해갔다. 그 하나로 '판수'라고 불리는 맹인 승려가 있다. 판수는 병든 사람의 머리맡에서 '옥추경(玉樞經)'이라는 도교경전을 낭송하면서 신비한 주술 기도를 행했다. 판수는 1960년대까지 존재했다고 이야기되지만 지금은 단절된 것 같다. 그러나 이러한 도교적인 민간신앙은 예를 들어 부적과 같은 주술에, 또는 성신신앙은 삼성그룹이나 금성전기라는 대기업의 네이밍에 그 흔적을 남기고 조용히 그 명맥을 보전하고 있는 것은 아닌가 한다.

야오족의 도교와 풍수

— 요시노 아키라(吉野 晃, 도쿄가쿠게이대학 교수)

많은 전통을 현재까지 계승하고 있는 산지민족 '야오족'. 도교와 고유의 정령신앙을 습합한 '야오도교'를 타이북부 미엔족의 의례를 통해 살펴본다.

한족문화를 유연하게 받아들인 야오족

야오족은 중국남부(후난, 광둥, 광시. 꾸이주, 윈난), 동남아시아 대륙 북부(베트남, 라오스, 타이)의 산지에 분포하고 화전경작을 주요 생업으로 살아온 민족이다. 야오족 중에는 언어나 문화적으로 다른 몇몇 집단이 포함된다. 미엔족도 그 중 하나이다. 타이의 야오족은 모두 미엔족이고 타이 국내의 인구는 약 3만 6,000명이다. 이 글에서는 야오족이라는 명칭으로 이 미엔족을 가리키기로 한다. 미엔족은 야오족 중에서도 가장 이동성이 강한 부족으로 이동 경로로시는 크게 말해서 동북에서 남서로의 방향으로 이동해 왔다.

야오족은 후난성(湖南省)이나 광둥성(廣東省) 등이 중국남부에 한족보다도 이전부터 분포한 민족이었다. 한족이 전점 남히해서 중국

남부에 이르러 야오족과 접촉하고 교류하게 되었다. 한족과의 접촉과 교류에서 야오족은 한족으로부터 문화적 요소를 많이 수용했다. 현재 타이 산지민(山地民; 그 중에는 중국에 걸쳐 분포하고 있는 민족도 있다) 중에서 한자를 사용하는 것이 야오족뿐이라는 것에서도 보이듯이, 야오족은 종래 한자를 약속사항의 기록이나 의례 등에 사용해 왔다. 야오족의 의례와 세계관도 한족문화의 영향을 크게 받았다. 그 영향 속에 도교적 요소도 강하게 보인다.

그러한 야오족의 의례 체계를 '야오도교'라고 부르는 연구자도 있다. 사흘간 밤낮으로 진행되는 대규모 의례에서는 원시천존(元始天尊), 영보천존(靈寶天尊), 도덕천존(道德天尊)의 '삼청(三淸; 환췬)'을 수장으로 하는 신들의 화상(畵像)을 벽에 걸고 그 신들에게 정성을 들여 청하는 경우가 많다. 이들 신을 '대당신(大堂神; 톰 톤 미엔)', 그 화상을 '대당화(大堂畵; 톰 톤 환)'라고 한다. 대당신은 삼청 이외에도 옥황(玉皇), 성주(聖主), 이천사(李天師), 장천사(張天師), 행사(行司), 대위(大尉), 양간수부(陽間水府), 천부지부(天府地府), 가선(家先), 십전명왕(十殿冥王), 대당해번(大堂海旛), 소해번(小海旛), 등원수(鄧元帥), 조원수(趙元帥)라는 복수의 신들이 만다라처럼 히에라르키(Hierarchie)를 형성하고 있다. 수십 매에 이르는 이 화상은 족자 같은 형태를 하고 있다. 보통 때에는 말아서 보관하고 의례 장소에 펼쳐서 벽에 걸고 신들을 맞이하여 제사 지내는 것이다. 이러한 족자식 신상(神像)은 화전경작을 하는 이들이 이주생활에 적응하여 휴대하기에 편리한 형태로 만든 것이다.

야오족은 한자로 쓰인 의례 문서를 사본의 형태로 전해왔다. 그러한 의례 문서는 시라토리 요시로(白鳥芳郞)편『요인문서(傜人文書)』

강담사, 1975년에 사진판으로 수록되어
있다. 이러한 문서류에 근거한 야오
족의 도교적 의례 체계의 연구가 진
행되었다. 야오족의 의례는 송대의
천심정법(天心正法)이라는 도교운동
의 영향 때문이었다는 설이 유력하
다. 그러나 타이의 야오족의 의례 지
식에는 반드시 하나의 종파의 지식

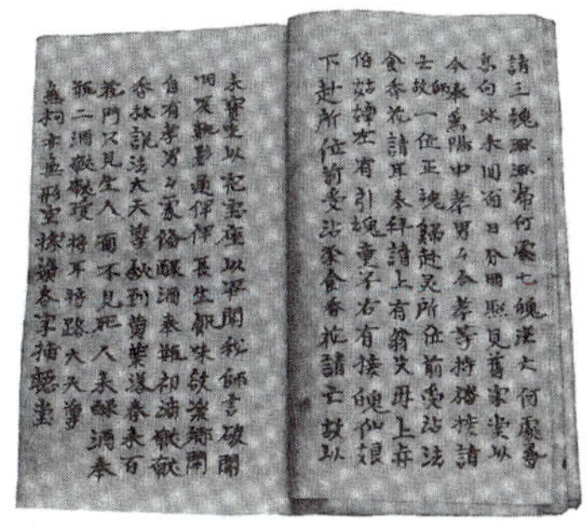

야오족의 의례 문서

만이 들어가 있던 것은 아니다. 도교의 영향이 도달하기 전부터 야오
족이 가지고 있던 신앙의 요소도 보인다. 또한 현대에는 타이화가 진
행되고 있는데, 이전에는 타이 북부 산지에도 한족의 집단 미을이 많
이 있어 한족의 행상인도 야오족 부락에 출입하고 있었다. 한족 교사
를 고용해서 자제에게 한학을 가르친 습관은 꽤 최근까지 야오족에
게 보였다. 이러한 한족과의 접촉에서 여러 한족 문화의 지식을 지속
적으로 받아들인 것이다.

야오족이 사본으로 전해온 의례 문서의 내용도 수미일관된 교의로
쓰여 있다고는 말하기 어렵고 다양한 종파의 영향을 볼 수 있다. 본래
사본을 다시 베껴 쓰는 반복을 거친 문서이므로, 오랜 세월 동안 잘못
베낀 글이 누락되거나 첨가되는 등 현재 타이에서 볼 수 있는 문서 중
에도 표현이나 어구의 차이가 눈에 띄다 사제간에도 이레나 경전에
관한 지식은 다양해서 동일한 글에 대해 여러 해석이 행해진다.

또한 홍콩이나 방콕에서 인쇄된 중국의 농력(農曆)은 시골마을의
상점에서도 팔고 있고 야오족의 사람들도 쉽게 손에 넣고, 날의 길흉
을 판단하는 데에 이용하고 있다. 그러한 여서(曆書)에 기재된 짐이

나 풍수지식도 야오족 사람들은 유연하게 받아들이고 있다. 야오족
의 의례 지식은 천심정법(天心正法)을 주축으로 한 도교 여러 종파
의 의례와 야오족이 그 이전부터 가지고 있었던 정령신앙과의 습합
으로 성립했고, 더욱이 한족의 민간신앙의 잡다한 지식이 더해진 것
이라고 할 것이다.

남성 모두가
취득하는 사제자격

　의례를 집행하는 사제(祭司)는 일본의 승려나 신관(神官), 타이완
의 도사와 같은 프로의 전문가는 아니다. 의례 지식은 일부 전문가에
게만 독점되어 전승되고 있는 것이 아니다. 정도의 차는 있지만 의례
지식은 야오족 남자 사이에 넓게 잘 알려져 있다. 그 중에서 의례 지
식을 축적한 사람이 의뢰를 받아 사제 역할을 행한다. 따라서 하나의
마을 안에 몇 명이나 사제[설귀인(設鬼人)·주사인(做師人)]가 있는
셈이 된다. 이들 '사제'는 보통때는 농사일에 종사하고 의뢰를 받으면
사제의 역할을 수행한다.
　타이의 야오족의 제사 제도의 특징은 형식적으로 모든 남자가 사제
자격을 취득해야 한다는 점이다. 야오족에는 영적인 등급을 결정하
는 일련의 의례가 있다. 그것은 괘등(掛燈; 콰 탄), 도계(度戒; 도 사
이), 가직(加職; 갸 체), 가태(加太; 갸 타이) 순서로 되어 있고 이후
의 의례만큼 규모가 커진다. 높은 단계의 의례를 거침에 따라서 영적
인 등급이 높아지고 수호령의 수도 늘어난다. 제1단계의 '괘등'은 일

종의 성인식이기도 한데, 대개 12세쯤에 행하는 것이 원칙이지만 그 이전에 받는 예도 있고 경제적인 이유로 13세 이후가 되어 받기도 한다. 어쨌든 야오족 남자라면 한 번은 통과해야하는 의례이다.

흥미로운 점은 이 의례가 형식상 도사의 서임식과 비슷한 형식을 가지고 부친 등 부계친족을 스승으로서 사제관계를 확립하고, 제사 자격을 인증하는 상징적 표현을 나타내고 있다는 점이다. 다만 타이완 등의 한족의 전문가 도사의 서임과 다른 점은 이 의례를 부계친족의 남자 집단에서 받는다는 점이고, 또한 원칙적으로 야오족의 모든 남자가 받는다는 점이다. 이 점에서 야오족의 사제제도를 '총제적 사제제도'(collective priesthood)라고 부르는 연구자도 있다. 이 괘등 의례에서 인정되는 사제 자격은 형식적인 것인 것이지만, 실제로 사제 역할을 행하기 위해서는 의례에 관한 지식이 필요하다. 의례 지식의 취득에 열심인 사람도 있고 그렇지 않은 사람도 있어 특정 사람에게 사제 역할이 집중되는 것이다.

의례의 종류는 여러 가지로 조상제사[祖上祭祀; 초도(超度)*, 안분(安墳), 상가선(尚家先), 상귀(尚鬼), 수병(收兵) 등]이나 수혼의례[收魂儀禮; 가교(架橋), 규혼(叫魂), 속혼(贖魂), 창혼(搶魂) 등], 공덕조성의례[功德造成儀禮; 앞에서 든 괘등* 등], 인생의례[人生儀禮; 송종(送終; 장의)*, 첨인구(添人口), 주친가(做親家; 혼례) 등], 소원빌기[허원(許願)], 반례(反禮; 還願)], 토지령제사[土地靈祭祀, 설지방귀(設地方鬼), 설지귀(設地鬼) 등], 곡령제사[穀靈祭祀; 조도혼(招稻魂) 등], 반황제사[盤皇祭祀; 가당(歌堂*)] 등 여러 종류가 있다. (*표를 한 것은 대당화(大堂画)를 사용하는 의례이다.) 이들 중에는 강신(降神)을 동반하는 샤먼[발동인(發童人)]이 참가하는 것도 있다. 샤먼은 사제와는 다른 종류의 종교적 직능이고, 그 의례 지식은 역시 능력과 의욕이 있는 자가 자발적으로 획득하는 것이다.

도교적 지식과 함께 풍수지식도 야오족 속에서 보인다. 밭을 태우고 새로운 마을을 만들 때에는 지형이나 물의 흐름을 검토하고 마을의 입지를 선정한다. 또한 묘를 만들 때에도 역시 풍수의 입지조건이 좋은 곳을 골라 매장한다. 이러한 입지조건의 검토에는 한족의 풍수에서도 볼 수 있는 청룡산, 백호산, 청룡수, 백호수, 후배산 등의 개념이 사용되고 있다. 이러한 풍수지식도 사제가 전승해온 것이지만 지형판단 등의 자세한 부분의 판단에는 다른 의례지식과 마찬가지로 사제에 따라 다양한 해석이 보인다.

어쨌든 도교적인 요소를 다분히 포함한 야오족의 의례 지식은 세습 등의 닫힌 체계가 아니라 열린 체계로 전승되어 왔다. 그러나 현재는 타이에 학교 교육이 보급되어 의례 지식을 취득하는 자는 줄어들고 있다. 한자를 모르는 사람이 늘어나고 있으므로 조만간에 야오족의 의례는 행하지 않게 될 거라고 걱정하는 노인도 있다. 타이의 야오족 의례 체계가 어떻게 변용해 갈지 현재는 그 분기점에 있다고 하겠다.

여기서는 야오족의 의례에 대해 극히 간단하게 소개하는 데에 그쳤다. 더욱 자세한 해설로는 Jacques Lemoine의 Yao Cere-monial Paintings (White Lotus, Bangkok, 1982)나 다케무라 다쿠지(竹村卓二)의 저서 『야오족의 역사와 문화─화남, 동남아시아 산지민족의 사회인류학적 연구』고분도(弘文堂), 1981년 등을 참조하기 바란다.

동남아시아 화교사회의 도교

— 요시와라 가즈오(吉原和男, 게이오대학 교수)

공산당정권으로부터 벗어나 화교에 의해 동남아시아에 퍼진
덕교란 무엇인가.

본고에서는 도교라기보다도 도교의 요소를 가진 민중종교인 덕교
(德敎)를 다루고 싶다. 덕교는 이제까지 연구자에게 별로 알려지지
않은 종교이다. 여기서는 타이의 덕교를 예로 들어 그 특징을 서술해
본다.

『도덕경』을 근본으로 한 덕교(德敎)의 교의

덕교는 현재에는 주로 홍콩, 타이, 말레이시아, 싱가포르의 중국
계, 즉 조주지방의 언어[朝州語]를 모어로 하는 사람들 사이에서 주
로 신앙되는 종교로, 제2차 세계대전이 시작할 즈음에 중국내륙의 동
남부에 위치한 광둥성(廣東省) 챠오주(潮州)지방에서 생겨났다. 숭

일(中日)사변에 의한 불안한 사회정세를 배경으로 이 지방에 예로부터 전해오는 부계(扶乩; 후치)라는 강령술[부기(扶箕)라고도 한다]을 기초로 한 새로 조직된 종교였다.

영매에 의해 전해지는 신령의 메시지에 따라 사람들은 걱정이나 고민을 해결하거나 병을 치료했다. 이 지방에서는 부계가 행해지는 시설 혹은 조직으로서 선당(善堂)이라고 불리는 것이 있었다. 그 중심이 된 사람들은 신령의 탁선(託宣)을 글자로 쓸 수 있는, 즉 비교적 교양수준이 높은 사람들과 또한 그것을 경제적으로 지탱한 유복한 계층이었다. 선당이라고 불리는 것은 신령의 탁선을 기록한 소책자인 선서(善書; 권선서라고도 한다)를 세상 사람들에게 무료로 배포하는 것으로 사람들에게 적선(積善)을 권하고 동시에 그에 의해 선당을 지지하는 사람들 자신도 선을 쌓게 된다고 생각되었기 때문이다.

선당은 선서의 배포 이외에 자선활동을 활발히 행했다. 그 지역의 빈곤이나 병으로 괴로워하는 사람들 혹은 재해를 당한 사람들에게 식품, 의류, 의료품 등을 준 것이었다. 이 활동도 적선 사상에 근거해 종교적 의의가 부여되어 있었다.

이러한 선당의 종교 의례로서의 부계와 자선활동을 계승해서 새롭게 조직적인 종교로서 덕교가 결성된 것이었다. 1943년에는 '덕교의식'이라고 이름 붙은 교전(敎典)이 작성되었는데, 그 속에는 10가지 덕[효(孝), 충(忠), 제(悌), 의(義), 예(禮), 신(信), 지(智), 염(廉), 치(恥), 인(仁)]을 실천하고 이것을 세계에 퍼뜨리는 것이 덕교의 목적이라고 한다. 덕교의 교의를 전문적 입장에서 연구한 노구치 데쓰로(野口鐵郎) 교수가 노자의 『도덕경』을 개편한 것이 덕교의 교의라고 고찰했듯이, 의례면에서도 현재 각지의 덕교 조직의 제단에 모셔지는 숭배대상도 도교의 그것이 중심이다.

1940년대에 국내 신자 총수는 1만 세대를 넘는다고 전해지고 있다. 1949년에 공산당 정권이 수립된 이후, 덕교는 중국이 아니라 종교와 신앙이 비교적 자유로운 홍콩 및 동남아시아의 나라들에서 퍼진 것이다. 이것은 포교를 금한 새로운 정권을 꺼려 영국령 홍콩으로 피난하거나 동남아시아에 화교가 되어 나간 신자에 의해 덕교가 전해진 것을 의미한다. 그리고 해외에서 퍼지는 과정에서 덕교는 변용해가는 것이다.

화교에 의해
타이로 전해진 덕교(德教)

덕교가 제2차 세계대전 후에 방콕에 전해진 것은 타이 태생으로 어릴 때부터 부친의 고향인 조주에서 교육을 받은 인물에 의해서였다. 1950년대에 처음 결성된 조직이 현진선당(玄辰善堂)이라고 명명된 것은 흥미롭다. 당시 타이에서 화교는 공산당정권의 중국과 결부되어 있었기 때문에 종교단체라고는 해도 용이하게 인가되지 않았다. 그 때문에 자선사업결사라는 체재를 취하고 유력 정치가의 지원을 받아 인가를 얻거나 혹은 이선에 국왕에 의해 세워진 베트남 불교사원의 성내에 기숙해서 조직을 발족시키는 등 여러 방법을 궁리했다. 베트남 불교는 잘 알려졌듯이 중국 불교를 기초로 했기 때문에 화교에게는 타이 불교보다노 친숙했던 것이다.

현새 타이에는 방콕을 중심으로 45개 정도의 덕교 조직이 있다. 그 중에 1961년에 설립된 세각선당(世覺善堂)은 가장 유력한 조직이다. 당시 사릿 내각(타이의 14대 총리)의 유력자인 타놈 의부(義父)를 단체등록 때에 명의인의 한 사람으로 해서 설립된 세각선당은 현진선당과 함께 자선단체로서 인가되었다.

세각선당의 제단에 모셔진 신들은 다양하다. 당우(堂宇)의 1층에 있는 큰 제단에는 타이 불교사원에서 자주 보이는 아름다운 석가좌상이 놓여 있다. 그리고 2층의 중앙제단에는 도교의 최고신격이라는 옥황상제[혹은 관제(關帝)]를 중심으로 노자 외에 광동성 조주지방에서 인기 있었던 선인(仙人), 불승(佛僧) 등 여섯 체의 입상이 놓여 있다. 옥황상제 이외는 부계 의례 때에 영매에게 강령하는 신불이다.

여기서 흥미로운 점은 1층의 불전(佛殿)이다. 이것은 세각선당의 현재 당우가 건설된 1966년부터 있었던 것이 아니라 1970년대 말에 신설된 것이다. 초기 당우에는 작은 석가상이 놓여 있었는데, 별로 중요시되지 않았다. 그러나 1979년에 임원회에서 탁선에 따라 타이 양식의 불상을 중국 양식의 제단에 모실 것을 결정했다.

금색이 찬란한 타이 불교미술사에서 높이 평가되는 아름다운 스코타이 양식의 석가상이 타이의 덕교조직에 모셔진 것은 주목할 만하다. 덕교의 교의에는 세계 5대종교인 불교, 도교, 유교, 그리스도교, 이슬람교의 근본 가르침이 포함된다고 하며, 이들의 시조 인물도 동등하게 숭배하고 공경하지만, 숭배대상이 모셔지는 장소로서의 제단에는 이들 상징이 모두 놓여지는 것은 아니다. 타이의 덕교에서도 도교적 신선을 중심으로 거기에 중국인 불승(佛僧)을 합쳐서 숭배하고 있는 것이다.

새롭게 불전이 설치된 이유는 무엇일까? 세각선당에 의하면 불교,

도교, 유교의 3교는 본래 하나이므로 불교는 도교와 같이 숭배되고 공경을 받아야 하지만 그것이 실현되고 있지 않은 셈이다. 그러나 타이 이외의 덕교에서는 결코 석가상이 특별히 중시되는 일은 없으니 다른 이유도 함께 생각해볼 필요가 있다.

덕교가 놓인
정치적, 사회적 환경

세각선당에서는 매년 음력 7월 20일에 우란분(盂蘭盆) 의례를 행한다. 1980년대에 관찰된 사례에서는 이미 말한 베트남 불교사원에서 맞이한 승려(중국계)에 의한 불교적 시아귀(施餓鬼) 의례와 함께 부계에 의한 강령 의례와 정화 의례가 행해진다. 여기에도 불교적인 것과 도교적인 것의 혼합이 보인다.

시아귀의 대상이 되는 사자의 영혼에는 덕교 신자의 친족의 영혼 이외에도 인도차이나반도의 난민의 영혼이 포함되는 것이 흥미를 끈다. 난민의 영혼이란 타이의 인접국에서 사회주의정권의 성립이 탄생하면서, 이 정권을 피해 피난하는 도중에 죽거나 타이 국내의 난민 수용 캠프에서 죽은 사자(死者)를 말한다. 적절히 제사 받지 못하는 영이나 불행하게 죽은 사람들의 영혼은 살아 있는 자에게 저주를 한다는 중국인의 사고방식을 배경으로 그 영혼을 달래는 것은 사회에 공헌하는 것이 되며 덕교의 교의에 일치한다. 또한 그뿐만이 아니라 난민의 영혼을 달래는 것에 의해 그러한 희생자를 낳은 이웃나라의 사회주의 정권을 간접적으로 비판하는 것도 된다.

타이 국적을 가지고 타이어를 자유롭게 사용하는 중국계 사람은 많지만, 그 중 스스로 문화적, 민족적으로 중국인이라고 생각하는 사람은 화교라고 간주된다. 그들 종교의 하나인 덕교를 이해하기 위해서는 그들이 놓인 사회적, 정치적 환경뿐만 아니라, 그들의 모국인 중국의 정치상황과 중국과 이주국 간의 외교관계 및 이웃나라의 정치상황까지 고려해야 한다. 그들은 타이 국민이지만 동시에 문화적, 민족적으로 중국과 깊은 연결을 유지하고 있기 때문이다.

도교는 중국문화를 상징하므로 그것을 과도하게 강조하는 것은 타이인 문화와의 사이에 마찰을 발생시키게 된다. 따라서 스스로 중국적 문화로의 애착과 자부심에 손상을 받는 것은 바람직하지 않기 때문에 균형 있는 대처가 필요해진 것이다. 세각선당의 제단에서 도교적 요소가 우월한 2층 제단과 타이의 불교문화를 강조하면서도 중국적 양식으로 만든 1층의 제단으로 나뉘어 이중 구성이 되어 있는 것은 그 예라고 하겠다.

오키나와의 도교와 풍수

— 쓰즈키 아키코(都築晶子, 류코쿠대학)

무역 중계지로서 번영한 류큐(琉球)에는 도교의 신들이나 그 습속의 일부가 전해졌다. 또한 풍수는 본토와는 다른 형태로 유입되고 큰 사회적 영향력을 끼쳤다.

구메무라(久米村)에서 유입된 도교의 신들

오키나와(沖繩)는 현재에는 일본의 현(縣) 가운데 하나이지만, 명치(明治)시대 이전에는 동아시아의 해상무역의 거점으로서 일본 본토와는 다른 역사를 거치고 다른 사회를 만들어 류큐(琉球)라고 불리는 국가를 형성해 왔다.

오키나와가 아시아 역사의 무대에 등장하는 것은 중국에서는 명나라가 성립하고 일본에서는 무로마치(室町) 막부가 전성기로 향하는 14세기 후반이다. 류큐는 명나라를 종주국으로 섬기고 외교관계를 맺고 그 보호 하에서 중국, 한국, 일본, 동남아시아를 연결하는 중계무역을 했다. 이 중계무역에서 항해사, 통역, 외교관으로 활약한 것은 중국 복건성에서 이주해서 나하(那覇; 오키나와 현청 소재지)에 '구메무라'라는 거류지를 구축한 중국인이다. 15세기부터 16세기에 걸쳐 류큐의 화교사회는 크게 발전하고 왕정에도 참가한다. 그러나 16세기 후반 이후 중계무역이 쇠퇴하자 이 화교사회는 급속하게 쇠퇴해 갔다.

1609년 류큐는 사쓰마[薩摩; 규슈의 가고시마(鹿児島)현 서부]의 지배하에 들어간다. 이는 류큐의 근세의 개막을 의미했다. 사쓰마는 류큐에게 명나라, 이어서 17세기 중반에 성립한 청나라와 외교관계를 맺는 것을 용인하고 중국과의 간접적인 교역도 맺었다. 이 때문에 류큐왕부(王府)는 이전에 화교의 후예, 새롭게 류큐로 온 중국인, 게다가 류큐인도 구메무라 적(籍)에 넣어 구메무라를 재편했다. 이렇게 성립한 근세 구메무라는 이제 화교사회와는 이질적인 것이 되었다고 하겠다. 17세기 후반이 되면 구메무라의 자제는 중국에 유학해서 새로운 중국 문화를 배우거나 청조와의 외교의 담당자가 되어 17세기말에는 왕부에서의 지위도 높아졌다.

구메무라에는 도사가 이주한 흔적은 없다. 그런 의미에서는 아시아 각지의 화교사회와는 다르다. 하지만 이 구메무라를 발판으로 중국에서 도교계의 신들이나 습속, 풍수가 전해진 것이다.

류큐의 화교는 고향의 여러 신앙을 가지고 왔음에 틀림없다. 화교 사회가 대두하는 15세기 전반, 도교가 슬쩍 모습을 보인다. 중국인으로 풍수술에도 통달했다고 하는 재상인 회기(懷機)는 권세를 휘두르고 있던 용호산(龍虎山)의 장천사[張天師; 제45대 쟝쥬양(張九陽)]에게 편지를 보내 국왕과 자신을 위한 부적을 얻었다. 그 전후에는 구메무라에 천존묘(天尊廟), 상천비궁(上天妃宮)과 하천비궁(下天妃宮)이 건립되고 국왕으로부터 범종이 희사되었다. 화교사회의 정비가 진행되었던 것이겠다.

천존묘는 류큐의 외교사절로서 명에 건너간 화교가 신상을 만들어서 가지고 와서 구메무라에 사당을 건립한 것이라고 한다. '천존(天尊)'은 도교의 고위의 신들에게 주어지는 존호이다. 그러나 처음에 가지고 온 천존이 어떤 신격인지는 불명확하다. 근세 18세기 이후에는 '구천응원뇌성보화천존(九天應元雷聲普化天)'을 모시고 있다. 뇌성보화천존은 여러 뇌신(雷神)을 통괄하는 고위의 도교신이다. 중국동남연해부의 뇌신신앙을 배경으로 북송 때에 등장하여, 강우(降雨) 등에서 여러 가지 영험이 있고 명청시대에도 인기가 있었던 신격이다.

류큐에서는 청나라시대에 복건성에서 출판된 '옥갑기통서광집(玉匣記通書廣集; 일종의 달력)'이 유포되었는데, 이 판본에는 '구천응원뇌성보화천존'의 사당의 그림이 있고 복건성과 류큐에서도 꽤 알려져 있었던 듯하다. 특히 18세기 초반까지 도교의 최고신인 '삼청(三淸)'이나 '옥황(玉皇)'을 모셨다는 전문(傳聞)도 있다. 류큐의 역사변동과 함께 새로운 신격이 전해지고 본존도 변화해간 것일지 모른다.

'천비(天妃)'는 주지하듯이 항해의 수호신이다. 류큐의 화교 사이에서도 독실하게 신앙되고 있고 천존묘 건립과 전후해서 구메무라 남쪽 교외에 하천비궁이, 구메무라 내부에 상천비궁이 건립되었다고 한다. 상천비궁 앞에는 오방(五方)의 용왕을 모시는 용왕전이 있었다. 애초에는 16세기 중엽에 나하항[那覇港]에 만들어진 제방에 있었지만 어느 때부터인가 구메무라에 이전되었다고 한다. 또한 천비묘에는 관제(關帝)가 합사되어 있었다. 이 관제상은 1683년에 류큐에 온 명나라 사절이 류큐에 관제상이 없는 것을 애석하게 여겨 자금을 내어 신상을 만들게 한 것이다.

중국에서 천존은 물론 왕비, 용왕, 관제도 자주 도교신으로서 신앙의 대상이 된다. 그러나 근세이전의 화교사회나 근세의 구메무라에서 도교신이라고 간주되었는지 어떤지는 분명하지 않다. 근세에는 뇌성보화천존은 나라를 보호하고 백성을 어루만지는 '호국비민(護國庇民)'의 천신으로, 관제는 나라를 보호하고 마귀를 제압하는 '호국복마(護國伏魔)'의 신으로, 용왕은 풍우의 신으로 항해안전을 기원한다고 전해질 뿐이다.

성행했던 항해안전, 기우 등의 제사

구메무라의 사당 제사의 양상을 알 수 있는 것은 근세라고 해도 18세기 이후의 것이다. 제사는 구메무라 임원의 손에 맡겨지고 연중제사 외에 항해안전과 기우의 기원 등이 행해졌다.

연중제사는 왕실의 연중제사와 같은 날에 행해졌는데 따로 여러 신이 하늘에 오르는 12월 24일, 하늘에서 내려오는 1월 4일, 여러 신의 성탄일(聖誕日)의 제사가 정해져 있고 이것은 도교 제사와도 공통적이다.

항해안전은 해상무역에 의존한 류큐에서 큰 관심사였다. 중국의 입항처, 복주(福州)를 향해 배가 출항하면 구메무라 임원이 7일간, 상하천비묘에서 소향(燒香)하고 도교경전이라고 생각되는 『천비경(天妃經)』을 송독하고 이어서 천존묘와 용왕전에서 기도한다. 그 후에는 배가 귀환하기까지 매일 교대로 각 사당에서 기원했다. 선박에도 천비의 분신을 태우고 구메무라 임원의 전속 담당자가 항해안전을 기원하였다. 복주에 있었던 류큐관(대사관)에도 천비상이 모셔져 있었다. 중국측의 사절이 류큐에 올 때에도 사정은 마찬가지였다. 1756년에 청조의 사절은 류큐의 현관(玄關)인 구메지마(久米島) 근해에서 천비의 가호에 의해 조난을 면하자 자금을 내어 구메지마에도 천비묘(天妃廟)를 건립했다고 한다.

가뭄은 류큐에서도 큰 위협이었다. 가뭄 때에는 국왕 스스로 류큐재래의 신들에게 기도하고 불교사원이나 구메무라에도 기우제를 지내게 했다. 구메무라에는 왕부(王府)의 고관을 파견하고 그 주재 하에 구메무라 임원이 천존묘와 용왕전에서 『태상옥추보경(太上玉樞寶經)』과 『태상동연설청우용왕삼품경(太上洞淵說請雨龍王三品經)』을 송독하고 공물을 바치고 소향했다. 이 두 경전은 현존의 도교경전 『구천응원뇌성보화천존옥추보경(九天應元雷聲普化天尊玉樞經)』과 『태상동연설청우룡왕경(太上洞淵說請雨龍王經)』일 것이다. 둘 다 경전을 송독하는 것만으로 뇌성보화천존과 용왕의 영험이 나타난다고 설법하는 것이다. 대가뭄 때에는 더욱 큰 규모의 의식이 행해지고 용왕전에서 일체의 용앙상을 내 씨내이 파룡신(爬龍船)에 태우고 나하(那覇) 남쪽의 도미구스구(豊見城)에 옮겨서 거기서도 기우제를 지냈다.

구메무라의 사당은 제2차 세계대진의 전화로 모두 소실되었다. 현재 나하시(那覇市) 구메(久米)의 일각(구 구메무라)에 전비묘(天妃

廟), 천존묘[天尊廟; 관제(關帝)와 용왕(龍王)을 함께 모심]가 공자묘와 함께 재건되어 있지만 신상은 둘 다 전후에 타이완에서 구입해 온 것이다.

구메무라의 사당의 신앙은 일부를 제외하면 다른 지역으로는 퍼지지 않았다. 보다 널리 수용된 것은 도교에서 기원한 액막이 부적일 것이다. 부적이 보급된 연대는 불명확하지만 무덤 안에 북두신(北斗神)의 가호를 의미하는 부적을 넣는 풍습이 있었다. 다만 이 습속은 후술하겠지만 풍수에 의한 것이다. 문이나 가옥의 네 귀퉁이에 도교풍의 축문을 쓴 부적을 붙이는 일도 있었다. 또 가옥의 들보에 '천관사복자미란가(天官賜福紫微鑾駕; 천관이 복을 내리고 자미성이 강림한다)고 검은 글씨로 쓰는 풍습도 있었다. 천관(天官)도 자미(紫微; 북극성)도 도교신이다. 이 풍습은 중국 동남연해부에도 보인다고 한다.

또한 명청시기에 성행했던 유·불·도, 삼교의 입장에서 사회논리를 편『태상감응편(太上感應篇)』,『문창제군음즐문(文昌帝君陰隲文)』 등이 전래되고 류큐의 지배층에게도 침투했다. 특히『태상감응편』은 19세기 초에 일본어로 번역되어 인쇄, 출판되었다.

근세 류큐의 기반을 만든
훙시미(風水見)

오키나와에서는 풍수를 '훙시(フンシ)'라고 부르며 사회의 구석구석까지 침투해 있다. 근세이전에도 재상인 회기(懷機)처럼 풍수를 보는

자가 있었다. 하지만 본격적으로 도입된 것은 근세에도 17세기 후반의 일로 구메무라의 자제가 복주로 유학해서 풍수를 배우고 훙시미(風水見)라고 불리며 활약했다. 어쨌든 18세기에 들어서면 구메무라에서 재상으로 발탁된 채온(蔡溫)이 조림기술(造林技術)이나 하천보수 등의 국가사업에 풍수를 응용해서 근세 류큐의 기반을 구축하고 더욱이 부락의 입지 선정에도 왕부로부터 구메무라의 훙시미가 파견되었다. 이 때문에 풍수는 류큐에도 도교보다 훨씬 큰 영향을 미치게 된다. 구메무라의 훙시미는 왕부뿐 아니라 유력자의 의뢰를 받아 개인 묘지나 저택의 풍수도 봐주었다. 오키나와에서는 조상숭배 관념이 깊기도 하여 특히 묘지의 풍수는 중시되있다.

【참고문헌】

窪德忠,『增訂 沖繩の習俗と信仰』, 東京大學出版會, 1974년.

———,『中國文化と南島』, 第一書房, 1981년.

———,『目でみる沖繩の民俗とそのル-ツ』, 沖繩出版, 1990년.

窪德忠편,『沖繩の風水』, 平河出版社, 1990년.

眞榮平房昭,「對外關係における華僑と國家-琉球の閩人三十八姓をめぐって-」

특별기획

- 진인전, 선인전

- 도교 신 사전

- 주요경전사전

- 도교교단, 교파사전

- 주제별 책 소개

진인전, 선인전

— 하마다 요코(浜田陽子, 간사이대학)
— 미타무라 게이코(三田村圭子, 다이쇼대학)
— 모리 유리아(森由利亞, 와세다대학)
— 야마다 슌(山田 俊, 구마모토현립대학)

안기생(安期生)

　– 진시황제가 장생의 길에 대해 조언을 구한 1000살의 노인

　안기생[『열선전(列仙傳)』에서는 안기선생(安期先生)이라고 함]은 산동의 낭야(瑯邪) 부향(阜鄕) 사람이다. 동해지방 부근에서 약을 팔고 있었는데 당시 사람들은 모두 그를 천살 노인이라고 불렀다고 한다. 진시황 28년에 시황제(始皇帝)가 이 지방을 순행했을 때 그의 평판을 듣고 접견을 청해서 함께 삼일밤낮을 이야기로 지새웠다고 한다. 그 때 안기생에게 황금과 벽옥(璧玉)을 수천 만 개 주었으나 그는 돌아갈 때 그것을 그대로 부향(阜鄕)의 숙소에 두고 갔다. 붉은 옥으로 만든 구두를 천황에게 답례로 보냈는데 이후 수년(혹은 천년)이 지나 동해 속의 선산(仙山)이라고 전해지는 봉래산(蓬萊山)에 그를 찾으러 오라는 편지가 덧붙여져 있었다. 그래서 시황제는 사자인 도사 서시(徐市=徐福), 노생(盧生) 등 수백 명을 파견하여 해상에 나와

그를 찾았으나 봉래산에 도착하기도 전에 심한 풍파를 만나 몇 번이나 되돌아왔다고 한다. 서시와 노생은 시황제의 노여움을 살 것을 두려워해 결국 도망쳤다고 전해진다. 부향의 연안에는 사당이 수십 개 세워져 안기생을 모시고 있다고 한다. 안기생은 봉래산 속에 있다가 그 인물됨과 도(道)가 맞으면 나타나고 그렇지

않으면 숨었다고 한다. 진시황제는 사치를 즐기고 잔학한 성격이었다고 하니 도를 전수하기에 부족한 인물이라고 보아 모습을 감춘 것이다.

그 후 한나라 무제(武帝) 때 이소군(李少君)이라는 자가 봉래산에서 안기생을 만났다고 하자 무제가 이것을 믿어 안기생을 찾게 했으나 발견하지 못했다. 그 외 안기생은 금액(金液)을 복용하는 수행으로 천살의 장수를 누렸다고 전해진다.하마다 요코

음장생(陰長生)

  – 가난한 이에게 황금을 베풀고 선도의 지극한 뜻을 『단경(丹經)』으로 저술했다.

음장생은 후한시대의 하남이 신야(新野) 사람으로 한나라 황후인 음씨(陰氏)의 일족으로 부귀한 집안에서 태어났으나, 영화를 즐기지 않고 오로지 도술의 수행에 전념했다고 한다. 마명생(馬鳴生)이라는 자가 선위이 되는 비법을 체득했다고 듣고는 그를 만나러고 명산을 찾아다녀 드디어 남양이 태화산(太和山) 속에서 만날 수 있었다. 그

의 심복으로 신발을 운반하는 잡일 등을 맡았는데, 마명생은 조금도 비법을 가르쳐 주지 않고 다만 밤낮으로 그를 상대로 당시의 세간 이야기와 같은 것들을 논하고 농사에 힘쓰며 지냈다.

그와 동시기에 마명생에게 사사한 이는 그 외에도 12명 있었는데, 이러한 상태가 10년간 계속되자 모두 마명생을 떠났다. 하지만 음장생만은 성실하게 제자로서 계속 근무했다. 그러자 마명생은 그가 진정한 도를 얻었다고 하며, 사천(四川)의 청성산(靑城山) 속에 들어가서 황토를 쪄서 황금으로 만들고 서쪽에 단(壇)을 쌓아 백일승천(白日昇天)하기 위해 필요한 태청단(太淸丹)을 만들 수 있는 법을 기록한『태청신단경(太淸神丹經)』을 가르쳐주고는 떠나갔다. 그는 바로 승천할 생각은 없었기에 단약의 반쪽을 복용하고 황금을 대량으로 만들어 세간의 가난한 사람들에게 베풀었다고 전해진다. 그리고 처자식과 함께 300년 정도 산 후 사천의 평도산(平都山)의 동쪽에서 백일승천했다. 그 저서 아홉 편에는 그도 포함해서 한나라 이래 46인이 선도(仙道)를 얻었다고 적혀있다고 한다. 또 그는 도(道)란 신단(神丹)을 아는 것으로 행기도인(行氣導引; 몸속에서 기를 운행하거나 도인 체조술), 부앙굴신(俯仰屈伸; 몸을 펴거나 굽히는 도인술의 일종), 초목복식(草木服食; 약초를 복식하는 수양법)을 행하면 수명을 늘리고 선도에 이를 수 있다고 생각해서『단경(丹經)』을 저술하고 후세에 전수하도록 이를 삼산(三山)에 두었다고 전해진다. 하마다 요코

왕자교(王子喬)

– 숭산(嵩山)에 숨어 선인이 되고 백학을 타고 승천

　왕자교는 주(周)나라 영왕(靈王)의 38명의 자식 중 태자 진(晉)을 말한다. 자(字)는 자교이다. 태어날 때부터 신이한 상(像)으로 어려서 도를 좋아하고 궁전에 살 때도 자주 다른 사람들 모르게 신선이 내려왔다고 한다. 늘 생(笙)이라는 악기를 부는 것을 좋아했는데, 아주 잘 불어서 봉황의 울음소리와 같은 소리를 냈다고 한다. 또한 길조나 상서로운 짐승 등 희귀한 생물이 그 소리를 듣고 모여들었다고도 전해진다. 하남의 이천(伊川)·낙수(洛水)의 유역을 유랑한 후에 쳐태산(天台山) 도사 부구공[浮丘公; 혹은 부구백(浮丘伯)]을 따라 오악(五岳)의 하나인 하남(河南)의 숭산(嵩山; 중악中嶽)에 올라갔는데 돌아오지 않았다.

　그로부터 30년 후에 친구 환량[桓良; 임량(林良)이다]이 산에서 자교를 찾자 모습을 나타내서는 그에게 7월 7일에 승천하는데 가족이나 친구들에게 작별인사를 하고 싶으니 숭산 서쪽에 있는 구씨산(緱氏山) 정상에서 기다리라고 했다. 정말 당일 가족과 친구, 신하들이 보고 있는 중에 백학을 타고 와서 산 정상에서 춤추며 내려왔다. 모두 거기에 가까이 가려고 했지만 산이 대단히 험준해서 멀리서는 볼 수 있지만 전혀 가까이 갈 수 없었다. 왕자교는 손을 흔들며 사람들에게 이별의 인사를 하고 수일 후에 배학을 타고 날아갔다. 사람들은 왕자교가 선인이 되어 승천했다며 후일 구씨산 기슭과 숭산 정상에 사당을 지어 잘 모셨다고 한다. 또 왕자교가 백예

(白蜺; 흰 무지개)로 모습을 바꾸어 방사(方士)인 최문자(崔文子)에게 술책을 가르치고 영약을 주었다고 전해진다. 하마다 요코

하상공(河上公)
 – 지상에 내려와 문제(文帝)에게 『도덕경』의 주석서를 전함

　한 문제(文帝)는 평소부터 『도덕경(道德經)』을 애독했는데 그도 측근들도 그 의미를 이해할 수 없는 곳이 여러 군데 있었다. 그러던 중 강가에 초가 암자를 짓고 살던 하상공이라는 인물이 『도덕경』에 정통하다는 평판을 듣고 문제는 사자를 보내어 질문을 했다. 하상공은 "『도덕경』은 고귀한 것이므로 질문이 있으면 스스로 오시오"라고 오히려 문제를 불렀다. 그래서 문제는 직접 그곳으로 가서 그 거만함을 꾸짖으려고 했다. 그러자 하상공은 문제의 눈앞에서 앉은 채로 유유히 공중에 오르기 시작했다. 지상에서 수척의 공중에 떠서 앉아 있는 하상공을 보게 된 문제는 그 신비한 모습에 감복하고 마가에서 내려 예의를 표하며 하상공에게 가르침을 청했다.

　그러자 하상공은 문제에게 『도덕경』의 주석서를 전하고 "이 서적을 숙독하면 당신이 품고 있는 『도덕경』에 관한 의문도 풀릴 것이다. 이 주석서를 만든 것은 이미 1700년이 되었지만 이것을 전수하는 것은 당신이 딱 네 번째 사람이다. 사소한 일로 다른 사람에게 보여서는 안 된다"며 말을 마치자마자 모습을 감췄다.

　문제는『도덕경』을 꽤 좋아했지만 속인이 그 모든 것을 이해하는 일은 불가능하기 때문에 신선인 하상공이 특별히 내려와 그것을 전수했다는 것이겠다. 그 주석서의 내용은 '치신치국(治身治國)'의 요점에 대해 논한 것이었다고 한다._{야마다 슌}

하선고(何仙姑)
　－ 사람의 길흉화복을 알아맞히고 사람들의 신앙을 모은 무녀(巫女)

　팔선(八仙) 중에 여선(女仙)이다. '하선고'의 '하'는 '하(荷)'(연꽃의 의미)에 통용하므로 연꽃을 든 모습으로 그려지는 일도 있다. 북송의『동헌필록(東軒筆錄)』에 의하면 하선고는 본래 영주(永州; 호남성)에 실재한 무녀였다. 어릴 적에 이인(異人)으로부터 복숭아를 받고 그것을 먹자 굶주림을 느끼지 않게 되었다. 이후에 인간의 길흉화복을 점칠 수 있게 되었다. 그 지방 사람들은 그녀의 힘을 신비하게 생각하고 그녀를 위해 누각을 세워 거기에 살게 했다고 한다. 호기심 많은 사대부들이 즐겨 그녀를 방문하고 길흉을 점쳐 받았다. 또한 북송의 강남에서는 여동빈(呂洞賓)이 상당히 신앙을 모으고 있었는데, 하선고는 여동빈의 거주지를 잘 아는 무녀로서도 알려져 있던 것 같다.

　그러나 원대에『역세진선체도통감(歷世眞仙體道通鑑)』에 실린 '하선고'전은 위에서 소개한 하선고와는 조금 다른 선녀의 이야기를 전하고 있다. 그에 의하면 하선고는 광주[廣州;

현 광동성(廣東省)]의 처녀로 꿈속에서 신인으로부터 운모(雲母)를 먹으면 불사(不死)한다고 들은 이래 신비로운 행동을 하게 되었다. 당의 측천무후(武則天)의 귀에 들어가 초대받아서 도읍으로 가는 도중 소재를 알 수 없게 되었다고 한다.

하선고란 본래 하씨 선녀를 부르는 말이므로 여러 하선고가 있어도 이상하지 않다. 또 명대가 되면 하선고는 여동빈의 제자 조선고(趙仙姑)와 혼동을 일으켜 여동빈의 제자라고 해석되기도 했다.모리 유리아

한상자(韓相子)
– 삼촌 한유(韓愈)의 미래를 예측한 선인

팔선(八仙) 중에서는 피리를 부는 모습으로 그려지는 경우가 많은데 피리의 유래는 불명확하다. 한상자는 이른바 당송팔대가(唐宋八大家)의 한 명인 한유(韓愈, 768~824)의 조카, 한상이(韓相)라고 칭해지는 실재 인물에 근거를 둔 선인이다. 다만 사서 속에는 한상이 선술을 잘 알았다는 기록은 보이지 않는다. 북송의 『청쇄고의(靑瑣高義)』에 의하면 한상자는 자(字)는 청부(淸夫)라고 하고 한유의 문하에서 배웠다고 하는데 몰락해서 술에 젖은 생활을 했다고 한다. 보다 못한 한유가 한상자에게 뜻한 바를 시로 나타내라고 권유하자 한상자는 자신이 선술에 통달해 있음을 시로 읊는다. 이것을 수상히 여겨 한유가 "인공적으로 꽃을 피우게 할 수 있는가"라고 묻자 한상자는 "쉬운 일"이라며, 실제로 연회 장소에서 아름다운 모란꽃을 피워내고 그 위에 "운신령(雲秦嶺)에 가로누워 집이 어디인가, 운람관(雲藍關)

에 막혀서 말이 나아가지 못하네"라는 시구를 금색글씨로 나타내는 묘기를 보였다. 한유는 그 시의 진의를 바로는 이해할 수 없었다. 그러나 결국 한유는 좌천되어 눈 속에서 검문소에서 갇혀 어쩔 수 없는 상황에 빠져 버린다. 그곳에 한상자가 나타나서 그 시구의 한 구가 바로 이때의 한유의 괴로운 처지를 예언한 것

임을 알려준다. 조카의 신기한 능력을 알게 된 한유는 모란꽃에 나타난 한 구절을 포함한 칠언율시 한 편을 다시 한상자에게 헌상했다는 이야기이다. 모리 유리아

허진군(許眞君)

 −선인의 우두머리, 천계(天界)의 대사(大使)가 된 '정명도(淨明道)'의 시조

허진군은 본명을 허손(許遜)이다. 진(晉)의 남창(男昌)에서 태어났다. 본래 영리했지만 자신이 죽인 새끼사슴을 애처로워하는 어미사슴을 보고는 깨달음을 얻어 신선도를 지향하게 되었다. 그 이후 오맹(吳猛)이라는 인물로부터 '삼청법(三淸法)'을 전수받고 수행을 계속했다. 12세에 현(縣)의 지사(知事)로 지시기 된 허손은 빈민을 구제하고 환자를 치료하는 등 선정을 베풀었다. 사람들은 그의 선정을 기리어 각지에 사당을 짓고 그에게 감사의 뜻을 표했다.

그 후 지사를 사임한 허손은 스승 오맹과 함께 진심모(眞諶母)라는 선녀를 방문해서 여러 비법을 진수받고 천하의 선인의 우두머리로

임명되었다. 이 일로부터 허손과 오맹의 위치가 역전되어 허손이 오맹의 스승이 되었다.

높은 위치에 오르게 된 허손은 제자들과 각지에서 요괴, 큰 뱀, 교룡 등을 퇴치하여 점점 제자수도 늘어났다. 허손이 136세가 되던 해에 2명의 신선이 강림해서 그를 천계(天界)의 대사로 임명해야 한다며 맞이하러 왔고, 허손은 여러 명의 제자와 닭, 개를 데리고 승천했다.

이후 12세기의 송나라 시대에 이르러 허손을 믿는 종교집단의 한 사람인 하진공(何眞公)에게 허손이 강림해 '충효법(忠孝法)'을 논한『정명경전(淨明經典)』을 전수했다. 하진공은 이 경전에 의거해 실천 활동을 개시했고, 이를 계승한 원대 초기의 유옥(劉玉)이라는 인물이 여러 가르침을 정리해 '정명도(淨明道)'라는 도교의 일파를 형성했다고 알려져 있다. 그 내용은 '효제(孝悌)의 가르침'과 백성을 구제하여 이롭게 하는 '제생이민(濟生利民)'을 실천하는 것이었다고 한다. 야마다 슌

황초평(黃初平)

－하얀 돌을 수만 마리의 양으로 바꾼, 별명이 '황대선(黃大仙)'인 선인

황초평은 성을 '황(皇)'이라고 하는 경우도 있다. 『신선전』에는 황초평의 전기가 기재되어 있다. 때문에 『신선전』을 통해 황초평이 어떤 이유로 선인이 되는 도를 시작했는지 알 수 있다. 『신선전』에 의하면, 황초평은 단계(丹溪) 사람으로 15세에 양을 돌보고 있다가 도사를 만

났다. 그리고 금화산(金華山)의 석실에 들어가 수행을 시작했는데, 40여 년이 지나도 떠나온 집을 그리워하는 일이 전혀 없었다고 한다.

한편 초평의 형인 초기(初起)는 동생의 행방을 이곳저곳 수소문했지만 찾지 못하고 있었다. 나중에 시장에서 도사를 만났을 때에 물어보니 초평이 금화산 속에 있다고 알려주었다. 그래서 초기는 도사와 함께 가서 겨우 초평과 재회할 수 있었다. 초평과 초기가 여러 이야기를 한 후에 초기가 초평에게 '양은 어디 있는가'라고 묻자 초평이 '양은 산에 있어요'라고 대답했다. 초기가 산에 가 봤지만 하얀 돌들이 있을 뿐이었다. 초기는 돌들만 있고 양은 보이지 않는다고 초평에게 전하자 '형님에게는 보이지 않을 뿐이지요'라며, 둘이 같이 가 보았다. 초평이 하얀 돌을 꾸짖자 돌은 수만 마리의 양으로 변화했다. 이에 놀라 형이 처자식을 버리고 초평을 따라 수행을 하였다. 둘은 송백(松柏), 복령(茯苓) 등의 약을 복용하고 선도를 이루었다. 초평은 이름을 바꾸어 적송자(赤松子)라고 하고, 초기도 노반(魯班)이라고 했다.

이상은 『신선전』의 내용이다. 초평은 또한 황대선(黃大仙)이라고도 불린다. 화교(華僑) 사회에서는 황대선 신앙이 유행하는데, 화교사회의 발전과 함께 황대선 신앙은 해외에도 퍼졌다. 가장 유명한 것은 홍콩 구룡에 있는 황대선 사당[黃大仙廟]이다. 황대선 사당에는 인제나 그 지역 사람들로 번화하고 관광명소가 되었다. 지금도 많은 신자를 모으고 있고 헌향이 끊이지 않는다. 미타무라 게이코

황제(黃帝)

－ 용을 타고 승천한 고대신화의 성스러운 황제

황제는 복희(伏羲)의 아들인 소전(小典)의 아들로, 성은 공손(公孫)이고 호는 헌원(軒轅)이라고 한다. 어린 시절부터 매우 총명해서 귀신들에게도 명령을 내려 부리는 힘을 가지고 있었다. 천명을 받았을 때에 상서로운 구름이 있었기 때문에 신하의 관명에 각각 '운(雲)'자를 붙이고 스스로 운사(雲師; 곧 총사總師)가 되었다. 또한 역산, 음악, 문자, 의료 등을 창시했다고 한다. 천여 년 동안 재위에 있었는데 스스로 죽을 때를 정하였다고 한다. 사후에 묻힌 곳이 무너졌을 때 관은 비어있고 검과 신발만이 남아있었다고 한다.

한편 다음과 같은 설도 있다. 황제가 산서(山西)의 수산(首山)에서 동을 채굴해서 하남의 형산(荊山) 기슭에서 가마를 다 만들었을 때, 한 필의 용이 턱수염을 휘날리며 하늘에서 맞이하러 왔다. 그때에 황제는 그 등에 타고 하늘로 승천했다. 신하들은 모두 함께 승천하려고 앞 다투어 용의 수염을 잡거나 황제의 활에 매달렸지만 수염이 뽑히고 활도 떨어져버려 하늘에 오를 수 없었고 황제를 올려다보며 울부짖기

만 했다고 한다. 또 일부 신하들 중에 아내나 첩을 포함한 70여 명은 함께 승천했다고 한다.

본래 황제는 중국고대 신화 속의 성왕(五帝)의 한 명으로 고래로 전승이 많았다. 그러다가 한대(漢代)가 되어 도가가 그 학문의 근원을 옛 성왕인 황제에까지 거슬러 올라가 찾고, 게다가 신선을 신앙하게 되자 '황로(黃老)

라는 식으로 노자(老子)와 연결지어 받들게 되었다. 황로라는 이름을 붙인 의술이나 방술의 책이 여러 권 전해지고 있다. 그러나 이후의 도교에서는 노자가 황제를 교화했다고 하여, 노자보다도 하위에 놓이게 된다.

좌자(左慈)
– 위나라 조조(曹操)의 구슬을 가져간 자신만만한 도술

좌자는 양자강 북쪽 연안의 노강(盧江) 출신이다. 본래 유교에 뜻을 두었으나 후한말의 혼란기에 현세를 부질없다고 생각하어 전주산(天柱山)이라는 산에서 수행하고 여러 도술을 체득했다. 당시 위나라의 조조가 좌자의 소문을 듣고 그 도술을 시험해 보려고 좌자를 방안에 가두고 1년 동안 물 이외에는 전혀 주지 않았다.

그러나 1년 후에 나오게 되었을 때 좌자의 안색은 이전과 그대로였다. 그 술법을 두려워한 조조는 좌자를 처형하려고 했지만 조조의 앞에 끌려나온 좌자는 조조의 의도를 간파하고 두술로 조조의 눈을 어지럽게 한 후에 그 사이에 모습을 감추고 그대로 행방이 묘연해졌다.

온 나라에 지명수배를 하고 수년이 지나 거우 좌자를 발견한 조조는 다시 죄지를 감옥에 넣었다. 그러나 좌자를 고문하려고 조조가 감옥에 행차했을 때 거기에 있는 모든 사람들이 좌자의 도술루 좌자아 똑같은 모습으로 변해

있었다. 놀라 당황한 조조를 두고 진짜 좌자는 다시 유유히 감옥에서 탈출했다. 그 후에도 조조는 몇 번이나 좌자를 체포하려 했으나, 좌자에게 먼저 간파 당하자 조조는 나중에는 좌자를 처형하는 일을 포기하게 되었다고 한다.

그 후 좌자는 곽산(霍山)이라는 산에서 구전단(九轉丹)이라는 선약의 제조에 성공하고 그것을 마시고 선인이 되어 하늘에 올라갔다고 한다. 이 선약의 제조법은 전승에 의하면, 갈현(葛玄), 정은(鄭隱), 갈홍(葛洪)에 전수되고 '갈씨도(葛氏道)'라고도 불리는 도교의 일파를 형성했다고 한다.야마다 슌

살진인(薩 眞人)
– 묘신(廟神)이 노린 성실한 도사

살진인의 성은 살(薩), 이름은 수현(守賢)이라고 전한다. 서촉(西蜀) 사람으로 송대의 도사이다. 의술을 배웠는데 약을 잘못 써서 사람을 죽게 하자 의학의 길을 접었다고 한다. 살진인은 강남의 30대 천사(天師)인 허정(虛靜)선생, 왕시진(王侍眞), 임령소(林靈素) 세 명이 도교의 각종 방술을 터득했다는 소식을 듣고는 꼭 자신의 스승이 되면 좋겠다고 생각했다. 살진인은 세 명의 도사로부터 도법을 전수받았다고 한다.

살진인이 상양(湘陽)을 지날 때에 남녀 아이들이 사당의 신[廟神]에게 바쳐져 있는 것을 보고 도법을 사용해서 사당을 불태워버렸다. 사당이 불타자 사당의 신이 복수하려고 살진인의 뒤를 12년간 따라다

넜다. 그러나 살진인의 마음이 참됨을 알고는
사당 신이 본래의 모습을 드러냈다고 한다.

　살진인은 선천주장왕령관(先天主將王靈官)
의 스승이다. 제자인 왕령관(王靈官)은 사후 선
천주장의 위치에 옥황대제(玉皇大帝)로부터
받아 죄악을 조사하는 책무를 맡았다. 이때부
터 사람들은 왕령관을 두려워하고 중시하게 되
었고 동시에 그 스승인 살진인(薩眞人)도 공경하게 되었다. 살진인의
제자들은 일파를 형성하고 스스로 '살진군서하파(薩眞君西河派)'라고
칭했다. 명대에는 살수현(薩守賢)과 왕령관을 합쳐서 모시고 '숭은진
군(崇恩眞君)', '강은진군(降恩眞君)'이라고 붙인 사당도 있었다. 살
진인의 전설은『신선통감(神仙通鑑)』등에 실려 있다._{미타무라 게이코}

삼모군(三茅君)
　– 모산파의 기초가 된 모영(茅盈), 모고(茅固), 모충(茅衷) 삼형제

　삼모군이란 한나라 때의 모영, 모고, 모충의 삼형제를 말한다. 두
동생과 달리 장남 모영은 어릴 때부터 신선술에 관심을 가지고 항산
(恒山)이라는 산에서 혼자 수행해서 도를 터득했다. 한편 우수한 두
동생은 각각 현(縣)의 지사(知事)가 되어 축하연을 열게 되었다. 그
축하연의 자리에 모영의 모습이 나타났다. 모영은 자신은 인간세계
의 관직에 오르지는 못했지만 내년 4월 3일에 천계(天界)의 관직에
오르게 되었으니, 그때 오늘과 같은 성대한 축언을 열어달라고 청했다.

　그 후 모영은 구곡산(句曲山)에 들어가 수행을 계속했다. 그리고 예고한 대로 다음 해 4월 3일 모영의 집에 준비해 둔 축하 연회장에는 1,000명 이상의 자리가 준비되어 성대한 연회가 개최되고 그 성대함은 몇 리 밖까지 전해질 정도였다.

　마침내 때가 되자 약속과 다름없이 천계에서 많은 선관(仙官)이 강림해서 모영을 데리고 갔다. 모영은 부모님께 이별을 고하고는 선관들과 함께 백일승천했다. 이를 들은 두 동생은 관직을 버리고 구곡산에 가서 모영에게 신선이 되고 싶다고 청했다. 모영은 늦게 선도 수련을 시작한 두 동생에게 성선(成仙)의 법을 가르쳐 주었고, 결국 두 동생도 신선이 되었다. 삼형제가 구곡산에 선도 수련을 하면서 살았다. 모영, 모고, 모충 세 명의 모형제가 수행해서 도를 얻었기에 구곡산은 모산(茅山)이라고 불리게 되었다.

　이후 이 삼모군을 포함해서 진선(眞仙)들이 남북조의 동진시대에 영매사 양희(陽羲)에게 강림한 것에서 이른바 '모산파'라는 도교의 일파가 시작되었다고 한다. 야마다 슌

종리권(鍾離權)

— 연금법 전수의 이야기로 유명한 여동빈의 스승

　팔선(八仙) 중에 한 사람이다. 그림 속에 윗옷의 앞섶을 풀어 헤치고 머리에 두 개의 상투를 튼 큰 모습으로 그려진다. 운방(雲房), 정

양(正陽) 등의 호가 있다. 송나라 시대에 등장하는 신선인데 한나라 시대의 무장이었다고도 전해진다. 또 전쟁에 패해서 도주하는 도중에 산중에서 동화제군(東華帝君)의 교화를 받았다고 한다. 여동빈(呂洞賓)의 스승으로 알려져 있다. 종리권과 여동빈과의 사제관계는 북송시대의 진사도(陳師道)가 쓴 『후산담총(後山談叢)』 속에서 언급되고 있는데, 사제관계는 꽤 이른 시기에 있었던 것으로 생각한다. 이 책에는 도사 여옹(呂翁; 여동빈)이 처음 종리권하고 만났을 때, 종리권이 수은을 백금으로 변화시키는 법을 여동빈에게 전수하려고 한다. 여동빈이 "그 백금은 나중에 다시 변화합니까?"라고 묻자 종리권은 "500년 지나면 약의 효험이 다해서 다시 수은으로 돌아간다"고 가르쳐주었다. 그러자 여동빈은 "500년 후의 사람을 속이는 일이 되는군요"라고 말하고는 거절하고는 그 법을 배우려고 하지 않았다. 이에 종리권은 여동빈이 법을 전수하기에 적절한 인물임을 꿰뚫어보고 신선의 법을 가르쳤다고 한다.

결국 종리권으로부터 여동빈에게 전수된다는 설정을 가지고 『종려전도집(鍾呂傳道集)』과 같은 체계적인 내단법(內丹法)을 설파한 책이 나오자 두 명의 사제관계는 숨길 수 없는 '사실'이 된다. 14세기가 되면 종리권과 여동빈의 만남도 감단(邯鄲; 하북성)으로 무대가 바뀌고, 종리권이 과거를 치루기 위해 도읍에 가는 여동빈을 잠들게 해서 황량(黃粱)을 달이는 잠깐 사이에 인생의 파란을 보는 꿈을 꾸게 하고 사관(士官)의 길을 단념시켜 신선이 길로 이끈다는 당대전기(唐代傳奇) 류의 줄거리를 따른 이야기로 변화해간다. 노리 유리아

서복(徐福)

- 불로불사의 신선초를 찾아 일본에 왔다?

서복[『사기(史記)』에는 서시(徐市)라고 한다]의 자는 서방(西方)이다. 진시황제 때 역병이 대유행했을 무렵 진시황제는 신발을 닮은 새가 물어온 풀을 사자의 얼굴에 덮게 하면 바로 호흡이 돌아온다든지, 양신지(養神芝)라는 불로불사(不老不死)의 선초(仙草)가 동해의 먼 곳에 있는 10개의 섬 중 하나인 조주(祖州)에 있다는 이야기를 들었다. 진시황제는 이를 입수하려고 서복에게 명해서 어린 남녀 각각 50명(또는 각각 3,000명)을 데리고 찾으러 가게 하였는데 그대로 행방불명이 되었다. 또 다른 이야기는 서복이 불로불사의 약을 찾는 데에 대단히 열심이었던 시황제에게 동쪽 바다 멀리에 있는 신선이 사는 세 개의 신산 중 하나인 봉래산(蓬萊山)에 그 약이 있다고 하여, 마찬가지로 아이들을 데리고 찾으러 갔지만 결국 돌아오지 않고 동방의 땅에서 왕이 되었다는 이야기가 전해진다.

이후에 심희(沈義)라는 자가 선도(仙道)를 얻었을 때, 서복이 노자(老子)의 사자(使者)가 되어 백호(白虎)가 끄는 차로 맞이하러 왔기

때문에 모두 그가 선인이 되었음을 알았다. 게다가 이후 당나라 개원(開元) 연간(713~741년)에 몸의 절반이 검게 변하는 기이한 병에 걸린 관리가 약을 찾아 동해에서 출항했을 때, 어떤 섬에 도착하여 거기서 서복을 만나 병을 치료받고 마시면 어떤 병이라도 바로 낫는다는 황색 약 한 봉지를 받아 돌아왔다. 당

시의 현종(玄宗)이 시험 삼아 그 약을 병인에게 마시게 해보니 바로 병이 나았다고 한다. 서복의 전설은 일본에 많고, 구마모토(熊本), 사가(佐賀)의 구마야마(熊山), 와카야마(和歌山)의 구마노(熊野) 지방 등에도 서복이 도착했다는 장소나 전설이 전해지고 있다.

적송자(赤松子)

 – 시가(詩歌)에 자주 읊어지는 비를 관장하는 신

　적송자는 고대 삼황의 한 명 신농(神農)의 치세 때에 비를 관장하는 신, 우사(雨師)였다고 한다. 수정(水晶) 분말을 복용하고 이것을 신농에게도 가르치고 불 속에 들어가 스스로 몸을 태우고 시해(尸解, 혼과 육체를 분리하여 혼이 신선이 되는 술법)하여 승천할 수 있었다고 한다. 서방에 있는 신선이 사는 곤륜산(崑崙山)에 자주 가고 서왕모(西王母)가 사는 석실 안에 살며 풍우(風雨)를 데리고 산에 오르내렸다. 후에 신농의 막내딸이 그의 뒤를 쫓아와서 선인이 되어 함께 승천했다. 그 후 오제(五帝)의 한 명인 고신[高辛; 제곡(帝嚳)] 시대에 다시 우사가 되었다고 한다. 여기서 말하는 우사란 기우 의식에서 모셔지는 신을 말하는데 28수(宿)의 필성(畢星)을 말한다는 설도 있고, 병예(屛翳)라는 이름의 신이라는 설 등 여러 설이 있다. 도교에서는 적송자를 우사라고 하는 입장을 취하고 있다.

　또한 왕자교(王子喬)와 함께 대표적인 신

선의 하나로 '송교(松喬)'가 나란히 칭해지고 후세의 시가(詩歌) 등에 많이 등장한다. 그러나 그의 행적이나 전설에는 그다지 기이한 첨가나 변화가 보이지 않는다. 다만 도교에서 신선이라는 것이 장수나 불로불사를 유지하면서 그 가운데 종종 시대를 넘어 인간에게 나타난다는 특징을 갖는다는 사례를 잘 나타내주고 있다. 이후에 왕자교는 곤림선백(崑林仙伯)이 되어 오악의 하나인 호남의 남악산[南嶽山, 형산(衡山)]을 통치했다고 전해진다. 하마다 요코

조국구(曹國舅)
   – 궁정(宮庭)의 부나 권위를 던져 버리고 도를 애호한 귀인

   팔선 중의 한 명. '국구'는 이름보다 황제의 친척[國戚]라는 것을 나타내는 호칭일 것이다. 일반적으로 송나라의 황제 친척라고 일컬어지는데 실재인물인지는 불명확하다. 원대의 문헌인『순양제군신화묘통기(純陽帝君神化妙通紀)』에 의하면 조국구는 조빈(曹彬)의 아들, 조황후(曹皇后)의 동생이라고 하며 부귀를 가벼이 여기고 작위적인 허식을 물리치고 도를 애호했다. 어린 시절부터 궁중에 출입하며 황제나 황후로부터 사랑받았지만 어느 날 황제, 황후에게 궁정을 떠나 도인(道人)이 된다는 결의를 고하자 황제는 "국구가 가는 모든 곳에 짐(황제)이 행차하는 것과 마찬가지로 대하라"고 새긴 금패(金牌)를 하사했다.

   그러나 황하를 건너는 배 안에서 도인을 만나 "출가자가 금패 따위의 위세를 빌리다니 대체 무엇 하는 짓인가"라는 꾸짖음을 듣고 깨달

는 바가 있어 도인의 제자가 되어 금패를 강에 던져버렸다. 배에서 내리고 나서 도인은 자신이 사실은 여동빈(呂洞賓)이고 일부러 조국구를 교화하기 위해 왔다고 하는 이야기이다.

또한 명대의 소설 『동유기(東遊記)』에는, 조국구는 송나라 태후의 동생, 이름을 우(友)라고 한다고 한다. 동생 조이(曹二)가 황제의 위세를 빌려 폭거를 휘두르는 것을 보고 가족과 친구를 버리고 산에 들어가 구도생활을 한다. 거기에 종리권(鐘離權), 여동빈의 두 선인이 나타나 조국구를 선인의 동료로 받아들이다는 이야기이다. 조국구는 팔선 중에서는 별로 성격이 분명하지 않은 신선이시만 이상의 이야기로부터는 부나 권세에 의존하는 것을 맑지 못하다고 생각한 귀인(貴人)이라는 개성을 볼 수 있겠다.모리 유리아

손사막(孫思邈)
- 천재소년에서 '약왕(藥王)'이 된 초기 당대의 도사

손사막(581?~682년). 당대 초기의 도사로 저명한 의사이기도 하다. 경조화원[京兆華原; 협서성(陝西省)] 사람이다. 백가(白家)에 통하고 노장(老莊), 불교경전도 널리 배우고 저서노 낳이 남겼다. 후세 사람들은 손사막을 '약왕'이라고 부르고 존경했다.

손사막의 풍부하 재능은 『여세진선체도통감(歷世眞仙體道通鑑)』에도 보이듯이 '성동(聖童)'이라고 불린 깃으로부터노 추측할 수 있

다. 손사막의 저서 『천금익방(千金翼方)』에 의하면, 18세부터 의사가 되겠다는 뜻을 품었다고 한다. 손사막의 생각에 따르면 의사는 교양을 깊게 하고 마음을 편안히 해서 치료를 행해야 한다는 것이다. 실제로 손사막은 도교의 수양법을 실천하고 널리 민간의 치료법을 구하는 등 정력적인 활동을 했다. 또한 손사막의 관심은 의약에 그치지 않고 천문학 등에까지 넓게 향하고 있었다.

그러나 의약의 연구 활동에 열심이었던 것과는 반대로 관직에는 집착하지 않았다. 명성을 구하지 않고 30대 후반 태백산(太白山)에 은거했다. 태백산에서는 기(氣)를 단련해서 몸을 수련하는 선술(仙術)을 배웠다. 그 후 종남산(終南山)에 들어가 선도를 닦았다. 당나라 고종(高宗)과 태종(太宗)으로부터 관직을 받았지만 고사하고 받지 않았다.

손사막은 도교의 양생과 의학을 결부시켜서 장수를 지향했다. 특히 음식과 하루의 생활리듬에 유의하여 약을 먹는 것으로 병을 막고 장수가 가능하다고 생각했던 것 같다. 당대 이전의 의학이론과 실천방법을 정리하고 약에 대해서도 상세하게 기술한 업적은 높이 평가되고 있다. 『천금익방(千金翼方)』, 『천금요방(千金要方)』, 『보생명(保生銘)』 등의 저서가 있다. 미타무라 게이코

장도릉(張道陵)

－ 말술을 마신(?) '오두미도(五斗米道)'의 시조

장도릉은 중국 최초의 도교 교단인 '오두미도(五斗米道)'를 창시한 인물이라고 일컬어진다. 한대(漢代) 패국(沛國; 현재의 안휘성)에서 태어난 그는 본래 유교(儒敎)를 공부했는데, 말년이 되어서 유교가 장생(長生)에 도움이 되지 않는다는 것을 알고 다시 양생법을 배워 선약의 제조법을 체득했다. 제자들과 함께 곡명산(鵠鳴山)이라는 영산(靈山; 현재의 사천성)에 틀어박혀 수행에 힘썼다.

어느 날 하늘에서 강림한 누자로부터 '신출정일맹위(新出正一猛威)의 도'을 전수받고 이 도에 의해 많은 사람들의 병을 치료했기 때문에 많은 신자를 얻었다. 그래서 그는 쌀, 땔나무 등의 기증품에 관계된 규칙을 만들고 종교집단으로서의 체제를 정리해갔다. 말년에는 선약을 복용하고 승천했다고도 하고, 술고래가 되어 행방불명이 되었다고도 전해지고 있다.

그의 가르침은 아들 장형(張衡)으로부터 손자인 장로(張魯)에게 전해졌다. 장로는 '참회'와 '부수(符水; 부적을 넣은 물)'를 마시게 하는 방법을 사용해서 많은 병자를 치료하고 그들로부터 답례로 다섯 말[五斗]의 쌀을 징수했다. '오두미도'의 명칭은 이것에서 유래한다. 그는 이 집단을 기초로 왕국과 같은 조직을 확립하고 신자에게는 『도덕경(道德經)』을 배우게 하고, 큰 길에는 무료 숙박소인 의사(義舍)를 세워 유리걸식하

는 민중을 구제했다.

장도릉, 장형, 장로의 삼대를 '삼장(三張)'이라고 부르고, '오두미도'를 '삼장의 도'라고도 불렀다. 또한 장릉을 '천사(天師)', 장형을 '사사(嗣師)', 장로를 '계사(系師)'라고 부른 것을 실마리로 후세에 이 계통이 '천사도(天師道)'라고 불렀고, 대대로 교주를 '천사'라고 불렀다.야마다 슌

진단(陳摶)
 － 연단비승술(煉丹飛昇術)을 찾는 세종(世宗)을 거절한 도교 연구자

진단(?~989년). 자(字)는 도남(圖南), 호는 부요자(扶搖子)로 송의 박주진원(亳州眞源; 하남성) 사람이다. 일설에는 보주(普州) 숭감(崇龕; 사천성) 사람이라고 한다. 어릴 때부터 『시경(詩經)』, 『서경(書經)』, 『역경(易經)』, 『예기(禮記)』 등 유교경전을 많이 읽었다. 오대(五代) 북송 초기의 저명한 도교 연구가이자 도사이기도 하다. 진단의 출생연대는 일치하지 않고 불명이다.

당나라 말기 장흥 연간(長興, 930~933년), 진사(進士)로 천거되지만 급제하지 못했다. 진단은 명산을 유람하고 신선(神仙)의 도를 찾아서 무당산(武當山)에 은거했다. 무당산에서는 20 여년간, 복기벽곡(服氣辟穀; 태내의 기운을 충실하게 하기 위한 호흡법과 심신을 청정히 유지하기 위해 쌀, 기장, 보리, 콩, 좁쌀을 먹지 않는 것)을 행했다. 그리고 화산(華山) 운태관(雲台觀)으로 옮겨 소화산(小華山)의 석실에 머물렀다. 전하는 바에 의하면 진단은 잠을 자기 시작하면 백

일 이상도 일어나는 일이 없었다고 한다. 956
년, 주나라 세종이 진단을 초대해서 연단비
승의 술법을 물었다. 진단은 "폐하는 이 세상
의 군주인데 어째서 연단술을 궁금해 합니까"
라고 답하였다. 간의대부(諫議大夫)로 임명
되었지만 받지 않았다. 이때 '백운(白雲)선생'
이라는 호를 받았다. 그리고 북송의 태평흥국

연간(976~984년)에는 태종에게 깊이 신뢰받고 '희이(希夷)선생'의 호
를 받았다.

진단은 『주역(周易)』연구에 뛰어나 이 책 손에서 놓는 일이 없었다
고 한다. 또한 '무극도(無極圖)'를 작성해서 하산(華山)이 서실에 새
겼다고 전해진다. 그러나 '무극도'와 '선천도(先天圖)'도 현존하지 않
는다. 진단의 사상은 송대의 이학(理學)에도 지대한 영향을 끼쳤다.
송학의 시조라고 하는 주돈이(周敦頤)의 '태극도설(太極圖說)'은 진
단의 '무극도'에 의존한 바가 크다고 추측된다. 진단의 전기는 『역세
진선체도통감(歷世眞仙體道通鑑)』, 『송사(宋史)』「은일전(隱逸傳)」
등에서 볼 수 있다.미타무라 게이코

도홍경(陶弘景)

– 황제가 조언을 구한 모산파(茅山派)의 집대성자

도홍경(456~536년). 이른바 '모산파' 도교의 대성자라고 일컬어지
는 도사이다. 단양말릉(丹陽秣陵; 현재의 하남) 출신으로 청년기까
지 유교(儒敎)를 중심으로 공부를 했다. 일설에는 10세 때 『신선전(神

仙傳)』을 본 이후 선도(仙道)에 이끌리게 되었다고도 한다. 28세 때 육수정(陸修靜)의 수제자인 손유악(孫遊岳)에게 상청파(上淸派) 도교의 가르침을 배우고 영매사인 양희(楊羲) 등이 남긴 문서, 육수정이 수집한 도교경전 등을 한 번에 입수했다. 37세에는 그때까지의 관료생활을 그만두고 모산에 은거하고 스스로 화양은거(華陽隱居)라고 호를 지었다. 그 후에도 모산에서 지냈는데 남조의 황제가 정치에 관한 조언을 구하는 일이 많았기 때문에 '산중재상'이라고 불렸다. 만년에는 도교의 체계화와 서책의 집필에 정력을 쏟고 모산의 주양관(朱陽館)에서 그 생애를 끝냈다. 최근 주양관 근처에서 그의 묘라고 생각되는 것이 발견되었다.

도홍경이 항상 육수정과 나란히 언급되는 것은, 도홍경도 도교경전의 정리에 공헌했기 때문이다. 특히 상청파 도교의 유래를 밝힌『진고(眞誥)』라는 책을 교정·편찬한 업적은 크기 때문이다. 또한 도교의 경전이나 수행자의 단계를 동진(洞眞), 동현(洞玄), 동신(洞神)의 '삼동(三洞)'으로 분류하는 일에 힘을 쏟았다. 이 때문에 도교는 보다 충실한 내용을 갖추고 정비된 것이다. 게다가 그는 단순히 도교뿐만 아니라 천문학에도 정통하였고, 그 외에『신농본초(神農本草)』라는 약학서를 연구하고『본초경집주(本草經集註)』라는 주석서를 저술하여 중국약학사상에서 뛰어난 업적을 남겼다.

장과(張果)

－측천무후를 연기에 싸이게 하고 현종을 감복시킨 통현선생(通玄先生)

　　장과로(張果老)라고도 한다. 『당서(唐書)』에도 전기가 있는 팔선 중의 한 명. 팔선 중에서는 어고(魚鼓)와 간자(簡子)라는 타악기를 든 모습으로 그려진다. 『태평광기(太平廣記)』에 의하면, 장과는 항주(하북성)의 조산(條山)에 은거하고 자주 산서성 주변을 왕래했다. 사람들 사이에서는 그가 장생의 비술(秘術)을 체득했다고 전해졌다. 노인들은 어릴 때부터의 그를 알고 있었는데 그는 당시에도 수백 살이라고 말했다. 당 태종, 고종이 자주 조정에 초청했지만 응하지 않았다. 측천무후 때 그를 산에서 부르려고 하자 그는 죽은 체를 했다. 이때는 더울 때로 바로 몸이 썩기 시작하고 벌레가 끓었기 때문에 보고를 들은 측천무후는 그가 죽었다고 믿고 없던 일로 했다.

　　그러나 이후 다시 항주의 산중에서 그를 발견한 사람이 있다고 한다. 장과는 언제나 한 필의 하얀 노새를 타고 하루에 수만 리를 갔다고 한다. 쉴 때에는 노새를 접어서 종이 정도의 두께로 해서 두건 상자 안에 넣었다. 탈 때에는 입으로 물을 뿌리면 본래의 노새가 되었다. 이후 현종 황제로부터 초대받고는 두 번에 걸친 정중한 요청을 받자 드디어 황제 곁으로 갔다. 현종과 장과와의 사이에는 여러 문답이 있었다. 예를 들어 현종은 장과가 정말 신선인가를 의심하고 그에게 사약의 재료로 쓰이는 독성이 강한 투구꽃 액을 마시게 했다. 신선에게는 투구꽃 액이 듣지 않기 때문이다. 장과는

투구꽃 액을 다 마시고 맛없는 술이라며 침대로 돌아갔다. 일어나 거울을 보니 이가 타버렸기 때문에 여의봉으로 이를 깨고 옷에서 약을 꺼내 이에 바르자 이는 이전보다 더욱 하얗게 되었다. 이를 보고 현종도 장과가 신선임을 믿고 '통현선생(通玄先生)'이라는 호를 내렸다고 한다.

남악부인(南嶽夫人)
 – 무녀에서 시해승천(尸解昇天)한 후 상청파(上淸派)의 시조가 됨

남악부인(251~334년). 남악부인은 진(晉)나라 때 도교의 무녀로서 유명하다. 부인의 성은 위(魏), 이름은 화존(華存), 자는 현안(賢安)이다. 위화존(魏華存) 또는 자허원군남악부인(紫虛元君南嶽夫人)이라고도 불린다. 임성(任城; 현재의 산동성) 출신으로 서진(西晉)의 사도(司徒)였던 위서(魏舒)의 딸이다.

어릴 때부터 널리 제자백가를 배우고 유학의 오경(五經)에 통달했는데, 특히 노장(老莊)을 좋아하고 약을 복용했다. 그녀 자신은 선도(仙道)에 뜻을 두고 있었는데, 양친에게 강한 권고로 24세에 결혼했다. 남편의 부임지인 하남성에 함께 가서 두 명의 아이를 낳았다. 그 후 남천과 헤어지고 은거생활을 했다. 288년에 진인(眞人)이 강림해서 『상청경(上淸經)』, 『대동진경(大洞眞經)』 등을 전수받았고 아울러 구결(口訣) 등을 배웠다고 한다. 널리 도교 신서(神書), 비적(秘籍) 등을 찾아 천사도의 제주(祭酒)가 되었다는 전설도 있지만, 이 내용은 의심스럽다.

83세가 되었을 때 동화제군(東華帝君)이 강림해서 부인에게 『황정경(黃庭經)』과 선약(仙藥)을 주고 그 약을 마신 부인은 시해승천(尸解昇天; 사체가 사라져 없어지고 승천)했다고 한다. 천상에서는 서왕모의 안내로 남악(南嶽)인 형산(衡山)을 지배하게 되었다고 한다.

이상은 연대가 분명하지만 상세한 사실(史實)은 불명이다. 남악부인의 중요성은 『상청경』을 인간계에 전한 것에 있다. 365년 모산의 양희(陽羲)라는 남자에게 남악부인이 강령해서 동진부(洞眞部)의 중요 경전을 전수했다고 전해지고 있다. 이러한 사실로부터 남악부인은 도교 상청파(茅山派)의 제1대 종사, 개조가 되었다. 미타무라 게이고

팔선(八仙)

하선고(何仙姑), 한상자(韓湘子), 종리권(鐘離權), 조국구(曺國舅), 장과(張果), 남채화(藍采和), 이철괴(李鐵拐), 여동빈(呂洞賓)의 8명을 이르는 말이다. 각 항목 참조.

팔선

팽조(彭祖)

 – 장수의 대명사가 된 양생법의 숙달자

  팽조는 성은 전(錢), 이름은 현(鏗). 고대 오제(五帝)의 한 명인 전욱(顓頊)의 고손자 또는 증손자이다. 선진(先秦) 이래 장수한 자의 대명사가 되고 은대(殷代) 말에는 이미 칠백세 또는 팔백세를 넘었다고 한다. 항상 육계(肉桂), 영지(靈芝), 운모가루[雲母粉], 미각산(麋角散) 등을 복용하고 도인행기(導引行氣)라는 양생법에 숙달해서 얼굴이 조금도 늙지 않고 아주 젊었다고 한다. 왕이 대부로서 등용해도 언제나 병을 구실로 정사에는 관여하지 않고 오로지 정신을 함양하고 신체를 단련했다.

  또한 왕이 채녀(采女)라는 여자 선인(仙人)을 보내어 연년법(延年法)에 대해 질문하자, 욕망을 조절하고 기를 키우며 음양을 조화시키고 복기법(服氣法)으로 호흡을 단련하고 체내의 오장육부의 신들을 사념하여 몸을 단정히 하면 선인이 되지 못해도 장생할 수 있다고 말하고는 그 법을 전수했다. 채녀가 이것을 왕에게 전하자 효험이 있었기에 왕은 상당히 기뻐하며 이것을 비법으로 하였다고 한다. 이후 왕

은 팽조의 도를 전하는 자가 있으면 바로 살해하고 팽조조차도 죽이려고 했기 때문에 팽조는 나라를 떠나 간 곳을 알 수 없게 되었다.

  70여 년 후에 서방의 사막에서 그를 보았다는 사람이 있었다고 한다. 또한 황산군(黃山君)이라는 자가 팽조의 술법을 전하여 『팽조경(彭祖經)』을 지었다고 한다. 그 외 안휘(安

徽)의 역양(歷陽) 지역에는 팽조의 선실(仙室)이라는 곳이 있고 예전에는 여기서 기우제를 지내면 항상 효험이 있었다는 이야기도 전해진다. 항상 두 필의 호랑이가 사당의 좌우에 대기하고 있어서 제사가 끝나면 그 발자국이 반드시 찍혔다고도 전해진다. 팽조는 마지막에는 선인이 되어 승천했다고 한다.하마다 요코

마고(麻姑)
— 쌀을 뿌리면 진주가 되었다는 고대의 선녀

  마고는 고대의 선녀로, 선인(仙人) 왕방평(王方平)의 여동생이다. 오랜 기간에 걸쳐 모주(牟州) 동남의 고여산(姑余山)에서 수행하고 수도해서 득도했다고 한다. 마고전설은 몇 가지가 남아 있는데, 후한 때 왕방평과 마고가 채경(蔡經)의 집에 강림한 이야기가 잘 알려져 있다.

  한나라 효환제(孝桓帝) 때 신선인 왕원(王遠), 자는 방평(方平; 마고의 오빠)이 채경의 집에 강림했을 때, 왕원은 사자를 보내어 마고를 불렀다. 마고는 당시 18, 19세의 아름다운 처녀였다. 머리를 둥글게 말아 올리고 나머지 머리는 허리까지 늘어뜨리고 그녀의 옷은 반짝반짝 빛나는 듯했다. 마고가 쌀을 손에 쥐고 땅에 뿌리니 뿌린 쌀은 진주가 되었다.

  또한 마고의 손톱은 새의 손톱 같았다. 그것을 본 채경이 그 손톱으로 등을 긁으면 얼마나 기분이 좋을까라고 속으로 생각했다. 그

마음을 간파한 왕원은 "마고는 신인이다. 어째서 마고의 손톱으로 등을 긁고 싶다고 생각하느냐"라며 채경을 꾸짖고 회초리로 쳤다. 연회가 끝나고 왕원도 마고도 하늘로 돌아갔다.

『신선전(神仙傳)』에서는 마고와 왕원의 전기가 거의 같은 내용이다. 마고는 이야기의 중심인물이 아니라 오히려 이야기의 흐름에 등장하는 한 명으로 처리되는 것 같다. 마고전기는 『역세신선체도통감(歷世眞仙體道通鑑)』, 『용성집선록(墉城集仙錄)』, 『설부(說郛)』 등에서 볼 수 있다. 당대의 서예가 안진경(顔眞卿)이 「마고선단기(麻姑仙壇記)」를 쓰고 비석에 새긴 것이 남아 있다. 또한 사천의 풍도귀성(丰都鬼城)에는 마고의 거주지와 수행 장소라고 전해지는 마고동((麻姑洞)과 선고암(仙姑巖)이 남아 있다. 미타무라 게이코

남채화(藍采和)
  – 박자판을 두드리고 노래하며 성읍을 돌아다닌 선인

지금까지는 하선고(何仙姑)와 함께 팔선 중의 두 여신선이라고 한다. 그 이름이 '남(藍)'인 것에 빗대어 '꽃바구니(籃)'를 든 모습으로 그려지는 경우가 많았다. 그러나 애초에 남채화는 꼭 여성으로 간주된 것은 아니다. 『태평광기(太平廣記)』에서 인용한 『속신선전(續神仙傳)』의 기록에 의하면, 남채화는 헤진 남색 옷에 폭이 세 치인 허리띠를 두르고 한 발은 맨발, 한 발은 신발을 신은 우스꽝스럽고 이상한 외모를 하고 있다. 성읍에서 노래하며 다니면서 구걸했다고 하며 손에는 90센티미터 정도가 되는 긴 판을 들고 그것을 쳐서 박자(拍子)

를 맞추면서 노래했다고 한다. 젊은 사람이나 노인들도 그를 쫓아와서 구경하고 사람들이 물으면 바로 해학적인 대답을 해서 사람들을 웃게 했다고 한다. 노래는 즉흥에서 만든 것으로 내용은 선인의 경지를 노래하고 사람의 상식을 넘은 신기한 이야기가 많았다고 한다.

사람들이 돈을 주면 끈에 꿰어 땅에 끌고 다녔다. 어느 날 술집에서 취해서 흥에 겨워 노래하고 있자 생황의 소리가 들려오더니 남채화는 바로 구름 속으로 올라가고 신발과 허리띠와 박자판을 떨어뜨리고 공중으로 가버렸다. 신발 등도 또한 사라졌다고 한다.

아마 이것은 특정한 한 개인에 관한 묘사가 아니라 당나라 말기, 오대십국시대(五代十國時代) 쯤에 중국의 어딘가에 있었던 득도한 예인(藝人)의 모습일 것이다. 그러한 예인이 선인이 아닌가하는 의심을 받아 남채화가 등장하게 된 것일지도 모른다. 남채화라는 이름은 그 자체로 본래는 선인의 이름이 아니라 속요 가사의 일부라고 보는 설도 있다.

육수정(陸修靜)

― 경전, 의례의 정리체계화로 역사에 남은 도사

남북조시대, 북위국(北魏國)에서 구겸지(寇謙之)라는 인물이 도교의 개혁을 행하고 있었을 때, 남쪽이 강남 지역에서도 새로운 노교

활동이 싹트기 시작했다. 그 중심이 된 도사의 한 명이 남조, 송왕조(宋王朝)의 도사 육수정이다.

상청파(上淸派) 제7대 교주인 육수정(406~477년)은 오(吳)나라의 재상의 자손이라고 말해지지만 유소년 시기부터 속세간을 벗어나 수도생활을 하려는 뜻이 강했다. 운몽산(雲夢山)이라는 산에서 수행한 후 널리 국내의 명산을 다니며 선인을 찾아 걸었다.

이후 남송의 황제인 문제(文帝)에게 '도'에 대해서 강의했지만 황실의 혼란을 피해 노산(盧山)으로 가 도관을 세우고 수도생활을 했다. 드디어 다시 명제(明帝)에게 초대받아 남경 가까이의 천인산(天印山)의 숭허관(崇虛觀)에서 수행하게 되었다. 이 숭허관에서 육수정은 상청파의 경전을 입수하게 되었다.

본래 이들 경전은 육수정보다도 200년 정도 전에 모산(茅山)에서 영매사로 있던 양희(楊羲)라는 인물에게 신선인 위화존(魏華存)이 강림해서 구전해서 전수한 내용을 정리한 것이었다. 육수정은 이들 경전에 덧붙여 남송의 명제가 수집한 숭허관에 소장되어 있던 도교경전까지 포함해서 정리하고 도교경전의 최초의 목록인 『삼동경서목록(三洞經書目錄)』을 작성했다. 이들은 단순한 경전목록이 아니라 경전의 전승, 교파 등을 체계적으로 정리한 것이었다. 또한 그는 도교의 의례에 관해서도 정리체계화를 꾀했으며 그에 의해 도교사상의 육수정의 지위는 부동의 것이 되었다._{야마다 쥰}

이철괴(李鐵拐)

– 시체가 불타도 오그라든 발의 몸으로 소생한 선인

철괴리(鐵拐李)라고도 한다. 이철괴의 '괴(拐)'는 지팡이를 가리킨다. 팔선 중에서 지팡이를 짚은 다리가 불편한 선인이 이철괴이다. 수나라 때의 사람이라고도 하고 이응양(李凝陽)이라는 사람이었다고도 말해진다. 역사상의 인물에 근거한 캐릭터는 아닌 것 같다.

철괴에 관한 기본적인 에피소드는 원대의 희곡[元曲]이나 명대의 소설류 속에 보인다. 원대 희곡인『철괴리』에서 철괴는 본래 악수(岳壽)라는 이름의 서리(胥吏)였다. 악수는 자신이 잘못 검거한 인물이 사실은 변장한 신임 상사였다는 것을 알고는 놀라서 죽는다. 지옥에서 여동빈의 도움을 받아 이 세상에 다시 태어나게 되었지만 이미 아내가 유체를 태워버렸기 때문에 어쩔 수 없이 소리도(小李屠)라는 다리가 불편한 정육점의 아들의 사체를 빌려 소생하고 여동빈으로부터 철괴라는 이름을 받는다.

또한 명대의 소설『동유기(東遊記)』에서 철괴는 본래 이현(李玄)이라는 이름이었다. 이현은 누자를 만나기 위해 제자에게 7일간 자신의 몸을 지키라고 명하고는 혼만이 빠져나간다. 그러나 제자가 자신의 어머니가 위독하다는 전보를 듣고 조급해져서 6일 만에 이현의 몸을 화장한 후 가버린다. 7일째에 돌아온 이현은 돌아갈 몸이 없어서 굶어 죽은 걸인의 시체를 빌려서 소생한다. 그 시체는 다리에 징에기 있었기 때문에 이후 신인도 그러한 모습

이 되었다는 이야기이다. 중국에서는 이철괴 이외에도 다리가 불편한 사체를 빌려 소생한 선인의 이야기가 전해지고 있는데, 이철괴야말로 그러한 선인의 전형이라고 하겠다. 모리 유리아

이백(李白)
  – 숭산(崇山)에 백락천(白樂天)과 함께 사는 수선(水仙)이 된 당대의 대시인

성당(盛唐) 시대의 시인. 시성(詩聖) 두보(杜甫), 시불(詩佛) 왕유(王維), 시선(詩仙) 이백(701~762년)이라고 나란히 칭해진다. '이절(李絶)', '두율(杜律)'이라고 하듯이 시의 절구(絶句)는 당대(唐代) 최고라고 평가된다. 농서(隴西) 사람이다. 이민족의 자녀로 서역에서 태어났다고 추측되고 있다. 자는 태백(太白), 적선인(謫仙人)이라고도 불린다. 모친이 꿈에서 장경성(長庚星, 금성)을 보고 임신했기 때문에 '태백'이라는 자를 붙였다고 한다.

어릴 때부터 학문을 좋아하고 일찍 재능을 나타냈다. 또한 15세 즈음부터 검술을 즐기고 호방하고 도량이 큰 성격이었다. 청련거사(青蓮居士)라고 호를 짓고 술을 정말 사랑한 시인이다. 작풍(作風)도 현실적인 작품보다도 서정적인 것이 뛰어나다고 평가받는다. 현종(玄宗)이 그 재능을 높이 사서 일시적으로 조정에서 일했지만 후에 장안으로 쫓겨나 방랑하게 되었다. 62세 겨울에 당도(當塗)에서 사망했다.

이백은 신선을 갈망해서 선인이나 진인을 소재로 한 작품을 남겼다. 전기 속에도 스무 살 무렵 한번 은거한 일이나 40세가 넘어서 도사 오균(吳筠)과 교우를 맺은 일이 적혀있다. 이백은 보응(寶應) 원

년(763년) 11월 술에 취해 달을 잡으려고 물에 들어가 생애를 마쳤다(水解)고 전해진다. 이백이 선인이 되었다고 기록한 것에는 『역대진선체도통감』이 있다.

이 책의 『이백전(李白傳)』에 의하면 후세 사람은 이백과 한 도사가 산 위에서 함께 이야기한 후 푸른 안개 속으로 붉은 용(상상속의 동물로 새끼용)을 타고 함께 사라지는 것을 보았다고 한다. 또한 귀년(龜年)이 숭산(崇山)에 갔을 때 이백으로부터 선인계에 백락친과 자신이 어떤 일을 하고 있는가를 질문 받고는 새와 짐승(鳥獸)의 말을 이해할 수 있게 되는 책을 빌었다고 기록되어 있다. 미타무라 게이코

유안(劉安)

─『회남자(淮南子)』를 편찬한 후 팔공(八公)에게 사사하고 승천

유안은 한왕조 유씨(劉氏) 왕실 출신으로 회수(淮水) 강의 남쪽 지역을 그 영토로 했기 때문에 회남왕(淮南王)이라는 별명이 있다.

당시 한왕조의 여러 왕자가 신분에 따라 사치에 빠져 있었던 것에 비해 오로지 유안은 유교를 존중하고 많은 훌륭한 선비를 초대해 그들의 말을 근거로 『회남자』라는 서적을 편찬했다. 또한 동시에 신선 연금술을 중시하고 나라 안의 도교 서적을 모으고 수많은 도사를 초대하여 정중히 대접했다. 그리하여 어느 날 팔공, 즉 팔선인의 방문을 받게 된 것이다. 하찮은 여덟 노인이라고 경시하였으나 갑자기 그

모습을 어린 동자로 변신한 팔공의 선력(仙力)을 눈앞에서 본 유안은 그들의 제자가 되기를 간청한다. 팔공은 유안에게 여덟 종의 비술을 전수하고 함께 『단경(丹經)』이라는 선약의 제조서를 주었다.

어느 날 유안에게 원한을 품은 뇌피(雷被), 오피(伍被) 두 사람이 유안에게 젖은 옷을 입혔다. 이것을 안 팔공은 유안이 세상에서 모습을 감출 절호의 기회라고 생각해서 유안을 산속에 숨게 하고 의식을 행해서 백일승천시켰다. 한대(漢代)의 역사서에는 유안은 죄를 지어 자살했다고 하지만 그것은 후세의 군주가 유안을 모방해서 정치를 태만히 하고 선인이 되려는 것을 막기 위함이었을 것이라고 한다.

당시의 전설에 의하면 팔공과 유안이 승천한 후 그곳에 남아 있던 남은 선약 그릇을 닭과 개가 핥아 먹었기 때문에 그들도 같이 승천했다고 한다. 그 선약의 위력은 그 정도로 컸던 것이다. 야마다 슌

여동빈(呂洞賓)
– 다양한 성격을 가진 근세 신앙세계 최대의 스타

이름은 암(嚴), 호를 순양(純陽)이라고 한다. 팔선 중에는 종종 검을 등에 지고 있는 모습으로 그려진다. 검법은 화룡진인(火龍眞人)으로부터 배웠다고도 하고 종리권에게 배웠다고도 말해진다. 여동빈은 당말, 오대에 실재했던 인물이라고 하는데, 실제로는 잘 알 수 없

다. 그러나 시사(詩詞)에 뛰어난 선인으로서
북송의 초기부터 아주 유명했다. 그때 중국의
도시나 사원에는 가는 곳마다 여동빈이 썼다
는 시가 쓰여 있고 사람들은 그 시를 보고 그
곳을 방문했을 선인을 생각한 것이다.

　또한 여동빈은 시인이면서 사람을 희롱하
는 장난꾼이기도 하다. 예를 들면 남송의『이
견지(夷堅志)』에는 여동빈이 늙은 병사의 모습으로 바꾸어 협주(호북
성)에서 자신을 위해 열리던 여공순양회(呂公純陽會)라는 사당제를
방문해서는 장식되어 있는 여동빈의 화상이 본인과 닮지 않았다고
하며 자신이 그려주겠다고 나섰다. 주인이 기뻐하며 그림을 그리기
위해 비단을 건네자 여동빈은 거기에 토를 하고는 가 버렸다. 나중에
아이가 그 비단을 보자 거기에는 그 늙은 병사와 똑같은 모습의 여동
빈의 모습이 완성되어 있었다는 이야기이다.

　명대 소설『동유기』에 등장하는 여동빈은, 자신의 오명 한 가지를
씻기 위해 송왕조를 절멸시키기 위해 전쟁을 일으키는 손쓸 수 없는
난폭한 자로 그려지기도 한다. 그러나 도교계에서는 내단법(內丹法)
에 통달한 전진교(全眞敎)의 시조로서 절대적인 존숭을 받고 있다.
또한 민간신앙에서는 현재에 이르기까지 자주 후치(扶箕; 점술의 일
종으로 신의 계시를 받는 무래판)에 내려와 끝없이 사람들에게 훈계
를 내린다. 송대 이래로 여동빈에 관한 실화나 신비한 이야기들은 무
수하게 보고되고 있고 여동빈이야말로 관우(關羽)와 함께 중국 근세
신앙 세계 가장 인기 있는 신선이라고 하겠다. 보리 유리아

노자(老子)

　－ 만물의 근원으로 숭배받는 도가의 시조

　노자는 성은 이(李), 이름은 이(耳)로 자는 백양(伯陽), 시호는 담(聃), 일설에는 자가 담이라고 한다. 초[본래는 진(陳)나라] 고현(苦縣) 여향(厲鄕) 곡인리(曲仁里) 사람이었다. 은(殷)대에 태어나 주(周)나라 왕실의 장서실의 담당관으로 일했다. 세상에서 숨은 현자라고 평가받았다. 공자(孔子)가 주나라를 방문했을 때 그에게 예(禮)에 대해서 질문했는데, 그때의 인상은 마치 용처럼 종잡을 수 없는 인물이라고 했다. 이후 주왕조가 쇠퇴하는 것을 보고 청우(靑牛)가 끄는 우마차에 타고 서쪽으로 가게 되는데, 함곡관[또는 산관(散關)]을 통과했을 때, 관문의 수령인 윤희(尹喜)의 부탁으로 『도덕경(道德經)』 상하 2권, 5,000언을 저술하고 어디론가 떠나버렸다고 한다.

　『사기(史記)』가 집필된 시대에는 이미 전설적인 인물이 되어 있었다. 그 후 육조시기를 지나 당대에 이르는 사이에 도가의 시조로서 신격화되어, 노자는 천지에 앞서 자연에서 발생한 무시무종(無始無終)의 존재이고 만물의 근원 또는 지배자가 되었다. 그 몸은 항상 하늘에 있고 복희씨(伏羲氏) 이래 대대로 이름을 바꾸어 지상에 나타나 왕의 스승으로서 도를 가르쳤다. 은나라 18대왕 양갑(陽甲)때, 현모옥녀(玄妙玉女)의 태중에 있었고, 81년 후에 옥녀의 왼쪽 옆구리를 찢고 노자로 태어났지만 그 용모는 아주 이상했다고 한다.

이후에 주나라를 떠나 함곡관에서 윤희를 만나 둘이서 서역의 여러 나라에서 도를 가르치고, 결국에는 천축(天竺)에 가서 노자 자신이 부처가 되었기(또는 부처를 제자로 삼았기) 때문에 불교는 도교에 근거한다는 식의 이야기가 여러 곳에 전한다. 이렇게 도교에서는 '도'를 신격화한 원시천존(元始天尊)을 잇는 태상노군(太上老君)으로서 숭배받게 되었다. 하마다 요코

도교 신(神) 사전

— 이시다 겐지(石田憲司, 코쿠시칸대학)
— 정정하오(鄭正浩, 오카야마대학)
— 니카이도 요시히로(二階堂善弘, 도요대학)

우사(雨師)

– 용과 관련이 깊은 기우의 신

비를 관장하는 신. 생활과 밀접한 관계를 갖고 있기 때문에 선진시대부터 풍신(風神)과 함께 중시되었고 근세까지 국가제사의 하나로 자리잡았다. '우사'라는 호칭은 『주례(周禮)』에 이미 보인다. 한대의 『풍속통의(風俗通義)』에서 '우사란 필성(畢星)이다.'라고 해석하고 있다. 필성이란 28숙(宿)의 필숙(황소자리의 주성), 서방의 백호칠숙(白虎七宿)의 제5숙에 해당한다. 달이 이 별에 가까워지면 큰 비가 내린다고 하여 우신이라고 여겨졌던 것이다.

그 외에 남방적 요소가 뚜렷한 『초사(楚辭)』에서는 우신을 '병예(屏翳)'라고 칭한다. 오행(五行)사상에서는 물은 북방에 속한다고 하므로 '현명(玄冥)'이라고 하기도 한다.

『열선전』, 『수신기(搜神記)』 등에 의하면 선인 적송자(赤松子)가 붉은 용으로 변해 풍우와 함께 오르내리므로 우사로 명했다는 도교적 전설이 있다. 위진시대 이후 용 자체가 우사라고 불리는 일도 있어서 비와 용은 깊은 관련성이 있다. 또 불교 등의 영향으로 용신(龍神), 용왕신앙도 성행했다.

『서유기』 등의 원명시대 이후 소설에서 용왕은 비를 내린다는 것이 강조되어 그려지고 민간에서는 가뭄이 있을 때마다 용왕이 기우의 대상이 되는 등 근대에는 인격신으로서의 우사 신앙은 거의 사라졌다. 정정하오

관성제군(關聖帝君)

─ 가장 인기 있는 신으로 『삼국지』 영웅 관우의 화신

아름다운 턱수염으로 알려진 『삼국지(三國志)』의 영웅 관우를 신으로 모신 것. 충성과 의리, 용기의 무신으로서 존경받을 뿐 아니라 학문의 신, 마귀를 제압하는[伏魔]의 신, 사원을 수호하는 가람의 신으로 신앙된다. 그리고 의를 중요시하는 부기법(簿記法)이나 주판을 발명한 재신(財神)으로서도 신앙되고 있다. 이 때문에 관제는 상업의 수호신이 되어 있다. 별칭도 많고 한수정후관공(漢壽亭侯關公), 문형성제(文衡聖帝), 산서부자(山西夫子) 등 유교적인 호칭도 있고, 관제야(關帝爺), 무성제군(武聖帝君), 삼계복마대제(三界伏魔大帝) 등 도교적 호칭도 있으며, 관보살(關菩薩), 기람신(伽藍神), 호법야(護法爺) 등 불교적 호칭도 있다.

본래 이 관제신앙은 당나라 때에 관우의 전몰지에 가까운 호북성 (湖北城) 당양현(當陽縣) 옥천사(玉泉寺) 경내에서 관우를 가람신으로 제사지낸 것이 시초일 것이다. 송나라 때에는 무신(武神)의 대표격이 되어 공자 문묘(文廟)에 상대해 무묘(武廟)의 주신으로 왕실에서 제사를 봉헌하게 되었다. 명나라 때에는 국가의 중요제사시설로서 북경에 백마관우묘(白馬關羽廟)가 설립되었다. 게다가 만력연간에는 '삼계복마대제신위원진천존관성제군(三界伏魔大帝神威遠震天尊關聖帝君)'으로서 가봉(加封)을 받고, 청나라 때에는 각 현(縣)에 하나씩 관청에서 제사지내는 관우묘가 설치되었다. 중화민국초기에는 관청에서 제사지내는 관우사묘는 악비묘(岳飛廟)와 병합해서 관악묘(關岳廟)로 되었지만, 민간에서의 관제신앙은 쇠퇴하는 일 없이 오늘날에 이르고 있다. 한인(漢人)이 있는 곳이라면 관제묘가 있다고 할 정도로 각지에서 모셔지고 해외의 화교 거주지에도 관제신앙은 활발하다. 일본에서 요코하마나 고베의 관제묘가 잘 알려져 있다. 덧붙여 전국각지의 채씨(蔡氏) 성을 가진 사람들은 무장 관우가 후한말에 선조를 죽인 적이라며 오늘날까지도 완고하게 관제의 제사를 거부하고 있다. 이시다 겐지

옥황대제(玉皇大帝)

　– 원시천존으로 변해 지고신(至高神)이 됨

수·당대의 도교의 최고신은 원시천존(元始天尊)이었다. 그러다가 송대 이후에는 옥황대제의 지위가 향상되어 지고신으로 다루어지

게 되었다. 또한 이 신은 단순히 옥황(玉皇), 옥제(玉帝) 등으로 불리는 일도 있다. 송대에는 천제(天帝)와 동일시되고 그 지위와 역할은 마치 인간계의 황제와 같다고 여겨졌다. 즉 옥제는 세상의 모든 신이나 선인(仙人)을 지배하는 신인 것이다. 한편 민간에서 옥제는 일년 간 인간의 행동을 연말에 산정하고 다음 해의 운명을 결정한다고 믿어진다. 그것을 보고하는 것은 각 가정에 모셔져 있는 부뚜막신이다. 그리고 그 절대적인 작용에 의해 옥제는 사람들에게 친숙함과 동시에 두려움의 대상이기도 하다. 그리고 옥황대제와 북극자미대제(北極紫薇大帝), 구진남극대제(勾陳南極大帝), 후토지기(后土地祇)를 합쳐서 '사어(四御)'라고도 칭하고, 이 신들이 천지를 분할하여 지배하는 것으로 간주된다. 옥제는 그 중 최고의 신격이다.

『고상옥황본행집경(高上玉皇本行集經)』이라는 경전에서 옥제는 본래는 먼 옛날에 있었던 묘악국(妙樂國)의 왕자였다. 나중에 나라를 버리고 출가해 산속에서 3,200겁(劫)의 시간 동안 수행을 해서 결국 옥제가 되었다고 기록되어 있다. 이 이야기는 석가여래의 전승을 변용시킨 것임을 한눈에 알 수 있다. 다만 이 같은 설화는 꽤 널리 퍼져 있었던 듯하며 『서유기』에도 비슷한 이야기가 보인다.

덧붙여 이 경전에서 옥제의 탄생일은 음력 1월 9일이라고 하는데, 이 날에는 옥제를 모시는 여러 사당에서 공품을 허납하고 성대한 제사가 현재에도 행해진다. 또한 민간에서는 옥제의 성은 '장(張)'이라고 하지만 확실한 근거는 없다.

통속문학에서도 옥황대제는 천상계의 지고

신의 역할을 맡아 도처에 등장한다. 그러나 그 지위의 높음 때문인지 별로 구체적인 활약은 보이지 않는다. 소설『서유기』에서 손오공에게 '제천대성(齊天大聖)'이라는 지위를 주는 것도 옥제이다. 또한 마찬가지로 저팔계와 사오정도 그 전생(前生)에서는 옥황대제 아래의 장군이었다고 한다.

원시천존(元始天尊), 영보천존(靈寶天尊), 도덕천존(道德天尊)
– 모든 신선의 위에 군림하는 도교의 최고신

다신교인 도교에는 그 최고신도 시대에 따라 변화한다. 그러나 초기 도교부터 육조(六朝)에서 수당시대에 걸쳐 오면서 신들 중에서 가장 지고한 존재로 생각된 것은 원시천존이다.

『수서(隋書)』경적지(經籍志)의 기록에 의하면 원시천존은 '태원(太元)' 전에 태어나 자연의 기를 받았다는 것이다. 그래서 천지가 붕괴하고 다시 생성하는 기간을 '겁(1겁은 41억 년)'이라고 하는데, 겁이

지나도 그 몸은 항상 불멸이다. 그리고 천지가 열릴 때마다 그 선부(仙府)에 있는 옥경(玉京)에서 도를 전수한다고 한다. 태상노군(太上老君)이나 오방천제(五方天帝) 등도 모두 원시천존에게 도를 전수받는다. 이는 마치 신과 선인의 우두머리인 느낌이다. 그것을 반영해서인지 도교신의 만다라라고 할 수 있는『진령위업도

(眞靈位業圖)』에는 제1계의 중위(中位) 즉 최고신의 자리를 원시천존이 차지하고 있다.

원시천존은 또한 천상계의 옥청경(玉淸境)에 산다고 한다. 도교의 최고천(最高天)에는 이 외에 영보천존[靈寶天尊; 즉 태상도군(太上道君)]이 주재하는 상청경(上淸境), 도덕천존[道德天尊; 즉, 태상노군(太上老君)]이 있는 태청경(太淸境) 등 합쳐서 세 가지 천(天)이 있다. 이 세 가지 천과 그 신격을 '삼청(三淸)'이라고 부른다. 이 삼청이야말로 보다 넓은 의미에서 도교의 최고신이다. 많은 도교사원에서는 이들을 모시는 '삼청전'이 있다. 또한 도교경전을 집대성한 『도장(道藏)』은 삼동사보(三洞四輔)이라는 7부 구성으로 경전이 분류되어 있다. 그 상위격의 삼동은 동진(洞眞), 동현(洞玄), 동신(洞神)이 산부인데, 이것도 각각 원시, 영보, 도덕의 삼천존(三天尊)이 관장한다고 되어 있다. 이처럼 도교신앙의 모든 부분에서 삼청은 최고의 위치를 받고 있다.

다만 민간신앙의 세계에서는 너무 위대한 신이라 공경하되 멀리하는 경향이 있는 것 같다. 통속문학 등에서 원시천존이 등장하는 일은 없다. 예외적으로 소설 『봉신연의(封神演義)』에서 원시천존은 스스로 칼을 휘둘러 싸우는 등 많은 장면에서 활약한다. 그러나 이러한 장면은 어디까지나 『봉신연의』가 여타 소설과는 성격을 달리하기 때문의 현상이다. 민간에서 천존의 인기는 반드시 높다고는 할 수 없다. 니카이도 요시히로

현단조원수(玄壇趙元帥)

 – 폭죽으로 따뜻하게 해주는 축재(蓄財)의 신

　재물을 축적하는 신에는 무재신(武財神)과 문재신(文財神)이 있는데 조원수(趙元帥)는 무재신의 대표이다. 흑호(黑虎)를 타고 손에 채찍을 든, 수염까지 검은 신으로 조현단(趙玄壇), 조단야(趙壇爺), 한단야(寒壇爺), 은주공주(銀主公主) 또는 중로재신(中路財神) 등으로 존경해 부른다. 음력 3월 15일이 탄생일로 재현단(齋玄壇)이라고 불리는 제단에 술과 소고기를 함께 올리는 풍습이 있고, 또한 조원사의 수레에 폭죽을 던지는 풍습이 있었다. 소고기를 올리는 것은 조원수가 회교도여서 돼지고기를 먹지 않기 때문이라고 하고 폭죽을 던지는 것은 추위를 싫어하는 조원수를 따뜻하게 해주기 위함이라고 한다. 조원수는 조광명(趙光明)이라고도 하고 해의 정령인 신으로 변했다는 전승이 있다. 그 옛날 10개의 태양이 동시에 하늘에서 비추고 있었기 때문에 제요(帝堯)와 후예(后羿)가 그 중에서 9개를 떨어뜨렸다. 떨어진 태양 중 1개가 변해 조광명(趙光名)이 되었고, 조광명은 천사 장도릉(張道陵)의 요청으로 도교의 제단인 현단(玄壇)의 수호를 맡았기 때문에 현단원수(玄壇元帥)라고 불리게 되었다는 것이다.

　또한 조공명(趙公明)이라는 인물이었다는 전승도 있다. 은대의 축재(蓄財)의 재주가 있었던 무장 조공명이 사후 원수(元帥)라는 호(號)를 받았다는 전승으로, 구체적인 내용은 진대(秦代)에 종남산에서 수행한 조공명이 후한대

에 장도릉(張道陵)의 현단을 수호하고 천제로부터 정일현단원수(正一玄壇元帥)로 봉해졌다는 전승이 그것이다. 조원수 신앙은 화중이북(華中以北)에서도 성행했기 때문에 타이완에서는 조원수를 단독으로 모시는 사당은 수가 적지만, 가정에서는 조원수와 그의 부하인 초보천존(招寶天尊), 납진천존(納珍天尊), 초재사자(招財使者), 이시선관(利市仙官)과 함께 오재신(五財神), 오로신(五路神), 오통재신(五通財神)을 믿는 경우가 많다.

오악대제(五岳大帝)
 – 신앙을 모으는 오악 장태산(長泰山)의 동악대제

오악(五岳)이란 동서남북과 중앙의 다섯 개의 산악을 가리킨다. 오악으로 정해진 산은 시대에 따라 다소의 차가 있다. 일반적으로는 태산(泰山)을 동악, 화산(華山)을 서악, 숭산(嵩山)을 중악, 항산(恒山)을 북악, 형산(衡山)을 남악이라고 한다. 예전에는 남악을 천주산(天柱山)이라고 보기도 했다. 이들 산에는 각각 그 산을 관장하는 신이 있다고 했다. 즉 동악대제(東岳大帝), 서악대제(西岳大帝), 중악대제(中岳大帝), 북악대제(北岳大帝), 남악대제(南岳大帝)이다. 그리고 이를 총칭해서 오악대제(五岳大帝)라고 부른다. 특히 이들 다섯 산에 대해 '대제'라고 한 것은 북송 시대부터였고 당나라 때에는 '왕'이라고만 칭했다. 오악의 신은 각각 직무가 다른데 동악은 사람의 생명을, 서악은 금속을, 중악은 토지산천을, 북악은 대하(大河)를, 남악은 물에 사는 생명체를 관장한다.

　오악신은 모두 역대 왕조로부터 존중받고 또한 도교의 신으로서 지위도 높았다. 그러나 그 중에서도 특히 민간의 신앙을 모은 것은 태산의 동악대제이다. 동악대제가 오악의 우두머리로서 여겨진 것은 물론이지만 본디 태산 자체가 중국의 모든 산 중에서 특수한 역할을 가지고 있었다. 진시황제, 한무제 등 많은 황제들이 태산에 올라 중요한 제사인 봉선(封禪)을 집행했다.

　게다가 일반적으로 중국에서는 사람이 죽으면 혼은 모두 태산으로 간다고 생각되었다. 즉 태산은 명계(冥界)라고 여겨진 것이다. 그 때문인지 태산의 동악대제는 특별히 명계의 신으로서 역할을 행하게 되었다.『수신기(搜神記)』등의 소설에서는 태산부군(泰山府君)이라는 신이 인간의 생사를 지배하는 것이 보인다. 이 태산부군은 동악대제의 전신이라고도 할 수 있는 신이다. 동악대제도 명부에서 사자를 심판하는 역할을 부여받았다.

　동악대제에게는 자식이 있고 그들이 또한 각각 신으로서 숭배 받고 있다. 민간에서는 오히려 이들의 인기가 높다. 벽하원군(碧霞元君)은 동악대제의 딸로 태산낭낭(泰山娘娘)이라고도 불린다. 넓은 범위에 걸쳐 복을 주는 신으로 유명하다. 또한 동악대제의 셋째 아들은 병영공(炳靈公)이라고 불리며 화신(火神)의 시조라고 알려져 있다. 카이도 요시히로

삼관대제(三官大帝)
– 복을 주고[賜福], 죄를 용서하고[赦罪], 액운을 풀어주는[解厄] 세 신

삼원대제(三元大帝), 삼관로야(三官老爺) 또는 타이완에서는 삼계공(三界公)이라고도 불린다. 옥황상제의 뜻에 따라 천계를 통괄하는 천관자미대제(天官紫微大帝), 지계를 통괄하는 지관청허대제(地官淸虛大帝), 수계를 통괄하는 수관동음대제(水官洞陰大帝)의 세 신을 총칭한 것이다.

자미대제는 상원(上元, 정월 대보름)에 청허대제는 중원(中元, 7월 15일), 동음대제는 하원(下元, 10월 15일)에 태어나 각각 사복(賜福), 사죄(赦罪), 해액(解厄)을 관장하기 때문에 상원사복천관일품자미대제(上元賜福天官一品紫微大帝), 중원적죄지관이품청허대제(中元赦罪二品地官淸虛大帝), 하원해액수관삼품동음대제(下元解厄水官三品洞陰大帝)라고 불린다. 일설에는 상원일품구기천관자미대제(上元一品九氣天官紫微大帝), 중원이품칠기지관청허대제(中元二品七氣地官淸虛大帝), 하원삼품오기수관동음대제(下元三品五氣水官洞陰大帝)라고도 불린다. 용왕[일선에는 양

야(王爺)]의 세 딸이 진자춘(陳子椿)이라는 인물에 반해 아내가 되어 낳은 세 아들이 각각 천존(天尊)이 되어 삼관(三官)에 임명되었다고 전해진다.

또한 천관은 고대제왕 요(堯), 지관은 순(舜), 수관은 우(禹)라는 설도 있고, 주(周)나라 유왕(幽王)의 간신이었던 천문삼장군(天門三將軍)인 당굉(唐宏), 갈옹(葛雍), 주실(周實)이 사후에 신이 되었다는 설도 있으며, 천(天)의 기운은 생목(生木)을, 지(地)의 기운은 성금(成金)을, 수(水)의 기운은 화수(化水)를 각각 관장하므로 삼관이란 목관(木官), 금관(金官), 수관(水官)이라는 설 등도 있다.

예전에는 후한말의 오두미도(五斗米道)에서 치병의 주법(呪法)으로 병든 사람의 성명이나 복죄(服罪)의 뜻을 적은 종이를 세 통 작성해서 천, 지, 수의 삼관에 올린 것으로 알려져 있다. 민간에서는 옥황상제 측근의 고위 신들로 제사지내고 대부분 신상(神像)은 만들지 않고 천공로(天公爐; 옥황상제를 존숭하여 봉양하는 상징의 향로)를 설치해서 제사의 대상으로 하고 있다. 이시다 겐지

진무대제(眞武大帝)
– 무당산(武當山)을 거점으로 화중(華中), 화남(華南)에서 모은 신

거북이와 뱀이 합체한 사령(四靈) 중의 하나로 북방진호의 현무신(玄武神)이다. 인기가 있는 신으로 진무신(眞武神), 우성진군(佑聖眞君), 현천상제(玄天上帝), 상제야(上帝爺) 등의 많은 별칭이 있다. 신농(神農)을 신격화한 개천염제(開天炎帝), 북극성을 신격화한 북

극대제(北極大帝)의 이름도 이 진무대제의 별칭으로 취급되는 일이 있는데, 이는 잘못이다. 고구려 고분에 그려진 현무도(玄武圖)와 다카마쓰쓰카(高松塚) 고분 내벽에 그려져 있는 현무도는 거북과 뱀이 합체한 그림[龜蛇合體像]으로 유명하다. 본래 '현무(玄武)'는 북두칠성을 신격화한 것으로 오행설에서 북방은 물에  해당하므로 수신(水神)으로 인식되었고 또한 거북과 뱀[龜蛇]이 갖는 비늘과 등껍질로부터 무신(武神)으로서도 신앙되있다. 북송시대에 송나라의 성조(聖祖)인 주현랑(趙玄朗)의 '현(玄)'자를 피해 '현무'를 '진무(眞武)'라고 바꿔 불렀다고 한다. 당대에는 궁중에 현무관(玄武觀)이 세워진 이래 역대황제가 깊이 존숭(尊崇)하고 명대에는 왕실의 수호신이라고 할 만한 지위를 얻었다. 영락제(永樂帝)에 의해 신앙의 중심지인 무당산(武當山; 호북성)이 부흥되어 민간에서도 특히 화중, 화남의 사람들 사이에서 믿음이 성행했다. 이 때문에 복건(福建), 광동(廣東)에서 이주한 사람들로 성립한 타이완사회에서는 최고신의 하나로 독실한 신앙을 모으고 있디.

진무신의 전설로는 정락국(淨樂國)의 왕자가 무당산에서 득도하여 승천한 것이라고도 하고 도살(屠殺)을 생업으로 하던 자가 이전의 죄를 뉘우치고 몸을 정갈히게 마어 득도한 섯이라고도 하는 두 가지 게통으로 나눠져 있다. 후사 세통의 전설 때문에 타이완에서는 도살업자의 수호신으로도 여겨진다. 신상(神像)의 의복과 깃발은 북방을 가리키는 흑색을 시용하고 여조(呂祖)로부터 빌린 칠성검을 오른손에 들고 오른 디리 아래에 뱀을 밟고 왼 다리 아래에 거북을 밟고 있

다. 또한 귀사합체상이 진무의 상징으로 제사의 대상이 되는 일도 많

다.이시다 겐지

서왕모(西王母)

— 곤륜산(崑崙山)에 사는 여선(女仙)의 우두머리로 불사(不死)의 상징

서왕모는 동쪽의 동왕공(東王公)과 짝이 되며 여선(女仙)의 우두머리로 여겨지는 신이다. 금모(金母) 혹은 요지금모(瑤池金母)라고 칭해지기도 한다. 민간에서는 왕모낭낭(王母娘娘)이라고 불린다. 서왕모의 내력은 상당히 오래되었다. 『산해경(山海經)』이라는 책에서 서왕모는 서쪽의 옥산(玉山)에 살고 사람의 몸이면서 범의 꼬리와 호랑이의 이빨을 가지고 봉두난발한 머리로 역병이나 처벌을 관장한다는 무서운 모습으로 표현되어 있다.

또 곤륜산에 산다고도 한다. 이후 서왕모는 곤륜산과 반드시 관련되게 된다. 한나라의 도상(圖象) 등에서는 그 권속으로 토끼, 두꺼비, 삼족오, 구미호가 있고 이들이 서왕모를 둘러싸고 있다. 그런데 이 무서운 모습의 신 서왕모는 『한무제내전(漢武帝內傳)』 등의 소설에서는 미모의 여선(女仙)으로 그려진다. 서왕모가 한무제에게 3,000년에 한 번 열매를 맺는 선도(仙桃)를 주었다는 전승은 이 소설 외에 여러 곳에 보인다. 무제의 신하로 인간계로 흘러온 선인인 동방삭(東方朔)이 그 복숭아를 훔쳐 먹었다는 이야기도 유명하다.

이후에 『서유기』에서도 손오공이 그 도원에서 복숭아를 먹고 엉망으로 만들어서 천계(天界)는 난리가 난다는 설정이 되어 있다. 이 복숭아를 먹으면 불사의 선인이 될 수 있는 것이다.

불사의 복숭아나 서방의 곤륜에 보이듯이 서왕모는 또한 불사(不死)의 상징이기도 하다. 도교에서는 서왕모에게 '구령태묘귀산금모(九靈太妙龜山金母)'라는 칭호를 주고 서쪽 방향의 기(氣)로부터 발생한 신으로 그 성은 '후(候)'라고 했다. 또한 범의 꼬리를 갖는 것은 서왕모의 사자인 백호신(白虎神)이지, 서왕모 그 자체가 아니라고 주장한다. 이는 꽤 작위적인 감이 있다. 『유양잡조(酉陽雜俎)』는 서왕모의 성을 '양(楊)' 이름을 '회(回)'라고 기록히는데, 그 설의 근거는 불명확하다. 니카이도 요시히로

태을구고천존(太乙救苦天尊)
— 죽은 자를 구제하고 현세의 재앙을 가지고 가는 신

태을(太乙, 太一)구고천존은 청화궁(青華宮)에 사는 동극정화세군(東極青華帝君)의 화신으로 생각되고 동극태을구고천존(東極太乙救苦天尊)이라고도 불린다. 또한 시방(十方)에 나타나서 중생을 구제하는 신으로 시방영보구고천존(十方靈寶救苦天尊)이라고도 불린나. 구고천손신앙은 이미 당나라 초기에 꽤 보급되어 둔황에서 출토된 문헌에도 대자대비심성구고원시무상존(大慈大悲尋聲救苦元始無上尊)이나 시방구고천존(十方救苦天尊) 등의 이름이 보인다. 일실에는 삼세의 중생을 구하러 가고 싶다고 한 태상노군(太上老君)에

게 원시천존(元始天尊)이 태상노군을 대신해 지명한 것이 구고천존(救苦天尊)이었다고 한다. 구고천존은 하늘에서는 태을복신(太乙福神), 현세에서는 대자인자(大慈仁者), 지옥에서는 일요제군(日曜帝君), 외도(外道)에서는 사자명왕(獅子明王), 수부(水府)에서는 동연제군(洞淵帝君)이라고 불린다고 전한다.

구고천존은 글자 그대로 사람들을 괴로움으로부터 구하는 신이지만 지옥에 떨어져서 괴로워하는 죽은 자들도 구제의 대상으로 삼는다. 그 때문에 사자공양(死者供養)에 빠지지 않는 신이고, 가족 내에 병이나 불행이 생기면 사람들은 죽은 가족이 지옥에서 괴로워하고 있다고 생각하여 구고천존에게 의지하게 된다. 또한 지옥의 왕사성(枉死城)에서 죽은 이를 구해내는 공양 의식에서도 구고천존에게 제사하여 보살핌을 받는다. 고난에 마주했을 때 사람들은 구고천존을 떠올리고 성호(聖號)를 읊는 것만으로 바로 재액을 쫓을 수 있다고 믿는다. 또한 매월 3일과 9일에 구고천존이 인간계에 내려오므로 그 날 방을 깨끗이 하고 구고천존을 제사지내면 팔난(八難)이 사라지고 오복(五福)이 온다고 생각했다. 타이완에서는 옥황상제의 협시(挾侍)로서 뇌성보화천존(雷聲普化天尊)과 함께 모시는 일이 많다.이시다 겐지

태세(太歲)

— 동아시아 민간에서 널리 믿어진 흉신

천체(天體) 신앙에 유래하는 흉신(凶神). 본래는 세성(歲星), 즉 목성의 운행과 관계 깊었다. 세성은 북·서·남·동의 순서로 우행(右行)하고 12년에 천궁(天弓)을 일주하므로, 황도를 12등분해서 24절기나 12개월 등의 배치에 응용되었다. 그런데 습관상 방위의 회전방향이 북·동·남·서의 좌행(左行)이 보통이므로 한나라 이후 목성의 운행방향과는 역으로 좌행하는 상상 속의 목성을 생각해내고 게다가 12지(支)를 배속시켜 태세가 위치하는 곳을 그 해의 이름으로 해서 그 방위를 흉(凶)이라고 했다. 예를 들어 태세가 신(申)의 해에 속하면 신의 방위에 건축, 이사, 의례 등이 모두 흉하다고 보아 피하는 것이다.

이 신앙은 원·명(元明) 이후 더욱 성행하여 호국안민을 기원하는 국가 제전으로 되었다. 이 외에 소설 『봉신연의(封神演義)』 등에서는 육구(肉球)로부터 탄생한 주왕(紂王)의 아들 은교(殷郊)를 태세신이라고 하고 민간에서는 '태세대장군(太歲大將軍)'이라고도 불렀다. 또한 "태세의 머리 위에서 흙을 움직이지 말라"라는 속담이 있듯이, 현재 타이완, 홍콩 등의 한족사회에서는 매년 연초에 '안태세(安太歲)' 의례를 행하고 '태세부(太歲符)'를 붙여 그 해의 방위에 의한 흉사를 피하고 일가의 평안을 기도한다. 태세신의 신앙과 기휘(忌諱)는 일본에도 전해져 역법(曆法)에 도입되는 등 민간신앙의 하나가 되어 있다. 정정하오

태백금성(太白金星)

— 당나라 때에는 여성상, 『서유기』에서는 노인

　금성을 신격화한 것으로 태백금성이라고 한다. 지구에서 가장 가까이서 빛나고 있기 때문에 예로부터 친근하다. 『시경(詩經)』에는 아침의 금성을 계명(啓明), 밤의 금성은 장경(長庚)이라고 부른다. 『사기(史記)』 천관서(天官書)에는 "태백이란 서쪽의 금의 정령, 백제(白帝)의 아들, 상공(上公), 대장군의 상(象)"이라고 한다. 오행사상에서 금은 서쪽, 백색과 동일하게 배치되어 있으므로 그렇게 해석된 것이다.

　서쪽의 태백(금성)은 동방의 세성(목성), 남쪽의 형혹(熒惑; 화성), 북쪽의 신성(辰星; 수성), 중앙의 진성(鎭星; 토성)과 합쳐서 오요(五曜)라고 한다. 더욱이 일, 월을 넣어 칠요라고 칭하고 생활상에서 각각의 신앙과 금기가 있다.

　당나라 때의 불교경전인 『칠요양재결(七曜攘災決)』에 의하면 태백금성은 황의(黃衣)를 입은 여성상으로 머리에 계관(鷄冠)을 쓰고 손으로 비파를 켜는 모습이다. 도교 경전도 이 설을 잇고 있으며 산

서성에 현존하는 원나라 시대의 영락궁(永樂宮)의 벽화에도 이러한 모습이 여실히 그려져 있다.

　그런데 명나라 이후 『서유기』 등의 소설에 의하면 태백금성은 천제(天帝)의 평화의 특사로 하얀 수염을 하고 천서(天書)를 들고 천정(天庭)에서 날뛴 손오공을 선처하자고 제안하는

따뜻한 노인으로 그려져 있다. 덧붙여 당의 시인 이백(李白)의 자를 태백이라고 하는 것은 태어날 때 그 모친이 장경성(長庚星)을 꿈에서 보았기 때문이라고 한다.

천비(天妃)
– 정화(鄭和)의 대원정을 비호한 항해의 수호신

항해의 안전을 지켜주는 여신. 민간에서는 보통 '마조(媽祖)', '낭낭(娘娘; 복건성)'이라고 부르며 인기가 있다. 송·원 시대의 기록이나 전설에 의하면 마조의 이름은 임원(林愿), 송 태조 때(960~976년) 복건 보전(莆田)의 미주(湄州) 섬에서 태어났다. 만 1개월까지 울음소리를 내지 않아서 '묵랑(默娘)'이라고 불렸다. 소녀 때부터 사람의 화복(禍福)을 점치고 의약에 대해서도 잘 알았는데 29세에 승천했다고 한다.

마조는 사후에 천리안(千里眼)과 순풍이(順風耳)를 사자로 하여 종종 영험을 드러내었기 때문에 신녀나 용녀라고 불렸고, 조정의 사신(使臣)이나 선원을 해난으로부터 지키는 등 여러 전설에 의해 항해신으로서 신앙이 퍼졌다. 그 대표적인 예는 송나라에서 고려로 간 사신 노윤적(路允迪)의 조난과 생환, 명나라의 정화(鄭和)의 남양(南洋)으로의 대항해, 청나라 시랑(施琅)의 정성공(鄭成功) 정벌 등에서 각각 천비의 비호가 있어서 대업을 수행

할 수 있었다고 한다. 이런 예로부터 송·원·명, 세 왕조시대에는 '부인(夫人)', '천비'라고 호칭되었고, 청대 이후에는 '천후(天后)', '천상성모(天上聖母)' 등의 호칭이 부여되어 역대 왕조로부터 존중받게 되었다.

천비마조 신앙은 현재도 복건, 광동, 타이완, 싱가포르 등 항해와 관계가 깊은 화교사회에서 독실하게 믿어지고 있다. 특히 타이완에서는 북항의 조천궁(朝天宮)을 중심으로 500개 이상의 마조묘나 천후궁이 있다. 또한 매년 3월 23일(음력)의 마조탄생일에 성대한 축제가 행해진다. 일본에서도 오키나와, 가고시마, 나가사키 등의 각지에서 그 신앙이 전해지고 있다. 정정하오

동왕공(東王公)
　－ 양기(陽氣)를 다스리고 동방을 지배하는 남선(男仙)의 영수(領袖)

동왕공은 동왕부(東王父), 목공(木公)이라고도 불리는 신으로 동방을 관장한다. 서쪽의 여신 서왕모와 짝을 이루어 다루어지는 경우가 많다. 후한시대의 도상 등에도 그렇게 그려져 있다. 별칭으로 부상대제(扶桑大帝)라고 불리기도 한다. 또한 천황(天皇)과 동일시되는 일도 많다. 도교에서 동왕공은 동화제군(東華帝君)이라고 불리고 상당히 지위가 높은 신으로 생각된다. 서왕모가 여선(女仙)의 관리를 임무로 하는데 비해 동화제군은 남선(南仙)을 지휘하는 역할을 한다.

『열선전전(列仙全傳)』에 의하면 동왕공은 이름을 '예(倪)', 자를 '군명(君明)'이라고 한다. 천하에 아직 사물이나 사람이 존재하지 않을

때에 벽해(碧海)의 부근에서 태어났고 양기(陽氣)를 다스려 동방을 관장하는 역할로 동왕공이라고 칭했다고 한다. 처음에 선인이 된 자는 우선 동왕공에게 배알하고 다음으로 서왕모를 알현해야 한다. 그 정도로 선인의 우두머리로서의 지위를 가지고 있다.

이후에 금·원시대가 되면 북 중국에서는 전진교(全眞敎)라는 새로운 도교 일파가 일어난다. 이 전진교에서 동화제군을 그 시조의 한 신으로 상당히 존중한다.

통속문학에서는 동화제군은 별로 등장하는 일이 없는 신이지만 전진교의 강한 영향을 받은 원대의 잡극(雜劇)에서는 여러 선인에게 명령을 내리는 역할을 하는 경우가 많다.『팔선동유기(八仙東遊記)』라는 소설에서 동화제군이 팔선 중의 종리권에게 도를 전한 후에 속세에 내려와 여동빈이 되었고, 이번에는 반대로 종리권에게 도를 얻었다는 복잡한 구조가 되어 있다. 무엇보다도 이러한 이야기는 이 소설에서만 볼 수 있는 것으로 소설작자의 허구일 가능성이 높다. 니카이도 요시히로

남두성군(南斗星君)

 – 수명, 관록, 애마이 등을 관장하는 여섯 사람의 전신

남두(南斗)의 여섯 별이 신격화된 것. 남두(南斗)란 사수좌(射手座)의 중국 명칭이다. 28숙 중 두숙(斗宿), 즉 북방의 현무 7숙의 제

1숙에 해당한다. 북두칠성과 마주보고 있기 때문에 남두라고 불린다.

이 신앙은 옛 선진(先秦)시대부터 보인다. 진시황제가 육국(六國)을 멸하고 천하를 통일한 후 남두묘(南斗廟)를 세우고 모셨다고 전해졌다. 4세기경이 되면 지괴소설(志怪小說) 등의 영향으로 북두신앙과 함께 '남두는 생명을 관장한다.'고 일컬어지고 더욱이 두텁게 믿어졌다.

도교에서는 이 신앙을 도입해서 남두육성을 6인의 성군(星君)으로 해서 각각 직무를 보다 구체화했다.『상청경』에 의하면 제1의 천부궁(天符宮)은 사명성군(司命星君), 제2의 천상궁(天相宮)은 사록성군(司祿星君), 제3의 천량궁(天梁宮)은 연수성군(延壽星君), 제4의 천동궁(天同宮)은 익산성군(益算星君), 제5의 천추궁(天樞宮)은 도액성군(度厄星君), 제6의 천기궁(天機宮)은 상생성군(上生星君)이라고 칭하고 각각 수명, 관록, 액막이 등을 관장하는 천신으로 삼았다.

민간에서는 동악묘(東嶽廟)에 보이는 지옥신의 제44사(司)가 '증연복수사(增延福壽司)'라고 불리는 것을 흉내 내어, 남두성군을 모신 것은 '남두성군묘(南斗星君廟)'라고 부르고, '연수사(延壽司; 수명을 연장시키는 천계의 관리)'라고도 부르게 되었다.

타이완 등의 한족사회에서는 그 외에 수성인 '남극선옹(南極仙翁)'이라는 천신 신앙도 있는데 성격이 비슷하기 때문에 대개 혼동되어 동일신으로 간주되고 있다. 정정하오

반고진인(盤古眞人)
 – 혼돈에서 천지를 나누고 몸에서 세계를 낳다

    반고(盤古)는 중국신화에서 천지개벽의 신이라고 간주되는 것이 일반적이다. 그는 세계가 혼돈스러운 상태에 있었을 때 태어났다. 그리고 반고가 자라서 하늘을 머리로 밀고 땅을 짓밟았기 때문에 천지는 분리되어 그대로 1,800년 간 성장한 것으로 천지가 이렇게 나누어졌다고 한다. 이후에 반고가 죽자 그 머리는 네 개의 산이 되고 두 눈은 일월(日月)이 되고 몸의 지방은 바다가 되고 머리카락은 초목이 되었다. 이것에는 다른 설도 있어서 눈물이 강으로, 숨이 바람으로 목소리가 천둥이 되었다고도 한다. 이처럼 태고의 '인류'가 천지를 만들었다는 설화는 세계 각지에 보인다. 반고의 이야기도 중국에서 만들어진 설화가 아닐 가능성도 높다.

    반고는 이후에 도교에서는 반고진인(盤古眞人)으로 칭해지게 되었다. 특히 반고진인은 도교에서도 민간에서도 별로 중요시되지 않는 신이다. 『원시상진중선기(元始上眞衆仙記)』라는 경전에 의하면 반고진인은 세계가 혼돈한 상태에서 천지의 정령을 받아 자연스럽게 태어난 '원시천왕(元始天王)'이라고 하고, 육겁(六劫)이 지난 후에 태원성모(太元聖母)와 기를 통하여 동왕공과 서왕모를 낳았다고 한다. 또한 동왕공으로부터 삼황(三皇) 시대가 된다고 한다.

    여기에 보이는 반고진인의 형상은 역시 세계의 시조신으로서의 모습이다. 다만 원시천

왕이라는 도교적인 명칭과 의미를 가지고 있어서 그 설화도 다소 세련되었다. 원시천왕과 원시천존은 명칭뿐만 아니라 설화상에서도 꽤 유사점이 보이는 것으로 후세에는 이것을 동일시한다. 그러나 『진령위업도(眞靈位業圖)』에서는 양자를 구별하고 있으므로 초기의 도교에서는 이것을 다른 신으로 생각했을 가능성이 높다. 니카이도 요시히로

풍백(風伯)

　－ 고대의 봉황에서 풍후(風后), 노인으로 변천

　바람을 관장하는 신. 풍사(風師)라고도 한다. 선진(先秦) 시대부터 국가적 제사에 포함되었다. 고대에는 봉황(鳳凰)을 바람의 사자로 신앙했던 시대가 있었다. 이후에 봉황은 씨족의 토템으로 발전하고 풍씨(風氏) 성의 민족이 형성되었다. 그에 대신하여 북방에서는 기성(箕星)을 풍신이라고 생각하고 남방에서는 비렴(飛廉)이라는 신조(神鳥)를 풍신으로 믿었다.

　한나라 응소(應劭)의 『풍속통의(風俗通義)』에는 "풍사(風師)란 기성(箕星)이고, 기(氣)가 불어서 풍기(風氣)를 일으킨다"고 한다. 기성이란 28숙의 동방의 창룡(蒼龍) 7숙의 꼬리에 위치하는 별로 즉 사수자리의 감마성의 4개의 별에 해당한다. 『주역』의 팔괘에서는 풍을 동남의 방위의 손(巽)괘에 배치하고 천둥과 비와 함께 만물을 생육시키는 것으로 본다. 풍신(風神)도 '손이(巽二)'라고 부

르며 역대 왕조에서 제사를 지냈다.

한편 『초사(楚辭)』, 『회남자(淮南子)』 등에서는 풍신을 '비렴(飛廉, 蜚廉)'이라고 한다. 그 모습은 사슴의 몸을 하고 머리는 참새를 닮았고 뿔이 있으며 꼬리는 뱀 같고 표범무늬가 있다고 한다.

당·송 이후 민간전승에서 풍신은 더욱 인격화되고 주역의 손(巽, 바람)은 장녀로 배치되기 때문에 '풍후(風后)', '풍이(風姨)'라는 여성적인 호칭이 나타난다. 또한 명·청 이후에는 '풍백방천군(風伯方天君)'이라고도 불린다. 백발의 노인이 왼손에는 수레바퀴를 들고 오른손에는 부채를 들고 부치는 풍우뇌운산천단(風雨雷雲山川壇)의 신으로 모셔져 있었다. 지금도 복건, 광동, 타이완 등 연해지방의 어민들은 매년 4월 22일을 풍신의 탄생일로 삼고 풍신묘에서 항해의 안전을 기원하고 풍신을 제사지내고 있다. 정정하오

문창제군(文昌帝君)
   – 자신의 허벅지살을 어머니께 드린 학문의 신

학문의 신, 과거시험의 신으로서 알려져 있다. 사람들의 운명을 관장하는 신이기도 하고, 따로 재동제군(梓潼帝君)이라고도 불린다. 문창제군은 문창성(文昌星)을 신격화한 것이다. 명왕조의 공식적인 견해에 의하면 칠곡산(七曲山; 사천성 재동현)의 장아자(張亞子)라는 사람이 사천지방에서 재동제군으로서 믿어졌는데, 그 신앙이 전국으로 확대하는 과정에서 문창성의 학문신적 권위가 더해져서 문창제군이 된 듯하다.

일설에는 문창제군의 호칭은 원대에 시작되었다고 한다. 종종 황제로부터 봉호를 부여받고 거기에 응해 영응제군(靈應帝君), 제순왕(濟順王), 영현왕(英顯王) 등으로 불린다.

재동제군 전승은 많다. 황제의 아들이 사후 97번 다시 태어나고 최후에 진(晉)나라 때 태어나 칠곡산에 이주했다는 전승도 있고, 혹은 모친의 병을 낫게 하기 위해 자신의 허벅지살을 잘라내어 먹게 했다는 전승도 있는데, 후자가 대표적이다.

청왕조는 부(府), 주(州), 현(縣)에 각각 문창궁(文昌宮)을 세우고 문창제군의 생일인 음력 2월 3일에는 성대한 축제를 행했다. 또한 학문에 관계되는 시설에는 문창제군의 사단(祠壇)을 설치하고 지식인들도 문창제군을 수호신으로서 모시고 문구서화의 상인도 그를 수호신으로 했다. 사람들은 때마다 부계(扶乩)를 통해 신탁을 받고, 그 신탁을 인쇄해서 무상으로 배부했다.

문창제군의 가르침에는 '글씨가 쓰인 종이를 소중히 하는 것(惜字紙)', '음욕을 경계하는 것' 등이 알려져 있고, 『문창제군음즐문(文昌帝君陰隲文)』도 일상생활의 규범으로 유포되어 있다. 타이완에서는 문창제군에다가 관제, 여조(呂祖), 문괴부자(文魁夫子), 주의성군(朱衣星君)을 더해 오문창(五文昌)도 활발히 모셔지고 있다. _{이시다 겐지}

벽하원군(碧霞元君)

– 모든 소원을 이루어주는 태산의 여신

태산낭낭(泰山娘娘), 천선성모(天仙聖母), 천선옥녀(天仙玉女)라고 불린다. 태산을 성지로 하는 중국북부의 대표적 여신이다. 모든 소원을 들어주는 자비만능의 신이자, 또한 신령스러운 예언으로 현실생활의 결단을 이끌어주는 신이기도 하다. 원래는 옥녀라고 불리고 동악대제의 딸, 혹은 옥황대제의 딸, 혹은 화산(華山)의 여선이라는 전승이 있다. 또한 인간의 여성, 즉 한나라 때 석(石)씨의 딸, 혹은 산동지방의 무녀가 태산에서 수행하고 득도하여 옥녀가 되었다는 전승도 있다. 인간의 여성이 옥녀가 되었다는 전승은 가혹한 생활 속에서 보다 현실적인 여성신을 바라는 화북 농촌부녀자의 마음을 반영한 것이겠다. 애초부터 송의 진종(眞宗)의 명령으로 태산에 소진사(昭眞祠)가 세워졌는데, 이것이 벽하원군의 사당을 세워 제사를 봉양한 최초라고 생각된다. 명대에 이르러 소진사는 황제로부터 편액(偏額)을 받아 벽하영응궁(碧霞靈應宮)이 되었고, 태산신앙이라는 것도 이 벽하원군을 신앙하는 것을 이미하게 되었다. 너무 많은 사람들이 참배하니 명나라 왕조는 참배자에게 입산세(入山稅) 및 향세(香稅)를 부과하고 치안을 문제로 집단적 참배를 엄금했다.

벽하원군의 인기는 남방의 진무신 신앙의 성행과 어깨를 나란히 하였다. 당시의 문인은 "마치 그 기세기 남북조와 같다"고 평했다. 화북지방 각지에 벽하원군의 사당이 세워졌는네 특히 북경 묘봉산(妙峰山)의 벽하원군묘는 잘 알려져 있다. 그러나 이 벽하원군신앙도 중국남부에서는 별로 성행하지 않고 복건이나 광동부터 이주민이 많은 타이완에서도 거의 볼 수 없는데 이는 낭낭신앙에 흡수되었기 때문일지도 모른다. 이시다 겐지

북두진군(北斗眞君)
 ― 선악을 관장하는 신에서 수명을 관장하는 신으로

　북두칠성이 신격화된 것으로 북두성군(北斗星君)이라고도 한다. 국자 모양을 한 성좌의 제7성은 하루의 낮밤에 12방위를 가리키므로 예로부터 방위를 정하고 역법(曆法)을 만들고 계절, 농업 등의 생활과 밀접하게 관계를 갖는 성좌로서 숭배되었다. 『사기(史記)』의 '천관서(天官書)' 등에는 태일신(太一神)이 북두를 수레로 삼아 타고 천계를 돌며 정사(政事)를 처리한다고 한다.

　도교에서는 예로부터 있었던 북두신앙을 도입하여 북두신은 언제나 천, 지, 수 삼관(三官)과 함께 사방을 돌며 인간계에서부터 명계(冥界)의 선악공죄를 정한다고 한다. 4세기경이 되면 『수신기(搜神記)』에 "남두는 생(生)을 관장하고 북두는 사(死)를 관장한다"고 되어 있듯이 수명을 관장하는 신으로 성격이 변해간다.

　본래 민간에서는 도교의(泰山), 풍도(酆都) 신앙이 있었고, 불교의 지장(地藏), 염라(閻羅) 등의 지옥신앙이 있었기 때문에 북두신은 더욱

구체적으로 신격화되었다. 원·명 때에는 주어국왕(周御國王) 왕비인 자광부인(紫光夫人)이 한번에 9명의 아이를 낳았는데, 장남과 둘째 아들은 천황대제(天皇大帝)와 자미대제(紫微大帝)가 되었고, 그 외에 일곱 아들은 북두칠성이 되었다고 한다. 북두칠성은 탐랑(貪狼), 거문(巨門), 녹존(祿存), 문곡(文曲), 염정(廉貞), 무곡(武曲), 파군(破軍)이라는 각기 다른 이름이 있고, 또 각기 다른 직무가 있다. 자광부인도 '두모(斗姆)'라고 칭해진다. 자광부인의 상(像)에는 세 개의 눈과 네 개의 머리가 있고 좌우에 각각 네 개의 팔꿈치를 가지고 있다. 일본의 묘견신앙(妙見信仰)도 이 북두신앙의 흐름을 잇고 있다. 정정하오

뇌신(雷神)

　－『산해경』에 태고(太鼓)를 울리는 이미지의 원형

자연현상 숭배에서 나왔다. 예부터 『산해경』에 "뇌택(雷澤)에 뇌신이 있는데, 용의 몸으로서 사람 머리를 가지고 그 배를 두드리며 오나라 서쪽에 산다"고 되어 있듯이 이후 뇌신은 북을 울리는 이미지를 원형으로 하게 되었다. 한나라 이전에는 뇌신을 뇌수(雷獸), 풍륭(風隆), 뇌사(雷師) 등이라고 불렀다. 그 이후 민간전승 등의 영향으로 뇌공(雷公)이라고도 부르게 되었다.

『논형(論衡)』에 의하면 한나라 때의 화가가

그린 뇌신상은 왼손에 연태고(連太鼓)를 들고 오른손으로 두드리는 모습을 하고 있다고 한다. 한대 이후는 날개가 덧붙여지고 원숭이처럼 뾰족한 아래턱을 가진 모습이 되었다. 『서유기』에는 종종 손오공을 '뇌공의 얼굴', '뇌공의 입 언저리'로 묘사하고 있는데, 이는 뇌공의 이런 이미지를 가리키는 것이겠다.

도교에서는 이들 고대의 전승과 신앙을 체계화하고 명대에는 구천응원뇌성보화천존(九天應元雷聲普化天尊)을 뇌부(雷部)의 최고신으로 하여 그 아래에 등(鄧), 신(辛), 장(張), 도(陶), 방(龐), 류(劉), 구(苟), 필(畢)을 선두로 하는 24개에서 36개의 뇌부제천군(雷部諸天君)을 배속시켰다. 이들 뇌부의 여러 신은 '오뢰법(五雷法)'을 가지고 뇌우(雷雨)를 내리거나 정의(正義)를 판단해 죄인이나 요마(妖魔)를 공격해 죽이는 역할을 한다.

소설 『봉신연의(封神演義)』에는 뇌부의 24천군(天君)이 등장하는데, 그 중에도 뾰족한 턱과 등에 날개를 단 역사(力士)의 모습을 한 뇌진자(雷震子)는 가장 전형적인 예이다. 또한 민간에서 6월 24일을 뇌신의 탄생일로 하고 있는 것도 이 24천군의 수와 관계가 있다고 생각된다._{정정하오}

— 이시이 아키코(石井昌子, 창가대학)
— 오자키 마사하루(尾岐正治, 오타니대학 도서관)
— 사카우치 시게오(坂內榮夫, 기후대학)
— 마에다 시게키(前田繁樹, 야마무라여자단기대학)

『운급칠첨(雲笈七籤)』

– 소도장(小道藏)이라고도 칭해지며 도교경전의 요점을 모은 책

도교전적(道教典籍)의 하나로 북송시대의 장군방(張君房)의 편찬. 서문에는 120권이라고 되어 있는데, 현재 유포되어 있는 텍스트는 122권이다. 북송(北宋) 진종(眞宗) 천희(天禧) 3년(1019)에 장군방이 중심이 되어 166함, 4565권이 되는『도장(道藏)』인『대송천궁보장(大宋天宮寶藏)』을 편찬했다.『운급칠첨』은『대송천궁보장』의 요점을 모은 것이므로, 소도장(小道藏)이라고 일컬어진다. '운급(雲笈)'은 도교선석을 넣는 상자를 의미한다. 도교 전적은 삼동사보(三洞四輔)의 일곱 부로 분류한다. 내용은 도덕부(道德部), 혼원혼동개벽겁운부(混元混洞開闢劫運部), 도교본시부(道教本始部), 도교경법전수부(道教經法傳授部), 경교상승부(經教相承部), 삼동경교부(三洞經教部), 천지부(天地部), 일월성신부(日月星辰部), 십주삼도(十州

三島), 동천복지(洞天福地), 28치(二十八治), 품생수명(稟生受命), 잡수섭(雜修攝), 재계(齋戒), 설계(說戒), 칠첨잡법(七籤雜法), 존사(存思), 비요결법(祕要訣法), 잡요도결법(雜要圖訣法), 잡비요결법(雜祕要訣法), 혼신(魂神), 제가기법(諸家氣法), 금단결(金丹訣), 금단(金丹), 금단부(金丹部), 내단결법(內丹訣法), 내단(內丹), 방약(方藥), 부도(府圖), 경신부(庚申部), 시해(尸解), 제진요략(諸眞要略), 선적지결(仙籍旨訣), 제진어론(諸眞語論), 칠부어요(七部語要), 칠부명수요기(七部名數要記), 선적어론요기(仙籍語論要記), 선적이론요기(仙籍理論要記), 찬송가(讚頌歌), 가시(歌詩), 시찬사(詩贊辭), 찬시사(贊詩辭), 기(紀), 전(傳), 전록(傳錄), 도교영험기(道敎靈驗記)로 분류되어 있다.

『대송천궁보장』은 전혀 남아 있지 않다. 그러나『운급칠첨』이『대송천궁보장』의 요점을 모은 것이므로,『운급칠첨』에서 인용하고 있는 천수 백종의 도교 전적의 이름을 통해서『대송천궁보장』의 내용을 알 수 있다. 그리고『운급칠첨』에서 인용한 도교 전적 중에는 오늘날 전해지지 않는 것도 많이 있고 또한 전해진 책도 자구(字句)가 다르므로 도교 전적을 연구하는 데에 정말 귀중한 자료가 된다.『운급칠첨』의 판본으로는 정통도장(正統道藏) 본이나 명대의 장의(張萱)가 교정한 청진관간행(淸眞館刊行) 본이 있다. 둘 다『사부총간(四部叢刊)』에 수록되어 있으므로 이용하기 쉽다. 오자키 마사하루

『금련정종기(金蓮正宗記)』

― 5조7진(5祖7眞) 등의 전기를 수록한 전진교 교사(全眞教 教史)

    원나라 때의 전진교 도사 진지안(秦志安)의 저서로 5권으로 구성, 전진교의 조사(祖師)들의 전기(傳記)를 수록한 것이다. 전진교란 금나라 때의 도사 왕중양(王重陽, 1112~1170년)이 개창한 신도교로 유ㆍ불ㆍ도, 삼교의 일치를 주장하는 것을 사상적 특색으로 한다. 또한 이 책의 이름은 왕중양이 감하진(甘河鎭)에서 선인을 만나 구결(口訣)을 받았을 때, 금으로 된 연꽃 일곱 송이가 열매를 맺는 것을 보았다는 고사에 의거한다. 또한 일곱 송이의 금으로 된 연꽃이란 7인의 왕중양의 제자, 즉 칠진(七眞)을 암시하는 것이다.

    『금련정종기(金蓮正宗記)』는 공식적인 전진교 교사라고 할 만한 책으로, 전진교의 원류가 되는 동화제군 왕현보(東華帝君 王玄甫), 종리권(鐘離權), 여동빈(呂洞賓), 류해섬(劉海蟾), 왕중양의 5인의 선조(五祖)의 전기와 함께 마단양(馬丹陽), 류장생(劉長生), 구처기(丘處機) 등의 7진을 포함한 왕중양의 제자 9인, 합계 14인의 전기를 수록하고 있다. 그 내용은 다른 비슷한 책과 비교해 상당히 상세하고 전진교의 역사를 파악할 때에 빼놓을 수 없는 자료이다. 또한 여기서 말하는 전진교의 5조7진의 설은 선종(禪宗)에서 말하는 5가7종(五家七宗)으로부터의 착상한 것이라고 생각된다.

    또한 책 속에 동화제군 이하 전진교의 진수계통이 언급되어 있고, 그것을 더욱 거슬러 올라가 동화제군 → 백운상진(白雲上眞) → 금모(金母) → 태상노군(太上老君, 老子)으로 계통화하여, 노사로까지 결부시키려고 한 기술도 보인다. 이처럼 종종 사실과 다른 신화ㆍ전설적 사항도 언급되고 있기 때문에 그 내용을 맹신하는 것은 위험하다. 그러나 이 책 이후에 나온 전진교의 역사서는 대체로 이 책에 의거하여 만들어졌기 때문에 그 영향력은 크다. 사카우치 시게오

『황정경(黃庭經)』
－ '존사(存思)'의 수행법을 운문으로 정리한 비망록

주로 『황정외경경(黃庭外景經)』과 『황정내경경(黃庭內景經)』을 가리킨다. (그 외에 『황정중경경(黃庭中景經)』 등도 있다.) 전자는 노군(老君)의 말씀이라고 한다. 이 책의 내력으로는 빠르면 후한대에 성립했을 가능성까지 있는 옛 도교전적이다. 동진(東晉)의 저명한 서예가 왕희지(王羲之)가 쓴 판본도 전해지고 있다. 후자는 도군(道君, 太上大道王晨君)의 말씀이라고 한다. 동진 중기에 발흥했던 상청파의 계시경전이라고 하는 것과는 완전히 다른 판이다.

그러나 둘 다 7언 운문으로 구성되어 도교의 명상법·내관법인 '존사(存思)' 방법의 안내서로 옛날부터 이 책을 암송하는 것만으로도 효과가 있다고 하며, 상청파도 그러한 입장을 취해 왔다. '존사'는 신체의 각 부분에 기거하는 체내신(體內神)을 상정해서 이것을 명상 속에서 실제로 보고, 육체에서 각각의 신이 떠나가지 않도록 신선한 기를 공급함으로써 신과 형(육체)의 합일을 꾀하는 대표적 수행법이다. 황정경은 '존사법' 본래의 번잡한 절차를 암송하기 쉬운 운문 형식으로 정리한 일종의 비망록이 아닐까라고 상상한다. 그러나 운문이라는 제약이 있어서인지 상당히 난해하고 해석하기 어려운 구도 많다.

두 책 모두 여러 시대를 거치며 주석되어 왔으나 주석자에 따라 해석이 다르고, 도사들조차도 이미 그 본래의 뜻을 알 수 없었다고 한다.

『삼동주낭(三洞珠囊)』
- 200종의 도서를 인용한 삼동경전의 집성서

당나라 초기의 도사 왕현하(王懸河)가 편집한 삼동[三洞, 즉 동진(洞眞), 동현(洞玄), 동신(洞神)]의 경전의 정수를 뽑아 모은 집성서.『도장』 제780~782권 수록. 육조시기에서 당나라 초기에 이르는 도교사상을 파악하기 위한 귀중한 기초지료이다. 편찬자 왕현하의 전기는 불명확하지만 그 이름은 송나라 말기의 저서라는 『보각류편(寶刻類編)』 제8권에 있는 네 점의 비석 제문[碑題]에 보인다. 비석은 666년부터 683년의 것으로 모두 성도(成都)에 있다고 한다. 현행본은 10권 34품으로 구성되어 있다. 그 구성은 다음과 같다. 1권 [구도품(救導品)], 2권 [빈검품(貧檢品) · 도광품(韜光品) · 내추소도사품(勅道召道士品) · 투산수룡간품(投山水龍簡品)], 3권 [복식품(服食品)], 4권 [절립품(絶粒品) · 신단선약명품(神丹仙藥名品) · 단조향로품(丹竈香鑪品)], 5권 [좌망정사품(坐忘精思品) · 장재품(長齋品)], 6권 [재회품(齋會品) · 사실계품(拾失戒品) · 청계품(淸戒品) · 입공금기품(立功禁忌品) · 수지팔계재품(受持八戒齋品)], 7권 [24치품(二四治品) · 24기품(二四氣品) · 3부8경24신품(三部八景二四神品) · 24지옥품(二四地獄品) · 24직품(二四職品) · 지발24응품(地發二四應品) · 24진도품(二四眞圖品) · 27중법문명수품(二十中法門名數

品)·28중법문명수품(二八中法門名數品)·32중법문명수품(三二中法門名數品)·제천연호일월품(諸天年號日月品)], 8권 [상호품(相好品)·분화국토품(分化國土品)], 9권 [겁수품(劫數品)·노자위제사품(老子爲帝師品)·노자화서호품(老子化西胡品)·시절품(時節品)], 10권 [고치연액품(叩齒嚥液品)]. 특히 '고치연액품'의 절반 이상은 『진고(眞誥)』의 인용이다.

또한 이 책은 『등진은결(登眞隱訣)』의 제2, 4, 7, 10의 권수를 인용하고 있어서 『등진은결』 원본을 상상하는 데에 있어 귀중한 자료라고 할 수 있다. 체재는 『태평어람(太平御覽)』과 같고 많은 도교 서적을 인용하고 있다. 인용도서는 200여 종에 이른다. 그 중에는 산일(散逸)된 것도 많다. 현행본은 10권이지만 『송지(宋志)』의 '신선류(神仙類)', 『통지략(通志略)』의 '제자도가류(諸子道家類)', 『비목(秘目)』의 '자류도서(子類道書)'에는 30권이라고 기록되어 있다. 『태평어람』의 '경사도서강목(經史圖書綱目)'에는 권수(卷數)나 편찬자를 기록하고 있지 않다. 이시이 아키코

『주역참동계(周易參同契)』
– 신비적인 말로 가득한 가장 오래된 연단술 책

후한시기의 위백양(魏伯陽)이 저술했다고 전해지는 연단술(煉丹術)에 관한 책. 연단술 관련 책으로는 가장 이른 시대의 저작으로 '단경(丹經)의 왕'이라고 칭해진다. '참동계(參同契)'라는 명칭은 『주역』과 황로(黃老)의 철학과 연단술의 세 가지 이론이 궁극적으로 동일한

곳에 귀착한다는 의미를 품은 것으로 생각된다.

그 내용은 음양(陰陽)의 두 기운의 교합에 의해 천지가 생성되는 과정이 연단(煉丹)의 과정과 같다는 기본적 입장에서, 『주역』의 이론을 차용해서 연단의 방법을 설명하고 있다. 『주역』의 64괘 중에 본체를 의미하는 건(乾)과 곤(坤), 감(坎)과 리(離), 네 괘를 중시한다. 건(乾)과 곤(坤)은 천지를 상징하고, 건곤괘의 작용인 감(坎)과 리(離)는 물과 불을 상징하기 때문이다. 그리고 건곤(乾坤)을 연단을 제조하는 정로(鼎鑪; 본체)에, 감리(坎離)를 거기에 투입하는 약물(작용)에 비유하고, 남은 60괘를 화후(火候; 정로에 불을 더하고 빼는 과정)에 비유하고 있다. 다만 그 이론은 난해한 비유나 특수한 은어(隱語)로 가득하고 또한 많은 신비적 어사로 채색되어 있다. 게다가 긴요한 점은 구결에 의해야 한다고 언급되어 있어서 정확한 내용을 이해하는 것은 쉽지 않다.

오대 후촉 시대의 진일자(眞一子) 팽효(彭曉)를 비롯해서 그 후의 남송시대의 주자(朱子)까지 수많은 주석서가 집필되어 있다. 옛 시대에는 금단(주로 수은화합물을 주원료로 제조하는 장생불사의 영약)을 제조하는 방법을 언급한 외단(外丹) 이론서라고 생각되었다. 그러나 송대 이후가 되면 체내(體內)의 정기(精氣)를 돌게 한 후 하단전 등에 그 정기를 집중시켜 단(丹)을 만드는 내단(內丹) 이론에 대해 설명하는 책이라고 점점 생각되어 왔다

『정통도장(正統道藏)』
 – 도교 전적을 3동4보의 일곱 가지 분류법으로 정리한 책

불교 전적을 모은 일대총서를 '대장경(大藏經)'이라고 하듯이, 도교 전적을 모은 것을 '도장경(道藏經)'이라고 부른다. '도장(道藏)'은 도장경의 약칭이다. '도장'도 '대장경'과 마찬가지로 지금까지 몇 번이나 편찬되었으니 고유명사는 아니다.

현재 완전히 갖추어져 전해지고 있는 것은 명나라 영종(英宗) 정통(正統) 9년(1444년)에 판목(板木; 인쇄하기 위해 문서 등을 조각한 목판)을 파서 다음 해에 완성한 『정통도장(正統道藏)』이다. 절목[折木; 두루마리처럼 만든 종이를 말지 않고 일정한 폭으로 접은 형태의 장정(裝幀). 1장에 25행, 1절 5행, 1행 17자]으로 전부 480함(函), 5,305첩(帖)이다. 한 상자에 천자문(250구, 1,000자)의 한 자를 새기고 전체는 '천(天)'자로부터 시작해서 '영(英)'자로 끝난다. 수록된 도교 전적도 단순히 나열하는 것이 아니라 도교의 전통적 분류법에 의한다. 즉 동진부(洞眞部), 동현부(洞玄部), 동신부(洞神部)의 삼동(三洞)과 태현부(太玄部), 태평부(太平部), 태청부(太淸部), 정일부(正一部)의 사보(四輔)의 7분류법으로 분류한다. 게다가 삼동에는 각 부분이 본문류(本文類), 신부류(神符類), 옥결류(玉訣類), 영도류(靈圖類), 보록류(譜錄類), 계율류(戒律類), 위의류(威儀類), 방법류(方法類), 상술류(象術類), 기전류(記傳類), 찬송류(讚頌類), 표주류(表奏類)의 12분류로 나누어진다. 동진부, 동현부, 동신부에 소속한 경전 중에 중요한 것은 각각 상청경(上淸經), 영보경(靈寶經), 삼황문(三皇文; '삼황경'이라고도 한다)이다. 또한 태현부·태평부에는 각각 『노자도

덕경』,『태평경』을 중심으로 한 경전을, 태청부에는 금단의 복약에 의해 선인이 되는 것을 강조한 경전을, 정일부에는 장씨 오두미도의 계통에 속하는 경전을 수록한 것이 기본이다.

이후 만력 3년(1607년)에 32함 180첩의『만력속도장(萬曆續道藏)』이 편찬되어 현재 양자를 합해서 복제판이 유포되어 있다. 오자키 마사하루

『종려전도집(鍾呂傳道集)』
 – 행기(行氣)의 술을 핵심으로 한 내단이론의 문답집

당대의 선인인 종리권(鐘離權)과 여동빈(呂洞賓)의 내단(內丹) 이론에 관한 문답으로 시견오(施肩吾)가 기록했다는 책. 3권으로 되어 있고 '논진선(論眞仙)', '논단약(論丹藥)' 등 전부 18개의 사항에 대한 문답을 행하고 있다. 그러나 그 책 중에 보이는 내단 사상을 검토해 보면 당나라 때의 책이라고는 보기 어렵다. 실제로는 11세기 후반의 북송시대 후기쯤에 성립한 책으로 종리권, 여동빈 등의 신선의 이름에 가탁한 것이라고 생각된다.

내단이란 주로 체내(體內)에 기(氣)를 돌게 해서 몸 안에 단(丹)을 만드는 것이다. 이 책에서 말한 내단이론은 오장 중에서도 심장(心臟)과 신장(腎臟)을 중시한다. 우선 심장과 신장에서 각각의 '정양(正陽)의 기'[양룡(陽龍)이라고도 함]와 '진일수(眞一水)'[음호(陰虎)리고도 함]가 생긴다. 이것을 심장 속의 '양룡'은 움직이지 말고 신장 속의 '음호'를 간장(肝臟)을 경유시켜 심장으로 이동시켜서 양룡에 합체시킨다[이를 용호교구(龍虎交媾)라고 한다]. 그러면 우선 항아(黃牙;

내단의 근본)라는 것이 생기고 결국 그것이 내단으로 변화한다. 그리고 그 내단을 황제궁(皇帝宮; 하단전)으로 옮겨서 거기서 보존하면 선인이 될 수 있다고 한다.

이 책의 내단 이론은 체내의 기(內氣)를 순환시키는 '행기(行氣)'의 술법을 그 핵심으로 한다. 그러나 그 순환시키는 기는 내기(內氣)이므로 외기(外氣; 체외의 기)를 빨아들여 순환시키고 뱉어내는 방법과는 달라 호흡과의 밀접한 관련은 없다. 즉 이 책의 내단 이론은 호흡과의 결부를 잃어버린 내기순환(內氣循環) 이론의 직접적인 발전으로서 성립한 것이다. 사카우치 시게오

『진고(眞誥)』
  – 도교 상청파 성립의 근본을 전하는 중심 경전

양(梁)나라의 도사 도홍경(陶弘景, 456~536년)이 편찬한 도교 상청파의 중심 경전.『도장』 제637~640권 수록. '진고'란 진인의 가르침[불교의 불설(佛說)과 같은 의미]이라는 의미로 영매에게 내려 온 신의 말씀을 말함. 상청파의 영매인 양희(楊羲), 허밀(許謐), 허홰(許翽)를 중심으로 진령(眞靈)이 내려와서 경전, 부록(符籙)을 전수했다고 한다. 그들은 받은 경전을 책으로 옮겨 쓰고 소중히 보관했다. 도홍경보다 선배인 고환(顧歡, 420~483년)은 이 옮겨 쓴 것을 수집해서 '진적(眞籍)'이라고 명명했다. 이 '진적'에서 빠진 부분에 만족하지 못하고 고도의 문헌학적 방법론을 채용해서 적극적으로 손을 가해 내용을 정리, 안배해서 이름을 바꾼 것이『진고』이다.『진고』는 도교 상청파 성

립의 근본을 전하는 중요한 경전으로 도교경전 성립의 전형적 표준이 되고 있다. 현존하는 것은 7편 20권(원본은 7편 7권)으로 도홍경이 엮은 것이 전해지고 있다고 보아도 좋다.

구성은 아래와 같다. 운제상(雲題象) 제1[총 4권으로, 양희와 많은 진령들이 회합한 고사를 기록함], 견명수(甄命授) 제2[총 4권으로, 많은 진령들의 훈계를 기록하고 행학(行學)을 전도하고 허물을 훈계함]. 협창기(協昌記) 제3[총 2권으로, 중진(衆眞)이 설법한 수행 요령이나 복식 제도에 대해 기술], 계신추(稽神樞) 제4[총 4권으로, 도교의 지리를 설명함. 산수를 설명하고 동택(洞宅)에 대해 말함], 천유미(闡幽微) 제5[총 2권으로, 도교의 지옥인 풍도육천궁(酆都六天宮), 거기에 배치된 관리 씨족 등에 대해 논함], 악진보(握眞輔) 제6[총2권으로, 양희, 허밀, 허홰의 삼군이 세상에 있을 때 스스로 기록한 것], 익진검(翼眞檢) 제7[2권으로, '진고서록眞誥敍錄', 허씨 가계와 양희의 전기인 '진주세보眞冑世譜'로 이루어짐. 모두 도홍경이 말한 것]. 앞의 5편 16권은 진인의 가르침(誥)이고, 이후의 2편 4권은 삼군[三君, 즉 양희(楊羲), 허밀(許謐), 허홰(許翽)]과 도홍경이 이 세상에 있을 때의 기록이다.

『신선전(神仙傳)』
– 갈홍이 선인이 실재함을 나타내기 위해 저술한 책

동진(東晋)시대 갈홍이 저술한 책으로 전부 10권이다. 갈홍은 또 하나의 저서 『포박자(抱朴子)』 내편에서 선인이 존재에 대해 논하며 수양으로 선인이 될 수 있다고 말하였다. 이 주장을 기초로 선인이 실재한다는 것을 알리기 위해 본서를 편찬한 것이다. 현행본은 92인의 선인의 전기를 담고 있다. 이렇게 선인의 전기를 집성하는 시도는 전한말의 유향(劉向)의 『열선전(列仙傳)』부터 시작되었다. 『신선전(神仙傳)』과 『열선전』에 중복해서 나오는 인물은 제1권의 노자(老子)와 팽조(彭祖), 두 명뿐이다. 다른 인물은 모두 갈홍이 새롭게 항목을 세워 전한 인물들이다. 또한 집록되어 있는 인물수도 크게 증가했다. 그 내용도 『열선전』의 간략한 기술에 비교해서 장문이면서 상세하고 개개의 선인이 갖고 있는 도술이나 금단을 복용하는 법 이외에도 도인(導引), 태식(胎息), 방중(房中) 등 다방면에 걸쳐 있다. 이는 신선 사상의 새로운 발전을 반영한 것으로 보인다.

갈홍이 『신선전』이라는 책을 저술한 것은 역사적 사실이라고 생각되지만, 현행 『신선전』이 갈홍의 저서 그대로라고 생각하기에는 문제가 많다. 우선 당나라 때의 유서(類書) 등에 인용된 것과 현행본을 비교해보면 동일인물이 서로 다른 챕터에 수록된 경우가 있거나 현행본에는 보이지 않는 선인도 등장한다. 그리고 다른 자료에 의하면 집록된 선인의 숫자가 117인이라고 명기되어 있는데, 현행본에는 92인뿐으로 크게 어긋난다. 게다가 명대에 편찬된 도교 경전의 일체경인 『정통도장(正統道藏)』에도 『신선전』은 수록되어 있지 않다. 이상의 점에서 갈홍이 저술한 『신선전』은 명대에 이미 그 유전(流傳)이 단절되고 없어졌고, 현행본 『신선전』은 명말이 되어 『태평광기(太平廣記)』 등의 유서(類書)에서 발췌되어 재편성된 것이라고 생각된다.사카우치 시게오

『진령위업도(眞靈偉位業圖)』

– 원시천존을 최고신으로 한 최초의 신통보(神統譜)

양(梁)의 도사 도홍경(456~536년)이 편찬한 도교의 신통보.(『도장』제73책에 『동현영보진령위업도(洞玄靈寶眞靈位業圖)』라는 명칭으로 수록). 도홍경의 '서(序)'에는 "성인과 선인의 품계(品階)를 정리하고 위업을 정당하게 드러내는 것을 목적으로 한다"고 되어 있다. 그 구성은 '상제1계위(上第一階位)'부터 '제7계위'까지의 신통보를 각각 중, 좌, 우로, 위(位)를 분산하여 기술하였다. 그가 편수한『진고』속에서 학선(學仙), 고대의 제왕현상(帝王賢相), 삼국시대의 무장(武將), 동지의 관리(官吏) 등이 수록되어 있다. 각 단계의 중위에 위치하는 것은 이하와 같다.

- 상제1중위: 상합허황도군응호원시천존(上合虛皇道君應號元始天尊)
- 제2중위: 상청고성태상옥신현황대도군–위만도지주(上淸高聖太上玉晨玄皇大道君–爲萬道之主)
- 제3중위: 태극금궐제군성리–임진하교태평주(太極金闕帝君姓李–壬辰下敎太平主)
- 제4중위: 태청태상노군–위태청도주하임만민(太淸太上老君 爲太淸道主下臨萬民)
- 제5중위: 구궁상서–성장명봉자공선하내인선위하북동명금보후금위태극선후공령북직위재태극의(九宮尙書–姓張名奉字公先河內人先爲河北司命禁保侯今爲太極仙侯公領北職位在人極矣)

- 제6중위: 우금랑정록진군중모군-치화양동천(右禁郞定錄眞君中
  茅君-治華陽洞天)
- 제7중위: 풍도북음대제-염제대정씨휘경갑천하귀신지종치나풍산삼
  천년이일체(酆都北陰大帝-炎帝大庭氏諱慶甲天下鬼神之宗治
  羅酆山三千年而一替).

이 『진령위업도』와 내용이 일치하는 것이 『무상비요(無上秘要)』 제
83권, 84권『도장』제777책 수록에 들어 있다. 선진(仙眞)을 7단계로 나누
고 있지 않은 것, 배열순서가 전혀 반대인 것도 특징이라고 할 수 있
다. 원본을 생각해볼 때, 현행본에 후인이 가필한 부분이 있다는 문
제에 대해서도 귀중한 자료라고 할 수 있다. 본 경전의 역사적 의의
는 '원시천존'이 최고신격으로서 상제1중위에 위치하고 구겸지(寇謙
之) 때에 최고신격이었던 '태상노군'이 후퇴하여 제4중위에 위치한 점
이다. 이후 현재에 이르기까지 '원시천존'이 도교의 최고신이고, '태
상노군'은 원시천존의 현신(現身)의 하나로서 취급되게 되고 있다.
『진령위업도』가 완성되고 나서 도교 신관과 계보가 완성되게 된다.이
시이 아키코

『서승경(西昇經)』
– 초기 불교사상 수용을 노장사상으로 해석

동진(東晉)시기 전반 무렵에 성립. 이 책은 당시의 초기 불교사상
을 수용하는 양상을 전하는 귀중한 책이다. 불교의 인연을 기(氣)의

신고(新古)로 파악하고, 인연을 떠난 세계를 무위자연(無爲自然) 관념으로 이해하는 등, 이 책에서는 불교라는 외래사상을 도교 이전의 노장사상을 채용해서 해석해 간다. 이 책에는 불교사상에 호의적이어서 후세에 보이듯이 도교와 불교의 대립 도식은 아직 없다. 이렇게 여러 종교를 절충하는 입장은 도교라는 의식의 성립 이전의 것이라고 할 수 있겠다.

이전에는 여러 곳에 불교 용어나 불교에 호의적이라고 할 수 있는 어휘가 있었던 듯하며, 육조 말이나 당나라 초기 또는 더 시대를 내려가면 원나라의 불교논쟁에서 『영보경(靈寶經)』이니 『승현경(昇玄經)』, 『화호경(化胡經)』과 함께 불교측으로부터 비판의 대상이 된 것도 이유가 있다.

전통사상으로서 당시 유행한 신선설로부터 보아도 육체를 단련하는 양형설(養形說)을 취하지 않고 정신을 가장 중시하는 양신설(養神說)을 우선시하고 있다. 불교의 수용이라는 면에서의 요인도 생각할 수 있지만, 이 직전에 널리 유전된 『포박자』 내편에서 주장되는 '금단(金丹)' 지상주의에 대한 반성과 반발을 이 책은 나타내고 있는 것이다.

이 책에서도 '노자화호설(老子化胡說)'의 영향을 찾아볼 수 있다. 이 책에서 노자는 중국에서 서쪽으로 돌아간다는 식으로, 노자의 본원이 마치 서방의 붇다(佛陀)에 있었다는 식의 기술이 남아 있지만, 중국의 전통사상이 서쪽의 변방 '곤륜산(崑崙山)'을 승천의 장소로 생각한 것과 관련지어 해석해야 할 것이다. 마에다 시게키

『태상동현신주경(太上洞玄神呪經)』
― 재해, 치병을 일으키는 귀(鬼)의 명칭, 용모 등을 기록함

동진 후기쯤에 나타난 도교경전. 왕찬(王纂)이라는 도사가 썼다고 하는데 상세하지 않다. 그 후에도 육조말에 이르기까지 가필과 증보를 거쳤다고 한다. 동진 때에 사회상황을 배경으로 당시 중국적 귀신관을 도교세계의 관점에서 언급하는 경전이다.

재해나 병을 일으키는 원인이라고 생각되는 귀(鬼)의 명칭과 직무, 게다가 용모와 자태까지 열거한다. 이들 귀를 통솔하는 것은 마왕(魔王)이다. 마왕은 예로부터 비명횡사(非命橫死)한 무장들의 영락(零落)이지만, 지금은 도군(道君)에 귀의하여 도신(道臣)인 금관(禁官)의 지배하에 들어가서 귀(鬼)를 통솔하여 해(害)를 입히지 않는다. 또 도사와 함께 도의 명령에 따르지 않는 귀를 단속하여 재해나 병을 막고 사람에게 봉사하는 존재라고 한다.

반대로 이들 귀는 도를 믿지 않고 제멋대로 살아가는 자가 있으면 용서하지 않고 그 생명을 빼앗게 된다. 따라서 도를 믿으면서 이 경전을 가지고 있는 것이 중요하다. 이 경전을 가지고 있기만 하면 이 세계의 종말을 넘어서 영원의 세계에서 살 수 있다는 것이다.

도교는 기본적으로 귀에 대해 지극히 냉담하고 그 신앙을 음사(陰邪)라고 해서 부정한다. 그래서 이 책이 삼동사보결집(三洞四輔結集)에서 제외되었다. 그럼에도 불구하고 현재까지 전승되고 있는 것은 귀에 대한 민간의 의식이 이 책을 필요로 했기 때문인지도 모른다. 마에다 시게키

『태평경(太平經)』
   - 음양법을 바탕으로 정치, 양생, 방중술을 해설함

　　아주 초기에 성립한 도교경전의 하나로 삼동사보(三洞四輔)의 태평부(太平部)를 구성하는 중요 경전이다. 간길[干吉, 혹은 우길(于吉)]이라는 사람이 신인으로부터 곡양천(曲陽泉, 강소성)에서 170권이나 되는 『태평청령서(太平淸領書)』를 받았다는 것에서 시작한다. 후에 제자인 궁숭(宮崇)이 이것을 후한 왕조의 순제(順帝, 재위 125~144년)에게 바쳤다고 기록하고 있고, 양해(襄楷)도 연희(延熹) 9년(166)에 이 책을 추천하고 있으므로 이 책의 원형은 기원 2세기 초엽에 형성되었다고 생각된다. 그 내용은 한나라 때에 유행한 음양사상(음과 양의 두 원리에 의해 인간과 자연을 해석하는 사상)에 근거해서 제왕이 나라를 다스린 법을 말하고, 음양사상으로부터 출발해서 양생의 도 및 방중술에까지 이르고 있다. 후한말기에 황건적(黃巾賊)의 난을 일으킨 장각(張角)은 이 책을 기초로 삼았다. 그 후 4세기 초엽에는 두 종류의 전본이 존재했는데 남북조시대가 되어 두 권 모두 없어졌다. 상청파(모산파) 도교 교단은 이 책의 복원에 힘썼고 결국 진(陳) 왕조의 선제(宣帝, 재위 568~582년) 때에 도사 주지향(周智響)에 의해 완성되었다고 추측된다. 그 즈음의 사본이 돈황 문서 속에서도 발견되었다. '태평부 제2권'이라고 쓰여 있는 슈타인 4226호가 그것으로 중심내용은 『태평경』 10부 170권의 편목이다.

　　그런데 『정통도장』에 『태평경』이 수록되어 있다. 전체의 3분의 1에 해당하는 57권이 잔결본(유실되어 불완전한 책)이지만 이것을 돈황 문서와 비교해보면 거의 같다. 따라서 『정통도장』본은 남북조시대의 모습을 전하고 있으면서 편목(篇目)만을 한정해 보면 당시의 전모(全貌)를 알 수 있다고 하겠다.

『도교의추(道敎義樞)』
― 불교도에게 도교의 본질을 알리는 책

청계도사(靑溪道士) 맹안배(孟安排)가 저술한 도교 교리를 집대성한 책.『도장』 제762, 763책에 수록. 그 사상 내용은 북주 무제(武帝) 때의 통도관(通道觀)의 학문을 계승하고 산일된 수(隨)대의 도교 교리서인 『현문대의(玄門大義)』, 『현문대론(玄門大論)』의 내용을 그대로 전하는 중요한 자료이다. 북송의 장군방(張君房)이 쓴『운급칠첨』의 골격도 이 책에 의하고 있다. 현행본은 10권 37조로 구성되어 있다. 그 서문에 "지극한 도(道)의 교육 방법(敎方)을 나타내고, 대의의 핵심(樞要)을 나타낸다"고 되어 있어 '도교의추'라고 이름 붙이고, 논적인 불교도에게 도교의 진수를 알리고 동학의 선비들에게 자기 종교의 교의를 지시하는 것을 목적으로 작성된 대불교 논형서의 일종이기도 하다. 이 책의 편찬 연대에 대해서는 분명하지는 않지만 적어도 700년경까지는 성립했었다고 본다. 10권 37조의 구성은 아래와 같다.

- 제1권: 도덕의(道德義), 법신의(法身義), 삼보의(三寶義),
      위업의(位業義)
- 제2권: 삼동의(三洞義), 칠부의(七部義), 십이부의(十二部義)
- 제3권: 양반의(兩半義), 도의의(道意義), 십선의(十善義),

848

인과의(因果義)

- 제4권: 오음의(五陰義), 육정의(六情義), 삼업의(三業義),
  십악의(十惡義)
- 제5권: 삼일의(三一義), 이관의(二觀義), 삼승의(三乘義)
- 제6권: 육통의(六通義), 사달의(四達義), 육도의(六度義),
  사등의(四等義)
- 제7권: 삼계의(三界義), 오도의(五道義), 혼원의(混元義)
- 제8권: 이교의(理教義), 경지의(境智義), 자연의(自然義),
  도성의(道性義)
- 제9권: 복전의(福田義), 정토의(淨土義), 삼세의(三世義),
  오탁의(五濁義)
- 제10권: 동적의(動寂義), 감응의(感應義), 유무의(有無義),
  가실의(假實義)

  현행본은 제5권의 '삼승의(三乘義)' 제18권과 제6권의 4조가 결락되어 있지만, 그 외에는 원본 그대로 남아 있다고 보아도 좋다. 특히 제2권의 3조는 도교교리의 중심 망격(網格)으로 그 부분이 『동현영보현문대의(洞玄靈寶玄門大義)』에 해당하고 한편 『운급칠첨』 제4권, 6권에도 유사한 글이 있다. 또한 같은 권 49에 '현문대론삼일결병서(玄門大論三一訣幷序)'가 실려 있는데, 본서 제9권의 '삼일의'와 유사하다. 『현문대의』, 『현문대론』과의 관계를 엿볼 수 있다. 이시이 아키코

『도장집요(道藏輯要)』
　– 28숙에 의해 도교전적을 배열한 총서

　　도교 전적을 여럿 수록한 총서로 그 권수는『정통도장』,『만력속도장』을 잇는다. 처음에 청나라 강희(康熙) 연간(1662~1722년)에 팽정구(彭定求)가 173종(176종이라거나 283종이라는 설도 있음)의 도교 전적을 편집 수록했다. 그 후 가경(嘉慶) 연간(1796~1820년)이 되어 장원정(蔣元庭)이『도장집요목록(道藏輯要目錄)』1권을 편찬하였다. 장원정은 팽정구의 초편본에 97종의 도교 전적을 더해서 270종을 편집 수록했다. 게다가 광서(光緖) 32년(1906년)에 하룡양(賀龍驤)이『도장집요자목초편(道藏輯要子目初編)』4권과『속편(續編)』1권을 편찬하고, 장원정이 재편한 본에 17종의 도교전적을 더해 287종을 편집 수록하여 성도(成都; 사천성)의 이선암(二仙庵)에서 간행했다. 현재 초편본과 재편본은 전해진 판본이 희소하고, 일반에 유포되어 있는 것은 광서 32년 간본을 재판(같은 판목을 가지고 후세에 인쇄된 책. 후쇄본)이거나 복제판이다.

　　도장은 천자문으로 그 순서를 명기하고 있는데『도장집요』에서는 28숙[천을 28로 구분하고 각각 하나의 성좌를 붙인 것. 각(角), 항(亢), 저(氐), 방(房), 심(心), 미(尾), 기(箕), 두(斗), 우(牛), 여(女), 허(虛), 위(危), 실(室), 벽(壁), 규(奎), 누(屢), 위(胃), 묘(昴), 필(畢), 자(觜), 참(參), 정(井), 귀(鬼), 유(柳), 성(星), 장(張), 익(翼), 진(軫)]에 따라 28집으로 분류되어 있다. 수록되어 있는 도교 전적도 단순히 나열하는 것이 아니라 그 경전이 설법하는 신에 의해 원시천존, 영보천존, 도덕천존 이하로 분별하려고 하는 의도를 볼 수 있다.『도장집요』에는 『도장』에 수록되어 있지 않은 도교 전적도 있고 또한 양자에 공통된 경전이라도 비교해 보면 자구(字句)가 다른 것이 있다. 도교 전적의 경우 텍스트가 별로 없는 편이므로 상당히 귀중한 자료이다.

『등진은결(登眞隱訣)』
　– 진인이 되기 위한 '수일(守一)'의 실천을 설법함

　양나라 도사 도홍경(陶弘景, 456~536년)이 편찬한 도교 상청파(上淸派)의 경전. 『도장』제193책 수록 '등진(登眞)'이란 진인(眞人; 우주의 대생명과 합일하여 영생을 얻은 자)이 되는 것, '은결(隱訣)'이란 그 비결을 말하는 것으로 다시 말해, 진인이 되는 비결, 즉 득도(得道)의 비결을 설법한 경전이다. 예로부터 득도의 방법은 두 가지로 나누어진다. 하나는 『포박자』로 대표되는 금단(金丹)의 제조와 복용이다. 이것은 금단의 복용에 의해 영원히 존속할 수 있는 물리적 생명을 얻으려고 하는 그룹이다. 다른 하나는 내면적인 깨달음을 향한 수행인 수일법(守一法)이다. 『등진은결』은 이 수일법이 실천을 체계적으로 설명하여 완성시킨 경전이다. 수일법은 도교 최초의 경전 『태평경(太平經)』에서 수행의 중심과제로 '오장관법(五藏觀法; 수일법으로 체내의 신들을 통일해가는 수련법으로 인도에서의 요가와 비슷한 것)'노 포함한 내면적인 정밀한 사유가 중심이었나. 또한 『노자상이수(老子想爾注)』별항 참조는 이것을 부정한다. 『등진은결』의 '진부(眞符)' 항목의 주서에 "부적을 가지고 일(　)을 받는다. 일로써 몸을 시킨다. 또한 자문(紫文)으로서 삼혼(三魂)을 솜하는 것과 같나"고 언급하늤이

'일'을 구상적(具象的)으로 보아 신격화하여 종교적 실천 속으로 도입하고 있다. 즉 수일법을 실천하는 궁극적 방법이라고 할 수 있다. 이 수일법은 이후에 선종(禪宗)의 성립에 중요한 영향을 미친다. 도홍경 일파는 수일법의 원류를 명확하게 하기 위해『태평경』의 복원에 이상할 정도로 노력을 기울였다고 한다.『도장』에 수록된 현행본『등진은결』은 상중하 3권 본인데, 원본은 24~25권이었다고 하므로 꽤 분량이 있었던 것 같다. 3권 본의 구성은 상권[진부(眞符), 보장(寶章), 구궁(九宮), 명당(明堂), 동방(洞房)의 항목], 중권[안마(按摩), 도인(導引)을 중심으로 선결(仙訣)을 설명함], 하권[송황정경(誦黃庭經), 입정(入靜), 장부(章符), 청관(請官)의 항목]으로 되어 있다.

『도인경(度人經)』
    – 후세에 다양한 영향을 준 원시천존의 설법

『태상동현영보무량도인상품묘경(太上洞玄靈寶無量度人上品妙經)』이라고도 한다. '영보경류(靈寶經類)' 중에서도 비교적 초기의 것으로 5세기 쯤 이후에 출현한 이른바 '고영보경류(古靈寶經類)' 중의 한 책이다. 이 책만큼 후세 도교 경전에 영향을 준 경전은 없다고 할 정도로 '노자경류(老子經類)'를 제외하면 도교 경전으로서는 수많은 주석서를 낳게 했다. 또한 61권이나 되는 증보판도 존재하는 등『도장』내에도 여러 종류의 텍스트를 남기고 있다.

『도인경』은 원시천존(元始天尊)의 설법과 그 모습을 전한 것으로, 천존의 손 안의 구슬[寶殊] 속에서 청중은 그것을 듣는다. 이 책은 사만 겁(劫)에 한 번밖에 개시되지 않는 비법이라고 한다. 『도인경』을 소지하고 독송하기만 하면 여러 가지 재액이나 질병으로부터 몸을 지킬 수 있고 궁극적으로는 겁을 넘어 재생(再生)하고 천(天)과 그 수명을 같이 하는 것까지 가능하다고 한다.

'영법경류(靈法經類)'는 불전 중에서도 특히 『법화경(法華經)』으로 대표되는 대승불교의 영향을 받았다고 하는데, 이 『도인경』 등은 그 필두로 봐도 좋을 것이다. 게다가 윤회전승을 불멸(不滅)의 원리로 하여 불교와 같이 부정적으로 인식하는 것이 아니라 오히려 호의적으로 소박하게 수용하고 있는 점에 중국 종교에 걸맞게 활약하는 부분을 느낄 수 있다. 가장 도교 경전다운 도교 경전이다. 마에다 시게키

『포박자(抱朴子)』
　－ 금단을 사용한 승선법(昇仙法)＝연단술을 이론화함

동진시대 갈홍(葛洪)의 저서. 내편 20편, 외편 50편으로 구성됨. 내편은 신선의 도, 방약의 처방 등 도교와 관계된 사항을 언급하고, 외편은 세상 사람들의 득실, 풍속의 좋고 나쁨을 유교(儒敎)와 관련지어서 논하고 있다. 이 중에서 도교와의 관련에서 주목되는 것은 내편이다. 『포박자』는 예로부터 진한(秦漢)의 방사(方士)교부터 시작하는 불로불사나 연단술의 사상을 처음으로 본격적으로 이론화하여 지식인 계층의 지지를 획득하게 된 것이다.

내편에서는 서이, 선도의 실재와 선인을 배워 도달해야 할 것을 역설하고 아울러 장생, 연명(延命)을 위해 도인(導引; 굴신체조), 행기

(行氣; 체내에 기를 순환시킴), 복약, 방중[性技] 등 여러 가지 도술이 설명되어 있다. 그러나 이들 여러 도술은『포박자』속에서는 부차적인 위치에 놓여있는 것에 불과하고 최고의 지위에 놓여 있는 것은 단약(丹藥)이다. 단약에는 황금을 주재료로 하는 금액단(金液丹), 유화수은(硫化水銀)을 주재료로 하는 환단(還丹)이 있는데, 두 가지를 합쳐서 금단(金丹)이라고 부른다. 이들 영약을 복용하는 것에 의해 비로소 사람은 불로장생의 선인이 되고 승천할 수 있다고 생각되었던 것이다. 이것은 금액단을 마셔 황금이 갖는 불변성을 인체에 도입하며 또한 환단을 마셔 수은의 불멸성을 체내에 도입하면[단사(丹砂)를 가열하면 수은과 산화수은이 서로 반복되는 가역반응에서 수은의 순환불멸성을 생각했다] 불사(不死)가 가능하다는 결론이다. 또한 승선(昇仙)을 지향한다는 점에서도 알 수 있듯이『포박자』에서는 개인의 승선이 목적이고 일반민중의 구제는 시야에 넣고 있지 않다. 이것은『포박자』신선이론의 한계라고 하겠다. 사카우치 시게오

『무상비요(無上秘要)』
 – 남북조말에 편집된 도교의 우주관을 나타낸 책

도교의 대표적 유서(類書; 많은 전적의 문장을 분류, 편집한 책). 편집한 시기나 인물은 분명하지 않지만 대개 북주(北周)시대의 무제(武帝) 건덕(建德) 6년(577년)부터 그다지 많은 세월이 지나지 않았을 무렵, 국립종교연구소인 통도관(通道觀)에서 편찬되었다고 생각된다.

둔황문서(감숙성 돈황현의 1석굴에서 발견된 문서군) 펠리오 2861

호는 당나라 때의 현종(玄宗) 개원(開元) 6년(718년)에 수기(手記)로 적힌 『무상비요』의 목록이다. 이 목록에 의하면 전 100권, 49과(科), 288품으로 구성되어 있음을 알 수 있다. 그러나 현재 유포된 『정통도장』본은 76권의 잔결본(유실되어 불완전한 책)이다. 덧붙어 처음에는 대도품(大道品), 일기변화품(一氣變化品), 대라천품(大羅天品), 삼천품(三天品), 구천품(九天品), 삼십이천품(三十二天品), 삼십육천품(三十六天品), 십천품(十天品), 팔천품(八天品), 구천상거리수품(九天相去里數品), 삼십이천상거기수품(三十二天相去氣手品), 일품(日品)*, 월품(月品)*, 성품(星品)*, 삼계품(三界品)*, 구지품(九地品)*, 구지리수품(九地里數品)*, 영산품(靈山品)*, 임수품(林樹品)*, 선과품(仙菓品)*, 산동품(山洞品)*, 동천품(洞天品)*, 신수품(神水品)*, 인품(人品)*, 신신품(身神品)*, 인수품(人壽品)*으로 시작하며(3과 26품. *표시는 『정통도장』본에도 존재하는 부분), 남북조시대의 도교의 우주관을 알 수 있다.

『정통도장』본에는 750조목 남짓에 이르고 도교 전적이 인용되어 있다. 만약 완전한 형태로 오늘날까지 전해졌다면 1,000조목 이상의 인용문을 볼 수 있었을 것이다. 게다가 여기에 인용된 것은 남북조시대 말에는 이미 편찬되어 있었던 것들로 전혀 전본(傳本)이 없는 경전도 보인다. 도교 전적의 경우에 편찬의 시기가 명확하지 않은 것이 많으므로 꽤 귀중한 유서이다. 또한 이용된 도교 전적은 거의 강남에서 저술된 것으로 상청경, 영보경의 종류가 90%를 차지한다. 오지키 미시히루

『영보경(靈寶經)』
 - 불교와 나란한 세력을 이루는 역할을 행한 경전군

　예전에는 갈홍의 『포박자』 내편에 언급된 『영보오부(靈寶五符)』나 『영보황자심경(靈寶皇子心經)』에서 시작해서 갈홍의 증손 갈소보(葛巢甫)에 의해 5세기경에 『영보경』은 세간에 유포되었다고 한다. 약 반세기 후 도교경전이 결집되고 점점 삼동사보라는 도교의 일체경이 정비되고 있을 무렵, 도교 전적 결집의 중심인물인 육수정(陸修靜)의 수중에 '영보경목록(靈寶經目錄)'이 있었다. 이 책은 '구목록(舊目錄)'으로, 육수정은 이 목록에 따라 『영보경』을 수집하고 '고영보경류'라고 불리는 일군(一群)의 『영보경』 10부 36권을 정비했다. 그리고 이 경전들이 후세에 가장 대표적인 『영보경』이 되어 도교경전 중에서도 중요한 위치를 차지하게 된다. 유명한 『영보도인경(靈寶度人經)』등도 여기에 포함된다.

　'영보경류'는 다른 도교 경전과 비교하면 열린 도교라고 할 수 있는 입장을 취하고 민중에 대해서도 난해한 교법을 설파하는 일은 없다. 또한 『법화경』으로 대표되는 대승불교를 의식해서 기술된 듯하다. 도교 경전 중에서 가장 불교로부터 배운 점이 많고, 중국에서도 도교가 불교와 쌍벽을 이루는 종교가 되게 하는 역할을 했다고 할 수 있겠다.

　육수정의 정리 이후에도 지속적으로 '영보'의 이름을 붙인 도교경전이 등장하는 것도 무의미한 일은 아니다. 도교를 대표하는 경전군을 차지하고 있다고 해도 과언은 아니다. 마에다 시게키

『열선전(列仙傳)』
  – 불로장생을 지향한 선인전 최초의 책

　한왕조의 일족인 유향(劉向, BC 79 ~ 6년)이 편찬했다고 전해지는 선인의 전기를 모은 책. 다만 글 속에는 후세의 사람에 의해 쓰였다고 추측되는 기사가 보이므로 유향의 저작이 아니라 후한시대의 인물이 유향을 가탁하여 쓴 것이라고 생각된다. 선인의 전기집[선전(仙傳)이라고 부름]으로는 중국 역사상 최초의 책이다. 이후 비슷한 선전인 『신선전』, 『속선전』, 『선전습유(仙傳拾遺)』, 『의선전(疑仙傳)』, 『역세진선체도통감(歷世眞仙體道通鑑)』 등이 계속 저술되었다. 현행본우 상하 두 권으로 나누어지고 ㄱ 중에서 70인이 전기가 수록되어 있다. 상권에는 전설상이나 역사상의 저명한 인물이, 하권에는 한나라 때의 서민계층의 인물이 많이 실려 있다. 또한 직업도 하급관리, 점성술사, 수의사, 약장수 등 상당히 다양해 서민생활과 밀착되어 있는 점이 주목된다. 이것은 서민의 불로장생에의 바람이 이 책에 투영되었기 때문으로 생각된다.

　'선인'이란 본래 나이가 들어도 죽지 않고 장생하여 하늘에 오르고 산에 은거한 자를 일컫는 말이다. 그러나 이 책에 나오는 선인들은 불로불사보다 불로장생을 목표로 한다. 그리고 그 장생하거나 신선을 이루는 수단은 대부분 일상적으로 흔한 초근목피의 약을 장기간 복용하는 것이다. 그리고 ㄱ 이익이 벽곡(辟穀), 도인(導引) 등의 장생술은 이주 조금밖에 보이지 않는다. 이는 이 책의 성립에 채약(採藥)을 직업으로 하는 방사(方士)가 깊이 관여되었을 것임을 추정하게 해준다. 또한 초목약을 중시해서 불로장생을 지향하는 이 책의 선인은 금단(황금이나 유화수은을 원료로 만드는 불로불사의 영약)을 복용해서 불로불사를 지향하는 『포박자』의 신선이론과는 크게 다른 것이다. 사카우치 시게오

『노군음송계경(老君音誦戒經)』
   – 구겸지(寇謙之)에 의한 천사도교단(天師道敎團)을 혁신한 책

북위의 도사 구겸지(365~448년)가 노군(老君)에게서 전수받았다는 『설중음송신과지계(雪中音誦新科之戒)』 20권의 잔권(殘卷) 또는 같은 계통의 경전. '노자왈(老子曰)'로 시작하는 부분이 35개 조(條) 있다. 『도장』 제562책 수록. 5세기 초엽의 기록으로 구겸지가 바라본 도교와 천사도교단 전체의 혁신을 의도한 것을 이해할 수 있는 귀중한 자료이다. 내용은 구체적으로 노군(老君)이 구겸지에게 교계(敎誡)와 과율(科律)을 주면서 교도들을 통솔해야 한다고 설법한다. 도관(道官), 녹생(籙生; 교사가 되기 전 단계)은 모두 계경(誡經; 계율이자 경전)의 가르침에 따르고 계경을 서사(書寫)할 때에는 단 한 자도 오자가 있어서는 안 된다. 또한 도관(道官)이나 제주(祭酒, 천사도의 교사)의 세습은 인정하지 않고, 현자(賢者)거나 득도한 자가 그 지위를 잇는 것이 원칙이라고 한다. 한편 장천사 집안의 자손이 청미(淸微), 총명한 경우에는 인정한다고 한다. 도민(道民; 신자)이 경록(經籙), 부계(符契)를 받는 경우에는 금전의 납입을 요구하지 않는다. 다만 도민은 한 집에 연간 종이 30장(張), 붓 1관(管), 먹 1정(挺)을 납입할 의무가 있다. 도관, 녹생, 남녀 도민의 향을 사르고 소원을 비는 법[소향구원법(燒香求願法)]으로는 제당[정(靖)]에 들어가 동쪽을 향해 세

번 정중하게 향을 사르고, 다음으로 8번 배례하고 거기서 두건류를 벗고 9번 머리를 두드리고[고두(叩頭)] 세 번 혀로 볼을 치고[박협(搏 頰)], 그 다음으로 소원을 말한다는 식으로 상세하게 서술되어 있다.

또한 도관, 도민이 사망했을 때에는 7일이 지나 해예(解穢; 탈상) 하여야 하며, 그때에는 망자를 위해 생존시의 재물을 정리해서 공양 해도 좋고 신자가 아닌 속민(친척관계)를 불러도 좋다고 한다. 남녀 녹생이나 도민은 그 집에 노비가 있는 경우에는 반드시 '자(字)'로 불 러야 하며 장생의 도를 구하는 자는 오천문『노자 도덕경』을 읽는 것이 가장 중요하다. 교단 전체에서 특히 도민을 지도해가는 도관, 제주 (교사) 등의 역할을 구체적으로 해설한 점에 특징이 있다. 이시이 아키코

『노자하상공주(老子河上公注)』
– 영보파의 의례 속에서 형성된 주석서

『노자도덕경』의 왕필(王弼)의 주석과 함께 대표적 주석서.『도장』 제363 책에『도덕진경주』 1~4권으로 수록.『노자도덕경』의 여러 책 중에 도교의 교리 형성 과정에서 가장 유력하고 중심적인 텍스트로 전승된 것이다. 그러 나 이 책의 성립에 대한 정론은 없다. 유래담으로는 한나라 무제 때 강 가에 사는 하상공(河上公)이라는 선인이 황제의 요청에 의해 '노자주서' 을 전수했다는 전설이 유명하다. 도교 경전들에서 그 전승을 찾아보면, 『동진태상태소낭서(洞眞太上太霄琅書)』『도장』 제1034, 1035책 수록. 양나라 이전에 성립한 옛 도경에 귀착된다. 제4권에 '하상공본(河上公本)'과 '상이 본(想爾本)'에 대해 "그 큰 골자는 하상공은 수(數)로 도(道)에 들어

가고 상이(想爾)는 도(道)를 가지고 수(數)를 정돈하는데, 하상(河上)은 도와 수가 서로 관계하고 있다고 보아 경전을 나누어 또한 품장(品章)을 제구(第句)로 한다"고 설명한다. 이로부터 생각해보면 5세기 후반쯤에는 성립한 것이 된다. 한편, 『도덕경개제서결의소(道德經開題序訣義疏)』^{당나라 초기 서화관(西華觀) 도사 성현영(成玄英)의 저서} 등에 의하면 갈현(葛玄)을 매개로 해서 후한말의 장로(張魯) 때까지 거슬러 올라가는 전승도 있고, 『하상공장구』는 한나라 때 황로파의 『도덕경』에 대한 설명서였다고 추측하는 연구자도 있다. 아무튼 『도덕경』^{하상공본}의 전수가 도교 영보파의 종교의례에서 정비되어온 점을 생각하면 도교 교단 성립 초기부터 관련이 있었다는 것이겠다. 여러 종류의 도교 경전 중에는 하상공본, 하상장인본(河上丈人本)의 호칭이 있는데, 이 두 책이 본래 한 권이었는지 이본인지는 명확하지 않다. 후대의 도교도가 하상공(河上公), 하상장인(河上丈人)을 동일인물로 하여, 둘 다 노자의 변화신(變化身)이라고 이해하는 것은 분명하다. 이시이 아키코

『노자화호경(老子化胡經)』
– 석가로서 다시 태어난 노자의 가르침

'화호(化胡)'란 노자가 서방의 이민족을 교화한 것을 가리킨다. 구체적으로는 노자가 중국을 나와 서쪽으로 향해 간다라 왕이나 호탄에서 모은 서방 여러 나라의 왕들을 귀의시키고 또한 노자 스스로 혹은 제자 관령(關令) 윤희(尹喜)가 석가로서 환생하여 불교를 널리 펴서 서방의 교화를 자원으로 했다는 전설을 말한다.

이런 이야기의 원형은 후한시기에 이미 시작한 듯한데, 이보다 에 있었던 '노자역대화현설(老子歷代化現說; 노자가 역대 왕조의 성왕을 위해 성을 바꾸고 이름을 달리해 나타나 제왕의 스승이 되었다는 전설)'의 일부로 접합되어 결국 신격화된 노자전(老子傳)이 만들어진다. 이 노자전에 '화호(化胡)'의 내용이 반드시 언급되었다. 넓은 의미에서는 이들을 총칭해서 『노자화호경』이라고 부를 수 있다.

최초의 『노자화호경』은 서진(西晉)의 혜제(惠帝) 때에 도사 왕부(王浮)에 의해 위작(僞作)되었다는 기록이 불교쪽의 역사 기록[史傳]에 보인다. 도사 왕부는 승려 백법조(帛法祖)와 논쟁했는데, 늘 말싸움에서 지므로 이 책을 위작했다고 한다. 그러나 진위는 알 수 없다. 그러나 당나라 때의 마니교가 포교를 꾀하기 위해 노자의 변신으로서의 마니불의 이름을 더한 『노자서승화호경(老子西昇化胡經)』을 자체 제작한 일이 있으며, 초기에는 노장문헌에서 많은 번역어를 얻은 외래불교가 '화호설'을 이용했을 가능성도 있어 그 진위는 알 수 없다.

그 후 불교와 도교의 교리논쟁에서는 늘 불교측으로부터 공격대상이 되었고, 당나라 때와 원나라 때에 폐기되거나 소각처분을 받게 된 일이 있지만 그 일부는 지금도 현존한다. 미에다 시게키

『노자상이주(老子想爾注)』
― '도계(道戒)', '도수(道守)'를 추구했던 오두미노 교난의 수석서

도교 오두미도(天師道) 교단에 의한 『노자도덕경』의 주석서. 작자는 개조 장릉(張陵) 혹은 손자 장로(張魯; 제3대 천사)라고 하는데,

그 성립시기에 대해서는 확정적 정설은 없다. 거의 장로(200년경)의 오두미도 교단의 자료로 보아도 좋을 것이다. 남북조 이래의 도교 관계 문헌 속에서 장천사(張天師)『상이주』의 저작이 기록되어 있는데, 내용은 불명확하다. 둔황을 발견한 슈타인 편 한문문헌 682호『노자도경상상이(老子道經上想爾)』에 의해 비로소 내용의 일부가 명확해졌다. 오두미도 교단에서는 교도에게『노자오천문』『노자도덕경』은 필수경전으로 제주(祭酒; 교단간부)의 지도에 따라 독송하는 것이 의무였다. 따라서 그 주석서인 본서는 동 교단의 근본사상을 아는 데 있어 중요한 자료라고 하겠다. 설법은 '도계(道戒)'를 지킬 것을 강조하고 세간의 사설사의(邪說邪義)에 현혹되는 일 없이 '진도(眞道)'에 충실하라고 하는 것이다. 또한『태평경(太平經)』의 '수일법(守一法)'을 통한 '오장관법(五臟觀法)'을 부정하고 '일즉도(一卽道)'의 '일'은 천지의 밖에 있는 것이므로 그것이 자유롭게 천지 속에 들어와서 사람의 몸속에도 왕래한다. '일'이 그 형태를 분산하면 '기(氣)'가 되고 형태를 집합시키면 '태상노군'(노자의 신격화)가 되어 민중을 교화한다. 즉, '도계'를 지키는 것 이외에 '수일'법은 없다고 한다. '도'의 이칭으로서 '태상노군'을 설법하는 한편, '도'는 지존의 것으로 형태로 표현할 수 있는 것이 아니고 따라서 형상으로 표현하는 것은 사법(邪法)이라는 우상(偶像) 부정론의 입장을 취한다. 이론적으로 파탄이라고 생각되는 점도 있지만『상이주』를 중심으로 한 '도계'라는 것도 선(善)을 행하는 것, '무욕(無欲)'과 '청정(淸靜)'을 기본으로 하는 교계라는 것을 생각하면 크게 보아 모순은 없다. 이시이 아키코

도교 교단·교파 사전

― 스나야마 미노루(砂山 稔, 이와테대학 교수)

　　도교 교단의 역사는 2세기 후반에 원시 도교 교단인 태평도(太平道)·오두미도(五斗米道; 天師道)의 성립에서 시작하여 1800년 이상을 지나 오늘날에 이르고 있다. 도교 교단 중에서 현재까지 명맥을 유지하고 있는 대표적인 교파로는 북송 이전부터 역사를 갖는 구도교의 천사도(天師道)·모산파(茅山派)가 있고, 금·남송시대에 시작된 신도교의 전진교(全眞教)가 있다. 여기에서는 다른 몇 가지 종파와 학파에 대해서도 언급하여 도교 교단의 전개의 흔적을 따라가 보기로 한다.

　　또한 계통도(표 1)에 등장하는 태평도, 정명도(淨明道), 무당도(武當道)에 대해서는 본서의 '도교의 성립과 역사'를 참조하기 바라며 여기서는 설명을 생략한다.

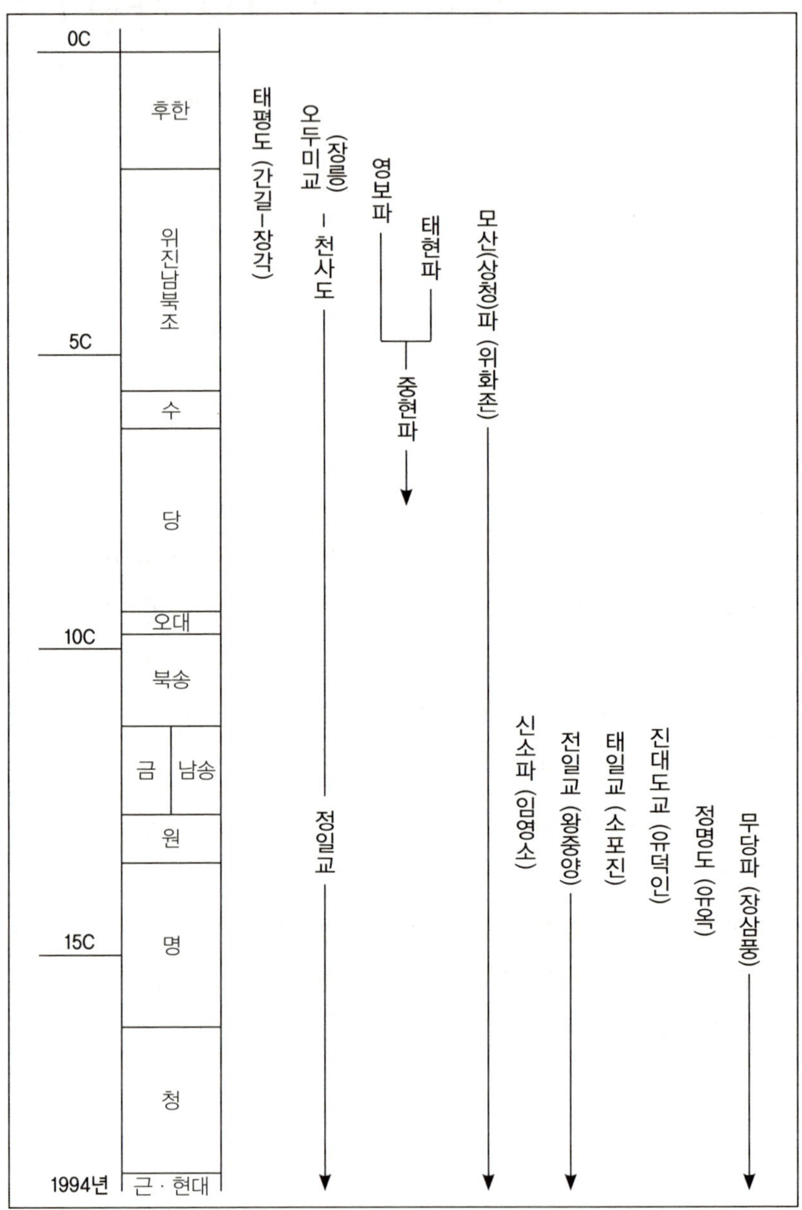
0C
후한
위진남북조
5C
수
당
10C
오대
북송
금
남송
원
15C
명
청
1994년
근·현대
태평도 (간길–장각)
오두미교 – 천사도
(장릉)
영보파
태현파
중현파
모산(상청)파 (위화존)
신소파 (임영소)
전일교 (왕중양)
태일교 (소포진)
진대도교 (유덕인)
정명도 (유옥)
무당파 (장삼풍)
정일교

천사도(天師道)

　구도교의 하나. 후한 장릉(張陵)이 촉나라 학명산(鶴鳴山)에서 도를 배우고 도교경전을 제작해서 민중의 신앙을 얻으면서 시작된 교파이다. 장릉의 가르침은 그 아들인 사사(嗣師) 장형(張衡), 손자인 계사(係師) 장로(張魯)로 계승되었다. 이 교파는 장릉을 천사라는 칭호로 부른 것에 근거해서 천사도라고 불린다. 또한 이 삼장(三張, 장릉, 장형, 장로) 교단은 신자로부터 다섯 말의 쌀을 모은 것으로부터 오두미교(五斗米敎)라고도 불린다. 그 교법은 병의 치료를 중심으로 하는 것으로, 병자를 조용한 방에 두고 자신의 과오를 반성히게 히고 천(天), 지(地), 수(水)의 삼관(三官)의 신에게 병자의 이름과 죄를 반성한 것을 적어 보내면 이 삼관수서(三官手書)에 의해 병이 낫는다고 한 것이다.

　게다가 의사(義舍)라는 무료 숙박소를 설치하고 유랑하는 민중에게 무료로 고기와 쌀을 제공하기도 했다. 교단 조직은 교주의 감독하에 대제주[大祭酒; 치두(治頭)], 제주(祭酒), 간령(姦令) 등의 임원을 두고 일반신도인 귀졸(鬼卒), 귀리(鬼吏)를 통솔하는 조직을 만들었다. 그리고 이 제주가 일반신도에게 『노자(老子)』 오천문을 학습시켰다. 천사도에서 『노자(老子)』를 주석한 것이 『노자상이주(老子想爾注)』이니, 이 책에는 노교의 세율, 즉 '노계(道誡)'를 순수하는 것에 의해 장생할 수 있다고 쓰여 있다.

　그런데 진(晉)나라 때에 들어와 천사도는 점점 귀족층에 침투해가고, 남북소시대가 되면 남북으로 두 개의 유파를 형성해간다. 진국부(陳國符)는 『도장원류고(道藏源流攷)』 속에서 이 두 가지 흐름에 대

해 남조에서 천사도는 장천사의 자손을 그 수령으로 하고, 북조에서
는 북위(北魏)의 구겸지(寇謙之)가 도교를 정리한 것을 들고 있다.
또한 진국부는 구겸지가 삼장(三張)의 위법(僞法)을 제거하고 수립
한 신천사도가 중국최초의 성립도교라고 주장한다.

삼장의 위법이란 오두미도 교단에서 행해진 조미전세(租米錢稅;
신자에게 쌀 등을 교단에 납입시키는 것)과 남녀합기(合氣)의 방중술
을 말한다. 구겸지는 이 두 가지를 제거하고 귀족사회에 받아들여지
는 도교 교의를 확립했다. 더 나아가 그는 북위의 태무제(太武帝)에
게 건의하여 신천도사를 국가 종교로 만들었다. 또한 구겸지는 태상
노군(太上老君)에게 '설중음송신과의 계(雪中音誦新科戒)'를 받았다
고 하는데, 그 잔권이거나 혹은 같은 계통의 경전으로 보이는 『노군
음송계경(老君音誦誡經)』이 현존한다. 다른 한편, 남조의 천사도에
서는 『삼천내해경(三天內解經)』이나 류송(劉宋) 때 육수정(陸修靜)
의 『육선생도문과략(陸先生道門科略)』에 보이듯이, 천사 장릉이야말
로 '정일맹위(正一盟威)의 도'를 전수받은 사람이라고 하며 '삼천법사
(三天法師)'라고 숭배하고 있다.

그런데 삼장의 자손은 제4대 장성(張盛)이 진(晉) 때에 활동한 이래
그 소식이 불명확한 점이 많았지만, 언제부터인가 강서성(江西城) 용
호산(龍虎山)에 근거를 두고 활동하였다. 북송의 열렬한 도교신자였
던 진종(眞宗)이 대중상부(大中祥府) 8년(1015년)에 장천사의 자손이
라고 불리는 장정수(張正隨)에게 '진정선생(眞靜先生)'이라는 시호를
부여하였다. 이 이후 그 계승자에게 황실에서 호를 내리는 것이 일반
적이게 되었다. 그리고 제36대 천사 장종연(張宗演)은 원(元)나라 세
조 쿠빌라이로부터 강남의 도교를 지배하도록 명령받았다. 원나라

때에 천사도는 정일교(正一敎)라고 불리고, 그 후 구도교의 대표로서 지속적으로 그 세력을 유지했다. 『한천사세가(漢天師世家)』, 『속한천사세가(續漢天師世家)』는 이 유파의 계보서이며 북경의 동악묘(東岳廟)는 정일교의 본산이다.

영보파(靈寶派)

영보경전을 제작하고 전수, 존숭하는 도교의 일파. 당나라 초기 때 맹안배(孟安排)가 쓴 『도교의추(道敎義樞)』에 나타나는 '영보경'의 전수와 전승에 의하면, '영보경'은 태극진인(太極眞人) 서래륵(徐來勒)으로부터 오(吳)나라의 갈현(葛玄) 선인에게 전수되었고, 갈현의 제자 정사원(鄭思遠), 갈씨 일족의 갈해(葛奚), 갈제(葛悌)를 거쳐 진(晉)나라의 갈홍(葛洪)에게 전해졌다. 그 후 또한 갈씨 일족인 갈망세(葛望世), 갈소보(葛巢甫)를 거쳐 진나라 융안말(隆安末, 401년경)에는 임연경(任延慶), 서령기(徐靈期)로 계승되었다고 한다. '영보경'은 남북조 시대가 되면 송(宋)의 육수정(陸修靜)을 거쳐 제나라 고환(顧歡), 양나라 송문명(宋文明) 등에게 전승되어 존숭 받은 것으로 보인다.

태현파(太玄派)

도교의 일파로 도교 교단 중에서 특히 노자의 사상과 저작을 존중했다. 유송(劉宋)시대부터 양(梁)나라 대에 걸쳐 살았던 맹시주(孟智

周)와 양나라의 장현정(臧玄靜)이 이에 해당한다. 이 중에서 맹지주
는 유송시대 때의 육수정의 삼동설(三洞說)에 대해 사보설(四輔說)
을 세우고, 사보 중에 '태현부(太玄部)'를 삼동의 가장 높은 위치인
'동진(洞眞)'을 보좌하는 역할로 삼았다. 맹지주, 장현정의『도덕경』
해석은 '도'와 '덕'의 상호관계를 중시하는 점에 특징이 있다. 이들의
활동에 주목한 당나라 초기의 맹안배는『도교의추(道敎義樞)』에서는
'태현부'의 주요경전으로서『도덕경』외에『묘진경(妙眞經)』,『서승경
(西昇經)』을 들고 있다.

중현파(重玄派)

수나라에서 당나라 초기에 걸쳐 형성된 학파. 앞서 언급한 영보파,
태현파의 활동을 계승하여 수나라 때에 성립했다. '중현'이란『도덕
경』제1장 '현지우현(玄之又玄)'이라는 표현에 근거한 것으로 '어떤
일에도 집착하지 않으며, 집착하지 않으려는 것 그 자체에도 집착하
지 않는다.'는 도교 수행자의 깨달음의 경지를 표현한 것으로 궁극적
인 도의 양상을 나타내는 개념이라고 할 수 있다.

이 파의 유진희(劉進喜), 성현영(成玄英), 채자황(蔡子晃), 황현색
(黃玄賾), 이영(李榮), 차현필(車玄弼), 장혜초(張惠超), 여원흥(黎
元興)은 모두『도덕경』의 주석을 저술했다. 성현영으로 대표되듯이
노자와『도덕경』존중의 자세와『도덕경』해석은 당 현종의『노자주
(老子注)』,『노자소(老子疏)』에도 영향을 끼치고 당나라 말기의 두광
정(杜光庭)에게도 크게 영향을 주었다.

한편 중현파는 육수정의 삼동설(三洞說), 맹지주(孟智周)의 사보설(四輔說) 등을 계승하여 수나라 때에는『현문대의(玄門大義)』를 성립시켰다. 당나라 초기의 맹안배(孟安排)가 중현파를 근거로『도교의추(道敎義樞)』를 저술하여 도교 교리의 정비에 진력했다. 또한 유진희(劉進喜)와 이중경(李仲卿)은『본제경(本際經)』을, 여원흥(黎元興)과 방혜장(方惠長)은『해공경(海空經)』을 저술했는데, 이 두 경전의 경문은 당나라 초기 모산파의 반사정(潘師正) 혹은 그 제자의 손에 의해 성립했다는 도교 교리서『도문경법상승차서(道門經法相承次序)』에도 빈번하게 인용되고 있어 모산파에 미친 영향이 큼을 알 수 있다.

모산파(茅山派)

구도교의 하나. 상청파(上淸派)라고 불리기도 한다. 양(梁)나라 도홍경(陶弘景)에 의해 집대성되었는데, 그 기원은 동진(東晉)의 위화존(魏華存)이나 양희(楊羲), 허목(許穆)으로 거슬러 올라간다. 영매였던 양희, 허목(許穆), 허밀(許謐)이 선계의 신들과 교섭해서 얻은 탁선(託宣)을 도홍경이 편집하고 주를 덧붙인 것이『진고(眞誥)』이다. 이 경전은 이후 모산파의 성전(聖典)이 되었다.『진고』에 관해 최근의 연구는 도홍경이 편찬하면서 재단(裁斷)했다는 것을 중요하게 보는 경향이 있었다. 그런데 최근 출판된 아카마쓰 유코(赤松祐子) 씨의「'진고(眞誥)' 중의 압운자에 보이는 언어적 특성」『중국고도교사연구(中國古道敎史研究)』동명사, 1992년에 의하면, 그 본문은 양희, 허목이 선탁을 받은 동진시대의 오나라 말(吳語)을 반영하고 있다고 한다.

도홍경 이후 모산파 종사(宗師)의 계보는 수나라 왕원지(王遠知)로부터 당나라 반사정(潘師正), 사마승정(司馬承禎), 이함광(李含光)으로 계승되었다. 반사정 혹은 그 제자의 손에 의해 쓰여졌다는 『도문경법상승차서(道門經法相承次序)』는 당나라 초기 무렵의 이 유파의 사상을 이해하는 데에 중요하며, 사마승정의 『좌망론(坐忘論)』등의 사변적 도교사상을 전개하고 있다. 성당시기에서 중당시기에 이르는 시기에 살았던 이함광이 중흥의 시조라고 한다. 또한 이함광과 거의 동시대에 활약한 오균(吳筠)은 이백(李白)의 지인으로 현종에게 헌상한 『현망론(玄網論)』외에 '신선가학론(神仙可學論)', '형신가고론(形神可固論)', '심목론(心目論)' 등의 저서에서 '허虛ー신神ー기氣ー형形'의 전개를 고려하는 독자적인 도교사상을 전개했다. 이함광이후에도 종사(宗師)의 계보는 백일승선한 구백정(瞿柏庭)이라는 제자를 둔 황동원(黃洞元), 중당시기와 만당시기의 대표적 문인 이덕유(李德裕)와 교류한 손지청(孫智淸)에게 계승되었다. 송 이후에도 주자영(朱自英), 유혼강(劉混康)이 나와 황실과 결탁하여 세력을 유지했다. 이 유파의 사적(事跡)과 저작을 수록한 것으로 『모산지(茅山志)』가 있다.

신소파(神霄派)

북송의 임영소(林靈素)를 대표로 하는 도교의 일파. 임영소는 북송말 휘종(徽宗)의 열광적인 도교신앙을 고무시켰는데 '신소(神霄)'

에 대해서 다음과 같이 설명했다. 천(天)에는 구소(九霄)가 있고 신소(神霄)가 최고이다. 휘종은 이 신소부(神霄付)의 신소옥청왕(神霄玉淸王)이었는데, 인간계의 고난을 구원하기 위해 하늘에서 내려와 황제가 되었다는 것이다. 이 설에 의해 임영소는 휘종의 신임을 얻었다. 휘종은 임영소를 교주도군황제(敎主道君皇帝)로 모시며 도교를 국가 종교로 삼았다. 또한 임영소는 오뢰법(五雷法)이라는 액막이를 잘 행했다고 한다. 신소파는 이후에 내단도(內丹道)와도 결부되었다고 한다.

전진교(全眞敎)

신도교의 하나. 금련정종(金蓮正宗)이라고도 함. '전진(全眞)'이라는 말은 『장자(莊子)』에 나온다. 12세기 후반, 금(金)나라 때 도사 왕중양(王重陽)에 의해 개교되었다. 그와 전진교의 사상을 단적으로 보여주는 '입교십오론(立敎十五論)'에 대해서는 본서의 '도교의 성립과 역사'를 참조하기 바란다.

그런데 개조 왕중양은 말년의 7년 동안, 금련회(金蓮會) 등의 다섯 가지 모임을 결성하였고, 또한 마단양(馬丹陽), 담장진(譚長眞), 류장생(劉長生), 구장춘(丘長春), 왕옥양(王玉陽), 하광녕(郝廣寧), 손불이(孫不二)의 칠진(七眞)이라고 불리는 수제자를 두었다.

개조인 왕중양이 서거한 이후 마단양이 중심이 되어 협서(陝西) 지방에 급속하게 교세를 확충했다. 금나라 세종(世宗)이 왕옥양을 불러들여 장생의 요법을 물었다는 것도 교세의 신장에 공헌했다.

　13세기 초엽 몽골의 세력이 신장하자 구장춘은 징기스칸의 초대를 받아 서유(西遊)하여 그를 만났다. 이 회견(會見)에서 징기스칸에게 장생의 도에 관해 질문을 받았고, 그 대답은 『현풍경회록(玄風慶會錄)』에 상술되어 있다. 거기서 '도'란 천지만물 및 인간을 생육시키는 지대한 존재라고 한다. 이 '도'를 배우려고 하는 자는 청정염담(淸靜恬談; 청정하며 고요하고 담담함)한 것을 즐거움으로 한다. 또한 천자의 수행법은 밖으로는 민중을 보살피고 천하를 안정시키고 안으로는 욕망을 절제하여 신기(神氣)를 유지하는 것에 있다고 했다. 징기스칸과의 만남이 대성공으로 이어져 이후의 전진교의 발전은 약속되고 구장춘은 장춘궁(長春宮)에서 도사 전체를 통솔하게 되었다. 그 후 원나라 현종 때에 이지상(李志常)이 노자 '화호(化胡)'의 문제를 둘러싸고 불교측과의 논쟁에서 패하여 교세가 일시적으로 기울었다고는 하지만 신도교의 대표로서 현재에도 존속하고 있다. 북경의 백운관(白雲觀)이 그 총본산이다.

태일교(太一敎)

　신도교의 하나. 금나라 천권(天眷) 연간(1138~1140년)에, 도사 소포진(蕭抱珍)에 의해 시작된 태일교의 명칭은 소포진이 전한 '태일삼원법록(太一三元法籙)'이라는 부적에서 유래한다. 그 교법의 중심은 부적에 의한 치병, 재액에 있었다고 한다. 태일교는 개조 이래 금나라 황실과 결탁하였고, 원나라 때에도 도사 소보도(蕭輔道)가 원나라 황실과 깊은 관계를 맺고 교세를 확충했으나 원대 이후의 일은 불명확하다. 또한 '태일(太一)'과 관련해서는 북송시대부터 유행한 '십신태일(十神太一)'의 신앙과의 관련성 등을 검토해볼 필요가 있다.

진대도교(眞大道敎)

신도교의 하나. 금나라 초기 도사 유덕인(劉德仁)이 개종하였다. 그가 교단을 세우면서 내세운 정신은 임금에게 충을 다하고, 부모에게 효를 다하며, 타인에게 성실하고, 사음(邪淫)과 권세와 이익을 피하고, 청정을 지키고 빈곤과 청빈에 만족하고 도박이나 도둑질을 하지 않으며 향신료와 술을 먹지 않으며 허심(虛心)으로 만족함을 아는 것 등의 9개조이다. 유·불·도 삼교를 혼합한 평이한 일상적 도덕의 실천을 제시하였다. 이것이 바로 민중들 사이에 퍼지고, 제5대 조사 역희성(酈希成) 때에 원나라 헌종의 신임을 얻어 본래의 대도교(大道敎)라는 명칭을 진대도교(眞大道敎)라고 칭하는 것이 허락되었다.

주제별 책 소개

— 코이치 이자와(井澤耕一, 간사이대학 대학원)
— 사토 미노루(佐藤 実, 간사이대학 대학원)

도교전반(道教全般)

『육조사연구–종교편(六朝史研究–宗教篇)』, 宮川尚志, 1964, 平楽
　　寺書店.

『강좌 동양사상3 중국사상Ⅱ 도가와 도교(講座 東洋思想3 中国思想
　　Ⅱ 道家と道教)』, 前野直彬, 他編, 1967, 東京大学出版会.

『중국문화총서6·종교(中国文化叢書6·宗教)』, 窪徳忠·西順蔵編,
　　1967, 大修館書店.

『중국의 종교혁명 전진교의 성립(中国の宗教改革 全真教の成立)』,
　　窪徳忠, 1967, 平楽寺書店.

『영세에의 기원–도교–(永世への願い–道教–)』, 吉岡義豊, 1970,
　　淡交社.

『도교·그것의 행동과 사상(道教·その行動と思想)』, 下出積與,
　　1971, 評論社.

『육조사상사연구(六朝思想史研究)』, 村上嘉実, 1974, 平楽寺書店.

『도교사(道教史)』, 窪徳忠, 1977, 山川出版社.

『도교의 종합적 연구(道教の総合的研究)』, 酒井忠夫編, 1977, 国書刊行会.

『중국근세도교의 형성(中国近世道教の形成)』, 秋月観暎, 1978, 創文社.

『도교(道教)』(東洋文庫), A·マスペロ 川勝義雄 (訳), 1978, 平凡社.

『기의 사상(気の思想)』, 小野沢精一·福永光司·山井湧編, 1978, 東京大学出版会.

『원사석노전의 연구(元史釈老伝の研究)』, 野上俊静, 1978, 朋友書店.

『중국종교의 수용변용행용—도교를 바탕으로(中国宗教における受容·変容·行容—道教を軸として)』, 窪徳忠, 1978, 山川出版社.

『노자전설의 연구(老子伝説の研究)』, 楠山春樹 一九七九 創文社.

『도교학의 연구—도홍경을 중심으로(道教学の研究—陶弘景を中心に)』, 石井昌子, 1980, 国書刊行会.

『도교(道教)』, 全三巻, 福井康順·木村英一·酒井忠夫·山崎宏 監修, 1983, 平河出版社.

『중국종교사연구제일(中国宗教史研究第一)』, 宮川尚志, 1983, 同朋舎.

『육조정신사연구(六朝精神史研究)』, 古川忠夫, 1984, 同朋舎.

『도교연구의 권유(道教研究のすすめ)』, 秋月観暎編, 1986, 平河出版社.

『육주사대부의 정신(六朝士大夫の精神)』, 森三樹三郎, 1986, 同朋舎.

『도교와 종교문화(道教と宗教文化)』, 秋月観暎編, 1987, 平河出

版社.

『도교의 세계(道教の世界)』, 窪德忠, 1987, 学生社.

『도교사상사연구(道教思想史研究)』, 福永光司, 1987, 岩波書店.

『중국의 철학·종교·예술(中国の哲学·宗教·芸術)』, 福永光司, 1988, 人文書院.

『중국도교의 현상(中国道教の現状)』, 蜂屋邦夫編, 1989, 汲古書院.

『요시오카 요시토요 저작집(吉岡義豊著作集)』 四巻·別巻一冊, 1990, 五月書房.

『후쿠이 고우준 저작집(福井康順著作集)』「第1巻 道教の基礎的研究」「第二巻 道教思想の研究」「第三巻 中国の思想と道教」, 1990, 法蔵館.

『수당도교사상사연구(隋唐道教思想史研究)』, 砂山稔, 1990, 平河出版社.

『중국종교사상 1, 2(宗教思想1, 2)』(岩波講座·東洋思想), 福永光司編, 1990, 岩波書店.

『위서석노지(魏書釈老志)』(東洋文庫), 塚本善隆 (訳), 1990, 平凡社.

『육조도교사연구(六朝道教史研究)』, 小林正美, 1990, 創文社.

『기와 인간과학(気と人間科学)』, 湯浅泰雄編, 1990, 平河出版社.

『일본·중국의 종교문화 연구(日本·中国の宗教文化の研究)』, 酒井忠夫編, 1991, 平河出版社.

『초기 도교(初期の道教)』, 大淵忍爾, 1991, 創文社.

『현대사상(現代思想)』 vol 19-11(特集タオイズム), 1991, 青土社.

『시니카(しにか)』 1991年11月号特集·道教入門, 大修館書店.

『기란 무엇인가(気とは何か)』(ＮＨＫブックス), 湯浅泰雄, 1991, 日

本放送出版協会.

『신에 대한 제사(神々の祭祀)』, 植松明石編, 1991, 凱風社.

『한민족의 종교·사회인류학의 연구(漢民族の宗教·社会人類学的
　　研究)』, 渡邊欣雄, 1991, 第一書房.

『타이완의 종교와 중국문화(台湾の宗教と中国文化)』, 酒井忠夫編,
　　1992, 風響社.

『비밀의 책4 도교(Books Esotorica 4 道教の本)』, 学習研究社編,
　　1992, 学習研究社.

『도가사상과 도교(道家思想と道教)』, 楠山春樹, 1992, 平河出版社.

『중국고도교사연구(中国古道教史研究)』, 㕮川忠大編, 1992, 同朋舎.

『금대노교 연구(金代道教の研究)』, 蜂屋邦夫, 1992, 汲古書院.

『몽골왕조의 도교와 불교(モンゴル朝の道教と仏教)』, 窪徳忠, 1992,
　　平河出版社.

『노자, 도양사상의 큰 강—도가·도교·불교(老子, 東洋思想の大河
　　—道家·道教·仏教)』, 許抗生, 徐海(訳), 1993, 地湧社.

『도교와 중국문화(道教と中国文化)』, 葛兆光, 坂出祥伸 (監訳),
　　1993, 東方書店.

『시니카(しにか)』, 1993年11月号特集·「気」の思想—東洋の宇宙観を
　　探る, 大修館書店.

『도교사전(道教事典)』, 坂出·野口·福井·山田 共編, 1994, 平河
　　出版社.

도(道)·방술(方術)

『경신신앙(庚申信仰)』, 窪德忠, 1957, 山川出版社.

『경신신앙의 연구(庚申信仰の研究)』, 窪德忠, 1960, 学生社.

『곤륜산으로의 승선(崑崙山への昇仙)』(中公新書), 曾布川寬, 1980, 中央公論社.

『도(タオ)』(イメージの博物誌9) フイリップ·ローソン, ラズロ·レゲサ, 大室幹雄(訳), 1982, 平凡社.

『중국의 민간신앙(中国の民間信仰)』, 澤田瑞穗, 1982, 工作舎.

『도·우주의 질서(タオ·宇宙の秩序)』, デ·ホロート, 牧尾良海(訳), 1987, 平河出版社.

『풍수-지령인걸의 사상(風水-地霊人傑の思想)』, デ·ホロート 牧尾良海(訳), 1987, 第一書房.

『중국인의 장소-동굴·풍수·호중천(中国人のトポス-洞窟·風水·壺中天)』, 三浦國雄, 1988, 平凡社.

『수정·중국의 주법(修訂·中国の呪法)』, 澤田瑞穗, 1990, 平河出版社.

『풍수사상과 동아시아(風水思想と東アジア)』, 渡邊欣雄, 1990, 人文書院.

『배배-타이완의 민중도교(拜拜-台湾の民衆道教)』, 加藤敬, 1990, 平河出版社.

『동계-타이완의 샤마니즘(童乩-台湾のシャーマニズム)』, 加藤敬, 1990, 平河出版社.

『점과 주술(占いとまじない)』(別冊太陽七三), 1991, 平凡社.

『중국고대의 점법(中國古代の占法)』, 坂出祥伸, 1991, 硏文出版.

『중국고대문물의 수수께끼(中国古代文物の謎)』, 工藤元男光文社文庫, 1992.

『중국의 영첨·약첨집성(中国の靈籤·薬籤集成)』, 酒井忠夫·今井宇三郎·吉元昭治編, 1992, 風響社.

『불로불사─선인의 탄생과 신선술(不老不死─仙人の誕生と神仙術)』(現代新書), 大形徹, 1992, 講談社.

『기와 양생(気と養生)』, 坂出祥伸, 1993, 人文書院.

『지리(地理)』, 1993年 12月号 特集·風水思想, 古今書院.

『풍수·기의 경관지리학(風水·気の景観地理学)』, 渡邊欣雄, 1994, 人文書院.

의약(医薬)

『연금술─선술과 과학의 사이(錬金術─仙術と科学の間)』(中公新書), 古田光邦, 1963, 中央公論社.

『동과 서의 학자와 공장(東と西の学者と工匠)』, 中国科学技術史講演集 上, 下, J·ニーダム, 山田慶児(訳), 1974, 河出書房新社.

『도교의 양성술(道教の養性術)』, A·マスペロ, 持田季未子(訳), 1983, せりか書房.

『서유기의 비빌─도와 연단술의 싱징(西遊記の秘密─タオと煉丹術のシンボリズム)』, 中野美代子, 1984, 福武書店.

『중국의 연금술과 의술(中国の錬金術と医術)』, N ヒビン, 中山

茂·牛山輝代(訳), 1985, 思索社.

『기·흐르는 신체(気·流れる身体)』, 石田秀実, 1987, 平河出版社.

『중국의학의 탄생(中国医学の誕生)』, 加納喜光, 1987, 東京大学出版会.

『중국연단술과 단약(中国煉丹術と丹薬)』, 張覚人東川吉嗣 (訳), 1988, 与野書房.

『중국고대양생사상의 종합적 연구(中国古代養生思想の総合的研究)』, 坂出祥伸編, 1988, 平河出版社.

『중국고대의 성생활(中国古代の性生活)』, R·H·フーリック, 松平いを子(訳), 1988, せりか書房.

『도교와 불노장수의 의학(道教と不老長寿の医学)』, 吉元昭治, 1989, 平河出版社.

『중국의학의 기(中国医学の気)』, 盧玉起 他編著堀池信夫 他訳, 1990, 谷口書店.

『밤에 우는 새(夜鳴く鳥 中国古代の医術·呪術·伝説)』, 山田慶児, 1990, 岩波書店.

『좌선·명상·도교의 신비(坐禅·瞑想·道教の神秘)』, 本山博, 1991, 名著刊行会.

『중국의학사상사(中国医学思想史)』, 石田秀実, 一1992, 東京大学出版会.

『도교와 양생사상(道教と養生思想)』, 坂出祥伸, 1992, ぺりかん社.

『기공양생학개요(気功養生学概要)』, 焦国瑞, 1993, 自然と科学社.

의례(儀礼)

『중국제사연극연구(中国祭祀演劇研究)』, 田仲一成, 1981, 東京大学
　　出版会.
『중국인의 종교의례(中国人の宗教儀礼)』, 大淵忍爾編, 1983, 福武
　　書店.
『중국도교의 축제와 신앙(中国道教の祭りと信仰)』上,下, 劉枝万,
　　1983, 1984, 桜楓社.
『중국의 종족과 연극(中国の宗族と演劇)』, 田仲一成, 1985, 東京大
　　学出版会.
『중국향촌제사연구·지방극의 환경(中国郷村祭祀研究·地方劇の
　　環境)』, 田仲一成, 1989, 東京大学出版会.

도교의 주변(道教の周辺)

『중국의 민속학(中国の民俗学)』, 直江広治, 1968, 岩崎美術社.
『별의 종교(星の宗教)』, 吉田光邦, 1970, 淡交社.
『중국농촌의 가족과 신앙(中国農村の家族と信仰)』, 内田智雄, 1970,
　　清水弘文堂.
『돈황의 문학(敦煌の文学)』, 金岡照光, 一九七二, 評論社.
『세계의 성역(世界の聖域)』(別巻1中国の泰山), 澤田瑞穂·窪徳忠,
　　1982, 講談社.
『강좌 돈황(4) 돈황과 중국도교(講座·敦煌(4)敦煌と中国道教)』, 編

集委員会, 1983, 大東出版社.

『고대중국의 신화와 이야기(古代中国の神話と物語り)』, 小南一郎,
    1984, 岩波書店.

『백운관지 부 동악묘지(白雲観志 附 東嶽廟志)』(復刻), 小柳司気太,
    1986, 国書刊行会.

『도교총림 태청궁지(道教叢林 太清宮志)』(復刻), 五十嵐賢隆, 1986,
    国書刊行会.

『도교의 신들(道教の神々)』, 窪徳忠, 1986, 平河出版社.

『도교의 신비와 마술(道教の神秘と魔術)』, J・ブロフエルド, 陳舜臣
    (監訳), 西岡公(訳),1 986, ABC出版.

『서와 도교의 주변(書と道教の周辺)』, 吉川忠夫, 1987, 平凡社.

『위서와 중국의 신비사상(緯書と中国の神秘思想)』, 安居香山, 1988,
    平河出版社.

『중국의 전승과 설화(中国の伝承と説話)』, 澤田瑞穂, 1988, 研文出
    版.

『선계와 포르노 그래피(仙界とポルノグラフィー)』, 中野美代子,
    1989, 青土社.

『수정・귀취담의(修訂・鬼趣談義)』, 澤田瑞穂, 1990, 平河出版社.

『서왕모와 칠석전승(西王母と七夕伝承)』, 小南一郎, 1991, 平凡社.

『지옥변(地獄変)』, 澤田瑞穂, 1991, 平河出版社.

『용의 거주지와 풍경(龍の住むランドスケープ)』, 中野美代子, 1991,
    福武書店.

『도교 도의 신들(道教タオの神々)』, 眞野隆也, 1991, 新紀元社.

『선경의 땅・청성산(仙境の地・青城山)』, 池上正治, 1992, 平河出

版社.

『비천과 신선(飛天と神仙)』(日本の美術三三〇), 林温, 1993, 至文堂.

『일관도 연구(一貫道の研究)』, 篠原壽雄, 1993, 平河出版社.

일본의 도교(日本の道教)

『신선사상(神仙思想)』(日本歷史叢書二二), 下出積與, 1968, 吉川弘
　　文館.

『일본고대의 신지와 도교(日本古代の神祇と道教)』, 下出積與, 1973,
　　吉川弘文館.

『도교와 일본인(道教と日本人)』(現代新書), 下出積與, 1975, 講談
　　社.

『도교와 고대의 천황제(道教と古代の天皇制)』, 福永光司他, 1978,
　　德間書店.

『도교와 일본문화(道教と日本文化)』, 福永光司, 1982, 人文書院.

『도교와 일본사상(道教と日本思想)』, 福永光司, 1985, 德間書店.

『고대국가와 도교(古代国家と道教)』, 重松明久, 1985, 吉川弘文館.

『도교와 고대일본(道教と古代日本)』, 福永光司, 1986, 人文書院.

『일본의 도교유적(日本の道教遺跡)』, 福永光司・千田稔・高橋徹,
　　1987, 朝日新聞社.

『고대 도교와 조선문화(古代の道教と朝鮮文化)』, 上田正昭, 1989,
　　人文書院.

『시복진실고(徐福伝説考)』(『徐福渡来伝説』の謎を追う), 逵志保,

1991, 波乗社.

『동해에 봉래국이 있다; 서복전(東海に蓬莱国あり　徐福伝)』, 田中
　　博, 1991, 海鳥社.

『도교와 일본의 궁도(道教と日本の宮都)』(桓武天皇と遷都をめぐる
　　謎), 高橋徹, 1991, 人文書院.

『일본사를 수놓은 도교의 수수께끼(日本史を彩る道教の謎)』, 高橋
　　徹・千田稔, 1991, 日本文芸社.

『일본의 선인들 노장신선사상의 세계(日本の仙人たち老荘神仙思想
　　の世界)』(東書選書一二一), 大星光史, 1991, 東京書籍.

아시아의 도교(アジアの道教)

『조선의 풍수(朝鮮の風水)』(復刻), 赤松智順, 1973, 国書刊行会.

『증정 오키나와의 습속과 신앙(増訂・沖縄の習俗と信仰)』, 窪徳忠,
　　1974, 東大出版会.

『중국인의 거리(中国人の街づくり)』, 郭中端・堀込憲二, 1980, 相模
　　書房.

『중국문화와 남도(中国文化と南島)』, 窪徳忠, 1981, 第一書房.

『동남아시아화인사회의 종교문화(東南アジア華人社会の宗教文
　　化)』, 窪徳忠編, 1981, 耕土社.

『동남아시아의 화인문화와 문화마찰(東南アジアの華人文化と文化
　　摩擦)』, 酒井忠夫編, 1983, 厳南堂書店.

『동남아시아화인사회의 종교문화에 관한 조사연구(東南アジア華人

社会の宗教文化に関する調査研究)』, 直江広治・窪徳忠編, 1987, 南斗書房.

『문화인류학8(文化人類学8)』(特集・漢族研究の最前線－台湾・香港), 1988, アカデミア出版会.

『오키나와의 민간신앙(沖縄の民間信仰)』, 窪徳忠, 1989, ひるぎ書房.

『도교와 동아시아(道教と東アジア)』, 福永光司編, 1989, 人文書院.

『조선의 도교(朝鮮の道教)』, 車柱環, 三浦國雄・野崎充彦(訳), 1990, 人文書院.

『오키나와의 풍수(沖縄の風水)』, 窪徳忠編, 1990, 平河出版社.

『눈으로 본 오키나와 민속과 흐름(目でみる沖縄の民俗とそのルーツ)』, 窪徳忠, 1999, 沖縄出版.

경전·선전(経典·仙伝)

『중국선서의 연구(中国善書の研究)』, 酒井忠夫, 1960, 国書刊行会.

『보권의 연구(宝卷の研究)』, 増補版, 澤田瑞穂, 1963, 国書刊行会.

『포박자(抱朴子)』(中国古典新書), 村上嘉実, 1967, 明徳出版社.

『장자(荘子)』 内・外・雑篇 四冊 (岩波文庫), 金谷治, 1971～1983, 岩波書店.

『산해경·열선전(山海經・列仙伝)』(新釈漢文大系), 前野直彬, 1975, 集英社.

『주역참동계(周易参同契)』(中国古典新書), 鈴木由次郎, 1977, 明徳

出版社.

『돈황도경(敦煌道経)』(目録編・圖録編), 大淵忍爾, 1978, 福武書店.

『신선전(神仙伝)』(中国古典新書), 福井康順, 1983, 明徳出版社.

『노자(老子)』(講談社文庫), 木村英一, 1984, 講談社.

『노자・장자(老子・荘子)』(鑑賞 中国の古典四), 野村茂夫, 1988, 角川書店.

『포박자・열선전(抱朴子・列仙伝)』(鑑賞 中国の古典九), 平木康平・大形徹, 1988, 角川書店.

『도교백화(道教百話)』(学術文庫), 窪徳忠, 1989, 講談社.

『포박자(抱朴子)』内・外篇 三冊(東洋文庫), 本田済, 1990, 平凡社.

『진고(眞誥)』(中国古典新書), 石井昌子, 1991, 明徳出版社.

『열자(列子)』二冊 (東洋文庫), 福永光司, 1991, 平凡社.

『지나선인열전(支那仙人列伝)』, 東海林辰三郎原著 村上嘉実 解説, 1992, 谷口書店.

『열선전・신선전(列仙伝・神仙伝)』(平凡社ライブラリー), 澤田瑞穂, 1993, 平凡社.

『산해경(山海経)』(平凡社ライブラリー), 高馬三良, 1994, 平凡社.

　역자는 어린 시절 섣달 그믐날 잠을 자면 눈썹이 희어지니 잠을 자지 말라는 어른들의 말을 들은 적이 있으며, 어머니가 부엌에서 부뚜막 제사를 지내는 것도 보았다. 또한 할머니가 '용왕맥이'라고 하여 강가에서 간소한 음식을 놓고 기도하는 것도 보았다. 우물가에서 새벽에 정한수를 떠놓고 소지하면서 기도하는 것을 본 적도 있다. 이러한 풍습을 우리의 전통 풍습쯤으로 생각하고 지냈다. 그러다 도교를 공부하면서 이것이 모두 도교 사상과 의례에서 나온 것임을 알게 되었다.

　그믐날 잠을 자지 않는 풍습은 '수경신'의 도교 문화이다. 경신일(庚申日)이 되면 우리 몸속에 있던 삼시신(三尸神)이 하늘에 올라가 선관(仙官)에게 사람들의 죄과를 고하고, 그 죄과에 따라 사람의 수명이 줄어들기에 잠을 자지 말하는 것이었다. 눈썹이 희어지는 것은 잠을 자서 삼시신이 선관에서 그 사람의 죄과를 고한 탓에 그만큼 수명이 줄어들었다는 의미이다. 부뚜막 신을 위한 제사도 마찬가지이다. 부엌에도 신이 있어 한 집안이 죄과를 선관에게 고하기에 그를 위로하는 제사를 지낸 것이다. '용왕맥이'는 도교의 삼관신인 천관(天官), 지관(地官), 수관(水官) 중에서 수관을 위한 기도이다. 이처럼 도교의 풍습과 문화는 우리의 기층문화 중에 자리하고 있다. 이 책은 이러한 도교의 사상과 문화, 풍습 등이 우리 문화 속에 얼마나 녹아 들어 있는지 알게 해주는 내용이 적지 않다.

이 책은 일본의 도교 전문가들이 7개 주제로 쓴 도교에 대한 전반적인 소개서이다. 원래 제목은 ≪도교 대사전≫이고 부제는 '도교의 세계를 읽다'이다. 제목처럼 이 책은 도교의 전반에 대해 대중들이 쉽게 이해할 수 있도록 구성되어 있으며, 도교의 종교와 의례뿐만 아니라, 도교 문화에 대한 전반을 소개하고 있다.

이 책의 장점은 도교를 7개 주제로 나누고 각 주제에 대해 해당 분야의 전문가가 대중을 위해 소개하는 형식으로 작성된 것이어서 쉬운 설명과 함께 도교의 특징을 이해할 수 있게 해 준다는 것이다. 일반적으로 도교사를 읽어서 전체적인 흐름을 잡을 수는 있지만, 각각의 주제에 대해 깊이 있는 이해를 하기에는 충분하지 못한 면이 있다. 이에 반해 이 책은 '도교란 무엇인가'라는 주제로부터 도교의 방술, 의학과 신선술, 의례와 경전, 도교가 아시아에서 어떻게 전파되고 실천되는지 등을 상세하게 설명하고 있어서, 각각의 주제들을 보다 깊이 이해하고 나아가 도교의 전체적인 그림을 그릴 수 있게 한다.

이 책은 출간된 지 20년이 지난 것이지만, 그 내용에서 여전히 유용한 측면이 많다. 특히 한국의 민속에 남아 있는 도교 문화에 대한 이해에 도움이 된다. 뿐만 아니라 아시아 지역에서 도교가 어떻게 실천되고 있는지에 대한 안목도 갖게 한다.

이 책을 번역하는 데 3년이 넘는 시간이 걸렸다. 도교의 전문가인 최수빈 선생님과 박용철 교수가 수고를 많이 했다. 특히 여러 가지 일들로 정신이 없는 와중에도 책의 절반 이상을 맡아 훌륭한 번역을 해준 최수빈 선생님께 감사의 말씀을 전한다. 아울러 도교 연구를 항상 응원하시는 SKTelecom사의 손길승 명예회장님 이하 여러 분들에게도 감사의 말을 전한다.

역자를 대표해서 서문을 쓰지만, 개인적으로는 《중국도교사》, 《도교사전》, 《도교백과》라고 하는 책들의 번역을 완료한 것이다. 물론 도교 경전도 여러 종 번역했다. 역자를 중심으로 진행한 나름의 번역 작업을 통해 도교에 대해 갖추어야 할 공구서들이 대충 완비된 것 같다. 이러한 작업을 하는 동안 역자는 도교에 대한 의무감을 가졌던 것 같다. '도교사', '도교사전', '도교에 대한 전체적인 그림'을 소개해야 한다는 의무감이었다. 이제 그 작업들이 대략 일단락되었다.

역자를 아는 동료들은 왜 그렇게 번역을 하냐고 묻는다. 아내도 자신의 말을 책으로 쓰는 일을 하지 왜 번역을 하느냐고 묻는다. 역자도 번역은 그만하고 싶었다. 이제 역자를 번역작업에 매진하게 했던 의무감에서 해방될 수 있을 것 같다.

번역만큼 많은 공이 드는 학술적 작업이 없다. 그러나 번역은 학술 업적을 평가할 때, 많은 점수를 받지도 못한다. 하지만 서로 다른 문명이 교류할 때도, 새로운 학문을 접근할 때도 그것이 가능하게 하는 것이 번역이기 때문에 반드시 필요한 작업이다. 한국의 학계에서 도교는 여전히 새로운 학문분야이기 때문에 번역은 여전히 요청된다.

아무쪼록 다른 연구자가 도교의 경전을 번역할 때, 이 책과 앞에서 언급한 책들이 도움이 되었으면 한다. 이와 같이 도교에 대한 인식의 지평이 이 책을 통해 넓어지기를 소망해 본다.

역자를 대표해서 이봉호가 쓴다

2018. 10.

색인

ㄴ 

ㄷ 

ㄹ 

ㅁ 

ㅂ 

人 

ㅊ 

ㅌ 

ㅍ